DER MENSCH, SPIEGELBILD DES KOSMOS

Alan Oken

DER MENSCH, SPIEGELBILD DES KOSMOS

Astrologie und Selbsterkenntnis

von

Alan Oken

aus dem Amerikanischen übertragen
von Elfi Ammon und Daniela E. Schenker
unter Mitwirkung von
J. P. Frederiksen und D. O. Weise

Frederiksen & Weise
TABULA SMARAGDINA

Die Deutsche Bibliothek - CIP -Einheitsaufnahme
Oken, Alan:
Der Mensch, Spiegelbild des Kosmos : Astrologie und Selbsterkenntnis / von Alan Oken. Aus dem Amerkan. übers. von Elfi Ammon ... - 1. Aufl. - München : Frederiksen und Weise, Tabula Smaragdina, 1996
Einheitsacht.: Complete astrology ‹dt.›
ISBN 3-9802471-4-7

Titel der amerikanischen Originalausgabe:
Alan Oken's Complete Astrology

Published by arrangement with Bantam Books,
a division of Bantam Doubleday Dell Publishing Group, Inc.

1. Auflage April 1996

Lektorat: Uta Weise, Rottendorf
Titelbild: Lynda Vugler: "Self-Portrait"
Einbandgestaltung: TABULA SMARAGDINA Verlag
Satz und Buchgestaltung: TABULA SMARAGDINA Verlag
Druck: Divyanand, Herrischried
ISBN 3-9802471-4-7
Printed in Germany

Das Mantram der Vereinigung

Im Wesen eins sind alle Menschensöhne,
und ich bin eins mit ihnen.
Ich möchte allen Liebe schenken, nie mehr hassen.
Ich möchte dienen und nicht schuld'gen Dienst verlangen.
Ich möchte heilen und nie schäd'gen noch verletzen.

Erlitt'nes Leid mög' als verdienten Lohn
uns Licht und Liebe bringen.
Die Seele soll beherrschen
die äuß're Form, das Leben und das Wirken,
und bring' ans Licht der Liebe Kraft,
die allem Zeitgescheh'n zugrunde liegt.

Mög' inn're Schau und Einsicht kommen,
und unverhüllt die Zukunft sein.
Laßt inn're Einheit uns bekunden
und ganz vergessen, was uns trennt.
Laßt allenthalben Liebe walten!
O daß doch alle Menschen lieben würden!

INHALTSVERZEICHNIS

I
ASTROLOGIE, ASTRONOMIE, DIE ERDE UND WIR

1
Die Astrologie und ihre Stellung im Universum des Menschen

"Betrachte das Universum stets als das eine Lebewesen, das aus der einen materiellen Substanz geformt ist und den einen Geist trägt. Gehe den grundlegenden Ursachen nach und nimm sie frei von jeder Täuschung wahr. Untersuche genau das Wesen der Dinge, und unterscheide jeweils zwischen Gegenstand, Ursache und Absicht."

Mark Aurel

Das Kind ist der Sohn der Menschheit. Der Mensch ist Sohn der Erde, die Erde ist das Kind der Sonne, die Sonne ist das Kind der Galaxie. Die Galaxie ist aus ihren übergalaktischen Eltern entsprungen. Und alle sind im Bewußtsein des Vateruniversums vereint. Es könnte sein, daß Sie sich als einzelner Bewohner unseres Mutterplaneten über Ihre unendliche Kleinheit Gedanken machen. Vielleicht betrachten Sie Ihr Abbild im Spiegel und stellen fest: "Hier stehe ich, ein Wesen aus Fleisch und Knochen. Ich habe ein Gehirn zum Denken und Beine und Arme, mit denen ich mich bewegen und arbeiten kann." Dennoch läßt Ihr Körper Ihre wahre Größe keineswegs erkennen. Die Ausdehnung Ihres *Bewußtseins* bestimmt Ihre Stellung im Universum.

Unser physischer Körper wirkt nur als Anker des gesamten Wesens, und die Erde dient als seine Grundlage. Deshalb unterliegt er allen Einflüssen unseres Heimatplaneten, so wie die Erde von der Bewegung der Sonne gesteuert wird, die ihrerseits vollständig in das Schicksal der gesamten Galaxie eingebunden ist.

Bezüglich seiner Identität hat der Mensch die Bewußtseinsstufe eines Kindes, das häufig übersieht, daß es Teil eines umfassenderen Schöpfungsplans ist. In seinem Verlangen, die materiellen Güter der Erde zu vermehren, hat der Mensch den Wasserhaushalt der Erde verunreinigt, hat Tierarten ausgerottet und sich an verheerenden Rassenkriegen beteiligt. Ungeachtet all dieser Zerstörung hat der Mensch nur eine kurzlebige Erinnerung, und seine Wahrnehmungsfähigkeit wird vollends durch das Ausmaß seines Machtstrebens über die Mitmenschen eingeschränkt. Daher glaubt der Mensch, daß er seine Gesetze selbst erlassen kann, daß seine Taten sich nicht auf das Leben anderer auswirken und daß er selbst natürlich ebenfalls unverschont bleibt. Ohne Kenntnis der universalen Gesetze versucht der Mensch mit seinem unentwickelten Bewußtsein von seinem egozentrischen Laufstall aus das Universum zu beherrschen. Es kommt ihm nicht in den Sinn, daß außer seinen eigenen besonderen Spielregeln noch irgendwelche anderen Gesetze existieren. Er fragt sich nur, warum er leidet.

Der Kosmos ist weder eine amorphe Energiemasse ohne Seinsgrundlage, noch ist er strukturlos und ohne endgültige äußere Form. Ihre Geburt als Mensch war kein Schöpfungsirrtum, und Ihr Leben setzt sich nicht aus einer Reihe von Zufällen zusammen. Unsere Existenz und das Universum gründen sich auf Gesetze, die uns seit Bestehen der Menschheit allmählich enthüllt worden sind. Könnten wir nur lernen, nach diesen Gesetzen zu leben, würden die Menschen mehr verstehen und sich ihre Leiderfahrungen verringern. Das Menschenreich besitzt die Fähigkeit, entscheidend über den Lauf seiner Existenz mitzubestimmen. Das ist jedoch nur innerhalb eines größeren Rahmens festgelegter, geometrischer Muster möglich, der durch das universale Denken der Gotteskraft geschaffen wurde. Das Studium und die Praxis der Astrologie ist ein Aspekt des Okkultismus, der diese verzweigten göttlichen Denkstrukturen zum Teil enthüllt. Der Mensch ist imstande, diesen großartigen Plan teilweise zu entziffern, denn er wurde für ihn geschrieben, allerdings muß er sein Sehvermögen noch weiterentwickeln, um das Kleingedruckte lesen zu können. Im Laufe seiner Entwicklung erhält er entsprechend seines sich erweiternden Bewußtseins Zugang zu den sogenannten ”Geheimnissen”, die in den Schöpfungsgesetzen enthalten sind.

Der Mensch hat viele universale Wahrheiten geschenkt bekommen, damit er auf seinem Weg aus dem illusionären Zustand bis hin zum elementaren Licht der Erleuchtung sicher geleitet wird. Er erhielt einige Werkzeuge, die ihn an die Weisheit heranführen können, die es ihm ermöglicht, das Universum und sich selbst in angemessener Perspektive zu sehen. Astrologie ist ein solches Werkzeug, doch wir müssen betonen, daß die Weisheit umfangreicher ist als das System, über das sie uns vermittelt wird. Feinstoffliche Energie ist stets von verdichteter Materie umhüllt. In ähnlicher Weise haften sich Wörter an die Essenz der Bedeutung.

Viele Astrologen, Okkultisten, Theologen und Philosophen glauben, daß sämtliche Energieformen und das Leben aus einer Quelle stammen. Dieser ursprüngliche Lebensfluß wird in den verschiedenen Ebenen des Seins und der Verkörperungen entsprechend gefiltert. Dennoch ist es dieselbe Kraft, die sich in einer unendlichen Vielzahl an Formen und Intensitäten ausdrückt. Man nennt es oft den Prozeß der "Involution und Evolution". Dies sprechen wir auch teilweise an, wenn wir uns auf das universale Gesetz "Wie oben, so unten" berufen. Genau wie ein Atom einzigartig ist, ist auch der Mensch ein Einzelorganismus. Dasselbe gilt für den Staat, die Erde, das Sonnensystem, die Galaxie und das Uruniversum aller Universen. Es hat den Anschein, daß sich in allen Strukturen der gesamten Schöpfung das gleiche Grundmuster wiederholt, angefangen von den physikalischen Eigenschaften des kleinsten Atoms bis zur größten kosmischen Einheit. Der Makrokosmos (die größere Welt) wird auf diese Weise immer im Mikrokosmos (der kleineren Welt) offenbart. Der Spruch "Der Mensch wurde nach dem Ebenbild Gottes geschaffen" will dies ausdrücken. Demzufolge wurde das Atom nach dem Ebenbild des Universums geschaffen.

Beim Studium der Astrologie werden wir sehen, wie die Energie, die ein Planet verkörpert, sich in den verschiedenen Naturreichen der Schöpfung niederschlägt: in Mineralien, Pflanzen, Tieren und Menschen. Wir werden nachweisen, auf welche Weise diese Sammlung von Gesetzmäßigkeiten sämtliche Lebensformen des Kosmos durchströmt und vereinigt. Es kommt nicht auf die Blumenart an; alle werden stets Blüten treiben, wenn die Frühlingssonne scheint.

Das Muster des Universums basiert auf einem System kosmischer Physik, das dem Menschen Schritt für Schritt in dem Maße offenbart wird, wie er die Fähigkeit entwickelt, das neue Wissen nutzbringend in seinem Alltag zu verwenden. Isaac Newton machte uns mit einem der wichtigsten universalen Axiome bekannt, als er das "3. Gesetz der Bewegung" formulierte:

"Jeder Handlung (Aktion) folgt eine gleich starke gegengerichtete Reaktion." Dies ist eine physikalische Grundaussage, die jeder Gymnasiast während seiner Schulzeit lernen muß.

Einige Okkultisten nennen dieses Konzept das Gesetz des Karmas. Genauer gesagt bedeutet dies, daß sich die schöpferische Lebenskraft, ausgelöst durch das Verlangen in Zeit und Raum, in einer Reihe von Ereignissen ausdrückt. Der Wunsch nach Selbstausdruck und befriedigenden Leistungen verursacht Rückkopplung, die der Intensität und Art des ursprünglichen Reizes gleichkommt. Soweit es die Menschen angeht, wird das Karmagesetz in dem biblischen Grundsatz ausgedrückt: "Wie ihr sät, so werdet ihr ernten." Um eine reiche Ernte aus seinen Wünschen einbringen zu können, ist es unbedingt erforderlich, daß der Mensch weitaus bewußter wird, auf welche Weise er sät. Ist sein Saatgut gesund und rein, und pflanzt er rechtzeitig, wird es für ihn und andere genügend Frucht geben. Versucht er rücksichtslos alle seine mißgearteten Absichten zu befriedigen, und verstößt er dabei gegen die kosmischen Gesetze, ist das darauffolgende Karma sein Lohn. Er wird sich und andere mit der widerwärtigen selbsterzeugten Negativität nähren.

Karma, das Gesetz von Aktion und Reaktion, gilt nicht ausschließlich für die Menschen, sondern betrifft alle Lebensformen. Einige Beispiele karmischer Beziehungen können diesen Standpunkt näher erläutern. Magnetische Kräfte verfügen über eine saugende Schwingung, die auf Eisenspäne oder andere Metalle anziehend wirkt. Der Lebensdrang einer Eiche veranlaßt ihre Wurzeln, tiefer in die Erde zu dringen, wodurch der Baum noch höher in die Luft wachsen kann. Der Frosch frißt die Mücke, um seinen Hunger zu stillen, und wird seinerseits vom Habicht gefressen. Der Geizhals sorgt sich, weil er womöglich seinen materiellen Besitz verlieren könnte und kann ihn deshalb nicht genießen. Zur Erfüllung ihres Karmas, ihrer Aufgabe im Schöpfungsplan, muß die Erde ihre artgemäße Umdrehungsgeschwindigkeit um ihre Achse beibehalten, ihr eigenes Kraftfeld aufbauen, damit die magnetischen Kräfte der Sonnenanziehung sie nicht aus ihrer Umlaufbahn geraten lassen.

Die Harmonie des Universums wird durch Gleichgewicht aufrecht erhalten. Gerät ein Teil der Natur zu stark aus dem Lot und gefährdet dadurch eine Menge anderer Lebensformen der Schöpfung, wird er von den Kräften der Natur zerstört oder zahlenmäßig reduziert. Genauer gesagt, die Antwort auf sein disharmonisches Verhalten ist seine Vernichtung.

Das Geburtshoroskop eines Menschen zeigt, in welchen Bereichen sein Lebensmuster im wesentlichen ausgewogen oder unbalanciert ist, es enthüllt sein persönliches Karma. Wir bezeichnen das Geburtshoroskop als "Lebensplan", denn es offenbart, welche Saaten der einzelne in seinem Leben (neu) zu pflanzen hat und welche Methoden er bei der Bestellung seiner Felder anwenden wird. Es zeigt ebenfalls, wie ertragreich die zu erwartende Ernte sein dürfte.

Zoologen können uns sagen, wie sich die Pflanzenwelt im Verlauf von Millionen Jahren entwickelt hat. Biologen wissen über die Evolution der auf dem Land lebenden Säugetiere und der Protozoen des Meeres zu berichten. Anthropologen und Physiologen können die körperliche Entwicklung des Menschen von den ältesten Vorfahren aus der Steinzeit bis heute beschreiben und dokumentieren. Okkultisten interpretieren die Bewußtseinsentwicklung der menschlichen Rasse. Aus ihrer Warte können sie auf die entsprechenden materiellen und sozialen Eigenschaften hinweisen, die mit jedem "großen Sprung nach vorn" einhergehen. Wir müssen stets berücksichtigen, daß sich der Mensch ebenso wie Pflanzen und Tiere noch immer in der Entwicklung zu seiner vollendeten Form befindet. Es hat Millionen Erdenjahre gedauert, bis die menschliche Rasse ihre heutige unvollkommene Entwicklungsstufe erreicht hat, und viele Äonen sind noch zu durchlaufen, ehe sie ihren "endgültigen" körperlichen, mentalen und geistigen Seinszustand einnehmen wird. Das Wort "endgültig" steht in Anführungszeichen, denn der Abschluß einer Entwicklungsstufe kündigt stets den Beginn einer neuen an.

Untersuchen wir nun kurz die Geschichte des menschlichen Bewußtseins. Als der Mensch aus dem finsteren Mittelalter in die Renaissance eintrat, durchlief er eine Entwicklungsphase, die ihn aus den Schattenreichen der angsterfüllten, abergläubischen Haltung jener dunklen Zeit herausführte. Anstelle blinden Glaubens forderten die Menschen intellektuelle Erklärungen zu den Schöpfungsgesetzen. Die Dogmen und die Unterdrückung durch die mittelalterliche Kirche wurden heftig angezweifelt, der Mensch fing an, auf seine Fragen in Philosophie und Naturwissenschaften Antworten zu suchen.

Bis zur Reformation nahm die katholische Kirche eine uneingeschränkte Machtstellung ein. Sie machte ihren Einfluß nicht nur auf die politische und wirtschaftliche Ordnung vieler Staaten geltend, sondern hatte auch Verstand und Geist der Gläubigen unter fester Kontrolle. Die Kirche hat das Bewußtsein der Masse wie bei einem Embryo innerhalb ihres geheiligten

Mutterleibes festgehalten. Die wahre Macht der Kirche entfaltete sich nicht in der sichtbaren, materialistisch orientierten Welt, im Gegenteil, die äußere Demonstration ihrer Macht spiegelte lediglich ihre unsichtbare seelische Herrschaft über das Volk wider.

Martin Luthers Reformation diente als erster Schritt, um die auf die Kirche gebündelten Machtstrukturen aufzulösen und sie wieder der Gemeinschaft der Gläubigen zurückzugeben. Da diese Energie sich inzwischen freier bewegt, konnten die Menschen allmählich wieder das Universum erforschen. Im wesentlichen wurde Christus, Gott in Menschengestalt, wiedergeboren ("Renaissance" bedeutet Wiedergeburt) und den Menschen wieder zurückgegeben, damit sich jeder unabhängig von der kirchlich festgelegten Nabelschnur entwickeln konnte. Die Kirche reagierte darauf mit Einführung der Inquisition (bedeutet "Befragung"). Mit dieser Vorgehensweise versuchte sie, die Opposition gegen die geforderte Security Strenggläubigkeit durch ein Programm auszuschalten, das die emotionale Kraft des Glaubens und das gesteigerte Interesse an intellektueller Ausrichtung dieser geschichtlichen Periode in Übereinstimmung brachte.

Seit der Renaissance hat der Mensch die Welt des rationalen Verstandes erforscht. Daraus entwickelte sich eine großartige technisch orientierte Zivilisation. Sobald sich das menschliche Bewußtsein von den emotionalen Fesseln der Kirche befreit hatte, wurde es von der Wissenschaft dominiert. Allerdings ist deren Umklammerung genauso stark wie die der Kirche, denn die moderne Wissenschaft fordert nicht nur für alles rationale Erklärungen, sondern verblendet den Menschen auch mit der Illusion, daß der bewußte, rationale Verstand die höchste Errungenschaft der Evolution sei. Die Gemeinschaft der Intellektuellen hat der Logik eine übertrieben starke Stellung eingeräumt, wogegen sie den Wert der intuitiven und übersinnlichen Fähigkeiten des Menschen herunterspielt. Im wesentlichen gelten alle Gedanken und/oder Phänomene als unbewiesen, die man nicht schmälern, oder deutlicher gesagt, auf die Ebene des Wortes herunterschrauben kann. Glücklicherweise verändert sich diese Haltung allmählich, da einige Gruppen von Wissenschaftlern inzwischen erkennen, daß gewisse Phänomene außersinnlicher Wahrnehmungen echt sind. Mittlerweile sind die Naturwissenschaftler gezwungen, neue Geräte und Techniken zu erfinden, die beweisen, was Wissenschaftler und Praktiker des Okkultismus schon jahrtausendelang gewußt und erfahren haben - nämlich die Möglichkeit sogenannter außersinnlicher Kommunikation und des weiteren die Existenz der unsichtbaren Lebenskraft, deren Ausdrucksformen sich ins Unendliche ausdehnen und bedeutend zahlreicher sind als die irdischen.

Der Menschheit wird es nicht gelingen, diese Enthüllungen anzunehmen, bis die Spuren des mittelalterlichen Aberglaubens vollständig aus ihrem Unbewußten gelöscht sind. Selbst dann wird noch eine lange Strecke vor uns liegen, denn wir werden üben müssen, den Intellekt bewußt als Werkzeug zur Förderung unserer Intuition einzusetzen. Die Mehrzahl hat bisher noch nicht gelernt, wie man zwischen Gefühlen, rationalem Denken und Intuition unterscheidet, eine Fähigkeit, die sich erst in jüngster Zeit entwickelt. Intuition ist das Vermögen, die wahren Zusammenhänge ohne die analytischen Methoden der wissenschaftlichen Schlußfolgerung zu erkennen. Wir dürfen trotzdem niemals den unschätzbaren Wert des rationalen Intellekts verwerfen, denn er bewahrt das Gleichgewicht zwischen dem Bekannten und dem ewig Unbekannten. Der Verstand dient uns, das eigene intuitive Erfassen praktisch im Leben umzusetzen. In dieser Hinsicht ist der logische Verstand, d. h. der Denkvorgang, der Daten sammelt, analysiert und neu verbindet, ein wichtiger Partner der höheren mentalen Aspekte des Menschen. Außerdem ist der logische Verstand imstande, zu hinterfragen und auszugleichen. Dies stabilisiert den Entwicklungsprozeß. Deshalb müssen die metaphysischen und diesseitigen Aspekte der Wissenschaft für eine zukünftige bessere Menschheit zusammenarbeiten.

Astrologie ist eine für den Menschen nützliche Disziplin, die eine Verbindung zwischen Intuition und Verstand herstellt. Dennoch hat man ihr in ungebildeten und - keineswegs überraschend - in hochintellektuellen Gesellschaftskreisen heftigen Widerstand entgegengebracht. Unwissende Leute haben Angst, ihr Bild von sich und ihrer kleinen Welt könnte durch das, was ihnen die Astrologie womöglich enthüllt, zerstört werden. Der Intellektuelle, der keine Ahnung hat, daß er verstandesbesessen ist, glaubt, sein Verstand stelle seine oberste Instanz dar, was natürlich nicht der Fall ist. Der Verstand ist lediglich ein Instrument des Geistes, da aber die meisten Menschen zu ihrem höheren Wesensanteil keinen Kontakt haben, halten sie sich selbst zum Narren und glauben, daß sie tatsächlich sind, was sie von sich denken oder zu denken meinen. Ein beschränkter Verstand, unabhängig davon, wie intelligent er ist, schließt höhere Bewußtseinsebenen aus. Versucht ein Mensch etwas rational zu verstehen, das seine Vernunft übersteigt, begrenzt er sich durch seine eigene Definition von Unendlichkeit.

Das Studium der Astrologie kann dem Intellektuellen helfen. Sie kann ihm nämlich das mentale Konzept liefern, das sein Bewußtsein erweitert, damit er sich auf dem Weg zur Erleuchtung weiter entwickeln kann. Er soll sich jedoch durch die Grenzen der Astrologie nicht einschränken lassen. Sobald er einmal die Prinzipien des astrologischen Systems verstanden hat, sollte er sich statt dessen auf die nächste Stufe begeben, die ihn erwartet.

In diesem Sinne studieren wir Astrologie. Wir eignen uns damit ein objektives Verständnis über die Beschaffenheit der menschlichen Rasse an. Die astrologischen Prinzipien übersteigen Vorstellungen, die von persönlichen Vorurteilen, rassisch begründeter Überheblichkeit und dem Kampf zwischen Gut und Böse geprägt sind. Wer ernsthaft studiert, hat die Chance, diese rückständigen Ansichten hinter sich zu lassen und vom inneren Licht der Bruderschaft der Menschheit inspiriert zu werden. Das ist einer der Gründe, weshalb man die Astrologie dem Herrschaftsbereich des Wassermanns zuordnet, denn dieses Tierkreiszeichen steht für die humanitäre Gesinnung des vervollkommneten Menschen, dem nichts Menschliches fremd ist.

Ebenso wie man alle Pferderassen auf einen gemeinsamen Stammvater zurückverfolgen kann, entspringen sämtliche Menschenrassen einem ursprünglichen Vorfahren. In der okkulten Terminologie sprechen wir von unserer Vater-Mutter-Einheit, als "dem menschlichen Ursprungsatom". Aus einem gehen viele hervor, und die Menschheit unterteilte sich in verschiedene Rassen: die gelbe, rote, schwarze, weiße und braune Rasse. Jede Rasse entwickelte ihre eigene Kultur und verehrte die jeweils unterschiedlichen Gottesbilder auf ihre besondere Art. Der Geist des Menschen offenbart seine Schönheit durch Vielfältigkeit. Bis heute setzt sich der Evolutionsprozeß fort; einige Rassen entwickeln sich stärker, andere sterben aus, und alle verändern sich.

Der unterschiedliche Selbstausdruck der Rassen in bezug auf ihre gesellschaftlichen Sitten, Bekleidung und Sprache findet unzählige Ausdrucksformen, doch alle Menschen haben ähnliche Grundbedürfnisse und Wünsche. Männer und Frauen aller Rassen brauchen Liebe, streben nach Macht und Wohlstand, arbeiten für die Erziehung ihrer Kinder usw.

Die Menschen sind sich in diesen Grundzügen eins, doch nicht alle Menschen sind gleich. Es trifft zu, daß alle aus derselben Energie und Substanz geschaffen sind, aber die Energieströme arrangieren sich in unterschiedlicher Intensität und drücken sich in veränderlichen Vollkommenheitsgraden aus. Einige Menschen sind Architekten, andere Steinmetze, wieder andere arbeiten als Installateure, Dekorateure, und zu guter letzt kaufen andere das fertiggestellte Haus und wohnen darin.

Damit ein jeder in der universalen Schöpfungsordnung seinen Platz finden und einnehmen kann, muß er zuerst die jeweilige Rolle abstreifen, die seine Familie, seine wirtschaftliche und gesellschaftliche Herkunft, sein Land und seine Rasse ihm auferlegt haben. Er muß zu seiner Quelle im ursprünglichen Energiestrom zurückkehren, seine Charakterzüge untersuchen, analysieren und anschließend jeden Aspekt seines Wesens neu aufbauen. Er muß zu seinem innersten Wesenskern gelangen und von dieser Warte aus die zahlreichen Bilder umwandeln, die er in sich trägt, um ein authentisches Mitglied seiner Familie, ein Bürger seines Landes, ein Angehöriger seiner Rasse und ein Kind seiner Heimatsonne zu sein.

Je klarer und objektiver er seine Position in diesen verschiedenen Bereichen versteht und sie in das Ganze einzubeziehen weiß, umso mehr hat er sein wahres Wesen verwirklicht und desto weitreichender und feinabgestufter ist sein Bewußtsein.

Dies hat jedoch wenig Sinn, wenn der einzelne sein erweitertes Verständnis über sich und das Universum nicht in seiner Familie, Nation, Rasse und auf seinem Planeten umsetzen kann. Jedes Mitglied der Menschheit muß lernen, wie es sein Verständnis des Schöpfungsprozesses mit seiner tatsächlichen Lebensform in Einklang bringt.

Der Mensch hat die Pflicht, sich um seine vielfältigen Lebensaspekte zu kümmern. Er muß "dem Kaiser geben, was des Kaisers ist", dem Menschen, was des Menschen ist, der Erde, was ihr zusteht und dem Geist, was ihm gebührt. Wer sich und seine zahlreichen Persönlichkeiten, Rollen und Seinsebenen umfassend begreift, akzeptiert diese Aufgabe umso leichter. Sie stellt eine Lebensweise dar, in der man seinen irdischen Verpflichtungen nachkommt und sich gleichzeitig als grenzenloses Wesen der Schöpfung erlebt.

Der Mensch erkennt die Unterschiede seiner zahlreichen Funktionen an, hat aber noch kein entsprechendes Bewußtsein entwickelt, das notwendig ist, um zu sehen, wie all diese Faktoren harmonisch und unmittelbar mit seinem persönlichen Leben und der Gesamtentwicklung der Menschheit zusammenhängen. Die Menschen werden in Frieden leben, wenn jeder einzelne die Harmonie, die in der Vielfalt liegt, begreift und diese Einsicht in seinen Alltag einzubeziehen weiß.

Dazu tragen das Studium der Astrologie und die Analyse des Geburtshoroskops maßgeblich bei, und sie sind die Wege, die zu diesem Ziel führen. Sie bietet uns ein universelles Bezugssystem mit der Möglichkeit, Rückschlüsse und Vergleiche zu ziehen, denn die Planeten und Tierkreiszeichen sind nicht von persönlichen Zwängen belastet und stehen dennoch mit dem irdischen Leben der Menschen in direkter Verbindung.

In der gegenwärtigen Evolutionsstufe drücken sich die intuitiven Kräfte des Menschen stark durch sein Bewußtsein aus. Eine wachsende Zahl von Menschen begreift, daß unsere moderne Gesellschaft den Intellekt und das Konsumverhalten überbetont und damit ihren neu erwachten Bedürfnissen nicht gerecht wird. Sie erkennen die illusionären Grundlagen, auf die sich ein solches System beruft, und wissen dennoch nicht, wie sie ihre eigene Einstellung verändern sollen oder wie man die gesamte Ordnung verändern kann. Die meisten Menschen erstarren vor Angst vor jeder möglichen Veränderung.

Die wirkliche Ursache des "Generationenkonflikts" ist nicht im Altersunterschied, sondern im Bewußtsseinsstand zu suchen. Deshalb ist der Begriff Generationenkonflikt ein falscher Ausdruck, denn die Mißverständnisse zwischen den Generationen und Völkern sollte man besser als Bewußtseinskonflikt bezeichnen. Die Beschäftigung mit der Astrologie kann helfen, diesen Konflikt zu lösen.

Die Entwicklung eines politischen Systems, so wie die Entwicklung des Landes, in dem es sich durchsetzen soll, nimmt beträchtliche Zeit in Anspruch. Schon vor den Tagen von Atlantis wurden Menschen und ihre Kulturen auf der Erde geboren, lebten und starben; dies wird sich in den Äonen fortsetzen, die noch vor uns liegen. Dieses Buch soll kein politisches Manifest sein. *Es will durch das Studium der Astrologie die Entwicklung intuitiver Fähigkeiten unterstützen.*

2
Der astrologische Baum des Wissens und seine Äste

"Ich bin ein Teil des Meeres und der Sterne, ziehe mit dem Südwind und Nordwind, wohne in den Bergen, auf dem Mond und dem Mars. Die Zeitalter haben mich hinausgeschickt." Edward H. S. Terry

Astrologie und Astronomie haben sich gleichzeitig entwickelt. Die früheren Astrologen-Astronomen (bis ins siebzehnte Jahrhundert waren die Bezeichnungen austauschbar) fingen an, die vielen Wechselbeziehungen zwischen den Planetenbewegungen und den nachfolgenden Ereignissen auf der Erde festzustellen. Im Laufe der Zeit fertigten sie Aufzeichnungen der Himmelsphänomene an und beobachteten aufmerksam den Himmel. Mittels ihrer Fähigkeit, die Umlaufbahnen der Planeten zu bestimmen, konnten diese Gelehrten und Priester ebenfalls festhalten, in welcher Beziehung die Planetenkonstellationen zu König und Land standen. Dadurch erfuhr das universale Prinzip, das in dem Grundsatz "Wie oben, so unten" ausgedrückt wird, noch mehr Bestätigung.

Der wissenschaftlich orientierte Mensch entwickelte immer empfindlichere Geräte und ausgefeiltere Techniken, um den Himmel aufs genaueste beobachten und die dort stattfindenden Veränderungen festhalten zu können. Der Künstler drückte die unterschiedlichen Aktivitäten der Planeten und Sterne durch Symbole aus und konnte ihre Merkmale und Eigenschaften bildlich darstellen. Der Märchenerzähler schrieb den Himmelskörpern die persönlichen Wesenszüge seiner Göttergestalten zu, die mit den Einwirkungen der Planeten auf ihn und seine Umwelt geschickterweise übereinstimmten.

Neben seiner Berufung als Wissenschaftler, Künstler und eng damit verbunden auch als Märchenerzähler betätigt sich der Mensch als Philosoph. Dieser hat die Aufgabe, die Symbole mit den Denkmodellen in Übereinstimmung zu bringen. Es gelingt ihm mit seiner Fähigkeit, die Einheit des Gesamtbildes zu sehen, indem er die Bestandteile zusammenfügt. Er muß seine Visionen der Menschheit auf eine Weise erklären, daß sie die Bedeutung der Kräfte und Symbole versteht, die der Künstler dargestellt hat, die wiederum auf den Entdeckungen des Wissenschaftlers basieren und durch die Worte des Märchenerzählers bekanntgemacht worden sind.

Heutzutage ist es uns klar, daß viele Menschen unterschiedlicher Herkunft mit ihren Talenten dazu beigetragen haben, die Wissenschaft/Kunst/Philosophie/Mythologie der Astrologie zu schaffen. Dieser Umstand belegt die wahre Allgemeingültigkeit dieses Zweiges menschlichen Verstehens, da alle Rassen, Nationalitäten, Religionen und Berufssparten zu ihrem Weisheitsschatz beigetragen haben.

Die Astrologie wächst mit dem menschlichen Bewußtsein. Seit dem späten achtzehnten Jahrhundert sind drei Planeten entdeckt worden: Uranus im Jahre 1781, Neptun im Jahre 1846 und Pluto erst vor kurzem im Jahre 1930. Jeder dieser drei Planeten entspricht einer Eigenschaft, die sich im Massenbewußtsein des Menschen neu entwickelt. Uranus wird mit industriellen und wissenschaftlichen Erfindungen und innovativen Arbeitsmethoden assoziiert. Er gilt auch als ein Hauptfaktor für das wachsende intuitive Gespür des Menschen. Neptuns Einfluß wirkt entscheidend bei der Herstellung aller Arten von Filmen, bei übersinnlichen Wahrnehmungen und bei der Umsetzung moderner psychologischer Theorien und Techniken. Pluto wird mit den Vorgängen der Atomenergie und dem kollektiven Unbewußten der Menschheit in Verbindung gebracht. Viele Astrologen sind überzeugt, daß weitere Planeten existieren, die außerhalb der Umlaufbahn des Pluto liegen, die man bisher noch nicht durch Teleskope sehen konnte. Diese stünden folglich noch mit anderen menschlichen Charakterzügen und Fähigkeiten in Wechselwirkung, deren Verwirklichung noch aussteht.

Planeten werden wie Menschen geboren, absolvieren die Wachstumsstufen des Lebens und sterben schließlich. Das bedeutet, daß die Sprache der Astrologie wie die politische oder kirchliche Terminologie sich mit der fortschreitenden menschlichen Entwicklung verändern muß. Damit die Astrologie eine wesentliche Rolle im menschlichen Leben einnimmt, muß sie mit unserer Entwicklung Schritt halten; ansonsten verliert sie ihren Rang.

Dazu leisten Angehörige der gegenwärtigen Generationen bedeutende Arbeit. Wir sind Erben unseres Zeitalters mit neu erwachtem Bewußtsein, das besondere Zeit- und Kulturerscheinungen hervorbringt. Alle astrologisch Interessierten, die das älteste, schriftlich aufgezeichnete Lehrsystem als Unterstüzung ihrer Mitmenschen und ihres eigenen Wachstums einsetzen, werden immer wieder daran erinnert, es mit frischer Energie und Verständnis zu beleben. Betrachten wir nun die verschiedenen Zweige der astrologischen Lehre, so können wir die Spannweite der Lebenserfahrungen erkennen, mit denen sie sich befaßt.

1. Geburtshoroskop oder genetische Astrologie:
Dieses Gebiet der Astrologie ist bestens bekannt, denn ihre Aufgabe ist es, ein Horoskop für den Augenblick der Geburt eines Menschen zu erstellen. Da diese Art der Horoskopdeutung so bedeutsam ist, widmen wir ihr das gesamte Folgekapitel. Wir stellen darin eine Reihe ihrer Gesichtspunkte vor.

2. Mundan- oder Rechtsastrologie:
Länder durchlaufen wie Menschen und Planeten den Zyklus von Geburt, Leben und Tod. Wird cin Horoskop über den Stand der Gestirne zum Zeitpunkt der Entstehung einer Nation erstellt, (wie z. B. der 4. Juli 1776 für die Vereinigten Staaten von Amerika oder der 14. Mai 1948 für den Staat Israel) kann der Astrologe die Trends der nationalen Ereignisse des betreffenden Gebietes beurteilen. Man kann auf diese Weise Kriege, wirtschaftlichen Wohlstand oder Umwälzungen ablesen oder voraussagen.

3. Natur- oder meteorologische Astrologie:
Sie wird häufig in Verbindung mit der Mundanastrologie angewendet und beschäftigt sich mit Naturkatastrophen, wie z.B. Erdbeben, Flutwellen und Stürmen.

4. Landwirtschaftliche Astrologie:
Sie war vermutlich die erste Form der Astrologie, die sich der Mensch jemals anhand der Planetenbahnen (hauptsächlich der Mond- und Sonnenzyklen) zunutze gemacht hat. Selbstverständlich wird sie auch heute noch von Landwirten als Hilfe bei der Aussaat, Bestellung und Ernte des Getreides in Anspruch genommen.

5. Medizinische Astrologie:
Da alle Planeten und Tierkreiszeichen bestimmte Körperpartien und Organe sowie seelische Aspekte des Menschen repräsentieren, kann der geübte Astrologe die empfindlichsten und ebenso die widerstandsfähigsten Seiten der körperlichen und seelischen Konstitution eines Menschen feststellen. Hat er außerdem noch ein Studium als Arzt oder Heilpraktiker absolviert,

kann der astrologisch geschulte Mediziner die angemessene Behandlung verordnen, ohne seinen Patienten komplizierte und langwierige Untersuchungen zur Bestimmung der Krankheitsursache zuzumuten. Viele Psychologen und Psychiater (C. G. Jung, H. F Darling und Z. Dobbins zählen zu den berühmtesten Vertretern) erkannten den Wert der Verwendung des Geburtshoroskops bei der Behandlung ihrer Patienten. Ein gut ausgearbeitetes Radixhoroskop kann monatelange intensive Analysearbeit ersparen und dem Arzt zeigen, wann im Leben des Patienten mit schwierigen Phasen zu rechnen ist.

6. Stundenastrologie:
Diese Sparte des astrologischen Wissens bemüht sich um die Klärung einer Frage, die zu einem bestimmten Zeitpunkt gestellt wird. Die Fragen können folgendermaßen lauten: "Soll ich jetzt die Wohnung wechseln?", "Ist jetzt eine Gehaltserhöhung für mich dran?", "Ist der Wagen, den ich im Auge habe, ein guter Kauf?" usw.

7. Entscheidungsastrologie:
Hier handelt es sich um eine Unterabteilung der Stundenastrologie, denn sie versucht den günstigsten Zeitpunkt für die Durchführung eines Projektes, wie beispielsweise die Gründung eines Geschäftes oder die beste Urlaubszeit, festzustellen.

Außer den sieben oben erwähnten Studienbereichen, kann man die Astrologie in zwei größere Kategorien, die exoterische und die esoterische, aufteilen. Die erstgenannte setzt sich aus den sieben oben beschriebenen Disziplinen zusammen. Die esoterische Astrologie beschäftigt sich mit okkulten und mystischen Aspekten des Horoskops, die Einfluß auf den Menschen haben. Für den Neuling ist es nicht ratsam, sich der esoterischen Astrologie zuzuwenden, ohne daß er zuerst eine sichere Basis in der praktischeren Anwendung seines Studienfachs erworben hat. Es ist dennoch wichtig, daß Astrologiestudenten sich einen Eindruck über die tiefergehende Philosophie verschaffen, die der astrologischen Lehre zugrunde liegt, um sich höhere Einsichten anzueignen. In der Liste der Buchempfehlungen am Ende dieses Bandes sind bestimmte Bücher aufgeführt, in denen die Integration dieser beiden Ströme der Astrologie harmonisch gelungen ist.

Astrologie ist weder eine vollkommene Wissenschaft noch ist sie lediglich eine Kunstform, die durch die Intuition vieler Praktiker entstanden ist. Sie kombiniert bestimmte Elemente aus Wissenschaft, Kunst und Intuition und liefert daher ein einzigartiges Studiengebiet. Die Astrologie ist ein Diagnosewerkzeug, das dem Menschen gegeben wurde, damit er allmählich lernt, seine Wurzeln in der Unendlichkeit und die höheren Schöpfungsgesetze zu verstehen, denen er zu gehorchen hat. Aus diesem Grunde arbeitet man nicht um ihrer selbst willen mit Astrologie. Sie reicht ganz im Gegenteil weit über sich hinaus, denn die Planeten und Sterne sind nichts anderes als riesige, symbolische Gestirne, durch die komplizierte Wahrheiten des Universums ausgedrückt werden können.

3
Die Astrologie des Geburtshoroskopes

"Alles was zu einem bestimmten Zeitpunkt geboren oder getan wird, trägt die Eigenschaften dieses Augenblicks in sich." C. G. Jung

Nicht jeder Mensch ist ein geborener Astrologe, aber fast jeder verfügt über eine gewisse Fähigkeit, die astrologischen Prinzipien und Methoden der Selbsterforschung zu studieren. Durch die Beschäftigung mit dem Geburtshoroskop kann unter anderem das persönliche Potential an Talenten, das jeder Mensch mitbringt, offenkundig werden. In gewissen Fällen können angeborene Eigenschaften den betreffenden Personen öffentliche Anerkennung verschaffen. Viele Menschen haben künstlerisches Talent, trotzdem erreichen nur wenige den Bekanntheitsgrad von Cézanne, Renoir, Picasso oder Dali. Viele Leute sind naturwissenschaftlich begabt, dennoch gehören nur wenige zur Klasse von Einstein, Marconi oder Edison. Millionen von Männern und Frauen verlangen nach Macht und möchten über das Schicksal ihrer Mitmenschen bestimmen; gleichwohl nimmt nur eine geringe Anzahl von ihnen den Rang von Churchill, Napoleon oder Stalin ein.

Was unterscheidet einen Menschen so deutlich von einem anderen? Welche Eigenschaft läßt einige Leute zu Versagern werden und zeichnet andere als Genies aus? Astrologie ist eine der besten Methoden zur Beantwortung dieser Fragen. Studiert man die Bedeutung der Planeten und Tierkreiszeichen und eignet sich ein solides astrologisches Verständnis an, weiß man, welche Funktion sie im Geburtshoroskop einnehmen.

Um ein Radixhoroskop erstellen zu können, muß der Astrologe den genauen Planetenstand im Augenblick der Geburt des Betreffenden kennen sowie die exakte Position der Erde im Weltraum in Beziehung zum Tierkreis. Der Astrologe benötigt zur Berechnung eines Geburtshoroskops:

1. das Geburtsdatum des Klienten
2. Längen- und Breitengrad seines Geburtsortes
3. die Geburtszeit, so exakt wie möglich ermittelt

Je genauer diese Informationen sind, besonders der Zeitfaktor, desto präziser fällt die Deutung des Horoskops aus. Ein Kind gilt als geboren, sobald es seinen ersten Atemzug macht. In diesem Augenblick nimmt das Kind durch seinen lebensspendenden Atem sämtliche Energien des Kosmos aus der Umgebung in sich auf. Dieser Atemzug oder das Prana ist der erste Impuls der Lebenskraft, die den Startschuß auf dem Lebensweg des Kindes gibt, womit sein selbständiges Schicksal außerhalb des Mutterleibes beginnt. Die Auswertung des Geburtshoroskops eines Neugeborenen ist eine der schwierigsten Aufgaben, die einem Astrologen gestellt werden kann. Die besorgten Eltern sitzen mit Beschützermentalität vor dem Horoskop ihres Kindes und warten darauf zu hören, daß ihr Sohn ein starker Mann wird, der im öffentlichen Leben steht, oder daß ihre Tochter entweder einen solchen Mann heiraten wird oder selbst eine angesehene Frau wird.

"Ist mein Kind ein Genie? Sieht man in seinem Geburtshoroskop Hinweise auf Erfolg?" Dies sind zwei der Fragen, die gestellt werden könnten, auf die der Astrologe liebend gern antworten würde: "Ja, Sie haben ein großartiges Kind. Es ist dazu bestimmt, reich, berühmt und mächtig zu sein." In den meisten Fällen vermag er weder zutreffend noch mit Bestimmtheit die tatsächliche Verwirklichung dieser Eigenschaften im Leben des betreffenden Kindes vorauszusagen. Er kann die psychologischen Grundlagen des Individuums erkennen und persönliche Charakterzüge, berufliche Neigungen und weitere Verhaltensmerkmale feststellen. Der Astrologe verknüpft diese Informationen mit seiner Einschätzung des Milieus des Neugeborenen, wertet die Daten aus und trägt den Eltern seine Deutung vor.

Zieht man die Anzahl der geborenen Menschen in Betracht, so kommen die wahren Anzeichen für ein außergewöhnliches Leben höchst selten vor. Selbst wenn derartige Anlagen im Horoskop sichtbar sind, gibt es keine Garantie, daß sie verwirklicht werden. Jeder Mensch verfügt über ein gewisses Maß an freiem Willen, sich in der selbstgewählten Art und Weise zu entwickeln. Das Schicksal ist die bewußte Richtung der eigenen Lebensenergie und der späteren Vervollkommnung des persönlichen Charakters.

Die Auslegung des Geburtshoroskops eines Erwachsenen ist eine andere Sache. Die Persönlichkeit des reifen Individuums ist mehr oder weniger ausgeprägt, und seine Lebensaufgabe und gesellschaftliche Stellung sind ziemlich deutlich festgelegt. Der Astrologe schätzt intuitiv die entsprechende Bewußtseinsstufe seines Klienten ein und ist so imstande, das Geburtsbild auf eine Weise zu deuten, die für den Fragesteller am sinnvollsten ist.

Die Verflechtung intuitiver Eingebungen mit wissenschaftlichen Daten wirkt als Grundpfeiler, wenn man sich in irgendeinem Gebiet der Wissenschaft, sei dies nun naturwissenschaftlich oder okkult, etablieren will. Astrologische Nachforschungen beruhen genau wie chemische Untersuchungen auf einem System von Postulaten, Beweisen, Versuchen und Irrtümern. Die richtige Kombination chemischer oder alchemischer, physikalischer oder metaphysischer Elemente beruft sich auf eine jahrtausendealte Datensammlung. Astrologie gibt es nicht erst seit der "Morgendämmerung des Wassermannzeitalters".

Die Frage nach astrologischen Zwillingen wird wohl am häufigsten gestellt und fordert den Astrologen stets aufs neue zur Verteidigung seines selbstgewählten Fachgebietes heraus. Sie lautet: "Wie kommt es, daß zwei Personen, die zur gleichen Zeit und am gleichen Ort geboren wurden, ein gänzlich unterschiedliches Leben führen?" Auf diese Fragestellung gibt es mehrere richtige Antworten. Erstens, es gibt unterschiedliche sozioökonomische Umfelder, in die man hineingeboren wird. Die Jugend eines Bauernsohns wird anders verlaufen als die Erziehung eines Königssohns, auch wenn beide exakt zur selben Zeit am selben Ort geboren wurden.

Gesetzt den Fall, ein Astrologe untersuchte ihre Geburtshoroskope, die selbstverständlich identisch wären, ohne zu wissen, hinter welchem von beiden sich der Königs- oder Bauernsohn verbirgt; er könnte die beiden Geburtsbilder unmöglich voneinander unterscheiden. Wüßte er nun, daß es sich um das Horoskop des Prinzen handelt, könnte er die Sternenkonstellation hinsichtlich der königlichen Bestimmung deuten. In gleicher Weise könnte er ein eher weltlich betontes Leben im Falle des Bauernkindes erklären. Das Wunderbare an der Astrologie ist, daß sie in fast allen Seinsebenen in unterschiedlichen menschlichen Gesellschaftssystemen anwendbar ist. Es hängt von der Erfahrung und der Bewußtsseinstufe des Astrologen ab, welche die Grenzen des jeweiligen Zuständigkeitsradius ziehen.

Bei der Untersuchung von astrologischen Zwillingen beziehungsweise sämtlichen in Frage kommenden Geburtshoroskopen muß noch ein weiterer Faktor, nämlich die seelische Reife des Betreffenden, berücksichtigt werden.

Auf welcher Entwicklungsstufe steht er, wie hoch ist sein Grad an Erleuchtung? Die seelische Reife drückt sich nicht im Geburtsbild aus, nur ein medial begabter Astrologe könnte die Seelenentwicklung in Erfahrung bringen. Berücksichtigt man neben dem unterschiedlichen religiösen und kulturellen Umfeld noch die abweichenden Erbanlagen, läßt sich feststellen, daß es im Leben eines Menschen viele Faktoren gibt, die den divergierenden Lebensstil sogenannter "astrologischer Zwillinge" verursachen.

Das Geburtshoroskop darf nicht als endgültige Antwort auf die Fragen nach Schicksal, Benehmen oder Charakter eines Menschen verstanden werden. Hat man einmal die Sprache der Planeten gelernt, verfügt man über einen sehr praktischen Lebensratgeber. Wer mit den Himmelszyklen arbeitet, vermag aus seinen eigenen psychologischen Problemen zu lernen und dadurch die persönlichen Schwierigkeiten im Leben zu lindern. In gewisser Hinsicht kann das Verständnis der kosmischen Gesetze, die in den Grundsätzen der Astrologie enthalten sind, dazu beitragen, daß sich die eigenen potentiellen Fähigkeiten und Freuden vervielfachen.

Es gibt ein altes und oft zitiertes Sprichwort, das sicherlich vielen Lesern bekannt ist: "Die Sterne machen geneigt, doch sie zwingen nicht." Das bedeutet, wenn der Mensch über die Wirkungsweise gewisser Kräfte in ihm und um ihn herum Bescheid weiß, hat er die Fähigkeit, den weiteren Verlauf dieser Kräfte zu bestimmen. Mit der Zeit gelingt es dem Menschen, seine persönlichen Sterne zu meistern und seine Seele ins Licht zu führen.

> *"Sind die Sterne deine Diener? "Ja, wenn du dem Gesetz gehorchst, das auch sie befolgen."*
> Mundy, Cleopatra

4

Die Erde und ihre Bewegungen am Himmelsgewölbe

"Wer vor einem Forschungsgebiet zurückschreckt, das zu Recht verspricht, die Tore des Wissens weiter aufzustoßen, und wer sich aus Angst vor Schwierigkeiten oder feindseliger Kritik verkriecht, bringt der Wissenschaft Schande ein." Sir William Crookes

Bis uns die Erkenntnisse der drei großen Astrologen und Astronomen aus dem 16. Jh. Kopernikus, Galileo und Kepler vorlagen, herrschte im Volk und bei den Wissenschaftlern stets ein gewisses Maß an Verwirrung über die tatsächliche Gestalt der Erde. Viele unserer Vorfahren wußten, daß die Erde rund ist, und machten sich daran, den Beweis zu erbringen. Aristoteles behauptete, die Welt sei eine Kugel; erstens, weil sich der Stand der Sterne veränderte, wenn man entweder nach Süden oder Norden reiste (was durch die unterschiedlichen kreisrunden Breitengradbänder verdeutlicht wird, die sich um die Erde legen), und zweitens, weil im Falle einer Mondfinsternis ein bogenförmiger Erdschatten auf der Mondoberfläche sichtbar wurde.

Erastosthenes, ein Grieche aus Alexandrien, der ungefähr zweihundertfünfzig Jahre vor Christi Geburt lebte, übernahm die Ansicht von Aristoteles und ging mit dieser These einen Schritt weiter. Er fand eine Möglichkeit, wie man Umfang und Durchmesser der Erde errechnen konnte. Erastosthenes entdeckte, daß in der ägyptischen Stadt Syene (heute Assuan) ein bedeutsamer Brunnenschacht existierte. Genau zur Mittagszeit am Tag der Sommersonnenwende wurde der Grund dieser Quelle durch vertikal einfallende Sonnenstrahlen erhellt. Am selben Tag schien in Alexandrien die Sonne nicht im senkrechten Winkel, sondern warf beträchtliche Schatten. Mit Hilfe geometrischer Formeln, die andere Griechen vor seiner Zeit entwickelt hatten, errechnete Erastosthenes, daß sich die Einfallswinkel der

Sonne an diesen Orten um ein Fünfzigstel des Kreisumfangs unterschieden. Er multiplizierte die Zahl 500 (entspricht der Entfernung, in Kilometern gemessen zwischen Syene und Alexandrien) mit 80,45 und kam zu dem Ergebnis von 40 225 Kilometern, als der ungefähren Strecke des Erdumfangs. Jüngste Messungen ergeben, daß der Umfang des Erdäquators exakt 40 067,31 Kilometer beträgt! Den ungefähren Erddurchmesser errechnete er ebenfalls und kam auf das Ergebnis von 12 872 Kilometern (während er tatsächlich 12 738,45 Kilometer beträgt). Die tatsächliche Maßeinheit, mit der Erastosthenes rechnete, hatte die Bezeichnung Stadium (Stadia in der Pluralform). Zur Vereinfachung haben wir seine Zahlenwerte in die entsprechende Kilometer-Maßeinheit umgerechnet. Spätere griechische Mathematiker machten sich seine Erkenntnisse zunutze und stellten Berechnungen zur Bestimmung der Entfernung zwischen Erde und Mond an. Sie kamen auf einige erstaunlich genaue Zahlenwerte.

Während des finsteren Mittelalters wurde das Licht der Weisheit, welches das antike Griechenland erhellt hatte, mit dem Schatten unwissenden Aberglaubens verdunkelt. In den Köpfen der meisten Menschen wurde die Erde wieder zur Scheibe, und erst ab dem Zeitpunkt, als Kolumbus die Welt umsegelte, wurde die Theorie, daß unsere Welt kugelförmig beschaffen sei, allmählich wieder aufgenommen und später bewiesen, bis alle Zweifel ausgeräumt waren.

Ein weiteres entscheidendes Thema über die Stellung der Erde im übrigen Universum hat jahrtausendelang Stoff für Kontroversen geliefert: Kreist die Erde um die Sonne, oder drehen die Sonne und die Planeten sich um die Erde? Natürlich hat die Astronomie schon vor fünfhundert Jahren diese Frage eindeutig mit dem heliozentrischen Modell beantwortet.

Beim Studium der Astrologie kommt diese zweite große Streitfrage jedoch scheinbar erneut zum Vorschein. Das Horoskop spiegelt deutlich, daß die Erde rund ist, doch irgendwie demonstriert es zugleich, daß die Erde innerhalb des Sonnensystems als Zentrum gesehen wird und daß sich die Sonne noch immer um die Erde dreht! Wie ist es möglich, daß die sogenannte "moderne" Astrologie als brauchbare Methode zur Entwicklung der höheren mentalen Fähigkeiten gilt, wenn sie offensichtlich noch immer im archaischen Gedankengut des Mittelalters festhängt? Der künftige Astrologiestudent möge sich durch diesen Einwand nicht allzu sehr verunsichern lassen, noch soll sich der Zyniker aufgrund dieses eindeutigen Anachronismus schadenfroh die Hände reiben. Alle Astrologen wissen, daß unser Sonnensystem nicht geozentrisch (um die Erde kreisend), sondern heliozentrisch (um die Sonne kreisend) aufgebaut ist. Was sonst ist jedoch die Astrologie, wenn nicht nach Aussage von R. W. Emerson, "...eine auf die Erde bezogene Astronomie, die zugunsten der menschlichen Anliegen ausgeübt wird"?

Unser Hauptaugenmerk besteht darin, die Gesetze des Universums auf die Erde zu bringen, damit jeder Mensch sie praktisch anwenden kann. Aus diesem Grunde ist ein Geburtshoroskop so angelegt, als ob alle Planeten um die Erde kreisten, denn es ist ihr Einfluß auf uns Menschen und nicht auf die Sonne, der den Astrologen interessiert. Die scheinbare Umlaufbahn der Sonne um die Erde bezeichnet man als Ekliptik. In Wirklichkeit handelt es sich dabei um die Ebene, auf der die Erde um die Sonne kreist. Die Astrologie ist eine metaphysische, okkulte Wissenschaft; sie ist keine Naturwissenschaft, nicht Astrophysik. Diese Aussage stellt keineswegs die Gesetzmäßigkeiten in Frage, welche die Astronomen über die Beziehung unter den Himmelskörpern formuliert haben. Im Gegenteil, der Astrologe macht sich viele der astronomischen Entdeckungen zunutze, verwendet sie allerdings im Rahmen seiner jeweiligen astrologischen Zielsetzung. Die heutige Astrologie geht nicht wie in den vergangenen Jahrhunderten Hand in Hand mit der Astronomie und sollte deshalb nicht mit dem gleichen Maßstab rationaler Beweise beurteilt werden, wie es bei naturwissenschaftlichen Disziplinen üblich ist. Carl Gustav Jung, der große Psychologe, sagte: "Aus wissenschaftlicher Sicht ist die Beweisführung, daß astrologische Wechselwirkungen den (naturwissenschaftlichen) Gesetzen entsprechen, fast aussichtslos." Als philosophische Lehre und praktische Lebenshilfe stimmt Astrologie allerdings mit den metaphysischen Gesetzen überein. Falls die astrologische Lehre sich überhaupt beurteilen läßt, muß man sie in bezug auf die erwähnten Gesetzmäßigkeiten sehen und nicht aus der Warte der Kritiker, die sie verunglimpfen, sich jedoch nie der Mühe unterzogen haben, sie von innen zu untersuchen. Als der Astronom Edmund Halley (Entdecker des berühmten Kometen, der nach ihm benannt wurde) Isaac Newtons Interesse an Astrologie verspottete, entgegnete dieser: "Sir, ich habe dieses Fach studiert, Sie nicht!"

Am besten läßt sich die Gültigkeit der Astrologie mit der Tatsache beweisen, daß sie innerhalb ihres selbstgesteckten Rahmens perfekt funktioniert, wenn sie innerhalb ihrer eigenen Struktur geprüft wird. Wer jedoch nur die Vorteile der Astrologie rühmt, ohne gleichzeitig ihre Schwächen anzuerkennen, ist fast ebenso voreingenommen gegenüber der Wahrheit wie jene uneinsichtigen Zeitgenossen, die ihr in Bausch und Bogen alle Glaubwürdigkeit absprechen. Doch nun zurück zum Thema.

Ein beträchtlicher Teil aller astrologischen Tätigkeiten basiert auf Enthüllungen physikalischer Gesetze, mit denen uns die Astronomie bekannt gemacht hat. Damit sich unser Verhältnis zur Astrologie noch mehr erweitert und klärt, besprechen wir im folgenden einige dieser Beziehungen.

Häufig werden wir Astrologen gefragt, warum wir die Einflüsse vieler Sterne unserer Galaxie oder die Wirkung anderer Galaxien auf uns nicht auch berücksichtigen. In der astrologischen Praxis benutzt man die Positionen der erdnahen Sterne. Es gibt klassische Deutungskonzepte für den jeweiligen Stand der Planeten im Horoskop. Der moderne Astrologe beschäftigt sich jedoch viel stärker mit unserer unmittelbaren planetarischen Familie als mit den entfernteren Sternverwandten. Er versteht Sonne, Erde, Mond und die Planeten als eine kosmische Einheit, welche die Gesamtheit des menschlichen Erfahrungsschatzes aus der Geschichte unseres Erdballs bis heute widerspiegelt. Je intensiver wir die verschiedenen Aspekte der Astrologie studieren, desto besser können wir dieses Konzept nachvollziehen.

Die Beziehung zwischen Erde und Sonne ist für alle irdischen Lebensvorgänge von großer Bedeutung. Um diesen astronomischen Aspekt innerhalb des astrologischen Konzepts besser verstehen zu können, müssen wir die unterschiedlichen Bewegungsarten der Erde untersuchen, die sie auf ihrer Reise durch den Weltraum ausführt.

Unter den acht Grundbewegungsarten der Erde sind zwei von entscheidender Bedeutung, weil sie direkten Einfluß auf uns ausüben.

1. Die Rotation der Erde um ihre eigene Achse hat den Wechsel von Tag und Nacht zur Folge.

2. Die Erde umkreist einmal im Jahresrhythmus die Sonne, woraus die vier Jahreszeiten mit unterschiedlicher Witterung hervorgehen, die ihrerseits die Lebensbedingungen aller Völker der Erde beeinflussen.

Der Winkel, in dem die Strahlen der Sonne an den verschiedenen Breitengraden der Erdoberfläche auftreffen, ist die Hauptursache für die Unterschiede der Jahreszeiten. Der Wechsel der Jahreszeiten beruht auf der 23,5 Grad-Neigung der Erdachse. Ihr nördlicher Pol weist stets auf Polaris, den Polarstern. Die Richtung des Neigungswinkels der Erde verändert sich jedoch durch ihre Bewegungen in bezug auf den relativ unveränderten Sonnenstand. So erklärt es sich, daß die nördliche Hemisphäre zur Zeit der Sommersonnenwende (um den 21. Juni) der direkten Sonnenbestrahlung stärker ausgesetzt ist als während der Wintersonnenwende (um den 21. Dezember), wo die südliche Erdhalbkugel unter intensiverer Sonneneinwirkung steht.

Anders ausgedrückt: treffen die Strahlen der Sonne im senkrechten Einfallswinkel auf eine Region, ist dort mehr Sonnenenergie vorhanden, dadurch erhöhen sich die Temperatur und die Helligkeit. Bei einem schrägeren Einfallswinkel, wie es z.B. im Winter in Chicago oder New York der Fall ist, verteilen sich Hitze und Licht über ein größeres Gebiet, deshalb verringert sich die Menge an Sonnenenergie, die den einzelnen Orten zuteil wird.

Es gibt noch eine dritte Bewegungart der Erde, die unter der Bezeichnung "Präzession" bekannt ist. Für die Studenten der Astrologie und Astronomie ist sie von besonderem Interesse. Die Präzession kommt durch die Beziehung der Erde zu Sonne und Mond zustande. Blickt man vom Weltraum auf die Erde, erscheint sie nicht als vollkommene Kugel, sondern hat eher die Gestalt einer Mandarine. An den Polkappen ist sie flach, und sie wölbt sich im Bereich ihres Bauchgürtels, am Äquator. Die Schwerkraft des Mondes und in geringerem Maße die Anziehungskraft der Sonne veranlassen die Erde, wie ein trudelnder Deckel zu kreiseln. Die Erde ist gezwungen, sich torkelnd zu bewegen, damit sie ihre relative Position im Weltraum aufrechterhalten kann. Demzufolge bleibt die Erde auf ihrer jährlichen Reise durch den Tierkreis ungefähr 50 Bogensekunden zurück. Deshalb erreicht sie am Ende ihrer 365-tägigen Umlaufbahn rund um die Sonne nicht exakt den gleichen Ausgangspunkt, von wo aus sie ihre Jahresreise angetreten hat. Sie kehrt fast eine Bogenminute früher an eine bestimmte Stelle im Weltraum zurück. Der ständige Rückgang vom Ausgangspunkt des astrologischen Jahres, dem Frühlingsäquinoktium, verursacht die Aufeinanderfolge der Weltzeitalter; sie wechseln beispielsweise vom Widderzeitalter zum Fischezeitalter und zum Wassermannzeitalter, ad infinitum. (Ein Bogengrad = 60 (Bogen)minuten = 60 (Bogen)sekunden. Bitte verwechseln Sie diese Maßeinheiten nicht mit Minuten und Sekunden der Zeitmessung.)

Die Gesamtdauer der Präzession nimmt ungefähr 26 000 Jahre in Anspruch. In diesem Zeitraum durchläuft die Erde zwölf Weltzeitalter. Diesen kosmischen Zyklus bezeichnen die Astrologen als "Weltjahr". Im Verlauf eines Weltjahres folgen der Nord- und Südpol einer Kreisspur im Weltraum. Während einer Periode von 26 000 Jahren kommt es vor, daß sich der Polarstern viermal verändert, da sich die Erdachse so deutlich neigt, daß sich der Nordpol auch auf andere Sterne, außer auf den gegenwärtigen namens

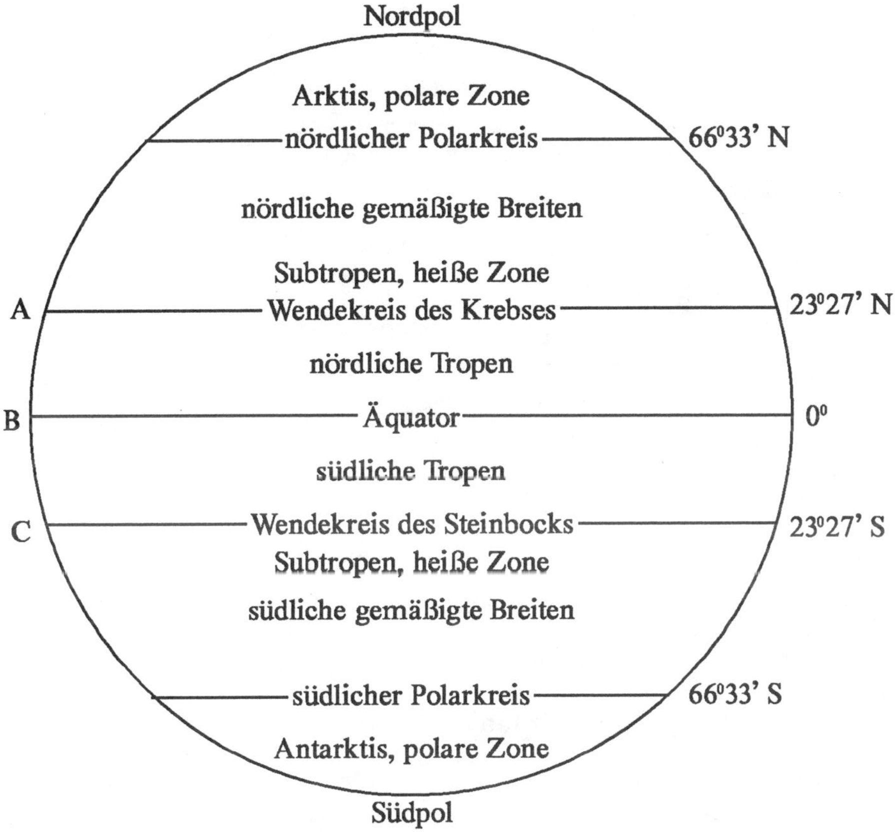

Die Sonne steht senkrecht bei:
A: zur Sommersonnenwende
B: zur Tag- und Nacht-Gleiche
C: zur Wintersonnenwende

Während die Erde im Verlauf eines Jahres um die Sonne kreist, steht diese aufgrund der geneigten Erdachse innerhalb der Breitengradzone 23°27' N bis 23°27' S an jedem Ort zweimal genau senkrecht. Die verschiedenen Zonen der Erdoberfläche werden im Rhythmus der Jahreszeiten unterschiedlich stark von der Sonne bestrahlt. Jeweils zu festgelegten Zeiten erhalten sie ein Höchstmaß an direkter Sonnenbestrahlung. So entstehen die Jahreszeiten und Klimazonen (vgl. S. 26).

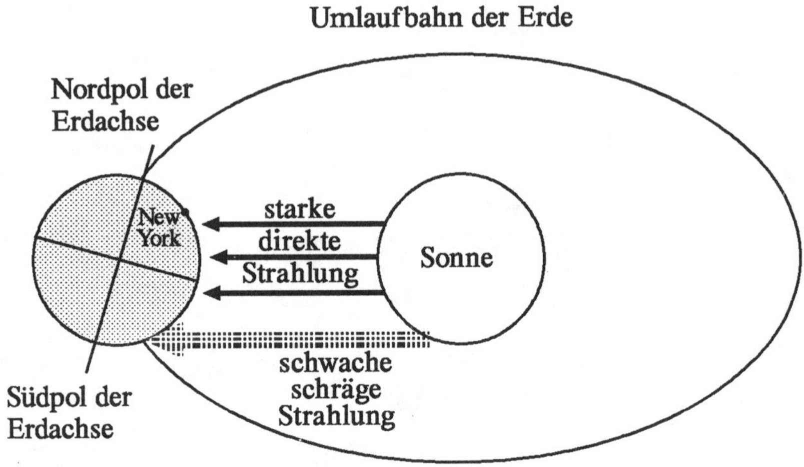

Der Sommer der Nordhalbkugel

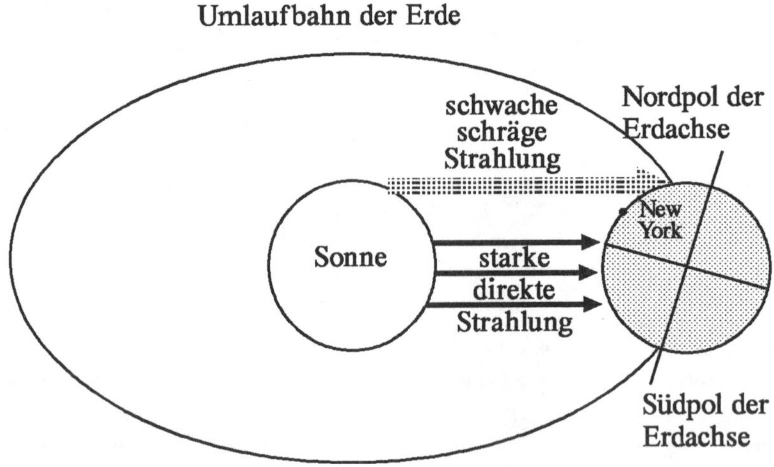

Der Winter der Nordhalbkugel

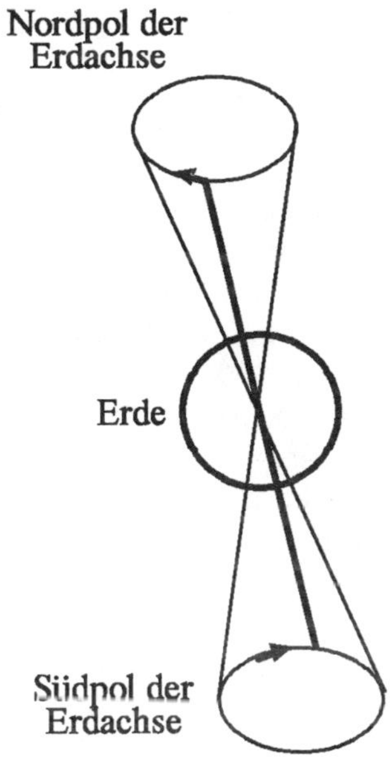

Kreise der Präzession in einem 26 000 Jahres-Zyklus

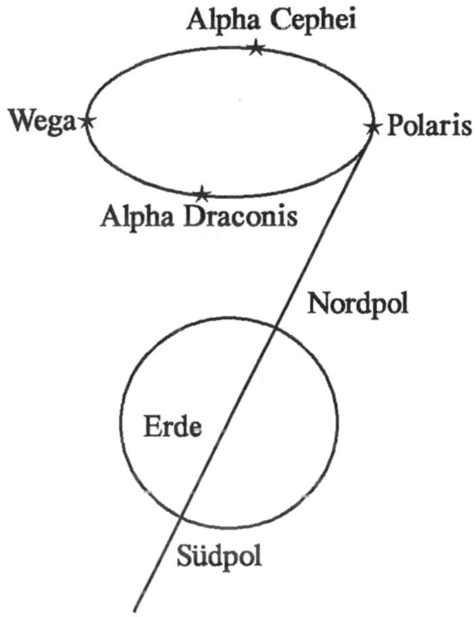

Wechsel des Polarsterns in einem 26 000 Jahres-Zyklus

Polaris, richtet. Im Jahre 3000 v. Chr. hieß unser Polarstern Alpha Draconis. Im Jahre 7500 n. Chr. wird der Erdnordpol auf den Stern Alpha Cephei weisen. Im Jahre 14000 n. Chr. wird es die Wega sein, und im Jahre 28000 n. Chr. wird wiederum Polaris unser Nordstern sein.

Zwei von den fünf anderen Bewegungsarten der Erde (Nutation und Mutation) sind für den Astrologieschüler nur von sekundärer Bedeutung und erfordern technisches Verständnis. Es ist unnötig, sie im vorliegenden Kontext zu behandeln. Die restlichen drei Erdbewegungsarten stellen wir vor, weil die Leser sich dadurch einen Eindruck über die Größe des unendlichen Kosmos verschaffen können, obwohl ihre unmittelbare Wirkung auf unser Leben wenig offensichtlich ist. Diese drei Bewegungen untermauern außerdem die Prinzipien, die mit dem universal gültigen Lehrsatz "Wie oben, so unten" auf einen Nenner gebracht wurden.

Obwohl wir die Sonne als "Fix"stern betrachten, ist ihre Position keineswegs unbeweglich. Sie verhält sich nur aus der Sicht der Erdumkreisung still. Die Sonne dreht sich in Wirklichkeit um ihre eigene Achse und reist auf einer festgelegten Umlaufbahn im Weltraum. Die Erde muß der Sonne auf all ihren Wegen folgen, und wir befinden uns mit ihr auf einer ziemlich ausgedehnten Reise.

Zunächst einmal bewegt sich die Sonne zusammen mit ihren lokalen Sternhaufen mit einer Geschwindigkeit von 19,3 Kilometern pro Sekunde durch unsere Galaxie der Milchstraße in Richtung auf die Konstellation Herkules. Außerdem folgt die Sonne einer Umlaufbahn um den Mittelpunkt unserer Galaxie. Die Dauer eines "Sonnenjahres" entspricht 200 Millionen irdischer Jahre. So viel Zeit nimmt ein Sonnenumlauf in Anspruch! Sie bewegt sich nicht langsam durch den Weltraum, sondern eilt mit einer Schnelligkeit von 241 Kilometern pro Sekunde voran (im Vergleich dazu beträgt die Geschwindigkeit der Erde nur 29,7 Kilometer pro Sekunde). Es ist uns bekannt, daß die Sonne nur ein Stern aus Hunderten von Millionen Sternen unserer Galaxie ist. Das Riesenrad der Sonnen folgt ebenfalls einer definitiven Reiseroute durch den Raum, denn das Universelle Denken legt all seinen Schöpfungen einen geordneten geometrischen Plan zugrunde.

Die Galaxie der Milchstraße und ihre ungefähr 2 500 Nachbargalaxien bewegen sich nach Conklin ("The Earth", Life Nature Library) mit einer Geschwindigkeit von 579 240 Kilometern pro Stunde Richtung Jagdhund-Konstellation! Vielleicht verblüfft es Sie, doch die Vorstellung der Tatsache kommt sicher nicht überraschend, daß diese Supergalaxie womöglich ebenfalls innerhalb einer noch größeren Einheit der kosmischen Ordnung einer Umlaufbahn folgt.

Die acht Bewegungsarten der Erde:

1. Axiale Umdrehung: verursacht den Wechsel von Tag und Nacht.
2. Orbitale Umdrehung: Rotation um die Sonne im Jahresrhythmus.
3. Präzessionsbewegung: verursacht den Wechsel der Polarsterne und der astrologischen Weltzeitalter.
4. und 5. Nutation und Mutation (baryzentrische Bewegungen)
6. Indirekte Erdbewegung, die durch die Umlaufbahn der Sonne innerhalb ihres benachbarten Sternenhaufens ausgelöst wird.
7. Indirekte Erdbewegung, hervorgerufen durch die Umlaufbahn der Sonne um den Mittelpunkt der Milchstraßen-Galaxie.
8. Indirekte Erdbewegung, die durch die galaktische Umdrehung Richtung Jagdhund-Konstellation zustandekommt.

5
Die Erde, die Elemente und die Dreiecke

"Am Anfang schuf Gott Himmel und Erde. Und die Erde war wüst und leer, und es war finster über den Tiefen; und der Geist Gottes schwebte auf dem Wasser. Und Gott sprach: Es werde Licht! Und es ward Licht."
Genesis 1, 1-3

Als Junge habe ich mir bei der Betrachtung der Unendlichkeit des Universums den Kopf zermartert. Ich habe in den Sternenhimmel geschaut und mich mit folgenden Rätseln beschäftigt: Wenn der Kosmos eine Kugel ist, was liegt dann außerhalb? Was ist das absolute Nichts? In welche Richtung expandiert das Universum, falls es endlos weitergeht? Wie hat alles begonnen, und wird die Schöpfung jemals zu Ende gehen?

Als Erwachsener nahm ich meinen Platz im unendlichen Lebensgeschehen ein. Ich kam zu der Überzeugung, daß ich nur dann Antworten auf meine Fragen finden würde, wenn ich selbst die Antworten bin. Oder anders ausgedrückt, der Mensch vermag das Universum erst dann wirklich zu verstehen, wenn er Allbewußtsein erlangt hat. Deshalb muß jeder Mensch, der das Wesen des Universums in Frage stellt, und dies betrifft nahezu jeden, eine Möglichkeit oder einen Weg finden, sein eigenes Bewußtsein und damit sein gesamtes Sein zu erweitern.

Beschäftigt man sich mit Astrologie, genügt es nicht, nur über den physischen Aufbau des Universums Bescheid zu wissen, man muß sich auch dessen metaphysischen Aspekten widmen. Wenn wir eine umfassendere Sicht des Universums erlangen wollen, müssen die beiden Lebensströme, der physische und der metaphysische Aspekt, Astronomie und Astrologie, Hand in Hand gehen. Die okkulten Wissenschaften lehren die zugrundeliegenden universalen Gesetze und Strukturen, die Naturwissenschaften erklären die materiellen Erscheinungsformen. Es muß uns stets bewußt sein, daß das materielle Universum nicht die einzige Existenzform ist. Es gibt riesige unsichtbare Manifestationsebenen, welche die Lebensprozesse der Schöpfung in Gang halten. Die Instrumente der modernen Physik sind außerstande, sie nachzuweisen. Diesem Denkmodell haftet nichts Mystisches an. Haben nicht Bakterien oder Einzeller in einer unsichtbaren Welt existiert, bis sie mit Hilfe des Mikroskops entdeckt wurden? Waren die Planeten Uranus, Neptun und Pluto bis zur Erfindung des Teleskops nicht in einer unsichtbaren Welt verborgen? Ist es uns Menschen denn möglich gewesen, Röntgenstrahlen und Strahlen des Weltraums zu sehen, solange die Instrumente noch nicht erfunden waren, die sie ausfindig machen und messen konnten? Mit der menschlichen Entwicklung geht auch der wissenschaftliche Fortschritt einher. Wir können damit rechnen, daß noch viele unsichtbare Welten zum Vorschein kommen werden, es werden jedoch niemals alle Geheimnisse des Universums erklärbar sein.

Es gibt eine Reihe wissenschaftlicher Theorien über die Entstehung unseres Sonnensystems. Im Gegensatz dazu meint der Okkultist, es sei weiter nichts als eine Idee, dem göttlichen Denken entsprungen. Er zeigt wenig Interesse am tatsächlichen physikalischen Entstehen des Sonnensystems. Ihm liegt mehr daran herauszufinden, aus welchem Grund es geschaffen wurde und welche Rolle beispielsweise jene Lebewesen, die in unsere Planetenregion geboren werden, im Entwicklungsgeschehen des Gesamtplans spielen; er interessiert sich nicht dafür, aufgrund welcher physikalischer Prozesse sich die verschiedenen Gase verdichtet haben, um Sonne, Planeten, Monde, Kometen und Asteroiden unserer kosmischen Familie zu bilden.

Von den Chemikern wissen wir, daß mehr als hundert natürliche Elemente auf der Erde vorkommen: Sauerstoff, Kohlenstoff, Gold, Uran usw. Der Astrologe geht der Frage nach, wie universale Kräfte in der Menschheit wirken, und postuliert, daß es fünf kosmische Elemente gibt: Äther (oder Raum), Feuer, Erde, Luft und Wasser. Am Anfang unseres Astrologiestudiums beschäftigen wir uns mit diesen fünf Elementen.

Äther ist die Substanz, aus der die vier anderen Elemente stammen. Er ist die "Urflut", die in dem oben angeführten Bibelzitat aus der Genesis erwähnt wird. Der Urstoff Äther durchdringt die gesamte Schöpfung, aus ihm entspringen alle Existenzformen, und er stellt die Basis aller Galaxien, Sterne, Planeten und Tierkreiszeichen dar. Äther ist im Grunde genommen die Ursubstanz, aus der alle nachfolgenden Erscheinungsformen der Schöpfung hervorgingen.

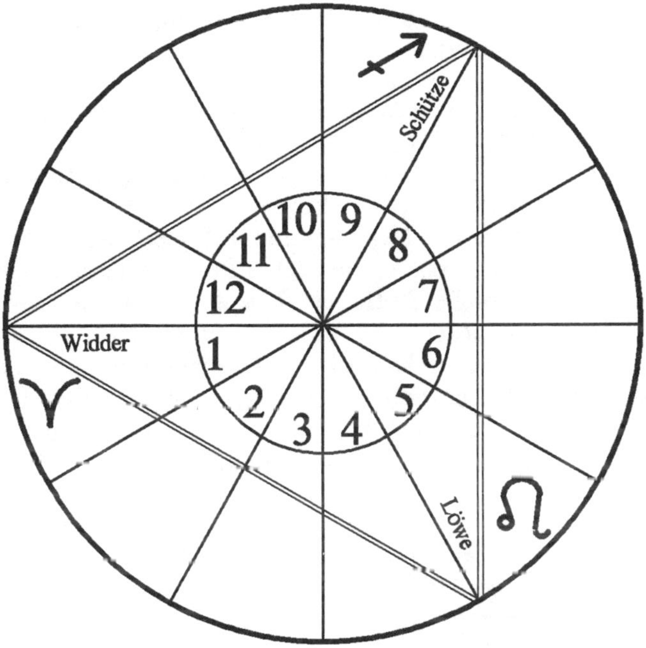

Das Feuer-Dreieck

Bei näherer Betrachtung der zwölf Zeichen des Tierkreises stellen wir fest, daß sie in drei Kategorien fallen: Geschlecht, Eigenschaften und Elemente. Im Kapitel 6 besprechen wir die beiden erstgenannten Klassifizierungen. Die dritte Kategorie umfaßt die Elemente Feuer, Erde, Luft und Wasser. Jedem Element sind drei Tierkreiszeichen zugeordnet, die an ihrer Beschaffenheit teilhaben. Die vier Gruppen aus je drei Tierkreiszeichen nennen wir "Dreiecke" (Triaden).

Das Feuer-Dreieck

Das Element Feuer ist sehr wertvoll für den Menschen. Er benutzt es, um seine Mahlzeiten zu kochen, seine Wohnung zu heizen und eine behagliche, angenehme Atmosphäre zu verbreiten. Außerdem kann es zur Entsorgung unseres Abfalls verwendet werden und alles Überflüssige zu Asche verbrennen. Das Feuer hat eine besondere Eigenschaft, die ihm fast eine hypnotische Kraft verleiht. Wie gern sehen wir stundenlang gebannt in die lodernden Flammen des Kamins? Die unterschiedlichen Formen und Farbschattierungen der Flammen ziehen uns magnetisch an, während es den Brennstoff verzehrt, der es unterhält.

Dennoch wissen wir alle, so praktisch das Element Feuer auch sein mag, daß es auch sehr gefährlich sein kann. Achten wir nicht auf das Feuer, kann es Essen, Körper oder Häuser verbrennen, und alle Besitztümer der Menschen, Wälder und Rohstoffe können ein Raub der Flammen werden. Feuer verlöscht erst, wenn es keine Nahrung mehr findet. Die Hitze des Feuers nimmt zu, je nach der Art des verwendeten Brennmaterials. Als erstes verbrennt es leicht entzündliche Stoffe, erreicht durch fortwährende Selbstentzündungen hohe Temperaturen, ehe es schwerer entflammbare Substanzen in Angriff nimmt. Das Feuer kennt keine Grenzen und kann fast grenzenlos Hitze und Licht vermehren. Dieses Element ist wahllos und muß unablässig überwacht und reguliert werden, um zu verhüten, daß es Schaden anrichtet oder gar unser eigenes Leben zunichte macht.

Auf anderer Ebene sprechen wir vom Feuer als der Kraft des Geistes. Das bedeutet, die Urkraft des schöpferischen Prozesses manifestiert sich in der feurigen Triade. Feuer ist der Drang zu leben, der Lebenswille. Besonders im Zeichen Widder bewegt es das Individuum dazu, sich bewußt von der übrigen Menschheit abzuheben. Das Element Feuer steht als belebende Kraft hinter der individuellen Selbstbehauptung des Horoskopeigners.

Im positiven Sinne drückt es sich bei feurigen Menschen aus (in ihrem Horoskop steht beispielsweise die Sonne, der Mond, der Aszendent oder eine Häufung von Planeten in einem Feuerzeichen), wenn sie andere begeistern, sehr hohe moralische und religiöse Ideale vertreten, schöpferisch tätig sind und Initiative und Mut zeigen. In negativer Weise neigen feuerbesetzte Personen dazu, sich selbstsüchtig, egozentrisch, tollkühn und opportunistisch zu verhalten. Sie geben ihren Leidenschaften gerne nach und neigen zu Gefühlsausbrüchen.

Da sich ein Geburtsbild aus vielen Faktoren zusammensetzt, ist es unmöglich, eine umfassende Charakterbeurteilung des Horoskopeigners auf der Grundlage eines bestimmten Elementes durchzuführen, selbst wenn es überwiegt. Nur durch sorgfältige Synthese sämtlicher Elemente des fraglichen Horoskops kann man die unterschiedlichen Stärken und Schwächen, Begabungen und Schwierigkeiten einer Person aufdecken. Wie erfahren und begabt ein Astrologe ist, zeigt sich anhand seiner Fähigkeit, sämtliche wirksamen Kräfte zu einem einheitlichen Gesamtbild zusammenzufassen, das die Wesensart und das schöpferische Potential des Betreffenden wiedergibt.

Leitbegriffe des Feuerelements

positive Eigenschaften	*negative Eigenschaften*
mutig und selbstbewußt	unbarmherzig und überheblich
idealistisch und visionär	Eiferer oder Fanatiker
hilfsbereit und freundlich	autoritäres Verhalten
kreativen Selbstausdruck anregend	die Leistungen anderer vernichtend
aktive Lebenskraft	die Lebenskraft durch sinnliche Ausschweifungen vergeudend
inbrünstig und stark	hemmungslos und laut

Das Erd-Dreieck

Die Erde ist der Lebensraum, in dem die unendlich komplexen Abläufe der Schöpfung und Evolution sich in zahlreichen körperlichen Formen entfalten. Die Besonderheiten des Lebens, die überall sichtbar sind, die Ziele, für die unsere Gesellschaft eintritt, sowie die Mittel, welche die Erde uns zur Verfügung stellt, damit ihre Zwecke erfüllt werden, gehen mit dem Wachstum und der Entwicklung unseres Planeten einher. Unabhängig davon, welchem Tierkreiszeichen wir angehören, sollte unsere besondere Aufmerksamkeit dem Element Erde gelten, weil seine Eigenschaften in großem Maße unsere gesellschaftlichen Aktivitäten und Lebensabsichten bestimmen.

Es wird somit verständlich, daß Menschen aller Tierkreiszeichen und sozioökonomischer Schichten materiellen Besitz sowie gesellschaftlichen Einfluß und Macht anstreben. Zwar hegen wir alle bis zu einem gewissen Grad diese Wünsche, dennoch machen sie sich bei denjenigen, die unter deutlichem Einfluß der Zeichen Stier, Jungfrau und Steinbock stehen, besonders stark bemerkbar. Feuerbestimmte Menschen können viel eher nach idealistischen Grundsätzen leben, luftige Menschen schweben häufig in der Stratosphäre, im Gegensatz dazu sind erdbestimmte Zeitgenossen jedoch praktisch veranlagt, vorsichtig und bringen großes Verständnis für das menschliche Streben nach materieller Sicherheit und irdischen Genüssen auf.

Die Erde ist unter sich selbst begraben. Lediglich ihre obersten Schichten sind den Naturkräften Sonne, Wind und Regen ausgesetzt. Wie tief ist die

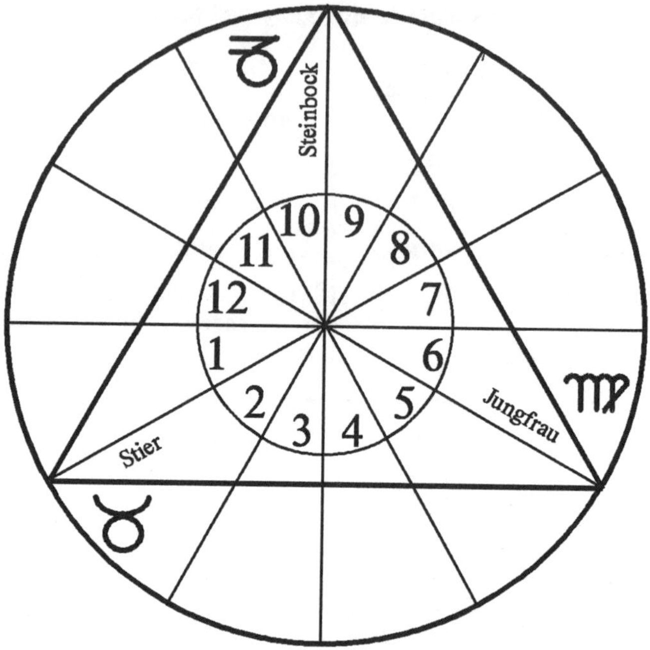

Das Erd-Dreieck

Erde? Wie viele Schichten organischer Materie sind verwest und haben auf diese Weise seit ihrer Entstehung ihre Tiefgründigkeit noch verstärkt? Wie viele Berge sind eingestürzt, nur um noch tiefer in die Erdmasse einzusinken und von anderen Bergen begraben zu werden?

Wir und viele Arten von Tieren und Pflanzen sind auf den Erdboden angewiesen, um uns nähren zu können und uns wohlzufühlen. Dennoch verschmutzen wir sie, verwunden ihre Oberfläche mit Bombenkratern, verbrennen riesige Wälder und sehen zu, wie ihr fruchtbarer Boden versteppt. Es hat den Anschein, daß die Erde diesen Mißbrauch ziemlich gelassen hinnimmt und alles in ihren ungeheuer großen Körper aufnimmt. Doch hin und wieder begehrt sie auf, und Zehntausende von Lebewesen gehen zugrunde, wenn sie in periodischen Abständen zittert und bebt. Aus diesem Grunde läßt sich nur schwer voraussagen, was mit der Erde geschehen wird. Sie erlaubt dem Menschen, seine Zivilisationen auf ihr zu bauen, sie zu benützen und ihre scheinbar unbegrenzten Rohstoffe auszubeuten, um dann plötzlich in wenigen Augenblicken oder Stunden alle Lebewesen und Besitztümer in ihren riesigen Bauch zurückzuholen. So wurde uns wiederholte Male bewiesen, daß materielle Sicherheit nur eine Illusion ist, die uns die Erde vorgaukelt.

Doch der Mensch baut wieder auf und lernt die Lektionen, die für seine höchste Entwicklung notwendig sind, nur durch seine Erfahrungen auf Erden. Der stärkste menschliche Instinkt ist der Lebenswille. Durch diesen Drang versucht der Mensch unverzüglich, etwas Substanzielles aufzubauen, um so seine Existenz zu beweisen. Feuermenschen erfüllen diesen Drang am liebsten, indem sie sich fortpflanzen; Luftmenschen errichten eine Gesellschaft, die sich auf eine politische Theorie stützt; Wassermenschen beweisen durch ihre starke Gefühlswelt eine großartige Schaffenskraft; erdbetonte Menschen häufen materiellen Besitz an und kümmern sich um den physischen Aspekt der Menschheit; sie sorgen real für den Aufbau von Industrien und Wohnhäusern sowie für die Pflege des menschlichen Körpers.

Deshalb bezeichnen wir das Erdelement als aufbauende, formgebende Kraft. Im Stier äußert sich dies als tatsächlicher persönlicher Besitz, in der Jungfrau als Arbeitsplatz und Dienstleistung, im Steinbock als Einfluß in Regierungs- oder Wirtschaftsangelegenheiten oder als gesellschaftliches Ansehen. Alle drei Erdzeichen teilen viele gemeinsame Wesenszüge. In positiver Weise äußert sich dies als Umsicht, Langzeitplanung, Durchhaltevermögen, Erfolgsstreben und natürlich als praktische Veranlagung. Erdbetonte Menschen mit negativer Tendenz können zu anspruchsvoll, melancholisch, habgierig und ängstlich sein.

Leitbegriffe des Erdelements

positive Eigenschaften	*negative Eigenschaften*
fürsorglich	hortet Besitz
ermutigend	kontrolliert
tiefes mitfühlendes Verständnis	Mangel an echtem Mitgefühl
pragmatisch	manipuliert durch Geheimnisse
erfaßt die Möglichkeiten	erzkonservativ
feinfühlig, taktvoll	grob und vierschrötig

Das Luft-Dreieck

Wir bezeichnen die Luft als "kollektives" Element, denn alle Menschen auf unserem Planeten sind durch die Luft, die wir atmen, miteinander verbunden. Obwohl sie unsichtbar ist, hält ihre Kraft uns Menschen am Leben, und zugleich bildet die Atmosphäre einen Schutzschild rund um den Erdball. Die Erde wird unablässig mit Partikeln aus dem Weltraum bombardiert. Noch bevor sie irgendeinen Schaden anrichten können, wird der größte Teil der kosmischen Strahlung, der radioaktiven Partikel und Meteoritenstücke entweder von unserer Atmosphäre verschluckt, reflektiert oder verbrannt. Sie dient der Erde als Isoliermantel, der Sonnenwärme speichert, damit sie nicht ins Weltall zurückstrahlt.

Die Atmosphäre besteht aus Schichten, angefangen mit der untersten Schicht, der Troposphäre (erstreckt sich vom Meeresspiegel ungefähr 9,7 Kilometer nach oben), über die Stratosphäre, Mesosphäre, Ionosphäre bis zur Exosphäre (reicht von ungefähr 643,5 bis 64 350 Kilometer aufwärts). Gehen wir noch höher hinauf, dünnen die atmosphärischen Gase aus, bis sie allmählich in die sprichwörtliche Leere des Weltraums übergehen.

Die Atmosphäre bildet nicht nur unseren Schutzschild und versorgt uns mit lebensnotwendiger Atemluft, sie wirkt auch als Leiter von Schallwellen. Damit die Worte eines Menschen beim Zuhörer ankommen, bedarf es der Luft. Die kommunikative und kollektivierende Ausdrucksweise der Luft wird in der Astrologie am besten gewürdigt.

Luft ist ebenso wie Feuer ein sehr wichtiges Agens. Diese Naturerscheinung verschafft uns an heißen Tagen Kühlung, treibt unsere Segelboote an, und wärmt in Dampfheizungen unsere Häuser. Trotzdem kann die Luft in unkontrolliertem Zustand als Wirbelstürme, wie Hurrikane und Tornados, ungeheuren Schaden anrichten.

Menschen, die unter starkem Einfluß von luftbetonten Tierkreiszeichen stehen, reagieren gleichmütig und wirken erfrischend wie eine kühle Brise. Werden sie jedoch gereizt, können sie mitunter den friedvollen Zustand ihrer Umgebung durch stürmisches Aufbrausen zunichte machen.

Die Luft ist das Element des Verstandes. Denkvorgänge laufen auf mehreren Ebenen ab, vergleichbar dem schichtweisen Aufbau der Atmosphäre. Mancher irrt im Nebel umher, ohne zu wissen, wie er sich in seiner Umwelt verhalten soll. Andererseits verfügt er mitunter über einen Verstand, so

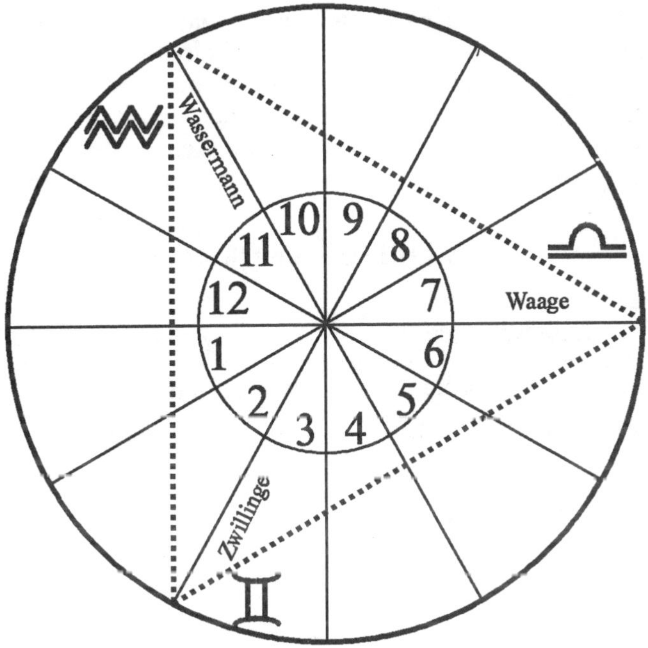

Das Luft-Dreieck

klar wie die Luft der Arktis. Ein anderer bezieht womöglich seine Ideen aus der Exosphäre seines intuitiven Denkens und ist imstande, sie nach und nach in der Troposphäre des menschlichen Erlebens umzusetzen. Der Verstand ist das wichtigste Instrument des Menschen.

Die Astrologie bezeichnet die drei Luftzeichen, Zwilling, Waage und Wassermann, als die "menschlichen" Tierkreiszeichen. Der Mensch unterscheidet sich durch seinen Verstand von den Tieren. Das Dreieck der Luftsymbole entspricht dem Menschen bzw. seinen Charaktereigenschaften.

Gemini sind die Zwillinge. Sie sprechen auf die objektive Fähigkeit des rationalen Verstandes an; ein Zwilling kann beispielsweise analysieren, Zusammenhänge erkennen, Ideen und Objekte studieren und dadurch den Wissensschatz der Menschheit über die Welt ständig vermehren.

Libra ist die Waage. Sie verspricht ein vollkommen ausgewogenes Urteil bei der Bewertung von Handlungen und deren Folgen.

Aquarius ist der Wasserträger (Wassermann). Das Wasser symbolisiert den Bewußtseinsstrom, der die gesamte Menschheit durchdringt und es den Menschen ermöglicht, soziologische, okkulte und die Natur betreffende Lehren aufzustellen, die allen zugute kommen. Zwilling versinnbildlicht den Intellekt, Waage repräsentiert das künstlerischen Denken und Wassermann die intuitiven oder erfinderischen Fähigkeiten des Verstandes.

Leitbegriffe des Luftelements

positive Eigenschaften	*negative Eigenschaften*
kooperativ und gesellig	oberflächlich und geschwätzig
erfinderisch und inspirierend	imitierend und sich wiederholend
intelligent, flink und aufmerksam	überaktiv, ruhelos und nervös
objektiv, menschlich	distanziert und kalt
reich an ausgewogenen Ideen	weltfremd

Das Wasser-Dreieck

Die irdischen Gewässer nehmen ein größeres Areal als die Landmassen unseres Planeten ein. Die Weltmeere bedecken ungefähr 348,6 Millionen Quadratkilometer, knapp über 70 Prozent der Erdoberfläche. Der Ozean bietet einer Fülle von Meerestieren Lebensraum. Er beherbergt außerdem viele wertvolle Mineralien, wie z.B. Magnesium, Kobalt, Eisen, Silber und Gold.

Kein anderer Planet unseres Sonnensystems verfügt über einen ähnlichen Wasservorrat wie die Erde. Merkur und Venus haben Oberflächentemperaturen, die verhindern, daß dort Wasser in flüssiger Form vorkommt. Auf der Marsoberfläche gibt es nur wenig Wasser in flüssiger Form. Das meiste bedeckt als Eis die Polkappen. Jupiter, Saturn, Uranus, Neptun und Pluto sind zu weit von der Sonne entfernt, als daß sich in ihrer Atmosphäre Wasser als Flüssigkeit befinden könnte. Da Wasser bei null Grad gefriert und bei über 100 Grad Celsius verdampft, kommt es nur dort in flüssigem Zustand vor, wo die klimatischen Bedingungen eine geringe Toleranzgrenze nicht überschreiten; im Vergleich dazu herrschen anderswo extreme Temperaturen um den absoluten Gefrierpunkt (- 273 Grad Celsius) oder bis zu Millionen Grad darüber.

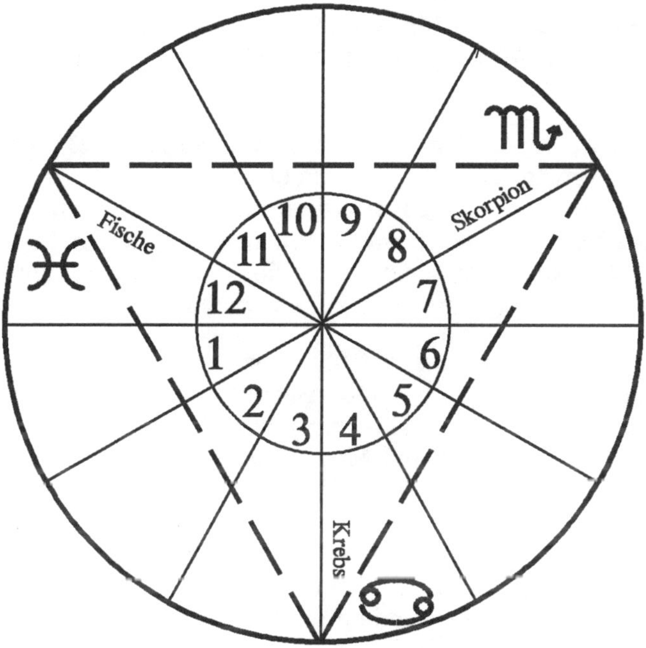

Das Wasser-Dreieck

Die uns bekannten Lebensformen entwickelten sich aus dem Meer. Der menschliche Körper besteht ähnlich wie die Oberfläche des Planeten zu 70 Prozent aus Wasser. Es ist überflüssig, noch mehr Worte über die Nützlichkeit des Wassers zu verlieren. Es gibt jedoch eine Eigenschaft des Wasser, die wir beachten sollten, denn sie beeinflußt das Verhalten der Menschen wasserbetonter Tierkreiszeichen in entscheidendem Maße.

Gemeint ist die Funktion des Wassers, das ihm den Beinamen "universales Lösungsmittel" eingebracht hat. Wasser kann mehr Verbindungen auflösen als jede andere Flüssigkeit, die uns bekannt ist. Wasser ist in der Lage, die Molekülstruktur chemischer Substanzen aufzulösen und ihre Bestandteile in sich aufzunehmen. Seit Urzeiten macht sich die Menschheit diese Eigenschaft des Wassers zunutze. Heutzutage werden wir von Wissenschaftlern gewarnt, weil zahlreiche Wasserwege den absoluten Sättigungspunkt erreicht haben und künftig keinerlei Abfallstoffe mehr in sich aufnehmen können. Daher überrascht es uns nicht, daß viele unserer Seen, Flüsse und Ströme aufgrund übermäßiger Verunreinigung umgekippt und tot sind.

Wenn wir nicht aufhören, die Gewässer willkürlich zu belasten, werden schließlich auch die Weltmeere sterben; dies wäre natürlich auch das Ende für das gesamte irdische Leben.

In dem Maße wie die Luftmassen sich vom Meeresspiegel bis in eine Höhe von 64 360 Kilometer aufschichten, reicht das Meer von der Oberfläche bis in eine maximale Tiefe von ca. 11 Kilometern im Pazifischen Ozean. Viele Lebensvorgänge, die in den oberen Schichten des Meeres geschehen, wurden wissenschaftlich untersucht, doch viele Geheimnisse und Lebensformen der tieferen Meeresregionen konnten wir bisher nicht ergründen.

Gleichermaßen ergeht es uns mit Menschen, die stark durch den Einfluß der Wasserzeichen geprägt sind. Oberflächlich erscheinen sie uns gelassen, ja sogar friedliebend. Ihre Verfassung verändert sich jedoch entsprechend ihrer inneren Ruhelosigkeit und Motivation. Die Gefühlsregungen wasserbetonter Menschen gleichen den vielen gegenläufigen Meeresströmungen. Und wie der Ozean reich und freigebig ist, so sind auch die Wassermenschen mit allerlei Gaben reich gesegnet. Sie verabscheuen und befürchten jede Art von Einschränkung. Sie sind äußerst verschlossen und enthüllen selten ihre wahren Absichten und emotionalen Unterströmungen.

Wasser läßt sich einfrieren oder verdampfen, man kann sein Fließverhalten beobachten und es im flüssigen Zustand in alle Arten von Behältern gießen. Nur wenn dieser luftdicht, also absolut undurchlässig ist, bleibt das Wasser auf unbegrenzte Zeit erhalten. Ansonsten verdampft es bzw. entweicht durch das jeweilige Material des Gefäßes. Wasser stagniert, wenn es nicht fließen kann. Erhitztes Wasser nimmt ohne weitere Wärmezufuhr allmählich wieder Zimmertemperatur an. Das gleiche geschieht mit Eis, wenn es nicht gekühlt wird.

Wasserbetonte Personen zeigen in ihrem menschlichen Verhalten die gleiche Tendenz. Sie verändern sich sozusagen mit Ebbe und Flut, legen sich nie fest und fließen unentwegt von einem Lebensereignis weiter zum nächsten. Sie nehmen Grenzen nicht wahr, und falls ihnen Beschränkungen ihrer Gefühle auferlegt werden, lehnen sie sich dagegen auf oder leiden darunter. Sie müssen lernen, sich innerlich zu stimulieren, denn sobald der Antrieb von außen unterbleibt, neigen sie dazu, auf ihr eigenes phlegmatisches Grundniveau zurückzufallen; sie leisten dann kaum mehr Nennenswertes.

Feuer entspricht Geist, Luft dem Denken und Erde der Materie oder Form. Die Astrologen bezeichnen das Wasser als Element der Seele oder der

Emotionen. Die Seele ist zum Teil das Element der menschlichen Wesensart, das die Gefühle anderer versteht und Mitgefühl zeigt. Wassergeprägte Personen zeigen sich für menschliche Empfindungen und künstlerische Ausdrucksformen äußerst empfänglich. Sie durchdringen das Unbewußte ihrer Mitmenschen und verstehen instinktiv - nicht intellektuell - die ausschlaggebenden Beweggründe für deren Handlungsweise. Im positiven Falle nehmen sie Probleme in sich auf, ergründen sie mit ihrem tiefen Gespür und erschaffen aus ihren unbegrenzten Schätzen neues Leben. Wird dieser Wesenszug negativ ausgelebt, können sie andere unterhöhlen, deren Schwächen ausnutzen und sie kontrollieren. Wer Durst hat, schätzt einen Schluck Wasser als Gottesgabe. Hat man den Durst gelöscht, erscheint die Vorstellung, noch mehr Wasser zu trinken, unangenehm. Wird es in einem solchen Fall unter Zwang und ohne Unterlaß in den Körper eingeflößt, bricht der Magen durch. Man muß die Grenzen des Wassers kennen, dann ist es von großem Nutzen.

Leitbegriffe des Wasserelements

positive Eigenschaften	*negative Eigenschaften*
mitfühlend und verständnisvoll	naiv und ausnutzbar
übersinnlich	anfällig für Halluzinationen
feinfühlig und beeindruckbar	paranoid und hysterisch
künstlerisch und ästhetisch	sinnlich und bequem
romantisch	zu Phantasien neigend
hilfsbereit	manipulierend und kontrollierend
zurückhaltend	emotional überreagierend

Elemente-Beziehungen

Entscheidend für das Erfassen des Charakterbildes eines Menschen anhand seines Geburtshoroskops ist das Geschick, die unterschiedlichen Wirkkräfte zu einem Gesamtbild zusammenzusetzen, das der Persönlichkeit entspricht. Im folgenden untersuchen wir die Beziehungen zwischen den Elementen.

Feuer und Erde: Wer von diesen beiden Elementen geprägt ist, hat Konfliktstoff zu bewältigen, denn zuviel Erde kann ein Feuer ersticken, und zuviel Feuer kann die Erde versengen. Erdbetonte Menschen setzen ihrerseits der ruhelosen Aktivität des Feuers gewisse Grenzen und nehmen die praktische Verwirklichung hoher Ideale der feurigen Triade in die Hand. Die Erde ist eher melancholisch und träge. Feurige Menschen wirken inspirierend auf diejenigen, die stark unter dem Einfluß der Erdzeichen stehen, und sind imstande, sie zu Taten und kreativem Selbstausdruck zu bewegen.

Feuer und Luft: Diese beiden Elemente passen im Grunde gut zueinander, denn ohne Luftzufuhr kann Feuer nicht brennen, aber zuviel Luft kann die Ursache für dessen unkontrollierte Ausbreitung sein. Ein besonders heftiger Windstoß kann Feuer sogar auslöschen. Das Feuer speist sich durch Sauerstoffaufnahme und setzt während des Verbrennungsvorgangs andere Gase frei. Daher vermag es die Eigenschaften der Luft zum Guten oder Bösen zu verändern, je nach Art und Zweck der Flammen. Luft steigt durch Hitze nach oben. Infolgedessen sind feurige Menschen eine enorme Inspirationsquelle für verstandesorientierte Luftmenschen, da sie deren Ideale und Enthusiasmus bekräftigen.

Feuer und Wasser: Diese beiden Elemente sind ganz offensichtlich gegensätzlich, da Feuer Wasser in Dampf umwandelt und Wasser Feuer löscht. Treten sie allerdings in geeigneten Proportionen auf, können sie einander ziemlich nützlich sein. Die inspirierende Kraft des Feuers bringt das Wasser zum Kochen, fördert somit fruchtbare Ideen und Aktivitäten aus den Tiefen des Meeres zutage, was sich auf der normalerweise ruhigen Wasseroberfläche bemerkbar macht. Wird ihm jedoch das Feuer entzogen, fällt das Wasser wieder in seinen normalen lauwarmen Zustand zurück. Wenn das Feuer einmal durch seinen Übereifer außer Kontrolle geraten ist, genügt schon eine geringe Menge Wasser, um die vernichtende und hemmungslose Ausbreitung des Feuers einzugrenzen.

Feuer und Feuer: Diese Kombination verschafft sich ständig neue Impulse, bleibt jedoch richtungslos. Ist die Behäbigkeit der Erde oder die Unterstützung der Luft nicht vorhanden, verbrennt ein Zuviel an Feuer entweder an sich selbst oder kommt bald zur Einsicht, daß es ihm an praktischen Zielen für seine unaufhörliche Regsamkeit mangelt. Ist erst einmal eine Flammenspur vorhanden, die eine Richtung verfolgt, können zwei vereinte Feuerquellen sogar noch größere Mengen an Lebensenergie zugunsten des gemeinsamen Ziels bereitstellen. Ein Übermaß an Feuer kann jedoch auch zuviel Nachdruck auf Selbstverwirklichung legen, ohne daß die Gefühle oder Ideen der Mitmenschen beachtet werden.

Erde und Luft: Luft tendiert dazu, Erde anzuregen. Ohne ausreichende Sauerstoffzufuhr bleibt es jeder Art von Frucht im gesunden Mutterboden versagt, vollends zu reifen. Luft ist allerdings außerstande, in die wahre Tiefgründigkeit der Erde vorzudringen und neigt dazu, nur einen oberflächlichen Kontakt mit der ausgeprägten Gefühlswelt des Erdelements herzustellen. Luft verflüchtigt sich leicht, dennoch läßt sie sich auf die Beständigkeit der Erde ein, vorausgesetzt, sie fühlt sich nicht eingesperrt oder in ihrer Bewegungsfreiheit eingeschränkt.

Erde und Wasser: Diese beiden Elemente passen sehr gut zusammen, da die Erde Wasser als Dünger braucht, der das Pflanzenwachstum anregt. Da Wasser ziemlich ruhelos ist, bedarf es der irdischen Stabilität, die ihm seinen Platz zum Ausruhen und seine Aufgabe zuweist. Zuviel Wasser verwandelt die Erde jedoch zu Treibsand oder Sumpf, und zuviel Erde saugt das gesamte Wasser auf und gewährt ihm keinerlei Eigenständigkeit. Zu wenig Wasser führt zur Verwüstung der Erde; auf der menschlichen Ebene könnte dies beispielsweise eine trockene, gefühllose Person sein.

Erde und Erde: Diese Verknüpfung ist ungünstig, es fehlt ihr nämlich an Antrieb, den die Erde benötigt, um ihre verborgene Fruchtbarkeit und Schöpferkraft zum Vorschein zu bringen. Sind in einem Horoskop zu viele Erdanteile vorhanden, neigt dessen Eigner dazu, sehr mißtrauisch, träge und materialistisch zu sein. Dieses Verhalten erschwert es ihm, private Beziehungen zu pflegen und sich zu verwirklichen.

Luft und Wasser: Die Luft kommt hauptsächlich mit der Oberfläche von Gewässern in Berührung. Damit Wasser frisch bleibt, muß es aber Luft enthalten. So versorgt es seine Tier- und Pflanzenwelt mit gelöstem Sauerstoff. Wasser in Wolkenform benötigt den Wind (Luft) als Transportmittel, damit es als Regen dem Land zugute kommt. Da die wahre Tiefgründigkeit der drei Wasserzeichen auf ihren Unterströmungen beruht, fühlt sich das Wasser in seiner emotionalen Wesensart aufgrund des mangelnden Einfühlungsvermögens der Luft unverstanden. Wie bereits ausgeführt, gelingt es diesen beiden Elementen, sich gegenseitig auszugleichen, und in ihrem Wirken sind sie aufeinander angewiesen. Auf der menschlichen Ebene gleicht der luftbetonte Verstand die Überempfindlichkeit des Wassers aus, während dieses dazu neigt, das Mitgefühl des eher intellektuell orientierten Luftzeichen zu verstärken.

Luft und Luft: Zuviel Aktivität ohne konkrete Zielrichtung kann die Folge eines Übermaßes an Luft sein. Ohne die Beständigkeit der Erde oder die

Zeichen und Dreiecke (Elemente)

Feuer
Erde
Luft
Wasser

Gefühlstiefe des Wassers kann sich diese Kombination zu einem Wirbelwind an Ideen entwickeln, der jedoch leider keine praktischen Ergebnisse zum Wohle der Mitmenschen zustandebringt. Ein Überwiegen des Luftelements erzeugt übermäßige Gesprächigkeit mit wenig Tiefgang oder Charakterstärke.

Wasser und Wasser: Obwohl diese Verbindung zusätzlich Tiefe und Feinfühligkeit zu bewirken vermag, stellen sich leicht Gegenströmungen ein. Man reagiert leicht gekränkt. Phlegmatische Phasen und hochgeputschte Gefühlsexzesse wechseln sich ab. Zu viel Wasser verursacht Labilität und behindert eine schlüssige und realistische Sichtweise.

Betrachten wir die Abbildungen dieses Kapitels genau, fällt auf, daß die drei Tierkreiszeichen eines Elements zusammen ein gleichschenkliges Dreieck bilden. In jedem beliebigen dieser Element-Dreiecke bildet jedes Tierkreiszeichen einen Winkel von genau 120 Grad zueinander. 0 Grad Widder ist 120 Grad von 0 Grad Löwe oder 0 Grad Schütze entfernt. Dies gilt für jedes Element-Dreieck. Zusammen ergeben die drei Winkel jedes Dreiecks 360 Grad; das entspricht der Summe aller Bogengrade eines Kreises (in diesem Fall des Zodiaks mit allen Tierkreiszeichen).

Okkultisten verwenden das gleichschenklige Dreieck als Symbol vollkommener Harmonie, denn es entspricht der vollständigen Einheit sämtlicher Daseinsebenen des uns bekannten Universums. Der Davidstern (der sechszackige Stern) stellt die Überschneidung von zwei gleichschenkligen Dreiecken dar. Ein Dreieck weist nach oben und symbolisiert die Evolution der Materie zu Geist. Das andere Dreieck zeigt nach unten und versinnbildlicht die Involution, den Weg des Geistes in Materie. Beide Dreiecke sind vollkommen ausgewogen und veranschaulichen die Harmonie, die Himmel und Erde erlangen können, zudem befruchten und erzeugen sich beide Reiche gegenseitig ewig aufs neue.

In der Astrologie begegnet man dem Trigon (120 Grad Winkel) sehr häufig. Wenn zwei Planeten oder Tierkreiszeichen im Trigon zueinander stehen, liegt ein Hinweis vor, daß ihre Kräfte und Energien sich sanft und mühelos ergänzen. Die letzte Abbildung stellt die Trigonverbindungen aller Dreiecke dar.

6
Erde, Jahreszeiten, Geschlecht und Kreuze

"Ein jegliches hat seine Zeit, und jedes Vorhaben unter dem Himmel hat seine Stunde: geboren werden hat seine Zeit, sterben hat seine Zeit, pflanzen hat seine Zeit, ernten, was gepflanzt ist, hat seine Zeit."
Prediger 3, 1-2

Während unser Sonnensystem die Unendlichkeit des Weltraums durchreist, spielt sich das irdische Leben nach dem vertrauten Muster des Jahreszeitenrhythmus ab. Obwohl der 1. Januar offiziell als Jahresanfang gilt, sieht der Astrologe den Frühlingsanfang oder die Tag- und Nachtgleiche als tatsächlichen Neujahrstag (um den 21. März). Das Äquinoktium stimmt mit der Natur harmonisch überein, da der 21. März der erste Frühlingstag ist, der Beginn der Jahreszeit, die frische Energie und neues Leben bringt. Astronomisch gesehen ist der Frühlingsanfang identisch mit dem Moment, in dem die Ekliptik der Erde den Himmelsäquator (der irdische Äquator in den Weltraum ausgedehnt) durchkreuzt. Aus astrologischer Sicht beginnt er mit dem ersten Grad Widder, dem ersten Zeichen im Tierkreis.

Widder nimmt im tropischen Zodiak die ersten 30 Grad nach dem Frühlingspunkt ein. Das nachfolgende 30 Grad Segment wird vom Tierkreiszeichen Stier eingenommen, darauf folgt Zwilling usw. Die ersten drei Zeichen entsprechen den drei astrologischen Eigenschaften oder Kreuzen, die eine weitere wichtige Zuordnung der einzelnen Tierkreiszeichen darstellen. Es handelt sich um folgende Eigenschaften: kardinal (Widder, Krebs, Waage, Steinbock); fix (Stier, Löwe, Skorpion, Wassermann); und veränderlich (Zwilling, Jungfrau, Schütze, Fische). Vielleicht haben Sie bemerkt, daß jedes Kreuz Tierkreiszeichen aus allen Elementen enthält.

Erforschen wir sorgfältig den Jahreszyklus der Erde, ergibt sich ein sehr zutreffendes Bild über die Eigentümlichkeit der Vierecke, denn sie stehen in direktem Zusammenhang mit den Jahreszeiten. Diese dauern jeweils drei Monate: der erste Monat bringt die neue Phase. Er wirkt als Generator des Geschehens der jeweiligen Jahreszeit. Im zweiten Monat konzentriert sich ihre Energie und manifestiert sich am stärksten. Der dritte Monat stellt den Übergang der gegenwärtigen Saison zur nachfolgenden Jahreszeit her.

Der Frühling beginnt also im Widder. Es wird mit jedem Tag wärmer, die Bäume schlagen aus, die Tiere kriechen aus ihrem Winterquartier, und in den Menschen rührt sich wieder das Leben, sie spüren das Verlangen, ihre Schöpferkraft zum Ausdruck zu bringen. Im späten April und Mai, der Zeit des Stiers, ist der Frühling in vollem Gange, und in allen Bereichen der Schöpfung herrscht große Regsamkeit. Die Periode des Zwillings leitet den Wechsel vom Frühjahr zum Sommer ein, dessen kardinales Zeichen Krebs ist. Im Löwen (später Juli und August) ist die heißeste Zeit des Jahres, da der Löwe das feste Feuerzeichen des Tierkreises darstellt. Die Jungfrau führt uns aus der Sommerzeit in den Herbst.

Diese Jahreszeit setzt astrologisch bei 0 Grad Waage ein (um den 22. September, der herbstlichen Tag- und Nachtgleiche). In der Zeit des Skorpions (das Zeichen für Tod und Wiedergeburt) sind bereits alle Blätter von den Bäumen gefallen, die wiederum die Erde düngen, damit im Frühling neue Blätter sprießen können. Schütze bringt uns dem ersten Tierkreiszeichen des Winters nahe, dem Steinbock. Die kälteste Zeit des Jahres herrscht während der Periode des Wassermanns (später Januar und Februar), die natürlich in direktem Gegensatz zum heißesten Monat steht, der vom Löwen bestimmt wird. Die Fische führen uns aus der Winterzeit in den Frühling. Dann eröffnet Widder erneut den Jahreskreislauf.

Untersuchen wir den Tierkreis, stellen wir fest, daß das erste kardinale Zeichen (Widder) dem Feuerdreieck angehört. Feuer kennzeichnet das Erwachen und die Lebendigkeit der Natur und steht daher am Anfang des astrologischen Jahres. Stier, das zweite Tierkreiszeichen, gehört dem Erddreieck an. Erde steht für Beständigkeit, daher ist er das erste stabile oder fixe Zeichen des Erdelements. Zwilling, das dritte Tierkreiszeichen, ist luftbetont. Luft bedeutet Beweglichkeit und Energieverteilung, daher ist es das erste bewegliche oder veränderliche Luftzeichen. Krebs, das vierte Tierkreiszeichen, gehört zum Wasserelement. Er versinnbildlicht sämtliche Vorgänge in der menschlichen Gefühlswelt. Deshalb betätigt sich das erste Zeichen der wäßrigen Gruppe aktiv und hat eine kardinale Eigenschaft.

"Das Prinzip der Vierecke ist Vielfältigkeit, wogegen das der Dreiecke Einheit versinnbildlicht. Jeder Tag im Jahr stellt in der Gesamtanordnung des Tierkreises eine Einheit in der Vielfalt dar." Dieses Konzept wird kurz und bündig in dem Wort "Uni-versum" ausgedrückt und bedeutet: alles gedreht oder um eines (= alles) gedreht oder allumfassend. Universum ist das Ganze als Inbegrif aller Teile.

Die Kreuze stellen die drei Grundeigenschaften aller Lebensformen dar: Entstehung (kardinal) - Bewahrung (fix) - Zerstörung (veränderlich). Jede Lebensphase, jede Person, jeder Gegenstand wird geboren, lebt und stirbt. Mit dem Tod ändert sich die Energieform, die ursprüngliche Energie kann jedoch niemals ausgelöscht oder zerstört werden. Die Form ist sterblich, die Essenz ist unsterblich.

Wenden wir uns nun im Detail jedem Kreuz zu. Wir werden sehen, wie die Elemente und Eigenschaften jedes einzelnen Tierkreiszeichens miteinander verknüpft sind.

Das kardinale Kreuz

Die kardinalen Zeichen zeigen viele gemeinsame Eigenschaften. Wer unter einem oder mehreren solcher Zeichen geboren wurde, ist aktiv, steckt voller Pläne und ist gewöhnlich ehrgeizig; in Gruppen, mit denen er zusammenkommt, gibt er mit Vorliebe den Ton an und schürt Projekte in der Entstehungsphase. Alle Menschen mit zahlreichen Planeten in kardinalen Zeichen neigen zu Unruhe.

Widder zeigt seine feurigen und kardinalen Eigenschaften durch seinen Willen, mit dem er sich in der Welt seiner eigenen Erfahrungen durchzusetzt. In ständiger Bewegung erschließt er sich immer neue Wege, um sich zu verwirklichen. Krebs bemüht sich, alle seine Aktivitäten so zu motivieren, daß er dadurch seine wechselhaften Stimmungen und emotionalen Bedürfnisse befriedigen kann. Waage ist ein luftiges und kommunikatives Zeichen. Sie liebt es, gesellschaftliche Begegnungen zwischen unterschiedlichen Menschen sinnvoll einzufädeln. Steinbock setzt sich als Erdzeichen mit Sinn fürs Praktische nur für Unternehmungen ein, die Ergebnisse zeitigen und materiellen Gegenwert einbringen. Diese sind immer der Lohn für Durchsetzungsvermögen. Deshalb planen Steinbockmenschen immer voraus und handeln unter keinen Umständen impulsiv.

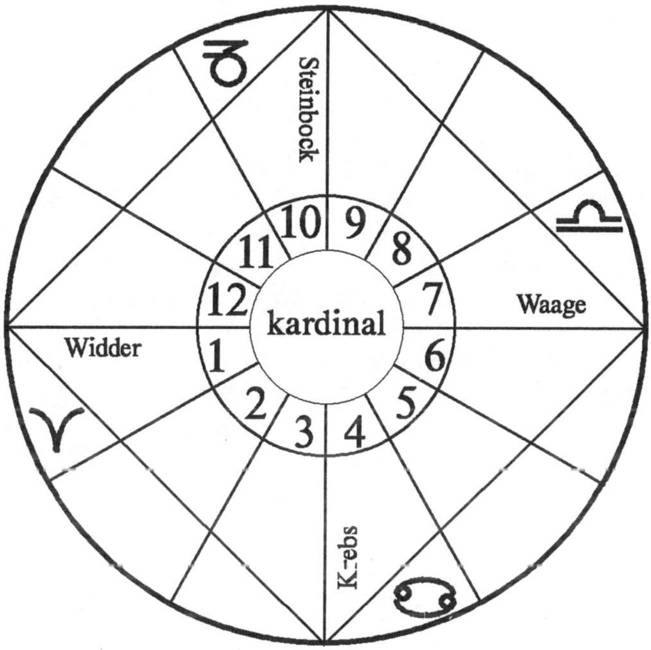

Das kardinale Kreuz

Leitbegriffe der kardinalen Zeichen

positive Eigenschaften	negative Eigenschaften
unternehmungslustig	sucht nur sich selbst
wirkungsvoll und durchsetzungsfähig	möchte jede Situation beherrschen
aggressiv und kreativ	hat wenig Geduld mit anderen
selbstbewußt	übersieht die Bedürfnisse anderer
leistungsorientiert	gibt sich sehr unbarmherzig
unabhängig	ist opportunistisch

Das fixe Kreuz

Das Eigenschaftswort "fix" paßt wie maßgeschneidert zu diesem Kreuz. Die zugehörigen vier Tierkreiszeichen sind willensstark und entschlossen, ihre Meinung unbedingt durchzusetzen. Natürlich drückt sich dieser Wesenszug nach der jeweiligen Art des Elements aus. Das fixe Erdzeichen Stier ist von der Vorstellung besessen, seinen materiellen Besitz festzuhalten. Löwe verfolgt als fixes Feuerzeichen seine Ziele und Methoden der Selbstdarstellung mit äußerstem Nachdruck. Er möchte, daß alles, was um ihn herum geschieht, von seiner selbsternannten Autorität kontrolliert wird. Skorpion ist ein wäßriges Tierkreiszeichen, deshalb hält er verbissen und dauerhaft an seinen Gefühlen gegenüber Menschen oder Ideen fest. Er versucht ebenfalls, andere auf diese Weise zu beherrschen. Als Zeichen für Kommunikation hätte es der Wassermann am liebsten, wenn alle seine Freundschaften so beständig und langlebig wie möglich wären. Es erfordert sehr viel Überzeugungskraft, wenn er seine einmal gefaßte Meinung über etwas oder jemanden ändern soll.

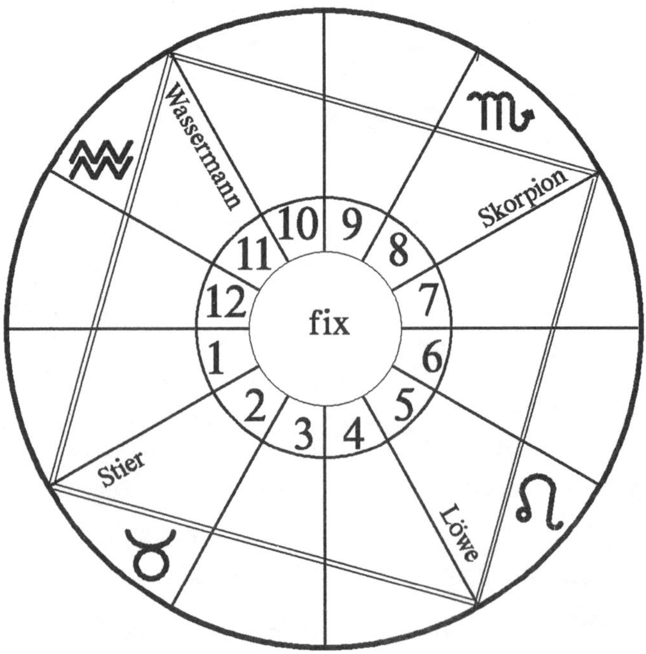

Das fixe Kreuz

Leitbegriffe der fixen Zeichen

positive Eigenschaften	negative Eigenschaften
konsequent	eigensinnig und unflexibel
treu und zuverlässig	fanatisch
traditionsbewußt	gelegentlich zu hölzern und formell
geduldig und ausdauernd	träge, gewohnheitsbestimmt
große Kraftreserven	sammelt und hortet
zielstrebig	Widerstand gegen Veränderung

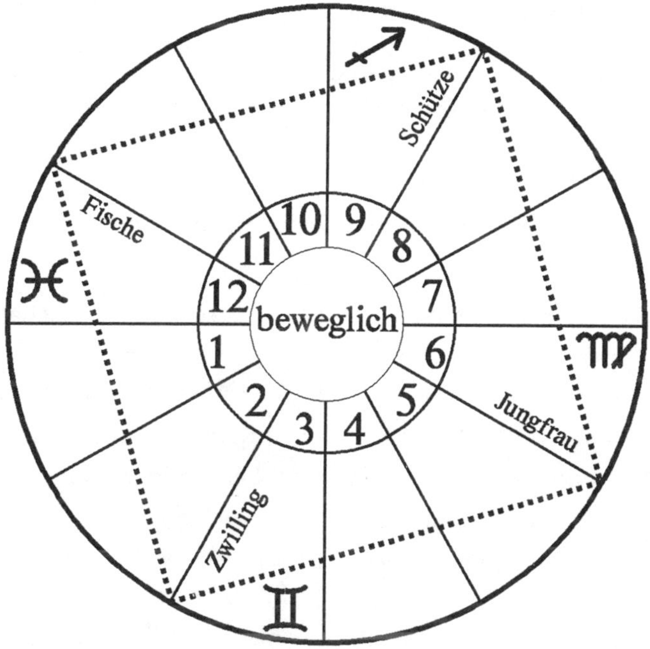

Das veränderliche, bewegliche Kreuz

Das veränderliche Kreuz

Alle Angehörigen der Gruppe der veränderlichen Zeichen verhalten sich gleichermaßen wechselhaft. Möglicherweise entwickeln diese Tierkreiszeichen Vielseitigkeit und ausgeprägte Erfindungsgabe, doch ohne zentrale oder zielgerichtete Kraft wirken sie häufig zerstreut und ziellos. Wer deutlich von diesen vier Zeichen geprägt ist, sehnt sich jedenfalls nach Bewegung und legt außerordentliche Betriebsamkeit an den Tag.

Zwillinge beweisen ihre Luftbetonung und Beweglichkeit, indem sie ständig ihre Meinung ändern und neue Ideen verfolgen. Sie sind immer auf Achse und bemühen sich, ihre unmittelbare materielle Umgebung so einzurichten, daß sie mit ihren Gedanken übereinstimmt, die ihren nimmermüden Verstand buchstäblich überschwemmen. Jungfrau ist ein praktisch veranlagtes Erdzeichen, das stets danach trachtet, eine Beschäftigung oder Anstellung zu finden, die es ihr ermöglicht, ihre zahlreichen und vielfältigen Talente auszudrücken. Schütze ist sein ganzes Leben lang immer auf der Suche nach Abenteuern, die ihm die Möglichkeit bieten, seine Sinnlichkeit auszuleben. Er sucht auch nach einer geeigneten Weltanschauung oder Religion, die seiner intellektuellen Hinterfragung standhält. Fische ist das wäßrigste aller Wasserzeichen. So geprägte Menschen versuchen, sich ihren ständig wechselnden Gefühlen anzupassen und auf die Launen und wunderlichen Einfälle anderer einzugehen.

Leitbegriffe der veränderlichen Zeichen

positive Eigenschaften	negative Eigenschaften
sehr anpassungsfähig holt aus wenig das meiste heraus ist mit Worten und Menschen flexibel erlernt leicht neue Methoden läßt alle Sichtweisen eines Themas gelten	verliert sich und sein Ziel übertreibt, hat keinen Maßstab ist bei der Wahl seiner Worte und Freunde leichtfertig hat zu wenig Ausdauer kümmert sich um Einzelheiten, vernachlässigt das Ganze

Die drei Kreuze

kardinal
fix
veränderlich

Vergleicht man die obige Darstellung mit der Abbildung der vier Elemente auf Seite 44, ist leicht erkennbar, daß die Tierkreiszeichen anstelle von Dreiecken diesmal Quadrate bilden. In der okkulten Symbolsprache drückt das Quadrat die Verdichtung der Energie in eine definitive Form aus. So erklärt sich, daß das Verhältnis zwischen zwei Tierkreiszeichen oder Planeten, die im "Quadrat" zueinander stehen, disharmonisch ist. Hier handelt es sich um einen Abstand von 90 Grad oder um vier verbundene 90 Grad Winkel, die zusammen ein Quadrat bilden, wie in den drei vorausgegangenen Abbildungen dieses Kapitels. In der Sprache der Astrologie bezeichnet man diese Konstellation als "Großes Kreuz" oder "Kosmisches Kreuz". Da Energie, die sich innerhalb eines Quadrates verkörpert, bereits fixiert ist, muß sie erst aufgebrochen werden, ehe sie in eine höhere Seinsebene erhoben werden kann, was wiederum das eigene Wachstum fördert. Im Hinblick auf die Persönlichkeit heißt das, man muß anerzogene und oftmals nachteilige Gewohnheiten und Verhaltensmuster aufgeben und statt dessen neue erwerben. Wenn wir uns an die Kombinationen der Elemente, die im Kapitel 5 beschrieben wurden, erinnern, verstehen wir, warum die Quadrat-Aspekte unvereinbar bzw. spannungsgeladen sind, denn die Quadrate stehen immer zwischen Zeichen verschiedener Elemente.

Alle Angehörigen desselben Kreuzes hegen den Wunsch, ihre verschiedenartige Natur auf dieselbe Weise auszudrücken. So können Konflikte und Antipathien entstehen. In dem Maße, in dem man als Astrologe lernt, ein Horoskop zu deuten und in dem Maße, in dem man als Mensch mit anderen auszukommen lernt, findet man eine Methode, mit der sich diese Unterschiede zugunsten einer ganzheitlicheren Kreativität neutralisieren und vereinen lassen.

Man sieht, daß jedes Tierkreiszeichen eines bestimmten Kreuzes einem Zeichen mit der gleichen Eigenschaft direkt gegenübersteht. Widder steht in "Opposition" (der korrekte astrologische Fachausdruck) zu Waage; dasselbe Verhältnis gilt für Stier und Skorpion, die einander gegenüber stehen, Zwilling und Schütze, usw. Da Tierkreiszeichen, die zueinander in Opposition stehen, aus einander ergänzenden Elementen bestehen, sind sie leichter vereinbar als Zeichen, die im Quadrat zueinander stehen: Widder (Feuer) und Waage (Luft), Stier (Erde) und Skorpion (Wasser), usw. Die Chance für ein harmonisches und ausgewogenes Verhältnis unter den Tierkreiszeichen, die in einem Winkel von 180 Grad zueinander stehen, ist weitaus größer als bei Zeichen, die 90 Grad entfernt sind.

Polaritäten

Die Tierkreiszeichen gruppiert man in sechs Gegensatzpaare:

1. Widder - Waage
2. Stier - Skorpion
3. Zwilling - Schütze
4. Krebs - Steinbock
5. Löwe - Wassermann
6. Jungfrau - Fische

Jedes Paar verhält sich wie die beiden Seiten einer Münze: eine kann ohne die andere nicht existieren, denn beide sind in vollkommener himmlischer

Ausgewogenheit konzipiert. Zum Beispiel: will man das Wesen des Zwillings vollständig erfassen, muß man gleichfalls den Schützen aufmerksam studieren und mit dem Material über den Zwilling in Verbindung bringen. Um sich ein größeres Verständnis über die Bedeutung des astrologischen Rades verschaffen zu können, sollte der Leser die Tierkreiszeichen nach zwei hauptsächlichen Kriterien durcharbeiten: erstens in der natürlichen Reihenfolge des Tierkreises; und zweitens entsprechend der Paarpolaritäten.

Die geschlechtliche Zuordnung der Tierkreiszeichen

Diese stellt die dritte Hauptunterteilung dar. Sechs der zwölf Zeichen gelten als "maskulin" oder selbstbewußt, die anderen sechs werden als "weiblich" oder gehemmt im Selbstausdruck bezeichnet. Die Astrologie kennzeichnet diese Kategorien als positiv oder negativ. Wir weisen ausdrücklich darauf hin, daß wir positive Tierkreiszeichen nicht als "gut" oder negative als "schlecht" bezeichnen. Okkultisten halten nichts von diesem Sprachgebrauch. Ebenso wie es bei Photoaufnahmen einen positiven Abzug gibt,

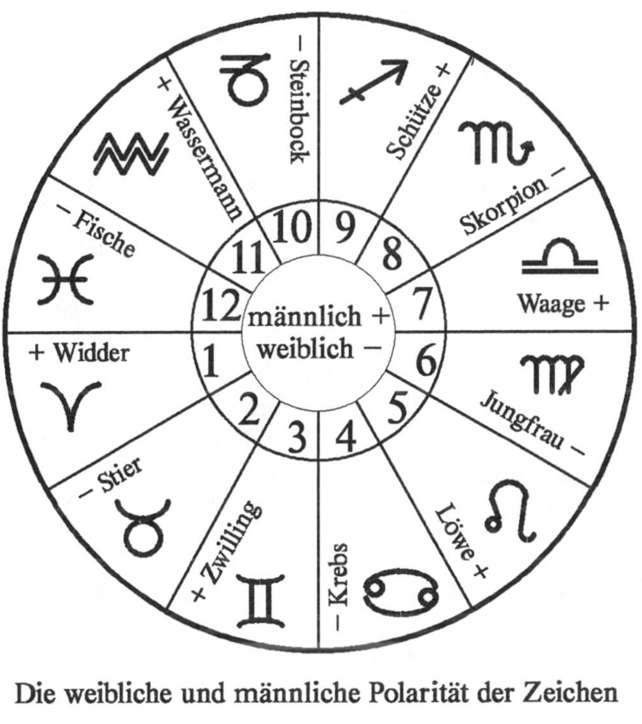

Die weibliche und männliche Polarität der Zeichen

welcher der negativen Platte entnommen wurde, existieren zwei Polaritätsaspekte weiß und schwarz, männlich und weiblich, positiv und negativ, die beide aus demselben vereinten Ganzen hervorgehen. Beide ergänzen sich auf ideale Weise und machen einen Wesensbestandteil des anderen aus. Daraus darf nicht gefolgert werden, daß Negativität als Kraft, die Böses erzeugt, Seite an Seite neben Freude existieren muß. Noch bedeutet es, daß eine Welt des vollkommenen Glücks unmöglich ist. Sie ist möglich. Wir müssen lediglich unsere Vorstellung von Negativität ändern und erkennen, daß ein Zustand des "positiven Negativismus" bestehen kann und auch vorhanden ist.

Zum Beispiel: Das Weibliche ist die negative Polarität des Männlichen. In erster Linie steht das Männliche für die zentrifugale Energie im Universum, die nach außen drängt. Das Weibliche stellt die elementare zentripetale Kraft dar, die nach innen fließt. Beide Partner einer Ehegemeinschaft können eine fröhliche, wohlwollende Atmosphäre schaffen. Die Frau erreicht dies mit Hilfe ihrer anmutigen negativen Kraft, während der Mann für diesen Zweck seine ebenso schöne Positivität einsetzt. Hüten Sie sich vor intellektuellen semantischen Wortspielen, die Verwirrung stiften, erkennen Sie statt dessen universale Wahrheiten, die unglücklicherweise in Worte eingefangen und begrenzt worden sind.

Ein weiteres Beispiel kann uns helfen. In bezug auf die Biene stellt die Blume die passive Energieform dar. Sie lockt die Biene an, die ihren Nektar trinkt und sie gleichzeitig befruchtet. So gesehen ruht die Blume still in der Erde, verströmt ihre schöne negative Schwingung und hofft indessen auf die positive "Bienenenergie", die ihrer Gattung das Weiterleben sichert. Die Biene ist auf der Suche nach Nektar, den sie in den Bienenstock zurückträgt (die negativ motivierende Kraft, die sich hinter dem positiven Drang der Biene befindet), den die Arbeiterbienen ihrerseits zum Aufbau und Unterhalt der Insektenfamilie verwenden. Ist die Blume nun schlecht, die Biene dagegen gut? Oder ist die Biene gut, jedoch der Bienenstock schlecht? Natürlich nicht! Wir folgern daraus, im Schöpfungsgeschehen sind stets zwei kreative Faktoren am Werk, die sich entweder negativ oder positiv polarisieren. Deshalb sind alle Dinge imstande, sowohl in positiver als auch negativer Erscheinung aufzutreten und zu wirken.

Im menschlichen Moralkodex ist je nach den Bedürfnissen der Gesellschaft festgelegt, was als "gut" und was als "böse" gilt. Die ethischen Gesetze entwickeln sich aus der unbewußten Absicht der Masse, ihr Überleben in ihrer Umgebung zu sichern. In der Zeit vor 1912 hielten es beispielsweise die chinesischen Mandschu-Herrscher für "schlecht", sich eigenhändig in irgendeiner Form handwerklich zu betätigen. Ihr Kastensystem verlangte, daß sie sich vom Bauernstand absonderten. Nur durch Aufrechterhaltung ihrer feudalen Herrschaft konnten sie auf Dauer ihren Einfluß über die Bauernkaste geltend machen. Nach der Revolution war man in China der Meinung, es sei "schlecht", sich vor handwerklicher Arbeit zu drücken. Man bestand darauf, daß jeder Bürger, ungeachtet seiner gesellschaftlichen Stellung, sich mit allen anderen Menschen als gleichwertig identifizieren konnte. Die neuen chinesischen Machthaber konnten mit dieser Maßnahme ihre Herrschaft über das Volk beibehalten. Ist Handarbeit nun "gut" oder "schlecht"? Weder noch. Es hängt stets davon ab, welche Bedeutung man ihr in einer gegebenen Situation zumißt.

Seit der russischen Revolution hat man den Amerikanern eingeredet, daß der Kommunismus per se und daher auch der Sozialismus "schlecht" sei. Er galt als negative politische Weltmacht. Umgekehrt wurde im russischen Volk propagiert, daß der Kapitalismus und deshalb auch die freie Wirtschaft selbständiger Unternehmer "schlecht" seien. Er galt ebenfalls als negativer weltpolitischer Faktor. Die blinden Amerikaner und die unwissenden Russen haben diese Vorgaben ihrer respektiven Regierungsgewalt gleichermaßen unwidersprochen hingenommen. Inzwischen wird den Amerikanern beigebracht, daß einige Erscheinungsformen in kommunistischen und sozialistischen Systemen weniger negativ als andere sind (also eher positiv) und gewisse Kollektivsysteme (wie beispielsweise riesengroße Monopolgesellschaften) "gut" sind. Den Russen wird andererseits gesagt, daß es im freien Unternehmertum einige Projekte gäbe, die weniger negativ (also eher positiv) seien. Gewisse kapitalistische Ausdrucksformen (wie etwa der Absatz privat erzeugter landwirtschaftlicher Produkte) seien "gut". Dies ist ganz offensichtlich ein Beispiel der Orwellschen "zweifachen Denkart".

Teil unserer Bewußtseinsentwicklung hängt vom Vermögen ab, die Ereignisse unserer Welt stets aus der Sicht der kausalen Relativität zu betrachten.

Zusammenfassung

Man muß über die jeweiligen Erscheinungsformen hinwegsehen, damit man die zugrunde liegenden Gesetze erfassen kann, welche die Essenz ausmachen. Je mehr wir dies im eigenen Leben anwenden, desto besser versetzen wir uns in die Lage, unser eigenes Schicksal zu erkennen und Meister unserer Sterne zu werden.

Eines der elementaren Gesetze der okkulten Physik lautet, daß sämtliche Lebensformen und Existenzebenen der Natur aus der "Einzigen Vereinten Schöpferquelle" hervorgingen. Unmittelbar nach Verlassen der Quelle geschieht die erste Teilung der Form. Dabei polarisiert sie sich in männlich und weiblich, Yin und Yang, Kathode und Anode, plus und minus sowie Licht und Dunkel. Die Tierkreiszeichen polarisieren sich in ähnlicher Weise: die sechs Zeichen, welche zu den Elementen Erde und Wasser gehören (sie sind durch gerade Zahlen vertreten), erweisen sich als weiblich, negativ und sind ihrem Wesen nach energieaufnehmend. Den sechs Zeichen, die Feuer und Luft symbolisieren, weist man männliche, extravertierte und positive Eigenschaften zu. Personen, in deren Horoskop die positiven Tierkreiszeichen dominieren (errechnet man je nach Position der Sonne, des Mondes, des Aszendenten und weiterer Planeten), sind unabhängig von ihrem biologischen Geschlecht extravertiert veranlagt. Wer im umgekehrten Falle im Horoskop überwiegend negative Zeichen hat, neigt zu Introvertiertheit. Dies hat im Grunde kaum etwas mit Männlichkeit oder Weiblichkeit zu tun. Marilyn Monroe war Zwilling, Julie Christie ist Widder. Im Gegensatz dazu war Heinrich VIII. Krebs und Richard Burton Skorpion.

Jeder von uns hat einerseits selbstbehauptende wie auch zurückhaltende Eigenschaften. Wir sind alle in unterschiedlichem Maße auch die Kombination aller Elemente und Tierkreiszeichen. Wenden wir uns nun den zwölf Mitgliedern der Tierkreisfamilie zu. Auf diese Weise können wir erkennen, wie sehr alle Lebewesen mit dem Universum und untereinander verbunden sind.

II
DIE KOSMISCHE FAMILIE DES MENSCHEN: DIE TIERKREISZEICHEN

*"Konstellationen, Musen und Tierkreiszeichen rüsten sich nun zur Probe.
Nacheinander treten sie auf, jedem sei ein Vers gewidmet.
Zu Anfang erscheint der Widder, in der Glorie seines goldenen Vlieses.
Er schaut sich um und bewundert den mächtigen Stier,
Dessen Hinterteil als erstes sichtbar wird: er liegt gebeugt.
Mit drohenden Hörnern fordert er die Zwillinge auf, sich zu zeigen.
Sie zittern vor Furcht und halten sich eng umschlungen.
Gleich nach den Zwillingen schreitet mit unstetem Gang
Der prachtvolle Krebs einher und meldet sich zu Wort.
Sodann schüttelt der Löwe seine Mähne.
Ihm folgt die Jungfrau, die seinen Zorn besänftigt.
Das Gewicht von Tag und Nacht bewegt die Schalen der Waage.
Eine Zeitlang pendeln die Schalen,
Doch zu guter letzt überwiegt die Nacht.
Im Laufe der Nacht senkt sich ihre beschwerte Schale
Und lockt den eindrucksvollen Skorpion herbei,
der den Winterzeichen angehört.
Ihm folgt Centaurus, der Schütze.
Sein Ziel behält er stets im Auge,
Sein Bogen ist bis zum Anschlag gespannt und sein Pfeil eingelegt.
Danach erscheint der schwermütige Steinbock mit engstehendem Gehörn,
Und aus dem Krug des Wassermanns strömt die Flut überall hin.
Die kalten Fische finden sich dort ein, wo ihre geliebten Wellen schlagen,
Sie beschließen den Reigen und neigen sich dem Widder zu.
Alle in der Runde sind nun aufgetreten."*

Mark Manilius (römischer Dichter)

7
Einführung - Die zwei Tierkreise

Moderne Astrologen führen heftige Streitgespräche über die relativen Vorzüge und die Gültigkeit der beiden Tierkreise. Zwei, wie ist das möglich?

Die meisten westlichen Astrologen, einschließlich des Autors dieses Werkes, arbeiten mit dem sogenannten "tropischen Zodiak". Er fängt jedes Jahr mit dem Frühlingsäquinoktium am ersten Frühlingstag bei 0 Grad Widder an. Die Astrologie teilt den Himmel ab diesem Punkt in zwölf gleich große Segmente ein, die jeweils 30 Grad umfassen. Der Tierkreis beginnt mit Widder und endet mit den Fischen. Aufgrund der Präzession beginnt dieser Zyklus, wie bereits in Kapitel 4 und 6 erwähnt, jedes Jahr an einem anderen Punkt im Weltraum.

Fast alle orientalischen und Hindu-Astrologen sowie eine Gruppe westlicher Astrologen benützen einen anderen Tierkreis, mit dessen Hilfe sie die Stellung der Planeten zum Zeitpunkt der Geburt ermitteln. Er ist unter der Bezeichnung "Siderischer Tierkreis der Fixsterne" bekannt und bezieht sich auf die tatsächlichen Konstellationen, die für die Namen der Tierkreiszeichen Pate standen. Nach C. A. Jayne waren im Jahre 254 v. Chr. die beiden Tierkreise identisch. Aus heutiger Sicht liegen sie etwa 24 Grad auseinander. Nach Maßgabe des tropischen Zodiaks gehört eine Person, die am 3. April geboren wurde, dem Tierkreiszeichen Widder an. Ihre Sonne steht bei circa 13 Grad Widder. In der siderischen Astrologie wäre derselbe Kandidat mit einem Sonnenstand geboren, der im Tierkreis um 24 Grad nach hinten verschoben ist. Seine Sonne befände sich demnach auf 19 Grad Fische.

Außer den Menschen, die in den letzten sechs Tagen eines jeden Zeichens geboren wurden, müßten entsprechend der siderischen Astrologie alle im

Westen geborenen Menschen tatsächlich dem Zeichen, das dem Geburtsmonat vorausgeht, angerechnet werden. Demzufolge müßte man auch sämtliche Planetenpositionen in ähnlicher Weise anpassen.

Die Inder entstammen einer Kultur, die gegenüber den meisten antiken Traditionen des Westens einen Vorsprung von vielen Jahrtausenden hat. Ihre Lebensphilosophie und Kosmologie sind uns erhalten geblieben und von westlichen Einflüssen nur unwesentlich verändert worden. Ihr Lebensstil ist von spirituellen Grundsätzen viel stärker geprägt als dies bei unserer materiellen Gesinnung im Westen der Fall ist. Es liegt auf der Hand, daß die hinduistische Astrologie und ihr Deutungssystem im Lauf der Jahrtausende unverändert geblieben ist, weil ihre Vertreter sich von alters her an die überlieferten Traditionen halten, die den siderischen Zodiak vorschreibt, der sich feststehend nach den tatsächlichen Gegebenheiten am sichtbaren Himmel richtet.

Die zwölf Zeichen des Tierkreises spiegeln die gleichbleibenden zwölf Prinzipien des Menschen. Die ewigwährenden Bausteine, aus denen der Mensch geformt wurde, verändern sich nicht. Die Art und Weise, wie diese zwölf Zeichen auf Erden wirken, muß man im Hinblick auf Ortsveränderungen und Mutationen betrachten. Sie richtet sich nach der gesellschaftlichen und rassischen Beschaffenheit der einzelnen Völker, die sich auf unserem Planeten entwickeln. Die hinduistisch-buddhistische Kultur des Orients und die jüdisch-christliche Tradition des Okzidents unterscheiden sich grundlegend in ihren Erscheinungsformen, obwohl sie im Grunde ihres Wesens von den gleichen Kräften angetrieben werden. Zweierlei astrologische Systeme waren erforderlich, um die gesellschaftlich bedingte Psychologie ihrer angehörigen Völker erklären zu können.

Der Westen, angeführt von den Vereinigten Staaten, hat einen gewaltigen technischen Fortschritt zu verzeichnen. Im Lauf der Jahre gewinnen diese Veränderungen immer stärker an Gewicht. Die westliche Zivilisation unterliegt ständigem Wandel, ist dauernd in Bewegung, erlebt Revolutionen und einen nie abreißenden Strom radikaler Ideologien. Es ist offensichtlich, daß nur ein beweglicher Tierkreis mit der Entwicklung einer derart schnellebigen Geschichte Schritt halten kann. Indien und große Teile des Ostens erscheinen hinsichtlich des materiellen Fortschritts im Gegensatz zum Westen unveränderlich. Sie haften stark an ihren religiösen und philosophischen Lehren und stagnieren häufig in ihrem Wachstum. Ein feststehender Tierkreis wird ihrem kulturellen Entwicklungsstil besser gerecht.

Zusätzlich ist zu bedenken, daß die westliche Astrologie mit ihrem stärker psychologisch orientierten Deutungssystem sich total von der deutlich okkultwissenschaftlichen Betonung des östlichen Interpretationsstils abhebt. Die trennenden Unterschiede im Bewußtsein der beiden Hemisphären sind eminenter als ihre lokale Entfernung, gemessen in Kilometern.

Der Verfasser anerkennt die Gültigkeit beider Tierkreise, weil jeder seine Identität anders begründet und sich auf voneinander abweichende Volksgruppen bezieht. Angenommen, wir durchliefen den Tierkreis in umgekehrter Richtung, so wäre die spirituelle und seelische Entwicklung unserer menschlichen Eigenschaften begünstigt. Unter diesen Umständen bewegten wir uns vom Widder (absolutes Selbst-Bewußtsein) zu den Fischen (totales Allbewußtsein). Der häufig zerstreut wirkende, vom Verstand gesteuerte Zwilling könnte beispielsweise von der konzentrierten, willensstarken Eigenschaft des Stiers profitieren. Die intellektuelle Ausrichtung des Zwillings könnte das überwiegend gefühlsbetonte Verhalten des Krebses besser ausgleichen. Der feindselige Skorpion täte gut daran, sich einige der verbindlichen Umgangsformen der friedliebenden Waage anzueignen.

Folgen wir jedoch den Tierkreiszeichen in Vorwärtsrichtung, kommen die materiellen und körperlichen Aspekte der menschlichen Natur stärker zum Ausdruck. In diesem Fall neigen wir uns, getrieben vom egozentrischen Willen des Widders, dem materiell orientierten Stierbewußtsein zu. Aus dieser Warte ist es uns möglich, eine vollkommene Übereinstimmung von Ost und West im Zodiak zu erzielen. Der Orientale kann lernen, wie er sein deutlich spirituell ausgerichtetes Bewußtsein mit den irdischen Gegebenheiten in Einklang bringt. Umgekehrt ist es dem westlichen Menschen möglich, zu lernen, wie er seinem Hang zum Materialismus mit seelischen und geistigen Schwingungen gegensteuern kann. Das Tierkreiszeichen Waage deutet diesen Vorgang symbolisch an. Es strebt ein vereintes Bewußtsein friedlicher Koexistenz an, wodurch bei allen sichtbaren Erscheinungsformen vollkommene Ausgewogenheit herrscht.

In den folgenden zwölf Kapiteln besprechen wir die astronomische und historische Bedeutung der Planetenkonstellationen und die allgemeine Wirkung der Tierkreiszeichen auf Mensch und Natur.

8
Widder - Ich suche mich

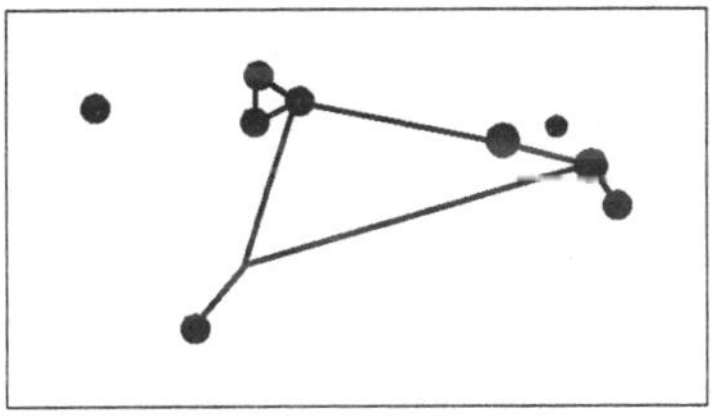

"Der Widder hat das Meer durchschritten und strahlt gelassen in seinem Glanz. Als Prinz aller Zeichen führt er das Jahr an." Manilius

Widder am Himmel

Mit bloßem Auge nimmt man von der Widderkonstellation kaum mehr als ihre drei hellsten Sterne wahr - ihr größter Stern heißt Hamal. Sie befindet sich am Herbsthimmel östlich neben dem großen Quadrat des Pegasus, des geflügelten Pferds. Das Sterndreieck, das seine Hörner und Nüstern bildet, befindet sich westlich nah bei den Pleiaden, den sieben Schwestern. Seine Position ist etwa 6 Grad himmlischer Breite nördlich der Ekliptik. Das Hinterteil des Widders geht in den Rücken des Taurus über und mündet somit im Sternbild des Stiers. Der Kopf des Widders wird üblicherweise ähnlich wie in der Abbildung dargestellt. Er blickt hinter sich, damit er beobachten kann, wie der Stier und die übrigen zehn Tierkreiszeichen nach ihm aufsteigen. Andere Künstler haben den Widder in aufrechter Haltung, mit dem Kopf auf den Planeten Mars weisend, gemalt. Diese Illustration ist durchaus berechtigt, da das Zeichen Widder, astrologisch gesehen, eng mit dem Charakter des feurigen roten Planeten verwandt ist.

Die Symbolik des Widders

Das Widdersymbol läßt sich unterschiedlich interpretieren. Rein körperlich gesehen stellt dieses Symbol Augenbrauen und Nase dar. Die beiden Körperteile fallen in das Herrschaftsgebiet des Widders.

Der Widder ist gleichfalls für die Selbsterkenntnis zuständig, daß man einfach anders ist und sich vom Rest der Menschheit unterscheidet. Aus diesem Grund ist er der Vertreter für Persönlichkeitsfindung, Ich und Selbst-Bewußtsein. Widder steht am Anfang und ist die allererste selbstreflektierende Emanation, die aus dem Bereich des kollektiven Unbewußten (entspricht dem letzten Tierkreiszeichen, den Fischen) stammt.

Stellen wir uns die ersten elf Tierkreiszeichen als elf Flüsse vor, die durchs Land fließen und Steine, abgefallenes Laub, Schlamm, Treibsand, Kies usw. mit sich führen. Jeder folgt seinem besonderen Flußlauf, der schließlich ins Meer (Fische) mündet. Im Meer angelangt, schüttet jeder Fluß seine angesammelten Stoffe darin aus. Durch die zusätzliche Wassermenge und Schlammasse schwillt der Ozean an und überschwemmt folglich das Land. So entstehen wieder neue Flüsse aus dem Meer.

Der Mensch geht mit archetypischen Ausdrucksformen (den Tierkreiszeichen) ins Leben hinein und durchlebt die unterschiedlichen Stationen seines individuellen Karmas. Alle seine Erfindungen und Werke, seine spirituelle Entwicklung, seine Leidenschaften usw., alles, was er während seines irdischen Daseins lernt und zustandebringt, fließt in den Ozean des Lebens ein, aus dem die Menschheit ihre Antriebskraft bezieht. Aus dem riesengroßen Meer empfängt jeder Mensch ein Kräftepotential und Fähigkeiten, sein Leben zu meistern. Auf diese Weise sind wir alle vereint.

Sobald der Mensch sich Gedanken über sein Lebenspotential macht, erweitert sich sein Bewußtsein über seine eigene Identität und die Menschheit im allgemeinen. Diese Erkenntnis dient ihm als schöpferisches Werkzeug, denn der Mensch ist Geschöpf und Schöpfer zugleich. Was ein Individuum im Lauf seines Lebens erfährt, fließt als Ergebnis in den Ozean des kollektiven Unbewußten zurück. Aus diesem Grunde wissen Fische so gut über die Gefühle anderer Bescheid und sind so vielseitig. Dieses Tierkreiszeichen bezieht sein Wissen aus den kollektiven Erfahrungen der Menschheit.

Anhand seiner irdischen Erfahrungen entwickelt sich der Mensch durch zunehmendes Selbstbewußtsein. Die Lebenserfahrungen erwecken in der

Seele das Wissen, daß sie ein eigenständiger Fluß aus dem riesigen, schlafenden Ozean ist, bis sie schließlich auch sich selbst als Meer erfährt.

Das Zeichen Widder repräsentiert die erste nach außen drängende Bewegung eines separaten Flusses, daher weiß der Widdermensch sehr wohl, daß er als selbständiges Individuum durchs Leben eilt. Seine starken Strömungen begeistern und erfrischen alle, denen er begegnet. Seine Kraft kann jedoch auch die rasende, zerstörerische Gewalt des Wassers annehmen, die Dämme durchbricht. Aus diesem Grund ist jeder einzelne Widdermensch verantwortlich, sein Lebenswasser unter Kontrolle zu halten und dessen Verlauf zu überwachen und zu dirigieren. Das Symbol für dieses Tierkreiszeichen gleicht einem Springbrunnen, aus dem das Wasser (Bewußtsein) zuerst nach oben sprudelt und sich anschließend nach außen verteilt.

Widder in Mythologie und Geschichte

In alten Überlieferungen wird der Schafbock meistens als Opfertier beschrieben. In der Geschichte des Auszugs aus Ägypten (2. Mose 12, 5-9) eröffnete Moses das Passahfest mit einem Lammopfer: "[Ihr sollt aber ein solches Lamm nehmen], an dem kein Fehler ist, ein männliches Tier, ein Jahr alt . . . Ihr sollt es weder roh essen noch mit Wasser gekocht, sondern am Feuer gebraten mit Kopf, Schenkeln und inneren Teilen."

Nach Ansicht des jüdischen Historikers Flavius Josephus wurden die Juden ebenfalls im Widdermonat aus dem Joch der ägyptischen Sklaverei entlassen. Man nimmt an, daß Moses, der Anführer des Exodus, unter dem Tierkreiszeichen Widder geboren wurde.

Der große arabische Astronom und Astrologe Abumasar schrieb in seinem Buch "Revolution of the Years", daß die Erschaffung der Welt ihren Anfang nahm, als Sonne, Mond, Merkur, Venus, Mars, Jupiter und Saturn im Zeichen Widder in Konjunktion standen. Er prophezeite gleichfalls, daß das Ende der Welt bevorstünde, wenn diese sieben Himmelskörper im letzten Grad der Fische wieder zusammenfinden werden (Allen, S. 77).

In den Chroniken der griechischen und römischen Mythologie ist die Geschichte vom Goldenen Vlies weit verbreitet. Phrixus, der Sohn von Athama und Nepheles, wurde von seiner bösen Stiefmutter Ino bedroht, daß er als Opfer für die Götter sterben müsse. Hermes (Merkur) schickte ihm in seiner Not einen heiligen Schafbock mit goldenem Vlies. Phrixus und seine

Schwester Helle entflohen, indem sie auf dem Rücken des Widders durch die Lüfte flogen. Als sie unterwegs zu einem Heiligtum in der Stadt Colchis waren, fiel Helle vom Bock herunter und ertrank in dem Fluß Hellespont, der ihren Namen trägt. Phrixus erreichte sein Ziel sicher, opferte den Schafbock und spannte dessen Vlies im Garten des Ares (Mars) auf. Später entwendeten Jason und die Argonauten die goldene Wolle des Widders (Aries) (Nettleship & Sandys, S. 487).

Die Römer und Griechen verwendeten einen Rammbock, um die Tore ihrer zahlreichen verfeindeten Städte einzunehmen. Dies mag als Beispiel für den ungeheuren Energievorrat dienen, der bei allen Widdergeborenen anzutreffen ist. Im Altertum versuchten die Bürger der belagerten Städte den Kopf (dieser Körperteil untersteht der Herrschaft des Widders) des Rammbocks abzuschlagen, indem sie Steine von den Mauern herunterwarfen. Waren sie jedoch der Meinung, daß Widerstand gegen den Feind auf längere Zeit aussichtslos sei, ergaben sich die Einwohner der belagerten Stadt, noch ehe der Kopf des Rammbocks ihre Stadtmauern berührte. Aufgrund dieser Unterwerfungsgeste konnten sie mit größerer Nachsicht von seiten ihrer Eroberer rechnen (Nettleship & Sandys, S. 64).

Im Christentum kennt man Christus als "Lamm Gottes". Seine Kreuzigung war ein Symbol für die altertümlichen Opferrituale, in denen der Gottheit ein Lamm oder einen Widder geopfert wurde. Der physische Leib Jesu stellte das menschliche Ich (Lamm) dar, das auf dem Opferaltar (das Kreuz verkörpert das Wesen der materiellen Welt) dargebracht wurde. Christus versinnbildlichte durch seinen Tod und seine Auferstehung, daß der Mensch die Wünsche seiner Persönlichkeit überwinden muß, damit er Zutritt in das Himmelreich (bewußte Unsterblichkeit des Geistes) erlangt.

So kommt es, daß der Widdergeborene häufig dazu gezwungen ist, seine persönlichen Wünsche hintanzustellen, um anderen eine leuchtende Zukunft vorzubereiten, obwohl er unablässig versucht, sich auf neue Lebenserfahrungen zu stürzen. Der Widder muß seine eigene Lebensenergie darbringen, damit die Lebenskraft, die er verkörpert, der Menschheit zugute kommen kann.

Berühmte Widdergeborene:

Moses; Mohammed; Benjamin, Jakobs Sohn; der heilige Petrus, Apostel Jesu und Gründer der christlichen Kirche

Widder im Jahreszyklus der Natur

Der Einfluß des Widders wirkt in der Zeit vom 21. März bis zum 19. April. In diesem ersten Frühlingsmonat fangen die Schößlinge der Pflanzen an, sich allmählich aus der feuchten Erde zu recken, und an den Bäumen zeigen sich junge Knospen. Die gesamte Pflanzenwelt ist erfüllt mit Lebensenergie, die sich im Winter ausgeruht hat, um Kräfte zu speichern, die zur Blüte von Blumen, Gemüsen und anderen Pflanzen benötigt werden.

Sobald die Tiere die schöpferische Kraft der Frühlingssonne spüren, verlassen sie ihre Winterquartiere, und die Herdentiere bringen ihre Jungen zur Welt oder bereiten sich darauf vor. Im Menschen regt sich der Fortpflanzungsdrang und ihr Verlangen erwacht, neue Liebesabenteuer zu suchen oder bestehende wieder zu entfachen. Sämtliche Lebensregungen des Frühlings entfalten im Zeichen des Stiers ihre volle Kraft, wenn die Erde im sattem Grün der Blätter strahlt.

Widder versinnbildlicht deshalb jenen Anteil des Jahreszyklus, der alle latenten Kräfte des Vorjahres beinhaltet, und auf dieser Grundlage gebiert die Natur sämtliche Lebensformen aufs neue. Er ist die Auferstehung des Lebens.

Pflanzen, die dem Widder zugeordnet sind: Rettich, Rhabarber, Paprika, Knoblauch, Hanf, Mohn, Geißklee, Stechpalme, Distel, Nesseln, Zwiebel, Ampfer, Farn und Senf

Steine und Edelsteine, die dem Widder zugeordnet sind: Blutstein (Hämatit), Feuerstein, Eisenoxid, Schwefel, Diamant und alle roten Mineralien

Widder in der Mundanastrologie

In derselben Weise, wie sich Mediziner oder Chemiker über grundlegende krankheitsauslösende Ursachen oder den tatsächlichen Aufbau gewisser Molekülstrukturen uneins sind, vertreten die zahlreichen astrologischen Richtungen angesichts der Zuordnung spezifischer astrologischer Einflüsse auf bestimmte Länder oder Rassen unterschiedliche Ansichten. Die nachstehende Liste wurde anhand von traditionellen und neuzeitlichen Literaturangaben (Ptolemäus, L. George, M. P. Hall etc.) zusammengestellt und gibt die Meinung des Autors wieder. Sie führt alle Länder, Städte und Völker auf, deren energetisches Schwingungsfeld sehr eng mit dem Tierkreiszeichen Widder verbunden ist.

Länder: England, Deutschland, Dänemark, Palästina und Burgund

Städte: Florenz, Neapel, Verona, Marseille und Birmingham
In der Antike: Athen und Sparta

Volksgruppen: Juden und Moslems (mit den Juden verbindet man auch den Steinbock und mit den Moslems den Skorpion)

Physiognomie und Temperament des Widders

Widder beherrscht den Kopf und alle dort sitzenden wichtigen Sinnesorgane, ganz besonders die Augen. Ihm untersteht auch das Gehirn; deshalb gibt es unter Erfindern und Denkern viele Widdergeborene. Im Gegensatz zu den Zwillingen, deren Verstand wesentlich intellektueller ausgerichtet ist, funktioniert das Denken des Widders tatsächlich eher intuitiv und instinktiv. Im Widder kommt der erste Ansturm der Lebensenergie als unumstößlicher Selbstverwirklichungsdrang zum Ausdruck. Demzufolge nimmt sich der Widder selten Zeit für logische Erwägungen, statt dessen begibt er sich unüberlegt in Situationen, was er später bereut. In der Anfangsphase neuer Projekte verhalten sich die meisten Widdergeborenen offensichtlich sehr kompetent, scheitern jedoch viel zu häufig in der Endphase und lassen dabei sowohl Mitmenschen als auch Projekte im Stich.

Generell gilt für die Körperform (des Widders wie auch für alle anderen Tierkreiszeichen), daß nur sehr wenige Menschen wie "typische" Vertreter ihres Tierkreiszeichens aussehen. Häufiger ist es der Fall, daß man nicht die Physiognomie des eigenen Sonnenzeichen aufweist, sondern die charakteristischen Körpermerkmale des Zeichens, das zum Zeitpunkt der Geburt am Horizont aufstieg (Aszendent, AC oder aufsteigendes Tierkreiszeichen genannt) oder die Körperform des Betreffenden entspricht dem am AC stehenden Planeten. Oft läßt sich das Sonnenzeichen aber nicht ganz verleugnen und zeigt sich durch den Körpertyp. (Einen wesentlichen Einfluß hat hier auch der Mond. Anm. d. H.) Neben den rassischen und familiären Merkmalen spielen stets auch die oben erwähnten Einflüsse eine Rolle.

Trotz dieser äußerlichen Faktoren erkennt man das astrologische Geburtszeichen eines Menschen, der einen deutlichen Widdereinfluß (oder starke Marsbesetzung, dessen Herrscher) vorzuweisen hat, anhand seiner ausgeprägten Kopf- und Nasenform. Sogar kleine Nasen erweisen sich gewöhnlich als Haken- oder Himmelfahrtsnasen. Die Augenbrauen sind häufig buschig, das Haupthaar ist füllig und gelockt. Der Widdermensch ist üblicherweise mittelgroß und neigt zu schlankem, doch kräftigem Körperbau.

Außer wenn der Widder ein Lamm und kein Bock ist, legt er im allgemeinen, wie man weiß, ein äußerst energiegeladenes und eifriges Verhalten an den Tag. In jedem Aspekt seines Selbstausdrucks vermittelt er ein Gefühl der Dringlichkeit. Widdermenschen, die am "Übergang" oder nahe der Grenze zum Fischezeichen geboren wurden, die entweder von Jupiter oder Neptun (den beiden Herrscherplaneten der Fische) beeinflußt werden, haben einen viel größeren und breiteren Körperbau als im Durchschnitt bei diesem Tierkreiszeichen üblich. Wer näher am Stierübergang steht, neigt eher zu einer stämmigen und kleineren Statur.

Gesundheitlich ist der Widdermensch besonders anfällig für Kopf- und Gesichtsverletzungen, da er oft "springt, ohne sich vorher umzusehen". Er ist leicht erzürnt, doch genauso schnell wieder beruhigt er sich wieder. Im Verlauf einer Krankheit ist der Widder ziemlich anfällig für hohes Fieber.

Er leidet häufig unter Kopfschmerzen und Nervosität. Um dies zu verhüten, sollte der Widder lernen, wie man sich entspannt und seinen Denkmotor "abschaltet". Ein Spaziergang, ein körperlich forderndes Hobby und Naturbetrachtungen wirken weitaus vorteilhafter auf ihn als die meisten medizinisch verordneten Beruhigungsmittel. In dieser Hinsicht kann ein wohltuend ruhiger Stierfreund eine unschätzbare Stütze für den Widder sein.

Widder im Umgang mit Menschen

Widder versinnbildlicht einen Tropfen Wasser aus dem riesigen Meer oder einen einzelnen Sonnenstrahl aus dem Sonnengestirn. Widder steht für das individuelle Ich, das aus dem universalen Urwissen (der Gottheit) in das bewußte Lebenslicht hineinspringt, dessen unaufhörlicher Tatendrang ständig seine Anwesenheit als Individuum, das sich vom Massenmensch abhebt, zu beweisen scheint.

Widder ist wie der Heranwachsende, der soeben die in ihm pulsierende Lebenskraft wahrgenommen hat; er benimmt sich allerdings oftmals schüchtern und zurückhaltend, sobald er sich vor die Notwendigkeit gestellt sieht, seine jüngst entdeckte Energie öffentlich zu zeigen. Genauso wie im Frühjahr die jungen Triebe der Saat emporschießen, repräsentiert Widder die menschliche Entwicklungsstufe, in der sich der einzelne der Welt außerhalb des Mutterleibs bewußt werden muß.

Aus diesem Grunde ist der Widdergeborene häufig sehr naiv, was die Wege dieser Welt angeht. Er scheint alles Existierende nach dem Ausmaß seines eigenen Bewußtseins zu beurteilen: Je begrenzter sein natürliches Bewußtsein ist, desto beschränkter ist seine Welt. Der Widder besitzt enorme potentielle Schöpferkräfte, ihm fehlt jedoch die Erfahrung, wie er seine Energie praktisch in der Welt umsetzen kann. Seine Welt besteht aus Ideen, daher hat er einen unbändigen Lebenswillen und Schaffensdrang. Oft gelingt es ihm jedoch nicht, seine Pläne vollständig auszuführen.

Widder verkörpert die Suche nach sich selbst. Er packt zwar das Leben womöglich mit viel Wagemut an, dennoch ist er sich im Herzen seiner selbst nicht sehr sicher. Im Lauf der Jahre lernt der Widder natürlich sein wahres Wesen in der Tiefe kennen; solange er jedoch diese Lebensstufe nicht erreicht hat, versucht der Widdermensch unentwegt sich zu erproben, denn er ist die lichtvolle Intelligenz, die existierte, noch ehe handfeste körperliche Formen erschaffen wurden. Widder verkörpert demnach den aktiven Verstand. Da dieser immer schneller als der Körper reagiert, muß der Widdergeborene lernen, wie er die Kräfte der äußeren Welt mit seinem inneren Antrieb in Einklang bringt. Daher ist es geboten, daß er mehr Rücksicht auf die Gefühle seiner Mitmenschen nimmt und sich daran erinnert, daß er von Erfahrungen lernt, die seinen eigenen Rahmen sprengen.

Widder braucht andere Menschen, die ihn fördern und seine Ideen aufgreifen. Er hat ein freundliches und warmherziges Wesen. In allen seinen Beziehungen herrscht Intensität. In Liebesdingen kann er ziemlich besitzergreifend sein. Als Feuerzeichen ist er leicht erregbar, doch seine Flammen brennen nur sehr kurze Zeit heftig. Dann wird er womöglich seiner Affäre überdrüssig, läßt sie fallen und wendet sich einer neuen Beziehung zu. Widder verlangt ständig nach Erregung. Falls in seiner unmittelbaren Umgebung nicht genug los ist, sorgt er sicherlich für Aufregung oder hält nach anderen Jagdgründen Ausschau. Der Widder täte gut daran, den Unterschied zwischen Sex und Liebe zu ergründen, denn Liebe verlangt, sich in gewissem Maße aufzugeben, was ihm sehr schwerfällt.

Widder sucht in seinen Beziehungen nach einem geeigneten Partner, der imstande ist, sein Feuer in sich aufzunehmen, es jedoch nicht auslöscht. Der aggressivere Schafbock bemüht sich um einen Partner, der sich stark an ihn anlehnt, dabei aber die eigene Unabhängigkeit nicht aufgibt. Das friedlichere Lamm braucht einen Menschen, der es zu Taten anspornt und ihm die Sicherheit bietet, die es dringend benötigt.

Findet der Widdergeborene einen geeigneten Partner, kann er sehr treu sein. Auf seine(n) Angetraute(n) oder die gemeinsamen Nachkommen will er stolz sein, denn sie sind die lebenden Zeugen dafür, wer er ist und was er zustande gebracht hat. Er regt seine Angehörigen an, sich auszudrücken und für das zu kämpfen, woran sie glauben, damit sie auf ihrem selbsterwählten Weg erfolgreich werden.

Als Versorger einer Familie braucht der Widder eine Beschäftigung, die ihn ganz und gar fordert, ihm Freiheiten läßt und ihm gestattet, sich unablässig selbst zu beweisen. Es fällt ihm schwer, von anderen Befehle entgegenzunehmen; er wird stets nach einer Führungsposition trachten. In Wettbewerbssituationen blüht er auf, und Niederlagen werfen ihn nicht lang aus dem Rennen. Der Widdermensch macht oft Anstalten, die Führung durch bloße Kraftakte an sich zu reißen und drängt sich nach vorn, um an die Spitze zu kommen. Er stürzt sich auf jede sich bietende Gelegenheit, und vielfach bedenkt er dabei nicht die Folgen seiner Handlungsweise. Widder muß lernen, mit ausreichend Zeit alle Einzelheiten einer Situation zu untersuchen und sich nicht einzig und allein auf den Hauptgedanken konzentrieren.

Widdergeborene sind ausgezeichnete Lehrer, Reisende, Soldaten, Staatsmänner, Schriftsteller oder Handwerker (besonders in der Metallbranche). Sehr häufig fällt ihnen die Aufgabe des "Ideenlieferanten" zu. Auf diese Weise können sie viele Projekte in Gang setzen, ohne sich um alle Einzelheiten kümmern zu müssen, die notwendig sind, um die Anregungen praktisch auszuführen. (Die Ideen holen sie sich meist von Angehörigen der Luftzeichen. - Anm. d. Herausgebers).

Widder ist in der Lage, sich viele Möglichkeiten des Gelderwerbs zu erschließen, doch gewöhnlich zeigt es sich, daß die Mitbeteiligten in materieller Hinsicht anscheinend mehr von der Arbeit ihres Widderkollegen profitieren als er selbst. Widder ist eher idealistisch als materialistisch eingestellt, und für ihn ist die Idee hinter einem Produkt wertvoller als der eigentliche Gegenstand. Deswegen kommt es vor, daß ein Widder auf die Aussagen eines anderen wütend reagiert, wobei er gegen den Sprecher an sich gar nichts einzuwenden hat.

Die meisten Menschen fühlen sich zu dem meist gutgelaunten, freundlichen Widder hingezogen. Ihnen gefällt seine direkte Art, auf den Punkt zu kommen und sich nicht mit Kleinigkeiten abzugeben. Sie lieben seine schnelle Auffassungsgabe und unkomplizierte Denkweise, bewundern seinen Mut und sein jugendliches Ungestüm und sind hingerissen von seiner aggressiven Sinnlichkeit und seinem sprühenden Charme. Daher überrascht es nicht, daß der Widdermensch im Lauf seines Lebens viele Freunde gewinnt, obwohl nur sehr wenige dieser Bekanntschaften einen langen Zeitraum überdauern.

Widder liebt das Neue und Abenteuerliche und bringt nur wenig Geduld für andere auf, besonders wenn ihm bewußt wird, daß er sich schneller als seine Mitmenschen entwickelt. Dies ist einer der Gründe, weshalb man vom "arroganten Widder" spricht, denn er propagiert die intolerante Haltung: "Wenn ich es tun kann, weshalb können die anderen es nicht auch?" Außerdem schätzt der Widdergeborene das Gesamtbild der Lebensumstände eines anderen oftmals falsch ein, weil er Schwierigkeiten hat, Nebensächliches anzuerkennen und nur sieht, was ihm am offenkundigsten erscheint. Er neigt dazu, sich zu stark der Leidenschaft hinzugeben und zu wenig Mitgefühl zu zeigen.

Widder muß lernen, Ruhe zu bewahren, nicht gleich dem ersten Impuls nachzugeben, ihn statt dessen im Auge zu behalten und gegen die anderen Faktoren abzuwägen, ehe er eine endgültige Entscheidung trifft. Er muß sich klar darüber werden, daß er nicht allein auf der Welt ist. Falls er zuläßt, daß sein kreatives Potential sich voll entfaltet, benötigt er die Unterstützung und Liebe anderer Menschen. Er muß lernen, was echte Zusammenarbeit und echtes Teilen ist. Widdermenschen sind gut beraten, wenn sie ihre Wesensart mit den Idealen ihres entgegengesetzten Zeichens Waage vermählen.

Widder ist sich seiner selbst wohl bewußt und bemüht sich unentwegt, seine Entwicklung voranzutreiben. Er weiß, daß er ein Energiebündel ist, und sucht stets nach Situationen, in denen er seinem Feuer freien Lauf lassen kann. Oftmals stellt er fest, daß er bereit sein muß, die Rolle des Opferlammes zu übernehmen. Dies bedeutet für ihn, daß er seine persönlichen Wünsche höheren Zielen unterordnet. Auf diese Weise begreift er sich als Teil einer größeren Wesenheit und bringt sich dadurch mehr ins Leben ein. Die Hauptaufgabe der Widderschwingung ist zu säen: Ideen, Lebensenergie und Liebe zu verströmen. Diese Ingredienzen sollen tief in den Stier eingepflanzt werden, der ihnen Dauerhaftigkeit verleiht und ihnen hilft, sich zu entwickeln. Auf diese Weise kommt die neue Lebensenergie, die Widder verkörpert, dem kollektiven Zweck der Menschheit zugute.

Leitbegriffe des Widders

positive Eigenschaften	negative Eigenschaften
mutig, kühn	tollkühn und fanatisch
inspirierend	egozentrischer Draufgänger
intuitiv und wahrnehmungsfähig	läßt ausschließlich seine eigenen Ansichten gelten
Initiative ergreifend	handelt unbedacht
direkt und entschieden	mangelnde Feinfühligkeit, hat eine festgelegte Meinung
die Mitmenschen aus der Dunkelheit führend	übervorteilt andere aus persönlichem Gewinnstreben

9
Stier - Ich suche mich durch meinen Besitz

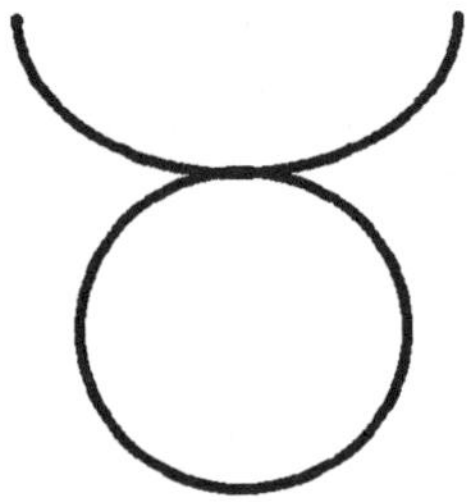

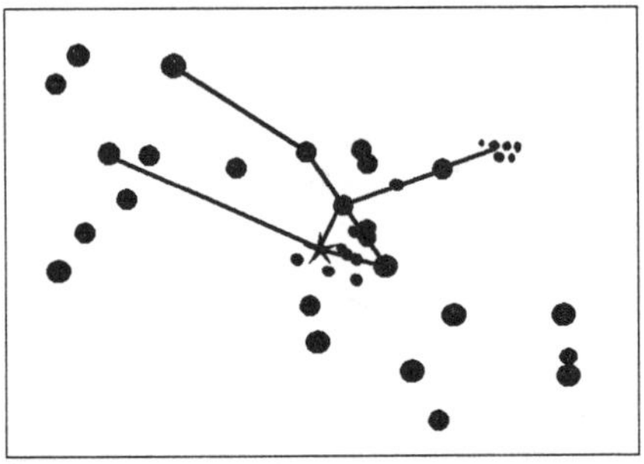

"Den ernsten Stier erkenne ich im Dämmergrau.
Das Glitzern seiner Hörner wird sichtbar.
Sein grimmiges, ausladendes Antlitz zeigt sich undeutlich.
Es neigt sich dem Schwert des ihn stellenden Jägergestirns zu."

Bayard Taylor, Hymn to Taurus

Stier am Himmel

Der Stier ist nur halb zu sehen, sein Hinterteil verschwindet in der Tiefe des Weltraums. Seine Beine sind unter seinem Körper begraben, wie schon der Dichter Manilius schrieb: "Der mächtige Stier ist müde; seine Beine sind eingeknickt; Taurus sank neben dem Pflug erschöpft zu Boden."

Selbst wenn nur die Vorderansicht des Stiers erkenntlich ist, gibt es in dieser Konstellation eine Fülle von Gestirnen. Stier wird vom Planeten Venus beherrscht, der der Göttin Aphrodite aus der griechischen Mythologie entspricht - und dieser Einfluß ist in der Tat leicht nachvollziehbar! Manilius nennt Taurus (den Stier) "dives puellis" - "mit Jungfrauen gesegnet", denn in seinem gewaltigen Halbleib sind die Pleiaden oder die sieben Schwestern und die Hyaden, die sieben mythologischen Töchter des Atlas und der Aethra, zugleich Halbschwestern der Pleiaden, beheimatet. Die Hyaden bilden das große V des Stierschädels. Am deutlichsten ist der riesige rötlichgefärbte Stern Aldebaran in der V-Form erkennbar. Er ist mit bloßem Auge erkennbar, denn er leuchtet dreimal heller als Polaris, der Nordstern. Vielfach wird er "das Auge des Bullen" genannt.

Die Hörner des Stiers sind sehr langgestreckt und reichen weit über seinen Körper hinaus. Die Spitze des nördlichen Horns reicht in die Konstellation Auriga, des Wagenlenkers, hinein. In der Nähe des südlichen Horns befindet sich der wunderschöne Krebsnebel, eine riesige Wolke aus Sternenstaub und Bruchstücken, den Überresten eines Sterns, der vor Jahrhunderten explodierte.

Die Symbolik des Stiers

Das Stiersymbol repräsentiert diejenigen Körperteile, die unter der Herrschaft dieses Tierkreiszeichens stehen: Nacken, Hals und Schultern. Man kann im Stiersymbol auch das Antlitz und die Hörner des Stiers wiedererkennen. Eine weitere, häufigere Verwendung des Symbols zeigt die Fruchtbarkeit dieses Tierkreiszeichens, da es den Vollmond mit einem angefügten Sichelmond darstellt. Der Mond ist die Himmelsmutter und verkörpert das Wachstums- und Fruchtbarkeitsprinzip. Ihm sagt man nach, er sei im Zeichen Stier "erhöht", d.h. an dieser Stelle ist er günstig und stark plaziert. Der nach oben weisende Halbmond oder die Schale kann man ebenfalls als Sinnbild der natürlichen Aktivitäten des Stiers werten. So sammelt er materielle Energie, damit der Stiergeborene sich aufgrund seines materiellen Überflusses (der Kreis) noch besser entfalten kann. Der Mond dient gleichfalls als Symbol menschlicher Anteilnahme; deshalb besteht der Reichtum des Stiers auch darin, mitempfindend und zartfühlend auf die Bedürfnisse seiner Mitmenschen einzugehen.

Als fixes Erdzeichen spiegelt der Stier die Liebe zu Grund und Boden und/oder materiellem Besitz. Die nach oben weisende Schale oder der Sichelmond ist offen und wartet darauf, mit Gold in vielerlei Formen gefüllt zu werden. Das erklärt, weshalb viele Stiergeborene sich bemühen, Reichtümer und Wertgegenstände anzuhäufen.

Im Alten Testament lesen wir, daß Moses das goldene Kalb, das die Israeliten errichtet hatten, zerstörte und es durch den Shofar (das Horn des Widders) ersetzte, nachdem er sein Volk aus der Knechtschaft des Stierlandes

Ägypten befreit hatte. Seine Handlungsweise zeigte symbolisch, wie man aus der Versklavung durch seinen persönlichen Besitz ausbricht und diese materiellen Werte mit einer Zivilisation austauscht, die sich auf die Zehn Gebote stützt - das Sinnbild der vollkommenen Gerechtigkeit, das durch Waage, den Gegenpol von Widder, verkörpert wird.

In der hebräischen Symbolik wird Stier mit Aleph, dem ersten Buchstaben des hebräischen Alphabets, gleichgesetzt. In hebräischen Schriftstücken aus der Frühzeit taucht dieser Buchstabe in Form eines markigen Stierkopfes samt Hörnern auf. In der christlichen Tradition findet man das Stiersymbol in dem Ochsen wieder, der neben dem Esel an der Krippe des neugeborenen Christuskinds in Bethlehem stand.

Stier in Mythologie und Geschichte

Das antike Ägypten unterstand sehr deutlich dem Wirkungskreis des Stiers und dessen Gegenpol Skorpion. Dies läßt sich ohne weiteres am Symbolgehalt der Pyramiden nachweisen. Diese riesigen Bauten wurden aus den Steinen der Erde errichtet und dienten als dauerhafte Stätten zur Behausung der Toten und zur Durchführung religiöser Zeremonien (Skorpioneinfluß). Die gesamte ägyptische Landwirtschaft hing vom Wasserstand des Nils ab. Dieses Beispiel verdeutlicht wiederum die ausgleichenden Kräfte von Wasser und Erde.

In den religiösen Kulten Ägyptens spielte die Verehrung des Stiers eine bedeutsame Rolle. Osiris war die nationale ägyptische Gottheit, Gott der Toten und der Unterwelt. Zahlreiche Darstellungen zeigen Osiris als Mann mit Stierkopf. Regelmäßig suchten Priester lebende Stiere aus, die diesen Gott auf Erden repräsentierten. Solange der Stier am Leben war, wurde er mit größter Hochachtung behandelt. Nach seinem Tod wurde er mumifiziert und im Rahmen einer aufwendigen Zeremonie bestattet, während die gesamte Bevölkerung Staatstrauer hielt. Zwischen den Hörnern des geheiligten Stiers war eine goldene Scheibe angebracht. Sie galt als Symbol der allumfassenden Lebenskraft der Sonne, die sich im Leib des Stiers ausdrückte. Einige Sinnbilder aus den Osiris- und Stierkulten sind uns bis in die Neuzeit erhalten geblieben. Betrachtet man beispielsweise die Rückseite einer Dollarnote, erkennt man über einer Pyramide, die auf einem grünen Feld (Farbe der Erde) steht, ein Auge (Symbol für Osiris). Damit wird einerseits verdeutlicht, daß die Währung und das ihr zugehörige Land stabil sind und daß andererseits diese Geldform allmächtig ist (Einauge) und ihr Wert dauerhaft gesichert bleibt.

Im Verlauf der Geschichte des Altertums sind noch zahlreiche andere Hinweise über den Stier zu finden. Vor über viertausend Jahren bezeichneten die Akadier Taurus als "Stier des Lichts" oder Te Te. Dieser Doppelname bezieht sich auf die beiden wichtigen Sterngruppen innerhalb der Stierkonstellation: die Pleiaden und die Hyaden. Die Assyrer nannten ihren zweiten astrologischen Monat A-aru oder den "leitenden Stier" (Allen, S. 382). Die Chaldäer, die große Astronomen und Astrologen waren, verwendeten in ihrer Architektur zahlreiche Abbildungen des Symbols des geflügelten Bullenkönigs.

Aus der griechischen und römischen Mythologie sind uns eine Reihe von Legenden überliefert, die sich um den Stier ranken. Eine der bekanntesten ist die Geschichte des Minotaurus (Stier des König Minos). Zeus (Jupiter) verliebte sich in die bezaubernde Europa, als sie mit ihren Zofen am Strand spielte. Er nahm daraufhin die Gestalt eines Stiers an und mischte sich unter die Rinderherde, die in der Nähe weidete. Europa fühlte sich sehr zu dem besonders zutraulichen Stier hingezogen, und nach einer Weile bestieg sie seinen Rücken. Zeus trabte mit ihr in Richtung Meer davon und brachte sie nach Kreta, wo sie dem großen Gott einen Sohn namens Minos gebar.

Ihr Kind Minos entpuppte sich später als grausamer, tyrannischer und selbstsüchtiger König. Nachdem dieser den Thron Kretas bestiegen hatte, schickte Poseidon, der Gott des Meeres, ihm einen wunderschönen, weißen Stier als Opfergabe für die Götter. Der König beschloß, den Stier für sich zu behalten und statt dessen einen anderen zu opfern. Die Strafe der Götter blieb nicht aus; sie brachten seine Frau Pasiphae dazu, sich in einen gewöhnlichen Herdenbullen zu verlieben. Aus dieser Zusammenkunft entsprang das Ungeheuer Minotaurus, das einen Stierkopf und einen menschlichen Körper hatte. König Minos versteckte es in einem Labyrinth, das er in der Nähe seiner Hauptstadt Knossos errichtet hatte. Er fütterte es mit jungen Männern und Jungfrauen, die ihm als Schuldbegleichung der Stadt Athen nach Kreta geschickt wurden. Der unglückliche junge Theseus war für dieses Menschenopfer vorgesehen, doch mit Hilfe seiner Geliebten Ariadne tötete er den Minotaurus.

Ein Teil der Kultfeier, die tatsächlich im antiken Kreta zu Ehren des Stiers abgehalten wurde, bestand darin, daß junge Menschen ausgewählt wurden, die auf dem Rücken wilder Stiere tanzten und ihr heldenhaftes turnerisches Können zwischen den riesenhaften Hörnern unter Beweis stellten. Überreste davon finden sich in den Stierkämpfen des neuzeitlichen Spanien und Portugal. Die religiöse Verehrung, die dem Rind entgegengebracht wurde, lebt im heutigen Indien weiter, wo Kühe als heilig gelten und niemand ihnen Leid zufügen darf. Dort begegnet man unendlich vielen weißen Bukkelrindern, die ungestört die indischen Dörfer und die Straßen Bombays und Kalkuttas durchstreifen.

Berühmte Stiergeborene aus dem Altertum:
Isaschar, Jakobs Sohn, und Simon Zelotes, Apostel Jesu. Jeder weiß, daß Simon sich besonders um Eigentum und Finanzhaushalt kümmerte. Als er sich weigerte, Steuern zu bezahlen, wurde er von Jesus angehalten: "Gebt des Kaisers, was des Kaisers ist."

Stier im Jahreszyklus der Natur

Der Zeitraum, in dem die Kräfte des Stiers wirksam sind, beginnt ungefähr am 20. April und hört etwa am 20. Mai auf. Der Stier ist das erdhafteste der drei Erdzeichen. Deshalb vermittelt er uns während seiner Zeit die vollerblühte Kraft des Frühlings. Auf den Bäumen entfaltet sich grünes Blattwerk, die Blumen blühen, und die schöpferische Energie der Natur ist allgegenwärtig.

Die Brut und die Tierjungen werden mit Nahrung gefüttert, welche die Erde in reichem Maße bietet. Die Menschen erliegen dem Liebesrausch und werden von der unbändigen Lebenskraft erfaßt, die in dieser Jahreszeit vorherrscht. Es ist auch ein Monat des Pflügens, denn der Mutterboden ist reich an verwesten organischen Substanzen aus Herbstlaub (Skorpionmonat). Die fruchtbare Erde ist bereit, die Saat aufzunehmen, die in dieser Zeit gepflanzt werden kann.

Stier repräsentiert daher den Ausschnitt im Jahreszyklus, der die potentielle Lebenskraft des Widders in sich aufgenommen hat und ihr in der Natur zu körperlichem Ausdruck verhilft. Taurus bringt die Fülle des auferstandenen Lebens ans Licht.

Pflanzen, die dem Stier zugeordnet sind: Moos, Spinat, Lilie, Gänseblümchen, Löwenzahn, Rübe (Beete), Rittersporn, Flachs und Myrthe

Steine und Edelsteine, die dem Stier zugeordnet sind: Achat, Smaragd, Alabaster (Marmor) und Korallen.

Stier in der Mundanastrologie

Folgende Länder, Städte und Völker sind eng mit der Schwingung des Tierkreiszeichens Stier verbunden:
Länder: Irland, Rußland, Schweiz (bekannt als internationales Bankenzentrum), Polen, Zypern, Iran und Kreta
Städte: Dublin, Mantua, Leipzig und Luzern
Volksgruppen: Ägypter des Altertums und Druiden

Physiognomie und Temperament des Stiers

Der Stier ist Hals, Kehlkopf, Ohren und dem Lymphsysthem zugeordnet. Die Schilddrüse untersteht gleichfalls seinem Wirkungskreis, und da sie so eng mit dem menschlichen Stoffwechselgeschehen verflochten ist, haben viele Stiere nachweislich Schwierigkeiten, die Nahrung in Körperenergie umzuwandeln. Dies ist jedoch für Stiere kein Hinderungsgrund, weiterzuessen. Aufgrund ihrer Gier nach sinnlichen Genüssen und ihrem üblichen Hang zu Bequemlichkeit neigen sie zur Gewichtszunahme.

Stiermenschen lassen sich grob in zwei Gruppen einteilen: in Venustypen und Erdtypen. Die Venusmenschen zeichnen sich durch einen schönen, fast vollkommenen Körper aus. Die Venusmänner haben breite Schultern und schmale Hüften. Sie sind von Natur aus zurückhaltend und ruhig und haben im allgemeinen eine Vorliebe für Poesie und Kunst. Die Venusfrauen entsprechen durch und durch der Göttin Aphrodite (Venus). Ihr Körper ist wohlgeformt und gut proportioniert, sie haben breite Schultern, auf denen ein schöner, geschwungener Hals sitzt. Ihre Bewegungen sind langsam und außerordentlich graziös. Sie verbreiten eine stark sinnliche Ausstrahlung, besitzen erstaunliche Anziehungskraft und wirken magnetisch auf ihre Mitmenschen.

Die zweite Gruppe von Stiermenschen ist erdbetont und weist normalerweise einen kleinen, gedrungenen Körperbau auf. Gewöhnlich ist ihr Rücken stark und wuchtig, ihr Nacken ist ziemlich breit. Sie haben ebenfalls einen ausgeprägten Kunstsinn, lieben Musik und sind für menschliche Gefühlsregungen empfänglich, doch im allgemeinen benehmen sie sich nicht so anmutig wie ihre Venusgeschwister. Gelegentlich fallen sie durch linkisches Verhalten, sowohl innerlich wie äußerlich, auf. Sie sind jedoch in der Lage, sich zu veredeln und die höhere Empfindungsfähigkeit des reinen Venusmenschen anzunehmen, indem sie ihre positiven, natürlichen Neigungen stärker entwickeln. Venusstiere sind keineswegs gegen die Anfechtungen ihrer erdhafteren Geschwister gefeit, gelegentlich überspannen sie gleichfalls den Bogen und geben sich allen Arten von Ausschweifungen hin. Beide Gruppen weisen eine hohe Stirn auf und neigen zu starkem, dunkelgetöntem Haarwuchs. Die meisten Stiermenschen sind natürlich eine Mischung aus diesen beiden eindeutigen Körpertypen. Deshalb liegt es an ihnen, ob sie entweder ihre Gefühlsregungen und Wünsche verfeinern und sich gemäß des Vorbilds des reinen Venusnaturells entwickeln oder ob sie zulassen, daß ihre Empfindungsfähigkeit abstumpft und derbere Ausdrucksformen annimmt.

Obwohl Stiere einen Überschuß an Körperkräften entwickeln, wenn es gilt, ihren eigenen Absichten gerecht zu werden, so neigen sie doch im Normalfall zu Trägheit, besonders wenn von ihnen verlangt wird, außerhalb ihres persönlichen Interesses tätig zu werden. Dieses fixe Tierkreiszeichen birgt konzentrierte Lebenskraft in sich, die nur schwer gebrochen wird. Aus diesem Grund sind Stiermenschen ziemlich faul und erwarten, daß jedermann auf sie zukommt und ihnen alles in den Schoß fällt. Sie müssen sich mit Menschen umgeben, die sie begeistern können, ihre ausgesprochene künstlerische Begabung zu entfalten und ihr angeborenes Verständnis für die menschliche Natur nutzbringend für sich und andere anzuwenden.

Stier im Umgang mit Menschen

Die aufbrausende Lebenskraft des Widders gebärdet sich ungestüm und unkontrolliert. Er ist ein Pionier, der die Gegend nach dem Ort erkundet, wo er sein Universum aufbauen kann. Der Stier besiedelt das Land, das der Widder entdeckt hat, bebaut es, nutzt seine Rohstoffe in einer Weise, daß er den praktischen Lebensnotwendigkeiten gerecht wird. Der Stier nimmt die feurigen Sonnenstrahlen des ersten Tierkreiszeichens in sich auf, nutzt die Sonnenenergie zur Erwärmung der Erde, was aus dem befruchteten Boden Obst und Gemüse wachsen läßt. Im Stier erreicht der Mond als Herrscher des Tierkreiszeichens Krebs, seine Erhöhung. Krebs baut auf dem fruchtbaren Stierboden das eigentliche Heim für seine Familie.

Stier ist von der Lebensenergie des Frühlings erfüllt, dennoch anerkennt er, wie wichtig es ist, nicht einmal das kleinste Quantum göttlicher Energie zu verschwenden, die ihm das Leben gewährt. Deshalb verhält sich der Stiergeborene konservativ und vorsichtig, weil er dem Lebensimpuls, den Widder ihm übertragen hat, Form verleihen muß. Er spürt, daß Erlebnisse an sich bedeutungslos sind, sofern sie nicht einem festgesetzten Ziel dienen. Diese

Einstellung erweist sich hilfreich, um träumerisch veranlagte Zeitgenossen wieder auf den Boden zu holen, trotzdem kann sie sich auch gegen den Stier richten, indem sie ihm größere Vorstellungswelten entzieht. Viele Stiermenschen glauben nichts, es sei denn, sie sehen es mit eigenen Augen und können es mit ihren Händen berühren. Infolgedessen beeindrucken den Stier Religionen und abstrakte Weltanschauungen nur wenig. Stiergeborene ziehen es vor, den orthodoxen Glauben ihrer Familientradition beizubehalten und bemühen sich normalerweise kaum, die höhere Mentalwelt zu erkunden, was ihnen mehr persönliches Profil vermitteln könnte. Sofern sich eine Idee nicht konkret und materiell verwirklichen läßt, vermag der Stier sie nicht zu fassen oder sich zunutze zu machen.

Der Stier verlangt von einer Glaubensrichtung und Lebensphilosophie, daß sie praktisch anwendbar ist. Ihm ist wichtig zu sehen, daß der Himmel auf Erden machbar ist, denn für theologische Theorien verschwendet er keine Zeit. Es gibt natürlich viele Ausnahmen dieser Regel, denn unabhängig von seiner astrologischen Bestimmung muß man jeweils die seelische Entwicklungsstufe eines jeden Menschen in Betracht ziehen. Wir haben hier die allgemeine Verhaltenstendenz der Stiermenschen in bezug auf Religion und Philosophie vorgestellt.

Dieser fundamentale Gedanke gilt für alle Tierkreiszeichen und deren Ausdrucksformen mit ihren jeweiligen Eigenschaften und Verhaltensweisen. Die meisten Westler neigen zu einer materiellen Grundausrichtung. Ein Stiermensch, der spirituelles Verständnis für die Beschaffenheit des Universums aufbringt, kann anderen auf sehr praktische Weise erklären und nachweisen, wie man zwischen der geistigen und materiellen Ebene Verbindungen herstellt. Adam ist der Widder, der Garten Eden ist der Stier. Deshalb hat der Stier ein instinktives Verständnis dafür, wie der Geist sich in der Natur entfaltet, und sollte tief in seinem Inneren ergründen, wie er sein angeborenes Verständnis des schöpferischen Wachstums zum Vorschein bringen kann.

Der Stier weiß, daß es lange Zeit dauert, bis aus dem Samen ein riesiger kalifornischer Redwoodbaum wächst. Er hält nichts davon, Dinge überstürzt anzugehen und bildet sich nur langsam eine Meinung. Als erstes liegt ihm daran, sicherzustellen, daß das Wurzelwerk fest im Boden verankert ist, ehe er dem Baum gestattet, hoch in den Himmel hinaufzuwachsen. Angesichts dieser besonderen Wesensart muß der Stier lernen, für Ausgleich zu sorgen, denn er bohrt sich möglicherweise so tief ins Erdinnere, daß es ihm zu viel Zeit kostet, ins Leben hinauszuwachsen. Angehörige und Freunde von Stiergeborenen müssen sich angewöhnen, sie niemals anzutreiben, denn von allen Tierkreiszeichen ist der Stier das dickköpfigste und sturste. Er wird sich jedem Vorschlag mit großem Starrsinn widersetzen, der mit seinen Absichten nicht übereinstimmt. Um bei Stiermenschen Erfolg zu haben, muß man stets diplomatisch und nicht gewaltsam vorgehen. Sogar wenn er weiß, daß es unsinnig ist, an einer bestimmten Meinung festzuhalten (was höchst selten der Fall ist, da die meisten Stiermenschen überzeugt sind, immer recht zu haben), ist es ihm lieber, auf seinen falschen Gedankengängen zu beharren, als feststellen zu müssen, daß ein anderer ihm gewaltsam seinen Willen aufgezwungen hat.

Es gibt feine Unterschiede zwischen Sturheit, Entschiedenheit und Loyalität. Im Charakter des Stiers sind alle drei Eigenschaften vorhanden. Um das Beste aus seinen Tugenden herauszuholen, muß der Stier lernen, wie er sein fixiertes und konzentriertes Naturell in den verschiedenen Lebensbereichen objektiv umsetzt. Viele Leute glauben, Stiere seien hartherzig und desinteressiert. Dies entspricht keineswegs der Wahrheit. Emotional sind Stiermenschen in der Tat leicht zu verletzen, selbst wenn sie auf Menschen, die sie nicht so gut kennen, etwas mißtrauisch reagieren. Sie nehmen gern die Beschützerrolle ein und verspüren einen starken Drang, den Lebensrahmen ihrer Angehörigen so angenehm wie möglich zu gestalten, damit das Glück ihrer Lieben gesichert bleibt.

Es dauert ziemlich lange, die Liebe eines Stiermenschen zu gewinnen, doch ist es einmal soweit, zeigt der Stier unablässig seine tiefe Zuneigung, bleibt seinem Partner unter allen denkbaren widrigen Umständen treu und vermittelt ihm seine große Kraft. Stiergeborene sind Kinder der Venus und daher romantisch veranlagt. Sobald sie ihr Herz an jemanden verschenkt haben, lassen sie ihn nicht mehr los. Ihm ist der Schwur, "den Partner vom heutigen Tag bis in alle Ewigkeit zu besitzen und festzuhalten" wahrhaftig und heilig.

Als fixes Erdzeichen wird Taurus oftmals von Unsicherheitsgefühlen geplagt. Ein Stiermensch muß fühlen, daß sein Liebespartner sich mindestens so stark um ihn bemüht, wie er an dem Menschen hängt, dem seine Liebe gilt. Er fordert ständige Liebesbezeugungen und Treuebeweise. Der/die kluge Geliebte weiß Bescheid, wie dies zu bewerkstelligen ist. Stiere brauchen andauernd körperliche Zärtlichkeiten. Einige Stiere leben diese Begierde extrem aus. Dieses Zeichen ist nämlich für seine ungewöhnlich starke sinnliche Veranlagung und sein starkes sexuelles Verlangen bekannt. Man sollte bedenken, daß die Stiergeborenen sehr körperbewußt sind und ihre Leiblichkeit ausgiebig genießen. Die Stierfrau liebt gutes Parfüm und schöne Kleider. Sie ist außerordentlich feinfühlig und denkt, daß etwas mit ihr nicht in Ordnung ist, wenn ihr Liebhaber vergißt, ihr einen Abschiedskuß zu geben, wenn er das Haus verläßt oder versäumt, ihr Komplimente über ihre Frisur zu machen.

Stier ist ein weibliches Zeichen, das jedoch durch den Bullen repräsentiert wird. Das bedeutet, daß Stiere nicht so passiv sind, wie viele Menschen glauben. Sie lassen sich schwer in Gang setzen, und nur mit Mühe kann man sie in Rage bringen, doch ist Vorsicht geboten, sobald sie einmal vom roten Tuch des Verlangens erfaßt worden sind, denn der Stier wählt den direkten Weg nach vorn, und kein Matador vermag ihn aufzuhalten.

Stiermänner sind sehr ehrgeizig und warten gleichmütig auf eine günstige Gelegenheit, die verspricht, daß sie in ihrer erwählten Berufslaufbahn befördert werden. Dann tauchen sie plötzlich auf und sichern sich ihren Vorteil. Zwar idealisieren Stierfrauen die Vorstellung eines sehr maskulinen, aggressiven Menschen, können es jedoch tatsächlich nicht ausstehen, wenn sie beherrscht werden. Sie reagieren empört, wenn ihnen jemand sagt, was sie zu tun haben. Viel lieber nehmen sie auf dem Beifahrersitz Platz, allerdings sprichwörtlich mit ihrem Fuß auf der Bremse. Anders ausgedrückt, sie geben ihrem Mann gern das Fahrziel an und überlassen ihm das Steuer, er darf aber nur mit der von ihnen genehmigten Geschwindigkeit fahren.

Wie bereits erwähnt, ist der Mond im Stier erhöht. Der Stier legt deshalb großen Wert auf sein Familienleben, und neben dem Krebs ist er das fruchtbarste Zeichen des Tierkreises. Ein Stiermann achtet stets darauf, daß es seiner Familie an nichts mangelt und sorgt für das Lebensnotwendige. Wenn er es sich leisten kann, wird er seinen Angehörigen einen luxuriösen Lebensstil bieten. Die Venus im Stier liebt schöne Formen, und Stiergeborene beiderlei Geschlechts haben in allen Dingen höchste Qualitätsansprüche. Diese Neigung kann sich teilweise verselbständigen, dann kommt es vor, daß Stiermenschen sich völlig vergessen und ihren Gelderwerb und die Jagd nach kostbaren Gegenständen übertreiben.

Dem Stier fällt es leicht, eine passende Arbeitsstelle aufzutun, die ihm die notwendigen finanziellen Mittel verschafft und seiner Familie ein gutes Leben ermöglicht. Er hat Schwierigkeiten, zwischen Bedürftigkeit und Habgier zu unterscheiden. Stiergeborene haben Erfolg in Berufssparten, die mit

Grundstücken, Immobilien und allgemein mit Finanzen zu tun haben. Sie zeigen auch eine natürliche Vorliebe für Speisen und deren Zubereitung. Sie sind ausgezeichnete Köche, Ernährungsberater und Landwirte. Alle Stiere sind entweder in einer Kunstrichtung begabt oder vermögen zumindest Geschmack für Malerei, Bildhauerei und schöne kunsthandwerkliche Arbeiten zu entwickeln.

Der Kehlkopf ist dem Zeichen Stier zugeordnet, und viele Stiergeborene singen gerne. Zu den besser bekannten Sängern dieses Zeichens zählen Bing Crosby, Perry Como, Barbara Streisand, Lainie Kazan, Ella Fitzgerald, Patrice Munsel, Ezio Pinza und Donovan. Unter den Stiergeborenen sind auch sehr viele Musiker und Komponisten zu finden: Brahms, Tschaikowsky, Massenet, Irving Berlin, Prokofjew und Duke Ellington. Alle Stiere sollten ihren schöpferischen Begabungen auf den Grund gehen, sie ausgraben und dem Licht der Sonne aussetzen, damit sie gedeihen können.

Stier besitzt die Kraft, für das nötige Wurzelwerk zu sorgen, so daß das Uratom der Lebenskraft des Widders sich zu einem starken und bodenständigen Baumstamm entwickeln kann, dessen Zwillingsäste und -blätter weit ins Leben hineinwachsen.

Leitbegriffe des Stiers

positive Eigenschaften	negative Eigenschaften
zuverlässig und treu	grundlos starrsinnig
sehr empfindsam und verständnisvoll	übertrieben gefühlsbetont
gelassen und ruhig	unnahbar, langweilig und hart
liebevoll und großzügig	genußsüchtig
praktisch und entschlossen	geizig und unbeugsam
produktiv und fruchtbar	strikt materialistisch eingestellt

10
Zwilling - Ich suche mich durch mein Denken

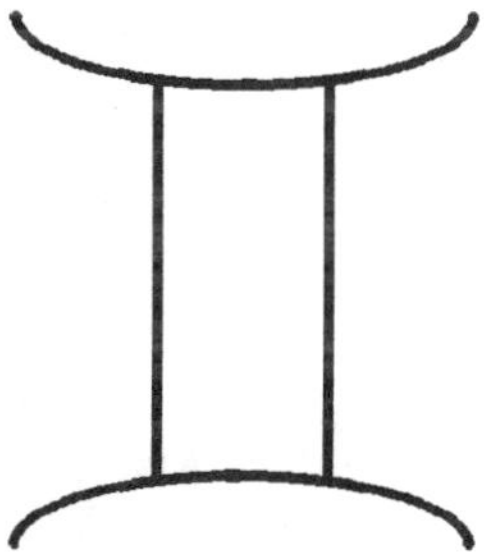

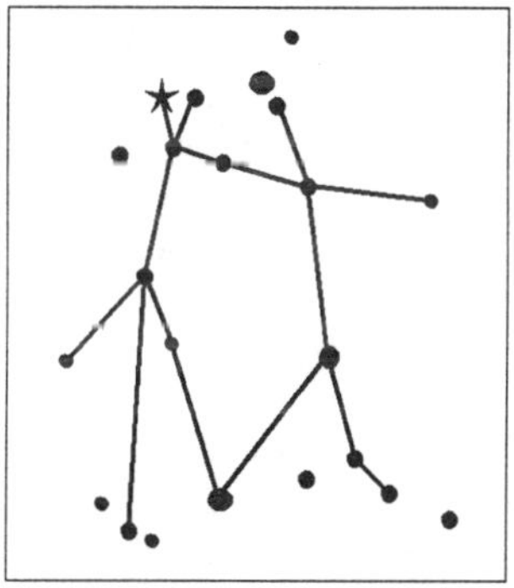

"Die lieblichen Zwillinge stehen in inniger Umarmung
Eng umschlungen und lächeln sich zu." Manilius

"Ihr Musen mit scharfem Blick, so singen die Zwillinge des Jovis,
Der sanfte Pollux ist frei von allem Makel,
Und Kastor bezähmt sein Ross, Heldenbrüder des Ruhms."

Homer, Hymne an Kastor und Pollux

Zwilling am Himmel

Die beachtlichsten Sternhaufen in der Konstellation des Zwillings sind die beiden großen Sterne, die nach dem Zwillingspaar Kastor und Pollux benannt wurden. In Wirklichkeit besteht der Stern Kastor ganz nach Zwillingsmanier aus zwei nahe beieinander angesiedelten weißen Sternen, die einander umkreisen. Die Astronomen bezeichnen diese Naturerscheinung als "binäres System", da zwei Sterne anscheinend um ein gemeinsames Schwerkraftzentrum kreisen. Pollux ist etwas heller als sein Bruder und rötlich-orange gefärbt. Beide Sterne sind nur 4,5 Grad voneinander entfernt, und schon von alters her waren sie als die einzigen Vertreter der gesamten Konstellation bekannt. (Die alten Assyrer nannten sie "Mas-mas" oder Brüderpaar; Allen, S. 234)

Im Lauf der Zeit wuchsen die Zwillinge heran, und eine Reihe weiterer Sterne kam hinzu, die ihr Abbild vervollständigten. Die Gesamtkonstellation Zwilling ist leicht zu finden, da sie sich deutlich von den ihr benachbarten Sterngruppen abhebt. Die Ekliptik läuft mitten durch die Zwillinge. Oben sieht man die Köpfe (von Kastor und Pollux) zwischen der linken Schere des Krebses und des Wagenlenker Aurigas Peitsche. Ihre Füße berühren knapp die Milchstraße oberhalb des erhobenen Arms der riesigen Konstellation des Jägers Orion. Normalerweise sind die Zwillinge als Paar abgebildet, das sich Arm in Arm umschlungen hält. Am Aprilhimmel sind sie am deutlichsten zu erkennen.

Die Symbolik des Zwillings

> *"Nun kommen die beiden Urgeistwesen, die sich in Visionen als Zwillingspaar offenbaren. In Gedanken, Wort und Tat hat einer stets den besseren Part und der andere den schlechteren. Der Klügere der beiden wählt Rechtschaffenheit, was bei dem Toren nicht der Fall ist."*
>
> Zend Avesta

Die naheliegendste Entsprechung des Zwillingssymbols ist die römische Ziffer zwei, II. Sie umschreibt zutreffend die gespaltene Wesensart dieses Tierkreiszeichens. Esoterische Zeichen und Symbole stehen allerdings für zahlreiche Ebenen. Das Zwillingssymbol ist besonders reich mit allegorischem Tiefsinn gesegnet.

Es stellt auf physischer Ebene die Körperteile dar, die der Herrschaft des dritten Tierkreiszeichens unterstehen: Hände, Arme und Lungen. Zwillinge repräsentieren ebenfalls die zweiseitige Anordnung des Kehlkopfs. Wer im Zwillingsmonat geboren wurde, zeichnet sich als begabter und mitreißender Redner aus.

Das Luftzeichen Zwilling beschäftigt sich hauptsächlich mit mentalen und kommunikativen Fähigkeiten. Ein Zwilling kann wie ein Affe alles nachahmen oder ein erfinderisches Genie sein; entweder agiert er als Komiker, der bei seinen üblichen Späßen fremdländische Akzente imitiert, oder er tritt als versiertes, vielsprachiges Talent auf. Der dualistische Charakter des Tierkreiszeichens Zwilling versinnbildlicht auf diese Weise die Polarität der unterschiedlichen Denkvorgänge.

Der Verstand analysiert, trennt das Angeschaute vom Betrachter und objektiviert. Hochentwickelte Zwillingsmenschen sind imstande, Aspekte des rationalen Verstandes mit höherer Intuition in Einklang zu bringen. Merkur, der Herrscher des Zwillings, symbolisiert den Verstand. Man behauptet, er sei im Wassermann, dem Geniezeichen, erhöht.

Die Geschichte berichtet, daß die Spartaner das Zwillingssymbol verwendeten, wenn sie in die Schlacht zogen, da es ihre eigenen Zwillingsgötter darstellte. Das akadische Keilschriftzeichen YY war ein älterer Vorläufer dieses Ideogramms; es symbolisierte den Monat "Kas", der den Anteilen der beiden Zwillingsmonate Mai und Juni entspricht (Allen, S. 229)

In idealster Form verkörpert der Zwilling das Prinzip zweier Dualseelen, die sich zugunsten größerer Schöpferkraft vereinigen. Sie sind auch der Verstand, der sich mit dem Geist paart, was auf materieller Ebene in Erscheinung tritt, da sie ihre Hände für praktische Arbeit gebrauchen und ihre Worte klug einsetzen.

Zwilling in Mythologie und Geschichte

Eine der vielen Bedeutungen des Zwillingssymbols sind zwei Säulen. Im Altertum dienten sie als Wächter sämtlicher Torwege und Eingänge. Vielfach begegnet man an babylonischen, ägyptischen und assyrischen Tempeln und Häusern der Darstellung von Götterpaaren.

Zwar sind sie auch als Bruder und Schwester abgebildet worden, doch meistens wurden die beiden Götter als Brüderpaar dargestellt. Die Assyrer verehrten die Zwillingsgottheiten Nebo und dessen Frau Tasmit. Nebo läßt sich mit Merkur, dem Herrscherplaneten des Zwillings, vergleichen. Er war, ähnlich wie Merkur, der Gott der Schriftsteller und Literatur. Man sagt ihm nach, er habe die Keilschrift erfunden und sich um die "Erleuchtung der Augen" verdient gemacht. Tasmits Aufgabe war es, die "Ohren zu erleuchten", damit sie das Wort besser hören und verstehen konnten (Reid, S. 32).

Im Osten gibt es auch Hinweise auf die Anwesenheit des Zwillings. Die Mahabharata, eine uralte indische Heldensage, berichtet uns, daß "es in früheren Tagen zwei Brüder namens Sunda und Upusunda gab, die in allen drei

Welten gefeiert wurden. Sie lebten zusammen, und niemand vermochte sie zu besiegen, außer wenn einer den anderen schlug. Sie herrschten über das gleiche Königreich, lebten im selben Haus, schliefen im selben Bett, saßen auf demselben Stuhl und aßen vom selben Teller. Sie schienen ein Mensch aus zwei Teilen zu sein, die beide genau die gleichen Charaktereigenschaften und Gewohnheiten an den Tag legten."

Die besser bekannte Heldenerzählung Ramayana berichtet von Rama, einem großen indischen Heiligen, der einen Zwillingsbruder hatte. Mit tiefer hingebungsvoller Liebe sprach er zu ihm: "Herrsche Du mit mir über die Erde, denn dies ist Deine himmlische Bestimmung wie auch meine. Mein Leben und mein Königreich sind nur deshalb von Bedeutung für mich, weil Du beides mit mir teilst."

Das Ramayana ist ein beachtliches Werk, das besonders für Astrologen wichtig ist, da es das angebliche Horoskop Ramas enthält. Es ist das erste persönliche Horoskop, was uns überliefert wurde. Aus der Planetenstellung des Geburtshoroskops kann man schließen, daß es für einen Menschen erstellt worden sein muß, der vor dem Jahr 3102 v. Chr. geboren wurde!

Etwas später lesen wir im Alten Testament (Genesis 34, 25-29) die Geschichte von Simeon und Levi, die beide Söhne Jakobs waren. Ihre Schwester Dina wurde von Sichem, dem Sohn des Horitenoberhauptes Emmor vergewaltigt. Aus Rache ob dieser Verfehlung zogen Simeon und Levi ins Gebiet der Horiten und erschlugen viele von Sichems Stammesgenossen.

Die Legende von Kastor und Pollux spielt sich nach ähnlichem Muster ab. Sie rächten die Entführung ihrer Schwester Helena nach Troja. Das Wirken des Bruderpaars läßt sich auf die griechische Insel Samothrake zurückverfolgen, die eine geweihte Stätte des Zwillingsgötterkults war. Die Urbevölkerung des antiken Griechenlands feierte die sogenannten "Mysterien der Kabiren" (der Großen). Sie verehrten die Muttergottheit und ihre beiden göttlichen Kinder.

Viele Jahrhunderte später entstanden die griechischen und nachfolgend die römischen Legenden. Aus uralten Chroniken ist zu entnehmen, daß Leda, die Frau des Königs von Sparta, Tyndarus, von Zeus (Jupiter) verführt worden war, der sich zu diesem Zweck in einen Schwan verwandelt hatte. Folglich brachte Leda zwei Eier zur Welt. Aus einem Ei schlüpfte Helena, im anderen waren Kastor und Pollux vereint. Es gab einen Skandal, wer wohl der eigentliche Vater von Kastor sei, denn er war ein Sterblicher (Pollux hingegen war ein wahrer unsterblicher Sprößling seines Vaters Zeus). Man nimmt an, daß Tyndarus auf eine seltsame Art tatsächlich Kastor gezeugt hat, ungeachtet der Tatsache, daß Kastor und Pollux Zwillingsbrüder waren. Homers Bericht (Odyssee, XI) über die Knaben klingt so: "Ich sah Leda, die Tyndarus Zwillingssöhne gebar. Beide mit einem kühnen Herzen ausgestattet: der verwegene Pferdebändiger Kastor und sein Bruder Pollux, der Boxer. Das Brüderpaar lebt weiter, obgleich ihre Leichen von lebendiger Erde bedeckt sind. Selbst in der Unterwelt achten sie die Ehre des Zeus."

Aus der Sicht der astrologischen Philosophie entnehmen wir aus obiger Beschreibung eine Reihe von relevanten Hinweisen über das Brüderpaar. Kastor war der sterbliche Pferdebändiger, der vom Schützen, dem Gegenpol der Zwillinge, regiert wird. Pollux, der unsterbliche Boxer, ist ein Mann, der seine Hände gebraucht und dessen rastlose Füße niemals stillstehen dürfen. Diese Beschreibung paßt genau auf Zwillingsgeborene.

Der Zwilling erreicht Vollkommenkeit, wenn seine sterbliche Natur (seine niederen, selbstsüchtigen Wünsche) sich mit seiner unsterblichen Seele (dem göttlichen Geist in jedem Lebewesen) verbindet. Die größte Kraft des Zwillings liegt daher im Zusammenwirken seiner Talente und Energien und nicht in deren Trennung.

Die Legende enthüllt ebenfalls, wie die Zwillingsbrüder ihren Platz am Himmel einnahmen. Kastor war in einer Schlacht gefallen, und der verzweifelte Pollux betete zu seinem Vater Zeus, ihn ebenfalls sterben zu lassen. Als Antwort auf sein Flehen nahm Zeus beide Brüder in den Himmel auf. In seinem Bericht über das Brüderpaar fährt Homer fort: "Ihr Leben unterliegt dem Wandel, einen Tag lang leben sie, am anderen Tag sterben sie. Und gar selbst die Anbetung der Götter ist ihnen zuteil geworden."

Die Römer waren dem Glaubenskonzept der Zwillingsgottheit besonders zugetan. Ihre eigene Hauptstadt wurde von den Zwillingsbrüdern Romulus und Remus gegründet. Zur Zeit der Herrschaft des Großen Römischen Reiches wurden in Italien Kastor und Pollux in hohem Maße verehrt. Man kannte sie als die Schutzpatrone der Seefahrer (Zwilling steht für Kommunikation und Handel). Ihnen zu Ehren errichteten die Römer in Ostia, dem römischen Hafen, einen Tempel.

Das Luftzeichen Zwilling wurde besonders mit dem Wind in Verbindung gebracht, der die Segel der römischen Galeeren spannte. In der Apostelgeschichte (28, 11) lesen wir, daß das Schiff, das den heiligen Paulus und seine

Gefährten von Malta nach Rom brachte, nachdem sie auf dieser Insel gestrandet waren, als Gallionsfigur die Zwillinge trug.

Uns wurde berichtet, daß im heutigen Sizilien noch ein Brauch existiert, wonach sich Liebespaare am Tag des heiligen Johannes gegenseitig einige Haare vom Kopf auszupfen, sie zusammenbinden und hoch in die Luft werfen. Dabei hoffen sie, wie Kastor und Pollux für immer vereint zu bleiben (Reid, S. 30). Interessant ist auch, daß das heutige italienische Wort für Zwillinge gemelli (Gemini) ist.

Berühmte Zwillingsgeborene: Konfuzius, geboren am 19. Juni 551 v. Chr., Simeon und Levi, Jakobs Söhne, Jakobus, "der Jüngere", Apostel Jesu. Es dauerte zwar lange, bis er Christus völlig akzeptierte, doch in der Folge wurde er ein hervorragender Prediger und Evangelist.

Zwilling im Jahreszyklus der Natur

Der Zeitraum, in dem die Kräfte des Zwillings wirksam sind, beginnt ungefähr am 21. Mai und endet etwa am 20. Juni. Im Zeichen des Zwillings findet der Übergang zwischen Frühjahr und Sommer statt. Die Natur hat dem Blätterdach der Bäume und den Blumen zu unumschränktem Wachstum und zur Blüte verholfen. Lustvoll hat sie ein prachtvolles, schöpferisches Bildnis gemalt.

Zwar hängen die Jungtiere noch immer an der Mutter, dennoch wagen sie sich bereitwillig und entdeckungsfreudig in die unbekannte Welt hinaus, machen ihre ersten Schritte und durchstreifen schließlich Felder und Wälder. Die Menschen sind jetzt auch viel aktiver. Die bevorstehenden Schlußexamen zwingen die Studenten, sich intensiver um ihr Studium zu kümmern. (Sowohl Bücher als auch Schuleinrichtungen werden dem Zwilling zugeordnet.) Die Menschen unternehmen kleinere Ausflüge, genießen die frische Luft und planen ihre großen Ferien, die für viele in den Sommermonaten Wirklichkeit werden.

Pflanzen, die dem Zwilling zugeordnet sind: Schafgarbe, Geißblatt, Eisenkraut, Gänserich, Hundsquecke und Krapp

Steine und Edelsteine, die den Zwillingen zugeordnet sind: Beryll, Bergkristall, Granat, Topas, Aquamarin, Marmor, Chrysolith und sämtliche gestreiften Steine

Zwilling in der Mundanastrologie

Folgende Länder und Städte sind eng mit der Schwingung des Tierkreiszeichens Zwilling verbunden:

Länder: Vereinigte Staaten von Amerika, Belgien, Wales, Sardinien, Nordostküste Afrikas, Unterägypten, Flandern und die Lombardei

Städte: London, Melbourne, San Francisco, Cordoba, Versailles, Plymouth, Nürnberg und Cardiff

Physiognomie und Temperament des Zwillings

Menschen, die unter starkem Zwillingseinfluß stehen, sind dem Zwillingssymbol äußerlich in etwa ähnlich. Sie sind sehr hager und neigen zu hochaufgeschossenem Wuchs. Zwilling regiert die Hände und Arme, daher sind Zwillingsmenschen anerkanntermaßen besonders geschickte Handwerker. Ihre Gespräche (sie reden gern und viel) unterstreichen sie mit aufwendigen Gesten.

Die Augen sind das auffälligste Körpermerkmal aller reinrassigen Zwillinge. Sie sind nicht wie die tiefen anziehenden Seen des Skorpions. Zwillingsaugen wirken eher wie zwei stark elektrisch geladene Lichtstrahlen, die einen Gegenstand nach dem anderen anpeilen. Während die Zwillinge mit Körper und Verstand unentwegt Gedanken zu ergründen versuchen, offenbaren ihre Augen eine erstaunliche, pulsierende Energie.

Zwillinge wollen aus vollen Zügen leben, und mitunter übertreiben sie. Da sie von Natur aus sehr wankelmütig sind, lassen sie sich nur ungern darauf ein, sich auf längere Zeit ausschließlich einer Sache oder einer Person zu widmen. Durch ihr Credo an die Vielseitigkeit begeben sie sich bisweilen mit ungeteiltem Eifer auf die Suche nach aufregendem Zeitvertreib. Aus diesem Grund leiden Zwillingsgeborene häufig unter nervöser Erschöpfung. Da ihrem Tierkreiszeichen ein Großteil des Nervensystems untersteht, sprechen die meisten Zwillinge auf alle Reize aus ihrer nächsten Umgebung an. Gelingt es ihnen nicht, den Fluß ihrer Kräfte zu steuern, werden sie unzufrieden und ruhelos.

Zwillinge haben starke Ähnlichkeit mit Schmetterlingen. Sie flattern von Blüte zu Blüte und lassen sich von der Schönheit der vielfältigen Farben und Gerüche anziehen. Sie lassen sich bezaubern, unterbrechen ihren Flug durch die Luft für eine kurze Weile und wenden sich anschließend der nächsten geöffneten Blüte zu. Blumen versinnbildlichen für sie vielfach die

Früchte ihres Wissens. Noch reger als seine Hände ist der Verstand des Zwillings. Er ist außerordentlich wißbegierig und versucht unermüdlich, seine Welt zu verstehen. Da für ihn alles in einen erprobten, logisch nachweisbaren Bezugsrahmen hineinpassen muß, bemüht sich der Zwillingsmensch, den Idealen und Prinzipien, die er im Lauf seines Lebens entdeckt, intellektuelle Werte zuzuordnen.

Zwillinge lachen gerne und unterstreichen ihre Sätze mit schnellen Handbewegungen, leichtem Kopfnicken und Kichern. Sie sind wie Bruder Leichtfuß und machen sich sofort aus dem Staub, wenn eine Situation sie entweder einschränkt oder ihr Vergnügen verdirbt. Sie hecken gerne hinterlistige Streiche aus und genießen es, sich albern und ausweichend zu gebärden.

Zwillinge kleiden sich mit Vorliebe in hellen, metallischen Farben und tragen gerne Abzeichen, Accessoires und Schmuck. Da sie ein- und dieselbe Darstellung ihrer selbst leicht langweilt, ziehen sie sich häufiger um als andere. Nichts ist ihnen lieber als ein anstrengender Tag, an dem sie ein Museum nach dem anderen besuchen, ins Kino gehen und sich ein bis zwei Stunden mit Freunden im Park treffen. Mehr Zeit gönnen sie sich allerdings nicht, weil sie danach aufbrechen müssen, um noch woanders ein bißchen Nektar aus einer neuen Blüte zu erhaschen.

Zwilling im Umgang mit Menschen

Der pionierhafte Widder hat das Land entdeckt, der Stier hat es bestellt; der Zwilling erkundet die benachbarten Regionen, findet neue Straßen und Flüsse und eröffnet somit seiner Gemeinschaft die Möglichkeit, mit den Bürgern anderer Städte Handel zu treiben. Zwillinge gleichen daher frisch gepflanzten Bäumen, die zwar stark im Mutterboden verwurzelt sind und Sonne und Wind sicher trotzen können, doch gerade erst begonnen haben, ihre Krone auszubreiten. Zum Fällen sind sie natürlich noch zu jung.

Der Zwillingscharakter entspricht im Grunde dem eines Kindes, das unablässig "Warum?" fragt. Der Zwilling möchte ganz genau wissen, welche Verbindungen zwischen Menschen, Gegenständen und Ideen bestehen. Er bemüht sich unentwegt, sein Verständnis zu erweitern. Sein Verstand schießt wie ein Hansdampf in allen Gassen umher, examiniert alle denkbaren augenscheinlichen Aspekte einer jeden Situation und denkt sich andere Facetten aus, die anderen Betrachtern verborgen bleiben. Immer wieder analysiert und unterteilt der Zwilling. Eine überflüssige Mühe! Stimmt wohl, aber sein Verstand hat die Angewohnheit, ein und dieselbe Sache wiederholte Male aufs neue zu durchdenken. Kinder lernen durch Wiederholung, und wie es scheint, finden Zwillingsgeborene an diesem Lebensstil Gefallen. Sie sind der Meinung: "Eine Sache hat weder Hand noch Fuß, wenn sie nicht mindestens zweimal ausprobiert wurde." Es erübrigt sich zu sagen, daß Zwillinge mitunter Riesenmengen an Zeit und Energie verschwenden, weil sie die gleiche Sache zum x-tenmal durchspielen.

Ähnlich wie Widder und Stier befindet sich das dritte Tierkreiszeichen im Frühstadium der Gesamtentwicklung des Menschen, der zum vollkommenen kosmischen Wesen reifen soll. Demnach gebührt den Zwillingen dieser Wesenszug des wiederholten Prüfens zu recht. Sie gleichen dem Heranwachsenden, der erst allerlei Lebenswege ausprobiert, ehe er sich für einen entscheidet, auf dem er bis zur Reife bleiben will. Sie anerkennen die Mannigfaltigkeit der Schöpfung und sind bemüht, alles über sie in Erfahrung zu bringen, um sämtlichen Details des Erdenlebens gerecht zu werden.

Zwilling verkörpert das Selektionsprinzip. Er muß sich für die jeweils richtigen Ideen entscheiden, wonach die menschliche Seele sich entfaltet und wächst. Bedenken wir, daß jedes Tierkreiszeichen nur ein Zwölftel des gesamten Menschen ausmacht. Dies bedeutet keineswegs, daß Zwillinge niemals erwachsen werden. Viele großartige Genies wurden im späten Frühling der Zwillinge geboren, z.B.: Frank Lloyd Wright, Strawinsky und Walt Whitman. Der Schlüssel zum Genie liegt in der Selbstüberwindung, und jeder Mensch entfaltet sich entsprechend der Art seiner Wünsche.

Jedes Tierkreiszeichen vertritt ein bestimmtes Prinzip, das zur Gesamtentwicklung der Menschheit beiträgt. Demzufolge ist es die Aufgabe der Zwillinge, Ideen aufzugreifen, nach denen der Mensch seine Zivilisation errichten kann. Das Staatswesen wird im Grunde genommen von der Polarität Krebs und Steinbock eingenommen, die nachfolgend jeweils ausführlich behandelt wird.

Das Werkzeug des Zwillings ist sein Verstand, genauer gesagt, der rationale Verstand. Er ist der Intellektuelle und der potentielle Übermittler universaler Ideen. Meist begnügt er sich mit der intellektuellen Ebene und geht seinen Gedanken auf höherer Ebene nicht weiter nach. Diese Neigung hält ihn davor zurück, seinen Verstand umfassender zu gebrauchen. Der Zwilling läßt sich nur schwer von irgendeiner x-beliebigen Sache überzeugen, wenn er sie nicht rational erfassen kann und sie sich im Rahmen seiner persönlichen Prüfung nicht als stichhaltig erweist. Die mentale Zwillingsbegabung kann man auch als wissenschaftlichen Verstand bezeichnen. Dieser

Aspekt des Intellekts analysiert und bewertet sorgfältig alle Daten, stellt Beweis- und Kontrollsysteme auf und zieht anschließend aus den Beobachtungen der durchgeführten Experimente Schlüsse. Wir meinen, daß der Umgang mit einem Zwilling höchst problematisch verlaufen kann, wenn sich dessen Verstand außerdem mit einer ichbetonten Persönlichkeit paart. Er ist nur widerwillig bereit, seine eigene Gedankenwelt oder seinen Lebensstil hinter sich zu lassen. Der Zwilling ist sehr anpassungsfähig und flexibel, aber nur, wenn es nach seinem eigenen Kopf geht.

Die Mehrzahl der Zwillinge sind Meister des Wortes und imstande, problemlos logische Ungereimheiten zu entdecken. Wer seinen Glauben an die universale Gottheit mit emotionalem Überschwang äußert, wird es schwer haben, den eher intellektuell orientierten Zwilling von der Existenz Gottes zu überzeugen. Dieser wird nämlich wortreiche Beweise verlangen; der Glaube allein genügt keineswegs, um ihn zu der religiösen Überzeugung eines anderen zu bekehren. Der Zwillingsverstand ist derart gerissen, daß er alles zu rationalisieren vermag und sich einfach nur mit Hilfe seiner selbst erzeugten Logik alles mögliche, was er glauben will, einreden kann. Die Zwillingsgeborenen kommen nicht umhin, stärker als andere Zeichen einzusehen, daß der Verstand nicht die oberste Kommandozentrale des Selbst ist, sondern bloß sein Werkzeug. Um ihre großartige Gabe am nutzbringendsten einzusetzen, müssen sie ihren Verstand überwinden, ihn zum Diener machen und dürfen ihm nicht hörig sein.

Ein Zwilling, dem das gelungen ist, erweist sich als höchst segensreich. Er kann seinen Mitmenschen die Ideen und Prinzipien vermitteln, die weiteres Wachstum ermöglichen. Er vermag dem Betreffenden diese Konzepte durch gezielte, auf die jeweilige Situation optimal zugeschnittene Wortwahl nahebringen. Der geniale Zwillingsmensch weiß sich zu allen Zeiten eloquent in Szene zu setzen und inspiriert alle Umstehenden durch die Schärfe und Folgerichtigkeit seines Denkens.

Ähnlich wie Waage, Wassermann und Jungfrau wird der Zwilling nicht durch ein Tier vertreten. Er ist ein menschlich geprägtes Zeichen, weshalb es sein Dharma bzw. seine Aufgabe ist, den Mitmenschen die Beziehung zwischen dem Reich der Menschen sowie den Reichen der Mineralien, Pflanzen, Tiere und himmlischen Heerscharen zu erklären. Aus diesem Grund ergreifen sie den Beruf des Lehrers und Wissenschaftlers. Alles, was der Zwillingsverstand (Vernunft) in seinen Experimenten erforscht, hilft der Menschheit, sich besser mit den universalen Gesetzen vertraut zu machen, die ihre Stellung im Universum bestimmen. Wer sich allerdings ungeachtet der Bestimmung des eigenen Tierkreiszeichens zu stark auf Analyse und Logik beruft, muß darauf achten, daß er nicht Zusammenhänge, wie beispielsweise astrologische Gesetzmäßigkeiten, die ihm nicht unmittelbar einleuchten, als Möglichkeit ausschließt bzw. als Unsinn verwirft. Wir tun gut daran, uns stets zu vergegenwärtigen, daß das Universum und das menschliche Potential grenzenlos sind. Allein die Begrenztheit unseres Verstandes schränkt uns ein.

Man muß allerdings darauf achten, den Verstand behutsam und schrittweise zu erweitern. Zu starke Spannung überfordert ihn. Die Zwillingslogik schützt den Menschen einerseits, zu früh zuviel zu wissen, andererseits engt sie seine Einsichtsfähigkeit auch ein. Folgendes Beispiel ist für den reinen zwillingshaften Dualismus bezeichnend: Der Zwilling versucht, alle Dinge in einer Weise zu verstehen, daß er alles ihm Unverständliche ausschließt, solange es nicht bewiesen ist. Seine Entscheidung, auf welche Art er die verlangten Beweise erbringen will, bestimmt seinen Weg zwischen den beiden Torwächtern des Zwilling-Zeichens. Okkultisten bezeichnen diesen Pfad als "Goldenen Mittelweg", und jeder einzelne ist aufgefordert, seinen eigenen Weg der Mitte zu finden.

Zwilling ist ein bewegliches Zeichen und bekannt für seine Vielseitigkeit. Meistens verdienen Zwillinge ihren Lebensunterhalt, indem sie zweierlei Beschäftigungen nachgehen. Für sitzende Tätigkeiten sind sie ungeeignet; sie streben einen Beruf an, der ihnen genügend Freiraum für ihre Kreativität bietet. Sie sind exzellente graphische Künstler (der Strich untersteht der Herrschaft der Zwillinge, Farben werden von Waage bestimmt), Musiker (Melodien fallen unter die Zuständigkeit von Merkur, harmonischer Wohlklang entsteht durch die Ausgewogenheit der Waage); Zwillinge finden sich in allen Branchen, besonders unter Berufsreisenden, Schriftstellern, Übersetzern, Seminarleitern und Lehrern.

Wie bereits erwähnt, sind Beziehungen für das Tierkreiszeichen Zwilling wichtig. Freunde und Geschäftspartner haben für den Zwilling große Bedeutung, weil sie ihm den Wechsel bieten, den er so schätzt. Er liebt Diskussionen und Meinungsaustausch, und wenn es hoch hergeht, kann er als ziemlich vehementer Redner glänzen. Zwillinge sind außer für ihre Redegewandtheit auch dafür bekannt, ein loses Mundwerk zu haben. Gelegentlich sind sie auch ausgesprochene Klatschmäuler.

So aufgeräumt und freundlich der Zwilling sich stets gibt, so pflegt er doch meist oberflächliche Freundschaften. Mit Zwillingsmenschen kann man erwiesenermaßen leicht Kontakt aufnehmen, doch nach einer Weile kommt man leider zu der Erkenntnis, daß die Beziehung sich wohl nie vertiefen wird. Sie sind leichtfüßig, begeisterungsfähig, aber meist nicht an ernsthaften Bindungen interessiert und zu inniger Zuneigung wenig fähig. Zwillingsgeborene nehmen lieber eine Haltung ein, die sie zu nichts verpflichtet, wodurch sie so viel Freiheit und Spielraum wie möglich genießen.

Dasselbe gilt für die Liebesbeziehungen des Zwillings. Er zieht es vor, viele kurzfristige und amüsante Affären zu haben, anstatt sich auf tiefgehende Beziehungen einzulassen. Wenn er eine Ehe eingeht, sollte seine Gefährtin ihm die Schmetterlingsflügel niemals zu arg stutzen.

Der Zwillingsgeborene hat einen großen Bekanntenkreis, viele Talente, Interessen und Ideen. Als endgültiges Ziel sollte er anstreben, einen Mittelpunkt zu finden, wo die mannigfaltigen Facetten seines Wesens zu einer einheitlichen Ganzheit verschmelzen können. Zwischen einem hochentwikkelten, in sich ruhenden Zwilling und einem zerstreuten, nervösen Vertreter dieses Zeichens herrscht ein ziemlich großer Unterschied. Richard Wagner war ein Zwilling, der die Gabe besaß, jedes einzelne Instrument eines Orchesters herauszuhören und sie kunstvoll in einer Weise zu kombinieren, daß sie den vielfältigen Stimmungsmomenten seiner Symphonien und Opern entsprachen. Er ruhte in seinem Wesenskern und vermochte, die unterschiedlichen musikalischen Komponenten, die seine Themen bereicherten und verdeutlichten, geschickt aufeinander abzustimmen. Der Schlüssel zum Erfolg im Leben eines Zwillings liegt daher in seinem Talent, jedes einzelne Instrument seiner Persönlichkeit zu spielen und trotzdem der Dirigent seiner Lebenssymphonie zu bleiben.

Leitbegriffe des Zwillings

positive Eigenschaften	negative Eigenschaften
leichtbeschwingt und fröhlich	albern und geistlos
hochintelligent	superintellektuell, schwatzhaft
vielseitig und anpassungsfähig	verzettelt sich durch Ziellosigkeit
feinfühlig gegenüber anderen	nervös und leicht reizbar
klares, objektives Denkvermögen	kaltherzig, desinteressiert, gefühllos
genau	unüberlegt

11

Krebs - Ich suche mich durch mein Fühlen

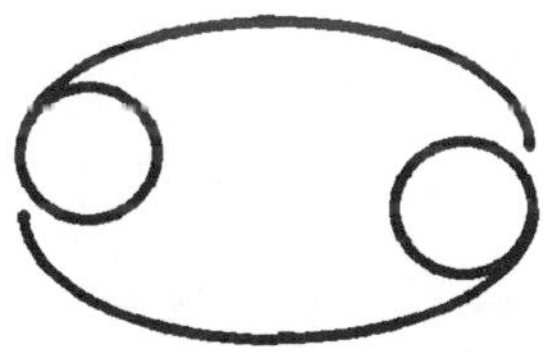

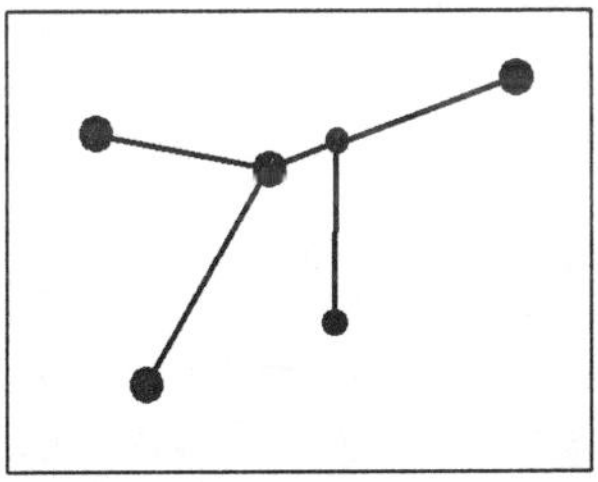

"Der Himmel ist mein Vater, er hat mich gezeugt. Meine große Familie setzt sich aus allen himmlischen Gefährten zusammen. Die Große Erde ist meine Mutter." Hymne aus den Veden

Krebs am Himmel

Die Konstellation des Krebses ist die unscheinbarste im gesamten Tierkreis. Ihr hellster Stern Acubens ist nur ein schwaches binäres System der vierten Leuchtstärke. Obwohl Krebs nicht so eindrucksvoll wie Löwe erscheint, besitzt er trotzdem einige sehr interessante und charakteristische Wesenszüge.

Er besteht aus einem Sternhaufen, den man als "Praesaepe" (die Krippe) bezeichnet. Ehe das Teleskop erfunden war, galt der Bienenstock, wie er häufig genannt wird, generell nur als Nebel. Chinesische Astronomen und

Astrologen kannten den Krebs ebenfalls, sie schrieben ihm jedoch eine Unmenge unheilvoller Attribute zu, weshalb sie ihm den Namen Tseih She Ke, Ausdünstung der aufgetürmten Leichname, verliehen (Robson, S. 188).

Um die Krippe scharen sich die Tiere in Gestalt der Aselli, auch als Esel bekannt. Diese beiden gelbfarbigen Sterne befinden sich auf beiden Seiten der Krippe im Kopf des Krebses. Außer Praesaepe beherbergt die Krebskonstellation nur noch fünf oder sechs weitere Sterne. Die Vermutung liegt nahe, daß der größte Teil des Krebsleibes seit eh und je in den Wassern des Weltraums untergetaucht blieb. Ein Krebs geht rückwärts und entzieht sich seinen Feinden und allen, die ihn gerne herausfordern würden. Sie werden bald bestätigen können, daß die beiden letztgenannten Charakterzüge des Krebses mit den bekannten Persönlichkeiten, die unter diesem Tierkreiszeichen geboren wurden, übereinstimmen.

Krebs befindet sich an der Ekliptik zwischen Zwilling im Westen und Löwe im Osten. Am besten erkennt man ihn in den Abendstunden der ersten Frühlingstage, wenn er fast senkrecht über dem Betrachter steht.

Die Symbolik des Krebses

Krebs ist das Zeichen der Weltmutter, die dem Samen, den der Weltvater ihr eingepflanzt hat, Form verleiht. Dieses Zeichen repräsentiert das seelische Wachstum durch ständige Erhaltung der Lebensenergie. Somit verkörpert Krebs Ausdauer. Wenn er mit seinen Scheren an etwas festhält, muß man ein Stück des umklammerten Gegenstandes abschneiden, um ihn freizubekommen. Diese "Festhaltetaktik" ist arttypisch für den Krebs.

In einer Hinsicht stellt das Symbol des Krebses die Verschmelzung des männlichen Spermiums mit der weiblichen Eizelle dar. Es versinnbildlicht den Befruchtungsvorgang, die Urvereinigung der Geschlechtsorgane, die maßgeblich an der Schaffung neuen Lebens beteiligt sind. Aufgrund seiner außerordentlich stark pulsierenden Lebenskraft ist Krebs ein äußerst machtvolles Tierkreiszeichen.

Die einzelnen Sinnbilder des Tierkreises sind Piktogramme jener Körperteile, die das jeweilige Tierkreiszeichen beherrscht. Beim Krebs sind das augenscheinlich die Brüste. Die beiden kleinen Kreise des Krebssymbols deuten die Brustform an. Aus ihnen wachsen zwei Halbkreise, einer wölbt sich nach oben, der andere nach unten. Das bedeutet, ein Krebsgeborener ist unermüdlich damit beschäftigt, die notwendigen Mittel bereitzustellen, damit es seinen Kindern an nichts fehlt. Der Krebscharakter erweist sich als ausgesprochen dualistisch. Eine Schere der Krebsgeborenen verfährt mit Gefühlen und materiellem Besitz außerordentlich großzügig, während die andere darauf sinnt, wie sie heimlich die Werte ihrer spenderfreudigen Natur beibehalten kann.

Krebs in Mythologie und Geschichte

Behandelt man den Krebs aus der Sicht des Altertums, muß man deutlich zwischen der eigentlichen Krebskonstellation und somit den Krebsgeborenen und dem universalen Prinzip der Weltmutter, das im Krebs zum Ausdruck kommt, unterscheiden. In der Geschichte der kultischen Mondverehrung wird anschaulicher über die Urgöttin berichtet. Der Mond, der Herrscherplanet des Krebses, wird in Kapitel 21 ausführlich besprochen, wo wir speziell auf die Mondeinflüsse eingehen.

Das Sternbild Krebs wurde nicht immer so bezeichnet. 4000 Jahre v. Chr. nannte man es in Babylonien Schildkröte. Bei den Ägyptern war es ungefähr um 2000 v. Chr. als Skarabäus bekannt, ein Wahrzeichen unsterblichen Lebens, das zugleich mit Löwe in Verbindung stand. Bei den Philosophen des alten Chaldäa galt die Krebskonstellation als "Tor des Menschen". Sie glaubten, alle Seelen, die als Menschen geboren werden wollten, seien durch diesen Eingang aus dem Himmel herabgestiegen. Die Akadier nannten die gleiche Gestirnsanordnung "Nördliches Tor der Sonne" und verliehen derem zugehörigen Monat den Namen "Duzu".

Die jüdische Tradition setzte Krebs mit dem Stamm Sebulon gleich, über den Jakob sagt: "Sebulon wird am Gestade des Meeres wohnen und für die Schiffe einen Hafen bieten." Natürlich ist Krebs ein Wasserzeichen und hat ein sehr beschützendes Wesen. Andreas, einer der zwölf Apostel Christi, verkörperte die Krebsschwingung. Er war allseits als einfühlsam und familienbezogen bekannt. Die Liebe zum eigenen Heim ist ein Hauptmerkmal des vierten Tierkreiszeichens.

Über die griechische und römische Mythologie wird uns das Zeichen Krebs am deutlichsten nahegebracht. Die Muttergöttin Hera (Juno) wies dem Krebs seinen himmlischen Stammplatz zu. Die zweite der zwölf Heldentaten des Herkules (Herakles) bestand darin, die ungeheure Schlange Hydra im Sumpf von Läarna zu töten. Während des Kampfes biß der Krebs den Helden in den Fuß und wurde daraufhin von dem hünenhaften Kämpfer zu Tode getrampelt. Hera schätzte die verwegenen Abenteuer des

Helden nicht und war ihrerseits von den Verdiensten des Krebses so angetan, daß sie ihm unverzüglich Unsterblichkeit schenkte und ihm einen Platz im Tierkreis gewährte. Kein übler Preis für sein einmaliges Zehzwikken!

Praesaepe und die Aselli errangen ebenfalls durch ihren lobenswerten Einsatz in den Götterschlachten das ewige Leben. Bacchus und Vulkan ritten auf den Aselli Eseln in den Krieg der Olympier gegen die Titanen. Das Schreien dieser Tiere versetzte die Halbgötter in derartigen Schrecken, daß sie fluchtartig das Schlachtfeld verließen. Aus Dankbarkeit erhoben die Götter die beiden Esel in den Himmel. Und um sicherzustellen, daß für sie immer genügend Futter vorhanden sei, lieferten sie ihnen die Krippe (Praesaepe) gleich mit.

Berühmte Krebsgeborene: Julius Caesar, am 12. Juli 102 v. Chr. geboren; Sebulon, Jakobs Sohn; Andreas, Apostel Jesu und Nachfolger von Johannes dem Täufer

Krebs im Jahreszyklus der Natur

Eines der wichtigsten Ereignisse im weltlichen Jahreszyklus ist der Tag der Sommersonnenwende, der bei 0 Grad Krebs stattfindet. Zu diesem Zeitpunkt hat die Sonne ihren nördlichen Höchststand erreicht, d.h. der Nordpol der Erdachse nimmt in bezug auf die Sonne seinen maximalen Neigungswinkel ein. Danach neigt sich der Pol in die entgegengesetzte Richtung, und die Tage werden kürzer und die Nächte länger.

Zu Beginn des Sommers verweilt die Sonne ungefähr drei Tage lang auf ihrem höchsten Stand. Unseren Vorfahren des Altertums war dieser "Stillstand" wohl bekannt; deshalb legten sie so viel Wert auf die Stellung "des Tores der nördlichen Sonne" (entspricht 0 Grad Krebs).

Untersuchen wir, wie sich dieses Naturereignis auf die verschiedenen Lebensbereiche auswirkt, stoßen wir auf interessante Parallelen, die mit diesem Himmelsgeschehen einhergehen. Im Verlauf der Monate des Widders, Stiers und Zwillings sind die verschiedenen Arten des Pflanzenreiches aus keimhaften Blatttrieben, Gräsern und Blüten bis zur Endform ihrer jeweiligen Gattung herangereift. Während des Krebsmonats verebbt die riesige Woge der urwüchsigen Lebenskraft. Nun setzt ein zweiter Wachstumsprozeß ein, während dessen die entwickelte Pflanze zu ihrer vollen Größe heranwächst.

Im Tierreich können viele Jungtiere zwar noch nicht ganz ohne Muttertier auskommen, sind jedoch schon kräftig genug entwickelt, um anerkannte Mitglieder ihres Rudels zu sein. Tod infolge von Schutzlosigkeit eines neugeborenen Jungtiers ist nicht mehr zu befürchten.

Der intensive Drang nach außen, der im gewaltigen Ansturm der Frühlingskraft deutlich wurde, hat nachgelassen, da das allgemeine Lebensgefühl allmählich von der zunehmenden Hitze und Schwüle des Sommers erfaßt wird. Wer es sich leisten kann, sich den größten Teil dieser Jahreszeit dem Müßiggang hinzugeben, ist mit diesem Jahresabschnitt in Harmonie, denn mit harter Arbeit jedwelcher Art hat er nichts im Sinn. Im Krebsmonat spürt man nach wie vor die kraftstrotzenden Regungen des Frühlings und zugleich die natürliche Betriebsamkeit dieses Kardinalzeichens; allerdings mildert sich die Anfangsenergie des neuen Jahreszyklus und tritt allmählich in den Hintergrund. Obwohl Angehörige dieses Tierkreiszeichens ständig damit beschäftigt sind, verschiedene Wege der Selbstverwirklichung aufzutun, folgen sie erwiesenermaßen ihrer angeborenen Vorliebe für Vergnügungen und Freizeit.

Pflanzen, die dem Krebs zugeordnet sind: Gurke, Squash, Melone und alle Wasserpflanzen wie beispielsweise Seerosen und Binsen
Steine und Edelsteine, die dem Krebs zugeordnet sind: Selenit, Kreide, Bergkristall, Perlen, Smaragd, Onyx und alle weichen, weißen Steine

Krebs in der Mundanastrologie

Folgende Länder, Städte und Völker sind eng mit der Schwingung des Tierkreiszeichens Krebs verbunden:
Länder: Schottland, Holland, Paraguay, Burgund, Neuseeland und der größte Teil Afrikas. Die Sonne der Vereinigten Staaten von Amerika steht im Krebs (4. Juli).
Städte: New York, Konstantinopel, Venedig, Genua, Stockholm, Tunis, Algier, Amsterdam, Manchester und Mailand.
Volksgruppe: Schwarzafrikaner

Es ist interessant, festzustellen, daß die vier Nationen Großbritanniens von den ersten vier Tierkreiszeichen repräsentiert werden: England entspricht dem kriegerischen, aggressiven Widder (Ares), Irland wird vom Stier, Wales von den zweisprachigen Zwillingen bestimmt, und Schottland untersteht dem stammesverbundenen Krebs. Nordirland könnte man wohl ebenfalls der Mitregentschaft der Zwillinge zuordnen, aber aufgrund des Dauerkrieges, der von der geheim-terroristischen IRA geschürt wird, muß man davon ausgehen, daß die Skorpionschwingung, das dem Stier entgegengesetzte Zeichen, sich nachhaltig in der aktuellen Geschichte dieser Nation auswirkt.

Obwohl das Sonnenzeichen der Vereinigten Staaten Krebs ist, sagt man Amerika nach, es stünde unter der Herrschaft der Zwillinge. Das äußere Auftreten eines Landes wird vom Aszendenten bestimmt, und der Aszendent der USA steht auf 8 Grad Zwilling. Das bedeutet, die Vereinigten Staaten von Amerika werden zukünftig mehr darauf achten müssen, ihre Mittel und Rohstoffe bewußter für die Innenpolitik ihres Landes zu verwenden (Krebs ist das Heim). Im Umgang mit ihren verbündeten und benachbarten Ländern (Zwillingsthema) sollten sie sich besser in acht nehmen. Besonders wichtig ist dies, weil diese Nation sowohl Mars als auch Uranus im ersten Haus stehen hat, eine Planetenkombination, die aufgrund von falsch verstandenen humanitären Ambitionen leicht zu Kriegen führt.

Die schwarzen Amerikaner sind aufgrund ihrer rassischen Wurzeln in Afrika eng mit Krebs verbunden. Seiner Herrschaft unterstehen Stämme und alteingesessene Familienbande. Krebs bringt gleichfalls sehr empfindsame und gefühlsstarke Menschen hervor. Fische sind das Tierkreiszeichen der Sklaverei. Sie nehmen bevorzugt die Lasten anderer auf sich. Das Sinnbild Krebs steht auch für Sühne durch Leiden, jedoch auch für Inspiration durch Musik, Tanz und zahlreiche Kunstformen des Theaters. Da Krebs das Wahrzeichen der Seele ist, bürgt dieses Zeichen für Spiritualität und inbrünstigem Glauben. Das Spannungsverhältnis zwischen Krebs und Fische kommt nach Ansicht des Autors im Verhalten der schwarzen Bevölkerung Nordamerikas sehr eindrücklich zum Ausdruck.

Physiognomie und Temperament des Krebses

Wie bereits erwähnt, stellt das Symbol des Krebses das Piktogramm der Brüste dar. Bei männlichen und weiblichen Vertretern dieses Tierkreiszeichens ist der Brustkorb normalerweise besonders stark ausgeprägt. Bei beiden Geschlechtern ist der Oberkörper betont. Ihr Körper neigt vornehmlich zu rundlichen Formen. Personen, die unter deutlichem Krebseinfluß stehen, haben eine ausgesprochene Veranlagung zu Übergewicht. Kopf und Gesicht sind rund; man spricht bei den Krebsgeborenen von den "Mondgesichtigen". Helle Zwillingsaugen blicken äußerst scharf, Krebsaugen dagegen haben genau die entgegengesetzte Wirkung. Meist sind sie ziemlich wäßrig, ihr Blick ist unschuldig. Sie wirken verträumt, oft auch unsicher. Häufig scheinen Krebsmenschen geistesabwesend und weit weg zu sein und nur durch ein dünnes Bewußtseinsband mit dem Geschehen um sich herum verbunden zu sein. Im Normalfall sind bei Krebsgeborenen Augen und Verstand trübe und unklar.

Krebsmenschen reagieren äußerst stark auf Berührung. Sie müssen immer alles anfassen, da sie die gesamte Beschaffenheit, Oberflächenstruktur und Farbe erspüren wollen. Ihre Körper sind feinfühlig und nehmen schon kleinste Reize wahr. Diese Eigenschaft unterstreicht ihre ausgeprägte Sinnlichkeit und steigert zudem ihre Anfälligkeit für Schnupfen oder ähnliche geringfügige Wehwehchen. Es gilt zu bedenken, daß der Mond, der ein Himmelskörper ohne eigenes Licht oder Wärme ist, zugleich auch Herrscher des Krebs ist. Er bezieht seine gesamte Wärme von der Sonne, einer äußeren Quelle, und reflektiert die absorbierte Energie in Form des Mondlichts. Krebsmenschen frösteln leicht, reagieren jedoch auf eine glückliche und warme Atmosphäre sehr aufgeschlossen. Sie spiegeln ohne großen Aufwand ihre Umgebung wieder. Vertreter des Krebses halten sich ganz natürlich in der Nähe von Menschen und Orten auf, die sowohl körperliche als auch gefühlvolle Wärme ausstrahlen. Diese tun ihnen gut, und deshalb sind sie auch ratsam für sie.

Genau wie der Mond mehrere Phasen durchläuft, hat Krebs ungezählte Stimmungen. Krebsgeborene stellen sich ganz leicht auf die Stimmungslage der Umgebung ein. Daher fällt es ihnen schwer, eine Gefühlsregung langfristig beizubehalten. Sie verändern sich mit dem emotionalen Wellengang ihrer Umgebung und deuten die Vorgänge in ihrer Nähe aus ganz persönlicher Sicht. Als kardinales Wasserzeichen erzeugt Krebs eine große Aktivität auf der Gefühlsebene. Er bewährt sich deshalb als außergewöhnlich gutes Medium, da er die angeborene Gabe besitzt, die mannigfaltigen menschlichen Zustände nachzuempfinden.

Krebs im Umgang mit Menschen

Die alten und die modernen Astrologen sind sich einig, daß das Tierkreiszeichen Krebs die Wiege der Zivilisation ist. Wir haben bereits die Entwicklung des Menschen und seiner Umwelt verfolgt. Die Reihe beginnt mit dem einzelkämpferischen Pionier und der Aussaat des Baums durch Widder, geht weiter mit den Siedlern, die das Land urbar machen, und dem ersten Grün des Stiers und setzt sich fort bis zum Aufbau kleiner Gemeinden und dem Wachstum von Zweigen im Zeichen des Zwillings.

Krebs transformiert die Menschen zu einer organisierten Stammeseinheit, in der Beziehungen innerhalb der eigenen Gruppe und mit anderen Sippenverbänden existieren. Die Stammesmitglieder profitieren von den unerschöpflichen Rohstoffquellen ihres Heimatlandes. Sie fällen die Bäume und bauen aus den Stämmen und dem Laub neue Häuser. Der gesamte Stamm lebt in einer Ansiedlung. Es gibt eine Begegnungsstätte, wo sich die Sippe trifft, und einen Tempel, der aus dem Reichtum der Natur erbaut worden ist. Es entwickelt sich eine weitere Identität, die den ursprünglichen "Ich bin"-Bewußtseinszustand übersteigt. Der Mensch bekennt: "Ich bin ein Hottentotte", "Ich bin ein Navajo-Indianer", oder "Ich bin ein Levite" usw. Der Stamm nimmt den Rang von Rieseneltern ein, und alle Stammesangehörigen sind deren Kinder, deren Schutz und Ordnung verschiedene Verhaltensvorschriften regeln. Als Gegenleistung wird von den Sippenmitgliedern erwartet, daß sie ihre Pflichten gegenüber der Gemeinschaft erfüllen und auch innerhalb ihrer Familie ihre zugewiesene Rolle übernehmen. Von ihnen wird verlangt, daß sie das Land für Familie und Sippe bestellen, zur Versorgung beider Parteien Wild erlegen, sie gemeinsam verteidigen, ihre Kenntnisse zum Wohle aller einbringen oder ein Handwerk ausüben und die Tradition bewahren. Wichtig ist, daß sie Erfahrungswerte an ihre eigenen Kinder und die Nachkommen anderer Familien aus der Sippe weiterreichen; zudem müssen sie den Gottheiten der Familie und des Stammes gebührende Ehrerbietung erweisen.

Im Krebsstadium wird der Mensch gezwungen, eine größere Rolle im universalen Plan zu übernehmen. Er kann sich nicht mehr wie der alleinstehende, unbekümmerte Widdertyp verhalten, der auf der Suche nach sich selbst ist. Er hat bereits ein Selbst, das allseits anerkannt ist. Dem Krebs bleibt keine andere Wahl, als Vorhandenes nun auch in die Tat umzusetzen. Seine durch Geburt vorgezeichnete Selbstverwirklichung, das Auftauchen aus dem Prozeß der Selbstschöpfung, ist mitunter erschreckend. Nach dem Wirbel, den das Trio von Widder-Stier-Zwilling veranstaltet hat, schaut der Krebs in die Runde und sagt: "Hier stehe ich also, was soll ich denn nun tun? Wie groß diese Welt doch ist, und sie beherbergt so viele andere Leute außer mir. Diese Menschen gehen überhaupt nicht auf meine besonderen Bedürfnisse ein. Sie eilen nicht sogleich herbei, um mich zu trösten, wenn ich Tränen vergieße. Sie fordern allerhand Dinge von mir. Was wird wohl sein, wenn ich ihnen nicht geben kann, was sie wollen; werden sie mich dann trotzdem noch lieben? Was wäre, wenn ich eines Tages keine Nahrung mehr finden sollte? Es ist keine Brust mehr da, aus der ich trinken kann. Ich will zu meiner Mama!"

Die Ängste des Krebsmenschen, eines Tages nicht mehr genug zu essen zu haben, sind für ihn sehr real. Und schließlich: wie soll sich denn ein Kleinkind zu einem gesunden Erwachsenen entwickeln, wenn ihm lebenswichtige Nährstoffe vorenthalten bleiben?

Ein Krebs vergißt niemals, daß er nicht nur ein Abkömmling seiner Sippe ist, sondern auch Mutter oder Vater seiner eigenen Familie. Es genügt noch nicht, wenn er sich nur seinen eigenen Nahrungsvorrat anschafft, sondern er muß auch für alle sorgen, die abhängig von ihm sind. Das bereitet ihm noch mehr Ängste und Sorgen. "Ich muß etwas für mich zur Seite legen", sagt sich der Krebs, "ganz gleich, welche Bedürfnisse die anderen haben. Und überhaupt, wer soll denn aus dem Haus gehen, arbeiten und den Lebensunterhalt für die Familie verdienen, falls ich irgendwann vor Hunger geschwächt sein sollte?" Aus diesem Grunde ist der Krebsgeborene von Natur aus ein Hamsterer. Bei ihm findet man immer eine extra Dose Tomaten oder höchstwahrscheinlich einen ganzen Karton, den er für den Notfall bereitgestellt hat, der immer kurz bevorsteht. "Was ist, wenn ich krank werde und nicht einkaufen gehen kann, wovon sollen wir denn dann leben?" Er kommt also zu dem Schluß: "Darum lege ich lieber heute schon einen Vorrat an. Was ist, wenn nächste Woche die Molkerei streikt und ich keine Milch mehr für mein Baby bekommen kann? Besser, ich schaffe mir etwas Milchpulvervorrat an", denkt er weiter. "Was mache ich, wenn die Nachbarn unangemeldet zu Besuch kommen? Ich besorge lieber noch zusätzlich einen Kuchen, damit sie auch sehen, daß sie in meinem Haus willkommen sind", räsoniert der Krebsgeborene.

"Was ist, wenn ... Was ist, wenn ... Was ist, wenn wirklich? Man weiß nicht genau ... wer kann es schon wissen ... vielleicht ... es könnte sein, daß ..." Krebse denken unablässig in dieser Art des subjektiven Konjunktivs.

Ein Krebsmensch versteht seine Umwelt grundsätzlich aus gefühlsmäßiger Sicht. Bei seiner angeblichen Logik bzw. Intuition handelt es sich in Wirklichkeit um hochsensible Gefühlswahrnehmung, es sei denn, sein Horoskop weist sehr gewichtige Zwillings- oder Wassermannanteile auf. Falls ein Krebsmensch spirituell weit entwickelt ist, kann er hervorragend mit übersinnlichen Energien umgehen. Andernfalls können seine Ängste, Befürchtungen und Sorgen bei ihm Hysterie auslösen. Krebse fühlen, sie denken nicht. Gelegentlich reagieren sie ungewöhnlich überreizt, sofern kein logischer Damm vorhanden ist, der ihre gefühlsgeladenen Wassermassen aufhält oder umleitet.

Krebsgeborene wirken auf andere meist schüchtern und faul. Sie zeigen sich beeindruckbar und passiv. Selten tun sich Krebsmänner durch Mut oder Waghalsigkeit hervor (es sei denn, sie haben in ihrem Geburtshoroskop einen starken Marseinfluß zu verzeichnen). Krebsfrauen fühlen sich einerseits zwischen ihrer Rolle als gluckenhafte, beschützende Mutter und andererseits als abhängiges Baby hin und her gerissen. Dieser Eindruck täuscht allerdings und besteht nur äußerlich. In Wahrheit spüren Krebsgeborene einen inneren Rhythmus, der sie aus dem Mutterleib treibt und sie anschließend wieder zurückwirft, sie sind jedoch keineswegs untätig. Ihnen liegt einfach nichts daran, deutlich zu zeigen, womit sie sich beschäftigen.

Man muß verstehen, daß Krebse befürchten, festgenagelt oder gefangen zu werden. Sie verkörpern den ersten Sommer-Mond und bilden eine Kombination aus kardinal und wäßrig. An sich sind Krebsgeborene sehr aktiv, doch an welcher Stelle ist das Wasser am unbeständigsten? Natürlich unterhalb der Meeresoberfläche oder in den tiefen Unterströmungen, die sich im Ozean Tausende von Meilen ausbreiten. Obwohl Krebse oft den Eindruck erwecken, bloß herumzuhängen, sollte man sie trotzdem niemals unterschätzen. Man könnte annehmen, der Krebs vergeude eine Menge Zeit, wenn er seine Zickzackspuren im Sand hinterläßt. Es gelingt ihm jedoch, seine Beute zu fassen und mit unvergleichlicher Zähigkeit festzuhalten.

Der Krebs trägt sein Haus auf seinem Rücken. Seine Artgenossen sind außerordentlich erfindungsreich und richten sich ihr Heim überall dort ein, wo sie hinkommen und schaffen sich so eine Basis für ihre Unternehmungen. Dem Krebsgeborenen ist sein Zuhause sehr wichtig. Das früheste Umfeld des Kindes ist sein Elternhaus. Damit verbindet es seine ersten eigenen Sachen und Erinnerungen. Daheim, so glaubt der Krebs, finde er ebenfalls Sicherheit, die Zuneigung seiner Mutter und ihre Brüste, die einen unbegrenzten Vorrat an Liebe-Nahrung bergen. In all seinen Beziehungen läßt der Krebs niemals das Prinzip der Vorratshaltung und des Brotverdienens außer acht.

Das Heim steht für die Vergangenheit, die Wurzeln und den eigenen Ursprung. Erinnern wir uns, der Krebs ist wie ein heranwachsendes Kind, das seine Schritte ins helle Sommerlicht macht (das Individuum, das sich im normalen Gesellschaftsleben hervortut). Seine Wurzeln sind in der feuchtwarmen Behausung des Mutterleibs zu suchen (ein Selbst, das sich über seine Beziehung zur übrigen Welt nicht im klaren ist). Immer wenn er sich einsam fühlt oder die Sicherheit seiner Erinnerungen braucht, wird der

Krebsgeborene automatisch an sein Zuhause und/oder an seine Jugenderlebnisse zurückdenken. Will er eine Weile lang traurig oder melancholisch sein, wird er sich an einen Vorfall erinnern, in dem er das unschuldige Opfer einer grausamen Ungerechtigkeit war. Möchte er sich behaglich und sentimental fühlen, ruft er sich seine erste Liebe ins Gedächtnis zurück.

Ein Krebsgeborener kann sich mit erstaunlicher Genauigkeit an Ereignisse erinnern. Er ist imstande, sich Gerüche, Farben, Worte und Gefühle aus allen seinen Begegnungen wieder wachzurufen. Marcel Proust, der französische Krebsgeborene, Romanschriftsteller und Autor des Werks "Remembrance of Things Past", schrieb eine riesige Anzahl von Büchern, die alle vom Geruch und Anblick eines Kekses inspiriert wurden. Als er ein Kind war, hatte seine Tante ihm immer diese Madeleines gebacken. Seine Nostalgie klebt an jeder schmalztriefenden Seite der gesamten Enzyklopädie seiner autobiographischen Novelle aus dem neunzehnten Jahrhundert.

Wie groß sein Haus auch sein mag, ein Krebs wird stets ein kleines Zimmer haben, das er gern für sich allein behält. In seiner "Schale" bewahrt er alle seine Souvenirstücke und gesammelten Schätze auf. Er braucht einen sicheren Ort, wo er seinen Erinnerungen nachhängen und träumen, doch auch vielfach schöpferisch tätig sein kann. Wenn der Krebsmensch sich in seinem besonderen Zimmer aufhält oder sich hinter einer Schale gefühlsbedingter Schwierigkeiten verschanzt hat, sollte man ihn nicht stören, sondern so lange in Ruhe lassen, bis er sich aus eigenem Antrieb wieder ins Abenteuer stürzt. Ein vorschneller Eingriff in seine stark begehrte Privatsphäre, veranlaßt den Krebs, sich noch länger in die Innenwelt seines "Schneckenhauses" zurückzuziehen.

Krebsgeborene mögen eine Vorliebe für Abgeschiedenheit an den Tag legen, aber in Wirklichkeit teilen sie ihre Welt gern mit anderen. Man muß erst das Vertrauen eines Krebsmenschen gewinnen, um an seinen geheimen Träumen teilhaben zu können. Möglicherweise gibt er sie ohne weiteres preis. Wenn er sich aber betrogen fühlt, vergißt er diesen persönlichen Verrat nicht. Er kann vielleicht vergeben, doch niemals vergessen. Krebsgeborene halten gerne an Dingen fest. Für sie besteht kein Unterschied zwischen der Erinnerung und dem Gegenstand an sich (es sei denn, sie trauern um dessen Verlust). Die Erinnerung an eine Verletzung geht ihm nie verloren. Er kann sich diesen Schmerz vornehmen und ihn so sorgfältig und behutsam untersuchen wie ein Philatelist seine Lieblingsbriefmarke. Achten Sie darauf, wie Sie mit einem Krebs sprechen, denn er ist äußerst empfindlich!

In der Welt der meisten Krebse gilt vorwiegend der Grundsatz "Zuerst komme ich." Sie sind wohl bereit, Ihnen zu gestatten, sich in ihrem Haus aufzuhalten, doch Sie müssen ihre Spielregeln einhalten. Folgende Regeln sind wichtig: der Krebs verlangt stets gebührende Aufmerksamkeit und Fürsorge und muß das Gefühl haben, gebraucht und geliebt zu werden. Er ist von Natur aus unsicher und spielt seltsame Spiele, um die Treue seiner Mitmenschen unter Beweise zu stellen, die behaupten, ihn zu lieben.

Sobald er sein Herz verschenkt, gibt er sich total. Möglicherweise sieht er sich andernorts etwas um, doch er kehrt immer wieder nach Hause zurück. Schließlich ist es sein Haus!

Es versteht sich von selbst, daß Krebse sich ganz natürlich zur Elternschaft eignen, große Freude an ihren Kindern haben und gut für sie sorgen. Sie müssen sich allerdings davor hüten, ihren Nachwuchs über die Maßen zu beschützen und aus lauter Affenliebe zu erdrücken. Dadurch wird dem Kind die Gelegenheit genommen, durch eigene Fehler seine Lektionen zu lernen.

Erst wenn sich der Krebs sicher ist, daß sein Heim und seine Familie in guter Obhut sind, begibt er sich in die Welt der Gesellschaft, um andere Beziehungen anzuknüpfen. Wer unter Krebseinfluß steht und als Kind unter häuslichen Schwierigkeiten zu leiden hatte, tut sich ziemlich schwer, Freunde zu gewinnen. Wer eine Erziehung genossen hat, die es ihm erlaubt, seine mitmenschlichen Gefühle an die Oberfläche zu bringen und zu entfalten, bewährt sich durchaus als mitfühlender und vertrauenswürdiger Freund, dessen Treue Jahre überdauert. Mit jedem neuen gemeinsamen Erlebnis verstärkt sich seine Zuneigung. Krebs respektiert das Alter und liebt es, zusammen mit Freunden Anekdoten aus der guten, alten Zeit auszutauschen. Sein Sinn für Humor ist allseits bekannt. Komiker wie P. Diller und Red Skelton wurden unter dem mondbetonten Tierkreiszeichen Krebs geboren.

Eines der Hauptziele des Krebsmenschen sollte das stete Bemühen sein, stärker in der Gegenwart zu leben. Er hat die Angewohnheit, sich über den Ausgang einer Sache Sorgen zu machen, ehe er sie überhaupt in Angriff nimmt. Es ginge ihm viel besser, wenn er im Hier und Jetzt lebte, denn die Zukunft gründet in der Gegenwart. Was man im Jetzt denkt oder tut, bestimmt die Art der zukünftigen Gedanken und Handlungen. Die Sterne künden erwiesenermaßen gewisse Tendenzen und Energien, die an einem bestimmten Zeitpunkt in der Ewigkeit wirksam werden. Wie man sich jedoch in einer bestimmten Situation verhält, kann nicht vorher schon bis ins kleinste festgelegt werden. Wenn ein Krebsgeborener stärker in der Gegenwart lebt, ist er außerstande, so viel Zeit mit seinen Ängsten und Sorgen zu vergeuden. Dazu meint Baba Ram Dass: "Lebe im Hier und Jetzt!"

Leitbegriffe des Krebses

positive Eigenschaften	negative Eigenschaften
überaus feinfühlig	hysterisch und leicht reizbar
mitfühlend und -handelnd	übertrieben selbstsüchtig
medial und beeindruckbar	unter Halluzinationen und unbegründeten Ängsten leidend
familienbewußt	sippenverhaftet und snobistisch
tiefes mitmenschliches Verständnis	ichbezogenes Wunschverhalten

12
Löwe - Ich suche mich in meiner Kreativität

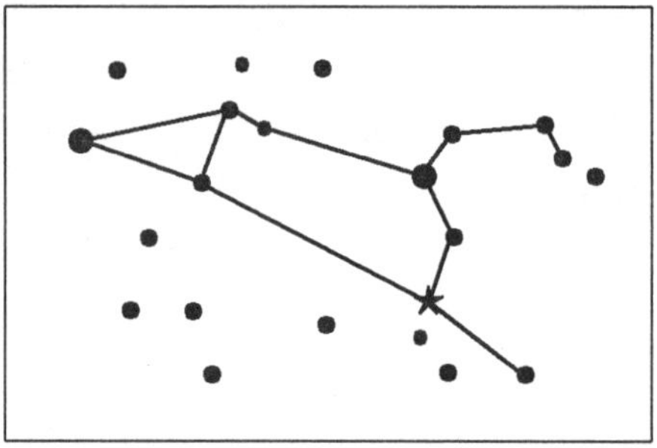

"Mit Stolz erfüllt schüttelt der Löwe seine Mähne
Und läßt seinen Blick über sein weites Herrschaftsgebiet schweifen.
Er weiß, er muß mit Macht regieren,
Doch dabei stets gemäßigt Liebe und Licht walten lassen." A. O.

Löwe am Himmel

Die angeborene Kühnheit im Wesen der Menschen, die dem Tierkeiszeichen Löwen angehören, wird durch seine Stellung am Himmel unterstrichen. Die Löwekonstellation ist sehr hell und leicht zu identifizieren. Sie befindet sich zwischen Krebs im Westen und Jungfrau im Osten. Man sieht sie am besten in der nördlichen Hemisphäre im späten Winter und in den ersten Frühlingstagen.

Am deutlichsten zeichnet sich die Mähne des Löwen ab, die wie ein riesiges umgekehrtes Fragezeichen aussieht oder wie eine gigantische Sichel. Der Punkt des Fragezeichens (der Sichelgriff) heißt Regulus, *"il petto del lione ardente"* aus Dantes "Paradiso", das Herz des Löwen. Regulus bedeutet "kleiner König" und ist in Wirklichkeit ein dreifacher Stern (dem Auge des Betrachters erscheinen die drei Sonnen wie eine einzige). Sie sind weiß und ultramarin gefärbt.

Der Körper des Löwen sieht nahezu rechteckig aus und besteht aus weniger auffallenden Sternen. Sie münden in das Dreieck, welches das Hinterteil des Löwen darstellt. Der Löwe wird häufig als Katze in hingekauerter Stellung, kurz vor dem Sprung, abgebildet. Der Schwanz des Löwen ist außerordentlich lang und gekrümmt. Der hellste Stern Denebola bildet das Schwanzende des hinteren Sternendreiecks. Denebola ist blau und befindet sich 5 Grad nördlich über dem Kopf der Jungfrau.

Der Löwe läßt sich kaum übersehen; notfalls kann man seine Höhle mit Hilfe des Großen Wagens ausfindig machen. Sein Kopf befindet sich genau darunter.

Die Symbolik des Löwen

Löwe ist das Zeichen des lebensspendenden Vaters. Durch dieses Zeichen kommt die wahre Persönlichkeit des Menschen zum Ausdruck. Nach außen kann der Löwe den mutigen und meisterhaften Herrn des Urwalds zur Schau stellen oder sich als feige Mieze erweisen, die wie der Löwe in "Der Zauberer von Oz" ein Herz benötigt, das ihm Leben verleiht.

Das Herz ist das pulsierende Zentrum jedes Lebewesens und stellt das Körperorgan dar, das vom fünften Tierkreiszeichen regiert wird. Untersuchen wir das bildliche Symbol des Löwen, erkennen wir den linken kleinen Kreis als Vene, die zur größten Herzkammer führt (der große Halbkreis). Der kleine offene Kreis rechts stellt die Arterie dar, die das frische Blut aus dem Herzen in sich aufnimmt und es über den Blutkreislauf (untersteht der Herrschaft des Wassermanns, dem Gegenpol des Löwen) dem restlichen Organismus zuführt. So ergibt sich, daß der Löwe den Mittelpunkt, den Energiewirbel bildet, zu dem alle Energie hinfließen muß und von dem die gesamte Lebenskraft ausgeht.

Der Löwe ist ein fixes Feuerzeichen, was bedeutet, der Löwe verkörpert die ewige Flamme. Wer körperlich und auch sonst ein schwaches Herz hat, ist außerstande, auf Dauer zu strahlen. Zeitweise mag dessen Feuer aufflakkern, verlöscht aber stets wieder, wohingegen das Löwefeuer niemals zu brennen aufhört. Die Art seines Flammenspiels hängt vom jeweiligen

Brennstoff ab, der sein Feuer unterhält. Der kleine Löwe brennt auf der Flamme seiner eigenen Persönlichkeit und ist deshalb in vielen Fällen unerträglich eingebildet. Auf dieser niedrigen Ebene kann der Herrscherinstinkt des Löwen einen Diktator zum Vorschein bringen (zum Beispiel Mussolini und Napoleon). Meist vermag diese Katzenart recht gut Befehle zu erteilen, da sie es jedoch versäumt, vor all ihren Handlungen den göttlichen Ratschluß zu befragen, steuert sie unweigerlich ihrem eigenen Niedergang entgegen.

Der höher entwickelte Löwe ist vom Feuer der Sonne (Vater-Archetyp) entflammt und glüht vor göttlicher Inspiration, zum Beispiel Mme. Blavatsky. Sie war eine Okkultistin aus dem späten neunzehnten Jahrhundert, die infolge ihres hellsichtigen Kontakts mit den Meistern die theosophische Bewegung begründet hat. Ihre beiden berühmtesten Werke, "Die Geheimlehre" und "Isis entschleiert", gehören zu den wichtigsten Texten des modernen Okkultismus.

Betrachtet man das Löwesymbol aus esoterischer Perspektive, erschließt sich die tiefere Bedeutung dieses Zeichens. So gesehen stellt der erste kleine Kreis die Verbindung zwischen dem göttlichen Willen und dem Menschen (der größere Halbkreis) dar, der seine vom Himmel inspirierte Energie umlenkt, damit sie der Erde zum Segen gereichen kann. Der sich anschließende kleine Halbkreis ist die Energie, die vom Menschen ausgeht und seiner Umwelt zugutekommt. Die höchste Auszeichnung eines Löwen ist folglich die Herrschaft, die ihr durch göttliches Recht verliehen wurde.

Löwe in Mythologie und Geschichte

Bei dieser Betrachtung dürfen wir das Tierkreiszeichen Löwe nicht mit seinem Herrscherplaneten Sonne verwechseln. Beide haben sich im Verlauf der Geschichte miteinander verwoben, doch die Sonne verkörpert ein umfassenderes okkultes Prinzip, das wir später behandeln, wenn es um die unterschiedlichen Sonneneinflüsse geht.

Das Alte Testament berichtet, daß der Stamm Juda unter dem Einfluß des Löwen stand. Der Stammvater Jakob sagte zu seinem geliebten Sohn: "Juda ist ein junger Löwe. Du stammst vom Raubtier ab mein Sohn. Wie ein Löwe hat er sich hingestreckt und wie eine Löwin sich gelagert. Wer will ihn aufstören? Es wird das Szepter von Juda nicht weichen . . ." (Genesis 49, 9-10). Die Offenbarung des Johannes im Neuen Testament bestätigt diese Aussage: "Da sagte einer von den Ältesten zu mir: Weine nicht! Gesiegt hat der Löwe aus dem Stamm Juda, der Sproß aus der Wurzel Davids; er kann das Buch und seine sieben Siegel öffnen." (Offenbarung 5, 5)

Der Löwe Juda, König aller Könige, ist heutzutage noch einer der Ehrentitel des Kaisers von Äthiopien. Das äthiopische Volk glaubt, daß es die älteste existierende Monarchie innehält und seine Könige aus der Begegnung von König Salomon mit der Königin von Saba hervorgingen. Zur Zeit ihrer Bekanntschaft war diese Tochter der Sonne die Kaiserin von Äthiopien.

Die Welt der Antike liefert unzählige Zeugnisse über die Heiligkeit der kosmischen Katze. Der ägyptische König Nezepsos wußte zu berichten, daß die Sonne bei der Erschaffung der Welt im Löwen neben dem Stern Denebola aufging. Die Pharaonen waren eingeweihte Priester des Tempels des Sonnengottes Amun-Ra. Da sie direkte Abkömmlinge der Sonne waren und ein hohes Amt bekleideten, ruhte der Einfluß des Löwen besonders stark auf den ägyptischen Königen. Der römische Philosoph und Naturforscher Plinius schrieb, daß die Ägypter diese Konstellation anbeteten, weil der Nil das Land überschwemmte, sobald die Sonne in die Sternenkonstellation des Löwen trat. Zu dieser Jahreszeit verließen die ägyptischen Löwen ihre Wüstenheimat und verschafften sich an den Ufern des gewaltigen Flusses Kühlung. Als Zeichen der Ehrerbietung verzierte man viele Tempel im Einzugsgebiet des Nils mit Haaren aus der Löwenmähne.

Auch im Osten nimmt der Löwe einen wichtigen Rang ein, die Araber nannten ihn Asad, und die alten Hindus gaben ihm die Bezeichnung Asleha (beide Namensgebungen bedeuten Löwe). Bei den Chinesen gab es eine andere Sternengruppe, die sie unter dem Namen "Gelber Drachen" kannten. Zu ihr gehörte Regulus und die gesamte Löwenmähne bzw. Sichel (Allen, S. 254). Der Löwe ist das Wahrzeichen geistiger Kraft und Weisheit. Im Buddhismus gilt er als heiliges Symbol. Man erzählt sich, Buddha hätte einen Hauslöwen besessen, der mit Wunderkräften ausgestattet gewesen sei. Als der Tod des großen Lehrers bevorstand, beschloß er, sich "nach Art eines Löwen auf der rechten Seite" auf sein Lager zu legen.

In der westlichen Mythologie der Griechen und Römer war der Löwe als Nemeiischer Löwe bekannt. Die Assoziation mit dem Löwen bezog sich auf die erste der zwölf Heldentaten des Herkules. Der Löwe von Nemea war von göttlicher Herkunft und stammte ursprünglich vom Mond. Herkules war beauftragt, ihn zu erwürgen. In der Höhle des Tieres vollbrachte er diese Tat mit seinen bloßen Armen und zog ihm anschließend das Fell ab. Da außer den Löwenpranken nichts die Löwenhaut durchdringen konnte, verwandte Herkules sie als Rüstung, um mit ihr seine übrigen elf Aufgaben zu bestehen. Sowohl der Held als auch der Löwe erhielten ihren Ehrenplatz im Himmel, nachdem ihre irdische Lebensreise beendet war.

Der königliche Löwe war das Wahrzeichen der Macht Roms. Daher wurde die Macht Roms allegorisch bestätigt, als man die Urchristen den Löwen zum Fraß vorwarf. Nachdem die Christen im Zeichen der Fische den Löwen gezähmt hatten, verehrte man ihn im Mittelalter als einen Löwen aus Daniels Löwengrube.

Die Vorstellung des Löwen als Herrscher der Tierwelt konnte man allerdings nie ganz auslöschen. Sein Bild tauchte auf den königlichen Rüstungen vieler Adelshäuser auf. Richard Löwenherz von England war für seinen Ehrgeiz bekannt, das Heilige Land unter dem eigens für diesen Zweck getauften Banner des "Löwen Christi" aus der Herrschaft des Islam zurückzuerobern, indem er so viele Moslems wie möglich erschlug.

Berühmte Löwegeborene: Kaiser Claudius, geboren am 1. August 10 v. Chr.; Juda, Jakobs Sohn; Johannes, der Lieblingsapostel Jesu

Löwe im Jahreszyklus der Natur

Löwe ist der heißeste astrologische Monat der Nordhalbkugel. Die Hitze der Löwesonne läßt die Früchte reifen, die mit Hilfe der Krebsenergie gewachsen sind. Die Getreideähren erreichen nunmehr ihre größte Fülle, ehe die Jungfrau den Lohn der vorausgegangenen Bemühungen der Menschen erntet. In diesem Monat darf sich der Mensch von seiner Arbeit freinehmen, da die Augusthitze unerträglich ist. Jetzt hat er Gelegenheit, sein Tagwerk ruhen zu lassen und sich zu entspannen, um Kräfte zu sammeln, die er zum Einbringen der Ernte braucht. Die frühjahrstypischen Energieschübe oder kühlen Frühlingslüfte sind im Löwemonat nicht mehr spürbar, statt dessen herrscht zuverlässige Dauerhitze, die von dem fixen Feuerzeichen ausgeht.

Pflanzen, die dem Löwen zugeordnet sind: Anis, Kamille, gelbe Narzisse, Augentrost, Fenchel, Lavendel, gelbe Lilie (Iris), Mohn, Ringelblume, Mistel, Petersilie, Löwenzahn und Sonnenblume

Steine und Edelsteine, die dem Löwen zugeordnet sind: Rubin, Diamant, Katzenauge, Gold, Hyazinth, Chrysolith und alle gelbfarbenen Mineralien

Löwe in der Mundanastrologie

Folgende Länder, Städte und Völker sind eng mit der Schwingung des Tierkreiszeichens Löwe verbunden:

Länder: Frankreich, Italien, Sizilien, Rumänien, Böhmen; außerdem die Alpen. Im Altertum: Chaldäa, Phönizien, Mazedonien, Phrygien und Rom

Städte: (das moderne) Rom, Prag, Damaskus, Bombay, Bristol, Bath, Chicago, Philadelphia und Los Angeles

Physiognomie und Temperament des Löwen

Löwemenschen sehen sehr gut aus. Ihre durchwegs schön gezeichneten Gesichtszüge sind normalerweise deutlich ausgeprägt. Gelegentlich haben sie eine vorstehende Unterlippe, die mitunter wie ein Schmollmund aussieht. Ihre Figur ist mittelgroß bis hochgewachsen, und unabhängig von ihrer natürlichen Gesichtsfarbe umgibt sie eine strahlende Aura. Ein jeder fühlt sich von dieser Elektrizität angezogen, denn Löwen strahlen ein Licht aus, das die Herzen anderer anrührt und ihnen geneigt macht.

So sollte es auch sein, denn das Herz ist das Organ, das der Löwe beherrscht. Im Herzzentrum (dem Herzchakra) sind die höchsten Tugenden des Menschen zu finden. Löwen haben ein Geschick, das Beste aus anderen herauszuholen. Sie sind selbst ein Beispiel für edle Gesinnung, Mut, Freundlichkeit und Charakterfestigkeit. Sie reagieren emotional und kommen leichter mit Gefühlen als mit intellektuellen Konzepten zurecht. Der Inhalt eines Gesprächs ist für sie nicht so entscheidend wie das Gefühl, das dabei mitschwingt. Löwe gehört zu den stärksten Zeichen des Tierkreises. Ein Löwemensch wird selten krank und falls doch, erholt er sich erstaunlich schnell. Er gibt sich nur schwer geschlagen und kann sich wegen Überarbeitung körperlich ruinieren. Der weise, höher entwickelte Löwe kennt seine Grenzen und hütet sich, seine Kräfte zu verschleudern. Er arbeitet mit gleichmäßigem und konstantem Tempo und versteht es, seine Umgebung seinem persönlichen Rhythmus und seiner Gangart anzupassen.

Der Löwe besitzt ein körperlich starkes, emotional aber schwaches Herz. Unter seinem furchterregenden Löwengebrüll verbirgt sich eine sanfte Hauskatze. Löwegeborene sind leicht gekränkt, wenn man sie vernachlässigt oder ihnen Liebe vorenthält. Letzteres verursacht ihnen körperliche Beschwerden; von normalen Krankheitserregern bleiben sie jedoch meist unbehelligt. Fehlgeleitete Zuneigung kann sich bei ihnen jedoch wie eine Seuche auswirken.

Wie alle Tierkreiszeichen hat auch der tapfere, edle Löwe seinen Gegenpol. Dieser Typ wärmt sich am liebsten die längste Zeit des Tages an der Sonne, während der Rest des Rudels auszieht, um eine Abendmahlzeit für ihn zu erjagen. Diese königlich faule Katze schnappt sich die schmackhaftesten Bissen und sichert sich somit skrupellos den "Löwenanteil" der Beute. Dabei glaubt sie sogar, ihr stünde automatisch von allem das Beste zu, nur weil es sie gibt. Dieser Löwetyp hat die Einstellung: "Tu, was ich sage, aber richte dich nicht nach dem, was ich tue!" Im Gegensatz zu seinem besser proportionierten und ehrgeizigen Vetter wird der typische faule Löwe fett, nachlässig und mit zunehmendem Alter immer anspruchsvoller.

Löwe im Umgang mit Menschen

Wir haben festgestellt, daß Widder, Stier und Zwilling den Weg für den Aufbau der Sippe geebnet haben, die durch den Krebs symbolisiert wird. Der Schluß ist naheliegend, daß man in der Stufe des Löwen zum Stammesvorstand gewählt wird. Der Löwe ist definitiv zum Herrscher geboren, er gründet jedoch lieber seinen eigenen Stamm. Ihm ist daran gelegen, eine Gruppe äußerst loyaler Genossen um sich zu scharen, die sich seiner beschützenden Leitung unumschränkt anvertrauen. Seine erzieherischen Maßnahmen bewirken schließlich, daß sich jedes Gruppenmitglied entsprechend seinen Plänen entwickelt. Der Löwe ist sehr traditionsbewußt und hält sich innerhalb seines Machtbereiches an altbewährte Richtlinien. Ihm liegt jedoch daran, daß seine Arbeit seinen persönlichen Stempel trägt. Das ist das "Reich des Löwen", und alles tanzt nach seiner Pfeife.

Obwohl Krebs als Kardinalzeichen motivierend wirkt, ist er ein weibliches, daher kollektiv gesinntes Tierkreiszeichen. Er zieht Energie auf sich, um darauf ein Fundament (das Heim) zu errichten, auf dem eine Zivilisation (die Familie) entstehen und gut gedeihen kann. Löwe ist ein fixes Zeichen. Aus diesem Grund bemüht er sich, das Bestehende von früher, das Erbe der Vergangenheit, zu erhalten. Da er aber ein männliches Tierkreiszeichen ist, hat er den Wunsch, seine Umwelt zu befruchten und ihr seinen ichbetonten Prägestempel aufzudrücken. Die schöpferische Energie des fixen Feuers verleiht dem Löwen die Eigenschaften, die es ihm ermöglichen, sein Ego, das auf der soliden Aufbauleistung der vier vorhergehenden menschlichen Entwicklungsstufen (Tierkreiszeichen) gründet, in einem neuen Wirkungsfeld zur Geltung zu bringen.

Dem Löwen ist innere Zuversicht angeboren: er überträgt sie auf seine Umgebung. Mit dieser Eigenschaft begeistert er seine Mitmenschen, an ihn zu glauben und ihm zu vertrauen. Wenn sein Selbstvertrauen allerdings in Eitelkeit umschlägt, wundert er sich, daß andere sich genauso schnell wieder von ihm abwenden.

Der Löwegeborene verhält sich nicht wie ein unsicherer Widder, ein sturer Stier, ein sprunghafter Zwilling oder gar ein furchtsamer Krebs. Er ist Meister Löwe, der Stolze, es sei denn, es handelt sich um den Typ des Müßiggängers und Drückebergers, eine Kartzenart, die gleich starke Verbreitung findet. Er hat entschieden auf Erfolgskurs gesetzt und versucht, jeden auf seine Seite zu ziehen. Alle müssen sich für sein Projekt interessieren; was ihm gefällt, muß nach jedermanns Geschmack sein, und keiner darf seine Feinde sympatisch finden. Er verlangt, daß man ihm uneingeschränkt zustimmt und seine Projekte unterstützt. Falls ihm jemand die Treue verweigert, wird dies im Reich des Löwen als Kapitalverbrechen angesehen.

So gnadenlos wie der Löwe gegenüber seinen Feinden verfährt, so übertrieben liebenswürdig geht er mit seinen Freunden um. Seine Favoriten behandelt er großzügig, offenherzig und liebevoll. Unter dem Strahlenkranz seines glühenden Herzens ist ihm für diesen auserwählten Personenkreis nichts zuviel. Der Löwe fungiert als Organisator und Bauherr. Er strebt unentwegt nach Höherem und Beeindruckenderem. Wenn Sie helfen, seine Träume zu verwirklichen oder ihn nur mit Lob und ermutigenden Worten unterstützen, erwerben Sie sein Vertrauen, seine Achtung und Zuwendung.

In dieser Hinsicht ist der Löwe außergewöhnlich leichtgläubig. Mit Schmeicheleien kann man ihn fast in den Ruin treiben, und sagt man ihm, wie vorteilhaft er wieder gekleidet sei, vergißt er augenblicklich, was er gerade vorhatte. Infolgedessen stolpert der Löwemensch bisweilen in falsche Freundschaften hinein. Skrupellose Menschen können seine naive Großzügigkeit leicht ausnutzen.

Löwe ist kein Ränkeschmied. Er ist sehr direkt und erwartet, daß sich alle anderen genauso verhalten. Es fällt ihm schwer, seine Pläne für sich zu behalten, denn er setzt sich vor anderen stets in Szene, in der Absicht, sich zusätzliche Verdienste zu erwerben. Dieses Verhalten ist auch bei Löwekindern zu beobachten.

Das Theater und verwandte Kunstrichtungen unterstehen der Herrschaft des Löwen; der Löwe ist der geborene Schauspieler. Er hat ein natürliches Gefühl für Dramatik und weiß genau, wann er aufzutreten hat oder von der Bühne abgehen muß. Er bemüht sich, in jeder Situation einen guten

Eindruck zu machen. Das Leben ist die Bühne, und der Löwe ist der Star. Einen Stern kann man aber nur aus der Entfernung sehen und bewundern. Aufgrund dessen sollte man sich ohne Erlaubnis nicht zu nahe an ihn heranwagen, sonst verliert man seine Gunst. Das Protokoll schreibt vor, daß man nicht unaufgefordert mit einem König oder einer Königin sprechen darf. Der Löwe stimmt dieser Regel aus vollem Herzen zu. Es ist gut, freundlich zu sein, doch bewahren Sie Haltung. Er sagt: "Sie müssen wissen, wo Ihr Platz ist, und stellen Sie keine Ansprüche an mich." Wir haben bereits darauf hingewiesen, daß Löwemenschen sehr großzügig sind, aber sie sind ausgesprochen ungehalten, wenn man sie um etwas bittet, sofern sie sich nicht aus eigenen Stücken dafür entschieden haben. Der Löwe liebt ein geregeltes Leben, doch er besteht darauf, die Befehlsgewalt zu haben.

Dem Löwen liegt nichts an viktorianischer Vornehmheit. Er ist ein Menschenfreund und hat ein offenes Herz für alle Notleidenden. Man muß den Löwen einfach lieben und bewundern - seine Schwingung erzeugt diese Gefühlsregung. Es ist nahezu unmöglich, das Lächeln eines strahlenden Wesens nicht zu erwidern, besonders wenn es sich ernsthaft nach dem persönlichen Befinden erkundigt und wissen will, ob man glücklich ist.

Empfindet der Löwemensch gegenüber einem Fremden, den er zum erstenmal trifft, eine starke Zuneigung, können seine Gefühle für einen geliebten Menschen enorm tief gehen. Die Liebe des Löwen ist grenzenlos und nicht bereit, Einschränkungen zu akzeptieren. Er ist ein Romantiker wie er im Buche steht: leidenschaftlich, poetisch, feurig und anbetungsvoll. Franzosen und Italiener verdanken ihren Ruf als gute Liebhaber größtenteils dem Feuer des Löwen, von dem sie sich inspirieren und beherrschen lassen.

Der Löwe erwartet, daß seine Liebe mit gleicher Inbrunst, Hingabe und Treue erwidert wird. Es ist Hochverrat, wenn die Person, der seine Liebe gilt, eine Romanze oder nur eine enge Freundschaft mit einem Nebenbuhler ins Auge faßt. Die Liebe des Löwen ist besitzergreifend, sie engt den geliebten Menschen und ihn selbst stark ein. Er müßte seinem Partner genug Freiraum gewähren, um seine eigene Identität zu erforschen, denn der Löwe neigt dazu, nicht nur sein eigenes Leben zu diktieren, sondern auch das seines Geliebten. Er kann leicht die Tatsache aus den Augen verlieren, daß die Person, der seine Liebe gilt, eine eigenständige Persönlichkeit ist. Sie ist nicht nur Empfänger oder Publikum für seine dramatischen Inszenierungen, seien sie auch noch so liebevoll gemeint. Er muß achtgeben, daß seine hartnäckigen Flammen seinen Liebespartner nicht verbrennen.

Der Löwe repräsentiert den Schöpfungs- und Zeugungsdrang im Menschen. Er möchte eine Umgebung schaffen, die sein eigenes Wesen widerspiegelt. Nichts könnte dem Bild des Löwen besser entsprechen als seine eigenen Jungen. Deshalb fallen auch Kinder unter die Herrschaft des fünften Tierkreiszeichens. Löwen sind sehr stolze und liebevolle Eltern, obwohl sie hin und wieder ein übermäßig autoritäres Verhalten an den Tag legen.

Im heutigen Zeitalter verliert die Monarchie an Gewicht, man zieht dem steifen zeremoniellen Prunk informelles Verhalten vor, um Beziehungen anzuknüpfen. Man könnte also glauben, daß der Löwe nicht mehr zu seinem Recht kommt - schließlich ist er am weitesten vom Tierkreiszeichen Wassermann entfernt, dem Zeichen, der das kommende Zeitalter beherrscht. Dann wird die autokratische Löwemonarchie der wassermännisch bestimmten kommunalen Demokratie unweigerlich weichen müssen. Die Polarität von Löwe und Wassermann kann jedoch zu vollkommener Harmonie führen, denn die vornehmste Funktion im Leben eines Königs ist es, der wertvollste Diener seines Volkes zu sein. Der Löwe hat Erfolg, wenn es ihm gelingt, seinen persönlichen Ehrgeiz mit einem höheren humanitären Zweck geschickt zu verbinden. Läßt sich die Vorstellungswelt eines Löwen von einem wirklich erhabenen Anlaß inspirieren, kann sein zentrales Feuer jene göttlichen Willensstrahlen aussenden, die zur Erhellung und Erwärmung unseres gegenwärtigen Zeitalters dienen.

Leitbegriffe des Löwen

positive Eigenschaften	negative Eigenschaften
selbstsicher und fortschrittsorientiert	eitel und eigennützig
warmherzig und aufrichtig	von falscher Bescheidenheit
zärtlich und liebevoll	auf Lustgewinn aus, hedonistisch
beschützend	diktatorisch
gebildet und vornehm	liebt Extravaganz und Luxus
künstlerisch und ausdrucksstark	Aufschneider und Angeber
von universaler Liebe inspiriert	äußerst selbstgefällig

13
Jungfrau - Ich suche mich durch mein Lernen

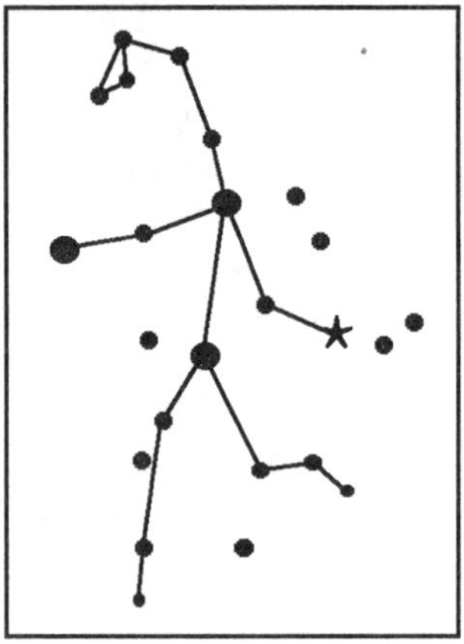

*"Die Strahlen der bescheidenden Jungfrau lassen alles erstrahlen.
Sie erfüllen das Menschenherz mit Ehrlichkeit und Kunstverstand.
Keine List wendet sie um ihres Vorteils willen an,
Noch gibt sie aus Liebe ihren Wohlstand auf.
Ihre Gedanken sind durchdringend, sie spricht mit beredter Zunge."*

Manilius

Jungfrau am Himmel

Obwohl das Wort "Zodiak" Kreis der Tiere bedeutet, existieren unter den himmlischen Wesen noch andere Schöpfungsformen, die einen bedeutenden Rang einnehmen. Die ursprüngliche griechische Bezeichnung lautet *kyklos zodiakos.* Kyklos bedeutet Kreis, und Zodion heißt Tierskulptur (Zoion bedeutet Tier und ist das Urwort für unseren Begriff "Zoo"). Es gibt insgesamt nur sieben Tierwesen: Widder, Stier, Krebs, Löwe, Skorpion, Steinbock und Fische. Die restlichen fünf Tierkreiszeichen setzen sich aus

Zwilling, Jungfrau, der Idealform Waage (die harmonische Libra), einem Zentaur (halb Pferd, halb Mensch) und einem vollkommenen Menschen (Wassermann) zusammen. Nehmen wir uns nun die himmlische Frau vor, da wir die Zwillinge bereits behandelt haben. Waage, Schütze und Wassermann werden sich dem Reigen bald hinzugesellen.

Jungfrau besitzt eine schlanke, graziöse Figur. Sie nimmt ungefähr 46 Grad Länge ein und ist daher einer der langgezogensten Sternenhaufen des Tierkreises. Ihre Ehre und Sittsamkeit wird von vielen anderen Konstellationen gut beschützt, denn im Norden setzen ihr Löwe, Boötes und Bernices Koma Schranken; im Süden grenzt sie an Hydra, die Krähe und den Becher; im Osten umschließen sie die Waage und die Schlange; im Westen wird sie von Löwe, dem Becher und der Krähe umschlossen.

Virgo, die Erntegöttin, befindet sich in einer sehr reichen Himmelszone. Innerhalb der Grenzen ihres vollkommenen Körpers gibt es über fünfhundert Nebel. Diese Fülle an latenter Energie drückt sich in der praktischen Begabung aller Jungfraugeborenen aus.

Die Jungfrau wird üblicherweise in Form eines Engels abgebildet, dessen beide Flügel sich in den Weltraum ausbreiten. In ihren Händen hält sie eine Weizengarbe oder eine Getreideähre, das Zeichen für die Fruchtbarkeit der Frau. Spica, einer der hellsten Sterne am Himmel, entspricht der Getreidegarbe.

Diese hochadelige Dame trägt sogar ihren eigenen Schmuck, den sogenannten Diamanten der Jungfrau, der sich aus einer Konstellation von vier Sternen zusammensetzt. Es handelt sich um Denebola (den Schwanz des Löwen), Spica (von alten Hindu-Astrologen auch "Perle" genannt), Arkturus (einen extrem hell leuchtenden, goldgelben Stern) und Cor Caroli (einen weißen und fliederfarbenen Doppelstern); ein angemessenes Schmuckstück für die himmlische Jungfrau.

Die Symbolik der Jungfrau

Die Jungfrau entspricht der voll ausgereiften Frucht, die der Landwirt noch nicht geschnitten hat, wenngleich ihr die gesamte Kraft des üppigen Getreides zur Verfügung steht. Daher geht von der unberührten Jungfrau das Versprechen der potentiellen Fruchtbarkeit des Frauseins aus. Sie wartet auf eine günstige Gelegenheit, die es ihr gestattet, ihren Wesensgehalt weiterzugeben. Die Stärke der Jungfrau liegt in ihrer geheimen Macht und nährt sich aus der zurückgehaltenen Energie ihres Seins. Obwohl die Jungfrau sich nicht über das wahre Ausmaß ihres Vermögens im klaren ist, weiß sie, sobald sie ihrer Kraft zu fließen erlaubt hat, daß sie über einen großen Schatz verfügt. Sie zieht es vor, auf die vollkommene Ergänzung ihres Wesens zu warten, damit ihre Frucht unter den allergünstigsten Bedingungen geerntet wird. Wenn sie allerdings zu lange wartet, versauert oder verdirbt ihre Frucht. Sie muß deshalb den richtigen Zeitpunkt ganz genau einhalten.

Nachdem der erwählte Geliebte in der Jungfrau die Umwandlung vom Mädchen zur Frau vollzogen hat, erfährt sie mehr als nur *sein* Wesen; sie hat Zugang zur gesamten menschlichen Psyche gewonnen. Ist dies der Fall, erreicht ihr Potential die volle Reife, wodurch ihre großartige schöpferische und nährende weibliche Kraft der Welt neues Leben schenkt. Aus diesem Grund wird die Jungfrau mit einem Kind abgebildet. Hier wird uns ein Paradoxon gezeigt, welches das Mysterium der Weiblichkeit und des Lebens darstellt. Daran erkennt man, daß die Frau von Natur aus empfänglich und von einer Fülle von Lebensformen umgeben ist. Die unsichtbaren Kräfte des Schöpfers vermögen sie aufzuschließen und zu befruchten. Sie ist der menschliche Ausdruck der ursprünglichen Aufnahmefähigkeit der Materie (der Gottesmutter), die sich von Gottvaters Manneskraft beeindrucken läßt. Das Ergebnis ist natürlich das göttliche Kind (womit Sie und ich gemeint sind).

Das Bewußtsein der Frau verändert sich, sobald sie ihre Jungfräulichkeit hinter sich gelassen hat. Sie ist nun bereit, mit der Energie befruchtet zu werden, die sie zur wahren Bedeutung ihrer Weiblichkeit erwachen läßt.

Das Symbol der Jungfrau versinnbildlicht den gewundenen Energiekranz, der in ihrem Wesenskern verborgen liegt. Die versperrte Tür (der geschlossene "Kreis") verwehrt ihnen, sich in der äußeren Welt vollständig zu entfalten. Der Schluß liegt nahe, daß es sich ebenfalls um ein Symbol der unberührten weiblichen Scheide handelt: die drei Bögen stellen die Schlaufen der Eierstöcke und der Gebärmutter dar; der kleine "Kreis" deutet das unversehrte Jungfernhäutchen (Hymen) an.

Jungfrau regiert den Verdauungstrakt. Hier erhält der Körper einen Großteil der Nahrung, die der Organismus benötigt. Dafür sorgt die Aufnahme der Nährstoffe aus dem verdauten Speisebrei. Die übrigbleibenden festen Abfallstoffe werden anschließend durch den Dickdarm transportiert und ausgeschieden. Die vierfachen Windungen im Symbol der Jungfrau veranschaulichen die verschiedenen Segmente des Verdauungstrakts.

Jungfrau in Mythologie und Geschichte

Die Frau, und ganz besonders die Jungfrau, wurde zu allen Zeiten als Symbol der Fruchtbarkeit geschätzt. Im allgemeinen haben die Menschen ihre Gebete um reiche Ernten und um Kindersegen an eine weibliche Gottheit gerichtet. Im Verlauf der Geschichte des Altertums hat man traditionsgemäß die Jungfräulichkeit verehrt. Die Anschauung, daß eine keusche Frau heilig und rein sei, ist in den meisten Kulturen der Neuzeit als Ideal und begnadeter Seinszustand erhalten geblieben, obwohl Keuschheit vielfach mißverstanden und verleumdet wurde. Frauen, die keinerlei geschlechtliche Beziehungen zu Männern unterhielten und sich statt dessen einer Gottheit weihten, wurden Priesterinnen und erhielten in den unterschiedlichen Religionen und zahlreichen Tempeln Einweihungen. Das Wesen ihrer Göttlichkeit beschenkte sie mit der Frucht der Erkenntnis, die ihnen ihre jeweilige Tradition lehrte. Sie waren die eingeweihten Priesterinnen der Isis, die hochverehrten vestalischen Jungfrauen von Zeus-Jupiter und die geheiligten Bräute von Krishna, Buddha und Jesus Christus.

Um sterbliche und unsterbliche Jungfrauen ranken sich zahllose Legenden, und viele haben nachweislich Anspruch auf den himmlischen Thron der Jungfrau. Im Alten Testament wird von Ruth, der Moabiterin, berichtet, die seinerzeit die Weizenfelder von Boaz aberntete. Das Buch der Könige erzählt von Astoreth, der Königin der Sterne und bedeutsamen Göttin der Zidonier. Bei den Syrern wurde Astoreth zu Astarte, und bei den Griechen kannte man sie als Göttin Aphrodite. Aus sprachwissenschaftlicher Sicht ist "Astoreth" mit Ester und Stern verwandt und entspricht der Frühlingsgöttin der Angelsachsen, Ostera (Ostern).

Die Geschichte der Isis wurde uns von den Ägyptern überliefert. Sie trug ihre Weizengarben über den Himmel und verlor dabei einige Halme, die seither die Sternenanordnung der Milchstraße bilden. Auf ihren Reisen hielt sie ihren göttlichen Sohn Horus stets im Arm. Um das Monument der Großen Sphinx ranken sich eine Fülle von mystischen Sagen. Die Statue symbolisiert 0 Grad Jungfrau (oder 30 Grad Löwe), denn sie trägt einen Mädchenkopf und hat den Körper eines Löwen. Die Sphinx ist sehr mächtig, denn sie hat gelernt, wie man die tierischen Leidenschaften des Löwen mit Hilfe der verstandesmäßigen Genauigkeit und zweckmäßigen Handlungsweise der Jungfrau bezähmt. Sie ruht im Wüstensand und scheint zu sagen: "In mir ruht die Macht der Schöpfung. Ich bin sehr mächtig, denn ich warte geduldig von Ewigkeit zu Ewigkeit, um mein Wissen im rechten Augenblick zu offenbaren."

Im Westen sind wir besser mit den mythologischen Überlieferungen der Griechen und Römer vertraut. Die Griechen erzählen uns die Geschichte von Astrea (bedeutet Sternenmädchen), Tochter des Zeus. Als die Götter während des Goldenen Zeitalters unter den Menschen auf Erden weilten, war sie die letzte der Unsterblichen, die sich in den Himmel zurückzog. Man behauptet, seither lasse sie ihr Licht in der Konstellation der Jungfrau leuchten.

Eine weitere Legende berichtet uns von Arigone, Tochter des Ikarios. Ihrem Vater wurde vom Gott Dionysos das Geheimnis des Weines anvertraut. Daraufhin fing Ikarios an, die Menschen zu unterrichten, wie man Weintrauben anbaut und keltert. Dabei machte er einige Hirten betrunken, weshalb sie ihn erschlugen. Als Arigone später mit Hilfe ihres Hundes Maera den Leichnam ihres Vaters fand, kannte ihre Trauer kein Ende, worauf sie sich erhängte. Als Maera erkannte, daß sein Meister und seine Herrin aus dem Leben geschieden waren, ertränkte er sich in einem Fluß. Der gütige Zeus nahm alle drei in den Himmel auf: Maera wurde zu Canis Minor, Ikarios wurde zur Formation Boötes und Arigone bildete die Jungfraukonstellation.

Die Jungfrau steht natürlich mit der Ernte in enger Verbindung, besonders mit der Getreideernte. Die Römer verehrten sie als Ceres und veranstalteten ihr zu Ehren jährlich ein Fest. Nach einer neuntägigen Fastenzeit zogen sich die Frauen weiße Gewänder für die Feier an und schmückten ihren Kopf mit einem Kranz aus reifen Ähren. Alsdann opferten sie die ersten abgeernteten Früchte der Göttin Ceres. Die Griechen verehrten sie als Demeter, die Göttin der Landwirtschaft.

Wahrscheinlich ist die Geschichte von Maria, der Mutter Jesu, die bekannteste vieler Heiligenlegenden, die sich um den universalen Kult der Jungfrau ranken. Untersuchen wir zunächst einmal die Etymologie der Namen von Jesus und Maria, um die esoterische Bedeutung ihrer gemeinsamen Beziehung zu verstehen.

"Maria" läßt sich aus dem Sanskritwort Maya = Ozean ableiten; das uralte hebräische Wort für Wasser ist Mayam, während im Lateinischen Mare See bedeutet. "Jesus" heißt im Griechischen Ichthys = Fisch. Wir wissen, daß die Fische im Tierkreis den Gegenpol zu Virgo, der Jungfrau, bilden. Daraus läßt sich ableiten, daß der Fisch Jesus aus dem Meer kam, als er durch Maria geboren wurde. In ihm erkennen wir auch die astrologische Symbolik des Fischezeitalters. Seine Geburt war ein großes Ereignis, das die Ankunft des Messias und den Beginn seines Zeitalters ankündigte. In den Kapiteln der Tierkreiszeichen Steinbock und Fische werden wir über die Geburt Jesu noch eingehender berichten.

Berühmte Jungfraugeborene : Asser, Jakobs Sohn; Philip, Apostel Jesu

Jungfrau im Jahreszyklus der Natur

> *"Jungfrau im August! Übernimm nun Deine königliche Herrschaft*
> *Mit anmutiger majestätischer Eleganz und edlem Gesicht.*
> *Da die Herrschaft des feurigen Löwen vorüber ist,*
> *Gehört des Sommers Hitze nun Dir ganz allein.*
> *Und Dein Mantel aus lebendigem Grün ist noch gänzlich unberührt."*
>
> R. J. Philbrick, Virgo

"Assers Brot wird fett sein", sagte der Stammvater Jakob, als er über die Bestimmung seines Sohnes sprach und folglich auch vom Schicksal Israels. (Genesis 49, 20). Der Stamm Assers brachte erfolgreiche Landwirte und Arbeiter hervor.

Im Jungfraumonat wird die Getreideernte des Sommers eingebracht, die während der Hitze der Löwesonne heranreifte. Im Monat August hat sich der Mensch ausgeruht, um wieder gestärkt auf die Felder zurückzukehren und den Reichtum der Erde in Empfang zu nehmen. Jungfrau ist ein veränderliches Erdzeichen und kennzeichnet die Betriebsamkeit auf dem Land und die mannigfaltigen schöpferischen Möglichkeiten, die der Umgang mit Materie mit sich bringt. Dieses Tierkreiszeichen ist ein Wahrzeichen der Arbeit und des Lohns, den es sich durch fleißig erbrachte Dienstleistungen verdient hat. Im September nimmt der Mensch wieder die Werkzeuge seines Broterwerbs in die Hand, diesmal geschieht es mit Freude, denn ihn erwartet eine reiche Ernte.

Ein Jungfraugeborener arbeitet fleißig, denn schon bald naht die kalte Jahreszeit, in der das Land brachliegt. Wie behaglich er und seine Familie die Wintermonate verbringen wird, hängt von seinen Vorräten ab. Wenn er gute Geschäfte abschließt und den geforderten Preis für seine überschüssigen Güter erhält, kommt er warm und zufrieden durch den langen Winter. Sollte er sich aber in der Erntezeit verschätzen und den Markt falsch beurteilen, hat er unter den Folgen seiner Fehlkalkulation zu leiden. Er weiß deshalb nur zu gut, daß er mit seiner Planung richtig liegen muß.

Pflanzen, die der Jungfrau zugeordnet sind: Endivie, Hirse, Mais, Weizen, Gerste, Hafer, Roggen, Baldrian, Helmkraut und Geißblatt

Steine und Edelsteine, die der Jungfrau zugeordnet sind: Jaspis, Achat, Marmor, Topas, Aquamarin, Hyazinth (auch Zirkon) und Feuerstein

Jungfrau in der Mundanastrologie

Folgende Länder und Städte sind eng mit der Schwingung des Tierkreiszeichens Jungfrau verbunden:

Länder: in der Antike: Assyrien, Arkadien, Babylonien, Ionien, Mesopotamien, Rhodos und die dorische Ebene; heutige Welt: Kreta, ein Teil Griechenlands, Kroatien, Brasilien, Türkei, Schweiz (unter Mitherrschaft des Stiers) und die Westindischen Inseln

Städte: Lyon, Jerusalem, Paris, Korinth, Athen, Heidelberg, Boston, Toulouse und Straßburg. Die meisten Städte, die mit Obstanbau und der entsprechenden verarbeitenden Industrie zu tun haben, unterstehen der Jungfrau. Heilbädern, Kurorten und Ferienzentren kommt ebenfalls Jungfraueinfluß zugute (wie z. B. der Schweiz).

Physiognomie und Temperament der Jungfrau

Der Herrscherplanet der Jungfrau und des Zwillings ist Merkur. Man kann davon ausgehen, daß Jungfraugeborene zum Teil die Körpermerkmale des Bruderzeichens Zwilling aufweisen. Die Jungfrau besitzt einen drahtigen Körper und ist besser proportioniert als ihre hageren Zwillingsvettern. Trotz der Tatsache, daß Jungfrauen normalerweise nicht besonders groß oder derb gewachsen sind (es sei denn, Schütze oder Jupiter haben beträchtlichen Einfluß), sind sie kräftig und können schwer arbeiten.

Der Gesichtsausdruck der Jungfrau zeigt, daß ihr Verstand unentwegt arbeitet. Sie beschäftigt sich ständig mit der Beurteilung ihrer Umgebung und ihrer Beziehungen. Auf den ersten Blick kann ihre hemmungslose Kritiksucht sie etwas hartherzig und gefühllos erscheinen lassen. Die Jungfrau tut sich schwer, sich offen zu zeigen, da ihr nichts daran liegt, übereilt eine oberflächliche Beziehung einzugehen. Erst im Lauf der Zeit gelingt es, ihre nach außen getragene kühle Art aufzubrechen und ihr tiefgründiges inneres Empfindungsvermögen schätzen zu lernen. Jungfrau ist ein Erdzeichen. Obwohl man die Behäbigkeit dieses Elements bei der Jungfrau nicht so ohne weiteres nachweisen kann wie beim Stier, lebt sie nach erdhaften Grundsätzen.

Man kennt zwei grundsätzliche Jungfrautypen, den ordentlichen und den nachlässigen. Die Erstgenannten legen großen Wert auf ihr Aussehen. Bei ihnen muß alles vollkommen geordnet und harmonisch sein. Als Mann trägt dieser Jungfrautyp zu allen Zeiten hochglanzpolierte Schuhe, während sein weibliches Gegenstück dafür sorgt, daß ihre Rüschenbluse frisch gewaschen und gestärkt ist. Wählerisch ist das passende Eigenschaftswort für diesen Jungfrautyp.

Die "schlampige Liese" lebt das andere Extrem der Jungfrauveranlagung. Ihr ist es egal, wie sie gekleidet ist, und für gesellschaftliche Anstandsregeln hat sie nichts übrig. Beides hält sie für Zeitverschwendung. Außerdem findet sie es unpraktisch, stundenlang vor dem Spiegel zu stehen. Sie argumentiert: "Warum soll ich meinen halben Wochenlohn für ausgefallene Schuhe ausgeben, wenn ich schon für fünfzehn Mark ein Paar bekomme, das völlig ausreicht? Mit dem gesparten Geld könnte ich zum Wochenende aufs Land fahren oder mir leckere Speisen gönnen."

Es gibt eine Abart des zweiten Jungfrautyps: diese Menschen bringen einfach nichts auf die Reihe. Anscheinend ist bei ihnen alles vorhanden, was ein menschliches Wesen ausmacht; es fehlt aber die Fähigkeit, sich und seine Arbeit zu koordinieren und sich auf das Wesentliche zu konzentrieren. Daher gleicht ihr Leben einem Wirbel an Unentschlossenheit.

Das sind allerdings Extremfälle. Es gibt natürlich Jungfraugeborene, die gelernt haben, wie sie ihre enorme Begabung nutzen und die zahlreichen Aspekte ihres Naturells in eine intelligente und gut funktionierende Ganzheit verschmelzen können. Sie gehören zu den ruhigsten Zeitgenossen. Für jedes Problem haben sie ein bewährtes Heilmittel zur Hand.

Jungfrau im Umgang mit Menschen

Aktion und Reaktion ist das universale Gesetz, das in der gesamten Schöpfung wirkt. Als weibliches Tierkreiszeichen stellt Jungfrau die Reaktion auf die freigewordene männliche Energie des Löwen dar. Im Entwicklungsstadium des Löwen behauptet der Mensch seine Unabhängigkeit. Er versucht, seine Umwelt zu beherrschen. Der Löwe spürt seine ureigenste Energie und bringt sie zum Ausdruck, indem er anderen Befehle erteilt und sie herumkommandiert. Löwe ist auch das Zeichen für Spaß und Spiel sowie höchste Qualitätsansprüche. Wer ihm angehört, liebt einen aufwendigen, königlichen Lebensstil.

Da der Löwegeborene hauptsächlich Befehle erteilen will, versetzt er sich selten in die Lage der Befehlsempfänger, die seine Wünsche auszuführen haben. Außer für seine persönlichen Kontakte bringt er anderen Menschen gegenüber nur sehr begrenztes Verständnis auf. Sobald es um menschliche Verpflichtungen und Beziehungen geht, verfügt er nur über geringe Kenntnisse. Der Löwe weiß ganz einfach, daß er König ist, und die anderen haben zu gehorchen.

30 Grad nach dem Ende des Löwen beginnt die Waage. Sie verkörpert das Prinzip des vollkommen ausgeglichenen Zusammenwirkens. Waage steht für ideal zueinander passende Ehepartner. Vom Glanz seines eigenen Lichts geblendet hat der Löwe keine Ahnung von den Wechselbeziehungen, die zu einer solchen Bindung oder zu einem gesellschaftlich bewußten Menschen führen. Ehe der Löwe die Zufriedenheit erreicht, die sich durch das Verständnis der Waage einstellt, muß er lernen, wie man Befehle entgegennimmt und anderen dient. Es ist notwendig, daß er die Stelle eines Untergebenen einnimmt und sich zugunsten anderer Menschen opfert. Um menschlicher zu werden, muß er Demut lernen. Dies sind die Lektionen, welche die heranwachsende Seele des Menschen während ihrer Reise durch das Reich der Jungfrau erlernt.

Jungfrau tritt mit dem gesamten schöpferischen Potential des Löwen ins Leben. Aber im Gegensatz zum Löwen, der seine Strahlen unverhohlen in die äußere Welt schickt, macht sich die Jungfrau Gedanken, wie andere ihren Selbstausdruck aufnehmen könnten. Sie befürchtet, aufgrund ihrer Handlungen öffentlich kritisiert zu werden und achtet deshalb peinlich darauf, daß niemand, besonders nicht sie selbst, gekränkt werden kann.

Jungfrau ist vielseitig begabt, muß sich allerdings eine Technik zulegen, mit der sie ihre Talente am besten zum Einsatz bringt. Sie ist sich wohl bewußt, daß ein Gedanke zahlreiche Formen annehmen kann und überlegt, welche am vorteilhaftesten ist. Ehe sie handelt, prüft sie sämtliche Einzelheiten und versucht, ihr Problem oder Vorhaben aus allen möglichen Blickwinkeln zu sehen. Hier gerät sie in die Falle. Der unermüdliche Jungfrauenverstand ermöglicht ihr, auf jede neue Perspektive eine weitere zu schaffen, und bevor sie die Situation in den Griff bekommt, hat die Jungfrau den Faden ihrer ursprünglichen Idee aus den Augen verloren. Jetzt ist sie im Netz ihrer eigenen mentalen Verstrickungen gefangen. Es gelingt ihr nicht, sich daraus zu befreien, weshalb sie sich selbst verflucht. Die Jungfrau muß lernen, das Hauptproblem losgelöst von den vielen Details zu erkennen. Es kommt immer wieder vor, daß ein Jungfraumensch Stoffteile zusammennäht, dabei jedoch versäumt, sie in einer Weise anzuordnen, daß eine wohlgeformte Decke daraus wird.

Die hochentwickelte Jungfrau hat klare Ziele und ein gutes Gespür für die praktische Durchführung aller Projekte, an denen sie sich beteiligt. Sie vergeudet keine Energie, formuliert ihre Gedanken kurz und bündig und vermag, jede Frage von allen Seiten zu untersuchen, ohne deshalb das Hauptanliegen aus den Augen zu verlieren. Der weniger entwickelte Jungfraugeborene kann nur in allem, was er sieht, die Mängel erkennen. Er geht ins Museum, betrachtet ein großartiges Kunstwerk, und sein einziger Kommentar ist, daß der Bilderrahmen an einer Ecke einen Sprung hat.

Die Jungfrau ist bekannt als Tierkreiszeichen des Dienens, weil diesen Menschen bewußt ist, daß niemand das Leben allein meistert. Deshalb nimmt er es auf sich, anderen weniger Begünstigten zu helfen. Die Tatsache, daß die Jungfrau häufig im Dienstleistungsgewerbe oder in untergeordneter Stellung arbeitet, ist bedingt durch ihren Wesenskern. Sie hat die Phase der Zurschaustellung des Löwen hinter sich gebracht und unter dieser selbstherrlichen Art gelitten. Sie hat die Anspannung der überaus gefühlsbetonten Löwenatur zu spüren bekommen und ist bereit, kürzer zu treten, ihren Ausschweifungen Einhalt zu gebieten und etwas mehr über die Art und Weise der menschlichen Lebensweise nachzudenken. Sie sagt: "Diesmal soll ein anderer das Kommando übernehmen. Ich stelle mich gern daneben und beobachte, was geschieht." Die Jungfrau führt lieber ein bescheidenes Leben. Sie hat schon genug Prunk genossen. Ihr liegt viel mehr daran, sich um das Lebensnotwendige zu kümmern, statt Reichtümer anzuhäufen.

Die Jungfrau hat noch keinen Überblick über den gesamten Aufbau menschlicher Beziehungen. Der Löwe hat das Extrem des Befehlshabers ausgelebt, die Jungfrau wählt den entgegengesetzten Weg und ordnet sich unter. Erst in der Waage wird die Wechselbeziehung von Geben und Nehmen ausgeglichen, und im Wassermann erfährt der Mensch seine Vervollkommnung. Jungfraugeborene experimentieren gern mit Menschen und sind sich ihrer Stellung nicht ganz sicher. Wie eine Jungfrau müssen sie von der urwüchsigen Lebenskraft aufgebrochen werden, damit ihr wahres Selbst zusammen mit seinen materiellen Gütern fließen kann.

Als Tierkreiszeichen der Kultivierung sind Jungfraumenschen bezüglich ihrer Ernährung und Gesundheit sehr wählerisch. Jungfrau ist das Zeichen für Magengeschwüre. Wenn sich diese Menschen sorgen oder aufregen, was häufig geschieht, so schlagen sich diese gedanklichen Probleme auf den Magen. Sie sollten weniger streng mit sich sein und ihre persönlichen Kümmernisse und Unvollkommenheiten nicht so ernst nehmen, um Verdauungsschwierigkeiten, Darmentzündungen, Übersäuerung usw. so weit als möglich auszuschließen. Wer sich Sorgen macht, sollte seinem Körper keine Nahrung zuführen. Diese Regel gilt für alle Tierkreiszeichen, da aber Essen und Verdruß anscheinend enge Verbündete im Seelenleben der Jungfraugeborenen sind, sollten sie diese Regel besonders beherzigen.Ist die Jungfrau innerlich ausgeglichen, wird sie selten unter derartigen Beschwerden leiden. Sie hat ein inneres Gespür dafür, was ihr guttut und was ihr schadet und hütet sich vor Ausschweifungen jedweder Art. Deshalb begegnet man der Jungfrau häufiger in der Rolle des Krankenpflegers oder des Arztes als in der des Patienten.

Jungfrauen sind in all ihren persönlichen Beziehungen die Helfer. In vielen Fällen gehen sie hierin bis zum Äußersten und opfern sich für ihre Freunde, Verwandte und andere geliebte Menschen auf. Sie versuchen, alles für andere zu tun und betrügen die Begünstigten um ihre Eigeninitiative und/oder Selbständigkeit. So versuchen Jungfrauen, andere mit ihrer Dienstbereitschaft zu kontrollieren oder zu manipulieren. Die höher entwickelte Jungfrau sucht durch Hilfeleistungen keine Anerkennung. Andererseits bringt es die weniger entwickelte Jungfrau nicht über sich, andere zu loben, selbst wenn sie es verdient hätten.

Im Charakter der Jungfrau herrscht die züchtige und zurückhaltende Seite vor. Dies bedeutet nicht unbedingt, daß die Jungfrau es vorzieht, allein zu sein. Sie ist nur lieber allein statt in Gesellschaft von Leuten, an denen sie Anstoß nimmt. Sie will von anderen ganz besonders gut behandelt werden. Jeder Jungfraugeborene stellt seinen persönlichen Verhaltenskodex auf. Sollte jemand gegen diese unausgesprochenen Anstandsregeln verstoßen, wird er bald vom Freundeskreis der Jungfrau ausgeschlossen. Könnte die Jungfrau die Fehler anderer erkennen ohne sie gleich zu bewerten, würde sie weniger Leid verursachen, und ihre Freundschaften hielten länger.

Zwei der wichtigsten Lektionen im Leben eines Jungfraugeborenen sind, anderen gegenüber geduldiger und sich selbst gegenüber toleranter zu sein. In der Jungfrauphase bereitet sich die menschliche Seele auf das Leben in der Gesellschaft vor. Aus diesem Grund zeigen sich Angehörige des Jungfrauzeichens am liebsten von ihrer besten Seite (dies betrifft Kleidung und Charakter gleichermaßen), damit sie, wenn schon nicht gelobt, doch zumindest nicht kritisiert werden.

Es ist sehr wichtig, daß Jungfraumenschen ihre Fähigkeiten Bedürftigen zur Verfügung stellen. Sie müssen allerdings mit Unterscheidungsvermögen und Mitgefühl vorgehen. Vernünftiges Handeln vereitelt den Versuch der anderen, sie auszunützen. Wenn der Jungfrau eine konstruktive Lebensaufgabe versagt bleibt, kommt es vor, daß sie sich unzufrieden und verbittert fühlt. Das sechste Tierkreiszeichen steht für Arbeit und selbstloses Dienen. Infolge ihrer Dienste findet die Jungfrau ihren Platz in der Menschheit, und Eigenschaften wie Demut, Toleranz und Verständnis sind ihrem Wesen zu eigen.

Leitbegriffe der Jungfrau

positive Eigenschaften	negative Eigenschaften
hilfsbereit und bescheiden	manipulativ und hinterlistig
klar und scharfsinnig	tadelnd und nörglerisch
zuverlässig und uneigennützig	unentschlossen und hamsternd
gewissenhaft und peinlich genau	vergeßlich
geborener Wissenschaftler	oberflächlich und geheimnisvoll
gelassen und vertrauensstark	nervös und äußerst unselbständig

14
Waage - Ich suche mich durch das, was ich vereine

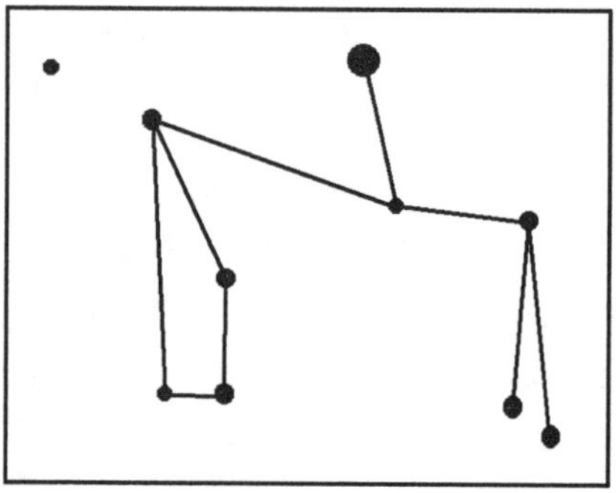

*"... Entsetzliche Geschehnisse hätten jetzt folgen können;
Nicht nur im Paradies sondern vielleicht auch im Himmel.
Schließlich wären zumindest all die Elemente durch diesen
Gewalttätigen Konflikt zerstört, aufgewühlt und zerrissen worden,
Hätte nicht der ewige Schöpfer die goldenen Schalen am Himmel
Aufgehängt, um diesem schrecklichen Kampf Einhalt zu gebieten.
Jedermann kann sie noch heute zwischen Astrea und dem Zeichen
des Skorpions sehen."* John Milton, Paradise Lost

Waage am Himmel

Waage ist die kleinste aller Konstellationen und mißt nur 21 Längengrade im Verlauf der Ekliptik. Ihre Sternenanordnung ist recht unscheinbar, jedoch aufgrund ihrer Mittelstellung zwischen ihren auffälligen Nachbarn, dem leuchtenden Skorpion im Osten und der himmlischen Jungfrau im Westen, leicht zu finden.

Ein Trapezoid aus vier Sternen bildet den Hauptbestandteil der Waage. Es beinhaltet die beiden bekanntesten Sterne der Waageformation: Zubenelgenubi (die südliche Schale) und Zubeneschamali (die nördliche Schale). Der erste "Zuben" ist ein gelblicher, leicht grauer Doppelstern, der zweite ist von zartgrüner Farbe. Im Frühling und Frühsommer kann man die Waagekonstellation am besten erkennen.

Die Symbolik der Waage

Die Waage (lat. Libra) repräsentiert den Zeitraum des Herbstäquinoktiums, wenn Tag und Nacht gleich lang sind. Nach dieser Tag- und Nachtgleiche werden die Nächte länger, bis (bei 0 Grad Steinbock) die Wintersonnenwende mit der längsten Nacht des Jahres eintritt. Folglich repräsentiert Waage die Gleichberechtigung und Ausgewogenheit; trotzdem können wir aus ihrem Symbol entnehmen, daß die Sonne hinter dem Horizont versinkt, ein Hinweis dafür, daß die Nacht überwiegen wird.

In der Waage spiegelt sich eine gewisse Gegensätzlichkeit, die in ihrem Symbol durch zwei konträre Extreme veranschaulicht wird. Die obere Linie des Symbols verdeutlicht die noble Wesensart der Waage, die vor allem dem Einfluß der höheren Geisteswelt untersteht und einen völlig objektiven Zustand widerspiegelt. Sie ist die unparteiische Seite des Waagecharakters, die sich von der Materie abhebt. Ihr geht es ausschließlich um eine ausgewogene Ideenwelt. Ehe etwas handgreiflich auf Erden sichtbar wird, wurde es im Äther des (universalen) Geistes erdacht. Daher können wir sagen, daß der obere Teil des Symbols die Unschuld und Unwissenheit des Lebens im Garten Eden repräsentiert. Egoismus war in diesem Paradies unbekannt, denn es gab weder "Ich und Du" noch "Mein und Dein", noch waren Betrachter und Gegenstand voneinander getrennt. Innerhalb des göttlichen Wirkungskreises waren sämtliche dualistischen Ansätze vereint und vollkommen gleichberechtigt. Adam und Eva stellten die Quintessenz von Harmonie dar, die zwischen männlichen und weiblichen Energien existieren kann.

Der untere Teil des Waagesymbols versinnbildlicht die Materie. Nun ißt die Menschheit (vertreten durch Eva) von der Frucht des Baums der Erkenntnis. Der Biß in den Apfel bedeutet, man gibt der Versuchung, sein persönliches Ich zu behaupten, nach und beteiligt sich am Spiel des irdischen Daseins. Folglich entfernt man sich aus dem göttlich gelenkten Paradies. Die Unschuld ist dahin, und persönliche Anschauungen vernebeln die ursprüngliche Sicht der Dinge. Jetzt wendet der Mensch seine eigene Version der

Wahrheit an und bringt dadurch sein individuelles Gerechtigkeitsempfinden zum Ausdruck, das nicht mit der absoluten Wahrheit übereinstimmt. Der Biß in den Apfel und die untere Hälfte des Waagesymbols künden vom Sündenfall, wodurch die Menschen aus dem Zustand spiritueller Gnade in die Welt subjektiver Meinungen fielen.

Die Waage enthüllt das Ringen und die Gespaltenheit, die alle Menschen betrifft: auf einer Waagschale streben wir durch bewußte (Re) Union mit der Gotteswelt nach der Glückseligkeit, und auf der anderen Schale trachten wir danach, unsere persönlichen Ziele zu meistern und uns das Reich der Materie untertan zu machen. Die Waagenatur lehrt die Menschen, wie sie diese beiden inneren Urantriebe unter irdischen Verhältnissen vereinbaren können. E. Krishnamacharya beschreibt den dualen Waagecharakter in seinem Buch "Spiritual Astrology" folgendermaßen:

> *"Es [das Symbol] stellt einen Vogel mit voll ausgebreiteten Flügeln in waagrechter Lage dar, der allerdings die horizontale Erdoberfläche nicht berührt. Obwohl seine Flügel ausgesprochen parallel zur irdischen Ebene stehen, fliegt der Vogel stets oberhalb der Schöpfung. Man sagt, in der Nähe des senkrechten Stamms des Lebensbaums halten sich zwei Vögel auf. Sie gleichen sich und leben einträchtig miteinander. Einer von ihnen genießt die Frucht des Baums, während der andere Freude [an sich selbst] hat und zuschaut, mit welcher Begeisterung sein Vogelkamerad ißt. Es ist erfreulich zu sehen, wie sich Waagegeborene fürs Gemeinwohl einsetzen und Gefallen daran finden, anderen zuzuschauen, wenn sie sich amüsieren. Der obere Vogel besitzt das ewige Leben, während der untere das Erbe seiner Unsterblichkeit verspeist und es sich als Bruchstück seiner Lebenserfahrung munden läßt."*

Wir wissen bereits, daß jedes Tierkreiszeichen einer bestimmten Körperregion zugeordnet ist. Die Waage herrscht über das Zwerchfell, jenen Teil des menschlichen Organismus, der die untere Körperhälfte von der oberen trennt. Im Waagesymbol erkennen wir die untere Linie als Taille, während die obere dem Diaphragma und dem Nabel entspricht. Da dieses von Venus regierte Tierkreiszeichen die Ehe versinnbildlicht, hat die Waage einen gewissen Einfluß auf die Geschlechtsorgane, besonders aber auf den Bereich von Nieren, Blase und Harnleiter.

Waage in Mythologie und Geschichte

Die wesentliche Bedeutung der Waage ist ihre Stellung als Tierkreiszeichen der herbstlichen Tag- und Nachtgleiche. Im Altertum schätzte man die Waage als anerkanntes Herrscherzeichen im Jahreszyklus der kosmischen Uhr. Die meisten Kulturen, die ein ausgeklügeltes astrologisches Lehrsystem entwickelt hatten, bezeichnen die Waage als Gewicht, Maß oder das Gerät zum Wiegen.

Die Griechen der Antike kannten die Waage gemeinhin nicht in ihrer heutigen Formation, statt dessen sahen sie in ihr die Scheren (des Skorpions). Zu Lebzeiten der großen Astronomen und Astrologen Hipparchos, Erastothenes und Ptolemäus (ungefähr im zweiten Jahrhundert v. Chr.) bildeten die Scheren mittlerweile ihre eigene Konstellation und wurden nun auch Zugon oder Joch (das Zusammengefügte) genannt. Von Zugos läßt sich der biologische Begriff "Zygote" ableiten, der den Embryonalzustand beschreibt, wo die männliche und weibliche Geschlechtszelle (Spermium und Eizelle) in der Gebärmutter verschmelzen und die eigentliche Befruchtung stattfindet.

Die Römer latinisierten den griechischen Namen der Waage zu Jugum, was Joch oder Waagebalken (der verbindet) bedeutet. Sie gebrauchten folgende drei Bezeichnungen: Chalae, Jugum und Libra. Libra ist ein lateinisches Wort für Gewicht oder Maßeinheit. In der modernen italienischen und spanischen Sprache kommen die Begriffe (la libra und la libbra) der amerikanischen oder englischen Bedeutung des "Pfundes" gleich. Lib(b)ra entspricht ebenfalls einem Pfund Sterling (britische Währung) oder anderen Zahlungsmitteln, die sich auf das Pfund berufen, wie beispielsweise die israelische Valuta. Der Name Lira (italienische Währung) wurde ebenfalls von der lateinischen Wortform abgeleitet.

In der griechischen und römischen Mythologie finden wir in bezug auf die Waage nur spärliche Hinweise. Sie wird als Wagen dargestellt, auf dem Persephone zu Hades gebracht wurde. Persephone ist ein weiterer Name der Jungfrau (das sechste Zeichen), und Hades ist der Herr der Unterwelt, den man auch als Pluto, den Herrscher des achten Tierkreiszeichens Skorpion, kennt. Auf diese Weise wird das Talent der Waage, einzelne Menschen, mit Vorliebe jedoch Liebespaare, zusammenzubringen, verdeutlicht.

Folgen wir der tieferen Symbolik dieses Mythos, vermittelt er auf einzigartige Weise, daß es zwischen jungfräulicher Reinheit und Unbedarftheit und den wechselhaften Lastern der Hölle einen Ausgleich gibt. Anders ausgedrückt, der Mensch kann sich einerseits entscheiden, seine gewöhnlichen und selbstsüchtigen Wünsche aufzugeben und sich zu wandeln, um in Reinheit wiedergeboren zu werden, oder es bleibt ihm unbenommen, sich immer tiefer in die materiellen Illusionen zu verstricken und in der Unterwelt seiner Ichbezogenheit gefangen zu bleiben.

Die Libra war bei den Hindus im Osten als Tula (bedeutet Ausgleich) bekannt, und in China galt sie als Tien Ching (das himmlische Gleichgewicht). Es wird berichtet, daß es im alten China ein Gesetz gab, das diesem Tierkreiszeichen Rechnung trug, wonach einmal im Jahr sämtliche Gewichte und Meßinstrumente geeicht wurden (Allen, S. 272).

Die arabischen Astronomen nannten das siebte Tierkreiszeichen Al Zubana (die Scheren), doch als ihre Region später unter römische Herrschaft kam, änderten sie den Namen in Al Kiffatan (die Schalen des Gleichgewichts). Sie hatten noch eine zusätzliche Bezeichung für die Waage, nämlich Al Wazn (Gewicht). Im Westen kennen wir dieses Wort als Wesir, die Bezeichnung für einen Würdenträger (Großwesir von Ali Baba bzw. Kismet). Diese Titulierung spricht unverkennbar von "dem, der wiegt, richtet und regiert". Die Waage ist natürlich das Tierkreiszeichen der Gerechtigkeit. Seine Herrscherin Venus bekräftigt dies mit verbundenen Augen, während sie in einer Hand die Waagschalen und in der anderen das Schwert des Mars-Widders (ihrem entgegengesetzten Zeichen) hält.

Die Juden nannten die Waage Moznayim (der Waagebalken) und brachten sie mit den Eigenschaften des Stammes Dan in Verbindung. Der Urvater Jakob sprach über seinen friedliebenden Sohn: "Dan schafft Recht seinem Volk, wie nur einer von Israels Stämmen" (Genesis 49, 16).

In der christlichen Ethik wird die Waage durch den Jünger Nathanael, "in welchem kein Falsch ist" versinnbildlicht (Johannes 1, 47).

Berühmte Waagegeborene: Euripides, geboren am 23. September 480 v. Chr.; Augustus, geboren am 23. September 63 v. Chr.; Virgil, geboren am 15. Oktober 70 v. Chr., Mahatma Gandhi, geboren am 2. 10. 1869

Waage im Jahreszyklus der Natur

"Eine Zeitlang pendeln die Schalen,
Doch zu guter Letzt überwiegt die Nacht." Manilius

Sommer und Herbst haben uns sowohl Hitze als auch Früchte beschert. Mittlerweile sind die Bäume und Büsche abgeerntet worden und verlieren mit fortschreitendem Herbst nach und nach alle ihre Blätter. Der Boden wird bald Gelegenheit finden, sich erneut mit abgefallenem Herbstlaub anzureichern und sich während der Winterzeit auszuruhen. In der Waage "überwiegt doch zu guter Letzt die Nacht", denn nach der kurzen Weile, während Tag und Nacht sich die Waage halten, werden die Tage kürzer, und draußen wird es kälter. Nun muß der Mensch seinen Aufenthalt im Freien einschränken. Jetzt wird er aufgerufen, sich allmählich um seine seelische Reifung zu kümmern. Je weiter der Herbst fortschreitet, desto weniger gelingt es ihm, seine Kräfte in der äußeren Welt zu verausgaben, wie dies früher noch möglich war. Er hat jetzt Gelegenheit, durch inneres Wachstum ein harmonisches Gleichgewicht herzustellen. Möglicherweise nutzt er die Zeit, sein Studium fortzusetzen, einen Beruf zu erlernen oder sich in einer Kunstrichtung zu vervollkommnen.

Waage ist ein Kardinalzeichen und steht für ausgesprochene Aktivität. Anhand des Tierreiches läßt sich dies besonders leicht nachweisen. Nach der Brutzeit beruhigt sich das Meeresleben, weil das Wasser allmählich kälter wird. Die Vögel füttern ihre Jungen und rüsten sich zu ihrem Winterflug in den Süden. Viele Säugetiere müssen sich bald der Futtersuche zuwenden, ihre Vorratskammern auffüllen, während andere Tiere Fettdepots im Körper anlegen, um die Monate im Winterquartier überstehen zu können.

Das Wirken der Waage macht sich auch im Pflanzenreich bemerkbar. Venus, die Herrscherin dieses Tierkreiszeichens, ist die Göttin der schönen Künste. Infolge ihres Vollkommenheitsideals erschafft sie Schönheit in materieller Form. Ihr Einfluß macht sich im Anblick des farbenprächtigen Herbstlaubs und der Landschaften bemerkbar. In der Waagezeit finden atemberaubende Farbexplosionen von natürlicher Schönheit statt, deshalb nimmt es nicht wunder, daß allen, die unter Einwirkung des siebten Zeichens geboren wurden, nachgesagt wird, sie seien die Wohlgestaltetsten des gesamten Tierkreises.

Pflanzen, die der Waage zugeordnet sind: Brunnenkresse, Erdbeere, zahlreiche Rebsorten, Melisse, Veilchen, Zitrone, Thymian, Stiefmütterchen, weiße Rose und Schlüsselblume

Steine und Edelsteine, die der Waage zugeordnet sind: Diamant, Koralle, weißer Marmor, weißer Quarz, Opal, Alabaster, Beryll, Chrysolith und weißer Jade

Waage in der Mundanastrologie

Folgende Länder und Städte sind eng mit der Schwingung des Tierkreiszeichens Waage verbunden:

Länder: Österreich, Elsaß, Argentinien, Burma, China, Teile von Indien, Indochina, Japan und Tibet

Städte: Antwerpen, Kopenhagen, Frankfurt, Johannesburg, Leeds, Nottingham und Charleston in South Carolina

Physiognomie und Temperament der Waage

Eine wahre Waage hat einen wohlproportionierten Körper; Waagefrauen sind mittelgroß gewachsen und bewegen sich anmutig durchs Leben. Normalerweise sind sie außerordentlich attraktiv, flirten gerne und sind pausenlos damit beschäftigt, ihre Anziehungskraft auf das andere Geschlecht unter Beweis zu stellen. Dies bedeutet nicht unbedingt, daß sie ihr Spiel ernst nehmen. Ganz im Gegenteil, sie sind leichtsinnig. Treibt man sie zu sehr in die Enge, nehmen sie von ihrer Liebelei Reißaus.

Waagemänner sind Charmeure. Sie wissen instinktiv, wie sie einer Frau zu verstehen geben können, daß sie begehrenswert ist. Mit meisterhaftem Geschick gelingt es ihnen, das Weib aus ihrer Partnerin hervorzulocken. Gewöhnlich kommen sie zum Ziel und finden körperliche Erfüllung ihres Verlangens. Der typische Waagemann ist weder ein rauhbeiniger Kauz noch ein Muskelprotz, denn martialische Sportarten interessieren ihn kaum; statt dessen reizt der Liebesakt ihn umso mehr. Er neigt eher zu schmächtigem Wuchs und wirkt künstlerisch und kultiviert. Normalerweise ist er breitschultrig, sein restlicher Oberkörper verjüngt sich und bildet die traditionelle V-Form.

Der Waagemensch ist der geborene Romantiker. Er ist unablässig auf der Suche nach einem Partner. Wegen seines dringenden Wunsches nach Zweisamkeit geht er schon in jungen Jahren eine feste Bindung ein. Alleinsein macht ihn trübsinnig. Wenn er keine Liebesbeziehung hat, sucht er die Gesellschaft seiner Freunde. Unabhängig davon, wie stark ein Waagemensch sich gesellschaftlich engagiert, ist er ohne intime, persönliche Liebesbeziehung ein einsamer Mensch. Selbst wenn er in einer gut funktionierenden Partnerschaft lebt, versucht er, seine Zweierbeziehung zu vervollkommnen und strebt einen Idealzustand an. Aus diesem Grund neigt er dazu, an seinem Partner herumzumanipulieren, was die Beziehung völlig ruinieren kann.

Die Waage ist ein Luftzeichen, und ihre Angehörigen werden getrieben, unentwegt auf Achse zu sein. Parties und Menschen sind die Welt der Waage. Je mehr Spaß ein Waagegeborener hat und je mehr Leuten er begegnet, die ihr Leben genießen, desto besser geht es ihm.

Der Waage fällt es schwer, sich mit unangenehmen Tatsachen auseinanderzusetzen. Sie verdrängt Probleme, die ihr scheinbar zu "schwer" oder deprimierend vorkommen, und weigert sich auch, derartiges von ihren Mitmenschen zu hören. Sie möchte gern unbekümmert, sorglos und leichtsinnig sein. In ihrem Kopf entwirft sie unablässig Paradiese auf Erden. Dem wenig entwickelten Waagemenschen sind seine Träume wichtiger als seine realen irdischen Umstände. Allzuoft begnügt sich dieser Waagetyp mit den verschwommenen Bildern seiner Träume, ohne sich einzugestehen, daß sie undurchführbar sind. Außerdem bleibt er nicht lange genug auf dem Boden der Realität, um den Versuch zu machen, sie ernsthaft zu verwirklichen.

Alle Waagemenschen lieben schöne Gegenstände. Farben faszinieren sie, und ähnlich wie ihre Löwekollegen finden sie Gefallen an Kleidern und modischen Accessoires. Der kultiviertere Waagemensch zieht einen eleganten, harmonischen Stil vor, während der Vertreter der entgegengesetzten Waagschale ein grellfarbenes, schreiendes Kostüm wählt und durch aufmerksamkeitheischendes Benehmen auffällt.

Waage im Umgang mit Menschen

In der Entwicklungsstufe des Löwen lernt der Mensch, wie er sein Selbst nach außen zeigt. In der Widderphase ist ihm bewußt geworden, daß er ein eigenständiges Wesen ist. Daher kann er seine Umwelt dazu bewegen, seinem Willen Folge zu leisten. Diese Befehlsgewalt beherrscht jedoch das gesamte Leben eines Löwen. Sie motiviert ihn auch, sich über die krebsbetonte Sippe hinwegzusetzen und sein eigenes Imperium zu errichten. Nun ist er dafür gerüstet, eine Welt nach seinem Ebenbild zu schaffen.

Sobald der Mensch in die Jungfrau eingetreten ist, begreift er, daß dieses selbstherrliche Vorgehen einfach nicht zum Ziel führen kann. Ein einzelner scheitert an der Verwirklichung aller seiner Ziele, denn irgendwann wird er unweigerlich einer mächtigeren Kraftquelle begegnen, weshalb er letzten Endes immer der Unterlegene bleiben wird. Aus seinem Leiden kommt er zur Erkenntnis, daß pure Willenskraft nicht ausreicht, um die endgültige Bestimmung im Leben zu erfüllen, was bedeutet, bewußte Unsterblichkeit zu erlangen. Er muß sich vervollkommnen, indem er anderen hilft, dieses

Ziel mit ihm zusammen zu erreichen. Anstelle von Selbstbezogenheit tritt Demut und die Einsicht, daß die Wünsche von anderen ebenso wichtig sind wie die eigenen. Es ist ihm bewußt, daß man einander braucht, um überleben zu können. Auf der Entwicklungsstufe der Jungfrau hat er begriffen, daß seine Mahlzeiten nur gewährleistet sind, wenn alle Familienmitglieder und der gesamte Klan das Getreide gemeinsam säen und ernten. Er beginnt die ganze Menschheit als eine Bruderschaft zu verstehen, als einen einzigen fließenden und sich entwickelnden Lebensstrom.

Als Waagemensch ist er von diesem Wissen erfüllt und brennt darauf, damit zu experimentieren und seine gute Botschaft auch anderen zu vermitteln. Er weiß noch nicht genau, wie diese Bruderschaft insgesamt funktioniert, denn in dieser Entwicklungsphase ist er in seinem Sozialverhalten genauso unbedarft und unerfahren wie sein Widderkollege in seinem Bemühen, sich selbst zu behaupten. Doch ähnlich wie der Widder dem unwiderstehlichen Zwang nachgibt, sich im Leben darzustellen und sich gegen feindliche Anwürfe mit Erfolg durchzusetzen, gibt die Waage unwillkürlich dem Bedürfnis nach, Beziehungen mit anderen zu pflegen, ihr gesellschaftliches Ansehen zu wahren und alle widrigen Umstände friedlich zu regeln. Ihre Sorge, wieder als Einzelwesen dazustehen, entspricht der Angst des Widders, erneut in die unendliche Weite des kollektiven Unbewußten der Menschheit (verkörpert durch die Fische) eintauchen zu müssen. So geschieht es häufig, daß die Waage ihre Fähigkeit, über ihr eigenes Schicksal zu bestimmen, zu gering einschätzt. Statt dessen wähnt sie sich in hohem Maße von anderen abhängig und erwartet von ihnen, sie zu motivieren, irgendeine Richtung einzuschlagen oder einen Entschluß zu fassen.

Der Waagemensch weiß, daß er gegenüber Gesellschaft und Gruppe seinen Mitgliedsbeitrag zu leisten hat. Er glaubt, seinen Mitmenschen das Gefühl vermitteln zu müssen, daß sie in seinem Leben eine Rolle spielen (selbst wenn andere derlei Bezeugungen überhaupt nicht wünschen). Deshalb schauspielert er gelegentlich und dramatisiert unentwegt sein Leben. Er sagt: "Du siehst ja, daß ich alles nur Dir zuliebe tue. Lehn Dich zurück und laß Dich von mir unterhalten. Sei mein Publikum, entspanne Dich und genieße meine Parodien. Du mußt aber gut aufpassen, sei so lieb und gib mir ein paar gute Einzeiler, gib mir Anhaltspunkte, und ich mache etwas daraus. Ich erfülle Dir jeden Wunsch, den Du mir vorlegst. Du siehst, wie leicht es mir fällt, auf Dich einzugehen. Merkst Du nicht, wie gut wir zusammenpassen. Jetzt weißt Du, daß wir einander brauchen. Du verstehst, wie ich Dich manipuliert habe, in meinem Leben eine Rolle zu spielen."

Die Waage legt großen Wert auf gemeinsame Erlebnisse und weiß, was sie bewirken. Alleingang schätzt sie nicht, statt dessen baut sie lieber mit anderen zusammen etwas auf. Sollte sie letzten Endes die Macht innehaben, eine Person, zehn, hundert oder eine Million Menschen zu bewegen, mit ihr gemeinsam an einem Projekt zu arbeiten, ist ihre gesellschaftliche Stellung nicht nur stärker und abgesicherter, sie kann sich außerdem besser persönlich verwirklichen. Das Naturell und die Persönlichkeit des Waagemenschen scheinen durch Widerspiegelung zu wachsen. Je größer sein Publikum ist, desto heller strahlt sein Ich im Spiegel seines Gegenübers.

Waage hat gelernt, daß sie weder König noch Diener ist. Ihre Gesinnung ist demokratisch, deshalb beteiligt sie sich liebend gern an gemeinschaftlichen Unternehmungen. "Arbeite doch bitte mit mir zusammen, richte Dich ganz nach mir", sagt der Waagegeborene. Es ist unerheblich, wie stark die soziale Gesinnung einer Waage ausgebildet sein mag, anhand solcher "Waageintrigen" wird deutlich, daß sie das Verlangen, ihre individuelle Wesensart zum Ausdruck zu bringen, noch nicht vollständig aufgegeben hat. Der Mensch muß noch in drei weiteren Tierkreiszeichen inkarnieren, ehe er als reifes Wesen die menschliche Natur versteht. Bis zu seiner Ankunft im Zeichen Wassermann muß er warten, erst dann ist seine Menschenliebe vollkommen. Im Waagezustand hat er sich noch nicht entschieden, ob er lieber persönliche Machtansprüche über andere geltend machen soll oder an der kollektiven Stärke der gesamten Menschheit teilhaben will. Die Waage macht großartige Fortschritte, wenn es ihr gelingt, diese Widersprüchlichkeit aufzuheben, indem sie ihre individuelle schöpferische Energie zum Wohl ihrer Mitmenschen einsetzt.

Eine ihrer größten Begabungen ist die Fähigkeit, die Talente anderer zu erkennen und zu fördern. In jeder Sozialstruktur agiert sie als perfekte Organisatorin, denn sie weiß, wie man vorgehen muß, um aus unterschiedlichen Charakteren funktionierende, koordinierte Arbeitseinheiten zu machen. Die Waage ist eine Kupplerin, es bereitet ihr größte Freude zu sehen, wie zwei Menschen, die sie zusammengeführt hat, miteinander glücklich sind.

Ihr eigenes Liebesleben ist oftmals Schwankungen ausgesetzt, die sie in schwindelerregende Höhen des äußeren Weltraums und in tiefste Höhlen der Einsamkeit führen. Die Göttin Venus inspiriert die Waagegeborenen, weshalb sie ständig auf der Suche nach einem jungen Apollon (oder einer Aphrodite) sind. Sie träumen von dem vollkommenen Partner, mit dem sie im allerbesten Verhältnis leben können. Man weiß oft nicht genau, wen die Waage eigentlich sucht, denn sie ändert fortwährend ihre Absichten. Eines ist jedoch ganz sicher, nur ein Gott oder eine Göttin kommen für sie in Frage. So ist es nicht verwunderlich, daß Waagemenschen relativ häufig von Sterblichen enttäuscht werden, die ihren Weg kreuzen.

Sobald die Waage in einer unerwünschten Beziehung lebt, hat sie erhebliche Schwierigkeiten, sich daraus zu lösen. Sie wehrt sich instinktiv gegen Trennungen und versucht alles, sich wieder mit dem Partner zu versöhnen; die Vorstellung einer gescheiterten Beziehung verstößt gegen ihre tiefsten Empfindungen. Sobald sie den Entschluß gefaßt hat, die Verbindung aufzulösen, manipuliert sie unentwegt, bis ihr Partner sie verläßt. Nur selten gelingt es ihr, eine Beziehung ohne Umschweife zu beenden.

Ein weiterer Grund für die Schwierigkeiten eines Waagegeborenen liegt darin, daß er seine Mitspieler nicht als das wahrnimmt, was sie sind. Wem seine Liebe gilt, den hebt er gern auf ein hohes Podest, stellt sich davor und blickt voller Bewunderung zu ihm oder ihr hinauf. Er weigert sich, den wahren Charakter seines Geliebten oder seiner Geliebten zu erkennen, und nur selten erfaßt er den Wesenskern des anderen.

Der Grund für seine mangelhafte Beobachtungsgabe beruht auf der Tatsache, daß die Waage in Wirklichkeit versucht, im anderen die Projektion ihres eigenen inneren Du zu sehen. In jedem Menschen sind männliche und weibliche Energieanteile vorhanden. Schließlich besteht die erste menschliche Zelle je zur Hälfte aus Spermium und Ei. Normalerweise, doch nicht zwingend, stimmt die individuelle sexuelle Neigung eines Menschen mit seinem jeweiligen Geschlecht und Körper überein. Doch jeder Mann trägt einen weiblichen und jede Frau einen männlichen Seelenaspekt. Ein Mann, der sein inneres weibliches Wesen entwickelt, wird feststellen, daß seine Intuition an Stärke gewinnt und er sanfter und feinfühliger wird, ohne dabei einen Teil seiner ursprünglichen Männlichkeit einzubüßen. Erlaubt eine Frau ihrem inneren Mann zu wachsen, entwickelt sie größeres Selbstvertrauen, engagiert sich intensiver in positiver, kreativer Weise und bekundet vorurteilsfreie geistige Wachheit, ohne ihre wunderbare, empfindungsstarke Weiblichkeit dafür zu opfern.

Im Normalfall gelingt es Männern und Frauen, die ein Singledasein führen, nicht, sich in dieser Weise zu entwickeln. Sie müssen sich einem Angehörigen des anderen Geschlechts zuwenden, um ein vollendetes Individuum zu sein. Naturgemäß steigert sich die Energie, wenn sie in Wechselbeziehung steht. Als Ergebnis stellt sich entweder ein Kind ein, das die Grundbestandteile seiner Eltern in seinem Wesen verkörpert, und/oder eine Ehe kommt zustande, die als solches eine eigens geschaffene Einheit ist, aus der beide Gatten Kraft schöpfen können. Jede Geburt einer neuen Energieform fördert ohnehin die Bewußtseinsausdehnung des Universums, einer der Hauptgründe unserer Existenz.

Eheschwierigkeiten treten häufig auf, weil einer oder beide Partner sich der Einswerdung ihrer Wesenskerne widersetzen. Statt die wahre Beschaffenheit des Partners zu ergänzen, versucht der Mann, die Frau mit seiner körperlich orientierten Egokraft zu beherrschen, umgekehrt bemüht sich die Frau, ihren Mann zu manipulieren, indem sie sich auf ihre gefühlvolle Art versteift. Der Wunsch, über den Partner zu bestimmen, anstatt auf ihn einzugehen, rührt von der Angst des Menschen her, sich selbst zu verlieren. Sie entsteht natürlich deshalb, weil ihm die kosmischen Schöpfungsgesetze nicht bekannt sind, welche die männlichen und weiblichen Erscheinungsformen im Wesensgrund ausmachen.

Waage weiß um die bisexuelle Veranlagung jedes Menschen und trachtet danach, mit Hilfe ihres erwählten Partners ihre eigene latente Hälfte zu aktivieren. Da sie (wie wir alle) den Wunsch hat, das Beste aus sich zu machen, sucht sie nach dem idealen andersgeschlechtlichen Partner, der sie unterstützen und ergänzen soll. Gelingt es dem Waagegeborenen infolge seiner höheren Wesensart außerdem noch, eine Beziehung mit Gott (der gleichzeitig eingeschlechtlich, geschlechtslos, bisexuell und auch männlich und weiblich ist) herzustellen, wird er vollkommen erfüllt sein und seiner höchsten Bestimmung nachkommen können. Er soll nämlich ein Brennpunkt sein, von dem die göttlichen Strahlen des Friedens und der Harmonie ausgehen, damit sich die ganze Menschheit in Liebe vereinen möge.

Leitbegriffe der Waage

positive Eigenschaften	negative Eigenschaften
völlig unparteiisch und ausgeglichen	unschlüssig
kultiviert, künstlerisch begabt	vergnügungssüchtig und hedonistisch
ideal für Partnerschaft und Ehe	manipuliert und dominiert andere
verbindlich und gesellig	ist auf die Hilfe anderer angewiesen
liebenswürdig und charmant	oberflächlich und arglistig
fördert die Begabungen anderer	nützt Bekanntschaften zu seinem persönlichen Vorteil aus

15
Skorpion - Ich suche mich in meinen Begierden

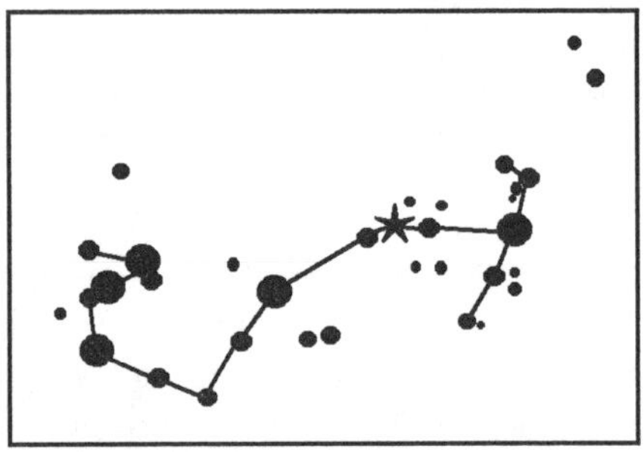

"Der prachtvolle Skorpion, bewehrt mit seinem giftigen Schwanz,
Stachelt die Kriegslust der Menschen zu Gewalt und Kampf an.
Sein Gift erhitzt ihr Blut, und Raserei bringt es zum Kochen,
Und Plünderung beherrscht dieses unglückselige Zeitalter." Manilius

Skorpion am Himmel

Skorpion gehört zu den größten der zwölf Konstellationen. Er ist am einfachsten auffindbar, da er aus bemerkenswert großen und hellen Sternen besteht. Das Tierkreiszeichen Skorpion ist für seine Geheimhaltung bekannt, die Konstellation entspricht dieser Eigenschaft. Nur die Spitzen seiner Vorderscheren ragen über die Ekliptik hinaus, jenen Kreis im Weltraum, der die Grenzen des Tierkreises festlegt. Der übrige Teil seines großartigen Körpers und seines langen, gebogenen Schwanzes "mischt" sich unter die Vielzahl der Sterne der Milchstraße, ist jedoch deutlich zu erkennen.

Bevor die Waage als eigenständige Konstellation anerkannt worden war, galt sie als die Erweiterung der Skorpionscheren. Da die Waagschalen der

Gerechtigkeit inzwischen selbständig sind, erscheinen die Scheren des Skorpions etwas gestutzt. Mit seiner bildhaften Vorstellungskraft hat der Mensch ihre verlängerte Form einfach auf ihre heutige kürzere und breitere Proportion zurückgeschnitten. Im Herzen des Skorpions befindet sich der gigantische rote Stern Antares, der in der Geschichte der kosmischen Sternenfamilie ebenso bekannt ist wie der Skorpion selbst. In den Tagen der alten Ägypter und Griechen wurden viele Tempel errichtet, die seinen himmlischen Kreislauf abbildeten. Antares befindet sich fast im Mittelpunkt des riesigen Sternennebels innerhalb des Skorpions.

Der Skorpion ist leicht zu finden; denn im Westen wird er von der Waage begrenzt und im Osten vom Schützen. Nördlich von ihm ist die Schlange, und südwestlich befindet sich Lupus, der Wolf. In den nördlichen Breiten ist nur ein Teil seines Körpers sichtbar; im Süden der USA, in Mexiko und auf den Karibischen Inseln kann man ihn am besten sehen kann. Suchen Sie ihn im späten Frühjahr und Frühsommer im südlichen Teil des Himmels.

Die Symbolik des Skorpions

Das Tierkreiszeichen Skorpion verbirgt sich unter einem geheimnisvollen Schleier. Tief in seinem Wesen ruhen die großen Geheimnisse von Sex, Tod und Wiedergeburt. Einige, die sich die tiefere Bedeutung seiner Funktion nicht vorstellen können, halten ihn für "verflucht". Genau diese Menschen mißbrauchen den Sex, fürchten sich vor dem Tod und verleugnen ihre eigene Unsterblichkeit.

Mit dem Tierkreiszeichen Skorpion assoziiert man zwei Symbole, die das charakteristische Verhalten der unterschiedlichen Skorpiontypen versinnbildlichen: einmal mit und einmal ohne Stachel. Das erste Symbol zeigt die Windungen der Schlange (ein Tier, das mit dem achten Tierkreiszeichen engstens verbunden ist), deren giftige Zähne den Feind jederzeit niederstrecken können. Darin spiegelt sich auch die konzentrierte Spannung des sexuell erregten männlichen Glieds. Es repräsentiert daher die latente Fortpflanzungsfähigkeit und die Zeugungskraft des Mannes sowohl im realen Leben als auch im Geiste. Dieses Symbol steht auch für den stachelbewehrten, erhobenen Schwanz des Skorpions, der seinem Opfer den Tod bringt.

Das zweite Symbol zeigt die gleiche Spannung der eingerollten Schlange des Skorpions oder der Manneskraft, ihr Gift oder Samen bleiben jedoch verborgen. Die Energien dieser Flüssigkeiten kommen viel subtiler zur Anwendung. Diese Methode ist ebenso wirksam, aber weniger gewaltsam.

Um die astrologische Sichtweise von Sex und Tod zu begreifen und allmählich die esoterische Bedeutung des in Verruf geratenen Skorpions schätzen zu lernen, werden wir die Wechselwirkung dieser beiden Lebensfunktionen näher betrachten.

Sex und Tod dienen beide der Veränderung. Wenn beide Geschlechtspartner während des Sexualaktes ihre Lebenskraft gegenseitig austauschen, vollzieht sich eine feinstoffliche Veränderung in ihrer Lebenssubstanz. Vereinigen sie sich regelmäßig und mit Erfolg, begegnen sich die beiden Menschen letztlich in ihrem tiefsten Wesen. Sie werden nicht nur körperlich eins, sondern verschmelzen auch in vielen emotionalen und mentalen Aspekten. Der Geschlechtsakt transformiert die beiden elektrischen Energieströme positiv und negativ. Sie verbinden sich miteinander, daraus entsteht neues Leben. Doch auch ohne Kind, das die elementare Vollendung von Mann und Frau darstellt, löst die Kraft der geschlechtlichen Vereinigung enorme seelische Veränderungen aus. Dies ist einer der Gründe, weshalb Astrologen und Schüler der okkulten Wissenschaft im allgemeinen sehr behutsam mit ihrer eigenen Sexualenergie umgehen und ihre Liebhaber und Ehepartner sehr gewissenhaft auswählen. Ihnen ist bewußt, daß der Geschlechtsakt ein Wechselspiel zwischen den atomaren Strukturen der Beteiligten darstellt und daß man bei jedem Intimkontakt automatisch etwas vom Wesen und Karma des Partners übernimmt. Für die Entwicklung aller, die nach dem Licht des höheren Bewußtseins streben, ist dies sehr bedeutsam. Im Verlauf dieses Kapitels behandeln wir diesen Punkt noch ausführlicher.

An dieser Stelle wollen wir aufzeigen, in welchem Verhältnis Sex als Funktion zur Fortplanzung und der Tod zueinander stehen. Wenn das männliche Spermium und die weibliche Eizelle im Moment der Empfängnis zusammenkommen, verlieren beide Geschlechtszellen ihren eigenständigen individuellen Wesenskern; man könnte sagen, sie sterben, denn sie existieren nicht mehr in ihrer ursprünglichen Daseinsform. Was sie bisher waren, gibt es nicht mehr.

Die Zygote, die erste Zelle des Embryos, die alle Gene des neu geschaffenen Wesens beinhaltet, nimmt jetzt die Stelle der eigenständigen Samen- und Eizelle ein. Wenn später (ungefähr in der siebzehnten Schwangerschaftswoche) die Bewegungen des Fötus spürbar werden, betritt die Seele diese physische Form. So entsteht ein Mensch, dessen Körper die restlichen zwanzig Schwangerschaftswochen braucht, um zu wachsen und stark genug zu werden, um mit dem atmosphärischen Druck und den emotionalen

Spannungen des Lebens außerhalb des Mutterleibes fertigzuwerden. Bei der Empfängnis haben die männlichen und weiblichen Substanzträger ihre Getrenntheit geopfert und dadurch beigetragen, daß die Schöpfungskraft (der Geschlechtsakt) sie zu einer größeren Ganzheit verschmelzen konnte. Die Wesensbestandteile beider Ursprungszellen sind in der neuen Einheit enthalten, die jedoch größer ist als die Summe beider.

Dies ist nur einen kleiner Bruchteil des Geheimnisses und der Heiligkeit von geschlechtlicher Vereinigung. Wenn man stirbt, verändert sich vieles von dem, was man als Persönlichkeit bezeichnet, sie wird nie mehr die selbe sein - sie ist ausgelöscht, vernichtet, gestorben. Dieses Ego, das uns das Gefühl von "Ich bin" vermittelt, wird sich in seinem Wesenskern verändern. Schließlich muß es mit dem größeren "Ich bin" des Geistes verschmelzen, der alles Lebendige durchdringt. Wer sich bewußtseinsmäßig entwickelt, erfährt die fortwährende Transzendenz des persönlichen Ichs, da der universelle Geist einströmt und das gesamte Wesen durchflutet.

Ähnlich wie eine Schlange sich häutet, damit ein größerer Körper entstehen kann, entledigt sich der Mensch alter Bewußtseinsschichten, um die Geburt eines größeren (und verfeinerten) Selbst zu ermöglichen. Individuen, die einen bewußten Reifegrad erlangt haben, können auf die Schlangenhäute ihrer Persönlichkeit zurückschauen, die sie im Lauf der Jahre abgelegt haben. Die Person, die sie einst waren, existiert nicht mehr; an ihre Stelle ist ein neues Wesen getreten. Alle sieben Jahre erneuern sich sämtliche Zellen des Körpers vollständig. Wenn das menschliche Bewußtsein sich ebenfalls erneuert und regen Austausch mit der lebensspendenden Kraft des Geistes unterhält, kann der Betreffende beobachten, wie er innerhalb seiner eigenen Lebensspanne wiedergeboren wird.

Der körperliche Tod befreit den Menschen von seiner Gespaltenheit und ermöglicht ihm, sich mit einem größeren Selbst zu vereinigen - es handelt sich natürlich um sein eigenes Selbst, das auf ihn wartet. Er wird allmählich zu diesem Selbst, indem er eine Haut nach der anderen ablegt. Geschlechtsverkehr und Tod bringen neues Leben und neue Formen hervor, damit das Leben insgesamt sich entwickeln kann. Ähnlich wie sich ein einzelnes Spermium seinen Weg durch den Strom der Samenflüssigkeit erkämpft, um sich mit der Eizelle vereinigen und auf diese Weise schöpferisch wirken zu können, muß sich auch der Mensch seinen Weg durch den Fluß der Lebenskraft erkämpfen und dabei sein Bewußtsein im Verlauf vieler Geburten und Tode fortwährend weiterentwickeln, bis er mit der Quelle seiner Unsterblichkeit eins wird: Wie oben, so unten.

Skorpion in Mythologie und Geschichte

Hinweise auf die esoterischen Eigenschaften des Skorpions kann man im Schöpfungsbericht (Genesis) der Bibel finden. Skorpion ist die Schlange der Versuchung, derzufolge Adam und Eva aus dem Garten Eden vertrieben wurden. Da sie einmal von der verbotenen Frucht der Begierde genossen hatten, war ihre Unschuld verloren. Sobald das menschliche Ego sein Getrenntsein erkannte, ging ihm das Bewußtsein seiner Unsterblichkeit verloren, und er fiel aus dem Zustand der Gnade. Skorpion gilt auch als "flammendes Schwert", das nach den Schriften des Alten Testaments die Aufgabe hat, "den Baum des Lebens zu bewachen". Auf diese Weise wird Skorpion als Hüter des inneren Tempels anerkannt, in dem die Schöpfungsgeheimnisse ruhen.

Von den zwölf Stämmen Israels gilt Gad, der Sohn Jakobs, mit Leas Leibmagd Silpa als Vertreter des Skorpions. Als er geboren wurde, sprach Lea: "Glück auf!" (Genesis 30,11) und wies durch diesen Ausspruch auf die Macht und Fruchtbarkeit dieses Tierkreiszeichens hin. Als Jakob starb, sagte er über Gad: "Er wird gedrängt werden von Kriegshaufen, aber er drängt ihnen nach auf der Ferse" (Genesis 49, 19). Diese Anspielung galt den überaus starken, regenerationsfähigen Kräften, die den Skorpion auszeichnen. Außerdem war dies ein Hinweis auf das Reinkarnationsprinzip.

Die Arkadier nannten den Skorpion *Girtab*, den Stecher. Für die Anwohner des Euphrat war er ein Symbol der Dunkelheit, denn nach der herbstlichen Tag- und Nachtgleiche schwand mit seiner Ankunft die Kraft der Sonne. Die alten Ägypter, Hebräer, Araber, Perser, Türken, Hindus und Chinesen führten alle einen Skorpion oder ein schlangenähnliches Wesen in ihrem Tierkreis (Allen, S. 362f).

Die klassische Mythologie bietet uns zwei bedeutende Hinweise auf den Skorpion. Er war das Ungeheuer, das Apollons feurige Rösser veranlaßte, aus ihrer Bahn auszubrechen, als sie von Phaetons unkundigen Händen gelenkt wurden. Das macht uns auf eine weitere Charaktereigenschaft des Skorpions aufmerksam: er kann großes Chaos anrichten und trotzdem unverändert bleiben oder kraftvoller werden. Dieser Mythos ist eine symbolische Warnung an alle, die zuviel Macht in ihren Händen halten, noch ehe sie die Weisheit erworben haben, damit sachkundig umzugehen.

Die zweite Geschichte von Orion, dem Jäger, ist vielleicht besser bekannt. Das Ego dieses Hünen entsprach seiner Größe. Er drohte, den gesamten

Wildbestand Kretas zu töten. Die Götter baten den Skorpion um Hilfe, er sollte ihn mit seinem Stachel töten, auf daß den verheerenden Bedrohungen des Riesen ein Ende gesetzt würde. Sowohl Orion als auch Skorpion nahmen ihren Platz am Himmel ein, doch sie sind 180 Grad voneinander entfernt. Jedesmal wenn Skorpion im Süden aufsteigt, versinkt der Jäger furchtsam hinter dem nördlichen Horizont.

Berühmte Skorpiongeborene: In der christlichen Tradition wird Skorpion durch den Apostel Thomas vertreten, der ein mutiger und trotzdem zweifelnder Skeptiker war.

Skorpion im Jahreszyklus der Natur

Das Tierkreiszeichen Waage hat uns gleich lange Tage und Nächte beschert; mit Heraufdämmern des Skorpions wird es jedoch unübersehbar, daß "die Nacht überwiegt". Skorpion ist ein fixes Zeichen. In seiner Einflußperiode etabliert sich der Herbst.

Im Skorpionmonat suchen die Tiere ihre Winterquartiere auf. Das heruntergefallene, rotgoldene Herbstlaub wird trocken und braun, und die Bäume sind fast kahl. Der Wind bläst strenger, und der kalte Hauch des Winters macht sich bemerkbar. Den Menschen stört es, daß seine schönen Tagesstunden durch längere Nächte verkürzt werden. Er sieht Skorpion als den Vorboten der Dunkelheit und Kälte. Deshalb ist das Zeichen Skorpion aus menschlicher Sicht so unbeliebt.

Nur wenige wissen zu schätzen, welchen unvermeidlichen Zweck diese Jahreszeit erfüllt. Im Skorpionmonat regeneriert sich nämlich die Natur. Im Verlauf seiner Herrschaft welkt das Laub, die Blätter sterben ab. Später verwandeln sie sich in Humus, der den Boden rings um den Baum düngt. Mit Hilfe dieser organischen Nährstoffe trägt der Baum im nächsten Jahr neues Laub. Die Menschen bleiben zu Hause und lassen die Feldarbeit ruhen. Dadurch wird der Erde Gelegenheit gegeben, sich zu erholen, um wiederum empfangsbereit zu werden und der Saat, die in ihre Tiefe eingepflanzt wird, zu neuem Leben zu verhelfen. Nun sind die Menschen gezwungen, ihre Aktivitäten gleichfalls umzustellen und ihre Kräfte zu verinnerlichen. Uns Menschen bietet sich also die Gelegenheit, für Ausgewogenheit in unserem Leben zu sorgen und unser inneres Wachstum zu fördern.

Skorpion läßt uns wissen, daß die Zeit für den unerläßlichen Schlaf gekommen ist, nach dem alle Lebewesen der Schöpfung frisch gestärkt wieder aufgeweckt werden und mit größerem Einsatz am göttlichen Plan weiterwirken.

Pflanzen, die dem Skorpion zugeordnet sind: Brombeere, Heidekraut (Erika), Ackersenf, Lungenkraut, Lauch, Wermut, Bohne und Schlehdorn

Steine und Edelsteine, die dem Skorpion zugeordnet sind: Blutstein, Magneteisenstein, Topas, Malachit, Jaspis und Zinnober (Mennig)

Skorpion in der Mundanastrologie

Folgende Länder und Städte sind eng mit der Schwingung des Tierkreiszeichens Skorpion verbunden:

Länder: Norwegen, Katalonien, Mauretanien, Teile von Deutschland, Sardinien, Marokko, Algerien, Syrien, Lybien und Ägypten

Städte: Valencia, Fez, Messina, Dover, Liverpool, New Orleans, Baltimore, Cincinnati, Milwaukee, Halifax, Washington und München

Das arabische Volk wird allgemein vom Skorpion regiert. Die Juden dagegen werden stark vom Widder beeinflußt. Diese beiden Zeichen unterstehen der Herrschaft des Kriegsgottes Mars. Zumindest nach astrologischen Grundsätzen ist es ganz natürlich, daß diese beide Völker antagonistisch zueinander stehen.

Beide Tierkreiszeichen neigen zu einer unterschiedlichen Art der Kriegsführung. Der Widder versucht, als erster einen harten Schlag auszuteilen. Er gibt nicht auf, ist aggressiv und greift mit Wucht frontal an. Er kann nur dann siegen, wenn er die Offensive einnimmt. Mars im Skorpion geht viel subtiler vor. Er unterhält ein ausgedehntes Spionagenetz, setzt Scharfschützen ein und ist äußerst verschwiegen. Er spielt mit seinem Feind und zermürbt ihn nach und nach. Den offenen Krieg haßt er, und er kämpft am besten, wenn er gefühlsmäßig angefeuert wird und eine Art Verteidigungsstellung einnimmt.

Dadurch, daß der neue Staat Israel im Monat des Stiers (am 14. Mai 1947) gegründet wurde und daher dem Skorpion von Haus aus feindlich gesinnt ist, wird der Konflikt noch mehr angeschürt. Gegensätze können nur zusammenwachsen, wenn es gelingt, die Differenzen beizulegen, indem sich die Kontrahenten für Ziele und Unternehmungen einsetzen, die für beide Teile gleichermaßen einträglich sind.

Physiognomie und Temperament des Skorpions

Das auffallendste Körpermerkmal der Menschen mit starkem Skorpioneinfluß sind ihre Augen, tiefen Seen vergleichbar und prüfend blickend. Der Skorpion durchbohrt andere mit seinen Blicken, er lüftet jedes Geheimnis, das unterhalb der Oberfläche der Persönlichkeit lauert. Auch der Zwilling hat bemerkenswerte Augen, die man jedoch nicht mit den Skorpionaugen verwechseln darf. Von den stechenden Pupillen des Zwillingsmenschen geht eine lichtvolle, elektrische Ladung aus, wohingegen die Augen des Skorpions viel magnetischer, hypnotisch-intensiver und verführerischer sind.

Es gibt zwei Grundtypen des Skorpions: den Adler und den Skorpion. Der Adlertyp ist normalerweise sehr hager. Sein Gesicht ist länglich und die Gliedmaßen sind langgestreckt. Häufig hat er eine vorstehende, leicht gekrümmte Hakennase, während seine großen Skorpionaugen scharf von oben beobachten. Er ist unnahbar und temperamentvoll. Seine würdevollen Bewegungen unterstreichen sein stolzes Auftreten.

Der Skorpiontyp ist meistens korpulent, hat einen sehr starken Körper und kräftige Muskeln. Seine Augen, Haare und die Gesichtsfarbe sind normalerweise dunkel. Er ist markig und neigt leichter als der Adlertyp dazu, seine Ziele mit körperlichem Einsatz zu verwirklichen.

Die Skorpiontypen weisen viele gemeinsame Merkmale auf. Ganz gleich, welche Gefühle diese Menschen innerlich empfinden, nach außen zeigen sie sich gelassen. Ein Skorpion haßt es, wenn Fremde Einblick in seine Privatsphäre nehmen wollen. Dies gestattet er nur einem kleinen, eigens von ihm ausgesuchten Kreis von Menschen. Selbst dann hütet er immer noch einen Teil von sich, über den er mit niemandem spricht. Er gibt sich stets den Anschein, sein Leben gut im Griff zu haben, während er allzu oft auf einer zum Zerreißen gespannten Zeitbombe sitzt, die er unentwegt im Auge behalten muß, damit sie nicht explodiert. In der Regel ist ein Skorpionmensch sehr reserviert und selbstsüchtig. Er hält zuviel zurück, was seine Intensität noch verstärkt.

Skorpion hat Einfluß auf die Fortpflanzungs- und Ausscheidungsorgane. Infolge seiner angeborenen Zurückhaltung kann ein Angehöriger dieses Zeichens gelegentlich unter Verstopfung leiden. Für Geschlechtskrankheiten und sonstige Beschwerden der Geschlechtsorgane ist er im besonderen Maße anfällig.

Als Wasserzeichen regelt der Skorpion den Fluß der Körpersäfte, die mit der Sexualität und der Regelblutung zusammenhängen. Viele Skorpione haben besonders aktive Geschlechtsdrüsen. Dadurch steigern sich sexuelle Lust und Fruchtbarkeit.

Man darf nicht glauben, daß alle Skorpiongeborenen ein ausschweifendes Geschlechtsleben führen. Sicherlich trifft dies auf viele zu, aber man muß nicht im November geboren sein, um zahlreiche Geschlechtskontakte zu pflegen (obwohl ein starker Mars hier nachhilft!). Skorpion ist ein festes Wasserzeichen. Aus seinem Wasser bilden sich die riesigen Eisberge, deren Spitzen über die Wasseroberfläche hinausragen, während ihre gewaltige und gefährliche Hauptmasse in der Tiefe verborgen liegt. Das Wasser des Krebses hat eher den Charakter eines rauschenden Bachs, einer heißen Quelle und eines Geysirs, wogegen das Wasser der Fische der Unendlichkeit des Meeres entspricht. Wenn es der Glut der Leidenschaft nicht gelingt, die erstarrten Emotionen eines Skorpiongeborenen zum Schmelzen zu bringen, ist er womöglich frigide oder unterdrückt seine Sexualität.

Skorpion im Umgang mit Menschen

Milton (Schütze mit Skorpion Aszendent) läßt in seinem Buch "Paradise Lost" den Luzifer sagen: "Es ist alleweil besser, in der Hölle zu herrschen als im Himmel zu dienen."

Zwischen Jungfrau und Waage liegt eine Grenze. Auf der einen Seite versuchen wir uns individuell durch unseren persönlichen Stil zu verwirklichen, auf der anderen Seite entwickeln wir uns durch soziale Kontakte innerhalb der Gemeinschaft. In der Waage ist die Vorstellung der Gemeinschaft der Menschen erst ansatzweise zu spüren, denn in ihr bleibt das Gespür für die eigene Individualität sehr stark erhalten. Im Skorpion ist der Wunsch nach sozialem Zusammenschluß viel ausgeprägter als im Waageideal.

Der Skorpion möchte durch den Geschlechtsakt eine Zivilisation errichten und deren Fortbestand sichern. Durch den Austausch der persönlichen Lebenskräfte wird die Erscheinung neuer Formen göttlichen Ausdrucks möglich. Der Skorpion ist der personifizierte "Vereinigungsdrang". Er will sichergehen und muß deshalb immer wieder die elementare Kraft der Vereinigung in seinen sexuellen Beziehungen erfahren, die ihm emotionale Bindung vermitteln. Für den Skorpion ist die Vorstellung einer totalen Vereinigung der Lebensenergien mit einem Menschen oder in manchen Fällen auch mit einem übernatürlichen Wesen von größter Bedeutung. Sie ist ihm sogar noch wichtiger als für Nachwuchs zu sorgen. Der Skorpion möchte nicht unbedingt neues Leben zeugen oder gebären, sondern ein bereits bestehendes Wesen in einen veredelten Zustand umwandeln.

Hier wird eines der Hauptprinzipien der Reinkarnation ausgedrückt, d. h. man entwickelt sich zur Vollkommenheit, indem das eigene Bewußtsein in unzähligen, sich ewig wandelnden Formen weiterlebt. Alle Handlungen, die ein individualisiertes Ich jemals in irgendeiner Körperform ausführt, tragen entweder zum Fortschritt oder Rückschritt im nächsten Leben bei.

Der Skorpion setzt die Kräfte und Mittel seiner Mitmenschen zugunsten dieser Absicht ein. Haben wir es mit einem selbstsüchtigeren Vertreter des Skorpions zu tun, sorgt dieser dafür, daß er selbst der alleinige Nutznießer seiner Taten ist. Er will seine Macht um jeden Preis vergrößern, und er nimmt keine Rücksicht darauf, welche Lasten er damit der Allgemeinheit aufbürdet. Der höher entwickelte Skorpion verwendet seine Verwandlungs-Fähigkeiten, um sich zu läutern, und verhilft anderen dazu, immer höhere Seinszustände zu erleben.

Außer Adler und Skorpion gibt es einen dritten Skorpiontyp: der Phoenix oder die Taube. Warum verweisen wir ständig auf höhere oder niedrigere Entwicklungsstufen? Weshalb gibt es drei eigenständige Gruppen von Seelen, die im Zeichen des Skorpions geboren werden? Die Beantwortung dieser Fragen enthüllt die wahre Stellung des Skorpions im universalen Plan. (Anmerkung des Herausgebers: diese Dreiheit beinhaltet die Entwicklungsstufen des Skorpions; vgl. Alan Oken, Astrologie der Seele, S. 223ff.)

Der Mensch wurde aus den Wassern des kollektiven Unbewußten der Fische geboren und tritt im Widder als eigenständiges, selbstbewußtes Lebewesen auf, das wachsen und sterben muß. Er verläßt seinen physischen Körper, um nach dem irdischen Dasein wiederum in das Meer der Fische einzutauchen. Im Skorpion erhält der Mensch eine Chance, unsterblich zu werden, d. h. er erhält die totale Bewußtheit seiner nichtmateriellen Essenz statt eines verträumten, halbbewußten Schlafes, den wir Tod nennen. Unsterblichkeit erreicht er nur, wenn er über sein persönliches Ego hinauswächst, seine eigenen Wünsche hinter sich läßt und sein Wesen bewußt mit dem göttlichen Willen verbindet; er muß mit Gott eins werden. Dieser Vorgang ist eines der Geheimnisse des Skorpions.

Bei der Atomkernspaltung wird konzentrierte Energie freigesetzt. Je nachdem, in welchem Leiter diese Energie fließt, kann sie großen humanitären

Aufgaben zugute kommen oder ungeheures Leid verursachen. In dieser Hinsicht ist der Skorpiongeborene ein menschliches Zyklotron, denn er kann schädliche Gewohnheitsmuster aufbrechen und die freigewordene Energie einem größeren Ziel zuführen. Deshalb eignet sich der Skorpion ausgezeichnet für den Beruf des Psychiaters, der in der Lage ist, emotionale Blockaden und selbstzerstörerische Tendenzen anderer aufzulösen und die dadurch freiwerdenden Kräfte in schöpferischem Ausdruck umzulenken. Skorpion ist auch ein Verführer, der die lebendige, jedoch unbedarfte und unverwirklichte Jungfrauenergie nimmt und sie zugunsten seiner eigenen Ziele verwendet. Ihm ist es egal, welchen Preis sein Opfer dafür zu bezahlen hat. Der Skorpion agiert entweder als Heiler, der das Gift aus dem Blutkreislauf eines Patienten entfernt, indem er es mit gesundem Blutplasma austauscht, oder er handelt wie ein Vampir, der dem bedauerswerten Unglücklichen, der seinem hypnotischen Blick erlegen ist, den Lebenssaft aussaugt. Der Skorpionvampir (Skorpiontyp) tötet entweder sein Opfer oder läßt ihm gerade noch ausreichend Lebensenergie, damit es seinem Willen hörig ist.

Die Spinne untersteht ebenfalls dem Skorpion. Sie webt ihr glänzendes Netz und wartet in dessen Mitte, bis durch die schimmernde Todesfalle eine Mahlzeit für sie angelockt wurde. Das Netz ist vollkommen und nach einem langzeiterprobten Bauplan gefertigt, der kaum noch verändert wird, außer er wird verbessert. Die unbewußte Fliege verfängt sich im Netz und wird umso mehr festgehalten und erschöpft ihre Kräfte, je mehr sie zu entkommen trachtet. Im rechten Augenblick nähert sich die Spinne, sticht ihren hohlen Zahn in den Insektenkörper, entzieht ihm alle wichtigen Lebenssäfte und hinterläßt nur noch seine Hülle. Man darf ihr dies allerdings nicht verübeln, denn sie handelt genauso instinktiv unbewußt wie die Fliege. Der wirkliche Dämon weiß um seine Hinterhältigkeit und setzt sie lustvoll und strategisch ein.

Skorpion kann deshalb ein Versucher und Seelenfänger sein, weil er Macht und Lustbefriedigung verspricht. Er kann auch als Katalysator wirken, der dem Suchenden einen Weg vorstellt, der dessen seelische Entwicklung fördert. Dem Menschen fällt es meist schwer, sich mit den Lichtkräften zu vereinigen. In diesem Fall ist er nämlich gezwungen, sehr hart zu arbeiten und auf viele seiner scheinbaren Genüsse zu verzichten, zur Verwirklichung eines Ziels, das ihm allzu häufig zu unwirklich und unpraktisch erscheint. Es ist viel leichter, mit den dunklen Kräften zu paktieren, denn ihre Gegenwart gestattet dem Betreffenden, alle seine Besitztümer zu behalten.

Dennoch verliert der Mensch seine individuelle Entscheidungsfreiheit als Gegenleistung für vorübergehende finanzielle und sexuelle Genugtuung. Alles, was er besitzt, hat von ihm Besitz ergriffen.

Unter allen Tierkreiszeichen fällt es dem Skorpion von Natur aus am leichtesten, sich allen Arten von dunklen Mächten oder der Kraft des Lichts zu öffnen. Er hat die Fähigkeit, sich selbst neu aufzubauen, egal wie tief er gefallen ist, und er kann sich schließlich wie ein Phoenix aus der Asche über seine vergeblichen Wünsche erheben. Sowohl Licht als auch Dunkel machen, ähnlich wie Tag und Nacht, den physikalischen Aufbau unseres Sonnensystems aus. Diese metaphysische Analogie wird es so lange geben, wie die Erde und die Sonne ihre jetzige Gestalt und Beziehung beibehalten. Die Menschen werden in die Dualität hineingeboren. Ob sie Unsterblichkeit erlangen, hängt im wesentlichen von ihrer Entscheidung für die eine oder andere Richtung ab.

Die Sexualenergie ist göttlich. Durch sie werden nicht nur Kinder geboren, sondern sie verwandelt auch unser Bewußtsein. In vielen Tempeln unserer Vorfahren wurden durch sexuelle Riten mystische Vereinigungen mit überirdischen Kräften abgehalten. Gewisse Aspekte dieser Sexualpraktiken sind in den Hindulehren des tantrischen Yoga enthalten.

Im Mittelalter litt die christliche Lehre unter dem Irrglauben der Theologen, die magische Sex-Rituale für ebenso unmoralisch hielten wie die üblichen biologischen und lustspendenden Geschlechtspraktiken. Ihr Dogma basierte zum Teil auf folgenden drei Faktoren:

1. auf dem Wunsch der Kirche, völlige Gewalt über die Massen auszuüben
2. auf der Tatsache, daß die unausgelebte sexuelle Energie der Kirche zugeführt werden konnte und ihr somit zu mehr Einfluß verhalf
3. auf der theologischen Forderung, alle Menschen sollten Jesus nacheifern

Da Jesus (angeblich) aus einer jungfräulichen Mutter geboren worden war, wurden die Frauen massiv angehalten, sich so jungfräulich wie möglich zu verhalten, ansonsten riskierten sie Verdammnis. Man beurteilte den Mann, der eine Frau um ihre Unschuld brachte, als nahezu gleich gottlos wie die "geschändete" Frau.

Als esoterische Erklärung für die Ächtung der Geschlechtlichkeit gab man an, der Mensch müsse enthaltsam und frei von Begierden leben, damit er mit seiner sexuellen Energie in höhere Bewußtseinsebenen überwechseln könne, um schließlich den vollkommenen Bewußtseinszustand zu erlangen. Im Grunde genommen ist diese Vorstellung richtig, trotzdem ist sie im Leben des Massenmenschen unangebracht und undurchführbar. Die Theologen haben nicht berücksichtigt, daß die menschliche Rasse en masse nicht bereit war (und immer noch nicht) in der Lage ist, selbstverwirklichte Meister zu werden. Selbst wenn dies der Fall gewesen wäre, versäumten sie es, die dringend benötigten Lehrer zu stellen, um die seelische Entwicklung ihrer Gläubigen fördern zu können. Es gab nur dieses Dogma, das weder von der Priesterschaft noch vom Volk recht verstanden wurde.

Es trifft wohl zu, daß umgewandelte Geschlechtsenergie für das Zustandekommen eines Erleuchtungserlebnisses hilfreich sein kann, aber eine auferzwungene Keuschheit bringt nur Chaos, Frustration und Krieg mit sich, wenn weder Verständnis noch der Wunsch nach Erleuchtung vorhanden ist. Gleichfalls gilt die Regel: ein Mensch, der nicht lieben kann (bzw. nicht weiß, was Liebe ist), rüstet zum Krieg. Wird das scharfe Schwert des Mars nicht von Venus zu einem Werkzeug der Fortpflanzung umgeformt, erweist es sich unweigerlich als todbringendes Instrument.

Haß und Liebe sind leidenschaftliche Extreme, und das Tierkreiszeichen Skorpion empfindet diese Gegensätze mit ausgesprochener Intensität, die Vertreter anderer Tierkreiszeichen nicht annähernd nachvollziehen können. Seine Hingabe an einen anderen Menschen oder an einen Auftrag ist so endgültig wie seine Feindschaft. Der Skorpionmensch ist von einem unbezähmbaren Erfolgswillen besessen. Wird ihm jedoch klar, daß er dem Untergang zusteuert, versucht er, alle Umstehenden mit hineinzuziehen. Ein großes Machtpotential steht ihm zur Verfügung, das zur bedrohlichen Gefahr wird, wenn ihn die Macht verläßt.

Skorpions Stärke liegt in seiner Fähigkeit, anderen Menschen seinen Willen aufzuzwingen. Im Austausch für seine besonderen Qualitäten wollen sich die Leute ihm scheinbar ausliefern (wie dies beispielsweise bei dem Skorpiongeborenen Charles Manson und seiner Gruppe der Fall war). Der Skorpion schenkt allerdings nur einen geringen Teil seines immensen Schatzes, gerade soviel, um andere gefügig zu machen. Die Art und Weise, wie er gibt, und seine Zusicherung, es sei noch viel mehr zu erwarten, verlockt die Leute, ihm auf seinem Weg zu folgen (z.B. dem Skorpion Billy Graham). Ihm ist die Gabe des Skorpions geschenkt, den Menschen das Streben nach Höherem zu vermitteln. Unabhängig davon, welche persönliche Philosophie oder politische Richtung er vertritt, wird er durch den Zustrom des Geistes, der ihn durchflutet, in die Lage versetzt, ihr Leben zu verändern.

Ähnlich wie die Waage, Menschen mit unterschiedlichen Begabungen spielend in Teamarbeit vereinigen kann, ist Skorpion imstande, die Talente seiner Mitmenschen zu fördern und sie ganz im Sinne seiner Bedürfnisse oder Wünsche umzuändern. Da das Tierkreiszeichen Skorpion als Dreigespann auftritt, trifft diese Aussage nicht auf alle zu. In der Mitte ist der Adler-Skorpion. Er erhebt sich über jedes Geschehen, in das er verwickelt ist und läßt sich nicht davon beeindrucken. Er beteiligt sich nur, soweit es seinen Zielen zugute kommt. Entscheidet er sich jedoch, in den Ablauf einzugreifen, tut er dies so zielsicher und schnell wie ein Adler, der aus großer luftiger Höhe herunterstürzt, um den Fisch zu holen, der im Fluß unter ihm schwimmt. Der Adler-Skorpion weiß ganz genau um seine Stärke und kann daher bewußt entscheiden, in welche Richtung er die ihm zur Verfügung gestellten Energien lenken will. Mal ist er gütig und mal nicht. Seine Ziele steckt er sehr hoch, und mit demselben Ehrgeiz trachtet er danach, den Gipfel des von ihm erwählten Berges zu bezwingen. Mit kleinlichen Gefühlsproblemen gibt er sich nicht ab. Über Eifersucht, Haß und Wut fliegt er hinweg, denn seine Emotionen hat er absolut im Griff; er ist jedoch nicht ganz frei von Hochmut.

Der Skorpion-Skorpion kann die gemeinsten Eigenschaften der menschlichen Natur verkörpern. Er ist höchst selbstgefällig, geizig, neidisch, machtbesessen und mißtraut allen rings um ihn herum. Sein Motto ist: "Ich will alles für mich, und mir ist egal, wie ich es bekomme." Er ist der sarkastische Kritiker, dem es niemals in den Sinn kommt, ein gutes oder ehrliches Wort zu sagen. Er ist fortwährend in Verteidigungshaltung. Liebe kennt er so gut wie nicht. Diesen Begriff bringt er höchstens mit der Befriedigung seiner ausgeprägten und oft brutalen sexuellen Veranlagung in Verbindung. Dieser Menschentyp wird von seinen Leidenschaften regiert und macht keinerlei Anstalten, sie im Zaum zu halten. Chaotische Situationen und die Schwächen anderer Leute geben ihm Aufschwung. Dieser Skorpiontyp ist am wenigsten entwickelt.

Der seltenste Typ ist die Taube. Der Taube-Skorpion macht seinem Namen Ehre und hat alle seine persönlichen und egozentrischen Wünsche abgelegt. Er bemüht sich darum, seinen Mitmenschen Freude zu bereiten, ihnen Kummer und Schmerz abzunehmen und sie statt dessen mit universaler Liebe zu umsorgen. Als begnadeter Heiler und Mystiker führt er häufig ein zurückgezogenes, asketisches Leben. In der christlichen Symbolik repräsentiert die Taube die Gegenwart des Heiligen Geistes. Sie entspricht dem unsichtbaren Aspekt Gottes, der die gesamte Schöpfung durchdringt.

Die meisten Skorpiongeborenen sind eine tatkräftige Mischung aus Adler- und Skorpiontyp, doch in allen ist unterschwellig auch die Taube vorhanden. Ungeachtet seines zeitweiligen Gemütszustands weiß der Skorpionmensch um die Versuchungen, die ihn fortwährend lauernd umringen. Er sieht sich ständig gezwungen, sich zu entscheiden, ob er nun in das Licht des bewußten ewigen Lebens eingehen oder in der Dunkelheit des Vergessens versinken will.

Leitbegriffe des Skorpions

positive Eigenschaften	negative Eigenschaften
Kreativität für den Wiederaufbau	absolut zerstörerisch
Heiler	Verführer
guter und treuer Freund	mißbraucht seine Freunde
vermittelt Stärke	"psychischer Vampir"
inspiriert zum Glauben	ausgesprochener Egoist
bemüht sich um die Vereinigung mit dem Reich des Geistes	will, daß andere mit ihm verschmelzen

16
Schütze - Ich suche, deshalb bin ich

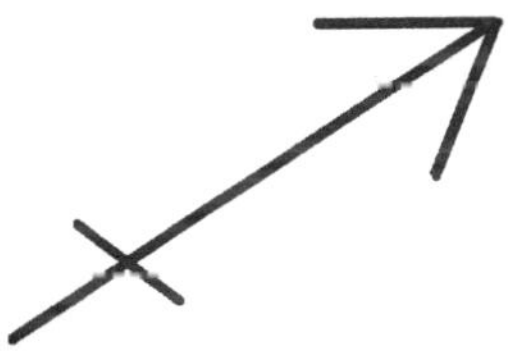

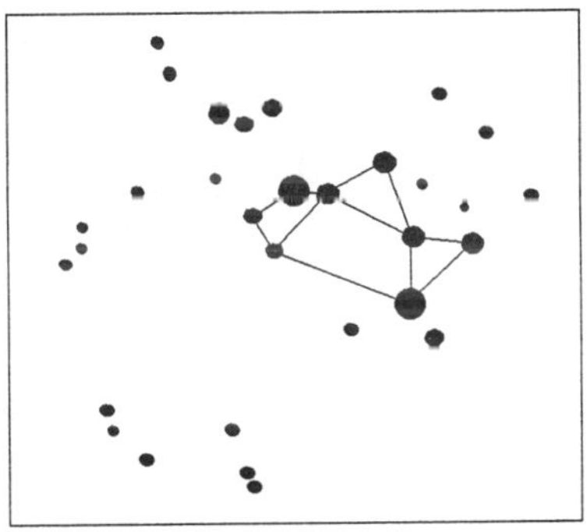

"... glorreich folgt mit seinem kretischen Bogen
Zentaurus, der Schütze. Sein Ziel behält er stets im Auge,
Sein Bogen ist bis zum Anschlag gespannt und bereit zum Abschuß."

Manilius

Schütze am Himmel

Der Schütze ist der Bogenschütze Zentaurus, halb Pferd, halb Mensch. Die Schützekonstellation, die diese mythologische Figur umreißt, besteht aus acht strahlenden, mittelgroßen Sternen, die sich in zwei Gruppen aufteilen, die Milchschöpfkelle (stellt den Körper des Zentauren dar) und den Bogen. Im Vordergrund hält sich noch der Stern Al Nasl auf - die Pfeilspitze.

Die Milchschöpfkelle ist etwas kleiner als die Konstellation des Kleinen Bären (Ursa Minor), in der Polaris, der Polarstern, beheimatet ist. Sie hat eine gebogene Form. Diesen Namen erhielt sie, weil ihr Griff in eine Sternenwolke der Milchstraße hineinreicht. Seit ewigen Zeiten verfolgt der Bogenschütze den Skorpion. Sein Pfeil richtet sich direkt auf Antares, das große, rote Herzstück des Skorpions.

Aus astronomischer Sicht ist die Schütze-Konstellation keinesweg außergewöhnlich, sie ist jedoch in einer interessanten Himmelsregion angesiedelt. In Reichweite des Bogenschützen finden wir die riesige Sternenwolke des Schützen, aus Millionen von Sonnen zusammengesetzt. Diese hellste Wolke der Milchstraße ist mit bloßem Auge erkennbar. In ihrer Nähe existieren zugleich gigantische Nebel und lichtlose Flecken aus ungeheuer stark verdichtetem kosmischem Staub, die den dahinterliegenden Weltraum verdunkeln.

Außerdem findet man noch einen kugelförmigen Sternenhaufen. Dabei handelt es sich um eine Formation, die dem Betrachter ohne die Hilfe eines Teleskops wie ein riesengroßer Stern erscheint, der sich aus mindestens 50 000 Sternen zusammensetzt, von denen die meisten wahrscheinlich größer als unsere Sonne sind. Als weitere Besonderheit der Schützekonstellation ist zu nennen, daß sie auf die Zentralregion unserer Galaxie ausgerichtet ist. Deren tatsächlicher Mittelpunkt ist ungefähr 30 000 Lichtjahre von uns entfernt und befindet sich in einer Richtung, die zwischen der Schale der Milchschöpfkelle und dem Stern Antares liegt (Baker, S. 96).

Der Schütze ist im unteren Teil des südlichen Sommerhimmels ganz einfach zu finden. Im Osten grenzt der Steinbock an ihn, im Westen der Skorpion, nördlich von ihm residiert Aquila, der Adler, während die Schlange nordwestlich angesiedelt ist.

Die Symbolik des Schützen

Schütze ist ein bewegliches Feuerzeichen, daher ist der Schützemensch äußerst regsam. Der unsterbliche Zentaur verleiht ihm seine Kräfte, und wer unter dem Schützestrahl steht, verfügt über kreative, höhere Verstandeskräfte (Menschenanteil des Zentaur) ebenso wie über körperliche Stärke (Pferdanteil des Zentaur). Er kann also nicht nur brillant denken sondern die Ideen auch umsetzen. Das Pfeilsymbol des Schützen ist das bildliche Symbol dieses Tierkreiszeichens. Eine schräge Linie teilt die beiden Hälften des Schaftes. Auf diese Weise wird die innere Dualität des neunten Zeichens angedeutet. Es zeigt gleichfalls, daß der Schütze vielfach nicht weiß, wo er seine enormen körperlichen und mentalen Fähigkeiten sinnvoll einsetzen soll. Schütze versinnbildlicht deshalb den aktiven Kampf zwischen konstruktiven und destruktiven Energien. In diesem Konflikt streiten sich die edelsten menschlichen Eigenschaften mit den widerlichen, bestialischen und fleischlichen Gewohnheiten.

Der Schütze symbolisiert eine Entwicklungsstufe, auf welcher der Mensch über die Kraft verfügt, seine Lebensimpulse bis zur intensivsten Beweglichkeit zu steigern. Seine Gedanken schießen in alle Richtungen und beeindrucken die Allgemeinheit durch ihre gewaltige Vorausschau und sein umfangreiches Wissen. Seine intuitiven Einblicke regen nicht nur seinen Verstand an, er ist stets bemüht, neue Formen der menschlichen Selbstverwirklichung auch körperlich zu erproben. Schütze verkörpert das Prinzip der großen Völkerwanderungen und den Forscherdrang. Die Siedler, welche die Alte Welt verlassen haben, um in der Neuen Welt ein Leben ohne religiöse und ideologische Verfolgung führen zu können, folgten dem Geheiß ihres inneren dynamischen Schützeantriebs.

In bezug auf den Körper entspricht das Pfeilsymbol den Hüften, Lenden und Oberschenkeln. Die Pfeilspitze stellt die Verbindung der Beine in eine schlagkräftige Einheit dar, die Linie am Schaftanfang kennzeichnet die Knie. Das Symbol des Schützen beinhaltet deshalb die Triebfeder der Körperbewegung, denn es sind die beiden Beine, die sich bewegen und ihren Träger oder ihre Trägerin an den ersehnten Bestimmungsort bringen. Darin sehen wir außerdem, daß die Größe (Höhe/Entfernung/Weite) des Ziels beim Schützemenschen keine Rolle spielt, weil er seine Energie auf einen einzigen Punkt zu richten vermag, wodurch sein angeborener Dualismus letztlich zu einem einheitlichen Ganzen verschmelzen kann.

Auf der intellektuellen Ebene repräsentiert Schütze die Einheit von Kirche und Staat. In gesellschaftlicher Hinsicht ermöglichen die Anlagen des Schützen, daß der Mensch Zivilrecht, Strafrecht und Ethik schafft, auf deren Einhaltung die Gesellschaft Wert legt. Der Schütze ist demnach die moralische Grundlage, auf der die Zivilisation im wahrsten Sinne (wie im Steinbock dargestellt) aufgebaut werden kann. In spiritueller Sicht ist der Schütze der Pfeil der Sehnsucht, den die Seele in die Unendlichkeit hinausschickt und der in Gott sein Ziel findet.

Schütze in Mythologie und Geschichte

Es ist nicht möglich, die zeitlichen Ursprünge der Prinzipien zurückzuverfolgen, welche die einzelnen Konstellationen repräsentieren, weil sie schon vor der Ankunft der Menschen auf Erden zugegen waren. Sie begleiten ihn von Anfang an. Wir können jedoch einige der wahrscheinlichen Wurzeln der Urformen dieser zwölf Sternformationen bestimmen. Möglicherweise wurde das Urbild des Schützen unseres heutigen Tierkreises im Verlauf unserer historischen Periode von den Völkern entlang des Euphrat entworfen.

Die Assyrer, die in dieser Gegend beheimatet waren, verbinden ihren neunten Monat Kislivu mit dem Bogenschützen. Dieser Monat entspricht unserer heutigen Schützeperiode im Zeitraum von November bis Dezember (Allen, S. 354).

Babylonische Keilschriftzeichen loben im Schützen den "Starken", der durch Nergel, den Kriegsgott und Bogenschützen, personifiziert wird. Etwa 2000 v. Chr. gab es im indischen Tierkreis ebenfalls einen Schützen. Dort wurde er als Pferdemensch dargestellt (Allen, S. 354). Im Alten Testament ist der Schütze im Stamm Joseph vertreten. Als der Stammvater Jakob auf seinem Totenbett lag, sprach der Patriarch folgende Worte über seinen geliebten Sohn, der immerhin, wie wir wissen, der erste Minister und Rechtsprecher im Auftrag des ägyptischen Pharao war:

> *"Joseph wird wachsen wie ein Baum an der Quelle, daß die Zweige emporsteigen über die Mauer. Und wiewohl ihn die Schützen erzürnen, gegen ihn kämpfen und ihn verfolgen, bleibt doch sein Bogen fest, und seine Arme und Hände stark durch die Hände des Allmächtigen in Jakob, dem Hirten und Fels Israels. Von deines Vaters Gott werde dir geholfen, und von dem Allmächtigen seist du gesegnet: vom Himmel, aus der Flut, und von den Brüsten des Mutterleibes."*
>
> (Genesis, 49, 22-25)

Dieses Zitat schildert eindrücklich, wie grenzenlos weit der Verstand des Schützen ist (dessen Zweige "über die Mauer" hinausragen), und gleichzeitig deutet es an, weshalb er als Tierkreiszeichen des "Glücks" gilt, weil ihn der "Allmächtige in Jakob" viele Male gesegnet hat. Schon im Zeitalter des klassischen Griechenlands und Roms war Jupiter (entspricht dem griechischen Zeus) der Herrscherplanet dieses Zeichens. Man glaubte, daß alle Glücklichen, die unter seinem Strahlenmantel geboren wurden, von der göttlichen Vorsehung begünstigt seien.

Wie es dazu kam, daß der Bogenschütze einen Rang am Himmelsgewölbe einnahm, kann man der mythologischen Lebensgeschichte über Chiron entnehmen, der einer der unsterblichen Zentauren war. Im Gegensatz zu den meisten Angehörigen dieser ungehobelten Rasse war Chiron in Philosophie bewandert und übte sich in den Künsten. Er war Meister und Lehrer einer Reihe der höchst gepriesenen griechischen Helden: Aktäon, Jason, Kastor, Polydeukes (Pollox), Achilles und Äskulap. Der letztgenannte war ein berühmter Arzt, aber erst durch Chiron erlernte er die Heilkunst.

Als Chiron sich genötigt sah, von seiner Behausung auf dem Berge Pelion zu fliehen, fand er in Lakonien ein neues Heim. Dort wurde er versehentlich von einem der Giftpfeile des Herakles verwundet. Dieser Held hatte einige der böswilligen Zentauren verfolgt. Das Pfeilgift bereitete Chiron unerträgliche Schmerzen. Weil er Linderung in seiner Not suchte, verzichtete der gutmütige Zentaur auf seine Unsterblichkeit und verschied durch einen irdischen Tod. Zeus belohnte ihn für seine geleisteten Dienste und schenkte ihm als Konstellation Schütze einen Platz im Himmel.

In der christlichen Tradition wird der Schütze durch den Apostel Jakobus, den allseits geachteten Lehrer, vertreten. Petrus (Widder), Johannes (Löwe), Jakobus (Schütze) traten als die ersten geistigen Führer der frühchristlichen Kirche auf. Dieser Tatbestand offenbart die hochentwickelten spirituellen Anlagen des feurigen Trigons.
Berühmte Schützegeborene: Sokrates und Horaz

Schütze im Jahreszyklus der Natur

Der Schütze ist das letzte Tierkreiszeichen, das seinen Zyklus vor Beginn des Neujahrs vollendet. In dieser Zeit sind die Nächte lang und die Tage kurz. Sie künden vom Ende der Herbstzeit und läuten den Winterschlaf ein.

Dennoch ist Schütze auch vielversprechend, weil schon bald die Wintersonnenwende bevorsteht. Ab dann werden die Tage allmählich wieder länger, und der Mensch wird wieder aktiver. In der Schützezeit rüsten wir uns deshalb auf die Feierlichkeiten, welche die Wintersonnenwende mit sich bringt - als da sind Weihnachten, Hanukkah und das Neujahrsfest. Er geht mit der geselligen Zeit einher, in der sich Familien und Sippen treffen, um die Fülle der Schätze gemeinsam zu genießen, die im Lauf der vergangenen Jahreszeiten eingebracht wurden. In diesem Monat findet das Erntedankfest statt (Thanksgiving wird in Nordamerika am 4. Donnerstag im November gefeiert). Im Alltagsgeschehen spielt nun die Religion eine wesentlichere Rolle, da der Mensch über Segen und Unglück nachdenkt, die ihm in der Vergangenheit widerfahren sind. Für das Gute bedankt er sich und bemüht sich, durch seine neu gewonnenen Einsichten weiteres Übel zu verhüten. Aus diesem Grunde eignet sich der Schützemonat zur Kontemplation, in dieser Zeit faßt man gute Vorsätze.

Inzwischen ist es auf dem Land ruhig geworden, nur die frostigen Winde des Schützen fegen über die Erde. Bald schon wird Schnee fallen, der alle Zwistigkeiten in seiner Stille und Friedlichkeit aufnimmt.

Pflanzen, die dem Schützen zugeordnet sind: Febrifuga (Pyrethrum parthenium), Ackermennig und Malve

Steine und Edelsteine, die dem Schützen zugeordnet sind: Türkis, Amethyst, Topas, Hyazinth, Karfunkel und sämtliche Steine, die rötliche und grüne Färbungen aufweisen

Schütze in der Mundanastrologie

Folgende Länder und Städte sind eng mit der Schwingung des Tierkreiszeichens Schütze verbunden:

Länder: Ungarn, Spanien, Dalmatien, Moravien, die Provence und Madagaskar. Manilius schreibt, daß Schütze der Herrscher des (antiken) Kretas und Latiums war.

Städte: Avignon, Köln, Toledo, Stuttgart, Budapest, York und Nottingham

Physiognomie und Temperament des Schützen

Ein Schützemensch ist leicht zu erkennen, denn Angehörige dieses Zeichens neigen zu überdurchschnittlicher Körpergröße. Gewöhnlich übertreibt er den Genuß, besonders auch beim Essen. Deshalb haben viele Schützemenschen eine umfangreiche, kräftige Statur. Ihr Gesicht ist oval, länglich geschnitten mit eher mandelförmigen Augen. Ihre Augen sind nicht so mitfühlend wie die des Krebses oder so glasklar wie die des Zwillings oder so durchdringend wie der des Skorpions, sie enthüllen Aufgewecktheit und Energie.

Die Neigung zu fülligen Oberschenkeln, breiten Hüften und einem ausladenden Gesäß ist ein weiteres allgemeines Merkmal, des Schützen, falls im Geburtshoroskop des Betroffenen nicht andere Tierkreiszeichen oder Planeten ihren Einfluß geltend machen. Viele Schützefrauen ähneln dem Göttintypus, den die Maler Rubens und Tintoretto in der Renaissance darstellten. Der Schütze besitzt außerordentlich viel Haupthaar. Trägt er lange Haare, so wachsen sie wild, sind elektrisch geladen und so unbezähmbar wie der feurige Hengst selbst.

Schütze wird von Jupiter regiert; von dessen lateinischem Namem Jovis leitet sich unser Wort "jovial" ab. Es ist ein passendes Eigenschaftswort zur Beschreibung des Schützen, denn er ist von Natur aus eine sehr optimistische, heitere Person. Er geht mit Leichtigkeit über nichtige Widrigkeiten des Lebens hinweg, denn ihn interessieren nur wichtige Themen. Von geringfügigen Einzelheiten läßt er sich keineswegs ablenken. Aufgrund dieses

Charakterzugs verhält er sich hin und wieder selbstsüchtig oder gedankenlos, denn was einem Schützen unbedeutend erscheinen mag, kann im Leben eines anderen sehr wohl eine wichtige Rolle spielen. Der Bogenschütze erwartet, daß alle Menschen, mit denen er Umgang pflegt, sich so unkompliziert, leichtherzig und aufrichtig benehmen wie er. Sein gesellschaftliches Fehlverhalten läßt sich durch sein mangelndes Mitgefühl erklären, sein überschwenglicher Enthusiasmus ist oftmals nahezu unerträglich.

Der Schütze hat ein ruheloses Wesen und ist erpicht darauf, das Leben zu erforschen. Er reist viel und treibt gern Sport. Er ist ein Bon Vivant, weshalb er blendend mit Menschen auskommt, die einen starken Löwe-, Widder- und Waageeinfluß zu verzeichnen haben. Die Vorstellung, in irgendeiner Weise eingeschränkt zu sein, ist ihm unerträglich. Seine kräftigen Beine halten ihn unablässig auf Trab, und er hält fortwährend Ausschau nach neuen Abenteuern im Leben.

Im Gegensatz zum wortkargen Skorpion fällt es dem Schützegeborenen schwer, Geheimnisse für sich zu behalten, und spontane Lebensäußerungen kann er kaum unterdrücken. Er ist waghalsig, mutig und direkt, was seine Mitmenschen gelegentlich in Verlegenheit bringt. Sein Hauptanliegen ist die Wahrheit - er will dem Anlaß hinter allen äußeren Aktivitäten auf die Spur kommen. Er geht davon aus, daß alle so offenherzig über sich sprechen können wie er. Es leuchtet ihm nicht ein, wie man überhaupt verschwiegen oder schüchtern sein kann.

In seinem Streben nach Selbstverwirklichung muß der Schützemensch darauf achten, andere nicht gefühlsmäßig zu überfahren. Normalerweise ist er ausschließlich mit seinen eigenen Plänen beschäftigt, so daß er kaum Notiz nimmt, wohin seine Pfeile treffen oder welchen tiefen Eindruck sie in den zartbesaiteten menschlichen Zielscheiben seiner Umgebung hinterlassen. Der Schützegeborene tut gut daran, zu untersuchen, welche Beweggründe hinter seinen Idealen stehen und die Folgen seiner Handlungsweise zu erwägen. So wird er ausgeglichener und hält freundschaftliche Beziehungen aufrecht, die ihm viel bedeuten.

Schütze im Umgang mit Menschen

In der Waage erwachte unser Verständnis, daß die Zusammenarbeit unter den Menschen für den Aufbau einer größeren Gesellschaft unerläßlich ist. Skorpion hat diese Erkenntnis noch verstärkt und strebte danach, die vielfältigen Energien und Begabungen der Menschen zu verfeinern, damit sie in ein zusammenhängendes Ganzes gefügt werden und zu neuem Leben erwachen können. Die Kräfte, die Skorpion vereint hat, kommen während der Entwicklungsstufe des Schützen im aktiven Leben zur Geltung. Das soziale Gewissen entwickelt sich in diesem Zeichen einen Schritt weiter, und das Verständnis über menschliche Beziehungen wächst. Schütze bemüht sich, in die mannigfaltigen Grundsätze und Lebenserfahrungen Ordnung zu bringen, die er von den acht vorausgegangenen Tierkreiszeichen geerbt hat. Er schreibt Gesetzbücher und entwirft moralische und religiöse Verhaltensvorschriften, die den intellektuellen Rahmen für den sozioökonomischen Aufbau bilden, der im Steinbock zum Vorschein kommen soll.

Schütze ist ein verstandesorientiertes Zeichen, das von Logik bestimmt wird. Welcher Unterschied besteht eigentlich zwischen der mentalen Anschauungsweise des Schützen und seinem Gegenpol, dem rational orientierten Zwilling? Dem letzteren liegt daran, Richtlinien festzulegen und Verbindungen herzustellen, die den einzelnen Bürger unterstützen, seinen unmittelbaren sozialen Umständen besser gerecht zu werden. Die Familie oder der Stamm (des Krebses) bildet den anerkannten Mittelpunkt dieser Sozialstruktur. Schütze liegt nicht viel daran, ob es dem einzelnen gut geht, sein Interesse gilt vielmehr dem Wohl des Staates und der Menschheit im allgemeinen. Sein Verstand bemüht sich nicht um merkurbestimmte Themen wie "Ich sollte mich so oder so benehmen", statt dessen erweitert er derlei Vorstellungen in das entsprechende Jupiterkonzept, das besagt: "Der Mensch braucht gewisse Gesetze, die sein Verhalten regeln und ihm ein rechtschaffenes Leben ermöglichen." Im persönlichen Umgang mit Menschen kann der Schütze hin und wieder recht dogmatisch auftreten, weil er seine eigenen Wertmaßstäbe in bezug auf weltliche Angelegenheiten für den "einzig richtigen" Weg hält, ein anständiges Leben zu führen. Trotz seiner ausführlichen Überlegungen über "la condition humaine" kann er bisweilen engstirnig sein.

Zwilling bemüht sich, eine Methode zu entwickeln, die seine individuelle Verhaltensweise regelt, wohingegen Schütze die absolute Wahrheit begreifen will, die allen Ursachen zugrunde liegt. Demnach verfügt er über das geistige Rüstzeug für Theologie, Philosophie und Sozialwissenschaft. Schütze sucht nach aufrichtigen und ewigen Werten, die allgegenwärtig und unumstößlich (jedoch nicht unveränderlich) sind.

Das Land Spanien ist aufs engste mit dem Bogenschützen verbunden. Die spanische Inquisition war die Verkörperung des negativen Aspektes des schützehaften Denkens. Der religiöse Fanatismus der Inquisitoren kannte keine Grenzen. Sie versuchten ihre Vorstellung dessen, was sie für den wahren katholischen Glauben hielten, zu verteidigen und zu bewahren. Die Theologen verstanden das Prinzip der Vergänglichkeit des menschlichen Körpers, wogegen die Seele in der Ewigkeit lebt. Aufgrund dessen kamen sie zu dem Schluß, daß es gerechtfertigt sei, den physischen Körper zu opfern oder zu foltern, wenn dadurch die Seele Erlösung finden würde. Dabei nahmen sie keine Rücksicht auf den freien Willen, der über das persönliche Schicksal im geistigen oder anderweitigen Sinn zu entscheiden hat. Unabhängig davon, welch (scheinbar) noble Ideale sie vertraten, die Schützeabkömmlinge konnten nur den kollektiven Aspekt der ganzen Gesellschaft und die Notwenigkeit sehen, eine starke und mächtige Kirche zu bewahren, die dieser Gesellschaft dient und sie erhält.

Der Schüler des Okkultismus erlaubt sich über Moral oder Unmoral dieser Praktiken und Dogmen kein Urteil. Er weiß, daß auf diese Weise Kräfte zum Vorschein kommen, die sich dafür einsetzen, bestimmte Daseinsformen zu bewahren. Sie widersetzen sich dem unablässigen natürlichen Wechsel, der stattfinden muß, damit die bestehenden Verhältnisse sich ändern. So können sich Kreisläufe der Involution und Evolution abspulen. Die Kenntnis der größeren kosmischen Zyklen erleichtert es, die darin auftretenden Ereignisse zu verstehen.

Alle beweglichen Tierkreiszeichen verfügen über die Fähigkeit, Verbindungen herzustellen. Mit ihrer angeborenen Feinfühligkeit können Fischemenschen die ursprüngliche Gefühlspalette nachempfinden, die der Menschenrasse zu eigen ist. Die praktische Veranlagung der Jungfrau und ihr Wunsch zu dienen, verschafft ihr eine Lebensstellung, wo ihre hilfreiche Hand geschätzt wird. Zwillinge lehren, wie der Mensch mit seiner Umgebung klarkommen kann. Das Anliegen des Schützen ist es, sie unter einer großangelegten Weltanschauung zu vereinen und sie zu Gott zu führen. Sein Glaubensbekenntnis entspricht allerdings nicht der mystischen Religion des Skorpions oder dem blinden Glauben der Fische. Der Zentaur ist ein Kind von Gaia, der Erdgöttin. Daher versucht er, den Menschen eine brauchbare Weltanschauung zu vermitteln, die das gesellschaftliche Wachstum und das friedliche Zusammenleben in praktischer Hinsicht fördert. Ihm obliegt es, Kirche und Staat zu vereinen, weil er mit seinen stämmigen Beinen fest auf dem Boden der Realität steht, währenddessen seine Gedanken zu den höchsten Wolken der Inspiration fliegen können. Unter guter Führung wirkt sich diese duale Veranlagung äußerst günstig für ihn persönlich aus und kommt auch dem Zweck zugute, für den er sich einsetzt.

Schütze erfindet kein neues Gesellschaftsmodell, er ist kein Weltverbesserer, und er ist ganz gewiß kein Revolutionär. Erst durch den Wassermann kommt es zu gesellschaftlichen Veränderungen. Obwohl der Wasserträger sich ausschließlich mit der Menschheit im allgemeinen beschäftigt, bemüht er sich auch darum, die soziale und wirtschaftliche Stellung des einzelnen zu verbessern. Schütze sucht kulturelle Traditionen zu bewahren und baut mit Vorliebe auf bereits Bestehendem auf. Er ordnet das gesammelte Datenmaterial und die angehäuften Energievorräte und leistet so seinen Beitrag für Menschheit und Gesellschaft. Dies bedeutet keineswegs, daß er unflexibel ist und sich Veränderungen widersetzt. Er befürwortet den Wechsel, denn die Forderungen seiner Zeit sind ihm wohl bewußt. Nur für den totalen Umsturz des bisherigen Systems hat er nichts übrig, statt dessen modifiziert er lieber die bewährte Ordnung. Er tut sich als Urheber von Regierungsbeschlüssen hervor, die ganz sicher mit einer Klausel für Verbesserungsanträge versehen sind.

Da Skorpion ein emotionales Wasserzeichen ist, fühlt ein Angehöriger dieses Zeichens instinktiv, welche Faktoren die Lebensumstände entscheidend beeinflussen, doch es fällt ihm schwer, mit anderen darüber zu sprechen und seine Einsichten mitzuteilen. Ein Skorpion kann weder differenzieren noch sein Wissen in pragmatische Schritte umsetzen, um die erforderliche Operationsbasis für ein gut funktionierendes Gesellschaftssystem zu schaffen. Schütze hingegen ist ein bewegliches Feuerzeichen. Sein Feuer vermittelt ihm das Verlangen und die Fähigkeit, sich in der Außenwelt darzustellen. Sein Sinn für Dualität verleiht ihm im positiven Sinne die Gabe, zu erfassen, wie die universalen Gesetze im Leben des modernen Menschen anzuwenden sind. Der Schütze ist redegewandt und wirkt sozusagen als kosmisches "Sprachrohr", das moralische Maßstäbe setzt. Wer die wahre Aufgabe und das Potential dieses Tierkreiszeichen kennt, weiß es als "Zeichen des Propheten" zu schätzen.

Viele Zentauren entscheiden sich dafür, ihren Horizont unterhalb der Gürtellinie zu erweitern. Die Mehrheit dieser Schützemenschen hat nicht gelernt, zwischen Bedürfnissen und Habgier zu unterscheiden. Sie stürzen sich stets mit großem Gepolter in ihre Unternehmungen und sind nur selten mit dem Ergebnis zufrieden. Sobald sie eine gewisse Position im Leben erreicht haben, setzen sie alles daran, sie zu wahren. Ihre unablässige Regsamkeit treibt sie dazu, ihre Ziele und Ambitionen immer höher zu stekken. Schützen können außergewöhnlich erfolgreich werden, sofern sie die Grundregeln einhalten und Einschränkungen akzeptieren. Sie finden nie ein Ende und richten sich in vielen Fällen zugrunde, weil sie ein Tempo vorlegen, mit dem sie selbst nicht mehr Schritt halten können. Möglicherweise hat der Schützegeborene vor, eine Sache zum Abschluß zu bringen, doch kaum ist er seinem Ziel nähergekommen, hat er sieben weitere Nebenprojekte in Angriff genommen. Aus diesem Grund sind eine große Zahl von angeblich kraftstrotzenden Schützemenschen unkonzentriert und leiden unter nervöser Erschöpfung. Blindlings schießt der Bogeschütze seine Pfeile in die Luft, die einem ungewissen Ziel zusteuern. Im Normalfall weiß er nur ungefähr, wie sein Ziel aussieht. Er ist trotzdem zuversichtlich, mit allen möglichen Situationen fertigwerden zu können.

Für den Schützen steht eines fest: er kann nie genug kriegen von dem, was er bereits besitzt. Geht es um das Essen, entwickelt er sich zum Vielfraß, ist es Macht, trachtet er danach, ein Diktator zu werden, handelt es sich um Weltanschauungsfragen oder Philosophie, arbeitet sein Verstand ununterbrochen; ist es die universale Liebe, wird er den Selbstaufopferungsweg des Märtyrers einschlagen.

Für den Schützen ist die Gegenwart nur das Mittel, um sich die Zukunft zu erschließen. Für ihn ist das Leben ein opportunistisches Spiel, das ihm unablässig neue Abenteuer beschert. Der Schütze läßt sich leicht ablenken, denn nur ganz selten verwirklicht sich seine ursprüngliche Absicht wie geplant, falls er überhaupt ein festes Ziel im Auge hatte. Statt dessen hat er viele Geschichten über seine "Seitensprünge" zu erzählen, wohin ihn seine Neugier und sein kräftiger Körper geführt haben.

So stark das Verlangen des Schützen ist, ein besseres Verständnis über seine Umwelt zu erwerben und sich zu vervollkommnen, genauso zwanghaft ist seine Lust, seiner sinnlichen Veranlagung nachzugeben. Der Zentaur ist halb Mensch, halb Tier. Seine triebhafte Natur kann sich äußerst zerstörerisch auf den Schützen auswirken. Deshalb tut er gut daran, sich zu bemühen, seine Leidenschaften zu bezähmen, ehe sie ihn zum Sklaven machen.

Im Gegensatz zum Löwen und zur Waage ist Schütze kein romantisches Zeichen. Sein Liebespartner muß in erster Linie anregend sein und sich als kraftspendender Gefährte und Freund bewähren. Sex macht einen Teil dieser Freundschaft aus, der keineswegs mit einer starken gefühlvollen Bindung einhergehen muß. Der Schützegeborene versucht, sich vor persönlicher Verantwortung zu drücken. Er hätte lieber eine Reihe von unverbindlichen Beziehungen, die ihn zu nichts verpflichten, statt einer, die seine

Freiheit irgendwie einschränken könnte. Deshalb hat das neunte Tierkreiszeichen den Ruf, das "Zeichen der Junggesellen" zu sein. Den Bogenschützen drängt es immer wieder, sein Bündel zu schnüren, sobald er spürt, daß er entweder alle Spiele der Gegend kennt oder gar selbst der Gefangene ist.

Man muß bedenken, daß der Schütze kein ausgesprochen verbindliches Tierkreiszeichen wie Krebs oder Löwe ist. Seine Vorstellung, welche Rolle er als Einzelwesen zu spielen hat, verwirrt ihn meist selbst. Er will Teil eines größeren Ganzen sein und hat dennoch Schwierigkeiten, sich in irgendeine festumrissene Position einzufügen. Als Philosoph, Schriftsteller, Reisender oder Wissenschaftler bewährt er sich sehr gut. In Berufen, die ihm eine gewisse Gedankenfreiheit erlauben, kann er den grenzenlosen Raum seines Verstandes erforschen, unabhängig davon, wie seine materiellen Lage beschaffen ist.

Jupiter ist ein Lehrer, und der Schützegeborene übernimmt diese Rolle mühelos, weil er auf diese Weise zwei Zielen dienen kann: einzelne bei ihrer Selbsterkenntnis zu unterstützen und sie gleichzeitig auszubilden, brauchbare Mitglieder einer größeren Gruppe zu werden.

Die Ziele des Schützen finden im Steinbock ihre Erfüllung. In dieser Entwicklungsstufe hat der Mensch eine vollständig koordinierte Zivilisation errichtet, wo alle Bürger dem Vaterland dienen.

Leitbegriffe des Schützen

positive Eigenschaften	negative Eigenschaften
weiter, inspirierender Verstand	unrealistischer Verstand
erfaßt größere Zusammenhänge	neigt zu Übertreibungen
großmütig und freigebig	gefräßig, gierig, unzufrieden
Lehrer und Richter	Diktator und Propagandist
aufrichtig, geradeheraus und mutig	vorlaut und ungehobelt

17
Steinbock - ich suche mich in allem, was ich nutze

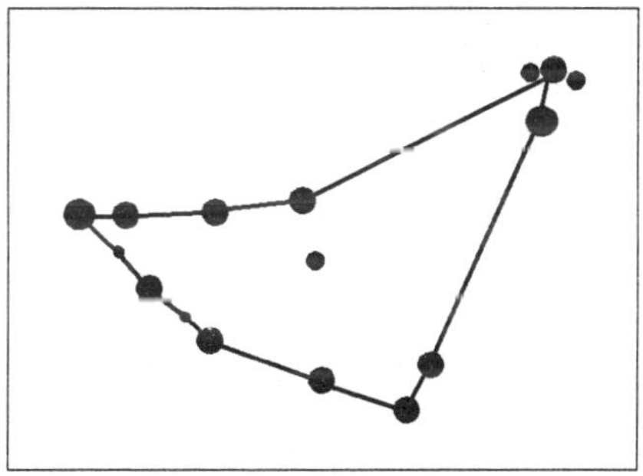

"... gnadenlos
Peitscht der Schirokko das Großsegel, wenn der Steinbock
Die Sonne ins Exil bringt, und Zeus bittere Kälte schickt,
Und die frierenden Matrosen erstarren." Aratus

"Deine Kälte (der Du über die Winterzeichen herrschst,
Die Sonne uns verhüllst, bis Du uns wieder mit Tageslicht beschenkst)
Macht die Händler reich." Manilius

Steinbock am Himmel

Steinbock ist gleich nach seinem Gegenpol Krebs die unscheinbarste Konstellation im Tierkreis. Man erkennt sie vorwiegend an ihrem hellsten Stern Algedi, der in Wirklichkeit ein Sternenhaufen ist, der aus fünf Sonnen besteht. Die beiden leuchtstärksten Sterne des Algedi kann man mit bloßem Auge erkennen. Die gesamte Konstellation ähnelt eher einem Dreispitz oder einem Vogel im Flug als einem Ziegenbock. Der oben erwähnte Sternenhaufen ist an der westlichen Spitze (des Vogelflügels) angesiedelt; auf der östlichen Seite findet man noch einen weiteren relativ hellen Stern namens Deneb Algedi (Schwanzende des Ziegenbocks).

Bei der Suche nach der Steinbockkonstellation am Himmel ist es hilfreich, einige seiner auffälligeren Himmelsnachbarn zu orten. Sobald das nördliche Kreuz (oder Cygnus, der Schwan) senkrecht über dem frühen Herbsthimmel erstrahlt, taucht der Ziegenfisch (Steinbock) direkt im Süden auf. Deneb (der Schwanz des Schwans) ist ein gleißend weißer Stern, der direkt nördlich von Deneb Algedi steht. Altair, ein Stern der ersten Helligkeit in Aquila, dem Adler, hält sich auch unmittelbar nördlich von Algedi im westlichen Teil der Konstellation auf.

Im Steinbock gibt es zwei Erscheinungen von astronomischem Interesse. Das erste Phänomen ist ein kugelrunder, südwestlich von Deneb Algedi angesiedelter Sternenhaufen, den man mit einem guten Fernglas erkennen kann. Die sogenannten Kaprikorniden, ein Schwarm aus länglichen, hellen, langsam ziehenden Meteoren, der jedes Jahr im späten Juli sichtbar wird, sind die zweite Sehenswürdigkeit (Sidgwick, S. 240).

Die Konstellation des Ziegenbocks liegt gänzlich unterhalb des Himmelsäquators, im Westen grenzt sie an den Schützen, im Nordwesten an Aquila. Genau nördlich von ihr stehen Delphinus und Cygnus, in östlicher Richtung schließt sich der Wassermann an, und im Süden befindet sich die Konstellation Mikroscopi und Fische Austrinus.

Die Symbolik des Steinbocks

Der Steinbock wird durch zwei Arten desselben Tieres vertreten, Bergziege und Ziegenfisch. Das rechte Emblem (zu Beginn des Kapitels) trägt eherer die Symbolik des Ziegenfisches. Der linke Teil des Wahrzeichens stellt die Hörner und den Kopf des Tieres dar, wogegen man in der geschwungenen Linie der rechten Hälfte den gebogenen, schuppigen Fischschwanz erkennen könnte.

Steinbock nimmt innerhalb des Tierkreises die zehnte Stelle ein. Seine Stellung ist bedeutsam, weil er im Zenit des Himmels steht. Bei näherer Betrachtung dieses Faktors offenbaren sich viele Steinbockeigenschaften. Die Bergziege bewegt sich vorwiegend hoch oben auf gefährlichen Felsen und an steilen Abhängen. Ihre dünnen Beine scheinen gegen ihre Zähigkeit zu sprechen, aber sie ist sich ganz sicher, daß ihre Hufe fest und unerschütterlich auf diesen hochgelegenen Klippen stehen. Ihre Kletterwerkzeuge hat sie im Lauf von Millionen Jahren entwickelt und nutzt sie geschickt, um auf die Höhen ihrer Bergheimat zu steigen. Auf der Suche nach Nahrung klettert die Bergziege stetig und mit wachsender Zielsicherheit zu ihrem erwählten Gipfel hinauf. Sie weiß, mit jedem Schritt bergauf rückt ihr ersehntes Ziel, die saftigen Blätter und Pflanzen, immer näher. Sie handelt nicht so impulsiv wie der Widder, der den Berg hinaufstürmt und dabei hin und wieder stolpert und hinfällt. Die Bergziege wägt jeden Schritt genau ab. Obwohl sie eifrig ist, überstürzt sie nichts. Wenn nötig, kann sie ihren äußeren Hunger im Zaum halten, während sie innerlich die nächste Phase ihres Bergaufstiegs plant.

Der Ziegenfisch ist natürlich eine mythologische Figur, die zur Veranschaulichung der esoterischen Anlagen des Steinbocks erfunden wurde. Die Vorderseite des Ziegenfisches (der auch Meerziege genannt wird) entspricht genau der Bergziege, sie verfolgt ähnliche Ziele - sie greift nämlich an. Die Meerziege ist gleichwohl eine göttliche Kreatur, die den unerschöpflichen Reichtum des Ozeans bereits besitzt und nun an Land klettert, um zu sehen, wie diese Mittel am vorteilhaftesten gebraucht und für die Bewohner der Erde in Materie verwandelt werden können. Die Bergziege trachtet einzig und allein danach, ihren eigenen Hunger zu stillen und die von ihr eingenommene Position noch zu erweitern und zu erhöhen. Der Ziegenfisch hat dieses Spiel bereits durchexerziert und weiß, daß die Schalthebel der eigentlichen Macht und des Wohlstands sich nicht im Wirkungskreis der Ego-Persönlichkeit befinden.

Die Meereswellen haben im Lauf der Jahrtausende Berge abgetragen und ihre Felsbrocken zu Sand zerrieben. Dem Ziegenfisch stehen sämtliche Rohstoffe, Mineralien und wertvollen Erze der Erde zur Verfügung. Seine innere Weisheit drängt ihn dazu, die Edelmetalle zum Wohl der Allgemeinheit zu verwenden. Mit diesem inneren Auftrag steigt er aus dem Meer (des kollektiven Unbewußten), wo er uneingeschränkte Bewegungsfreiheit besaß. An Land opfert er seine Freiheit, nimmt Einschränkungen auf sich und steigt in die verdichtete, schwere Erdsphäre. Von jetzt an sammelt er die Schätze der Erde und baut Neues aus ihnen. Dem Formlosen verleiht er Gestalt, und sein errichtetes Gebäude macht es vielen möglich, zu wachsen und zu gedeihen. In dieser Hinsicht wirkt der Ziegenfisch als Diener der Menschheit, wohingegen die Bergziege ihren Lebensstil beibehält und erwartet, daß andere ihr dienen.

Das Knie ist der Teil des menschlichen Körpers, der dem Steinbock zugeordnet ist. Das Kniegelenk ist wichtig, da es dem Menschen bei seinen Weg nach oben die nötige Beweglichkeit verschafft. Sind die Beine allerdings steif und unbeugsam, ist ein Vorwärtskommen nur erschwert möglich. Beim höher entwickelten Steinbockmenschen gibt das Kniegelenk nach, er beugt die Knie vor Gott, auf daß der Geist ihn infolge dieser Demutsbezeugung bestärken möge.

Steinbock in Mythologie und Geschichte

Wie bei den meisten Tierkreiszeichen sind die Ursprünge des Steinbocks in der Frühzeit des klassischen Altertums zu suchen. Steinbock wurde jedoch zu allen Zeiten als heiliges Zeichen geschätzt, denn in seiner Herrschaftsperiode findet die Wintersonnenwende statt, wonach die nördliche Erdhalbkugel wieder mehr Tageslicht erhält.

Bei unseren Nachforschungen in den Geschichtsarchiven stellten wir fest, daß der ägyptische Tierkreis von Denderah das Zeichen Steinbock als Menschen darstellt, der den Kopf eines Ibis (Storchenvogels) trägt und auf einer Bergziege daherreitet. Der berühmte englische Orientalist Henry Sayce entdeckte im 19. Jh., daß das sakrale Priestergewand der babylonischen Geistlichen aus Ziegenhäuten angefertigt war. Im assyrischen Kalender setzte man den zehnten Monat Dhabitu (entspricht dem Zeitraum unseres heutigen Steinbockzeichens von Dezember bis Januar) mit dem Ziegenbock gleich.

Wenden wir uns der fernöstlichen Tradition zu. Der französische Astronom Flammerion bestätigte im frühen zwanzigsten Jahrhundert, daß chinesische Astrologen im Jahre 2449 v. Chr. eine Konjunktion von fünf Planeten im Tierkreiszeichen Mo-Ki (Ziegen-Fisch) entdeckt hatten. Im Lauf der Jahrhunderte hat sich die Namensgebung der Figuren des chinesischen Tierkreises verändert. Mo-Ki ist bereits ein modernerer Name für dessen zehntes Tierkreiszeichen. Die älteren chinesischen Astrologen der Antike bezeichneten den Ziegenbock als Ochsen oder Himmlischen Stier. Die altertümliche Hindubezeichnung für Steinbock lautete Makaran und bedeutet Antilope. Von dieser Figur gibt es auch Abbildungen, die sie als Ziegenkopf auf einem Nilpferdleib zeigen, womit ihre amphibische Natur angedeutet wird.

Im Alten Testament finden wir einen weiteren Hinweis, aus dem hervorgeht, daß das zehnte Tierkreiszeichens mit einem gehörnten Geschöpf gleichgesetzt wurde. Urvater Jakob schrieb es dem Stamm seines Sohnes Naphthali zu, über den geschrieben steht: "Nafthali, die flüchtige Hirschkuh, versteht sich auf gefällige Rede" (Genesis 49, 21).

In diesem bezeichnenden Ausspruch liegt eine tiefere Bedeutung, die wir näher untersuchen wollen. Der junge Hirsch ist ähnlich wie die Ziege ein Lebewesen, das sich in den Bergen aufhält. Die "gefällige Rede" trägt der Tatsache Rechnung, daß der Steinbock zu Beginn des Winters die Wiederkunft des Frühjahrs im Widdermonat verspricht.

In der lyrischen Mythologie der Griechen und Römer findet man den Gott Pan als Verkörperung des Steinbocks. Die Legende berichtet uns, daß die Götter des Olymp in Ägypten Zuflucht suchten, als der Krieg zwischen der Götterwelt und den irdischen Titanen wütete. Typhon, der Anführer der Riesen, war den Göttern auf den Fersen. Um selbst keinen Schaden zu erleiden, mußten alle Götter und Göttinnen sich verstellen und eine andere Gestalt annehmen. Pan sprang in den Nil und verwandelte seinen Oberkörper in den einer Ziege, sein Unterleib wurde zu einem Fisch. Später bekam der unbesiegbare Zeus-Jupiter die Riesen zu fassen und bombardierte sie mit seinen Donnerkeilen. Als Anerkennung für seine originelle Verkleidung belohnte er den Gott Pan und wies ihm einen Platz am Himmelszelt an.

Pan und Bacchus (ein anderer Unsterblicher, der mit dem Ziegenbock in Verbindung gebracht wird) gehörten nicht zu den keuschen und ehrenwerten Göttern. Sie repräsentieren eine sinnliche Begierde, die man bei vielen sterblichen, erdigen Steinbockgeborenen findet.

Das lateinische Wort Pan bedeutet Weideland. In den verschiedenen modernen romanischen Sprachen heißt Pan Brot, das unser Hauptnahrungsmittel ist (französich le pain, spanisch el pan, italienisch il pane und portugiesisch o pao). Bei der ausführlichen Beschreibung der Charaktereigenschaften der Steinbockgeborenen wird deutlich, daß sie sich durch diesen Wesenszug als "Brotverdiener" auszeichnen. Bei der etymologischen Untersuchung von Pan müssen wir hinzufügen, daß der Begriff Steinbock (Capricornius) sich aus zwei lateinischen Wörtern zusammensetzt, deren Bedeutung "Ziegen-Horn" ist.

Wenn auch im Alltagsleben eines Steinbocks das "Pan" (Brot) nicht immer aus den reinsten Bestandteilen zubereitet wird, so gibt es doch eine weitere Angehörige des Olymp, welche die höchsten Auszeichnungen des Ziegenfisches auf sich vereinigt, die Göttin Vesta, der die heiligen Vestalischen Jungfrauen geweiht waren.

Berühmte Steinbockgeborene: Cicero, geboren am 3. Januar 106 v. Chr.; Matthäus, der Steuereintreiber und Apostel Jesu

Steinbock im Jahreszyklus der Natur

Der Winterschlaf hat nun endgültig seinen Einzug gehalten. Die Nächte auf der nördlichen Erdhalbkugel sind die längsten des Jahres. Das menschliche Leben findet nun gänzlich im Inneren statt. Schlaf bedeutet aber weder für Menschen, Tiere noch Pflanzen notwendigerweise Tod.

Während dieser Jahreszeit, die von feierlichem Ernst geprägt ist, finden die Menschen Zeit, ihre Vorhaben im kommenden Frühjahr zu überdenken, wenn sie alsbald mit den Sonnenstrahlen des Widders erneut aufbrechen werden. Die Saat des Sommers verbirgt sich in der winterlichen Stille. Im Steinbockmonat werden die Tage allmählich länger, und in allen Reichen der Natur regt sich neues Leben, das aus dem Winterschlaf aufbricht. Der Steinbock vermittelt äußerlich Ruhe, während eine innere Rastlosigkeit allgegenwärtig ist, die durch den Willen zu leben und zu überleben ausgelöst wird. Nun gilt es abzuwarten, bis der himmlische Jahreskreislauf die Sonne wieder höher in den Norden hinaufsteigen läßt, damit ihre Glut unsere Erdhalbkugel zu neuem Leben erwecken möge.

Christus wurde im Monat des Steinbocks geboren. gleichwohl entspricht die Macht des Vaters, dessen Vertreter er ist, zu diesem Zeitpunkt erst dem Status eines Neugeborenen. Saturn, der alte Mann mit der Sichel, räumt am 31. Dezember um Mitternacht seinen Platz, damit das Kind am 1. Januar an seine Stelle treten kann. Die Menschheit feiert das Ereignis seiner Geburt als Rückkehr der Sonne. Das Christkind ist nämlich das personifizierte Versprechen der Überwindung des Todes und des ewigen Lebens. Es wurde am 25. Dezember geboren und nach seiner Beschneidung, wo es sozusagen mit Gottvater einen Bund geschlossen hat, der es verpfichtet, seine schöpferischen Kräfte weise zu gebrauchen, wird es am Morgen des achten Tages zum zweiten Mal geboren. Inzwischen ist der Neujahrstag gekommen, und die Tage werden wieder länger.

Als Vertreter der Rolle des Sündenbocks spült der Steinbock durch Schnee, Regen und Stürme alle Sünden der Erde hinweg. Er nimmt die Verantwortung für die Taten der Menschen auf sich, während der nahende Wassermann der Menschheit erneut Gelegenheit gibt, sich zu wandeln.

Pflanzen, die dem Steinbock zugeordnet sind: Schierling, Bilsenkraut, Nachtschattengewächse und schwarzer Mohn

Steine und Edelsteine, die dem Steinbock zugeordnet sind: Onyx, Gagat (Pechkohle), Saphir, Kohle und sämtliche schwarzen bis grauen Mineralien

Steinbock in der Mundanastrologie

In der Mundanastrologie ist der Steinbock von ganz besonderer Bedeutung. Zum Zeitpunkt der winterlichen Sonnenumkehr (0 Grad Steinbock) werden Horoskope der verschiedenen Längen- und Breitengrade der Nationen errechnet. Die Ergebnisse werden in tabellarischer Form veröffentlicht; mit ihrer Hilfe kann der Astrologe sehen, welche planetarischen Einflüsse sich im Lauf des kommenden Jahres auf die allgemeine Weltsituation niederschlagen werden.

Folgende Länder, Städte und Völker sind eng mit der Schwingung des Tierkreiszeichens Steinbocks verbunden:

Länder: im Altertum: Mazedonien, Illyrien und Thrakien. In der Neuzeit: Teile von Griechenland, Albanien, Litauen, Bulgarien, Afghanistan, Mexiko, Indien und Bayern

Städte: Oxford, Brüssel, Port Said, Delhi und die Stadtverwaltungen der meisten Städte fallen unter den Steinbockeinfluß

Volksgruppen: Hindus und Juden

Die Tradition der Hindus und die Restriktionen, die denjenigen auferlegt werden, die durch Befolgung der verschiedenen Yogadisziplinen Erleuchtung anstreben, sind ihrem Wesen nach ganz sicher vom Steinbock geprägt. Wie bereits erwähnt, sind die Juden in hohem Maß von Widder beeinflußt. Im Hinblick auf ihr äußeres Verhalten und ihre Körpermerkmale trifft dies zweifellos zu.

Untersucht man jedoch die mystischen Schulen der Juden, findet man ein Lehrsystem, das so kompliziert und in sich geschlossen ist wie die Überlieferungen der hinduistischen Yogis. In der Geschichte des weltlichen Lebensstils beider Völker findet man ein Kastensystem, eine Unmenge von Regeln, die im alltäglichen Leben zu befolgen sind, und eine totale Vermischung der irdischen und religiösen Aspekte des Daseins. Steinbock bildet das Gerüst und den Rahmen, um den sich der Körper aufbaut. Die gesamte uns überlieferte Geschichte und die moderne Gesellschaft berufen sich auf diese beiden Rassen, die Hindus im Osten und die Juden im Westen. Als einzige größere Ausnahme sind jene Teile Afrikas zu nennen, die ein anderes kulturelles Erbe vorzuweisen haben und weder vom Islam noch vom Christentum beeinflußt wurden. Diese beiden Religionen sind natürlich aus der jüdischen Tradition hervorgegangen.

Physiognomie und Temperament des Steinbocks

Im allgemeinen sind Steinbockmenschen mittelgroß, ihre Gesichtsfarbe ist etwas dunkler als bei ihrer jeweiligen Rasse oder ethnischen Gruppe üblich. In der Regel neigen sie zu schlankem Wuchs und sind selten übergewichtig, es sei denn, außergewöhnlich starke Venus- oder Jupitereinflüsse wirken. Dieses Tierkreiszeichen läßt sich nicht einfach nach äußeren Gesichtspunkten bestimmen. Seine Angehörigen umgibt ein gewisses Flair, das den Betrachter stärker beeindruckt als auffällige Körpermerkmale. Normalerweise haben sie eine ernste Ausstrahlung. Sie sind von Natur aus nicht leutselig oder übertrieben lustig. Obwohl viele Steinbockgeborene sehr humorvoll sein können und Mutterwitz haben, ist unter ihrem Lachen ein tiefgründiger Wesenskern spürbar.

Die Steinbockerde gleicht nicht dem fetten Ackerboden des Stiers oder dem Dünensand der Jungfrau. Seine Erde ist das Gebirge, das aus dem Erdinneren kommt und sich hoch in den Himmel hinein auftürmt. Es wächst nur äußerst langsam und erweitert seinen Umfang erst im Wandel der Zeiten. Die Steinbocknatur bringt deshalb tüchtige, energiegeladene Menschen hervor, die, zumindest soweit es ihre eigenen Ziele betrifft, mit ganzer Lebenskraft zupacken.

Wie bei den anderen erdbetonten Zeichen sind die wirklichen Gefühle des Steinbocks in ihm selbst begraben. Ihm ist es fremd, auf das äußere Geschehen emotional zu reagieren; statt dessen zeigt er sich kühl und gelassen. Gelegentlich bringt er dadurch die leicht erregbaren Vertreter der Feuer- und Luftzeichen etwas aus der Fassung. Steinbockmenschen machen sich oft Sorgen und leiden dann unter einer gewissen erdrückenden "Schwermut", die sie nicht ohne Schwierigkeiten ablegen können.

Ihr Wesen ist das genaue Gegenteil des jovialen Schützen. Neigt dieser dazu, überaus optimisch gelaunt zu sein, so ist die Bergziege pessimistisch. Für Jupiters Kinder ist der Berg bereits erklommen, ehe sie überhaupt mit dem Aufstieg beginnen. Saturns Nachkommen können sich die allerhöchsten Gipfel vorstellen, leben jedoch stets in der Realität ihres momentanen Standpunktes. Der Schütze sagt, "Oh, diesen Berg schaffen wir im Handumdrehen", und fängt unverzüglich an zu klettern. Der Steinbock bereitet sich sehr sorgfältig auf die Reise vor und macht sich Gedanken, ob er auch alles eingepackt hat, was er brauchen könnte. Die Bergziege möchte nichts dem Zufall überlassen, während der Schütze sich in allem auf die Vorsehung und die Zuversicht in seine eigenen Fähigkeiten verläßt.

Steinbockmenschen sollten lernen, ihren Glauben an den universalen Plan zu entwickeln und die Hoffnung in sich zu nähren. Das Sprichwort lehrt uns: "Der Glaube kann Berge versetzen." Dies sollten sie sich zu Herzen nehmen und versuchen, es in ihrem täglichen Leben anzuwenden.

Steinbock im Umgang mit Menschen

Als wir die Tierkreisgrenze zwischen Jungfrau und Waage überschritten, sind wir in den Herrschaftsbereich der Gesellschaft eingetreten. Die Erkundung des personifizierten Selbst des Menschen fand im Krebs ihren Höhepunkt. Mit zunehmender innerer Zuversicht nahm der Mensch allmählich die Auseinandersetzung mit den übrigen Mitgliedern seiner Rasse in Angriff. In sozialer Hinsicht erreicht der Mensch im Steinbock ein ausgereiftes soziales Bewußtsein. Nachdem er seinen Beitrag für seine Mitmenschen geleistet hat, überschreitet der Mensch das Meer der Fische, um im Widder erneut seine Wiedergeburt zu erfahren. Im Gegensatzpaar Krebs-Steinbock können wir Unterschiede erkennen, die ein Individuum, eine Familie oder eine Sippengemeinschaft ausmachen und die eine Zivilisation charakterisieren, die einen Zusammenschluß unterschiedlicher Völker und ethnischer Gruppen darstellt. Dieser Kräfteverband ergibt eine größere Wesenseinheit, den Staat.

Er ist das universale terrestrische Elternpaar, das alle seine Untertanen schützt und nährt, die unter seiner Flagge leben. Als Gegenleistung für seinen Schutz verlangt der Staat von seinen Bürgern, daß sie ihn im Angriffsfall verteidigen, ihm Gemeinschaftseigentum übereignen und geistig solidarisch mit ihm sind. Im Grunde führt der Staat ein eigenständiges Leben, denn wie jedes andere Wesen wird er geboren, lebt und stirbt. Da dieses Konzept zunächst etwas schwer verständlich sein kann, geben wir an dieser Stelle einige erklärende Beispiele.

Ungefähr 3200 v. Chr. wurde das antike Ägypten geboren. Es geschah in der Regierungszeit von König Menes, der die vereinzelten Stämme, die längs des Nilufers angesiedelt waren, vereinte. Die Geschichte Ägyptens umfaßte ungefähr dreißig Dynastien und ereignete in einem Zeitraum von etwa 3000 Jahren. Sie unterteilt sich in drei Perioden, das alte, mittlere und neue Königreich. Grobgesagt wuchs Ägypten während der ersten 1500 Jahre heran und erreichte dann seine Blütezeit, während der 750-jährigen Phase des reifen Erwachsenenalters erlebte es eine großartige Fruchtbarkeit, und im Verlauf der restlichen 750 Jahre alterte es allmählich und fand schließlich sein Ende.

Ein anderes Beispiel bietet das nationalsozialistische Deutschland, das nur zwölf Jahre existierte. Es verkörpert eine ganz andere Energieform und wurde durch Hitler und dessen engste Mitarbeiter personifiziert. Dieses Regime wurde vom Widerhall seiner eigenen schrecklichen Negativität vernichtet, aber es wurde auch geboren, lebte und starb.

Die Vereinigten Staaten von Amerika hatten ihren offiziellen Geburtstag (Gründungstag) am 4. Juli 1776. Seither haben sie im Vergleich zu der 5000jährigen Geschichte Chinas oder dem 900 Jahre alten England erst 200 Jahre überstanden und sind deshalb noch in ihren Flegeljahren. Viele Mundanastrologen und nicht astrologisch geschulte Historiker geben das Jahr 1066 als Gründungsdatum Englands an. Dies entspricht natürlich der Zeit, als Wilhelm der Eroberer aus der Normandie den Ärmelkanal überquerte und das Land der Angelsachsen eroberte.

Steinbock symbolisiert nicht nur die Nation, sondern auch erfolgsorientierte administrative und/oder wirtschaftliche Institutionen. General Motors ist ein gutes Beispiel für Steinbockgrundsätze. Dieses Unternehmen verfügt über eine Treuhandgesellschaft, eine riesige Anzahl von Aktionären und eine Vielzahl von Arbeitnehmern samt Familienangehörigen, deren Lebensunterhalt durch seine solvente Geschäftsführung gewährleistet wird. Alle arbeiten für das Wohl der Firma. Ihr Erfolg und Wachstum hängt unmittelbar von allen Personen ab, die wirtschaftlich mit ihr verbunden sind. Dieser Wirtschaftsriese "gehört" allen, während er umgekehrt auch alle "besitzt".

Ein gigantischer Bildungskomplex wie zum Beispiel die Oxford Universität hat gleichfalls eine steinbockorientierte Macht- und Wirtschaftsstruktur (höhere Bildung wird natürlich von Schütze regiert). Alle Einkünfte der Universität werden zum Ausbau der Bildungsstätte verwendet, damit bessere Lehrmittel für Studenten und Lehrpersonal bereitgestellt werden. Jeder, der mit der Verwaltung der Oxford Universität oder irgendeinem anderen Lehrinstitut zu tun hat, wächst auch als Einzelwesen durch seine Anteilnahme an der Entwicklung der Bildungsstätte. Im Lauf der Jahre entsteht eine Tradition und Reputation, die der Universität Charakter verleiht. Gewisse Schwingungen zieht sie an, während sie andere abstößt. In gleicher Weise entwickeln Nationen oder Städte ihre eigene "Persönlichkeit", die sich auf die Einwohner niederschlägt, ganz gleich, was sie persönlich denken oder welchem sozioökonomischen Milieu sie angehören. Man muß nur einmal ins Ausland reisen, um zu erfahren, daß die nationale Schwingung des eigenen Heimatlandes das persönliche Erscheinungsbild seiner Bürger mitprägt. In der Fremde wird man ständig als Deutscher (oder Amerikaner) erkannt (oder man weiß seinerseits, wer in einer Masse von Touristen Franzose, Italiener oder Schwede usw. ist).

Weitere Persönlichkeitsmerkmale der Länder sind häufig ihre Spitznamen oder Geschlechtszuweisungen. Die Vereinigten Staaten kennt man auch als Onkel Sam. Ihm ist die recht burschikose, aber freundliche Wesensart des doppelzüngigen Zwillingstyps zu eigen. Er fordert ständig Geld oder Talente und investiert das Potential seines Volks sowohl im eigenen Land als auch im Ausland, um es auf diese Weise besser abzusichern und reicher und stärker machen zu können. Die (ehemalige) UdSSR war schon immer "Mütterchen Rußland", während man Deutschland als "Vaterland" kennt.

Staatsoberhäupter werden von Steinbock regiert. Sobald sie das höchste Amt innehaben, gelten sie nicht mehr als Persönlichkeit, sondern vielmehr als menschliche Vertreter des kollektiven Bewußtseins des Staats. Wer von der Mehrheit eines Volks in freier Wahl gewählt wurde, repräsentiert zweifellos den Bewußtseinsstand jener Leute, ungeachtet der Stimmen der oppositionellen Minderheiten. Dies gilt für den örtlichen Präsidenten der Eltern- und Lehrerorganisation genauso wie für den Präsidenten der BRD.

Der Steinbock trachtet nach staatlicher Macht, ihm liegt an der Autorität des Monarchen. Er zieht es vor, nicht in persönlicher Weise auftreten zu müssen; vorzugsweise verhandelt er hinter seinem Schreibtisch, bringt einen Ehrentitel oder sein Ansehen zur Geltung, was ihm materiellen Wohlstand einbringt. So handelt er überlegen und mächtig in der Welt und behält die Kontrolle in der Hand. Ihm gefällt es ganz und gar nicht, wenn jeder x-beliebige seine Nase in sein Privatleben steckt. Und wenn er gesellschaftlichen Verpflichtungen nachkommt, wahrt er ein bestimmtes öffentliches Image, das ihn repräsentieren soll. So wie er alles in seinem Leben mit großer Sorgfalt angeht, formt er auch sein Ansehen mit großer Sorgfalt. Sollte jemand damit drohen, es zu schänden, oder rückt dieser seinem Wesenskern zu nahe, wird der Steinbockmensch sich von dem "anstößigen" Fremden distanzieren.

Die Bergziege hat viele Geschäftspartner, jedoch nur wenige Freunde. Jahrelang hat sie die Treue ihrer Freunde geprüft und sich als deren zuverlässiger Partner erwiesen. Der Steinbock ist sehr großzügig und opfert sich für seinen Kreis von Vertrauten auf. Er nimmt bereitwillig viele Lasten und Probleme derer auf sich, die ihm am Herzen liegen. Eher darbt er selbst, als daß er mit ansehen müßte wie seine Freunde leiden.

Bei den meisten Anlässen, bei denen es um persönliche Dinge anderer geht, kann der Steinbock so ungerührt sein wie ein Berggipfel. Er ist nicht bereit, sich in die Angelegenheiten anderer einzumischen und ignoriert alle Probleme, mit denen er sich nicht auseinandersetzen will. Dennoch ermöglicht ihm genau diese Distanziertheit, seine Führungsqualitäten zu entwikkeln. Er kann ungestraft Menschen herumzukommandieren. Persönliche Einwände sind bedeutungslos, wichtig ist nur, daß der gesamte Organismus erhalten bleibt und stärker wird. Steinbock ist der Lehrer, der seinen Schülern scheinbar gnadenlos eine Unmenge Hausaufgaben aufgibt, der jedoch am Ende des Jahres mehr Einserkandidaten vorzuweisen hat als irgendein anderes Mitglied des Lehrerkollegiums. Als Yogi verzichtet er auf zeitweilige Sinnesfreuden, damit seine Seele in die Freiheit des Lichts gelangt. Als Regierungsoberhaupt stellt er einen Fünfjahresplan auf, der womöglich seinem Volk soziale Härten auferlegt, damit die zehn nachfolgenden Generationen ein gutes Leben führen können.

Der Steinbock bemüht sich um Wachstum, das auf traditionellen Werten und ererbten Ressourcen beruht. Steinbock übernimmt die bestehende Ordnung und erweitert sie schrittweise ohne Einbußen bis zur nächsten Entwicklungsstufe. Ein gutes Beispiel dafür ist der Steinbock Mao Tse Tung, der auf seinem Langen Marsch 90 000 Menschen auf einem 9 650 Kilometer langen Treck ins Gebirge von Yunan führte. Gemeinsam transportierten sie alle Dokumente und Bücher seines Regimes, und als er von den Bergen ins Flachland herunterkam, eroberte er die größte Nation der Welt.

Steinböcke sind sehr praktisch und pragmatisch veranlagt. Selbst bei einer Liebesbeziehung, die eine Ehe zu werden verspricht, prüft der Steinbockmensch die bevorstehende Verbindung nicht nur aus der Sicht seines Herzens. Mag er seine Braut oder sie ihren Bräutigam auch noch so lieben, ein Steinbock legt doch großen Wert auf die gesellschaftliche und wirtschaftliche Schicht, aus der die/der Zukünftige stammt, und erkundigt sich, ob finanzielle Rücklagen vorhanden sind. Ein Steinbock heiratet aus Liebe und Prestigegründen, der "Super-Steinbock" verzichtet womöglich aus Geltungsdrang auf Liebe.

Ein Steinbockmensch muß darauf achten, daß sein Hang zu Snobismus nicht Besitz von ihm ergreift. Er läßt sich zu leicht durch materiellen Erfolg blenden. Dagegen zeigt er hin und wieder seinen Mitmenschen, die weniger Glück hatten oder ihm in seinen Langzeitplänen kaum von Nutzen sein können, die kalte Schulter. Die Bergziege ist nicht allein auf Geld versessen (diese Eigenschaft trifft eher auf den Stier zu); vielmehr reizt sie die

Macht, die ihr Geld verschaffen kann. Wir müssen bedenken, daß Stier ein fixes Zeichen ist, deshalb sind ein sicheres Bankkonto und persönliches Eigentum von größter Bedeutung für ihn. Steinbock ist ein Kardinalzeichen, und seine Neigung, zu kaufen und zu verkaufen, zu handeln und zu manipulieren, zu reisen und mit Geschäftsführern zu verhandeln, ist viel ausgeprägter als bei seinen Stiergeschwistern. Stier liebt seinen Besitz und behält ihn, während Steinbock ihn arbeiten läßt. Aufgrund seiner zahlreichen wirtschaftlichen Beteiligungen wächst der Einfluß des Steinbockgeborenen über seine Mitmenschen, was ihm wichtiger als alles andere ist. Geld und Personen zählen nur als Mittel, die ihn seinem eigentlichen Ziel - der Machtübernahme - näherbringen.

Der Steinbock will nicht nur der Brotverdiener sein, sondern eher noch der Bäcker. Beim Monopoly spielt er am liebsten den Bankier, beim Roulette "sprengt er die Bank", und beim Kartenspiel Einundzwanzig (Blackjack) besteht er darauf, die Karten austeilen zu dürfen. Er selbst frönt jedoch nicht der Spielleidenschaft, weiß er doch nur zu gut, daß bei derlei Spielen stets der Casinobesitzer im Vorteil ist. Er hat die Spielregeln sehr wohl studiert und beherrscht sie. Er geht nach seiner speziellen Methode vor, die ihm erlaubt, bei geringstem Einsatz in jeder Hinsicht das meiste für sich herauszuholen. Sein Leitspruch lautet: "Dem Sieger gehört alles", und er hat sich vorgenommen, den Preis zu erringen. Leider meint er gelegentlich, daß alle auf der Welt so denken wie er, und womöglich kämpft er unentwegt dafür, sich den Status des "Klassenprimus" zu sichern. Der Ehrgeiz des Steinbockmannes kennt keine Grenzen. Steinbockfrauen finden sich häufig in der Geschäftswelt oder Politik. Sie eignen sich ausgezeichnet als Ehefrauen karriereorientierter Partner. Wehe jedoch dem arbeitsscheuen Ehemann, der sich nicht viel aus beruflichem Erfolg macht. Sie nörgelt ständig an ihm herum und setzt ihn mächtig unter Druck.

Was bis hier geschrieben steht, führt leicht zu der Annahme, daß man sich die Bergziege lieber nicht als Freund wünschen sollte. Es wurden jedoch nur die elementaren Steuerungsmechanismen erwähnt, die den Steinbockmenschen motivieren. In welcher Weise diese Charaktereigenschaften zum Ausdruck kommen, kann im Einzelfall höchst unterschiedlich sein und hängt von der seelischen Entwicklungsstufe des Betreffenden ab.

Es trifft zu, daß viele Steinbockmenschen einige der negativen Eigenschaften besitzen, die ihrem Tierkreiszeichen zugesprochen werden, was aber auch bei den anderen elf Zeichen der Fall ist. Wir befinden uns alle in unterschiedlichen Entwicklungsstufen, und keiner von uns (ob wir dieses

Buch lesen oder schreiben) hat bereits die höchstmögliche Ausdrucksform der positiven Anlagen seines Wesens gefunden, da wir zahlreiche Talente und Fähigkeiten verkörpern. Unsere vorteilhaftere Wesensseite kommt nur durch inneres Wachstum aus der Tiefe unseres Seins, dem Kraftzentrum jedes einzelnen, zum Vorschein.

Es liegt ein besonderer Grund vor, weshalb es für Steinbockgeborene (und auch für Skorpionmenschen) unerläßlich ist, ihre positiven Anlagen zu fördern. Diese beiden Tierkreiszeichen bieten außerordentliche Möglichkeiten, Macht und Meisterschaft über andere zu erlangen. Sein ausgesprochener Ehrgeiz, seine Klugheit und sein tiefes Verständnis für den wahren Wert von materiellen Dingen und Dienstleistungen verschaffen dem Steinbock im Lauf seines Lebens gewöhnlich eine Autoritätsposition. In häufigen Fällen ist er als Direktor, Präsident, Manager oder Chef tätig. Bei den Präsidenten der USA stehen Sonne oder Mond häufiger im Zeichen Steinbock als in irgendeinem anderen Tierkreiszeichen.

Wichtig ist vor allem, welches persönliche Ziel der Steinbockführer hat. Er kann erhebliche Zerstörungskraft entwickeln, wenn er seine Macht einsetzt, um sich auf Kosten seiner Untergebenen über sie zu erheben. (Stalin und Göring waren Steinböcke, Hitler und Göbbels hatten einen Steinbockmond.) Der wahre Steinbock sieht sich als Menschenfreund, als Gefäß, durch das die höhere Kraft strömt, die er dirigiert, um der Menschheit mit seinen Führerqualitäten zu helfen. Große Menschen wie die Jungfrau von Orleans, Benjamin Franklin, Martin Luther King, Albert Schweitzer und Swami Satchitananda waren Steinböcke.

Nur selten ist Steinbock mit dem von ihm geschaffenen Imperium zufrieden. Er spürt, daß es immer neue Bereiche zu erobern gibt, die er in seine Struktur einarbeiten kann. Welche Ursache steckt wirklich hinter dem kreativen Schaffensdrang des Steinbocks? Welche Kraft wirkt denn so stark in ihm und will sich ungehindert ausdrücken und ist zugleich so eng an das Materielle gekettet?

Der Grund dafür ist die Wintersonnenwende, die verspricht, daß aus dem Stoff der vorausgegangenen Zyklen ein neuer Lebenskreislauf hervorgehen wird. Das Neugeborene ist die Ursache, da es nicht nur aus den vereinten Energien seiner Eltern, sondern auch denen seiner Großeltern und deren Eltern, ad infinitum, entstanden ist. Man sagt, Steinbockmenschen müßten in ihrer Kindheit und Jugend mit Schwierigkeiten kämpfen, denn durch ihre Begrenztheit und Pflichten lassen sie sich davon abhalten, ihre Träume und Wünsche zu verwirklichen. Wenn sie älter werden, wird ihr Leben reichhaltiger, denn sie haben gelernt, Selbstdisziplin zu üben, und die Fähigkeit erworben, scheinbar widrige Umstände zu ihrem eigenen Vorteil zu nutzen. Erst im Alter entfaltet sich die Blüte der Steinbockweisheit, die allen Lernwilligen ihr Wissen zur Verfügung stellt. Je älter ein Steinbockgeborener wird, desto altersloser fühlt er sich.

Ein im Zeichen Steinbock geborenes Kind wurde neun Monate früher in der fruchtbaren Frühlingszeit des Stiers gezeugt. Nach seiner Geburt wird es im Wassermann- und Fischemonat an der Brust genährt und abgestillt, um alsbald im Widder als eifriger Heranwachsender vorwärtszustürmen.

Dem Wassermann fällt die Aufgabe zu, den kindlichen Geist aus sämtlichen alten Vorstellungen, Vorurteilen oder materiellen Fesseln zu befreien, die das Baby möglicherweise aus der Vergangenheit geerbt hat. Das neugeborene Kind kann auf diese Weise Herold einer neuen und besseren Menschheit sein. Vom Wassermann lernt es, daß alle Menschen Brüder sind. Er verleiht dem Kind intuitive Geisteskräfte, die es ihm ermöglichen, die gesamte Menschheit als kollektive Einheit zu erfassen.

Leitbegriffe des Steinbocks

positive Eigenschaften	negative Eigenschaften
umsichtig und selbstaufopfernd	geizig und fordernd
vertrauenswürdig und loyal	unsympathisch und verschwiegen
Organisator mit Führungsqualitäten	diktatorisch
fleißig	unersättlich ehrgeizig
tiefes spirituelles Wissen	Status- und Prestigedenken
kennt die Bedürfnisse anderer	opportunistisch

18
Wassermann - Ich suche mich durch die Menschheit

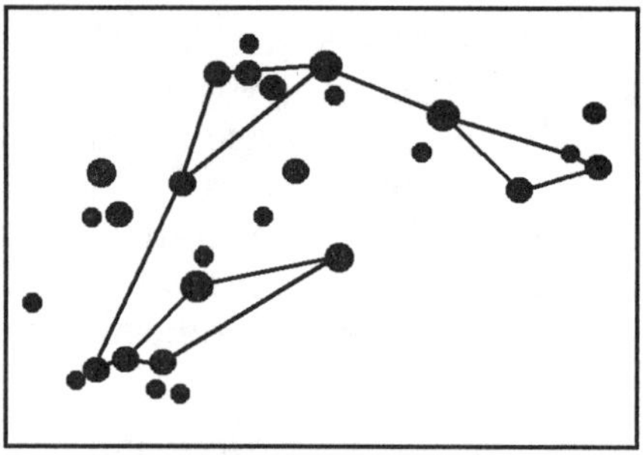

"Die Menschen sind bisweilen Meister ihres Schicksals.
Der Fehler, daß wir Handlanger des Schicksals sind, lieber Brutus,
liegt nicht an den Sternen, sondern an uns." Shakespeare, Julius Caesar

Wassermann am Himmel

Der Wassermann nimmt in der Himmelsgegend, die man in der euphratischen Astronomie als "Meer" bezeichnet, den bedeutendsten Rang ein. Diese Bezeichnung wählte man, weil sich in der Nachbarschaft dieser Himmelsregion Konstellationen häufen, die mit dem Element Wasser in Beziehung stehen. Kommen wir aus östlicher Richtung vom Steinbock, stoßen wir auf den Wassermann, dem die Fische folgen. Nordwestlich vom Wassermann befindet sich Delphinus. Im Süden von Wassermann liegen die südlichen Fische (auch als Fische Australis bekannt), und im Südosten schwimmt Cetus, der Wal, unterhalb der Fischekonstellation. Außerdem schlängelt sich der Sternenfluß Eridanus an Cetus vorbei und ergießt sich in die riesige Sternenkonstellation des Orion.

Der Wassermann wird üblicherweise in kniender Stellung dargestellt. Sein mit kosmischem Wasser gefüllter Krug ruht auf einer Schulter, und die Flüssigkeit ergießt sich vor ihm und zu seinen Füßen. Die Sterne, die das elfte Tierkreiszeichen bilden, leuchten schwach; sein hellster Stern erreicht nur die drittstärkste Helligkeit. Die Konstellation ist an ihrer pflugartigen Gestalt zu erkennen und an den vier Sternen, die ein Dreieck bilden, (mit einem Stern in der Mitte). Diese umreißen den Krug, den der Wasserträger hält.

Betrachtet man die Wassermannkonstellation durch ein gutes Fernglas oder ein einfaches Teleskop, kommen noch eine Menge Details seiner Formation zum Vorschein. Neben vielen Doppel- und Dreifachsternen entdeckt man schneckenförmige Nebel, die den Windungen einer Feder gleichen, und den Planetennebel, der ähnlich wie der Saturn aussieht. Hier sei erwähnt, daß am 23. September 1846 der Planet Neptun inmitten dieses Sternenhaufens entdeckt wurde.

Die besten Beobachtungsergebnisse erzielt man, wenn man den Wassermann in einer mondlosen Nacht betrachtet; er ist am südöstlichen Teil des Herbsthimmels zu sehen.

Die Symbolik des Wassermanns

Das Symbol des elften Tierkreiszeichens ist einfach. Es stellt zwei Wellen dar und ist die ägyptische Hieroglyphe für Wasser. Wie kommt es, daß der Wasserträger in Wirklichkeit ein Luftzeichen ist, wo dieses Tierkreiszeichen doch von so vielen augenscheinlichen Hinweisen auf Flüssigkeit umgeben ist (der Begriff "Aquarius" entstammt dem lateinischen Wort aqua = Wasser)?

Um diese Frage beantworten zu können, müssen wir die esoterische Bedeutung dieses Symbols näher untersuchen. Erstens handelt es sich um das Wasser des Bewußtseins, das der Wassermann aus seinem Krug austeilt. Das Konzept, daß alle Menschen Brüder sind, kann man intellektuell verstehen, jedoch nur intuitiv "sehen". Der Wassermann verkörpert die Macht des intuitiven Aspektes des Denkvermögens.

Der Wassermann ist ein vervollkommneter Mensch, der die Einheit der Menschheit versteht. Er kann seine rationalen und kommunikativen Fähigkeiten in Sprache und Schrift zur Geltung bringen, um anderen diese Botschaft nahezubringen. Das Wasser ist lebendig und erfüllt von Ideen, die der Menschheit von Nutzen sein können. So versteht man ohne weiteres, daß das elfte Tierkreiszeichen das Zeichen für Erfinder, Wissenschaftler, Okkultisten, Sozialarbeiter, politische Reformer und Revolutionäre ist.

Das Wassermannsymbol stellt keinen ruhenden See dar, sondern ahmt die Wellen nach, die über die Wasseroberfläche streichen. Es verdeutlicht den Wind, der die Wellen erzeugt, daher entsteht der Eindruck von Fortbewegung. Dies weist darauf hin, daß der Wassermann Wissensvermittler, Lehrer und inspirierter Visionär ist. Auf körperlicher Ebene werden diesem Tierkreiszeichen die Fußknöchel zugeordnet; seine beiden wellenförmigen Linien stehen für deren Beweglichkeit. Die beiden Linien drücken eine weitere Symbolik aus, nämlich die Schlangen der Weisheit. Die obere Wellenlinie steht für Intuition. Sie übermittelt der unteren, rational ausgerichteten Schlangenlinie großartige Konzepte. Die beachtlichen Geistesleistungen, welche die beiden heiligen Reptilien miteinander zustandebringen, sind unübertrefflich.

Im Altertum gab es nur drei Möglichkeiten, andere Länder mit Nachrichten zu versorgen. Kuriere mußten auf dem Landweg entweder zu Fuß, auf Tierrücken oder mit dem Schiff reisen. Diese drei Bewegungsarten spiegeln sich im elften Tierkreiszeichen wider. Eine weitere, vierte Art der Kommunikation, die bisweilen vorkommt, ist die telepathische Übertragung mittels der Gehirnwellen. Erst kürzlich haben Wissenschaftler entdeckt, daß das menschliche Gehirn mit Hilfe von elektrischer Ladung Botschaften empfängt und sendet. Aus diesem Grund schreiben wir alle telepathischen Übermittlungen und außersinnlichen Wahrnehmungen dem Wassermann und seinem Herrscherplaneten Uranus zu. Das Symbol des Wassermanns ist daher noch immer gültig, denn es repräsentiert auch sämtliche Kommunikationsarten, die mittels Luftwellen und elektrischen Impulsen übertragen werden. Aquarius steht für Informationsübermittlung via Satellit, Radio, Telegraph, Telefon, Television und für alle technischen Berufssparten, die damit in Verbindung stehen.

Untersuchen wir die Etymologie der drei letztgenannten Begriffe, wird die Funktion des Wassermanns im göttlichen Plan sogar noch deutlicher. Die griechische Vorsilbe Telos bedeutet "entfernt, in der Ferne". Demnach meint man mit Telegraph Fern-Schreiben (graphos = schreiben), Telefon entspricht Fern-Hören (phonos = hören) und Television bedeutet Fern-Sehen (der lateinische Begriff visere = sehen). Erwähnenswert ist noch die Bedeutung von Telepathie (pathos = fühlen): "aus der Ferne fühlen".

Unter der allgemeinen Überschrift "Kommunikation", die alle Luftzeichen betrifft, gilt folgendes: Informationen, die über eine kurze Distanz zugestellt werden, sind Sache der Zwillinge; die Waage bestimmt den Austausch auf der persönlichen Ebene; und im Falle des Wassermanns gilt - nur der Himmel setzt Grenzen!

Wenden wir uns wieder der Erde zu. Zwischen dem Wassermann und dem menschlichen Körper entdecken wir eine weitere Beziehung. Löwe, das dem Wassermann polar entgegengesetzte Tierkreiszeichen, herrscht über das Herz. Wassermann hingegen bestimmt die Funktionen des Blutkreislaufs. Das verzweigte System von Arterien, Venen und winzigen Kapillargefäßen gewährleistet, daß jede der Milliarden Körperzellen mit der roten Lebensflüssigkeit aus dem Herzen versorgt wird.

Wassermann in Mythologie und Geschichte

Zu allen Zeiten der überlieferten Geschichte der Astronomie ist das elfte Tierkreiszeichen entweder mit einem Mann oder einem Jungen in Verbindung gebracht worden, der Wasser aus einer Art Krug ausgießt. Bisweilen tauchte der Mann jedoch überhaupt nicht auf, und die ursprüngliche Himmelsbedeutung wurde nur dem Gefäß zugesprochen. Dies trifft insbesondere auf den arabischen Tierkreis zu, denn der Islam verbietet die künstlerische Darstellung des menschlichen Körpers.

Die Babylonier sahen einen Zusammenhang zwischen Wassermann und ihrem elften Monat, dem Shabatu, was Fluch des Regens bedeutet. Die Arkadier nannten das Tierkreiszeichen Ku-ur-ku oder Sitz des fließenden Wassers. Es war auch als Ramman, Gott des Sturmes, bekannt (Allen, S. 47). Im Alten Testament ist Wassermann im Stamme Rubens vertreten, dem sein Vater Jakob (Israel) die Erstlingswürde abgesprochen hat, weil "der Oberste in Würde und Macht wie Wasser aufwallte" (Genesis, 49, 3-4).

In der griechischen und römischen Mythologie gibt es zwei wesentliche Legenden, die das Tierkreiszeichen Wassermann charakterisieren. Die erste Entsprechung ist die geschichtlich dokumentierte Sintflut, die man in den mündlichen Überlieferungen aller Völker vorfinden kann. Im antiken Griechenland ist der Held der Geschichte Deukalion, der Sohn des Prometheus und der Klymene.

Zeus beschloß, die Menschheit zu vernichten, denn sie steuerte (wieder einmal) ihrem Niedergang zu. Er schickte eine große Flut, um die Menschheit auszulöschen. Deukalion erhielt von seinem unsterblichen Vater Prometheus eine Warnung über den bevorstehenden Sturm. Er wurde auch angewiesen, eine hölzerne Barke zu bauen, in der er und seine Frau Pyrrha sich in Sicherheit bringen konnten. Nach neun Tagen grauenvoller Regenfälle wurde das Paar am Berg Parnassus an Land gespült. Alsbald begaben sie sich nach Delphi, um das Orakel zu befragen, wie sie die Menschenrasse wiederbevölkern könnten. Sie empfingen die Weisung, daß sie ihren Kopf unter einem Schleier verbergen und Steine über ihre Schultern werfen sollten. Pyrrhas Steine wurden zu Frauen, und aus Deukalions Felsbrocken wuchsen Männer. Das junge Paar gründete gemeinsam mit dieser neuen menschlichen Rasse ein Königreich in Lokris.

Diese Legende verdeutlicht die sozialen Wesenszüge des Wasserträgers. Die folgende Erzählung enthüllt eine andere Seite seines überraschenden und oft zigeunerhaften Verhaltens. Sie handelt vom jugendlichen Ganymed, dem Sohn des Tros, König von Dardanien. Homer berichtet, daß Zeus über alle Maße von der Schönheit des Heranwachsenden angetan war, daß er die Gestalt eines (Skorpion) Adlers annahm und den Jungen entführte. Später brachte er ihn zum Berg Olymp, wo ihm Ganymed als sein Mundschenk zu Diensten sein sollte. Zeus entschädigte König Tros für den Verlust und schenkte ihm vier unsterbliche Pferde für seinen Streitwagen. Wie praktisch war doch seinerzeit der Gerechtigkeitssinn der Griechen!

Berühmte Wassermanngeborene: In der christlichen Tradition wird Aquarius gelegentlich mit Johannes dem Täufer gleichgesetzt. Mit dem geweihten Wasser wird dem Täufling beim Taufritual das universale Bewußtsein über die Verbindung zwischen Gott und Mensch verliehen. Den Krug des Wasserträgers findet man als Relikt des urtümlichen Glaubens im Christentum als Taufbecken wieder. Der Apostel Thaddäus-Judas entspricht der Wassermannschwingung, da er sich wesentlich um das Wohlergehen der Menschenmassen kümmerte.

Wassermann im Jahreszyklus der Natur

> *"Umgeben ist die Sonne vom Gemüt des Wassermanns,*
> *Es nahen jetzt die Nächte, die den Tag halbieren . . . "* Dante, Inferno

Allen (S. 47) bekräftigt, daß das Wort für Wassermann bei den alten Arkadiern auch "Herr der Kanäle" bedeutete. Dieser Titel entstand, als das Zeichen des Wassermanns vor vielen Tausenden von Jahren mit der Überflutung von Nil und Euphrat zusammenfiel, wodurch den Völkern der Antike die neue Getreideernte sicher war.

Obwohl es in der Zeit, wo der Einfluß des Wasserträgers wirksam ist, noch reichlich Schnee und Regen gibt, macht sich dennoch die zunehmende Länge der Tage immer deutlicher bemerkbar. Man spürt, daß es nun mit Riesenschritten auf das Frühjahr zugeht. Inzwischen steht fest, daß von nun an wärmeres und angenehmeres Wetter zu erwarten ist. Die Entwicklung des Kindes, das im Steinbock geboren wurde, nimmt ihren Lauf. Während es heranwächst, verwirklichen sich auch die Hoffungen, Wünsche und Pläne der Menschen auf ein erneuertes und besseres Leben.

Pflanzen, die dem Wassermann zugeordnet sind: Weihrauch und Myrrhe

Steine und Edelsteine, die dem Wassermann zugeordnet sind: blauer Saphir, schwarze Perle, Obsidian und Schiefer

Wassermann in der Mundanastrologie

Folgende Länder und Städte sind eng mit der Schwingung des Tierkreiszeichens Wassermann verbunden:

Länder: Schweden, Äthiopien, Preußen, Rußland, Litauen, Westfalen, Kanada und Teile von Arabien und Polen

Städte: Hamburg, Bremen, Salzburg, Trent, Stockholm und St. Petersburg

Obwohl Stier in der Vergangenheit seinen traditionellen Einfluß auf Rußland hatte, weisen die politischen Veränderungen in der Geschichte dieses Landes auf sein Bündnis mit dem Wassermann hin, das Tierkreiszeichen, das die kommunistische Lehre bestimmt. Dies könnte man auch in bezug auf China sagen, das traditionsgemäß von Waage regiert wird. Als Uranus, der Herrscherplanet des Wassermanns vor Jahren durch die Waage ging, nahm die Bedeutung der Volksrepublik China deutlich zu.

Physiognomie und Temperament des Wassermanns

Beim Wasserträger handelt es sich um das Tierkreiszeichen des Menschen. Er ist nicht leicht zu erkennen, denn er besitzt nicht die vorgewölbte Stirn des Widders, noch die starken Schultern des Stiers oder die wäßrigen Augen des Krebses. Woran soll man ihn dann erkennen?

Der Autor macht sich daher gewöhnlich den Prozeß der Eliminierung zunutze. Sind keine auffälligen "tierischen" Körpermerkmale vorhanden, tippt er auf Wassermann. Dies ist sicherlich keine wissenschaftliche Methode, aber mit etwas uranischer Intuition liegt man häufig richtig. Da das

Wassermannzeitalter ohnehin schon Einzug gehalten hat, weisen in der Tat eine beträchtliche Anzahl der Angehörigen der jüngeren Generation einige der Körperkennzeichen auf, die man traditionsgemäß mit dem elften Tierkreiszeichen in Verbindung bringt.

Im Normalfall ist der Wassermann groß und schlank. Seine Gesichtsfarbe ist heller als die seiner Rasse oder ethnischen Gruppe. Beide Geschlechter haben ein androgynes Aussehen. Sowohl Männer als auch Frauen haben schmale Hüften und lange Beine. Sie bewegen sich anmutig und sprechen mit einer sanften Stimme. Ein Hauch von Nachdenklichkeit umgibt diese Menschen, sie lächeln gern und haben eine ausgesprochene Vorliebe fürs Reden, sie reden lange und ausgiebig.

Die äußere Haltung des Wassermannmenschen ist keineswegs konstant, denn Uranus, der Herrscherplanet, wirkt stoßweise und urplötzlich. Infolge seines reizbaren Nervenkostüms ist der Wassermann leicht erregbar. Er hat die Neigung, seine Energie wie das Wasser aus seinem intellektuellen Krug auszugießen. Allzu häufig beanspruchen seine Verstandeseskapaden seine gesamte Kraft. Er denkt oder spricht unablässig über das, was in seinem nimmermüden Kopf vorgeht. Er ist derart beschäftigt, Pläne zu schmieden, daß er häufig nicht genügend Zeit aufbringt, alle gesellschaftlichen Verpflichtungen einzuhalten, die er eingegangen ist. Ständig schöpft der Wassermann Gedankenformen und verstandesorientierte Bilder. Dabei verliert er seine irdischen Begrenzungen aus dem Auge. Er kann ungeduldig und mutlos werden, falls sein Aktionsradius durch die Begleitumstände eingeschränkt wird. So erklärt es sich, daß sich ein Wassermann ganz natürlich zum Revolutionär eignet. Er ist stets bemüht, das existierende System zu stürzen, falls es die Vorstellung und Verwirklichung seiner Theorien und Visionen behindert.

Der Wassermann benötigt genau wie der Blutkreislauf ein starkes Herz, ein zuverlässiges Zentrum, zu dem er immer wieder zurückkehren kann, um sich auszuruhen und zu stärken. Obwohl der Wassermann ein Tierkreiszeichen mit umfangreicher Aktivität ist, zählt es dennoch keineswegs zu den stärksten. Sein Verstand und Nervensystem geben ihm kaum Gelegenheit, sich zu entspannen. Um Herr über sich selbst zu werden und seine visualisierten Gedanken auf Erden verwirklichen zu können, muß der Wassermann eins mit dem Ursprung seines Denk- und Fühlvermögens werden. Das heißt, er muß eine Methode finden, sein Denken zu beobachten und nicht seine Gedanken zu sein.

Wassermann im Umgang mit Menschen

Der Mensch hat sich durch eine Reihe von Verkörperungen der Tierkreiszeichen aus der ungewissen Jugend des Widders entwickelt, hat im Zeichen des Krebs eine Familie gegründet und nahm seine gesellschaftliche Verantwortung in der Waage wahr. Im Skorpion erwachte sein umfassendes Verständnis des universellen Plans. Im Schützen versuchte der Mensch, seiner Umwelt dieses heilige Wissen zu vermitteln, damit ein zivilisiertes Staatswesen unter dem Zeichen des Steinbocks errichtet werden konnte.

Steinbock ist jedoch erst das zehnte Tierkreiszeichen. Man muß zwölf Stadien durchlaufen, um einen Tierkreiszyklus zu vollenden. Nachdem der Sonne durch die Wintersonnenwende neue Energie zugeführt wurde, verstärkt sich ihre potentielle schöpferische Kraft im Zeichen des Wassermanns. Ein derartiger Zustrom an Lebensenergie bewirkt nationale Umbrüche, denn das Land kann sich nicht mehr so wie bisher verhalten. Der Staat muß diese Lichtinfusion (die sich als Ideen, Erfindungen, Forderungen nach verbesserter Sozialstruktur usw. äußert) entweder sinnvoll in seine Ordnung eingliedern, oder er wird durch ihre urwüchsige Kraft entmachtet. Wie dem auch sei, sie führt zwangsläufig zu Veränderungen der bestehenden Ordnung.

Der Wasserträger hat die Aufgabe, den Staat durch seine Entdeckungen und Visionen zu reformieren und zu fördern. Die herkömmliche Gesetzgebung (Steinbock) hat die Vervollkommnung der Menschheit nicht erreicht, die der Wassermann mit Sicherheit zustandebringen kann. Zur Auflösung bestehender Strukturen sind umfangreiche Anpassungen erforderlich, was gelegentlich Revolutionen auslöst, damit die Evolution ungehindert fortschreiten kann und nicht von den festgefahrenen Vorstellungen des zehnten Tierkreiszeichens aufgehalten wird. Sobald der Mensch seine Entwicklung abgeschlossen hat und das Ideal verkörpert, gehört er nicht mehr dem Menschengeschlecht an, sondern geht in eine noch höhere Ausdrucksform von Geist-Materie über. Im Zeichen der Fische erhält er Gelegenheit, sich umzuwandeln. Sollte ihm der Sprung allerdings nicht gelingen, dreht sich das Inkarnationsrad weiter. Er wird erneut als Widder erscheinen und es noch einmal versuchen.

Im Universum, und erst recht im Staat, gibt es keinen Stillstand. Das Verlangen nach Wachstum und größeren Einfluß auf das Weltgeschehen hat die Nation veranlaßt, Handelsbeziehungen mit anderen Nationen aufzunehmen. Durch Völkerwanderungen sind dem Staat unterschiedliche ethnische

Gruppen zugeflossen, die sich mit der einheimischen Bevölkerung vermischt haben und ihren Einfluß geltend machen. Selbst wenn es zu keinerlei Austausch mit auswärtigen Volksgruppen kommt, hinterlassen die Bürger jeder neuen Generation ihre charakteristische Färbung auf dem herkömmlichen Farbspektrum der nationalen Aura.

Ein Astrologe kann dies leicht nachvollziehen. Verfolgt man jahrelang den Stand der Planeten, weiß man, welche Eigenschaften die Generation annehmen wird, welche die von den Planeten angezeigte Energie verkörpert.

Obwohl die modernen Astrologen heftige Streitgespräche führen, ob das Wassermannzeitalter bereits begonnen hat oder nicht, gibt es praktisch keinen Astrologen, der nicht einräumen würde, daß das neue Zeitalter zumindest schon am Horizont aufgetaucht ist. Der Autor ist der Meinung, daß wir uns gegenwärtig im Übergangsstadium zwischen den Tierkreiszeichen befinden, was als "Eintritt" bezeichnet wird. Es gibt Hinweise, welche die Anwesenheit des Wasserträgers im Bewußtsein der modernen Menschheit bestätigen: der Mensch geht auf dem Mond spazieren, der zunehmende Einsatz von computergesteuerten Datenbanken in allen Bereichen der Forschung und Industrie, Aufstieg und Fall des Kommunismus, die revolutionäre Gesinnung eines Großteils der Weltbevölkerung und viele andere Faktoren (nicht zuletzt das wachsende Interesse an metaphysischen und außersinnlichen Phänomenen). Der wäßrige Stempel des Fischezeitalters hat jedoch noch immer Einfluß auf uns. Dafür spricht die überaus verbreitete Einnahme von Arzneimitteln, Drogen und Alkohol, die Beliebtheit von Filmen und Fotografien als Stilmittel der Kunst und die Machtstellung, welche die christlichen Kirchen auch heute noch weltweit einnehmen. Uns interessieren besonders Aspekte der zeitgenössischen Kultur, die deutlich die Verbindung zwischen den beiden Zeitaltern aufzeigen.

Es ist wichtig zu wissen, daß alle Personen, die im Zeitraum von 1936 bis 1958 geboren wurden, der ersten Generation angehören, welche die Aufgabe hat, den Spalt zwischen dem planetarischen Bewußtsein und dem Massenbewußtsein zu überbrücken. Die Mehrheit dieser Menschengruppe weist in ihrem Geburtshoroskop eine starke Aspektierung (d.h. elektromagnetische Verbindung) zwischen Uranus, dem Herrscher des Wassermanns, und Neptun, dem Herrscher der Fische, auf.

Untersuchen wir einige der Hauptsymbole aus der Kulturrevolution, die diese Millionen von Menschen zu ihren Standardwerten erwählt haben: Musik und Drogen, Haare und Kleidung, der Ruf nach LIEBE und FRIEDEN.

Musik und Drogen sind Einflüsse, die sich auf Neptun zurückführen lassen. Die Musik wird aber elektronisch erzeugt und von der Masse konsumiert, wobei sich ein Einheitsgefühl einstellt, das ihr besonders durch ihre umjubelten Idole aus der Musikszene bestätigt wird. Drogen wirken bewußtseinsverändernd und vermitteln das Gefühl universeller Bruderschaft. Leider gilt auch für Drogen dasselbe, wie für alle neptunischen Geschenke. Ihr Genuß kann negative Folgen haben, die gefährliche psychische Schäden verursachen, das Wachstum verlangsamen und Leben zerstören. Demnach sind Genußmittel fischebestimmt, aber die Methoden und einige Ergebnisse sind eindeutig wassermannbetont.

Immer wenn ein neues Zeitalter anbricht, macht sich gleichzeitig die Polarität des jeweiligen Tierkreiszeichens bemerkbar. Das entgegengesetzte Tierkreiszeichen des Wassermanns ist der Löwe. Groteske Kleidung und langes Haar bestimmen das Bild, das die Dritte Welt vom Westen hat, ebenso wie die geschlechtsunspezifischen Uniformen und knappsitzenden Kappen der Chinesen Ausdruck der globalen Kulturrevolution sind. Erinnern wir uns, daß Angehörige des chinesischen Volkes (die Han-Chinesen) jahrhundertelang ihre Stirnhaare rasieren mußten und gezwungen waren, lange Haarzöpfe als Wahrzeichen ihrer Knechtschaft unter den Mandschu Kriegsherren zu tragen, die nach dem Fall der chinesischen Mingdynastie im siebzehnten Jahrhundert den Thron der chinesischen Kaiser eroberten.

Haar ist neptunisch. Im Westen läßt man es lang wachsen, hat es meist kunstvoll frisiert und trägt es mit großem Stolz wie eine Löwenmähne. Kleider sind in höchstem Maße löwebetont, Kostüme und Verkleidungen gehören jedoch ins Ressort der Fische, während geschlechtsneutrale Kleidung (Uniformen) eine ausgesprochen wassermännische Besonderheit sind.

Sex- und Gewaltszenen, besonders wenn sie in Filmen und im Fernsehen ausführlich dargestellt werden, sind zweifellos Beispiele für die Übergangsphase zwischen dem letzten Teil des Fischezeitalters (bekannt als Skorpiondekanat) und dem Beginn des Wassermannzeitalters. Deshalb nimmt es uns nicht wunder, daß zahlreiche Vorkommnisse der sexuellen Revolution einige der auffälligen Elemente unserer Übergangsperiode ausmachen. Dies betrifft die Befreiungsbewegung der Schwulen, denn Sex ist natürlich eine Sache des Skorpions, während Revolutionen und Homosexualität in das Ressort des Uranus-Wassermann fallen. Die "revolutionären" Schlagworte LIEBE und FRIEDEN könnten nicht eindeutiger fischebetont sein, denn das zwölfte Tierkreiszeichen ist das Symbol für Christus. Durch ihn empfing die Menschheit universelle Liebe und Frieden.

Wir haben bereits darauf hingewiesen, daß alle langsamlaufenden Planeten (Uranus, Neptun und Pluto) lange genug in jedem Tierkreiszeichen verweilen, um eine riesige Anzahl von Menschen nachhaltig beeinflussen zu können. Selbstverständlich reagiert jeder einzelne je nach Lebensstandard oder seinen persönlichen Verhältnissen unterschiedlich auf diesen Einfluß. Wir wollen damit sagen, daß ein generationsbedingtes Verhalten sichtbar wird, dessen Ausdruck aus höherer Warte gesehen einheitlich ist. Die generationsbedingte Reaktion macht sich in bestimmten gesellschaftlichen Trends, Erfindungen und kulturgeschichtlichen Phänomenen bemerkbar.

Mit einem Blick in die Ephemeriden, stellen wir fest, daß sich Uranus von 1968 bis 1975 in der Waage befand. Personen, die während dieser Sieben-Jahres-Periode geboren wurden, werden die gesellschaftlichen Vorstellungen über die Ehe verändern. Wenn diese Generation heranwächst, wird der dringende Wunsch, in Gemeinschaften zu leben, sich sogar noch unmißverständlicher als in den siebziger Jahren durchsetzen. Einen eindrucksvollen Nachweis des Uranuseinflusses finden wir schon bei näherer Betrachtung der Bemühungen der Frauenbefreiungsbewegung, welche die bisherige Rollenverteilung in der Ehe auf den Kopf gestellt hat! Und nach typischer Wassermannart gibt es seit den siebziger Jahren viele ménages à quatre (oder Gruppen zu sechst, zu acht oder zu zehnt) ebenso wie vielerlei homosexuelle Paarbeziehungen oder interrassische Ehen. Alle diese veränderten menschlichen Beziehungsformen sind eindrucksvolle entwicklungsbedingte Experimente, die der Menschheit helfen, letzten Endes eine vollkommene Rasse zu entwickeln.

Im allgemeinen gilt der Wassermann als der Bohemien des Tierkreises. Er probiert einfach alles aus. An Experimenten findet er nichts Unrechtes, und da er nicht im geringsten Vorurteile gegen Minderheiten hat, fühlt er sich wohl, wenn er in Gesellschaft mit Menschen ist, die anders sind als er. Fairerweise muß jedoch erwähnt werden, daß Wassermanngeborene auch sehr geneigt sind, Clubs und Vereinen beizutreten, deren Mitglieder die gleiche Gesinnung mit ihnen teilen. Er legt großen Wert auf den Gruppengeist, und das Gefühl, persönlich mit einem höheren Ideal zu verschmelzen, hat für ihn nahezu die Qualität einer Gotteserfahrung.

Die soziale Lebenserfahrung eines Wassermannes setzt sich aus zahllosen Facetten zusammen. Oftmals wird seine Handlungsweise von der Mehrheit der Leute seiner Gesellschaftsklasse nicht gutgeheißen. Horoskope von Homosexuellen weisen beispielsweise in häufigen Fällen gemeinsame Planetenaspekte auf, wo entweder Uranus und Venus oder Uranus und Mond oder

Mars und/oder Venus im Wassermann stehen. Derartige Konstellationen deuten an, daß ihr Träger ungewöhnliche Liebesbeziehungen, Freundschaften und sexuelle Abenteuer sucht. Sie bestätigen auch das Vermögen, in allen Menschen ungeachtet ihres Geschlechts, ihrer Rasse oder ethnischen Herkunft etwas Schönes entdecken zu können. Unabhängig von ihren sexuellen Gewohnheiten sind diese Aspekte gleichfalls bei Horoskopen von Künstlern, Dichtern und Schauspielern weit verbreitet.

Der Wassermann kümmert sich um das Wohl der Menschen, sein Anliegen ist die Menschenliebe. Für ihn existieren keine Ländergrenzen, er plädiert für die Abschaffung von Reisepässen und Visa. Für ihn gibt es keine rassischen Unterschiede, er fordert die Aufhebung von Apartheid und Rassentrennung. Er akzeptiert keinerlei Chefpositionen, seine Forderung lautet, hinweg mit selbstgefälligen politischen Führern. Ihm ist wichtig, daß alle Menschen nach gleichen Grundsätzen behandelt werden und zusammenarbeiten, denn die Wünsche des einzelnen sollen innerhalb des Gruppenziels Platz finden.

Im elften Tierkreiszeichen herrschen zwei Planeten, Uranus und Saturn, weswegen nicht alle Wassermanngeborenen ausgesprochene Umstürzler sind. Viele Wasserträger sind am Aufbau einer fortschrittlicheren Gesellschaft interessiert, die jedoch aus der bestehenden traditionellen Ordnung hervorgehen soll. Obwohl diese Personen von humanitären Zielen überzeugt sind, handeln sie keineswegs so wie die stärker uranisch besetzten Angehörigen des Wassermannlagers, die gesetzlose Verhältnisse anstreben. Die saturnbetonte Gruppe befürwortet neue Gesetze, die besser überwacht werden sowie die Einführung sozialer Richtlinien, damit Utopia nicht aus uranischem Chaos, sondern nach ordnungsgemäßem Vorgehen aufgebaut werden kann.

Gegenwärtig sind die Kräfte, die den gesellschaftlichen Umsturz fordern, stark uranisch geprägt, und die Mehrheit der Leute empfindet saturngerichtete Kontrolle als Hemmschuh ihres Freiheitsdrangs. Ein gewisses Maß an Überwachung ist allerdings erforderlich, denn würde unserer Habgier und sexuellen Veranlagung keinerlei Einhalt geboten, wären wir in unserer gegenwärtigen menschlichen Entwicklungsstufe nicht imstande, unsere Emotionen im Zaum zu halten. Einigen mag es seltsam erscheinen, andere macht es traurig: der Mensch braucht Einschränkungen, damit er sich seiner selbst bewußt wird. Vorbehalte sind notwendig, damit er die Freiheit schätzen lernt und sich für sie engagiert. Der Mensch entwickelt nur Verständnis für Zeitlosigkeit, weil er zeitbedingte Grenzen erfahren hat. Ein einzelner in der Gesellschaft braucht Zeit, seinen persönlichen Wachstumszyklus, sein Karma, zu erfüllen, genauso wie der Revolutionär Zeit benötigt, um das Establishment aus den Angeln zu heben, wobei er seiner Lebensaufgabe und seinen ureigensten Bestrebungen nachkommt. Das unentwickelte Tier im Menschen schlägt mit massiver Gewalt zurück, wenn es unter Zwang zu schnell aus seinem Schlaf gerissen wird, denn es fürchtet sich viel mehr vor dem Licht als vor dem Dunkel.

Der echte Wassermann sieht sich gern als Künder des Lichts, denn im elften Tierkreiszeichen scheint die Sonne Tag für Tag etwas länger. Damit seine Wünsche und Visionen mit der Wirklichkeit übereinstimmen, muß er verstehen, daß nicht alle Menschen gleich geschaffen sind, noch seine Auffassungen und Ideale teilen. Sehr wichtig ist, daß er dies versteht, denn in der Gesamtheit des menschlichen Lebensspektrums brauchen wir Ärzte, Klempner, Architekten, Historiker, Fahrstuhlführer, Schneider und sogar Astrologen. Niemand ist in der Lage, alle notwendigen Aufgaben zu erfüllen, die das irdische Leben an uns stellt, noch befinden wir uns alle entwicklungsmäßig auf der gleichen Bewußtseinsstufe. Wäre dies der Fall, wäre das Lebensspiel so, wie es auf Erden geschieht, nicht mehr nötig.

Aquarius (Wassermann) ist das Tierkreiszeichen, das neue Ideen, Erfindungen und gesellschaftliche Grundsätze auf die Erde bringt, damit die Menschheit mit ihnen experimentieren kann. Alle werden für ihre Abenteuer oder Fehler im Fischezeitalter - der letzten Stationen im Tierkreis - den Lohn ernten oder die Strafe bezahlen müssen.

Leitbegriffe des Wassermann

positive Eigenschaften	negative Eigenschaften
gesellig und sozial	überaus gesprächig und zerstreut
loyal gegenüber Projekten und Ideen	Eiferer und Fanatiker
strebt Brüderlichkeit an	versucht, andere zu überreden
intuitiver, wacher Verstand	verrückte, unpraktische Methoden
liebt alle gleichermaßen	kühl, unnahbar, wenig Mitgefühl

19
Fische - Ich such mich, doch ich such mich nicht

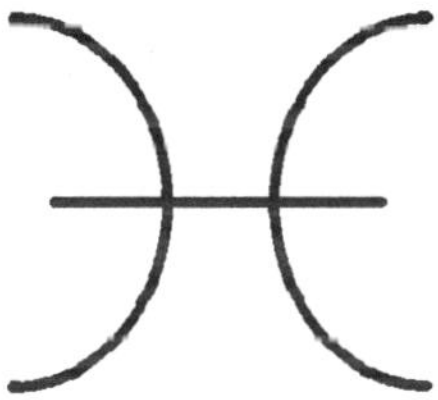 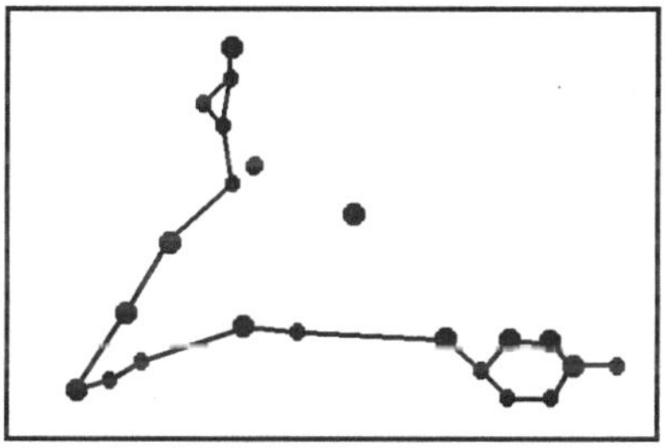

"Die Fische schwimmen westwärts und folgen den Pfaden des Südwinds immer weiter. Einer, der stets obenauf schwimmt, vernimmt als erster das ungestüme Nahen des Nordwinds. Ein Band vereint die beiden. Ihre Schwanzflossen bilden einen Winkel, den ein einziger, stattlicher Stern ausfüllt. Man nennt ihn den Verbinder der Schwanzflossen der Fische." Aratus

Fische am Himmel

Die Wasser des Weltraums hüllen die Konstellation der Fische noch stärker ins Dunkel als dies beim Wassermann der Fall ist. Glücklicherweise ist die Sternenformation der Fische ziemlich scharf umrissen und macht es mit Hilfe ihrer auffälligeren Nachbarsterne dem Betrachter etwas leichter, sie ausfindig zu machen.

Obwohl die Fischekonstellation im Reigen der zwölf Sternenanordnungen des Tierkreises zu den am wenigsten ausgeprägten zählt (das Sternenlicht des Krebses ist noch etwas matter), ist sie mit ungefähr 41 Himmelslängengraden eine der längsten. Sie setzt sich aus dem nördlichen und südlichen

Fisch zusammen, die durch ein Band miteinander verbunden sind, das an ihren Schwanzenden befestigt ist. Die Fische und das Band bilden ein riesiges horizontal angelegtes "V", an dessen Spitze der hellste Stern Al Rescha der Fischekonstellation steht. Dieser Name ist arabisch und bedeutet "das Band".

Der nördliche Fisch ist der kleinere. Er schwimmt in Richtung Andromeda und in den gewaltigen Sternennebel hinein, der innerhalb seiner Abgrenzungen liegt. Der südliche Fisch schwimmt unter dem großen Quadrat des Pegasus, dem fliegenden Pferd; dessen Nüstern richten sich auf die Wassermannkonstellation.

Südlich von Al Rescha (der auch "der Knoten" genannt wird) befindet sich Cetus, der Wal. Östlich vom oberen Schenkel des "V" steht Widder. Zur Betrachtung der Fischekonstellation wählt man am besten, wie beim Wassermann, eine mondlose Herbstnacht. Die Fische sind dann hoch oben am südlichen Himmel erkennbar.

Die Symbolik der Fische

Den Fischen sagt man nach, das am meisten mißverstandene Zeichen des Tierkreises zu sein. Diese Behauptung trifft zu, denn es verkörpert ein großartiges esoterisches Prinzip. Das Symbol des zwölften Tierkreiszeichens setzt sich aus zwei Halbkreisen zusammen, die mit einer geraden Linie verbunden sind. Einer der Halbbögen entspricht dem begrenzten menschlichen Bewußtsein, der andere repräsentiert das grenzenlose universale oder kosmische Bewußtsein, wie es auch allgemein genannt wird. Die Linie stellt unsere Erde dar, den Schnittpunkt im großen Schöpfungsplan, wo sich die geistigen und materiellen Aspekte des Seins treffen. Dieses Symbol gibt den angeborenen Dualismus der Fische wieder: den Drang, sich mit den unsichtbaren Kräften der Seele zu vereinigen, der zugleich mit dem Verlangen ringt, in die materielle menschliche Daseinsebene einzudringen und sie zu beherrschen. Diese divergierenden Strömungen äußern sich im Leben des Fischemenschen als einer seiner größten inneren Kämpfe. Er hat das Bedürfnis, seine eigenen Wünsche zugunsten anderer völlig zurückzustellen (der Fisch, der in Richtung Wassermann schwimmt), während er gleichzeitig zur Erfüllung seiner persönlichen Ziele alle Geschöpfe in seiner Umgebung total beherrscht (der Fisch, der in Richtung Widder schwimmt). Dieses Drama spielt sich auf Erden ab, und die Rolle, die der Fischemensch in seiner Umwelt spielt, entscheidet letztlich, auf welche Weise er sein Dilemma lösen kann.

Einer der Fische versinnbildlicht den begrenzten, sterblichen menschlichen Körper. Der andere Fisch symbolisiert die Seele des Menschen und die Astralwelt, die gegenüber der irdischen geradezu grenzenlos und nahezu unsterblich erscheint. Das Astralreich ist die Heimat des Unbewußten, es entspricht den menschlichen Gefühlen und Vorstellungen. So erklärt sich, daß medial begabte Menschen, wie der Fischemensch Edgar Cayce, das Reich des Astralen willentlich erforschen und anschließend ihre Beobachtungen den Menschen zur Verfügung stellen können.

Die Füße sind der menschliche Körperteil, der den Fischen zugeordnet ist. Als Kennzeichen der eingeschränkten Bewegungsfreiheit zeigt das Fischesymbol zwei zusammengebundene Fersen. Man entrichtet der Erde seinen Pflichtanteil und trägt seine karmische Schuld hier ab. Die Füße sind die einzigen Körperteile, die ständig die Erde berühren, deshalb nehmen sie die Schwingung unseres Mutterplaneten auf. Da Fischemenschen über eine hochempfindliche Empfangssensorik verfügen, haben sie tiefen Einblick in sämtliche Aspekte des Menschseins. Dies ist eine emotionale Fähigkeit, keine mentale. Ein Fischemensch ist in der Lage, alle möglichen menschlichen Reaktionen nachzuempfinden und zeigt deshalb großes Mitgefühl. Die Füße tragen das gesamte Körpergewicht, deshalb ist es kein Wunder, daß Fischemenschen sich häufig vollverantwortlich für das Wohlergehen ihrer Lieben oder oder für alle Einzelheiten der Projekte fühlen, an denen sie sich beteiligen.

Fische in Mythologie und Geschichte

> *"Wenn ich zu euch über irdische Dinge gesprochen habe, und ihr nicht glaubt, wie werdet ihr glauben, wenn ich zu euch über himmlische Dinge spreche?"*
> Johannes 3, 12

Obwohl wir die moderne Darstellungsform des zwölften Tierkreiszeichens bis zu ihrem Ursprung in der babylonischen Astronomie (wo sie Nunu, der Fisch, genannt wurde) zurückverfolgen können und in den römischen und griechischen Mythen wiederfinden (wo zwei Fische Venus und Cupido vor dem Zugriff der Titanen gerettet haben), ist das Tierkreiszeichen Fische in der christlichen Tradition am gehaltvollsten vertreten.

Im Neuen Testament finden wir Hinweise, daß die Wunder, die Jesus gewirkt hat, die Symbolik der Fische und die Heiligkeit des Wassers versinnbildlichen. Untersuchen wir die Heilige Schrift ab der Taufe Christi, da dieses Ereignis den Beginn seines dreijährigen Wirkens markiert. Im vorigen

Kapitel wurde erwähnt, daß Johannes dem Täufer den Wassermann verkörpert. Er gilt als Bindeglied zwischen den Menschen und dem universalen Vaterbewußtsein. Der Taufritus symbolisiert noch eine weitere Einweihung, denn der Täufling wird dabei von seiner sündigen Vergangenheit, seinem alten Karma reingewaschen, damit seine Seele für das Licht erwachen kann. Die Taufe versinnbildlicht die Wiedergeburt des Menschen. Als bewußter Vertreter des Göttlichen gibt er die selbstsüchtigen Ziele seines auf persönlichen Vorteil bedachten Ichs zugunsten seiner kosmischen Bestimmung auf. Mit folgenden Worten erklärte Jesus im Johannesevangelium (Johannes 3, 3-6) diese Umwandlung:

> *"Wahrlich, wahrlich, ich sage dir: Wenn jemand nicht von neuem geboren werde, kann er das Reich Gottes nicht sehen. Nikodemus antwortete ihm: Wie kann ein Mensch geboren werden, wenn er schon alt ist? Er kann doch nicht in seiner Mutter Schoß zurückkehren und und ein zweites Mal geboren werden. Jesus antwortete: Wahrlich, wahrlich, ich sage dir: Wenn jemand aus Wasser und Geist geboren wird, kann er nicht in das Reich Gottes kommen. Was aus dem Fleisch geboren wird, das ist Fleisch; und was aus dem Geist geboren wird, das ist Geist."*

Diese Aussage verdeutlicht die Vorstellung, daß das Ich stirbt, wodurch die menschliche Seele befreit und im Geist wiedergeboren werden kann. Die Leidenspraxis der Märtyrer stützt sich auf diese Doktrin. Für seinen Glauben zu sterben hieß, sein wahres Selbst aus dem Körpergefängnis in das Reich des himmlischen Geistes zu erheben. Im Kapitel 16 wurde dargelegt, daß die Inquisition durch Verfälschung dieser Idee sich das philosophisch untermauerte "Recht" anmaßte, den Körper zu foltern, auf daß die Seele gerettet werden möge.

Nach seiner Taufe zog Jesus durch die Lande, um Männer zu finden, die ihn bei der Verbreitung des Glaubens, den er verkörperte, unterstützen konnten. Seine zwölf Apostel wählte er unter anderem unter den Fischern und sprach zu ihnen: "Fürchtet euch nicht! Denn von nun an werdet ihr Menschenfischer sein" (Lukas 5, 10).

Um seine Jünger an sich binden und ihnen zeigen zu können, daß er der Gottgesandte war, vollbrachte Jesus viele Wunder. Im Johannesevangelium 6, 19 wird von einem Wunder berichtet: "Als sie nun etwa 25-30 Stadien gefahren waren, sahen sie, wie Jesus über den See ging und sich dem Boot näherte . . . "

Alle Taten eines Meisters haben tiefere Bedeutung als man unmittelbar mit den Augen wahrnehmen kann. Als Jesus übers Wasser ging, setzte er ein Gleichnis, wonach ein Mensch, der Herr über sich selbst sein will, über seine Gefühle, Ängste und Fehlüberzeugungen hinauswachsen muß (die allesamt durch Wasser versinnbildlicht werden). Dadurch erwirbt er sich das Recht, ein wahrer Diener des Göttlichen zu sein. Ohne Beherrschung seiner Gefühle vermag der einzelne nicht selbstlos zu handeln weil er geneigt ist, sich seine persönlichen Wünsche zu erfüllen.

Sobald die zwölf Apostel von der göttlichen Herkunft Jesu überzeugt waren, begann er, dem Volk seine Göttlichkeit zu offenbaren. Ein Glaubensbekenntnis allein genügt den meisten Menschen nicht, um an den unsichtbaren Aspekt des Geistes zu glauben. Sie verlangen greifbare Beweise. Jesus gab ihnen zu essen und übermittelte ihnen damit einen Gegenstand, der am leichtesten für sie faßbar war. In Lukas 9, 16-17 steht geschrieben: "Da nahm er fünf Brote [Brot ist das Symbol der Jungfrau] und zwei Fische, blickte zum Himmel auf, segnete sie und brach sie; dann gab er sie den Jüngern, damit sie diese an die Leute austeilten. Und alle aßen und wurden satt; als man die übriggebliebenen Brotstücke eingesammelt hatte, waren es zwölf Körbe voll."

Als er bei der Volksmenge schon bekannt war, wirkte Jesus Wunder und lehrte anhand von Gleichnissen, die jahrhundertelang Verstand und Herz der Menschen inspirieren sollten. Seine Taten und Geschichten waren dazu angelegt, den neuen Glauben der Liebe, der Vergebung, des Dienens und der Demut beispielhaft zu verdeutlichen. In der christlichen Lehre wird die Demut am meisten geschätzt, denn wer sich stolz selbst verherrlicht, weiß nichts von der Ehre Gottes. Die Fußwaschung ist eine symbolische Demutsgeste (Johannes 12, 3): "Da nahm Maria [die Schwester des Lazarus, nicht die Mutter Maria] ein Pfund Salbe von unverfälschter, köstlicher Narde und salbte Jesus die Füße und trocknete sie mit ihrem Haar." Neben Haar und Füßen werden auch Öle und Salben den Fischen zugeordnet.

Im folgenden Kapitel des Johannesevangeliums lesen wir in Vers 5 (Johannes 13, 5): "Danach goß er Wasser in ein Becken und begann, den Jüngern die Füße zu waschen und mit dem Leinentuch abzutrocknen, mit dem er umgürtet war."

Das Fußwaschungsritual wird auch heute noch praktiziert. Der Papst (dessen Papstring auch "Ring des Fischers" genannt wird und dessen Mitra die Form eines Fischmauls hat) wäscht nämlich den heutigen Aposteln, seinen

Kardinälen, jedes Jahr an Karfreitag die Füße. Freitag ist der Wochentag, den die Katholiken in Ehren halten. Bei der etymologischen Untersuchung stellen wir fest, daß sowohl das englische Wort friday als auch das italienische venerdi, das spanische viernes und das französische vendredi aus dem deutschen Wort Freitag stammt. Sämtliche Bezeichnungen dieses Wochentags bedeuten "Tag der Venus" (gilt auch für die germanische Freya und die lateinische Veneris).

Venus ist die Göttin der Liebe und des Friedens. Wenn sie im Zeichen Fische steht, steht sie aus astrologischer Sicht erhöht. Hier drückt sich nämlich die durch die Venusschwingung verkörperte Liebe nicht persönlich, sondern im universalen, "katholischen" Sinne aus; sie gilt allen Menschen, ungeachtet der Sympathien, die für einzelne vorhanden sind. Die traditionelle katholische Lehre heiligt den Freitag außerdem noch besonders, da sie vorschreibt, an diesem Wochentag anstelle von Fleisch Fisch zu essen.

Die Urchristen waren gezwungen, ihren Glauben im Untergrund auszuüben; als gemeinsames Erkennungsmerkmal verwendeten sie das Fischesymbol. Trafen sich zwei Christen, malten sie das Zeichen auf die Erde, in ähnlicher Weise geben sich Freimaurer beim Händeschütteln zu erkennen. In den Katakomben von Rom findet man überall und besonders auf Grabsteinen eingravierte Fischesymbole. In diesem riesengroßen Labyrinth findet man außer den bildlichen Fischedarstellungen auch Inschriften der folgenden Art: "Zur Speisung hat mich mein Glaube zu dem Fisch aus reiner Quelle geführt. Eine keusche Jungfrau hat den großen, unermeßlichen und unbefleckten Fisch gefangen. Der Fisch opferte sich für seine Freunde als Unterpfand für das ewige Leben. Wen da dürstete und hungerte, dem gab er kostbaren Wein und Brot.

Oh, ihr göttlichen Nachkommen des himmlischen Ichthys, empfangt das ewige Leben mit einem Herzen voll Ehrfurcht inmitten von Sterblichen. Nehmt die leibliche Nahrung des Erlösers der Heiligen zu euch. Eßt und trinkt und haltet den Fisch in euren Händen" (Reid, S. 80).

In den vorhergehenden elf Kapiteln wurde jedem Apostel ein Tierkreiszeichen zugeordnet. Welchem steht das Fischezeichen zu? Jesus verkörpert zwar die Prinzipien des höheren Aspektes der Fische, repräsentiert aber die Sonne und das gesamte Fischezeitalter. Judas Ischarioth ist der Vertreter der Fische, denn ihm war auferlegt, einen großen Dienst zu vollbringen, weswegen ihn die Menschen in den letzten zweitausend Jahren etwas zu Unrecht verurteilt haben:

"Wahrlich, wahrlich, ich sage euch: Einer unter euch wird mich verraten. . . Da lehnte [er] sich an die Brust Jesu und sprach zu ihm: Herr, wer ist es? Jesus antwortete: Der ist es, dem ich den Bissen eintauche und gebe. Und er tauchte den Bissen ein, nahm ihn und gab ihn dem Judas, des Simon Ischarioth Sohn. Und nach dem Bissen fuhr der Satan in ihn. Da sprach Jesus zu ihm: Was du tust, das tue bald!"

(Johannes 13, 21; 25-27)

Nach der Gesetzmäßigkeit des ewigwährenden Dramas mußte Jesus verraten und gekreuzigt werden und wieder auferstehen, um ein Sinnbild zu werden, das als bleibende Glaubensüberzeugung im Geist weiterleben konnte und sich über Tausende von Generationen im menschlichen Bewußtsein einprägte. Judas war mit dieser höchst wichtigen Aufgabe betraut. Dieser armen Seele war es verwehrt, die gesamte historische Tragweite ihrer Handlungsweise zu überschauen, auch wußte sie nicht, daß eine viel mächtigere Kraft als ihre persönliche Schwäche für Geld sie zu dieser Aufgabe verleitet hatte.

Ein Fischegeborener muß dienen. Wenn ihn Habgier jedoch zu einem derartigen Dienst treibt, schwimmt er stromabwärts in die Selbstvergessenheit. Handelt er aber aus Liebe, erfährt er ein inneres Gefühl der Befriedigung, das ihm größtmögliche Freude und Harmonie einbringt.

Berühmte Fischegeborene: Ephraim und Manasse, Josephs Söhne und Enkel des Stammvaters Jakob

Fische im Jahreszyklus der Natur

Das aztekische Wort für Fische lautet Atl und bedeutet Wasser (Allen, S. 337). Dies ist eine passende Umschreibung für die klimatischen Verhältnisse auf der gesamten nördlichen Hemisphäre während des Fischemonats. Im späten Februar und März herrschen atmosphärische Turbulenzen, die als schwere Regengüsse und heftige Winde das Land heimsuchen. Da der Regen mildere Temperaturen mit sich bringt und des Winters Schnee und Eis abträgt, erfüllt dieses Wetter einen wichtigen Zweck. Die Erde nimmt das vom Himmel kommende Wasser in sich auf und das Land wird feucht und fruchtbar. Es bereitet sich auf die Aussaat vor und sorgt dafür, daß in der Widderzeit die Knospen des Lebens wieder blühen.

Mittlerweile erwarten die Menschen sehnsüchtig den Einzug der wärmeren Monate. Sie setzen alles daran, ihre bisherige Arbeit fertigzustellen oder beiseitezulegen, damit sie neue Gedanken fassen und Projekte in Gang setzen können. In diesem Zeitraum herrscht große Rastlosigkeit, denn obwohl der Frühling noch nicht ganz spürbar ist, hat der Grimm des Winters schon eindeutig nachgelassen.

Pflanzen, die den Fischen zugeordnet sind: Algen, Farn, Moos, Wasserlilie und alle anderen Arten von Wasserpflanzen

Steine und Edelsteine, die den Fischen zugeordnet sind: Chrysolith, Koralle, Bimsstein, Kies, Sand, Topas und Amethyst

Fische in der Mundanastrologie

Folgende Länder und Städte sind eng mit der Schwingung des Tierkreiszeichens Fische verbunden:

Länder: Portugal, Normandie, Oberägypten (Nubien), Galizien (in Nordspanien) und Kalabrien

Städte: Alexandria, Sevilla, Worms, Lancaster und Santiago de Compostela

Physiognomie und Temperament der Fische

Fischemenschen findet man in vielen Größen und Gestalten. Wal und Delphin sind die beiden vorherrschenden Typen. Große Personen mit beachtlichem Leibumfang verkörpern offensichtlich den Waltypus. Da ihre großen, runden, wäßrigen Fischeaugen den Eindruck von Wissen und tiefem Verständnis erwecken, taucht bei dieser Gattung immer wieder das Bildnis des Meergottes Neptun (Poseidon) auf. Wie die meisten Meeresbewohner fühlt sich der Fischewal an Land nicht wohl, ihm fällt es schwer, seine eigene Masse fortzubewegen, da seine Füße scheinbar nicht sicher auf dem Erdboden stehen. Mit linkischen Bewegungen scheint er sich stets zu orientieren, in welche Richtung er schwimmen soll. Er hat wenig mit dem grausamen Killerwal gemein, sondern entspricht eher der riesigen Walgattung, die sich von zahllosen Millionen Algen ernährt. Kurz gesagt, er ist ein sanfter Gemütsmensch, dessen Gefühlsturbulenzen sich in der Tiefe seines massiven Körpers abspielen. Er ist als Lehrer, Psychologe und Philosoph tätig.

Der Delphin besticht durch seine Beweglichkeit, Anmut und Intelligenz und ist die kleinere Ausgabe des Wals, mit dem er eng verwandt ist. Einst war der Delphin ein Landsäugetier, daher hat diese Fischeart nicht vergessen, wie sie sich außerhalb des wäßrigen Umfelds ihrer Vorstellungen und Träume wohlfühlen kann. Delphinmenschen sind Tänzer, Musiker, Künstler und bisweilen auch Mystiker.

Fischegeborene oder von Neptun Beherrschte neigen körperlich zu blasser Gesichtsfarbe. Ihre Haut hängt scheinbar lose an ihrem Körper. Sie nehmen ausgesprochen schnell an Gewicht zu und halten Wasser im Gewebe zurück. Ihre großen, feuchten Augen blicken freundlich, ihre Lippen sind eher breit, wulstig und vorstehend. Normalerweise haben sie fettiges, dichtes Haar, das vorwiegend dunkel getönt ist. Von ihnen geht etwas Undurchschaubares aus, denn sie scheinen immer mehr zu wissen, als sie sagen (was auch der Fall ist!). Jeder fühlt sich von den sympathischen Fischeschwingungen angezogen, und bereitwillig teilt man diesem Kind des Neptun seine geheimsten Sehnsüchte mit. Fischemänner vermitteln eine gelassene Stärke, die viele Frauen fasziniert. Fischefrauen sind Nixen und können Männer mit ihrem mysteriösen Körper anlocken.

Fische handeln nicht logisch und rational. Sie sind gefühlsbetont und vom Instinkt gesteuert, daher läßt sich ihre Handlungsweise nicht mit Vernunftgründen erklären. Für den Fischegeborenen gibt es kein Dogma. Er kann genauso leicht durch das Netz eines logisch durchdachten Systems schlüpfen, wie Wasser durch ein Sieb rinnt. Der Fischemensch läßt sich von nichts und niemandem und durch keinerlei Vorstellungen einschränken oder beengen, daher lehnt er leicht eine Arbeitsstelle ab und widersetzt sich einem Liebespartner oder einer Idee, wenn er der Meinung ist, daß die Begleitumstände seine Bewegungsfreiheit verringern oder seine Eigenständigkeit im Denken oder Fühlen bevormunden könnten. Häufig schadet er sich damit, denn der Gegenstand seines Widerstandes könnte sich langfristig gesehen vorteilhaft für ihn auswirken. Daher ist es nicht verwunderlich, daß man die Fische das Tierkreiszeichen der "Selbstzerstörung" nennt.

Die Welt ist das Meer des Fischs. Er möchte sich frei fühlen und ganz nach Wunsch in seinem Ozean gleiten, schwimmen oder tauchen. Da dies oft nicht möglich ist, leidet er unter den Begrenzungen, die ihm das Leben auferlegt. Er ist am stärksten durch Drogen- und Alkoholgenuß gefährdet, denn durch dieses selbstzerstörerische Vorgehen erlebt der Fisch eine Freiheit, die ihm in der Welt der Materie verwehrt bleibt.

Auf der spirituellen Ebene ist der Fischemensch das geborene Medium und wirkt als Hellseher, Mönch, Nonne oder Priester. Der höher entwickelte Fischegeborene hat ein natürliches mystisches Verständnis und folgt in vielen Fällen dem Ruf, sein Leben der Religion zu weihen. Fische, die den religiösen Aspekt ihrer Gefühlswelt nicht gemeistert haben, geraten möglicherweise in gefährliche Strömungen wie z. B. Schwarze Magie, Hexenkulte oder Voodoo.

Um in der materiellen Welt leben zu können, muß der Fisch lernen, wie er die religiösen und okkulten Sehnsüchte seines tiefgründigen Seelenlebens mit dem Alltagsleben und seinen verschiedenen irdischen Pflichten in Einklang bringt. Viele kommen damit nicht zurecht, und trotz ihrer Aversion gegen Einschränkungen suchen sie entweder in einem Heim oder im Rahmen eines kontemplativen religiösen Lebens Zuflucht.

Fische im Umgang mit Menschen

Mit Widder sprang der Mensch ins bewußte Leben, wuchs heran und entwickelte schließlich ein Staatsgefüge mit eminenten Machtbefugnissen und großer Verantwortung. Im Wassermannstadium akzeptiert der Mensch seine Pflicht, das Bewußtsein der Masse zu fördern und für das allgemeine Wohlergehen seiner Mitmenschen zu sorgen. Er hat erkannt, daß die Verhältnisse des Status quo und die unverrückbaren sozialen Bestimmungen nicht mit dem im größeren Rahmen stattfindenden Evolutionsprozeß übereinstimmen. Um sich und andere aus den dogmatischen Fesseln zu befreien, bereitet er Revolutionen vor mit dem Ziel, den staatlichen Machthaber zu stürzen und dafür Christus einzusetzen.

An dieser Stelle betonen wir ausdrücklich und unmißverständlich, daß beim Gebrauch des Wortes "Christus" nicht notwendigerweise Jesus gemeint ist. Das Christusbewußtsein ist die endgültige Evolutionsstufe des Menschen. Es stellt die Bewußtseinsebene dar, auf der der Wesenskern des Individuums vollständig mit der Gottheit eins geworden ist. So gesehen ist Christus in Buddha, Krishna und in Jesus lebendig.

Hat der Mensch die Entwicklungsstufe der Fische erreicht, ist er mit allen möglichen Aspekten des menschlichen Erlebnisspektrums vertraut. Alle Tätigkeiten, Denkrichtungen, sinnlichen Wünsche und geistigen Bestrebungen finden bei den Fischen eine Heimat. Aus diesem Grund fällt es Fischemenschen leicht, sich auf ein jedes Problem einzustellen oder sich in jede Situation einzufühlen. Er hat Zugang zum kollektiven Erinnerungsarchiv der gesamten Menschenrasse und kann für jede Note einen sympathischen Akkord anschlagen. Der Fischegeborene wirkt daher im Leben bisweilen etwas verloren. Da er alles erfühlen kann, ist er möglicherweise nicht in der Lage, sich für einen bestimmten Lebensweg zu entscheiden. In ihm fließen alle Strömungen zusammen. Es fällt ihm schwer, die Wässer der zahlreichen Flüsse und Ströme auseinanderzuhalten, die in seinen privaten Ozean einfließen.

Wasser ist als "universelles Lösungsmittel" bekannt. Läßt man ihm genug Zeit, gelingt es ihm, fast alle Stoffe wegzuschwemmen oder aufzulösen. Der Fischegeborene geht in seinem Leben gleichermaßen vor, und mitunter stellt er fest, daß die Grundmauern des Anwesens verfault sind, sobald er seinem Schloß den letzten Turm aufsetzen will. Ihm ist bewußt, daß dieser Verfall jede etablierte irdische Ordnung betrifft, genau wie ihn selbst. Er sieht Nationen, Religionen und Ideologien kommen und gehen und weiß doch, daß es außerhalb des zeitlich begrenzten Rahmens aller Dinge der irdischen Welt etwas Größeres geben muß. Das Tierkreiszeichen Schütze ist auf der Suche nach dem universalen Geist und strebt danach, die Urgedanken zu erfassen, die dem Universum zugrundeliegen. Die Fische hinterfragen, wie sich alles zusammensetzt und versuchen, die Quelle des Weltgeistes zu ergründen. Der Fisch schwimmt auf den Wesenskern allen Seins zu und trachtet danach, sich mit ihm zu verschmelzen. Fische wissen, daß der ewigwährende Lebensfluß das einzig Verläßliche in ihrem Dasein ist, und richten all ihr Streben auf diesen Strom.

Nicht alle Fischegeborenen können religiösen Orden beitreten oder spirituelle Übungen praktizieren, um zur Urquelle zu gelangen. Die große Mehrheit lebt in der irdischen Welt und strebt auch danach, in ihr mitzuwirken. Die vielfältige Vorstellungskraft und schöpferische Erfindergabe kann den Fischemenschen insbesondere dazu veranlassen, sich in der Welt des Theaters und der Künste im allgemeinen einzufinden. In dieser Branche können sich Wirklichkeit und Unwirklichkeit, Reales und Eingebildetes vermischen und ineinander aufgehen, was dem Zeichen Fische ausnehmend gut gefällt.

Mitunter sind Fischegeborene als einflußreiche Geschäftsführer und Verwalter tätig und kommen auch in der Geschäftswelt und der Politik sehr gut zurecht. Sie können Kontrollfunktionen übernehmen, denn sie sind imstande, die Schwingung der Gedanken rings um sie aufzunehmen, und irgendwie gelingt es ihnen, am Schalthebel sämtlicher Kommunikationslinien zu stehen. Ihre Augen und Ohren sind überall. Sie besitzen ein unglaubliches Geschick, Auseinandersetzungen aus dem Weg zu gehen, bis sich ein günstiger Zeitpunkt bietet, die gegebenen Umstände zu ihrem Vorteil sprechen zu lassen. Der Fischemensch arbeitet vornehmlich im Verborgenen, da er normalerweise viel lieber Menschen oder Organisationen manipuliert und zurechtstutzt als öffentlich aufzutreten bzw. von allen erkannt zu werden. Dem Fischegeborenen ist es angenehm, hinter den Kulissen zu bleiben, es sei denn, Löwe oder die Luftzeichen haben sehr starkes Gewicht in seinem Horoskop.

Das Verlangen des Fischemenschen, seine Gefühle zu ergründen, ist genauso ausgeprägt wie der Drang des Zwillings, seine Ideen auszutauschen, das Bedürfnis des Stiers zu besitzen, und die Vehemenz, mit der sich Widder in seiner unmittelbaren Umgebung zum Ausdruck bringt. Da das Tierkreiszeichen Fische universale Liebe und Mitgefühl versinnbildlicht, findet man sie häufig im Einsatz für Unterpriviligierte, Gemütskranke und Körperbehinderte. Es erscheint paradox, daß der Fisch, dem jede Art von Einschränkung so sehr zuwiderläuft, sich zu einem Leben in Abgeschiedenheit hingezogen fühlt oder sich gern unter Menschen aufhält, deren Leben viele Entbehrungen fordert.

Gleichgültig wie sich Fischegeborene individuell verhalten, ist es wichtig für sie, sich hin und wieder aus dem Kreis der Leute zurückzuziehen und ganz allein zu sein. Fische sind derart empfänglich, daß sie die Gefühle anderer in sich aufsaugen. Sie halten die absorbierten Schwingungen anderer für ihre eigenen, deshalb müssen sie in regelmäßigen Abständen allein sein, um wieder zu sich selbst finden zu können. Die Zeit der Abgeschiedenheit tut not, damit sie neue Kräfte sammeln und dem Ansturm der äußeren Welt weiterhin gewachsen sind.

Dieses zyklische Verhalten ist für den Fischegeborenen unerläßlich. Würde er sich nicht hin und wieder klären, wäre sein Wasser in absehbarer Zeit durch seine eigene Negativität oder die üblen Einflüsse seiner Mitmenschen verschmutzt. Da er sich wie ein psychischer Schwamm verhält, sollte er bei der Auswahl seines Freundeskreises und Umfelds besondere Sorgfalt walten lassen. In der Regel ist der Fischemensch sehr altruistisch und nimmt jederzeit bereitwillig die Bürde anderer auf sich. Doch unter den Fischen gibt es noch einen anderen Typus, der sich vor jeder Art von Verantwortung drückt. Er lebt wie ein Parasit auf dem Bauch des Hais und schnappt sich alles, was er bekommen kann. Diese Symbiose zwingt ihn allerdings, die Abfälle und Ausscheidungsstoffe des Hais zu entsorgen. Wenn er nicht aufpaßt, wird er allmählich vergiftet. Kein anderes Tierkreiszeichen ist so wenig gegen die Versuchungen der niederen Natur gefeit oder nimmt die Segnungen des Geistes bereitwilliger entgegen als die Fische.

Von alters her sind sie das Sinnbild der Sintflut, die in wiederkehrenden Abständen mit verheerenden Regenfällen die Menschheit und ihre Sündhaftigkeit fortschwemmt und dadurch den Weg für neues Leben ebnet. Die Christen fasten und reinigen sich traditionsgemäß im Fischemonat. Dem Osterfest geht nämlich die Fastenzeit voraus, das Symbol für die vierzigtägige

Passion Christi und seine Kreuzigung. Sie vermittelt dem Menschen das Gleichnis, sein niederes Selbst aufzugeben, sich von seinem Ego zu entbinden und sich loszusagen von seinem unerfüllbaren und nichtigen Vorhaben, außerhalb der universalen Gesetze ein getrenntes Universum zu errichten.

Der Mensch muß sich von dieser Illusion des Getrenntseins lösen, wird auf diese Weise von seinen Sorgen und Nöten und dem Kreislauf von Geburt und Tod befreit und erfährt womöglich die Wiedergeburt durch Gottes Schoß. Im Widder findet die Auferstehung (Ostern) statt, die diesen Vorgang versinnbildlicht. Somit ist die Tierkreisrunde abgeschlossen. Wer als sterblicher, irdischer Mensch das Zeitliche gesegnet hat, wurde als unsterbliches Geistwesen im Himmel wiedergeboren.

Leitbegriffe der Fische

positive Eigenschaften	negative Eigenschaften
konsequent selbstlos	manipuliert durch Großzügigkeit
grenzenlose Vorstellungskraft	halluziniert, ist paranoid
kreativ, innovativ	abgeblocktes Potential
universelle Ausdrucksweise	schwaches Selbstbewußtsein
starke spirituelle Bestrebungen	generell sehr sinnlich

III

DIE KOSMISCHE FAMILIE DER SONNE: DIE PLANETEN

"Wir wissen alle, daß die Wissenschaft mit den Sternen begann. Anhand ihres Laufs entdeckte die Menschheit die bestimmenden Faktoren des Unbewußten, die sogenannten "Götter", und gleichfalls die seltsam anmutenden psychologischen Eigenschaften des Tierkreises, der eine vollständige Theorie des menschlichen Charakters darstellt." C. G. Jung, Psychologie und Alchemie

20

Die Sonne - Das Licht des Vaters

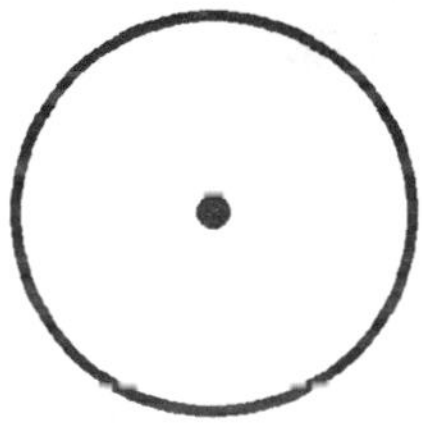

"Ehre gebührt Dir, der Du als Re aufsteigst und als Temu untergehst. Du gehst auf und strahlst. Das ganze Jahr bist du unser gekrönter König. Du bist Herr über den Himmel, Herrscher über die Erde und Schöpfer der Sternengötter hoch oben im Himmel. Seit Anbeginn der Tage weilst Du als Herr unter uns. Du hast die Erde erschaffen, den Menschen aus Ton geformt, hast den wässrigen Horizont des Himmels erschaffen . . . und allem, was darin ist, hast Du Deinen Odem des Lebens eingehaucht."

"Hymne an den aufsteigenden Re" aus dem Ägyptischen Totenbuch

Der Aufbau der Sonne

Die Sonne besteht aus Gas. Ihre Oberfläche ist ständig in Bewegung. Sie stellt eine niemals erlöschende Masse dar und feuert immer wieder riesige Flammenfontänen in den umliegenden Weltraum. Der Durchmesser der Sonne beträgt 1,39 Millionen Kilometer.

Die Sonne wird oft als "Fixstern" bezeichnet, was nur insofern stimmt, als sie in der Weite des Weltraums den Mittelpunkt darstellt, um den die Erde und die anderen Planeten kreisen; die mittlere Entfernung der Erde von der Sonne beträgt dabei 149,5 Millionen Kilometer. In Wirklichkeit dreht sich die Sonne ostwärts um ihre Achse. Im Gegensatz zur Erde, die alle vierundzwanzig Stunden eine Umdrehung um die eigene Achse macht, bewegt sich die Sonnenmasse in unterschiedlicher Geschwindigkeit. Der Grund dafür ist, daß sie kein fester Körper ist. Ihr Volumen ist zwar ungefähr 1 300 000 größer als das der Erde, ihre Masse ist jedoch nur ungefähr 330 000 mal schwerer. Aus diesem Grund ist ihre Dichte viel niedriger. Das Zentrum der Sonne hat eine sehr hohe Dichte, nach außen nimmt sie ab. Die Schwerkraft ist 28 mal größer als die der Erde.

Als die Astronomen verfolgten, wie rasch die Sonnenflecken über die Oberfläche der Sonne wandern, führten sie Messungen über die Rotationsgeschwindigkeit der einzelnen Breitenzonen der Sonne durch. Die Masse am Äquator der Sonne benötigt 25 Erdtage für eine Umdrehung um die eigene Achse; je weiter die Zonen in nördlicher oder südlicher Richtung vom Äquator entfernt sind, desto länger dauert die Rotation. Am 40. Breitengrad dauert die Umdrehungszeit 28 Tage, während die Masse an den Polen der Sonne 34 Tage für eine Umdrehung benötigt.

Außer ihrem Kern und der sichtbaren Oberfläche besteht die Sonne aus mehreren Schichten. Um den Kern liegt eine Strahlungschicht, die Hitze an die Oberfläche schickt. Darauf folgt eine wärmeleitende Zone, die den größten Teil der Sonnenmasse ausmacht. Sie befindet sich knapp unterhalb dem Bereich der Photosphäre, die man sehen kann. Darüber liegt die Chromosphäre, die nur während einer totalen Sonnenfinsternis zu sehen ist. Sie darf nicht mit der Korona verwechselt werden, die viel weiter als die Chromosphäre in den Weltraum hinausreicht. Diese beiden Schichten bilden die innere und äußere "Atmosphäre" der Sonne. Bemerkenswert ist die Ähnlichkeit zwischen dem Aufbau von Sonne und Erde. Beide bestehen aus einem Kern und einem sogenannten Mantel und aus einer dünnen Kruste. Darauf folgt ein Gürtel aus dichterer Atmosphäre und eine dünnere Gashülle folgt, die sich circa 965 Kilometer in den Weltraum erstreckt.

Die Sonnenflecken gehören zu den interessantesten, physikalischen Phänomenen der Sonne. Man vermutet, daß Sonnenflecken Gase sind, die eine niedrigere Temperatur als die restliche Sonnenoberfläche aufweisen. Sie treten in wiederkehrenden Zyklen von etwa elf Jahren auf, wobei sich Zeiten mit starker und schwacher Sonnenfleckentätigkeit abwechseln. Bislang sind während eines Zyklus bis zu zweihundert Sonnenflecken gesichtet worden. Zeitgleich mit der Sonnenfleckentätigkeit kommt es auch zu gigantischen, plötzlichen Feuerausbrüchen, deren Magnetfelder die Radioübertragungen auf der Erde stören.

Symbolik, Mythologie und Geschichte der Sonne

Das Symbol der Sonne drückt die Strahlung des Lichts aus, ein Hinweis auf die lebensspendende Energie der unerschöpflichen göttlichen Urquelle. Die vollkommene Form des Kreises, der weder Anfang noch Ende hat, versinnbildlicht die Unendlichkeit. Der Kreis stellt die Gesamtheit der Materie dar, die das allerhöchste Uratom, das Universum der Universen, in sich birgt. Der Punkt inmitten des Kreises ist der Lichtpunkt, der aus dem Urquell allen Lichts hervorging. Durch die als Punkt dargestellte Öffnung wird das Irdische aus dem Überirdischen geboren. Der Mensch ist ein Geschöpf, das den schöpferischen Aspekt des Punktes widerspiegelt. Das Sonnensymbol enthüllt den göttlichen Ursprung des Menschen und bietet ihm unbegrenzte Wachstumsmöglichkeiten, die er sich erschließen kann, sofern er sich bewußt auf den göttlichen Punkt in seinem Wesen einstimmt. Wer die Pforte durchschreitet und den Rückweg zum Leib der Sonne-Vater-Gott-Quelle antritt, erfährt wahre Erleuchtung.

In der Geschichte aller Völker hat die Sonne die Rolle der zentralen Hauptgottheit eingenommen. Schon in der Frühzeit betete der Mensch die sichtbare Sonnenkugel als Gott an. Im Lauf seiner Entwicklung wußte der Mensch, daß die physische Sonne innerhalb unseres Sonnensystems das Gottesprinzip nur repräsentiert. Die verschiedenen Religionen der Weltgeschichte personifizieren die Sonnenscheibe je nach dem Charakter ihrer jeweiligen Kultur. So erklärt es sich, daß die Sonne neben einer Vielzahl weiterer Beinamen von den Hindus Brahma genannt wurde, von den Persern Mithra, von den Ägyptern Aton und Amon-Re, von den Chaldäern Bel, von den Phöniziern Adonai und von den Juden Yod. Das jüdische Wort für Sonne lautet Ashahed und bedeutet "das allgütige Feuer". Die Druiden nannten sie Hu, die Azteken Quetzalcoatl, die Latiner Sol und die Griechen Helios.

Die christliche Religion gründetet sich auf die dreifaltige Erscheinungsform der Sonne. Die Vorstellung der Dreieinigkeit ist uralt und reicht weit vor das Christentum zurück. In der Urzeit erkannte der Mensch, daß die Sonne folgende drei Hauptphasen durchläuft: Morgendämmerung, Mittag und Sonnenuntergang. Am Anfang steht die aufgehende Sonne, die Lebensspenderin, die den Tag ankündigt. Symbolisch verkörpert sie daher Brahma - den Schöpfer und Gott Vater. Mittags erreicht die Sonne ihren höchsten Stand und läßt ihr Licht auf jeden scheinen. Sie läßt alles wachsen und löst große Betriebsamkeit aus. Dies ist die weitreichende Macht des Vaters, seine

Frucht, sie wird durch Vishnu - den Erhalter und Sohn Gottes versinnbildlicht. Der Sonnenuntergang kündigt das Ende des Tagwerks an, und die Nachtruhe beginnt. Verkörpert wird er durch Shiva - den Zerstörer respektive den Heiligen Geist. Perser, Ägypter und Babylonier kannten ebenfalls Dreieinigkeiten, doch der dreifaltige Ausdruck der Sonne versinnbildlichte in allen Glaubensrichtungen die allumfassende, allerhöchste, intelligente, motivierende Schöpferkraft.

Die Sonne im Geburtshoroskop

Die Sonne erzeugt Leben. Sie ist die motivierende Kraft hinter allem Geschehen. Die Astrologie bezeichnet die Sonne als "Individualität", die demzufolge die Essenz und den Geist des Menschen ausdrückt. Der Geist entspricht dem göttlichen Atom, das in jedem Menschen wohnt. Er bezeichnet die Art der Verbindung, die der Betreffende mit der Quelle des Lichts hat. Die Sonne gibt Hinweise auf die schöpferischen Fähigkeiten und die Vitalität des Horoskopeigners. Das Sonnenlicht belebt alle anderen Planeten, denn ohne die elektromagnetische Strahlung der Sonne gäbe es nirgendwo Leben, weder innerhalb des Sonnensystems noch im menschlichen Organismus.

Es liegt deshalb auf der Hand, daß sämtliche Planetenstellungen im Hinblick auf die Sonne und ihr jeweiliges Tierkreiszeichen gedeutet werden müssen. Ohne starke Sonnenposition schafft es der Mensch nur schwer, seine zahlreichen Talente und Potentiale, die durch die Stellung der Planeten angezeigt werden, zu einer gut funktionierenden schöpferischen Einheit zusammenzufügen. Falls die Sonne im Horoskop jedoch eine günstige Position einnimmt, die übrigen Planeten jedoch nur schwach positioniert sind, mag der Betreffende wohl sehr mutig sein, verfügt aber nur über mäßige Werkzeuge, um in der Außenwelt zu manifestieren, was in seinem Inneren vorgeht.

Die meisten Menschen werden den Anlagen ihres Sonnenzeichens nicht gerecht, denn sie identifizieren sich mit ihren zahlreichen projizierten Trugbildern und ahnen kaum, was ihr tiefster Wesenskern ist. Würde ein Mensch in vollständiger Übereinstimmung mit seiner Sonne (seinem Selbst) handeln, gelänge es ihm, eine Art von Meisterschaft zu erringen. Er könnte seine unterschiedlichen Talente und Vorstellungen nutzen, um alle seine Ziele zu verwirklichen. Was er anstrebte, entspräche dem Gesamtbild seines Horoskops und dem Grad seiner seelischen Entwicklung.

Astrologische Entsprechungen der Sonne

Astrologie stützt sich auf zwei grundsätzliche Faktoren:

1. auf das materielle Universum, wie es die Astronomie ausdrückt

2. auf die metaphysische Seite des Universums, die durch das Entsprechungsgesetz bestätigt wird. Der Satz "Wie oben, so unten" faßt dieses Prinzip in Worte.

In der Praxis bedeutet das: jede Planetenbewegung am Himmelsgewölbe findet ihre Entsprechung auf Erden. (Der Einfachheit halber bezeichnen wir Sonne und Mond in diesem Zusammenhang ebenfalls als Planeten.) Wenn die Sonnenstrahlen mit schrägem Einfallswinkel auf die Erde treffen, herrschen winterliche Temperaturen. Wer in der Zeit geboren wurde, als der Mond auf seiner Erdumkreisung das Tierkreiszeichen Wassermann durchquerte, verkörpert die Schwingung dieser Plazierung des Mondes im Tierkreis. Er neigt beispielsweise dazu, seine Beziehungen eher platonisch als romantisch zu gestalten; er hat viele Freunde aus allen Gesellschaftsschichten und besitzt eine starke intuitive Kraft.

Der Himmel über uns spiegelt nur den großen Schöpfungsplan wider, der sich vor unseren Augen entfaltet. Diese universellen Evolutionsabläufe beeinflussen das Leben der Menschheit ebenso wie das Dasein der Tiere und Pflanzen. Was uns Menschen von den übrigen Lebensformen der Natur unterscheidet (oder auch eine Person von der anderen), richtet sich nach der Seinsebene und der Bewußtseinsentwicklung des jeweiligen Naturreichs oder der betreffenden Person. Pflanzen reagieren auf Licht, jedoch nicht intellektuell auf Worte, da sie keinen Verstand besitzen. Ein Hund gehorcht einem Wortbefehl, mit einem intellektuellen Konzept kann er ebenfalls nichts anfangen. Hält sich ein Dieb in der Gegenwart eines Heiligen auf, hat er nur Augen für dessen Taschen. Auf welche Weise die gesamte Materie und alle irdischen Geschöpfe auf die vorhandenen Reize reagieren bzw. sie ignorieren, hängt vom jeweiligen Grad ihrer Wahrnehmungsfähigkeit für den ausgesandten Impuls ab.

In der Astrologie werden jedem Tierkreiszeichen und/oder Planeten bestimmte Mineralien, Pflanzen, Tiere, Menschen, Berufe, Gegenstände und Ereignisse zugeordnet. Sprechen wir beispielsweise davon, daß der Sonne das Metall Gold zugeordnet wird, alle Arten von Drogen mit Neptun in Verbindung stehen oder Wirtschaftsunternehmen der Herrschaft des Steinbocks unterstehen, ist damit gesagt, daß bekannte Gegenstände oder Ideen infolge des Entsprechungsgesetzes dem zugehörigen Planeten oder Tierkreiszeichen zugeteilt werden. Den Begriff Herrschaft verwendet man um

1. das Entsprechungsgesetz zu bestätigen und

2. anhand der astrologischen Philosophie und nach Maßgabe des universellen Schöpfungsplans den Ablauf des irdischen Geschehens exemplarisch zu erklären: "Die Vielfalt entspricht dem Einen."

Die Auswahl der Daten, die unter den nachfolgenden tabellarischen Überschriften angegeben werden, beruft sich auf allgemein übereinstimmende Aussagen aus dem Erfahrungsschatz der Astrologie, die im Lauf von Jahrtausenden aus vielen Quellen gesammelt worden sind. Wir beziehen hier den Wissensschatz der Babylonier, Ägypter und Juden mit ein. Gleichzeitig zitieren wir auch Schriftsteller der Antike wie Ptolemäus, Hermes Trismegistos, Proclus, Paracelsus sowie die neuzeitlichen Autoren Alan Leo und Manly P. Hall.

Farben: sämtliche Goldtöne, orange und tiefgelbe Farbschattierungen

Steine, Edelsteine und Metalle: Rubin, Diamant, Katzenauge, Karfunkel und Gold

Kräuter, Pflanzen und Bäume: Reis, gelber Mohn, Sonnenblume, Safran, Kamille, Zimt, Wacholder, Ringelblume, Pfingstrose, Moschuspflanze, Weihrauch und sämtliche aromatischen Kräuter; Zitrusbäume, Walnußbaum und Palmen

Planetarisches Menschenalter: Es gibt eine Reihe von Systemen, die den Verlauf eines Menschenlebens in planetarische Phasen einteilen. Nach chaldäischen und anderen alten Lehren herrscht die Sonne über die vierte Lebensperiode des Menschen, die im Alter von dreiundzwanzig Jahren beginnt und bis zum einundvierzigsten Lebensjahr anhält. In dieser Phase ist der Mensch am fruchtbarsten und verfügt über eine hohe Potenz. In dieser arbeitsreichsten Lebensspanne erfreut er sich auch einer stabilen Gesundheit.

Anatomie und Physiologie: Durch die Sonneneinwirkung wird Leben erzeugt. Zeigt sich im Geburtshorskop eine ungünstige Sonnenstellung, so handelt es sich um eine Person mit wenig Widerstandskraft und Ausdauer. Die Sonne wirkt auch auf den Blutkreislauf, sorgt für die Aufrechterhaltung der Wirbelsäule und ist ganz allgemein am Körperwachstum beteiligt.

Berufe und Tätigkeiten: Die Sonne hat Einfluß auf berufliche Positionen, die Autorität und Würde erfordern, wie beispielsweise das Amt eines

Königs oder Prinzen, eines hohen Würdenträgers, religiösen und spirituellen Führers. Auf anderer Ebene ist die Sonne der herrschende Planet von Juwelieren, Goldschmieden, Bankiers und Kreditgebern.

Wochentag: Sonntag

Tierkreiszeichen: Löwe

Leitbegriffe der Sonne

Vater-Geist

lebensspendende Kraft - Elektrizität

Individualität

allgemeine Vitalität des Körpers

Atomkern

21
Der Mond - Das Licht der Mutter

"... die alles verschönt, dem sie ihr Lächeln schenkt,
Jenes wandernde Heiligtum des sanften, doch kalten Lichts,
Das sich unablässig verwandelt und dennoch stets gleich ist.
Es wärmt, doch es erhellt niemals."

Shelley

Der Aufbau des Mondes

Der Mond bewegt sich in 27 1/3 Tagen um die Erde, in derselben Zeit dreht er sich einmal um die eigene Achse. Er zeigt deshalb den Erdenbewohnern nur eine Seite seines Antlitzes. Dieses Phänomen nennt man "synchrone Rotation". Es kommt durch die gewaltige Anziehungskraft zustande, die unser Planet auf den Mond ausübt. Seit der Mensch auf dem Mond gelandet ist und dessen Oberfläche erforscht hat, konnten wir alle Bilder von Mondlandschaften betrachten. Wissenschaftler wußten jedoch schon lange vor diesen Untersuchungen, daß der Mond ein trockenes Gestirn ohne Luft und Leben ist, das einen Durchmesser von etwa 3475 Kilometern hat und ungefähr ein Viertel des Erdvolumens einnimmt. Die Mondmasse beträgt allerdings nur ein 1/81 im Vergleich zur Erdmasse, und seine Anziehungskraft beträgt lediglich ein Sechstel der Erdanziehung. Ein Mensch, der auf Erden 180 Pfund schwer ist, wiegt auf der Mondoberfläche nur noch 30 Pfund.

Die Mondlandschaft besteht aus Gebirgsketten (die teilweise 1600 Kilometer lang sind), gewaltigen Erhebungen (einige davon sind höher als Mount Everest), riesigen Staub- und Gesteinsebenen und ist mit unzähligen Kratern übersät. Astronomen haben über 30 000 dieser lunaren Pockennarben gezählt, deren Durchmesser von 16 bis zu 240 Kilometern reichen. Daneben gibt es noch eine Unmenge von kleineren Kratern. Wissenschaftler glauben, daß die Krater durch urzeitliche Meteorschauer entstanden sind. Da es keine nennenswerte Mondatmosphäre gibt (daher ist es dort auch lautlos), verglühten diese Weltraumsteine nicht bereits innerhalb der Gashülle, bevor sie auf der Mondoberfläche aufschlagen konnten. Man nimmt auch an, daß ein Teil der Krater sich vielleicht durch vulkanische Eruptionen in der Frühzeit des Mondes gebildet haben könnten. Außer den bereits erwähnten äußeren Kennzeichen des Mondes, klaffen noch riesige Spalten auf der Mondoberfläche, die man Rillen nennt. Diese sind bis zu 800 Meter breit, 145 Kilometer lang; ihre Tiefe ist unbekannt. Sie sind vermutlich vulkanischen Ursprungs bzw. durch massive Mondbeben entstanden.

Obwohl es im Sonnensystem fünf bekannte Trabanten gibt, die größer als unser Mond sind, (Jupiter: Io, Ganymed und Kallisto; Saturn: Titan und Neptun: Triton) ist keiner davon im Verhältnis zu dem jeweiligen Mutterplaneten annähernd so groß wie der irdische Mond (Luna). Triton nimmt beispielsweise die doppelte Mondmasse ein. Er hat einen Durchmesser von 4825 Kilometern, dieser beträgt jedoch nur 1/9, und seine Masse macht nur ein 1/750 der Masse seines Mutterplaneten Neptun aus (Moore, S. 66). Aufgrund seiner relativen Größe und der Tatsache, daß der Mond direkten Einfluß auf unsere Gezeiten hat, sind einige Wissenschaftler der Meinung, daß das Verhältnis zwischen Erde und Mond keine Kombination aus Planet und dazugehörigem Satellit ist. Deshalb sollte man nach Moore die beiden Himmelskörper besser als Doppelplaneten bezeichnen.

Die mittlere Entfernung des Mondes von der Erde beträgt 384 321 Kilometer, die mittlere Umdrehungsgeschwindigkeit 1,013 Kilometer pro Sekunde, die maximale Oberflächentemperatur ungefähr 121 Grad Celsius und die minimale Oberflächentemperatur ungefähr -126 Grad Celsius.

Symbolik, Mythologie und Geschichte des Mondes

> *"Wohlan! Seht ihr, wie die geschätzte Gefährtin des Erlösers*
> *Geziemend hoch hinauf ins Himmelsgewölbe steigt.*
> *Königin der heiligen Rituale,*
> *Beschütze die Chöre, die Dir zu Ehren singen."* Aristophanes

So wie der Kreis des Sonnensymbols die unendliche, unsichtbare Energiequelle des gesamten Universums (Makrokosmos) und jedes Einzelwesens (Mikrokosmos) darstellt, so symbolisiert der Halbkreis des Mondes das Endliche und die sichtbare Schöpfung. Der Mond absorbiert Licht und Hitze, die von den Sonnenstrahlen ausgehen (der Punkt in der Mitte des Kreises) und setzt ihre schöpferische Energie in Form um. Aus diesem Grund ist er ein Sinnbild für alles Empfängliche, für das Unbewußte, die Gefühle und das instinktgesteuerte Verhalten. Kurz, der Mond verkörpert die "Seele", die Sonne den Geist (vgl. dazu aber A. Oken, Astrologie der Seele, S. 14ff).

Die Seele ist dann das Verbindungsglied zwischen Geist und Materie (Erde). Das okkulte Symbol der Erde ist ein Kreuz, das von einem Kreis umschlossen ist, ein Sinnbild für die vom Geist umhüllte Materie. Es besagt, das Wesen des Geistes hat sich innerhalb der vielfältigen irdischen Lebensformen in seinen allerdichtetsten Zustand kristallisiert. Das Mineralreich (Erdkern, Erdmantel und Kruste) bildet den dichtesten Körper. Wir Menschen sind auch mit dem Geist verbunden, der unserer Körpermasse Leben einhaucht. Um dem persönlichen Karma, der Verhaftung an die Materie und den Begrenzungen des Körpers zu entkommen, die das Karma mit sich bringt, sehen wir uns gezwungen, vom Kreuz herabzusteigen und unser Bewußtsein mit Hilfe des Geistes zu befreien. Dies signalisert unter anderem die Kreuzigung Christi.

Im astrologischen Sinn gibt das Symbol der Erde die vier Kardinalpunkte des Horoskops wieder, es versinnbildlicht die Übertragung des Selbst mit all seinen Aspekten auf das irdische Lebensdrama. Der Aszendent kennzeichnet die Form des physischen Körpers und die allgemeine Gemütsverfassung. Er beschreibt die Art und Weise, wie man auf Druck reagiert und mit Lebenssituationen und Auseinandersetzungen in seinem unmittelbaren Umkreis umgeht. Der Vergleich mit einem Filmprojektor kann diese Angaben verdeutlichen. Die Filmspule ist der Sonnenkreis; der Filmprojektor ist der Mittelpunkt im Sonnensymbol; die Linse des Projektors und der Lichtstrahl sind auf die Leinwand gerichtet, die den Mond darstellt; und das auf der Kinoleinwand sichtbare Bild entspricht dem Aszendenten.

Man kann auch sagen, die Seele ist das kollektive Erinnerungsarchiv des menschlichen Computers. Sie speichert die Erlebnisse und Gefühle aller Menschen und sorgt dafür, daß im Alltag genau die erforderlichen Voraussetzungen herrschen, die dem spezifischen Charakter des Betreffenden entgegenkommen.

Die Geschichte und Mythologie des personifizierten Mondes, stellt uns die Mondenergie fast ohne Ausnahme als Gemahlin, Tochter oder Schwester der Sonne vor. Sie ist gleichfalls die Große Mutter. Die Saat, die der Vater in ihren Mutterleib eingepflanzt hat, läßt sie keimen und nährt sie. Sie gebärt seinen göttlichen Samen als Sohn, Christus, Horus, Krishna oder als Menschen.

In allen Pantheen der Götter und Göttinnen sind entweder die Sonne oder der Mond oder der eine oder andere ihrer Wesenszüge und Verkörperungen vertreten. Im alten Ägypten finden wir den Mond in Hathor, Hekate und Isis (Göttin des Mondes und der Magie) wieder. In Indien kennt man ihn als die Mondgöttin Chandra-Devi. Bei den Hebräern sind der männliche und weibliche Ausdruck der Gottheit im Allerhöchsten Gott - Jehovah - vereinigt (dieser Name bedeutet "Er - Sie" - Heh und Eve). In der türkischen Sprache lautet das Wort für Haus Ev. Die katholische Kirche galt schon immer als "Mutter Kirche", denn die Kirche ist stets das "Haus Gottes", der Ort, wo der Geist sich niederläßt. Der Vatikan wurde auf dem Berg Vaticanus errichtet, der ein uraltes Heiligtum war, das seit alters her ein Ort der Anbetung der Muttergöttin war.

Als weiblicher Aspekt Gottes ist der Mond die Urahnin aller Kulte, die eine Göttin des Ackerbaus und der Fruchtbarkeit verehren. Den Mond finden wir in der chaldäischen Nana, der römischen Ceres, der druidischen Ceridwen, den griechischen Göttinnen Diana, Demeter und Persephone wie auch in Rhea, der Mutter des Zeus. Auch in der Heiligen Jungfrau sämtlicher Glaubensrichtungen wird sie verkörpert. Die griechischen Göttinnen Astraea und Vesta (Schutzherrin der Vestalischen Jungfrauen) kommen ihr gleich; sie ist Maria, die Mutter Christi, der in der katholischen Tradition der gesamte Monat Mai geweiht wurde. Wie es zur Heiligung des fünften Monats unserer Zeitrechnung kam, läßt sich aus den Niederschriften des Heiden Plutarch entnehmen, der da schrieb: "Der Mai ist Maia oder Vesta - unserer Mutter Erde geweiht, die wir als unsere persönliche Schutzherrin und Nährmutter anerkennen" (Blavatsky, Geheimlehre, 1, 396).

Der Mond im Geburtshoroskop

Astrologen verweisen auf die Stellung des Mondes als Wesensmerkmal der Persönlichkeit des Betreffenden. Die vielgestaltige Persönlichkeit bietet der durch die Sonne vertretenen Individualität (dem Geist) ein Gefäß, mit Hilfe dessen sie sich verwirklicht. Ein Mann legt im Büro ein bestimmtes Verhalten an den Tag, zeigt ein verändertes Gesicht, sobald er an der Seite seiner

Frau öffentlich auftritt und benimmt sich anders, wenn er mit ihr das Bett teilt. Stellt er Kollegen zur Rede, wirkt er ganz anders und ist erst recht nicht wiederzuerkennen, wenn er seinem Chef unter die Augen tritt. Ein Mensch muß auf seine verschiedenartigen Wesenszüge zurückgreifen, um den gegebenen Umständen gerecht zu werden. Viele Menschen identifizieren sich mit diesen Wandlungen und sind sich der unterschiedlichen Lebensrhythmen überhaupt nicht bewußt. Sie werden in der Tat von ihrer unmittelbaren Umgebung geformt. Wie ein Salbeibusch werden sie vom Wind der urtümlichen Lebenskraft hinweggefegt. Auf ihr Schicksal haben sie kaum Einfluß, da der bewußte Kontakt mit ihrer eigenen Individualität so gut wie nicht vorhanden ist. Solche Menschen sind die Sklaven ihrer augenblicklichen Gefühle und Impulse. Wer gelernt hat, seine Persönlichkeit im Zaum zu halten und sie als Instrument seiner Willensabsichten einzusetzen, zählt zu den Stärkeren in der Welt. Auf welche Weise er sein Potential zum Ausdruck bringt, hängt von seiner spirituellen Entwicklungsstufe ab.

Wenn im Horoskop Sonne und Mond harmonisch aspektiert sind, kann man den Willen der Individualität und die Gefühle der Persönlichkeit aufeinander abstimmen und den jeweiligen Lebensumständen gerecht werden. Wenn die Sonne stark, der Mond dagegen schwach steht, weiß der Betreffende nicht, wie er sich im Umgang mit anderen Menschen verhalten soll oder wie er seine persönlichen Wünsche mit den herrschenden Gegebenheiten in Übereinstimmung bringen kann. Der Mond verfügt über die Fähigkeit, andere anzuziehen und kündigt an, wie der Horoskopeigner mit seinen Mitmenschen umgeht.

Ein ungünstig plazierter Mond im Steinbock hat zur Folge, daß die Person jeden, der in ihre Nähe kommt zu dominieren versucht, ohne einen persönlichen, verbindlichen Gefühlsaustausch zuzulassen. Im Zeichen Stier sorgt der Mond für Wohlstand und Fülle und verleiht ein hohes Maß an praktischem Menschenverstand. Ein Mensch mit günstiger Mondstellung, doch mit schwacher Sonnenplazierung kann einen großen Freundeskreis haben. Viele Chancen werden ihm geboten, doch langfristig hat er nicht die Ausdauer, seine Ideen und Beziehungen verwirklichen zu können.

Diese angeführten Beispiele gelten nur als anschauliche Einzelfälle, die ohne die zugrundeliegende Gesamtdeutung besprochen wurden. Um mit Hilfe des Horoskops den umfassenden Lebensplan eines Menschen erfahren zu können, muß man sämtliche Faktoren integrativ in Betracht ziehen. Ein Einzelaspekt trifft keineswegs das gesamte Charakterbild des Betreffenden.

Eine disharmonische Aspektierung bedeutet nicht, daß der Betreffende ein Versager ist. Sie kann nur als Hinweis dienen, daß er es schwerer haben wird, zu Erfolg zu gelangen. Solange der Mensch lernt, wie er seinen Willen und seine Gefühle in Übereinstimmung bringen kann, lernt er möglicherweise entscheidende Lektionen, die für seinen gesamten Wachstumsprozeß und seine seelische Entwicklung von Bedeutung sind. Ein Preis ohne Fleiß ist selten von Wert.

Im praktischen weltlichen Sinn besagt die Stellung des Mondes im Geburtshoroskop, wie es um das häusliche Dasein und Familienleben bestellt ist. Der Mond steht für die eigene Mutter und die Ehefrau, wenn es sich um das Horoskop eines Mannes handelt. Bei Frauen gibt er Auskunft über den Verlauf ihrer Schwangerschaften und Geburten.

Astrologische Entsprechungen des Mondes

Farben: silbergrau, weiß, blasse Grün- und Blautöne, opalisierende und bunt schillernde Farben

Steine, Edelsteine und Metalle: Opal, Mondstein, Perle, Bergkristall, Silber, Aluminium und Selenit

Kräuter, Pflanzen und Bäume: Kohl, Melone, Gurke, Kürbis, Endivie, Kopfsalat, Pilze, Wasserkresse, weiße Lilie, weißer Mohn, weiße Rose, Rosmarin, Vogelmiere, Iris und alle nachtblühenden Pflanzen. Zu den Bäumen, die dem Mond zugeordnet werden, gehören u.a. Ahorn, Olive und alle übrigen safterzeugenden Bäume.

Planetarisches Menschenalter: Der Mond bestimmt die ersten vier Jahre, in denen der Säugling bzw. das Kleinkind völlig auf die Mutter angewiesen ist.

Anatomie und Physiologie: Der Mond beeinflußt Eierstöcke, Gebärmutter, Brüste, Magen, Tränengänge, das vegetative Nervensystem und die Lymphbahnen. Gleichzeitig ist er eng mit Empfängnis, Menstruation, der Produktion von Körpersekreten und generell mit Körperrhythmen verbunden.

Berufe und Tätigkeiten: Der Mond bestimmt die meisten Tätigkeitsfelder, die Umgang mit Kindern pflegen, wie beispielsweise das Berufsbild der Hebamme, Kinderschwester und Erzieherin. Er hat auch Einfluß auf das Leben von Seeleuten, Fischern und Hafenarbeitern sowie Bademeistern, Getränke- und Lebensmittelhändlern.

Wochentag: Montag

Tierkreiszeichen: Krebs

Leitbegriffe des Mondes

Mutter - Gefühl, Gemüt, "Seele"
gestaltbildende Lebenskraft
Persönlichkeit
empfängliche Eigenschaften des Organismus - Anziehungskraft
Fruchtbarkeit - der Wunsch, belebt zu werden

22
Merkur - das Licht des Himmelsboten

"Singet uns von Hermes, dem Sohn von Zeus und Maia.
Herrscher von Kyllene und Arkadien, Reich mit Tierherden gesegnet,
Glückverheißender Bote der Unsterblichen . . ." Hymne an Hermes

Merkur am Himmel

Merkur ist ein Planet der Superlativen. Er ist der heißeste, schnellaufendste und kleinste Planet im innersten Orbit der kosmischen Familie der Sonne. Seine Umlaufbahn verläuft nur 58 Millionen Kilometer von der Sonnenoberfläche entfernt. Die durchschnittliche Tagestemperatur des Merkur beträgt über 404 Grad Celsius. Da seine Entfernung zur Sonne relativ gering ist, muß er das Zentralgestirn mit rasender Geschwindigkeit umkreisen (mit ungefähr 173 772 Kilometern pro Stunde), um nicht von der Sonnenmasse angesaugt zu werden. Der Zeitraum einer Sonnenumkreisung (ein Merkurjahr) entspricht nur 88 Erdentagen.

Sein Durchmesser beträgt nur rd. 4 700 Kilometer und ist nicht größer als der unseres Mondes. Die Erforschung des Merkur wird durch seine geringen Abmessungen und seine Sonnennähe erschwert. Durch das gleißende Licht der Sonnenbestrahlung bleibt er die meiste Zeit unsichtbar. Da Merkurs Umlaufbahn innerhalb der Erdumlaufbahn liegt, hat es für den Beobachter aus irdischer Perspektive den Anschein, als ob er verschiedene Phasen durchläuft. Wir Erdenbewohner bekommen das gesamte Antlitz des Merkurs niemals zu sehen. Wenn er "voll" ist, hält er sich entweder hinter der Sonne auf oder wird von ihrer Helligkeit überstrahlt. Merkur ist zu keinem Zeitpunkt weiter als 28 Grad von der Sonne entfernt.

In astrologischem Sinn bewirkt diese Tatsache, daß Merkur, unabhängig vom Sonnenstand im Geburtshoroskop eines Menschen, entweder in demselben Tierkreiszeichen wie die Sonne steht oder im vorausgehenden oder nachfolgenden Zeichen zu finden ist. Da Merkur den Sonnenbewegungen folgt, geht er aus astronomischer Sicht gleichzeitig mit ihr auf und unter. Aus diesem Grund ist er nur kurz nach Untergang oder kurz vor Aufgang der Sonne zu sehen, am Nachthimmel erscheint er überhaupt nicht.

Bis vor kurzem glaubten die Astronomen noch, daß Merkur nur eine Seite, wo es ständig Tag ist, der Sonne zugewendet habe und mit der anderen Hälfte in die ewige Nacht des Weltraums hinausschaue. Neuere Forschungsergebnisse haben nachgewiesen, daß Merkur sich tatsächlich um die eigene Achse dreht. Diese Rotation nimmt etwa 59 Erdentage in Anspruch (Lauber, S. 49; Nicolson, S.55)

Wissenschaftler sind der Meinung, daß auf Merkur eine extrem flüchtige Atmosphäre herrscht. Anhand von spektroskopischen Untersuchungen konnte nur ein einziges Gas, nämlich Kohlendioxid, nachgewiesen werden. Bezüglich der Oberflächenstruktur dieses winzigen Gestirns gab es bisher nur Mutmaßungen. Astronomen wissen, daß die Merkurkugel nicht aus Gasen, sondern größtenteils aus fester Masse besteht, da gewisse Oberflächenmarkierungen festgestellt wurden. Aufgrund seiner kaum merklichen Atmosphäre muß Merkur, ähnlich wie der Mond, mit Meteoritenkratern übersät sein. Infolge seiner außerordentlichen Temperaturschwankungen sind riesige Spalten aufgebrochen.

Der Merkur weist keine Monde auf. Seine Dichte beträgt 69% der Dichte der Erde. Seine Anziehungskraft beträgt 27% der Erdenschwere. Die Nachttemperatur beträgt - 23,3 Grad Celsius.

Symbolik, Mythologie und Geschichte des Merkur

Das Merkursymbol setzt sich aus dem Kreuz der Materie, dem Kreis des Geistes und dem Halbkreis des Mondes zusammen. Es ist komplex und kann vielfältig interpretiert werden. Im wesentlichen symbolisiert es aktive Intelligenz. Die belebende Kraft des Kreises regt den Verstand an. Dieser ist in der Lage, Impulse aus zweierlei Richtungen aufzunehmen. Man kennt zwei vorherrschende Merkurtypen, den Nachahmer und den Erfinder. Der horizontale Halbmond deutet auf die Empfangsbereitschaft des Verstandes hin, der für inspirierte und ursprüngliche Konzepte aufgeschlossen ist. Diese werden anschließend mit Hilfe von Merkurs (Jungfrau) praktischer Veranlagung in Pläne und Projekte umgeschmiedet, die auf der Erde (Kreuz) umgesetzt werden können. Ein weiteres Wahrzeichen des Hermes ist der Hermesstabs (Caduceus), der Macht und Weisheit kennzeichnet. Alte Darstellungen zeigen Merkur häufig mit diesem Stab. Bis zum heutigen Tag wird der Hermesstab als Emblem der Heilberufe verwendet.

Im Lauf der Geschichte hat sich der Gott Merkur durch zahlreiche Begabungen verdient gemacht, die allesamt mit den unterschiedlichen Ausdrucksformen des Schreibens, Sprechens, Lernens, Handelns und der Nachrichtenübermittlung zu tun haben. In Ägypten ist Merkur als Thot bekannt, der die göttlichen Bücher verwaltet und der Schriftgelehrte der Göttergemeinschaft ist. Bei den Hindus ist er der Affengott Hanuman, "dessen Taten gar groß sind und dessen Weisheit unübertrefflich ist. [Er ist] der Sohn des Windgottes, der an allen Orten gleichwohl Einlaß findet" (Reid, S. 33). Die Hindus kennen ihn auch als Saram, den göttlichen Wächter, der "über eine goldene Herde von Sternen und Sonnenstrahlen Wache hält" (Blavatsky, Geheimlehre, 2, 28).

Merkur ist der Gott der Weisheit und steht deshalb mit Buddha in Verbindung. Die Bezeichnung Buddha ist wie Christus ein Titel, der demjenigen verliehen wird, der von der göttlichen Weisheit (bodhi) erleuchtet wurde. Der Name des germanischen Gottes Odin (auch als Wotan bekannt) ist eine zusätzliche Ableitung der Vorstellung und des Wortes Buddha, weshalb Odin auch einen weiteren Wesenszug Merkurs verkörpert.

Die Griechen nennen ihn Hermes und Gott der "Überredungskünste". In Homers Odyssee erscheint Hermes als Himmelsbote von Zeus. Abbildungen zeigen ihn mit Flügeln am Kopf und an den Fersen, denn er muß, genau wie sein Planet, geschwind vorwärtskommen, um seine Pflichten als göttlicher Herold zur Zufriedenheit ausführen zu können.

Der Hermesstab

Die Römer nannten ihn Mercurius und schrieben ihm sämtliche Würden und verschiedene Eigenschaften des griechischen Hermes zu. Am meisten tut sich Merkur-Hermes durch seine Begabung als großartiger Redner und Lehrer hervor. Als der Apostel Paulus die griechische Stadt Lystra in Kleinasien besuchte, hielt er so mitreißende Reden, daß die ansässige heidnische Bevölkerung ihm (trotz seines Protestes) einen großen Empfang bereitete (Apostelgeschichte 14, 11-12): "Da aber das Volk sah, was Paulus getan hatte, erhoben sie ihre Stimme und sprachen auf lyakonisch: Die Götter sind den Menschen gleich geworden und zu uns herniedergekommen, und nannten Barnabas Jupiter und Paulus Merkurius, weil er das Wort führte."

Merkur im Geburtshoroskop

Merkurs Aufgabe besteht darin, den Menschen durch Gebrauch seines Verstandes vom Tier zu unterscheiden. Durch Abkehr vom reinen Instinkt und Entfaltung des schöpferischen Aspektes des Verstandes, verschafft er dem Menschen ein größeres Bewußtsein über sich und seine Welt.

Die Merkurstellung im Horoskop gibt primär Aufschluß über die vorhandenen intellektuellen und originellen Fähigkeiten. Sie verweist auf sprachliche Talente. Die Menschen mit einem starken, positiven Merkur in ihrem Geburtshorsokop sind redegewandt. Es fällt ihnen leicht, Fremdsprachen zu lernen, sie haben ein helles Köpfchen und können ihren Mitmenschen schwer verständliche Gedankengänge scheinbar mühelos erklären. Solche Personen verfügen auch über eine starke Überzeugungskraft und haben ein sehr gutes Gedächtnis, so daß sie sich an die kleinsten Einzelheiten erinnern können.

Merkur liebt Verbesserungen und bereichert das menschliche Wissen mit Erfindungen. Dieser Planet sorgt mit Hilfe von Experimenten für den Fortschritt. Merkur gibt sich niemals mit dem Bisherigen zufrieden und ist unentwegt auf der Suche nach neuen Wegen, die sein erfinderischer Geist zu erforschen vermag.

Ist ein zu starker Merkureinfluß zu verzeichnen, wirkt der Betreffende rastlos, unbeständig und oberflächlich. Solche Menschen kommen nie über Worte hinaus, da ihre Vorstellungskraft stark an Worte gebunden ist. Mond, Venus und Neptun können einen hyperaktiven Verstand am besten ausgleichen. Diese Planeten vermitteln eine starke sensible Feinfühligkeit und erlauben dem Verstand, sich in verschiedenerlei Formen auszudrücken.

Astrologische Entsprechungen des Merkur

Farben: Merkur steht in Verbindung mit metallischen Blau- und Violettönen sowie mit bunt gewürfelten und karierten Mustern

Steine, Edelsteine und Metalle: Achat, Marmor, Aquamarin, Glas und natürlich Quecksilber

Kräuter, Pflanzen und Bäume: Lavendel, Azalee, Majoran, Myrthe, Fenchel, Karotte, Kümmel, Petersilie, Baldrian, Maggikraut, Lungenkraut und Dill, Walnuß und Haselnuß

Planetarisches Menschenalter: Merkur regiert die zweite Lebensperiode, die den Zeitraum von fünf bis vierzehn Jahren umfaßt. In dieser Spanne besucht man die Grundschule und erhält Antworten auf die zahlreichen "Warum" des jungen und neugierigen Verstandes.

Anatomie und Physiologie: Anatomisch gesehen herrscht Merkur über das gesamte Nervensystem, Hände, Zunge, Schilddrüse, Stimmbänder, Bronchien, Lungen, das Hören und Sehen. Physiologisch bestimmt er die Atmung, Reflexe und zahlreiche Nervenfunktionen.

Berufe und Tätigkeiten: Merkur herrscht über alle Berufe, die mit Sprache, Schrift, Bildung und Büchern zu tun haben. Er begünstigt Postbedienstete, kaufmännische Angestellte, Sekretärinnen, Buchhalter und Ingenieure.

Wochentag: Mittwoch (der germanische Wotanstag). Die lateinische Bezeichnung lautet Mercurius, die italienische Mercoledi, die spanische Miércoles und die französische Mercredi, woraus sich Mittwoch (das englische Wednesday) ableiten läßt.

Tierkreiszeichen: Zwillinge und Jungfrau

Leitbegriffe des Merkur

aktive Intelligenz

Verstand, Logik und Vernunft

pädagogisches Geschick und gute Lernfähigkeit

Kommunkation in Wort und Schrift

überträgt geistige Inhalte auf materielle Gegebenheiten

23
Venus - Das Licht der Schönheit

"Dann trat die Zeusgeborene Aphrodite vor und näherte sich.
Nahm die Gestalt und Figur eines jungen, ledigen Mädchens an,
Bis seine Augen ihre Göttlichkeit wahrnehmen konnten,
Und der Held es mit der Angst zu tun bekam.
Anchises sah und war bezaubert - so schön war sie,
Groß stand sie vor ihm, ihre Kleider schillerten so bunt.
Das Gewand, das ihre Figur umspielte, leuchtete wie loderndes Feuer.
Schmuckspangen zierten ihre Arme, die Ohrringe blitzten.
Wundervolle Goldketten funkelten um ihren sanften, schönen Nacken.
Ihre sanften Brüste schimmerten wie Mondlicht, seltsam anzusehen.
Dann wurde Anchises von Leidenschaft ergriffen; schnell sprach er:
"Gegrüßet seist Du Königin, wer Du auch bist unter den Gesegneten im Himmel!"

Homer, Hymne an Venus (Seltman, S. 88)

Venus am Himmel

Nach Sonne und Mond ist Venus der hellste Himmelskörper. Ähnlich wie Merkur durchläuft sie aus unserer Sicht verschiedene Phasen. In der hellen halbmondförmigen Phase ist sie der Erde am nächsten (ungefähr 41,8 Millionen Kilometer entfernt). Wenn sie "voll" ist, hält sich Venus in der erdfernen Sonnenseite auf und erscheint uns als viel kleinere Kugel, deren Abstand zu uns etwa 257,4 Millionen Kilometer beträgt.

Häufig nennt man Venus die "Schwester" der Erde, denn sie weist einige physikalische Merkmale auf, die sehr viel Ähnlichkeit mit den irdischen Parametern haben. Aus folgender Tabelle läßt sich entnehmen, daß Größe, Volumen, Masse, Dichte und Schwerkraft annähernd gleich sind:

Durchmesser der Venus	= 98 % des Erddurchmessers
Volumen der Venus	= 92 % des Erdvolumens
Masse der Venus	= 83 % der Erdmasse
Dichte der Venus	= 89 % der Dichte der Erde
Schwerkraft der Venus	= 89 % der Erdschwerkraft

Wenden wir uns nun den gewaltigen Unterschieden zu. Zunächst einmal dreht sich die Venus aus unserer Perspektive rückwärts von Osten nach Westen. Das bedeutet, auf Venus geht die Sonne im Westen auf und im Osten unter. Ein weiteres interessantes Venusphänomen ist folgendes: ein Tag auf Venus (= 247 Erdentage) dauert länger als ein Venusjahr (= 225 Erdentage), womit Venus unter allen Planeten den längsten Tag hat. Diese ungewöhnlichen Zeitparameter kommen zustande, weil Venus schneller um die Sonne als um ihre eigene Achse kreist.

Obwohl Venus unser nächster Nachbarplanet ist, bleibt ihre wahre Natur doch größtenteils unserem Zugriff verborgen. Keinem Teleskop ist es bisher gelungen, hinter die riesige Wolkendecke zu blicken, von der sie umgeben ist. In dem Bemühen, weitere Daten über die physikalische Beschaffenheit der Venus zu erhalten, haben Wissenschaftler sie mit Hilfe von Radar- und Radiowellen untersucht. Sie haben unbemannte Satelliten zu ihr geschickt, die den geheimnisvollen Schleier, den unsere himmlische Aphrodite umgibt, lüften sollten.

Die Ergebnisse der Forschungsreihen haben erbracht, daß auf Venus hohe Temperaturen herrschen. Ihre Atmosphäre fängt die Sonnenstrahlen ein und erzeugt eine übermäßig hohe Oberflächentemperatur von durchschnittlich 260 Grad Celsius. Zusätzlich bricht die Wolkenschicht das Sonnenlicht. Auf diese Weise könnten eine Vielzahl von bizarren optischen Trugbildern entstehen. Die Sonne könnte beispielsweise unter einen Horizont versinken und gleichzeitig auf der anderen Seite scheinbar wieder aufgehen. Die mittlere Entfernung von der Sonne beträgt 108,1 Millionen Kilometer. Die Venus hat keine Monde.

Symbolik, Mythologie und Geschichte der Venus

Sonne und Mond sind unsere himmlischen Eltern und, wie wir gesehen haben, vermittelt der Vater Lebensimpulse, während die Mutter alle Geschöpfe aus jungfräulicher oder abwartender Ursubstanz formt. Als Tochter des Mondes vertritt Venus eine Vielfalt an materiellen Gestalten, die aus der Großen Mutter hervorgegangen sind. Dies wird durch ihr Symbol verdeutlicht. Es zeigt die Heirat der universalen männlichen und weiblichen Kräfte, die in Jehova, die Einheit des Allerhöchsten Elternpaars (Kreis), mündet. Alle Erscheinungsformen dieser Vereinigung verkörpern sich im Kreuz der Materie, das unterhalb des Kreises angebracht ist. Zugleich ist es ein Sinnbild der harmonischen Eintracht der beiden männlichen Elemente (Feuer und Luft) mit den beiden weiblichen (Erde und Wasser), durch die alle Lebensformen der Erde (Kreuz) und die Natur geschaffen wurde. Astrologisch gesehen herrscht Venus über zwei Tierkreiszeichen, ein männliches (Waage) und ein weibliches (Stier). Die Analyse des ägyptischen Ankhs (bzw. Ansata-Zeichens), eine antike Urform des Venussymbols, bestätigt ebenfalls diese Analogie. Ankh bedeutet Leben.

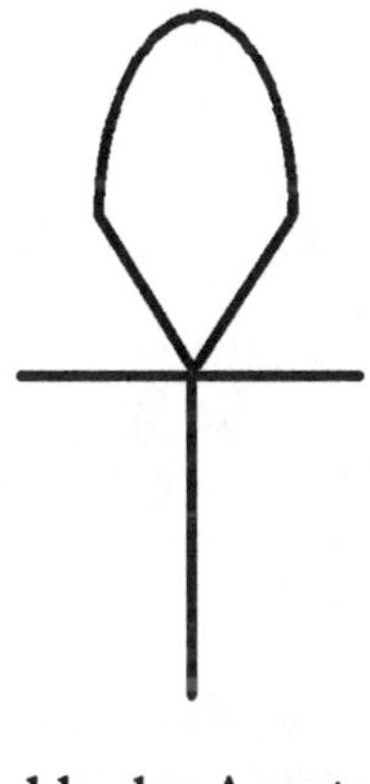

Der Ankh, das Ansatasymbol

Alle Naturreiche sind aus der Mutter Natur (Venus im Stier) entstanden; Venus in der Waage drückt das letztendliche Ideal des vollkommenen Gleichgewichts der männlichen und weiblichen Elemente in der gesamten Schöpfung aus. Im Verlangen der Geschlechter, sich zu vereinigen, sieht der Metaphysiker ein Sinnbild der natürlichen menschlichen Sehnsucht (Kreuz) zum Kreis der Vollkommenheit zurückzufinden. Somit fällt die Ehe unter die Zuständigkeit der Waage, während die Stierschwingung die praktische Seite des Erdenlebens, wie beispielsweise Essen, Kleidung und Obdach, regelt.

Über die Geburt von Venus (bei den Griechen Aphrodite, bei den Hindus Lakshmi) berichten die Legenden beider Kulturen gleichlautend, daß sie aus dem Meer komme (die indische Mythologie sieht sie auf einer Lotusblüte). Wasser ist das Symbol des Ozeans des Raumes, des Äthers, der Ursubstanz, woraus die gesamte Schöpfung hervorgeht.

Gleich nach ihrer Geburt erfüllt Venus, die ja Schönheit und Wachstum verkörpert, ihre Aufgabe als großzügige Spenderin von Freuden und Geschenken des Lebens. Ihr obliegt es, den Menschen mit dem Wunsch nach materiellem Wohlstand und geistiger Entfaltung auszustatten. Sie ist eine Schutzgöttin, und die Taube ist eines ihrer geheiligten Tiere. Diese symbolisiert die unsichtbare Gottesliebe bzw. in der christlichen Lehre den Heiligen Geist. Venus wirkt hier über das heilige Wasser der Fische, das Tierkreiszeichen der universalen Liebe, die sich über die persönlich fixierte Liebe emporgehoben hat (Venus steht in den Fischen erhöht).

Venus im Geburtshoroskop

Venus versinnbildlicht zwei Lebensaspekte, die mit ihrem Einfluß auf Stier und Waage einhergehen. Ihre irdische Seite verweist auf die Fähigkeit, materiellem Wohlstand zu erwerben. Sie kündigt an, wie man seine Mittel bewahren und ausgeben wird. Venus wird auch Glücksplanet genannt, denn sie beschenkt all diejenigen, in deren Geburtshoroskop sie günstig steht.

Wer von ihr beeinflußt wird, ist gewöhnlich körperlich sehr attraktiv und beziehungsfähig. Hier macht sich die Wirkung der luftigen Wesensart von Venus (Waage) bemerkbar, denn sie schenkt ihrem Günstling gesellschaftliche Begabungen. Ihr bekanntester Name im antiken Athen war Aphrodite Pandemos, eine Bezeichnung, die "Venus für das gesamte Volk" bedeutet.

Dieser Titel ergibt bei der Deutung eines Geburtshoroskops einen doppelten Sinn. Wenn die Venusschwingung überwiegt, wird die Person eine Vorliebe für Flirts und viele Beziehungen zeigen. Ist zusätzlich ein kräftiger Marseinfluß vorhanden, ist die Lüsternheit nahezu unvermeidlich. Menschen, die durch Venus' Aphrodisiakia übermäßig erregt werden, sind von einem übermächtigen Verlangen nach sinnlichen Genüssen besessen. Ist andererseits eine schwache Venus vorhanden oder wird sie durch Saturn behindert, können in Liebesbeziehungen oder im gesellschaftlichen Umgang Schwierigkeiten auftreten. In einem solchen Fall dürfte der Selbstausdruck in diesen Bereichen erschwert sein.

Es gibt noch eine andere bemerkenswerte Venuseigenschaft. Venus ist die Göttin der Künste, die inspiriert, die Phantasie mit der Realität in Übereinstimmung zu bringen und diese Wechselwirkung in Malerei, Skulptur oder Musik auszudrücken - auch im Film und Tanz, wenn sich die Fische noch dazu gesellen.

Astrologische Entsprechungen der Venus

Farben: leichte Blau- und Grüntöne, sanfte Gelbtöne und Pastellfarben

Steine, Edelsteine und Metalle: Jade, Alabaster, Lapislazuli, Beryll, Karneol, Kupfer und Messing

Kräuter, Pflanzen und Bäume: Venus ordnet man allen süßlich duftenden Gewürzen sowie den meisten Blüten zu, aus denen Parfüm gewonnen wird. Sie entspricht ebenfalls Weintrauben, Stachelbeeren, Äpfeln, Kirschen, Aprikosen, der gelben Narzisse, Pfefferminze, den Farnen und vielen anderen Pflanzen. Bäume: Esche, Zypresse, Feige, Mandel, Pekannnuß, Granatapfel

Planetarisches Menschenalter: Venus regiert die dritte Phase im menschlichen Leben, die vom vierzehnten bis zum einundzwanzigsten Lebensjahr dauert. Diese Lebensperiode entspricht der Jugendzeit, in der die sexuelle Reifung stattfindet; daher rührt auch die Anziehung zum anderen Geschlecht. Wenn diese Seite in einem jungen Menschen erwacht, wird er in die Gesellschaft eingeführt, was normalerweise durch zahlreiche Freundschaften, Parties und Treffen geschieht, die in dieser Phase an der Tagesordnung sind.

Anatomie und Physiologie: Anatomisch gesehen hat Venus beträchtlichen Einfluß auf die Hauptmerkmale körperlicher Attraktivität, wie zum Beispiel Haare, Haut, Gesichtsfarbe und Gesichtsausdruck. Physiologisch bestimmt sie die Funktion der Nieren, die Harnproduktion, Thymusdrüse und den venösen Blutkreislauf und wird im allgemeinen mit den Fortpflanzungsorganen in Verbindung gebracht.

Berufe und Tätigkeiten: Alle Berufe, die mit Musik und Kunst zu tun haben sowie Schönheitsspezialisten, Kosmetiker, Mode- und Schmuckdesigner; Botaniker, Floristen und Dichter

Wochentag: Freitag

Tierkreiszeichen: Stier und Waage

Leitbegriffe der Venus

stellt Schönheit in allen Variationen dar

vermittelt eine soziale Gesinnung

verfeinert den Kunstsinn

Anziehung durch das andere Geschlecht

Anziehung von Subjekt und Objekt

erweckt Gefühle der Liebe und des Teilens

24
Mars - Das Licht des Angreifers

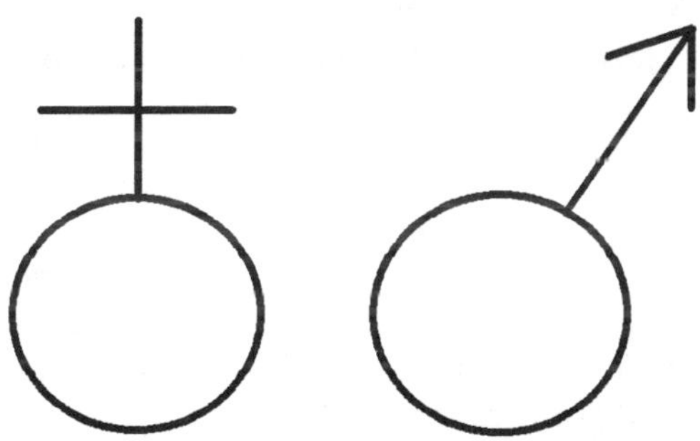

"Dann setzt der Barde seine Harfe an und erhebt dazu seine Stimme. Singt von der Leidenschaft des Ares für seine liebliche gekrönte Königin Aphrodite." Homer, Odyssee

"Haß schafft man niemals durch Haß aus der Welt. Nur durch Liebe hört Haß auf. So lautet das Gesetz." Gautama Buddha

Mars am Himmel

Im letzten Kapitel benannten wir Venus als "Schwester" der Erde. Mars könnte ihr kleiner Bruder sein, denn er ist ein relativ kleiner Planet mit einem Durchmesser, der nur etwas größer als der halbe Erddurchmesser ist. Als naher Verwandter hat Mars auch einige physikalische Eigenschaften, die mit unserem Heimatplaneten vergleichbar sind. Die Marsachse neigt sich Richtung Sonne, und hat fast denselben Winkel wie die Erdachse. Infolgedessen dauert ein Tag auf Mars 24,5 Stunden. Im Verlauf eines Marsjahres, das einen Zeitraum von 687 Erdtagen in Anspruch nimmt, erfolgen auch vier festumrissene Jahreszeiten, die aufgrund der größeren Marsumlaufbahn jeweils länger als die irdischen dauern. Während dort Winter ist, läßt sich beobachten, wie sich die Eiskappen an den Polen ausdehnen.

Aus wissenschaftlichen Berichten wissen wir, daß diese Eisschicht nicht so stark wie die irdische ist, sondern nur eine relativ dünne Lagerstätte aus gefrorenem Kohlendioxid darstellt (Nicolson, S. 58). Wenn auf dem Mars der Frühling einzieht, schmelzen die Eiskappen an den Polen und verkleinern sich, während sich die Marsoberfläche gleichzeitig mit dunklen Stellen überzieht. Es beginnt in der Nähe der Pole und breitet sich allmählich bis zum Äquator aus. Astronomen mutmaßen, daß diese dunklen, blaugrünen Flächen mit primitiver Vegetation überzogen sind, die durch das vorhandene Wasser und die stärkere Sonneneinstrahlung zum Leben erwacht.

In der Nähe des Marsäquators kann die Temperatur während des Marssommers bis zu 26,6 Grad Celsius ansteigen, doch nachts fällt das Thermometer tief unter - 17,8 Grad Celsius. Da diese täglichen Temperaturstürze derart schnell erfolgen und die Sauerstoffmenge in der Atmosphäre so knapp bemessen ist, können dort keine uns bekannten hochentwickelten Pflanzen gedeihen. Das ist noch kein Grund zu glauben, daß auf dem Mars kein Leben existiert, denn er ist ähnlich wie die Erde ein sich entwickelnder Planet. Sollten gewisse Pflanzengattungen auf dem Marsboden wachsen, sind sie den besonderen klimatischen und physikalischen Verhältnissen artgerecht angepaßt. Selbst auf Erden gibt es eine Reihe von primitiven Pflanzen, die auf den eisigen Gebirgszügen der Antarktis und in der Wüste Sahara existieren (Lauber, S. 79). Die meisten Esoteriker stimmen darin überein, daß es auf dem Mars Leben gibt, und die modernen Wissenschaftler haben seit den Studien des italienischen Astronomen Giovanni Schiaparelli darüber diskutiert.

Schiaparelli beobachtete, in welcher Weise sich die dunklen Flächen veränderten, die je nach Jahreszeit die rote Marslandschaft bedecken. Er vermutete, daß die dunklen Regionen Meere und die rötlichen Zonen Kontinente seien. Ihm fielen außerdem zahlreiche gerade und parallellaufende Linien auf der Marsoberfläche auf; diese Strukturen nannte er Canali. In der italienischen Sprache bedeutet das Wort Canali sowohl Flußbett als auch Kanal. Als sein Werk ins Englische übersetzt wurde, verwendete man den Begriff "Kanäle". Diese Wortwahl führte zu einer erheblichen Kontroverse und war Stoff für das sich entwickelnde wissenschaftliche Denkvermögen der damaligen Zeit. Mit dem englischen Wort channel ist eine natürliche Wasserstraße gemeint, die zwei Landmassen voneinander trennt, wie zum

Beispiel der Englische Kanal. Ein Kanal hingegen wird von Menschenhand ausgehoben, wie zum Beispiel der Panamakanal und der Suezkanal. Sollten also auf dem Mars tatsächlich Kanäle existieren, müßte es auch Marsmenschen geben, die sie erbaut haben!

Der Streit um Kanäle, Wasserwege und vegetationsbedeckte Gebiete ist bis heute im Gange und kann nur gelöst werden, wenn der Mensch mit Hilfe seiner Instrumente die Marsoberfläche ausgiebig erforscht. 1965 schickten die Vereinigten Staaten die Mariner IV Sonde in eine Marsregion, auf der eine Anzahl Canali beobachtet worden sind. Die Fotos der untersuchten Landschaft wiesen weder Canali noch irgendwelche Gebirgsketten, Meeresbecken oder Täler auf. Sie zeigten lediglich ein Gebiet, das mit Kratern übersät war, deren Durchmesser von 4,8 bis 120,6 Kilometern reichten (Lauber, S. 75). Da die erforschte Region nur ungefähr ein Prozent der Marsfläche ausmachte, ist die Streitfrage, ob es auf dem roten Planeten Canali und Leben gibt, bis heute ungelöst.

Mars hat zwei sehr kleine Monde. Phobos' Durchmesser beträgt 16,09 Kilometer, und er umkreist den roten Planeten in nur 9 332 Kilometern Entfernung. Der zweite Trabant Deimos hat nur einen Durchmesser von 8 Kilometern, seine Umlaufbahn verläuft in einer Entfernung von ungefähr 23 491 Kilometern.

Die mittlere Entfernung des Mars von der Sonne beträgt 227,8 Millionen Kilometer, die geringste Entfernung von der Erde 56,3 Millionen Kilometer; der Durchmesser beträgt 6 757,8 Kilometer, die Masse 11 % der Erdmasse, die Dichte 70 % der Erddichte, die Schwerkraft auf der Oberfläche 37 % der Erdschwerkraft.

Symbolik, Mythologie und Geschichte des Mars

Die Symbole am Anfang dieses Kapitels zeigen das alte und das jüngere Wahrzeichen des Mars. Das erste Symbol zeigt das Kreuz der Materie, das über einer Lichtkugel thront. Aus diesem Symbol kann man den dualen Einfluß des feurigen Kriegsgottes ableiten. Die vornehmste Eigenschaft von Mars ist das Vermögen, aus dem Urstoff des Geistes Materie zu erschaffen. Deshalb schreibt man dem Mars einen schöpferischen Drang zu, der sich auf den Menschen oder auf die Nation auswirkt, die seinen Strahlen ausgesetzt sind. In dieser Hinsicht dient Mars als Träger neuer Energieflüsse, die der irdischen Welt zugutekommen und bei umsichtiger Verwendung die Entwicklung und den Fortschritt der Menschheit fördern können.

Die niedere Marsnatur (Kreuz oberhalb der Kugel) legt mehr Wert auf materielle Güter und egoistische Vorteile als auf den Geist, der die gesamte Schöpfungsenergie in sich birgt. Hier zeigt sich die Zerstörungskraft des Mars, die stellvertretend für denjenigen ist, der einzig und allein nach persönlichen Erfolgen trachtet und nicht fragt, was er anderen damit antut. Der Kreis mit dem aufgesetzten Kreuz galt von jeher schon als Symbol der Macht über die Erde. Aus diesem Grund gehören der Reichsapfel und das Zepter zu den traditionellen Krönungsinsignien der Könige. Das Zepter ist der Stab der Amtsgewalt und ein Sinnbild der Macht des Königs.

Das zweite Marssymbol zeigt seinen Schild und seine Lanze und stellt gleichzeitig einen erigierten Penis dar, das Symbol seiner Potenz und Zeugungskraft. Mars stellt den Gegenpol zu Venus dar und ist gleichzeitig ihr Gatte. So wie Venus eine Tochter des Mondes ist und das tätige weibliche Lebensprinzip vertritt, ist Mars ein Sohn der Sonne und repräsentiert die aktive männliche Schaffenskraft. Stier und Waage, die Tierkreiszeichen der Venus, stehen in direkter Opposition zu Skorpion und Widder, den Herrschaftszeichen des Mars. Wenn sich diese Kräfte vereinigen, wie es bei den mythologischen Stellvertretern von Mars und Venus geschah, erfolgt die Zeugung von Eros, ihrem Kind, der Personifikation der tätigen Liebe.

Mars repräsentiert wie alle Planeten ein Prinzip eines kosmischen Gesetzes, das von einer Reihe von Göttern und Göttinnen der Neuzeit und des klassischen Altertums verkörpert wird. Er hat schon immer als "Licht des Angreifers" und als Kriegsgott gegolten. Mit Nachdruck setzt er die individuellen Wünsche des einzelnen in seiner Umgebung durch. Die Ägypter nannten ihn Artes, aus dessen Namen sich unser Wort "Artist" ableiten läßt und den künstlerischen Selbstausdruck des Menschen darstellt. Im jüdischen und chaldäischen Sprachgebrauch bedeutet das Wort Aretz Erde - der Hintergrund, auf dem sich der Mensch selbst darstellen kann. Die Juden kennen Mars als Madim. Das Wort steht in engem Zusammenhang mit Adam, der ersten Menschheitsrasse, die durch Ausgießung des ersten Geiststrahls ihre menschliche Gestalt empfing. (Ad bedeutet Licht; mit Om, Aum oder Am ist Geist gemeint.) Bei den Hindus heißt der Planet Mars Mangala, Lohita (der Rote) oder Kartikeya und bedeutet auch Kriegsgott. Dieser wurde aus Shiva Gharmaja, dem Schweiß Shivas, des Zerstörers, geboren und fiel auf die Erde.

Die Griechen verehrten Ares als Mars, liebten ihn jedoch nicht besonders. Ares war der Sohn von Zeus und der übellaunigen Hera. Ares hatte auch eine Schwester Eris (Zwietracht) und (außer Eros) zwei Söhne namens

Deimos und Phobos (Angst und Schrecken), denen die Marsmonde selbstverständlich ihre Namen zu verdanken haben. Es wird behauptet, der Areskult sei aus Thrakien, einem Land mit einem besonders barbarischen Volk, auf das griechische Festland gekommen und hätte sich allmählich Richtung Süden über Mazedonien, Theben und Sparta ausgebreitet. Die Spartaner galten als bemerkenswerte Kriegerrasse der Griechen; ihre Verehrung für Ares ging soweit, daß sie Ketten um seine Darstellungen legten, damit er ihnen stets erhalten bliebe (Seltman, S. 61). Es wird berichtet, daß vor der Zeit, als man den Beginn von Schlachten mit Trompetensignalen ankündigte, zwei Arespriester an der Spitze des Kriegsheers marschierten und brennende Fackeln auf die gegnerischen Truppen schleuderten (Seyffert, S. 61).

Die Römer nannten ihren Kriegsgott Mars. Wie üblich entliehen die Römer die mythologischen Inhalte über ihre zahlreichen Götter und Göttinnen von den Griechen. Sie übersetzten zunächst die Namen dieser erhabenen Charaktere aus der griechischen Sprache ins Lateinische und "romanisierten" gewöhnlich die vielen Gottheiten, indem sie diese ihrer Kultur anpaßten. Die Römer verehrten den Gott Mars viel stärker als dies bei dem griechischen Ares der Fall war, da Rom von jeher eine Vorliebe für Krieg und militärische Künste hatte. Nach dem ehrwürdigen Gott Jupiter (Zeus) war Mars die zweitwichtigste Gottheit, und seine zwei Begleiter, Pallor und Pavor (Blässe und Schrecken), kämpften an seiner Seite. Da Mars bei den Römern so hohes Ansehen genoß, schrieben sie ihm viele positive Eigenschaften zu. Er war ein bedeutender Naturgott, spendete Fruchtbarkeit, beschützte Felder und Viehherden und regte durch seine allumfassende Begeisterung auch alle neuen Projekte und Ideen an. Mit ihrem ersten Monat März, der Zeit der Frühlingstag- und Nachtgleiche, die das nahende Frühjahr ankündigt, erwiesen die Römer seinem Namen Ehre.

Mars im Geburtshoroskop

Wie bereits erwähnt, ist Mars als Kriegsgott bekannt, denn seine Aufgabe besteht darin, die Menschen zu spalten und zu teilen. Venus ist die Verkörperung der sanften und beruhigenden Energie, die dazu dient, die gegnerischen Kräfte zu versöhnen und unterschiedliche Absichten zu einem friedlichen, kooperativen Unterfangen zusammenzufügen.

Wir sollten uns nicht verleiten lassen, in Mars nur das Schlechte zu sehen, denn wenn wir seine Rolle im großen Schöpfungsplan untersuchen, treten seine wichtigen und positiven Funktionen zutage. In erster Linie ist Mars ein feuriger Planet, der hauptsächlich über das Tierkreiszeichen Widder herrscht. Der Leser mag sich erinnern, daß Widder die Entwicklungsstufe ist, in der der Mensch sich vor allem als eigenständiges Wesen sieht, das sich vom gesamten Massenbewußtsein der menschlichen Rasse abhebt. Seine neuentdeckte Eigenständigkeit behandelt er wie ein Spielzeug, das er bei jeder Gelegenheit ausprobiert. In diesem Zusammenhang repräsentiert der Feueraspekt von Mars die Lebenskraft, die sich in der Außenwelt ausdrückt. Jedem Menschen kommt ein einigermaßen kräftiger Marseinfluß in seinem Geburtshoroskop zugute, denn er verleiht Mut, körperliche Stärke und Durchhaltevermögen, es mit den Anforderungen und Schwierigkeiten im Leben aufnehmen zu können.

Hält sich Mars in einem Tierkreiszeichen auf, das seiner natürlichen Ausdruckweise nicht entgegenkommt (wie z. B. Fische und Stier) oder wird er durch ungünstige Aspekte von anderen Gestirnen behindert, kann der Horoskopeigner ein Feigling sein, der ohne Ziel durchs Leben geht. Liegt eine zu starke Marsbetonung vor, besonders wenn er in einem Feuerzeichen steht oder eine überwiegende Zahl von Planeten in Widder oder Skorpion zu finden sind, kann der Betreffende die verwerflichsten Eigenschaften des Mars verkörpern: Grausamkeit, Egoismus, Streitsucht, Wollust und das Verlangen, über seine Umgebung völlige Kontrolle auszuüben.

Widder fördert die Geburt einer eigenständigen Persönlichkeit, während Skorpion deren Zersetzung und Tod symbolisiert. Mit Hilfe des transzendierenden Wassers des Skorpions, der ebenfalls von Mars beherrscht wird, taucht der Einzelmensch wieder in das Kollektiv der Menschheit ein. Im wäßrigen Skorpion drückt Mars sowohl seine edelsten moralischen Eigenschaften als auch seine widerlichste Verderbtheit aus. Der Skorpionaspekt des Mars gibt dem Menschen ein Werkzeug zur Entfaltung in die Hand, da das absorbierende Skorpionwasser bestehende Übel entfernen kann, an deren Stelle neues Leben treten kann, das durch das Marsfeuer entfacht wurde. So hat Mars eindeutig den Auftrag, alte Formen zu vernichten, damit höher entwickelte Seiten des Selbst ihren Platz einnehmen können.

Wasser ist das Ausdrucksmittel der "Seele", die das Bindeglied zwischen Geist und Materie darstellt. Der feurige Planet kann dieses flüssige Medium so stark anregen, bis es vor Verlangen schäumt. Wird die Gefühlsnatur nicht im Zaum gehalten bzw. ist nicht hochentwickelt, bringt Mars das Tier im Menschen zum Vorschein. Der rote Planet ist ein Generator und kann die hohen oder niederen Anlagen des Selbst verstärken, was sich im Einzelfall nach der Wunschnatur richtet.

Verfügt ein Mensch über ein hohes Maß an Rechtschaffenheit, fördert der feurige Mars die vornehmeren Eigenschaften der menschlichen Wesensart. Mars lebt im Krieger und im Mörder, zugleich ist er auch Chirurg und Heiler. Er kann größenwahnsinnig und teuflisch sein. Wird sein Potential jedoch in die richtigen Bahnen gelenkt, kann er sich als Mystiker und Diener der Menschheit erweisen.

Astrologische Entsprechungen des Mars

Farben: scharlachrot, magenta, weinrot, karminrot sowie schmutzfarbene Braun- und Grünschattierungen

Steine, Edelsteine und Metalle: Blutstein, Jaspis, Malachit, Magneteisenstein, Feuerstein, Eisen und Stahl

Kräuter, Pflanzen und Bäume: scharfe Pepperoni (Chili) und Paprika, Ingwer, Rettich, Zwiebel, Knoblauch, Meerrettich, Senf, Koriander, Aloe, Basilikum, Geißklee, Kapern, Tabak, Nesseln, Distel, wilde Rose, Kaktus und sämtliche dornentragende Bäume

Planetarisches Menschenalter: Mars regiert die fünfte Lebensperiode des Menschen, die vom zweiundvierzigsten bis zum sechsundfünfzigsten Lebensjahr dauert. Es ist die Phase, in der der Mensch, der sich mittlerweile in seinem selbsterwählten Wirkungskreis niedergelassen hat, sich bemüht, seinen Einfluß zu verstärken und umfangreichere Projekte zu verwirklichen.

Anatomie und Physiologie: Mars hat Einfluß auf die roten Blutkörperchen, äußeren Fortpflanzungsorgane, Ausscheidungsorgane, Nebenniere (Adrenalinproduktion), das Muskelgewebe und die Nase.

Berufe und Tätigkeiten: Als Kriegsgott wird Mars allen militärischen Berufen zugeordnet. Er wirkt auch auf Berufssparten ein, die mit der Herstellung von Waffen und dem Gebrauch von Schneidewerkzeugen zu tun haben. Chirurgen, Schmiede, Metallurgen, Zahnärzte, Metzger, Frisöre und Zimmerleute gehören seinem Wirkungskreis an.

Wochentag: Dienstag (der germanische Ziutag); die lateinische Bezeichnung lautet Martes, die französische Mardi, die spanische Martes und die italienische Martedì.

Tierkreiszeichen: Widder; Mitherrscher von Skorpion

Leitbegriffe des Mars

die tätige Ichkraft

Kampfgeist - Erfolgsstreben

dynamische, schöpferische und vernichtende Kraft

offenbart das Ausmaß der animalischen Natur im Einzelmenschen

Energie, die persönliche Wünsche in eine allumfassendere Weltsicht umwandelt

26
Jupiter - das Licht der Weisheit

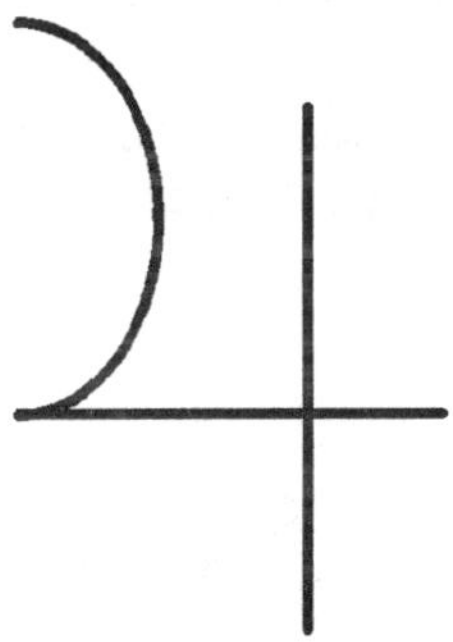

"Laßt uns mit Zeus beginnen: Wir Sterblichen gedenken seines Namens ohne Unterlaß. Alle Straßen und alle Marktplätze der Menschen tragen seinen Namen. Das Meer und das Himmelszelt sind erfüllt von seiner Gegenwart. Wir brauchen Zeus zu allen Zeiten, denn auch wir sind seine Nachkommen." Aratus

Jupiter am Himmel

Der ehrwürdige Jupiter ist der größte Planet im Sonnensystem. Obwohl seine Entfernung zur Erde zwischen 587 und 965 Millionen Kilometern schwankt, ist er so riesig und hell, daß man ihn ohne optische Hilfsmittel mühelos sehen kann. Betrachtet man ihn durch ein einfaches Teleskop, erscheint er bisweilen so groß wie unser Mond mit bloßem Auge.

Jupiter ist eine abgeflachte Kugel, dessen Durchmesser auf Äquatorhöhe etwa 142 700 Kilometer beträgt. An den Polkappen wurde allerdings ein Durchmesser von 134 800 Kilometern ermittelt, weshalb Jupiter dem Betrachter wie eine blaßgefärbte, gestreifte Mandarine erscheint. Er ist zwar riesig, hat aber, da er größtenteils aus Gasen besteht, eine geringe Dichte, die im Vergleich zur Erde nur 24 Prozent beträgt; die Erde könnte über 1 300 mal in ihm Platz finden (Moore, S. 115).

Jupiters "Jahr" dauert zwölf Erdjahre, aber verglichen zu allen anderen Planeten sind die Tage auf Jupiter mit einer Dauer von ungefähr 10 Erdstunden am kürzesten. Das bedeutet, das riesige Gestirn dreht sich mit einer Geschwindigkeit von 47 305 Kilometern pro Stunde um seine eigene Achse. Die Rotationsgeschwindigkeit und die gashaltige Beschaffenheit des Jupiters bilden die Ursache für seine abgeflachten Pole. Seine Masse dreht sich, ähnlich wie die Sonne, unterschiedlich schnell. Dies ist jedoch nicht annähernd so gravierend wie auf der Sonnenoberfläche; der Äquatorgürtel macht alle neun Stunden und fünfzig Minuten eine Umdrehung, während die übrigen polwärtigen Zonen 5 bis 6 Minuten länger brauchen.

Den Astronomen ist es nicht gelungen, unter Jupiters undurchsichtige Atmosphäre zu schauen, um dessen Oberfläche näher zu betrachten. Bislang konnte man eine Gashülle sehen, die aus vielen breiten, horizontalen Zonen besteht, unter denen der Äquatorgürtel mit einer Breite zwischen 16 090 bis 24 135 Kilometern am größten ist. Diese Gürtel sind unterschiedlich gefärbt und erscheinen gelb, grau, grünblau, rosa und bräunlich. Im Lauf der Jahre verändern die Zonen ihre Farbschattierungen, verbreitern und verengen sich oder verschwinden ganz. Diese nebulösen Streifen weisen viele helle und dunkle Stellen auf, die ebenfalls in periodischen Zeitabständen auftauchen und verschwinden. Der bekannteste und größte dieser Flecken heißt "riesiger roter Fleck". Diese Stelle ist etwa 48 270 Kilometer lang und 11 260 Kilometer breit und wechselt, ähnlich wie die sonstige Jupiteratmosphäre, ihre Farbe. Seit sie im Jahre 1878 entdeckt wurde, wandelte sich seine Färbung von ziegelrot bis rosa, zu blaßgrau und wieder zu rot. Die meisten Wissenschaftler sind der Meinung, daß die Stelle eine Kugel aus kondensiertem Gas ist, die in unterschiedlichen Höhen über dem Jupiterboden schwebt. Einige Wissenschaftler halten dagegen, daß die Farbveränderung des Fleckens unmittelbar mit seinem jeweiligen Standort zusammenhängt. Wenn er also rosa oder grau erscheint, ist er von Wolken überlagert, ist er hingegen rot gefärbt, schwebt er darüber.

Die mittlere Entfernung von der Sonne beträgt 777,6 Millionen Kilometer, die Masse ist 318 mal größer als die Erdmasse, die Schwerkraft auf der Oberfläche ist 2,5 mal größer als die der Erde, die Temperatur in der äußersten Atmosphärenschicht beträgt - 129 Grad Celsius.

Symbolik, Mythologie und Geschichte des Jupiters

Zerlegen wir das Symbol des Riesenplaneten, so erkennen wir den Halbkreis des Mondes, der sich über das Kreuz der Materie erhebt. Dies erklärt den hohen Rang, den Jupiter sowohl in der Geschichte als auch im Horoskop einnimmt. Jupiter stellt die Entwicklungsstufe dar, auf der die Menschenseele über ihre irdischen Erfahrungen (Kreuz) triumphiert und Weisheit und Kenntnis der Weltgesetze erlangt hat. Das Bewußtsein hat sich von Illusionen freigemacht. Dieser Teil des Menschen steht in direktem Kontakt mit dem Weltgeist und zeigt sich als der menschliche Verstand, der gelernt hat, den großen Schöpfungsplan zu verstehen und ihn auf Erden umzusetzen. Jupiters Strahlen befreien den Menschen von persönlichen Anschauungen. Somit kann er in den vielfältigen Lebensumständen als unparteiischer Richter auftreten und als Lehrer der Lichtwelt dienen.

Als Vertreter der göttlichen Gesetze auf Erden, ist Jupiter in vielen Kirchen und Religionen zu finden, wo er das Amt des Priesters innehat. Dieser Planet strahlt Mitgefühl aus, das mit Weisheit erworben wurde. Er ist der Vater Abraham und in der Brahmanenkaste der Hindus vertreten. Sowohl "Abraham" als auch "Brahma" sind Bezeichnungen, die sich aus dem Sanskritwort für "Licht" ableiten lassen. Er ist Jovis (eine Ableitung des Wortes "Jehova") und zugleich Meher Baba (d. h. "allgütiger Vater").

Als männlicher Planet repräsentiert Jupiter die Kraft der Sonne. Obwohl die Sonne allem Leben Auftrieb gibt, hat sie keinen gezielten Anteil am menschlichen Alltag. Die zahlreichen Sparten des weltlichen Lebens unterstehen entsprechend ihrer Art verschiedenen Planeten. Da Jupiter der größte ist, gebührt ihm die höchste Autorität. Sieht man die Sonne als geistigen Gebieter im Rang des Kalifen oder Kaisers, so nimmt Jupiter die Stellung eines Großwesirs oder Shoguns ein, das heißt er ist der irdische Herrscher. Dem Uneingeweihten ist dieser Standesunterschied schwer verständlich. Der Großteil des Volkes wünscht sich einen handelnden Gott, der unmittelbar in sein Leben eingreift und die vorgebrachten Gebete und Bittgesuche sogleich erfüllt. Aus diesem Grund ist Jupiter in Mythologie und Religion hauptsächlich mit der Sonne in Verbindung gebracht worden. Beim unaufgeklärten Volk des alten Griechenlands und Roms genoß Jupiter sogar noch höheres Ansehen als Sol (Sonne).

Jupiter hieß bei den Ägyptern Amon (Amon-Re bedeutet Sonnengott). Die Babylonier nannten ihn Bel oder Moloch und die Hetiter Teshub. Die Hindus, deren spirituelle Geschichte bis in die Vorzeit zurückreicht, erkennen in Jupiter Vishnu, den Erhalter, der innerhalb der heiligen Dreieinigkeit von Brahma-Vishnu-Shiva den zweiten Aspekt bildet.

Die Griechen gaben Jupiter den Namen Zeus, der sich aus dem Sanskritwort Dyas = lichter Himmel ableitet. Aus Dyas stammt auch das lateinische Wort Deus = Gott. Zeus war der ehrwürdige Gott, der auf dem heiligen Berg Olymp thronte. In einer Hand hielt er den Donnerkeil, in der anderen den Stab des Lebens. In dieser Haltung verkörpert er als göttliche Figur zugleich den Schöpfer (Stab des Lebens), den Erhalter (Berg) und den Zerstörer (Donnerkeil).

Zeus ist kein unerreichbarer Gott; dies stünde nämlich im Widerspruch zu seiner theologischen Rolle. Er ist ein Kind von Uranus, dem ersten unter den Göttern und Gaia, der Erde. Daraus läßt sich folgern, daß er alle Fähigkeiten und alle sinnlichen Begierden des Menschen in sich trägt. Wenn er nicht für zahlreiche Nachkommen im Himmel sorgt, trifft man ihn als vollendeten Herzensbrecher, der von Zeit zu Zeit vom Berg Olymp herabsteigt, um sich mit einer auserwählten Sterblichen zu paaren oder einem geachteten Kriegshelden in der Schlacht zur Seite zu stehen. Er ist auch der Wettergott, wie schon sein Name "hellichter Himmel" besagt, was ihn auch als Gott der Himmelserscheinungen ausweist. Zeus ist der Herr der Winde und der "Wolkensammler". Er spendet Regen, der die Felder befruchtet (Jupiter Pluvius), und schickt auch Blitz (Jupiter Fulgurator) und Donner (Jupiter Tonnans).

Zeus-Jupiter ist ein Familienvater, und da er im Rat der Götter den Vorsitz einnimmt, residiert er auch über die Gemeinschaft der Menschen. Laut der astrologischen Lehre erfüllt jeder Planet bestimmte Aufgaben. Im Zeichen Krebs, zuständig für Heim und Haus, ist Jupiter erhöht (am wohltuendsten und heilsamsten). Die griechische Religion schätzte Zeus ebenfalls als Beschützer von Haus und Herd (Herd in Verbindung mit Vesta). Er war nicht nur der Hüter des Heims, sondern auch die wichtigste Gottheit im Staat. Er gründete die Gesellschaft, galt als Symbol von Gerechtigkeit und Wahrheit und war der Gott, der Königen und Herrschern Vollmacht übertrug.

Die frühen Latiner nannten ihren beliebtesten Gott Diupater (Gott Vater) und dessen Gemahlin Diu-no, was weiblicher Aspekt Gottes bedeutet (Seltman, S. 38). Während der römischen Regierungszeit wandelten sich diese Bezeichnungen in die besser bekannten Namen Jupiter und Juno. Sie entsprachen natürlich dem griechischen Zeus und seiner Gattin Hera. Dieses erhabene Götterpaar genoß in Rom den gleichen Rang und wurde ebenso wie in Griechenland verehrt. Nach dem römischen Mythos schenkt Juno ihrem Gatten Jupiter am Hochzeitstag einen Baum mit goldener Frucht, eine weitere Version der Legende von Adam und Eva.

Jupiter im Geburtshoroskop

Die Stellung Jupiters im Geburtshoroskop weist auf die Anlage und Entwicklung der höheren mentalen Eigenschaften hin. Jupiter geht über das rationale Denkvermögen Merkurs hinaus; dieser kümmert sich hauptsächlich um die Übermittlung von Ideen, während Jupiter versucht, eine Grundlage zu schaffen, auf der Ideen formuliert werden können.

Jupiter verleiht die Gabe der Weissagung, während Merkur die Worte findet, mit denen die göttlichen Offenbarungen ausgedrückt werden. Merkur fallen die passenden Redewendungen ein, um eine nationale Verfassung aufzustellen und staatliche Gesetze in schriftlicher Form festzulegen. Jupiter verleiht der Regierung die Ideologie und vermittelt allumfassende Prinzipien, nach deren Rechtsverständnis man in erster Linie Gesetze erlassen sollte. Merkur lehrt die Menschen, wie sie untereinander kommunizieren sollen, während Jupiter sie zum Gespräch mit Gott anleitet.

Im weltlichen Sinn sprechen wir davon, daß Merkur über Kurzstreckenreisen wacht und den allgemeinen Handel und Wandel bestimmt. Jupiter dagegen ruft zu langen Reisen auf, regt zur Suche nach dem geistigen Heil an und löst Völkerwanderungen aus. Ist Jupiter im Geburtshoroskop günstig plaziert, ist dies ein Hinweis, daß der Betreffende über das Potential verfügt, sein Verständnis des menschlichen Lebens durch Reisen oder Philosophie zu erweitern.

Jupiter ist wie Venus gleichfalls ein Glücksplanet und beschenkt seine Günstlinge mit materiellem Wohlstand. Seine Plazierung ist ein deutlicher Hinweis auf materiellen Zuwachs, besonders dann, wenn er im Geburtshoroskop eine harmonische Stellung zu Saturn, Venus oder Mond einnimmt. Eine schwache Jupiterstellung im Radix kann zur Folge haben, daß der Betreffende seine finanziellen Mittel launenhaft verschwendet und bequeme Gewohnheiten annimmt. Viele Menschen, die aufgrund von Völlerei zu Dickleibigkeit neigen, haben einen starken Jupiter und/oder Schützeeinfluß in ihrem Geburtshoroskop zu verzeichnen. Obwohl Jupiter einen großherzigen Philantropen hervorzubringen vermag, stellen sich möglicherweise auch widerwärtige Wesenszüge wie Habgier und Geiz ein, wenn sein Schwingungsmuster durch eine unentwickelte Seele des Horoskopeigners verzerrt wird. Der Glücksplanet kann uns mit bedeutsamen Erlebnissen in der Ferne segnen. Verfolgt der Begünstigte bei seinen Reisen allerdings keine höhere Absicht, macht Jupiter einen ewigen Wanderer aus ihm, der unentwegt auf der Suche nach dem kostbaren Schatz ist, der sich ihm stets aufs neue zu entziehen scheint, - nämlich die Bewußtwerdung seines wahren Selbst.

Astrologische Entsprechungen Jupiters

Farben: dunkelviolett, dunkelblau und Mischungen von rot und indigo

Steine, Edelsteine und Metalle: Amethyst, Topas, Hyazinth, Türkis und Zinn

Kräuter, Pflanzen und Bäume: Spargel, Kastanie, Gewürznelke, Salbei, Muskatnuß, Johannisbeere, Gänseblümchen, Löwenzahn, Rhabarber, Erdbeere und Zuckerrohr; Eiche, Birke, Esche, Linde und Maulbeere

Planetarisches Menschenalter: Jupiter regiert die sechte Lebensperiode des Menschen, die vom siebenundfünfzigsten bis zum achtundsechzigsten Lebensjahr dauert. In diesem Zeitraum hat der Mensch bereits einen gewissen Lebensstandard erreicht und fährt fort, sein Lebenswerk zu betreuen und zu verwalten. Dabei geht er mit zunehmendem Verständnis und Bewußtsein ans Werk. In dieser Zeit macht er sich intensive Gedanken über irdische Ereignisse und die Möglichkeit einer größeren geistigen Wirklichkeit.

Anatomie und Physiologie: Leber, Hüftgelenke, Oberschenkel, Eingeweide (Darm), Blutplasma und Hirnanhangdrüse. Im physiologischen Sinn ist Jupiter an der Zellernährung und der Bildung von Hämoglobin beteiligt.

Berufe und Tätigkeiten: Geldwirtschaft, internationales Finanzwesen, Justiz und Gesetzgebung (Senatoren, hohe Beamte, Richter und Rechtsanwälte), Religion, höheres Bildungswesen (besonders Philosophie) sowie Textilbranche, Gaststättengewerbe und Philantropen (Menschenfreunde).

Wochentag: Donnerstag (der germanische Thorstag); die lateinische Bezeichnung lautet Jovis, die französische Jeudi, die spanische Jueves und die italienische Giovedi.

Tierkreiszeichen: Schütze; Mitherrscher der Fische

Leitbegriffe des Jupiter

Verständnis der universalen Gesetze, denen die Menschheit untersteht
Wachstum und Ausdehnung auf geistiger, mentaler und körperlicher Ebene
Gerechtigkeit, Gesetz, Ehre und Wahrheit
Philosophie, Theologie, Religion und Rituale
Bewahrer und zweiter Aspekt der göttlichen Dreifaltigkeit

26
Saturn - Das Licht des Lehrers

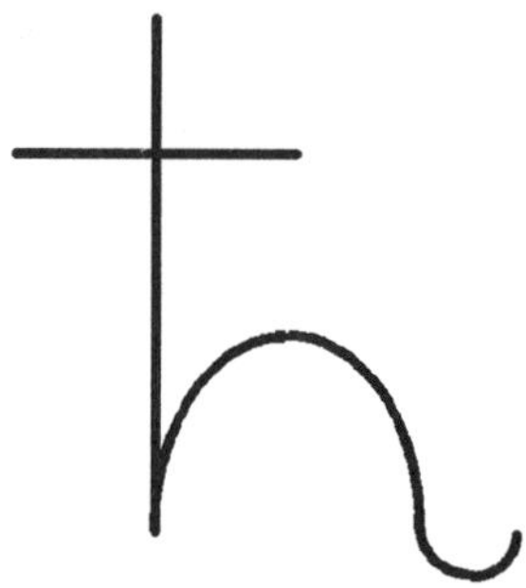

"Sieh doch, Du unsterbliche Seele, den wahren Saturn als den Engel des Lebens, der vor Urzeiten die Erfahrungen gesammelt hat, die ihn mit Licht krönen. Und er hält den Stab der Macht in Händen... Oh Kind Adams! Sinne über die Wandlungen des Lebens nach! Betrachte die irdischen Wunder der Raupe und des Schmetterlings, sieh den Sterblichen, der sich müht und plagt, und Gott im Himmel!"

Zanoni, The Light of Egypt

Saturn am Himmel

Saturn ist so groß, daß man ihn mit bloßem Auge sehen kann, obwohl er doppelt so weit von der Erde entfernt ist als Jupiter. Sein Durchmesser beträgt 120 675 Kilometer, damit ist er nach Jupiter der zweitgrößte Planet. Zählt man jedoch seine drei Ringe hinzu, ist er der eindrucksvollste aller Planeten. Die Entfernung von 2 735 Kilometern zwischen dem ersten und zweiten Ring wird nach dem französischen Astronomen, der ihn entdeckte, "Cassinis Spalt" genannt. Der zweite Ring ist am hellsten und umgibt den innersten Ring, der den Namen "Crepe Ring" trägt.

Saturns Ringe bestehen aus Milliarden von winzigen Eispartikeln oder eisbedeckten Steinen, die so klein wie ein Staubkorn sind oder auch so groß wie ein Baseball. Diese Teilchen umkreisen den Saturn und jedes hat eine festgelegte Umlaufbahn, daher gelten sie auch als Ströme aus "Minimonden". Wissenschaftler glauben, daß die Ringe entstanden, als einer von Saturns inneren Monden durch dessen Anziehungskraft zerstört wurde, als er ihm zu nahe kam, oder, daß die Ringe sich aus den ursprünglichen Gasen bildeten, aus denen Saturn kondensierte.

Die Ringe umkreisen Saturn in einer exakten Ebene, die mit dem Äquator des Planeten übereinstimmt. Sie sind ungefähr 61.140 Kilometer breit (hierbei ist der 14.480 Kilometer breite Abstand zwischen dem Innenring und der Planetenoberfläche nicht eingerechnet), ihr Durchmesser beträgt 273.530 Kilometer, sie sind jedoch nur 16 Kilometer dick. Ihre Umlaufbahnen sind so angeordnet, daß man sie im Verlauf der wechselnden Phasen eines "Saturnjahres" aus unterschiedlichen Winkeln betrachten kann. Von der Seite, sind die Ringe selbst mit Hilfe eines Teleskops kaum zu erkennen. Selbst unter den günstigsten Voraussetzungen kann man sie mit bloßem Auge nicht sehen. Man benötigt ein sehr leistungsstarkes Teleskop, um die Ringe voneinander unterscheiden zu können.

Außer den Ringen weist Saturn physikalisch Ähnlichkeiten mit Jupiter auf: er besteht aus gefrorenen Gasen, die in den äußersten Schichten sehr flüchtig sind. Unter allen Planeten besitzt Saturn die geringste Dichte. Gäbe es einen Ozean, der groß genug wäre, seine riesigen Proportionen in sich aufzunehmen, würde Saturn im Wasser schwimmen (Mayo, S. 65).

Ähnlich wie Jupiter ist Saturn farbig gestreift. Da diese Zonen jedoch nicht so leuchtend sind, wirkt Saturn eher bleifarben. Er dreht sich ebenfalls mit hoher Geschwindigkeit und in einem kurzen Zeitraum um seine eigene Achse. Aus diesem Grund hat er am Äquator ebenfalls einen Wulst und gleicht noch mehr einer Mandarine als sein größerer Bruder Jupiter. Ein Beobachter auf Saturn, hätte einen sehr interessanten Einblick in den benachbarten Weltraum. Er könnte nicht nur das Schauspiel der ihn umkreisenden Ringe sehen, sondern auch den Lichtschein seiner zehn Monde.

Die mittlere Entfernung Saturns von der Sonne beträgt 1 429,1 Millionen Kilometer, die Tagesdauer 10 1/2 Erdstunden, die Masse ist 95 mal größer als die Erdmasse, die Dichte beträgt 13 % der Erddichte, die Schwerkraft ist 1,17 mal größer als die Schwerkraft der Erde, die Temperatur beträgt - 151 Grad Celsius.

Symbolik, Mythologie und Geschichte des Saturn

Das Saturnsymbol setzt sich genauso zusammen wie das Jupitersymbol. Bei Saturn steht das Kreuz jedoch über dem Halbkreis. Jupiter steht für Ausdehnung, Saturn für Zusammenziehung. Das einfache Saturnsymbol zeigt einen der wichtigsten Aspekte des irdischen Lebens: das Gesetz der Begrenzung (Erhaltung von Materie und Energie).

Saturn ist der Prüfer und Lehrer, der uns zeigt, daß ein Mensch, der sowohl als universales Wesen wie auch als Mitglied der Gesellschaft erfolgreich leben will, bestimmten irdischen und himmlischen Gesetzen Folge leisten muß. Als Prüfer tritt Saturn auch in der Rolle Satans, des Versuchers, auf. Wenn die satanische Saturnenergie ein Bündnis mit der egozentrischen Persönlichkeit eingeht, hat der Mensch die Wahl, die Freiheit seiner Seele gegen materiellen Besitz und zeitlich begrenzte Macht einzutauschen.

Mögen materieller Reichtum und Einfluß im Verlauf eines Menschenlebens auch noch so groß sein, letzten Endes wird der Erdenbewohner Saturn unterliegen, weil er sterben muß, Saturn ist Vater Zeit. Er ist der Schnitter, dessen knochige Hand die Sense führt. Im Augenblick des Todes mäht er den Menschen ohne Ansehen seiner irdischen Errungenschaften nieder. Saturn versucht den Menschen durch die Illusion von irdischen Besitztümern und körperlicher Unsterblichkeit. Wer aber Saturns Prüfungen besteht, dem hilft fortan die nunmehr sanfte Hand des Alten auf dem Weg des Lichts.

Saturns Domäne ist die Erde, denn unser Planet ist die Spielwiese der Licht- und Dunkelkräfte. Wer durch die Türen des Saturns eintritt, muß in die eine oder andere Richtung gehen. Seine mythologische Herkunft macht ihn mit dem Himmel und den menschlichen Leidenschaften vertraut. Die Griechen nannten ihn Kronos, den Sohn des Urgottvaters Uranus. Gaia, die Erdgöttin, war seine Mutter. Ihr Einfluß auf das Leben des kleinen Kronos war beträchtlich: er entmannte seinen Vater, besiegte ihn mit Hilfe der riesenhaften Titanen, die mit seiner Mutter verwandt waren, und übernahm die Herrschaft über Himmel und Erde.

Kronos wurde vorausgesagt, daß eines seiner Kinder sich seines Thrones bemächtigen würde, deshalb verschlang er alle seine Nachkommen, bis auf Zeus. Durch eine List blieb dieser am Leben, an seiner Statt verschluckte Kronos einen Stein. Da das Karmagesetz auch vor den Göttern nicht haltmacht, mußte Kronos später auf Geheiß von Zeus dessen Brüder und Schwestern wieder ausspucken. Er zwang ihn abzudanken und schickte ihn in die stille Verbannung, wo er bis zum heutigen Tag geblieben ist. In seiner Abgeschiedenheit gebietet Kronos immer noch Respekt, und seine Autorität ist ungebrochen. Im Lauf der Jahrhunderte sind seine Leidenschaften vergangen, inzwischen vertritt er die Rolle des Vaters Zeit. Obwohl er mit ehrgeizigen Erdenbewohnern, die den Wunsch haben, Zeus zu besiegen und ewig im selben Körper leben zu wollen, unbarmherzig verfahren kann, ist er dennoch freundlich zu Kindern. Er ist der heilige Nikolaus, der den braven Kindern Geschenke bringt und die unartigen leer ausgehen läßt.

Saturn im Geburtshoroskop

Saturn ist die Brücke zwischen dem materiellen Bewußtsein, des gewöhnlichen menschlichen Alltags und dem höheren Bewußtsein der unsichtbaren Kräfte, die von den drei äußeren Planeten des Sonnensystems verkörpert werden: Uranus, Neptun und Pluto. Saturn lehrt den Menschen, wie er sein Wesen umformen soll, um in der irdischen Formenwelt zu existieren. Er trägt ihm auf, die Vorstellung (Halbkreis) mit den unmittelbaren Gegebenheiten seines persönlichen Lebens (Kreuz) in Einklang zu bringen. Deshalb ist Saturn der pragmatische Wissenschaftler, der keinerlei Schlüsse zieht, solange er nicht alle Aspekte seiner Theorien tatsächlich gesehen und geprüft hat. Saturn errichtet das Fundament, auf dem ein Haus gebaut wird. Die nächste Ziegelreihe legt er erst, wenn die vorherige stabil ist.

Saturn verhilft zu persönlichem Wachstum wenn die eigenen irdischen Pflichten und Aufgaben erledigt wurden. Im Horoskop zeigt die Saturnstellung, welche Hindernisse auf dem Weg zum Erfolg überwunden werden müssen. Saturn weist auf die Lebensaufgabe hin, die von den Hindus Dharma genannt wird, die Pflicht, die zu erfüllen ist, um den Charakter zu bilden. Saturn testet unser Durchhaltevermögen und liefert die Schicksalsschläge und Stolpersteine, damit der Mensch die nötige Stärke und Weisheit erwerben kann, um mit den Anforderungen des Lebens fertigzuwerden.

In den meisten astrologischen Texten bezeichnet man Saturn als "großen Unheilsbringer", der Leid verheißt und ein Bote des Verderbens ist. Saturn kann allerdings nur Entbehrungen in jene Lebensbereiche bringen, die auf falschen Voraussetzungen beruhen und verändert werden müssen. Saturn zwingt den Betreffenden, falsche Auffassungen aufzugeben, welche die Freiheit behindern. Saturn fordert den Tod der Persönlichkeit, damit die Individualität aus der Tiefe des persönlichen Wesenskerns aufsteigen kann. Saturn ist daher, ähnlich wie Mars, ein Vertreter des dritten Gottesapektes; er ist Shiva, der Zerstörer. Im Gegensatz zu Mars wirkt seine Kraft nicht schnell oder direkt. Saturn arbeitet mit der Zeit, denn mit ihr vervollkommnen sich alle Wesen, und die selbstgeschaffenen Trugbilder werden zerrissen.

Den meisten Menschen fällt es schwer, sich zu verändern, für sie ist es sehr schmerzhaft, Vorstellungen, Ideale und materiellen Besitz aufzugeben. Statt weitere Erfahrungschancen im Leben wahrzunehmen, die zu ihrer Entfaltung beitragen könnten, errichten sie Barrieren, um zu verhindern, daß ihrer bislang geformten Persönlichkeit auch nur ein Haar gekrümmt wird. Solche Menschen verhalten sich hartherzig und egoistisch. Aus Angst, ihre Sicherheit zu verlieren, die sie angeblich vor Schaden bewahren kann, geben sie ungern. Das ist ein Widerspruch in sich selbst, denn "wer selbstsüchtig ist, muß Angst spüren" (Hickey, S. 35). Genau diese Leute empfinden die Saturnenergie als unheilvoll. Diejenigen, die sich bemühen, ihr Bewußtsein zu erhöhen und sich dem Prozeß hinzugeben, empfinden den Saturneinfluß als segensreich, da sie die Wahrheit verstärken und jegliche Heuchelei im Charakter aufdecken.

Das Ei ist von der Schale umgeben, die seinen Inhalt sicher zusammenhält und es vor äußeren Schocks bewahrt. Gleichermaßen wird der Embryo durch die wassergefüllte Gebärmutter und das Gewebe des Mutterleibs geschützt. Durch die Liebe und Fürsorge seiner Eltern wird das Neugeborene vor körperlichem oder seelischem Schaden bewahrt. Ohne diese natürlichen Beschützer könnten weder das Küken noch das Kind überleben. Der weibliche Aspekt Gottes wirkt durch die Mutter Natur; sie stellt diese Schutzmaßnahmen zur Verfügung, damit das heranwachsende Geschöpf die nächste Stufe im Reifeprozeß seiner Gattung erlangen kann.

In derselben Weise wirkt die Persönlichkeit als Mutterleib des Selbstes. Sie schützt das innere Wesen mit ihren Bildern und Spielen, bis diese Maßnahme sich erübrigt. Hat man diese Stufe der menschlichen Evolution erreicht, muß man das "Gewicht" der Persönlichkeit abwerfen, damit die echte höhere Natur des Menschen zum Vorschein kommen kann. Saturns Stellung im Horoskop weist den Weg, durch den das Selbst "ausgebrütet" werden kann, er nennt jedoch auch den Preis, den die Freiheit kostet, und den Schmerz, der im zweiten Geburtsprozeß zu erleiden ist.

Will man sich Saturns Einfluß nicht beugen, zeigt seine Stellung im Horoskop an, wo man Einschränkungen, Hemmungen und Entbehrungen erfahren wird. Schenkt man Kronos' Stimme bereitwilliger Gehör, stärkt Saturn den Verstand, hilft, das Temperament auszugleichen, besänftigt die Leidenschaften und vermittelt ein klares Verständnis über materielle Werte.

Astrologische Entsprechungen des Saturn

Farben: grau, schwarz, dunkle Braun- und Grüntöne

Steine, Edelsteine und Metalle: Im allgemeinen fällt das gesamte Mineralreich unter Saturns Herrschaft, er hat jedoch eine besondere Verbindung mit Obsidian, Pechkohle, Granat und dunkelblau gefärbtem Saphir und Blei.

Kräuter, Pflanzen und Bäume: Schierling, Nachtschattengewächse, Raute, Sennesblätter, Beinwell, Hanf, Stechpalme, Spinat, Efeu, Wintergrün, Gerste, Moos und Alraune; Bäume: Zypresse, Ulme, Weide und Kiefer

Planetarisches Menschenalter: Laut den meisten Lehren, die den verschiedenen Lebensperioden des Menschen Planeten zuordnen, bestimmt Saturn die siebte Altersstufe. Diese Phase beginnt mit dem sechsundachtzigsten Lebensjahr und dauert bis zum Augenblick des Todes. Während dieser Zeit denkt man über die irdischen Leistungen nach und wendet sich alsbald vom irdischen Sinnen und Streben ab, um sich auf die bevorstehende Lebenserfahrung, den körperlichen Tod, vorzubereiten.

Anatomie und Physiologie: Anatomisch wirkt Saturn auf Haut, Knochen, Gelenke, Zähne, Bänder und Sehnen, Knie, Waden, Milz und Hörorgane. Physiologisch ist er für Knochenbildung, Stauungen und die korrekte Funktion von Sehnen und Knorpeln zuständig.

Berufe und Tätigkeiten: Saturn ist besonders mit dem Baugewerbe verbunden, vor allem mit Architekten, Handwerkern, Maurern, Installateuren, Immobilienmaklern, Brückenbauern, ebenso mit Bankiers, Börsenmaklern, Landwirten, Aufsehern, Nachtwächtern und Leichenbestattern.

Wochentag: Samstag (der germanische Seternstag); die lateinische Bezeichnung lautet Saturni.

Tierkreiszeichen: Steinbock und Mitherrscher von Wassermann

Leitbegriffe des Saturn

Zeit und die Weisheit, die im Lauf der Zeit erworben wird

Herr des Karma

verdichtet Wünsche und Absichten

die Antriebskraft des Ehrgeizes und der Schöpfer von Weltreichen

Selbstdisziplin, die zur seelischen Befreiung führt

27
Uranus - Das Licht der Erleuchtung

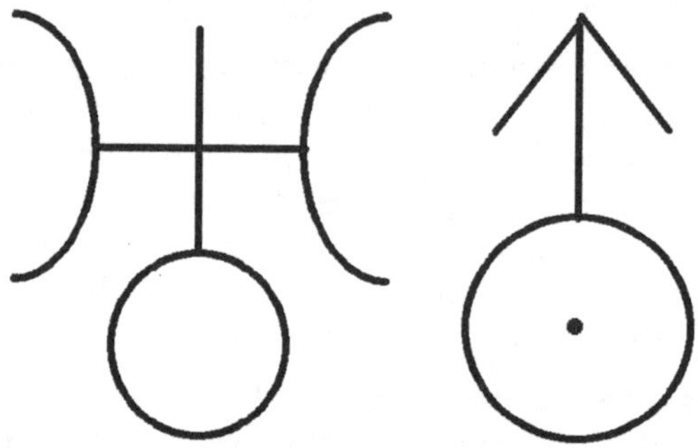

"Mit seinem Gespür vermag er tief in deine Seele hineinzublicken und sozusagen den noch ungeborenen Gedanken zu sehen, er kann Motiv und Tat unterscheiden und den wahren Zustand deiner Seele einschätzen. Auf diese Weise hat der Uranier Zugang zur Welt des Astralen . . . allein der uranische Seher kann das innerste Denken erfassen und weiß deshalb wirklich über die Möglichkeiten deines Geistes Bescheid."
Zanoni, The Light of Egypt

Uranus am Himmel

Uranus ist der erste der neuen Planeten, die seit der Erfindung des Teleskops im frühen siebzehnten Jahrhundert entdeckt wurden. Der Astronom Wilhelm Herschel entdeckte ihn im Winter 1781, als Uranus die Konstellation der Zwillinge durchlief. Zuerst vermutete er in ihm einen Kometen, doch weitere Untersuchungen wiesen ihn als Planeten aus. Das war eine überraschende Neuigkeit für Astronomie und Astrologie, da die beiden Lehrsysteme die Umlaufbahn des Saturn als Grenze des Sonnensystems betrachteten. Daher mußte die natur- und geisteswissenschaftliche Ausrichtung beider Studienfächer revidiert werden.

Uranus ist so weit von der Erde entfernt (ungefähr 2,74 Milliarden Kilometer), daß man ihn mit bloßem Auge kaum sehen kann. Wer ihn sehen will, müßte bereits bei klarem Himmel wissen, wohin er schauen muß und über außerordentlich gutes Sehvermögen verfügen. Betrachtet man Uranus durch ein Teleskop, sieht man ein grüngefärbtes Gestirn. Er ist der drittgrößte Planet im Sonnensystem, sein Durchmesser beträgt 47 144 Kilometer. Er umfaßt fünfzig erdkugelgroße Himmelskörper. (Moore, S. 140)

Ähnlich wie Saturn und Jupiter, ist Uranus ein gasförmiger Körper, dessen Pole durch die Umdrehungsgeschwindigkeit um die eigene Achse abgeflacht sind. Er hat einen sehr kurzen Tag (10 3/4 Erdstunden) und ein langes "Jahr", das 84 Erdjahren entspricht. Da Uranus so weit von der Sonne entfernt ist, empfängt er fast kein Licht und keine Wärme von ihr. Von seiner extrem frostigen Oberfläche (- 184 Grad Celsius) aus sähe man die Sonne nur als sehr kleine, helle Scheibe.

Die interessanteste Tatsache, die Astronomen über Uranus herausgefunden haben, ist der Neigungswinkel seiner Achse. Erde, Mars, Saturn und Neptun neigen sich mit einem Winkel von je 23 bis 29 Grad in Richtung Sonne. Der Neigungswinkel von Uranus zur Ebene seiner Umlaufbahn beträgt etwa 98 Grad. Das hat zur Folge, daß wir gelegentlich den Äquator von Uranus auf uns gerichtet sehen, und ein anderes Mal zeigt sein Nordpol direkt auf uns. Uranus hat fünf Monde, die ihn auf Äquatorhöhe umkreisen. Wenn sein Pol Richtung Erde geneigt ist, hat es den Anschein, als ob seine fünf Trabanten sich in aufeinanderfolgenden konzentrischen Kreisen um ihn drehen. Jupiters Achse neigt sich um 3 Grad. Über die Neigungswinkel von Merkur, Venus und Pluto liegen keine eindeutigen Werte vor.

Die Masse von Uranus ist 15 mal größer als die der Erde, die Dichte 32 % der Erddichte, die Schwerkraft 1,09 mal größer als diejenige der Erde.

Symbolik, Mythologie und Geschichte des Uranus

Wenn wir den Saturn hinter uns lassen und weiter hinaus in den Weltraum gehen, begegnen wir den drei letzten Mitgliedern der Familie der Sonne. Astrologen nennen sie "Planeten der höheren Oktave". Es ist wichtig, die Bedeutung dieser Aussage zu erklären, um ein klares Verständnis der esoterischen Prinzipien zu bekommen, die diese drei Planeten verkörpern.

Die ersten sieben Lichtquellen (Sonne, Mond, Merkur, Venus, Mars, Jupiter und Saturn) stellen die Lebensenergien dar, die individuell auf Personen und kollektiv auf die menschliche Rasse einwirken. Sobald wir in den uranischen Wirkungskreis des achten Planeten geraten, stellen wir fest, das er, wie seine Schwester Neptun und sein Bruder Pluto, kosmische Schwingungsmuster beinhaltet, welche die Menschheit als Ganzes bewegen, jedoch nicht notwendigerweise jedes Einzelwesen persönlich ansprechen.

Die Planeten der darunterliegenden Oktave haben direkten Einfluß auf die körperliche und moralische Entwicklung des Menschen, die Himmelsgestirne der höheren Oktave verfügen jedoch über eine Frequenz, die besonders auf die geistige und gattungsmäßige Evolution des Menschen abgestimmt ist. Damit ist keineswegs gesagt, daß Uranus, Neptun und Pluto in der irdischen Welt keine neuen Realitäten schaffen; daß dies wohl der Fall ist, werden wir bald sehen. Ihre Wirkung äußert sich in Generationen aus Individuen und kommt weniger durch Einzelpersonen zum Ausdruck.

Merkur steht für Logik, der eine Oktave höher stehende Uranus jedoch für Intuition. Zum Beispiel haben viele Leute einen "plötzlichen Einfall", daß Onkel Hans gleich anrufen würde, und eine Viertelstunde später erfüllt sich diese Ahnung. Es gelingt aber nur sehr wenigen, sich diesem "Blitzlichtgerät" bewußt und auf Dauer anzuschließen. Einige, die diese Gabe besitzen, fürchten sich davor. Andere drehen durch, werden von falschen Ahnungen und wirren Eindrücken überfallen oder im schlimmsten Fall von Halluzinationen heimgesucht. Wieder andere disziplinieren und trainieren ihre intuitive Fähigkeit, bis sie diese völlig im Griff haben. Je nach dem zu welchem geschichtlichen Zeitpunkt und an welchem Ort diese Personen erscheinen, werden sie als Hellsichtige oder Verrückte, als Medien oder Psychopathen, als Okkultisten oder Spinner, als Seher oder Sünder bezeichnet.

Wir müssen erkennen, daß die menschliche Evolution noch lange nicht abgeschlossen ist. Der Mensch hat seinen vollkommenen und vorherbestimmten Seinszustand noch nicht erreicht. Bislang hat er nur seine fünf körperlichen Sinne aktiviert, es gibt jedoch mindestens noch zwei schlafende außerkörperliche Sinne. Wer intuitives Gespür hat, verfügt über einen sogenannten sechsten Sinn. Das stimmt im wahrsten Sinne des Wortes. Die Intuition ist der sechste Sinn. Mittlerweile akzeptiert die Menschheit das Vorhandensein dieses Sinnes, er muß allerdings noch zu einer allgemeinen Fähigkeit entwickelt werden, die wir allesamt bewußt einsetzen können. Einer der Hauptbeweggründe des astrologischen und metaphysischen Studiums ist es, den latenten sechsten Sinn in allen wachzurufen, die bereit sind, ihn konstruktiv für ihr eigenes Wachstum und die Weiterentwicklung der Menschheit einzusetzen.

Der Planet Uranus verkörpert den sechsten Sinn. Eine wachsende Anzahl von Menschen nimmt inzwischen seine Schwingung, ebenso wie die der beiden anderen Planeten der höheren Oktave, persönlich wahr. Die Menschheit bereitet sich darauf vor, diesen Aspekt der Lebenskraft in sich zu integrieren, und wir sind die erste Generation, die imstande ist, als Gruppe darauf zu reagieren. Vielleicht gelingt es uns nicht, alle tieferen Verzweigungen des sechsten Sinnes vollständig umzusetzen, wird er jedoch entwikkelt, so hinterläßt es auf dem kollektiven Unbewußten der Menschheit Spuren. Ist er einmal vorhanden, wird er auch zukünftigen Generationen weitergereicht, die ihn zu gegebener Zeit weiterentwickeln und seine volle Reife miterleben. Sobald dieser Prozeß abgeschlossen ist, ist die Menschheit bereit, ihren nächsten Schritt zur Erfüllung ihrer kollektiven Bestimmung zu gehen, die Verwirklichung des siebten Sinnes.

Vor über zweihundert Jahren wurde Uranus mit Hilfe eines uranischen Instruments entdeckt, des Teleskops, das der uranisch denkende Wissenschaftler Galileo Galilei erfand. Uranus ermöglicht es den Menschen, einen Schritt weiterzugehen, indem sie sich von ihren persönlichen Anschauungen und Wünschen abwenden und dadurch eine höhere Bewußtseinsebene erlangen, von wo aus sie objektiv zum Wohle der Menschheit tätig sein können. Auf diese Weise symbolisiert Uranus die Befreiung des Menschen aus den Fesseln seiner Persönlichkeit und kennzeichnet die Macht, die durch die gebündelte Energie von wahrhaft individualisierten Seelen zustandekommen kann, die sich um eine bewußte Verbindung mit dem Ursprung des Lebens bemühen.

Das Symbol für Uranus steht dafür, daß die menschliche Seele (der eine Halbkreis) sich mit der göttlichen Seele der endlichen Erscheinungswelt (der andere Halbkreis) vereinigt. Die zwei Halbkreise sind zu beiden Seiten des Kreuzes angebracht. Daraus folgt, wenn sich der Mensch mit Gott verbindet, wird eine viel umfassendere Entwicklung auf Erden in Gang gesetzt. In dem kleinen Kreis zeigt sich die Energie des kraftspendenden und belebenden Geistes, dessen Lebensfluß alles überhaupt erst möglich macht.

Astrologie und Astronomie des Altertums basierten auf den ersten sieben sichtbaren Planeten. In ihren Schriften ist verglichen mit der Fülle an Informationen, die über das ursprüngliche Planetenseptett vorhanden sind, nur relativ wenig zu Uranus überliefert. Obwohl Uranus erst vor kurzem entdeckt wurde, war seine Schwingung den Visionären der Mysterienschulen und Tempeln der Vergangenheit nicht unbekannt. Viele der eingeweihten Astrologen-Priester von Ägypten, Babylon, Israel, Griechenland usw.

wußten, daß es im Menschen noch weitere schlafende Talente gab, die man den Eigenschaften der bekannten Planeten nicht zuschreiben konnte.

Uranus nimmt im antiken Himmel einen Platz ein, doch stellte man ihn nicht personifiziert dar, wie beispielsweise Zeus, Aphrodite, Ares usw.. Die Hindus kennen ihn als großen Gott Varuna, "der Allumfassende, der alles umschließt . . . Weltraum, Schöpfer von Himmel und Erde, da beide aus seinem Samen hervorgegangen sind" (Blavatsky, Geheimlehre, 2, 268). Aus diesem Zitat und dem "moderneren" Mythos der alten Griechen entnehmen wir, daß Uranus die Eigenschaften der Sonnenenergie innehat. Er ist nämlich ein tätiger Schöpfer, aus dessen Kraft andere Götter hervorgingen. Die griechische Legende über Ouranos bestätigt dies noch deutlicher.

Ouranos (der Name bedeutet "Himmel") war der älteste unter den Göttern und mit Gaia (der Erdgöttin) verheiratet. Kronos (Zeit) war einer ihrer göttlichen Nachkommen. Ouranos war ein Tyrann, denn er verwehrte es seinen Kindern, das Tageslicht zu sehen, und vergrub sie statt dessen tief in der Erde. Im vorigen Kapitel wurde berichtet, wie Ouranos von Kronos entthront wurde; nun wollen wir auf die Symbolik von Ouranos' Handlungsweise eingehen.

Die Kinder der Götter (gemeint sind wir Menschen) leben solange in der Dunkelheit, bis ihr Bewußtsein im Lauf der Zeit (Evolution) ans Licht kommt. Zweifellos ist die Lebenskraft sehr kraftvoll. Der Mensch fürchtet sich vor dem Licht viel mehr als vor dem Dunkel, und solange er noch nicht reif ist, schirmt er seine Augen stets gegen die Wahrheit ab, die ihm zu früh nahegebracht wird. Er steinigt sie oder kreuzigt sie gar, damit er im sattsam vertrauten Schatten seiner Unwissenheit bleiben kann. So ist die menschliche Natur, und man darf den Menschen nicht für seine Unbewußtheit verdammen. Er tut dies selbst, wenn er seine dunklen Kräfte bewußt verwendet.

Welche Beweggründe der alte "Mann" Ouranos auch gehabt haben mag, er wollte seine Kinder lediglich beschützen. Das Licht des Bewußtseins ist elektrisch geladen. Schließt man ein Gerät, das mit 100 Volt arbeitet, an eine 200 Volt Stromquelle an, brennt die Sicherung durch. Folglich verbarg Ouranos seine Kinder in der dunklen Erde (irdischer Körper), damit sie im Lauf der Zeit (Saturn) lernen sollten, wie man mit höher dosierter Wahrheit umgeht. Dadurch war nicht nur gewährleistet, daß sie am Leben blieben, sondern, daß sie auch vermehrte Lebensenergie empfangen konnten. Die griechische Kultur war eher optimistisch, was sich natürlich in ihren

Gleichnissen widerspiegelt. Wir sind jedoch Ouranos neuzeitliche Kinder, und in uns brandet die Lebenskraft dieser Gottheit. Da wir uns im Verlauf unserer Evolution erst im Kleinkindstadium befinden, ist es ratsam, vorsichtig mit dieser Kraft umzugehen. Wir sollten uns durch Ouranos Blitzableiter absichern und gut erden. Saturn bleibt jedoch das Symbol, das unsere Begrenzungen vergegenwärtigt, und uns lehrt, wie wir materielle Werte ausgewogen verstehen können.

Uranus im Geburtshoroskop

Soeben haben wir die uranischen Eigenarten ausführlich beschrieben. An dieser Stelle wollen wir einige Daten hinzufügen, die den achten Planeten dem irdischen Alltagsleben etwas näherbringen sollen. Ist jemand weit genug entwickelt, das Licht von Uranus im persönlichen Leben zu nutzen, stellt sich bei ihm Erfindungsgabe ein, er folgt seiner Intuition und vermag sein zukünftiges Geschick anhand seiner derzeitigen Lebensumstände zu erfassen. Das trifft besonders dann zu, wenn Uranus im Augenblick der Geburt eine günstige Himmelsstellung zu Merkur hatte. Es ist ein Hinweis auf die Anlage zum Genie (sofern die übrigen Horoskopdaten damit übereinstimmen), denn der Begünstigte ist imstande, sein intuitives Talent geschickt mit den nötigen Worten zu verbinden, die zu praktischen Lebenserfahrungen verhelfen.

Wer unter starkem Uranuseinfluß steht, z. B. wenn eine Planetenhäufung im Zeichen Wassermann vorliegt bzw. Uranus im Geburtshoroskop mit Sonne und Mond in enger Verbindung steht, kann bestätigen, daß er äußerst unabhängig und eigenwillig ist und sich deshalb nur widerwillig beherrschen läßt oder sich irgendwelchen äußeren Regeln und Bestimmungen unterordnet. Wahre Uranier sind Idealisten und setzen sich für die Vervollkommnung der Menschheit ein. Mit den veralteten Traditionen oder den herrschenden Verhältnissen geben sie sich niemals zufrieden. Ihrem Wesen nach sind sie revolutionär.

Wenn Uranus im Horoskop in engem Aspekt mit Mars oder Sonne steht, kommt es vor, daß der Betreffende einen gewalttätigen Charakterzug aufweist. Ist ein Aspekt zwischen Uranus und Jupiter vorhanden, handelt es sich um eine Person, die auf der Suche nach Weisheit ist und sich wahrscheinlich einer okkulten Gruppe anschließt. Wenn Uranus in enger Verbindung mit Venus steht, liegt das Schwingungsmuster eines Romantikers vor, der nach unkonventioneller Liebe Ausschau hält und surrealistische Kunst und Schönheit liebt.

Astrologische Entsprechungen des Uranus

Farben: helle Blautöne, silbriges Weiß, stahlblaue und grelle Farbtöne und bunte Streifen

Steine, Edelsteine und Metalle: Bernstein, Jazinth, Uranium und bis zu einem gewissen Grad nach Aussage von Manley P. Hall die Edelsteine, die Sonne und Venus entsprechen.

Kräuter, Pflanzen und Bäume: Da Uranus den Planeten der höheren Oktave angehört, liegt sein Schwerpunkt auf verstandesorientierten und spirituellen Bewußtseinsebenen und nicht so sehr auf materiellen Seinsformen (wie im Mineral-, Pflanzen- und Tierreich). Deshalb gibt es keine mir bekannte Pflanzengattung, die seiner Herrschaft untersteht.

Planetarisches Menschenalter: Uranus regiert keine festgelegte Lebensperiode des Menschen, sondern nimmt stärkeren Anteil an der Entfaltung intuitiver Begabungen, die im Lauf eines Lebens zu Tage treten können. Aus numerologischer Sicht hat er eine bedeutsame Beziehung zur menschlichen Chronologie. Für eine Sonnenumkreisung benötigt Uranus 84 Jahre. Folglich hält er sich in jedem der zwölf Tierkreiszeichen sieben Jahre lang auf. Zwölf ist die Zahl der Vollkommenheit, während sieben den Wandel darstellt. Neben der planetaren Unterteilung eines Menschenlebens, gibt es noch die wichtigen Siebenerzyklen, die den Verlauf eines Lebens bestimmen. Nach Ablauf von sieben Jahren findet jedesmal eine entscheidende Übergangsphase statt.

Der Leser möge sich bitte etwas Zeit lassen, um sich an Lebensereignisse zu erinnern, die im Alter von 6-8, 13-15, 20-22, 27-29, 34-36 usw. eingetreten sind. Dadurch wird die zentrale Bedeutung des Siebenerrhythmus offenbar. Nach Vollendung von vier Siebenerrunden bzw. alle 28 Jahre erfolgt die wesentlichste Veränderung (4 ist nämlich die Zahl der Kristallisation). Das folgende Zahlenbeispiel erklärt dies:

$$4 \times 7 = 28 \; (2 + 8 = 10; 1 + 0 = 1)$$

$$8 \times 7 = 56 \; (5 + 6 = 11; 1 + 1 = 2)$$

$$12 \times 7 = 84 \; (8 + 4 = 12; 1 + 2 = 3)$$

Diese drei hauptsächlichen Lebensabschnitte entsprechen

1. dem Zeitraum der Entwicklung des Selbst, vom Kind zum Erwachsenen;
2. der Phase der Ausdehnung, in der man seinen schöpferischen Selbstausdruck im erwählten Gebiet kultiviert und seine zugeteilte Rolle als Ehepartner und Elternteil erfüllt und

3. dem Lebensabschnitt der Kontraktion, in dem man die gesteckten Ziele erreicht oder sich die eigenen Mißerfolge eingestehen muß, seinen Lohn in Empfang nimmt, die Schulden bezahlt und seine Seele auf den Übergang in den Äther vorbereitet.

Anatomie und Physiologie: Uranus bestimmt die mediale Sehfähigkeit, mit der man, sobald sie ausgereift ist, die menschliche Aura sehen kann. Er wirkt auch zum Teil auf das Nervenkostüm, insbesondere auf elektrische Impulse, die zwischen den Nervenzellen auftreten.

Berufe und Tätigkeiten: Uranus wirkt auf Erfinder, Astrologen, Numerologen und die Geheimwissenschaften. Sein Einfluß gilt auch Berufen, die sich mit Luftfahrt, Elektrizität, Naturwissenschaft und Soziologie befassen. Sein Schwingungsmuster kommt ausdrücklich sämtlichen Berufsfeldern zugute, die sich mit der Entwicklung von EDV-Programmen, Computertechnologie, Weltraumprojekten, elektronischer Musik und Zukunftstechnologien befassen.

Wochentag: keiner

Tierkreiszeichen: Wassermann

Leitbegriffe des Uranus

intuitive Wahrnehmung - sechster Sinn

zerstört alte Ideologien, Vorstellungen, Konzepte und Strukturen

Bohemien, Ausgeflippter, Hippie und Außenseiter der Gesellschaft

Revolutionär, Anarchist und Humanist

die Kraft für die Erweckung höheren Bewußtseins

28
Neptun - Das Licht der Inspiration

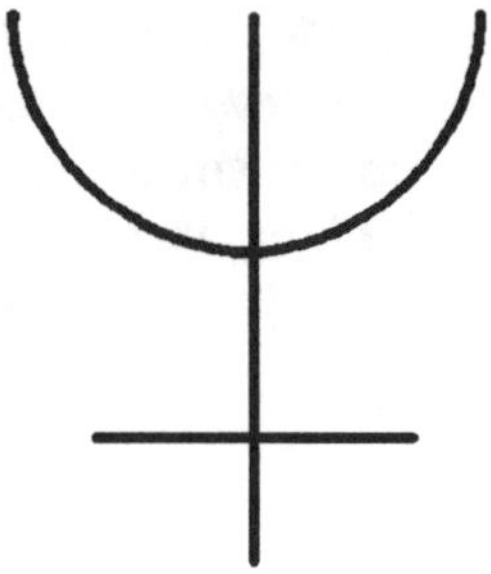

"Ich hebe an zu singen über Poseidon, den imposanten Gott, der die Erde und das fruchtlose Meer bewegt. Der Gott der Tiefe ist auch der Herr des Helikons und der weiten Ägäis . . . Ehre sei Dir, Poseidon, Bewahrer der Erde und Herrscher mit dunklem Haar! Oh Segensreicher, sei uns von Herzen wohlgesonnen und hilf allen, die mit Schiffen unterwegs sind!"

Homer

Neptun am Himmel

Die Entfernung zwischen Neptun und Erde ist noch 1,609 Milliarden Kilometer größer als die von Erde zu Uranus. Daher bleibt er dem bloßem Auge gänzlich verborgen. Seine Ferne verhindert, daß über die Beschaffenheit seiner Oberfläche genauere Einzelheiten bekannt werden. Selbst wenn man ihn durch das leistungsstärkste Teleskop betrachtet, sieht man nur eine unscheinbares, grünliches Gestirn mit undeutlichen Polregionen und einem hellen Streifen am Äquator.

Neptun ist ähnlich wie Jupiter, Saturn und Uranus ein riesiger Planet, unter diesen vieren ist er jedoch der kleinste. Über seinen Durchmesser liegen widersprüchliche Aussagen vor. Einige geben an, daß er nahezu 45 052

Kilometer beträgt, andere ermittelten einen Durchmesser von ungefähr 49 879 Kilometern. Neptun durchzieht eine sehr weite Umlaufbahn, wodurch ein Jahr auf Neptun fast 165 Erdenjahre dauert. Im Gegensatz zu den anderen drei Riesenplaneten, deren Tag einen Zeitraum von ungefähr 10 Erdstunden einnimmt, dauert Neptuns Tag etwa 15 Stunden.

Die Geschichte von Neptuns Entdeckung dürfte für den Leser interessanter sein als eine Liste unbewiesener Daten. Nachdem Uranus gesichtet worden war, gingen die Astronomen daran, seine Umlaufbahn zu bestimmen. Dieser Versuch stellte sich als schwierig heraus, da Uranus bisweilen früher eintraf oder sich auf seinem vorausberechneten Kurs verspätete.

Um 1840 bewiesen die beiden Astronomen Adams aus England und Leverrier aus Frankreich mathematisch, daß ein weiteres, bis dahin noch nicht gesichtetes Gestirn die Ursache für die Unberechenbarkeit des Uranus sein müsse. Infolge seiner Schwerkraft beeinflußt jeder Planet des Sonnensystems alle übrigen. Die Unregelmäßigkeiten in der Umlaufbahn des Uranus ließen sich nicht anhand der Schwerkraftfelder seiner bekannten Nachbarn erklären. Der deutsche Astronom Johann Galle nahm Leverriers Berechnungen wieder auf und entdeckte schließlich am 23. September 1846 den Planeten Neptun.

Die mittlere Entfernung Neptuns von der Sonne beträgt 4 496 Milliarden Kilometer, die Anzahl der Monde zwei, die Masse beträgt das 17fache der Erdmasse, die Dichte 40 % der Erddichte und die Temperatur - 201 Grad Celsius.

Symbolik, Mythologie und Geschichte des Neptun

Neptuns Symbol sieht wie ein Dreizack aus, den der Herr der Meere in der Hand hält. Aus esoterischer Sicht stellt dieses Symbol ein weiteres wichtiges Evolutionsmodell dar. Wir erkennen, daß der Halbkreis der Seele vom Kreuz der Materie aufgespießt wird, wodurch eine dreigezinkte Gabel zustandekommt. Jede Gabelspitze symbolisiert einen Aspekt des menschlichen Bewußtseins, der von Neptuns göttlichem Wasser reingewaschen werden muß. Dies betrifft den physischen Körper und dessen Sinne, den Astralkörper (Gefühlswelt) und dessen Wünsche sowie den niederen Mentalkörper und dessen selbstsüchtige Gedanken. Das Neptunsymbol kann daher folgendermaßen gedeutet werden: die irdischen Lebenserfahrungen helfen dem Menschen, diese drei Daseinsaspekte auf eine geläuterte Ebene zu heben.

Neptun ist noch geheimnisvoller als Uranus, denn er blieb den Augen unserer Vorfahren gänzlich verborgen. Sie kannten allerdings seine Prinzipien und Energien, obwohl, ähnlich wie bei Uranus, verhältnismäßig wenig über dieses Wasserwesen als personifizierte Gottheit festgehalten wurde. Für die Hindus ist Neptun Idapati , ("der Meister der Gewässer"), der ebenfalls mit Narajana ("dem Beweger der Gewässer") gleichgesetzt wird, der seinerseits ein Aspekt des Gottes Vishnu (Jupiter) ist. Im astrologischen System der Planetenzuweisungen wird die wechselseitige Beziehung obiger Gestirne offenkundig. Vor Neptuns Entdeckung diente Jupiter nämlich als Herrscher von dessen Tierkreiszeichen Fische.

Jupiter ist Herrscher der Pferde, und diese majestätischen Geschöpfe sind zugleich die Lieblingstiere Neptuns, besonders im antiken Griechenland, wo Neptun Poseidon genannt wurde.

Nach der griechischen Mythologie wurde unser Universum nach seiner Erschaffung in drei Reiche aufgeteilt. Zeus-Jupiter sollte über den Himmel herrschen, Hades-Plutos Reich war die Unterwelt, und Poseidon-Neptun regierte über die Meere. Ihm wurde auch der Inselkontinent Atlantis zugeordnet. Inmitten dieser Insel befand sich ein mächtiges Gebirgsmassiv. Dort wohnten hoch oben drei Erdenmenschen: Evenor, Leucipe, seine Frau, und deren Tochter Cleito. Poseidon verliebte sich in das Mädchen, und sie gebar ihm zehn Söhne. Sein Ältester hieß Atlas, dem zu Ehren sein Vater den Kontinent Atlantis und den umgebenden Ozean Atlantik nannte.

Die griechischen Götter waren berüchtigte Wüstlinge, die sich zwanglos paarten. Poseidon war bekanntermaßen auch mit Amphitrite verheiratet, die ihm den Sohn Triton gebar. Die Römer wiesen ihrem eigenen Neptun auch eine standesgemäße Gattin zu, Salacia, die Göttin des Salzwassers.

Bisweilen reagieren Astrologieschüler an dieser Stelle etwas verwirrt und wundern sich, was wohl Neptuns wahres Geschlecht sei. Feststeht, daß die Griechen und Römer ihn als ausgesprochen männliche Gottheit darstellten. Wenn eine Energieform als personifizierter Gott auftritt, verbindet sich dessen Wesen und Persönlichkeit unmittelbar mit der Kultur, aus der er hervorgegangen ist. In Abschnitt III. wird jedoch klar, daß Neptun eine Reihe von äußerst empfänglichen, weiblichen Wesenszügen verkörpert. Dieser Planet vertritt die allerhöchsten Attribute der Liebe, die im göttlich-weiblichen Aspekt vertreten sind. (Der männliche Aspekt ist Weisheit.) Die griechische und römische Kultur war patriarchalisch ausgerichtet, folglich lag es nahe, daß sie ihren Gottheiten eher männliche Züge zuteilten.

Man muß begreifen, daß nichts gänzlich feminin oder absolut maskulin ist; eines ist stets im anderen vorhanden. Die chinesische Taophilosophie beschreibt dieses Prinzip als Yin und Yang. Obwohl jeder einzelne Planet vorwiegend männlich oder weiblich ist (außer Merkur, der als wahrer Hermaphrodit auftritt), kommt ihre gegensätzliche Polarität immer dann zum Vorschein, wenn sie sich in Tierkreiszeichen aufhalten, die ihrer Wesensart widersprechen. Deshalb verhält sich der Mond im Zeichen Widder oder Zwilling viel aktiver, Mars hingegen tritt behutsamer auf, wenn er im Zeichen Krebs oder Fische steht usw..

Traditionsgemäß gelten Sonne, Merkur in Zwilling, Mars, Jupiter, Saturn, Uranus und Pluto als männliche Planeten, wohingegen Merkur in der Jungfrau, Venus, Erde, Mond und Neptun weibliche Planeten sind.

Neptun im Geburtshoroskop

Neptun stellt die höhere Oktave von Venus dar. Sie ist der Planet der persönlichen Liebe, denn Venus verschenkt ihr Herz, fordert dafür aber auch ein Herz. Aus diesem Grund leidet ein venusbetonter Mensch bisweilen unter einer einseitigen Beziehung. Einem wahren Neptunangehörigen kann das nicht passieren, denn seine Liebe ist unpersönlich und selbstaufopfernd. Ein Kind des Neptuns liebt, um dem anderen Licht zu übertragen, für die von ihm geleisteten humanitären Dienste fordert er keine äußere Vergeltung. Neptun hat Freude am Geben, Venus am Teilen.

Da es den meisten Menschen nicht gelingt, mit den höheren Qualitäten der Neptunschwingung umzugehen, findet man im Geburtsbild der großen Mehrheit nur einen schwachen Neptuneinfluß. Ist dies der Fall, ebnet Neptun nicht den Weg zu wahren übersinnlichen Visionen und mystischen Eingebungen, die sich in der Gefühlswelt des Betreffenden offenbaren können, sondern macht sie zu weltfremden Traumtänzern.

Bei überwiegendem Neptuneinfluß entzieht sich der Horoskopeigner womöglich der Wirklichkeit und ist bisweilen ausgesprochen faul und unnötigerweise geheimniskrämerisch. Neptun hat eine Abneigung gegen körperliches Arbeiten und fühlt sich von irdischen Pflichten eingeengt. Wer die Neptunenergie nicht beherrscht, verliert sich in Phantasiewelten. Neptun ist Meister der Verstellung, dessen Schattenseite zu Betrügereien, Schwindel und verderblicher Bequemlichkeit verleitet. Im schlimmsten Fall verkörpert Neptun Wahnvorstellungen, Krankhaftigkeit, Phobien, Besessenheit und sogar Satanismus.

Neptuns Schwingung wirkt vorwiegend in der Gefühlswelt. Bei einer fortgeschrittenen Seele mit geklärten Emotionen bringt sie wunderschöne Ergebnisse zustande, die im umgekehrten Fall genauso abscheulich sind. Neptun ist der himmlische Musiker und läßt Menschen träumen, während sie einer schönen Symphonie lauschen. Als Schutzpatron von Ballett und Tanz im allgemeinen regt Neptun den Tänzer an, mit dem Rhythmus eins zu werden und den Tönen Form zu verleihen. Neptun inspiriert die schöpferische Vorstellung des Künstlers, Venus hingegen verleiht ihm Gestaltungskräfte und Mittel, mit deren Hilfe er das Empfundene ausdrücken kann.

Auf spiritueller Ebene vermag Neptun dem Einzelnen Begegnungen mit solchen Meisterseelen zu vermitteln, die das universale Entwicklungsgeschehen regeln. Dieser Planet verhilft zu inspiriertem Schreiben, gewährt prophetische Schau und die Erkenntnis kosmischer Wahrheiten, die das Vernunftdenken bei weitem übersteigen. Folglich fördert Neptun Hellsichtige und Mystiker.

Edgar Cayce, "der schlafende Prophet", war mit der erhabenen Neptunschwingung gesegnet. Während er "schlief" wirkte sein höheres Bewußtsein als Übermittler, durch den die Meister sprachen. Selbstverständlich war Cayce ein hochentwickelter Fischemensch und deshalb von Natur aus für die Einstrahlung seines Herrscherplaneten empfänglich.

Astrologische Entsprechungen des Neptun

Farben: lavendel, malvenfarbig, meergrün, aquamarin, rauchgrau, zarte, hingehauchte Farben und die Farben, aus denen Träume gemacht sind

Steine, Edelsteine und Metalle: Koralle, Aquamarin, Elfenbein, Platin, Neptunium und möglicherweise Radium

Kräuter, Pflanzen und Bäume: Neptun herrscht über Pflanzen, die als Rauschmittel verwendet werden, wie zum Beispiel Cannabis sativa, Kokablätter, Opiummohn, Teufelskraut, Peyote und Psilocybin-Pilze. In dieser Hinsicht wirkt Neptun durchaus auch teilweise in Kaffeebohnen und Tabakblättern. Zusammen mit dem Mond regiert er über Kräuter und Pflanzen, denen man okkulte Eigenschaften zuschreibt; er wird ebenfalls der schönen Orchidee zugeschrieben.

Planetarisches Menschenalter: keines

Anatomie und Physiologie: Neptun fördert die Zirbeldrüse und jene Teile des Nervensystems, die übersinnliche Eindrücke wahrnehmen können.

Sein Einfluß macht sich auch in der Funktion der Chakras (den feinstofflichen Zentren der Körperenergie) und der menschlichen Aura bemerkbar.

Berufe und Tätigkeiten: Neptun steht mit Berufen in Verbindung, die mit Ölen, Parfums und Kosmetika zu tun haben; mit Tanz, Film und Kunst; Narkotika, Drogen und Alkohol; weiterhin mit allem, was mit Schiffahrt zu tun hat. Auf anderer Ebene fördert Neptun Psychologie, mediale Energiearbeit, Geistheilung, Philosophie, schwarze und weiße Magie.

Wochentag: keiner

Tierkreiszeichen: Fische

Leitbegriffe des Neptun

Träumer, Künstler, Musiker und Filmemacher

großer Betrüger und Illusionist

übersinnliche Kräfte

Mystiker, Spiritualist und Prophet

allumfassende, bedingungslose Liebe

29
Pluto - Das Licht der Transformation

"Ich bin die Auferstehung und das Leben. Wer an mich glaubt, der wird leben, auch wenn er stirbt. Und wer da lebet und glaubet an mich, der wird niemals sterben." Johannes 11, 25-26

"Wahrlich, wahrlich, ich sage Dir: wenn ein Mensch nicht von neuem geboren wird, kann er das Reich Gottes nicht sehen."
Johannes 3, 3

Pluto am Himmel

Pluto ist ein Mitglied der kosmischen Familie der Sonne, das erst in jüngster Zeit bekannt wurde, und er hütet die größten Geheimnisse. Seine Umlaufbahn ist durchschnittlich etwa 5 899 Milliarden Kilometer von der Sonne entfernt. Ein Beobachter auf Pluto könnte die Sonne als einen der vielen hellen Sterne sehen. Selbst bei Verwendung des größten Teleskops der Welt, erscheint er nicht größer als eine kleine gelbliche Scheibe. Über Plutos Oberflächenbeschaffenheit liegen keine Daten vor, außer, daß er geringfügige Schwankungen in der Lichtabstrahlung aufweist.

Plutos Umlaufbahn ist besonders interessant, da sie mehr als 17 Grad in Richtung Ekliptik geneigt ist, sie verläuft derart unregelmäßig, daß die Aufenthaltsdauer des Planeten innerhalb eines Tierkreiszeichens zwischen 13 und 32 Jahren liegt. Von der Sonne aus könnte man sehen, wie die ersten acht Planeten in mehr oder weniger konzentrischen Ellipsenformen um die Sonne kreisen. Pluto hingegen bewegt sich außerhalb von Neptuns Umlaufbahn, jedoch nicht konzentrisch ellipsenförmig; er zieht entlang einer zugespitzten Bahn, deren sonnennächster Punkt (Perihel) 56,3 Millionen Kilometer näher bei der Sonne liegt als Neptuns Perihel.

Plutos Entdeckung im Jahre 1930, die ebenfalls aufgrund der festgestellten Uranusabweichungen erfolgte, warf mehr Fragen in der Astronomie auf, als dadurch beantwortet wurden. Die Entdeckung Neptuns schien die Unregelmäßigkeiten der Uranusumlaufbahn zu erklären. Doch auch danach mußten die Astronomen feststellen, daß der unberechenbare Uranus, bestimmte Punkte nicht zum festgesetzten Zeitpunkt erreichte. Das führte zur Annahme, daß noch ein weiterer Himmelskörper existieren müsse, der die Abweichungen in seiner Umlaufbahn verursachte. Die intuitive Uranusschwingung regte Astronomen und Astrologen gleichermaßen an. Der amerikanische Astronom Perceval Lowell machte sich daran, den sogenannten "Planet X" zu finden. Lowell arbeitete mit einer sehr primitiven Teleskopkamera (im Jahre 1905), die versagte, seinen sogenannten "X"-Faktor zu lokalisieren. Aufgrund mathematischer Berechnungen kam er jedoch zu folgendem Schluß:

Der Planet müsse klein sein. Plutos geschätzter Durchmesser beträgt lediglich 5 792 Kilometer. Lowell berechnete, eine Sonnenumkreisung Plutos würde 282 Jahre dauern. Seine tatsächliche Umlaufdauer beträgt 242 Jahre. Er sagte voraus, "Planet X" müsse in einer Entfernung von ungefähr 6,4 Milliarden Kilometer von der Sonne zu finden sein. Das trifft zu. Der im neunzehnten Jahrhundert lebende Metaphysiker Thomas Burgoyne (Zanoni) und der Astrologe und Theosoph Alan Leo (verstorben 1918) erwähnten bereits Plutos Eigenschaften. Mehr als eine Dekade vor Plutos "offizieller" Taufe benannte A. Leo ihn sogar mit dessen späterem Namen. Lowell starb im Jahre 1916, doch der Astronom Clyde Tombaugh setzte sein Werk fort und sichtete Pluto schließlich am 18. Februar 1930.

Die Astronomen können die Art der Störungen, die Pluto bei Uranus auslöst, nur schwerlich erklären, denn dieser ist über acht mal so groß wie Pluto. Ungeachtet dessen beeinträchtigt er die Umlaufbahnen von Neptun und Uranus. Als Begründung vermuten die Wissenschaftler, daß Pluto ein extrem kompaktes Gestirn sein muß (mit einer Dichte, die zwölfmal größer als die der Erde ist), das über gewaltige Anziehungskräfte verfügt. Pluto wird von einem Mond umkreist, dem Charon, der 1978 entdeckt wurde. Der Tag dauert auf dem Pluto 6 1/2 Erdtage, sein Durchmesser beträgt 2 280 Kilometer, Volumen, Dichte und Schwerkraft sind unbekannt, seine Masse beträgt 0,93 mal der Erdmasse, die Temperatur auf der Oberfläche beträgt ca. -230 Grad Celsius.

Symbolik, Mythologie und Geschichte des Pluto

Ein im deutschsprachigen Raum nur gelegentlich verwendetes Symbol für Pluto ist PL. Es sind die beiden Initialen von Perceval Lowell, dem Astronomen, dessen Berechnungen zu Plutos Entdeckung führten. Plutos zweites Symbol ist ebenfalls erst in jüngerer Zeit entstanden, versinnblidlicht jedoch uralte esoterische Prinzipien. In diesem Emblem befindet sich der Halbkreis der Seele auf dem Kreuz der Materie, und der Kreis des Geistes schwebt über beiden. Im wesentlichen wird hier der gesamte Ablauf von Involution und Evolution in Miniatur dargestellt. Wir sehen, wie die Geisteskraft durch die Seele herabsteigt. Dadurch können unentwegt veränderliche endliche Formen kristallisierter Energie auf Erden (Involution) in Erscheinung treten. Umgekehrt führt der Austausch des Menschen mit seiner Umwelt dazu, daß das Bewußtsein in seiner Seele erwacht, wodurch seine persönliche Entfaltung und im weiteren Sinne die Evolution der menschlichen Rasse gefördert wird. Die verdichtete geistige Kraft wird aus dem irdischen Gefängnis entlassen, danach von der Seele geläutert und in den Äther des Geistes umgewandelt, nur um aufs neue mit Hilfe der Seele zurückzukehren, um Mensch und Erde wiederum mit Leben zu erfüllen. Folglich läßt sich mit einem Wort sagen, Pluto ist die Kraft der Lebenserneuerung. (Das dritte Symbol wird vor allem durch die Huberschule verbreitet.)

Regeneration ist allenorts am Werk. Erst nach der Zersetzung kommen die Nährstoffe des Herbstlaubs der Erde zugute, damit der Baum im nächsten Frühjahr mit neuer Kraft wachsen kann. Plutos Energie verwandelt die Raupe in einen Schmetterling, mit seiner Hilfe häutet sich die Schlange, um weiter wachsen zu können. Sie zeigt sich im Orgasmus, der die Kraft freisetzt, damit Empfängnis stattfinden kann. Sie "tötet" das Spermium und die Eizelle, wodurch der Embryo entstehen kann. Pluto führt den Zusammenbruch der bestehenden Denksysteme herbei, damit man ein umfassenderes Verständnis des Universums erlangen kann. Er transzendiert die unterschiedlichen Bilder oder Vorstellungen, wodurch die Persönlichkeit der Individualität weichen kann. Im Augenblick des Todes befreit er die Seele vom Körper, damit sie in der unfaßlich großen immateriellen Ätherwelt mit den unsichtbaren Anteilen des Selbst verschmelzen kann.

Somit wirkt Pluto in der Rolle des "Umwandlers" und setzt der Existenz einer Form ein Ende (symbolisiert durch seine Herrschaft im Zeichen Skorpion), damit einer neuen Form Einlaß ins Leben gewährt werden kann. Pluto ist die höhere Oktave von Mars. Dieser hat den Auftrag, alte Formen zugunsten höher entwickelter Seiten des Selbst zu vernichten. Mars ebnet nur den Weg für Pluto. Mars bricht die Strukturen auf, während Pluto ihre atomare Zusammensetzung umwandelt. Mars ist die aggressive und gefühlsgeladene Kraft, die zum Krieg aufruft, Pluto hingegen ist die Atombombe. Mars ist die sexuelle Leidenschaft, Pluto ist der Orgasmus. Mars ist die Wut, die den Gewehrabzug drückt, während Pluto die Seele vom Körper des Menschen scheidet, der von der Kugel getötet wurde. Mars ist das Verlangen der Seele, wieder zu inkarnieren, Pluto ist die Empfängnis.

Mars schlägt rasch und teilweise gewaltsam zu und ist ziemlich bald erschöpft, Pluto dagegen kann in einem explosiven Akt zum Vorschein kommen (wie die Atombombe, die Hiroshima zerstörte). Dieser Höhepunkt ist allerdings die Folge langer und üblicherweise geheimer Vorbereitungen. Der Herstellung der Bombe gingen jahrelange Forschungsarbeiten voraus. Plutos Entdeckung im Jahre 1930 geschah in einer Zeit, als die Vereinigten Staaten von bewaffneten Gangsterbanden terrorisiert wurden und Schiebereien an der Tagesordnung waren, als in Italien, Deutschland und Rußland faschistische Regierungen an die Macht kamen, und als das Atomzeitalter begann und eine große wirtschaftliche Depression herrschte.

Als Zerstörer und Erneuerer erfüllt Pluto eine Doppelfunktion. Er arbeitet im geheimen, da er von Haus aus alles unterminiert und sein Reich die Unterwelt ist. Für seinen modus operandi hat er gute Gründe vorzuweisen. Letzten Endes zwingt Pluto alle Dinge, sich im Licht zu zeigen. Er offenbart Ideologien, Neurosen und Aktivitäten, die schon seit langem im Unbewußten einer Person oder Nation verborgen lagen oder unterdrückt wurden. Er lüftet den Schleier vor diesen Geheimnissen, auf daß sie dem Schöpfungsplan dienen mögen. Die freigesetzte Energie kann vernichten oder selbst zerstört werden. Sie muß jedoch unbedingt freiwerden, um anschließend durch den Lauf der Schöpfung umgewandelt werden zu können.

Als Herr der Vernichtung ist Pluto schon von jeher in den vielfältigen menschlichen Zivilisationen mit dem Tod und den zahlreichen Vorhöllen gleichgesetzt worden. Der körperliche Tod war für den unaufgeklärten

Menschen schon immer eine furchterregende Wirklichkeit, die es zu bedenken galt, denn er setzt dem Leben ein Ende und führt ins Unbekannte. Jene unter uns, die mit dem Evolutionsgeschehen einigermaßen vertraut sind und teilweise den zahlreichen Aussagen der Reinkarnationslehren Glauben schenken, betrachten den Tod als Tor zu einem reicheren Leben. Er ist lediglich eine Pforte, durch die alle unvollkommenen Wesen gehen müssen. Im weiteren Sinne bedeutet Tod Transzendenz - bei Eintritt des Todes läßt man eine niedrige Bewußtseinsebene hinter sich, um in eine höhere aufsteigen zu können; man gibt einen verdichteten Seinszustand zugunsten einer feinstofflicheren Energieform auf.

Pluto empfängt den Verstorbenen im Reich des Fegefeuers, wo dessen Unvollkommenheiten geläutert werden, damit die Seele in den Himmel eingehen und an den Freuden des Lichts teilhaben kann, ehe sie aufs neue in die irdische Welt zurückkehrt. Hier wirkt Pluto als Umwandler oder "Erlöser"!

Um mit dem physischen Aspekt des Todes besser umgehen zu können, haben die zahlreichen Religionen und Philosophien des Altertums und der Neuzeit diesem Zustand der seelischen Läuterung einen Namen gegeben. Sie achten Pluto als einen Aspekt Gottes (was er natürlich auch ist) und verleihen ihm entsprechend ihrer jeweiligen Kultur eine Persona. Die Juden nannten sein Reich Abaddon ("Zerstörung") und Sheol ("Höhle"). Bei den Babyloniern hieß es Aralu und bei den Ägyptern Amenti (das Reich des Unbewußten), für die Hindus war es Kamaloki (der Ort, an dem Wünsche ausgelebt werden), und die Germanen nannten es Hel.

Der oberste Herrscher dieses Königreiches heißt Pluto (Shiva, Yama, Mantus, Dis, Orcus, Satan, Osiris, Hades usw.). Die Griechen haben uns noch eine weitere Seite von Plutos Charakter nahegebracht und uns dadurch eine umfassendere Sicht über die Beziehung zwischen Leben und Tod enthüllt. Ihre Mythologie stellte Pluto als Gott des Reichtums und der vergrabenen Schätze dar. Sein Name ist in dem Wort "Plutokratie" enthalten, der Bezeichnung für eine Regierung, aus einer Gruppe reicher Männer.

Bei den Griechen war es Sitte, das geerntete Getreide für die Aussaat im kommenden Jahr in riesigen Amphoren aufzubewahren. Diese wurden in unterirdischen Kammern gelagert, wo es kühl blieb (Seltman, S. 154). Diesen Vorgang brachte man mit Pluto in Verbindung, denn der Samen trägt das Versprechen des neuen Lebens in sich und wartet nur auf seine Aussaat in die Erde, um Frucht zu tragen. Gleichermaßen bereitet sich die Seele in der Hölle des Hades auf ihr Wiedererscheinen als Mensch auf Erden vor.

Pluto im Geburtshoroskop

Pluto veranlaßt den Menschen, gewisse psychologisch bedingte Fesseln abzustreifen, die ihn an seine persönliche Umgebung binden und sein inneres Wachstum behindert haben. Sehr häufig geschieht dies als unwiderruflicher Akt, wie beispielsweise das Durchtrennen der seelischen Nabelschnur, die ihn an seine Eltern bindet. Wenn Pluto mit Jupiters Strahlen zusammenkommt, kann er religiöse Bekehrung und spirituelle Erleuchtung auslösen.

Wer besonders von Pluto beeinflußt ist, kann gut allein sein und führt gewöhnlich ein Einsiedlerleben. Er wirkt distanziert und kümmert sich ausschließlich um seine eigenen Belange. Er befaßt sich mit Forschung oder zumindest mit sorgfältiger Planung. Immer wieder reißt er sein psychologisches Gefüge ein und baut es erneut auf. Bewegt er sich in der Gesellschaft, was im Normalfall nur von kurzer Dauer ist, geschieht es, um die Veränderung, die sein Innerstes erfaßt hat, in der äußeren Welt zu bezeugen.

Nimmt der Betreffende nicht bewußt an seinem Wandlungsprozeß teil, hat es für ihn den Anschein, als ob er spontan handele. Er ist gezwungen, Mittel zu finden, um sich selbst zu verwirklichen, doch dies geschieht aus unbewußtem Antrieb. Wer seine "plutonischen Veränderungen" bewußt verfolgt, verfügt möglicherweise über große Macht, denn er ist durch Plutos Wandlungsprinzip imstande, nicht nur den Verlauf seiner eigenen Entwicklung zu lenken, sondern kann auch bei anderen Wachstumsschübe auslösen. Das geschieht, indem er die Psyche seiner Mitmenschen bewußt durchdringt und damit vorhandene Blockaden aufbricht. Pluto ist daher bei der Berufspraxis von Psychiatern und Geistheilern ein wichtiger Faktor.

Der plutonisch betonte Mensch lebt und handelt im großen Stil. Er genießt es, Macht auszuüben und das Schicksal seiner Mitmenschen zu beeinflussen. Deshalb nimmt Pluto im Horoskop von Politikern, Konzernmanagern und religiösen Führern eine eminent wichtige Stellung ein, besonders wenn gleichzeitig ein beträchtlicher Saturneinfluß vorhanden ist.

Wie auch im Falle von Uranus und Neptun bemerkt der Massenmensch Plutos Wirkungen nicht im persönlichen Leben, da der zehnte Planet auf das gesamte Weltgeschehen Einfluß nimmt. Als Pluto im Jahre 1930 entdeckt wurde, befand er sich auf 20 Grad Krebs. Dort stand im August 1945 Saturn. Die Folgen dieser Position im Krebs haben dem Leben der Menschheit ihren unauslöschlichen Stempel aufgedrückt und das Schicksal der Nationen (Saturn) bewegt. Zu diesem Zeitpunkt wurde die Atombombe auf

Hiroshima geworfen, was das Ende des Zweiten Weltkriegs und die Geburt des Atomzeitalters einläutete. Der Mensch gelangte zu der Erkenntnis, daß er die aufbauenden und zerstörerischen Kräfte, die im Atom, der Saat des Lebens, beheimatet sind, nutzbar machen kann.

Astrologische Entsprechungen des Pluto

Farben: Es liegen keine aktuellen Angaben vor; möglicherweise herrscht Pluto über Farben, die außerhalb des menschlichen Sehvermögens liegen.

Steine, Edelsteine und Metalle: Da Plutos Kraftfeld so ungewöhnlich geartet ist, fällt es schwer, in diesem Bereich stichhaltige Angaben zu machen. Einige Quellen legten fest, daß Jade, Keramik, Email, Beryll und selbstverständlich Plutonium unter Plutos Einfluß fallen.

Kräuter, Pflanzen und Bäume: Dem Verfasser sind keine Pflanzen unter Plutos Herrschaft bekannt, außer solchen, die durch radioaktiv bedingte genetische Mutatation entstanden sind. Die griechische Mythologie berichtet, daß Hades eine besondere Vorliebe für Narzissen und Zypressen hatte.

Planetarisches Menschenalter: die Zeit nach dem Tod und vor der Geburt

Anatomie und Physiologie: Pluto wird schöpferischen und erneuernden Kräften und Prozessen zugeordnet. Daher sorgt er für ein ausgewogenes Verhältnis der anabolischen und katabolischen Stoffwechselphasen. Er ist gleichfalls für die Gesundheit der Fortpflanzungsorgane verantwortlich.

Berufe und Tätigkeiten: Pluto herrscht über alle Berufsangehörigen, die unter Tage, im Bergbau, in Untergrundbahnen und Höhlen usw. arbeiten bzw. beeinflußt die Mitglieder von geheimen kriminellen Syndikaten. Pluto steht auch mit Spionen, Detektiven, Terroristen, Forschern, Medizinern und Geistheilern in Verbindung.

Wochentag: keiner

Tierkreiszeichen: Skorpion

Leitbegriffe des Pluto

Prinzip der Energieumwandlung (Transmutation)

Eliminator, Vernichter und Erlöser

Tod und Wiedergeburt

Erneuerung der Lebenskraft

Ende und Neuanfang

Die Mondknoten

aufsteigender, nördlicher MK ☊ ☋ *absteigender, südlicher MK*
Drachenkopf *Drachenschwanz*

Zusätzlich zu Sonne und Mond sowie den den acht Planeten berücksichtigt der Astrologe noch eine Reihe sensitiver Punkte. Zu ihnen gehören der nördliche (aufsteigende) und der südliche (absteigende) Mondknoten. Sie stellen den Schnittpunkt der Mondbahn mit der Ekliptik dar. Der nördliche Mondknoten heißt auch Drachenkopf und steht für Verbesserungen. Er wird mit Venus und Jupiter verbunden. Der südliche Mondknoten heißt auch Drachenschwanz und ist bekannt dafür, daß er wichtige einschränkende Lektionen lehrt. Er wird mit Saturn verbunden. Die beiden Mondknoten laufen rückwärts und stehen sich genau gegenüber.

Unter den Astrologen gibt es erhebliche Meinungsverschiedenheiten über die Bedeutung der Mondknoten. Es ist des Autors Erfahrung, daß es Punkte der Verbindung sind. Natürlich muß das gesamte Horoskop bei der Interpretation berücksichtigt werden, man kann aber generell sagen, daß z. B. der aufsteigende Mondknoten am Aszendenten (bzw. im ersten Haus) bewirkt, daß man zur rechten Zeit die richtigen Leute trifft und daß man reichlich Charisma hat (bei John Lennon war das der Fall).

Der absteigende Mondknoten steht für Beziehungen oder Gewohnheiten, an denen gearbeitet werden muß, damit in dem betreffenden Haus die Energie besser fließt. Im siebten Haus zeigt er z. B. an, daß man sich nicht zu sehr auf die Unbeschwertheit des Partners oder die Leichtigkeit verlassen sollte, mit der man persönliche Kontakte schließt. Er zeigt, daß man darauf achten sollte andere nicht zu mißbrauchen und sich mehr auf die eigenen Bemühungen im Leben zu verlassen. Aufsteigender Mondknoten im zweiten und absteigender im achten Haus zeigen an, daß man leicht Reichtum anzieht; man sollte aber die eigenen Beziehungen nicht mißbrauchen und sich nicht zu sehr auf anderer Leute Finanzen verlassen.

Die Hauspositition der Mondknoten zeigt den Lebensbereich an, in dem sie wirken. Die Zeichenpositition enthüllt die Art und Weise, in der man die Kontakte knüpft, die durch die Mondknoten angezeigt werden.

(Anm. d. Hrsgb.: der absteigende Mondknoten zeigt den Häuserbereich an, aus dem ich komme, er symbolisiert das "alte" Karma, dessen noch unverarbeitete, im Unbewußten verborgenen Überreste unser Leben in positiver wie negativer Weise beeinflussen. Der aufsteigende Mondknoten zeigt mir das Feld an, in das ich mich begeben sollte, damit ich in diesem Leben meine Lektion lernen kann; er symbolisiert die nahe Zukunft.)

30
Die Planeten in den Zeichen

Alle Planeten beeinflussen sich gegenseitig durch ein komplexes System von wechselseitigen Beziehungen, den *Aspekten*. Das heißt, daß sich kein Planet allein durch seine Position in einem Zeichen ausdrückt. Der Schlüssel zur genauen Horoskopinterpretation liegt in der Fähigkeit, eine Synthese der verschiedenen modifizierenden Faktoren herzustellen.

Jedes Zeichen wird von einem Planeten beherrscht: Mars ist der Herrscher des Widders, Venus herrscht über den Stier, Merkur über den Zwilling usw. Die Energie der Herrscherplaneten wird daher am leichtesten, natürlichsten und kraftvollsten manifestiert, wenn sie im eigenen Zeichen stehen. Eine Person, die mit Jupiter im Schützen geboren ist, wird ganz leicht die reinsten und höchsten Schwingungen dieses Planeten ausdrücken - was natürlich auch davon abhängt, auf welcher Stufe des Bewußtseins sich der Mensch befindet und welche "Grundfärbung" das Horoskop an sich hat.

Bei jeder Auswertung der vorherrschenden planetarischen Stärken muß die Energie eines Himmelskörpers in seinem herrschenden Zeichen als eine dominante Kraft im Leben der Person berücksichtigt werden. Wenn ein Planet in solch einer Position steht, sagt man, daß er eine besonders hohe Stellung hat. Daher ist die Planetenenergie am freiesten verkörpert, wenn sie nicht von den Schwingungen eines Zeichens eingeschränkt wird, das ihrem Wesen nicht entspricht.

Wenn sich ein Planet gegenüber dem Zeichen befindet, das er beherrscht, sagt man, daß er schwach steht. Mars in der Waage, Venus im Skorpion,

Merkur im Schützen usw. sind Positionen, in denen die Planeten schwach stehen (vgl. die Tabelle am Ende dieses Kapitels). In einer solchen Situation wird die Energie des jeweiligen Planeten in ihrem harmonischen Ausdruck unterdrückt. Daher ist seine Wirkung entweder schwach oder negativ, was vom gesamten Horoskop abhängt.

Darüber hinaus hat jeder Planet ein anderes komplementäres Zeichen, über das seine Energie besonders positiv ausgedrückt wird. Dies wird als Erhöhung bezeichnet. In dieser Position hat ein Planet nicht nur eine effektive Wirkung, sondern hier kann er auch höchst kreativ wirken.

Wenn sich ein Planet im Zeichen gegenüber seiner Erhöhung befindet, sagt man, daß er im Fall ist. In solch einer Stellung sind seine Natur und die potentielle Positivität stark eingeschränkt, und die Reaktion auf die spezielle Planetenschwingung ist recht begrenzt. Wenn der eigene Herrscherplanet eine solche Position hat und durch herausfordernde Aspekte von anderen Planeten belastet wird, kann das zur völligen Verneinung oder Verhinderung dieser Art von Selbstausdruck führen.

Die Stärke oder Schwäche der Planeten trifft am ehesten auf die schnell laufenden Planeten Sonne bis Saturn zu. Die sich jenseits von Saturn befindenden Planeten - Uranus, Neptun und Pluto - verweilen so lange in einem Zeichen, daß sie eher für Generationen statt für Personen bedeutsam sind.

Sonne

Das Leben erzeugende, kreative Potential der Sonne manifestiert sich über:

Widder: als ein suchendes Verlangen, Wege und Gelegenheiten für eine konstante Selbstprojektion zu finden sowie als Neigung zu impulsiven Formen des Selbstausdrucks (erhöht).

Stier: als ein Verlangen nach Selbstausdruck durch vorsichtige und etablierte Verhaltensmuster, die zur Steigerung der materiellen Sicherheit führen.

Zwilling: als ein Verlangen nach Selbstausdruck durch Veränderung des Lebensstils und als Suche nach intellektueller Stimulation und Wachstum.

Krebs: als Verlangen nach Selbstausdruck durch Sammeln materieller Ressourcen, um emotionale Sicherheit und feste Wurzeln zu erhalten.

Löwe: als ein Verlangen, das Selbst durch Organisation und Lenkung eigener und fremder Aktivitäten auszudrücken und zwar durch Austausch von Zuneigung oder Macht mit nahestehenden (Herrscher).

Jungfrau: als eine Form von Selbstausdruck, der darauf abzielt, in der eigenen Umgebung Ordnung zu schaffen sowie einen Lebensstil zu entwickeln, der darauf aus ist, gebraucht zu werden.

Waage: als eine Form von Selbstausdruck, der nach Perfektion in gesellschaftlichen Beziehungen strebt sowie als Drang, die eigene Umgebung harmonisch zu gestalten (fallend).

Skorpion: als ein Verlangen, sich selbst und andere zu transformieren, wobei Gelegenheiten gesucht werden, in denen die Energien anderer Menschen eingesetzt werden, um Wachstum und Selbstausdruck zu steigern.

Schütze: als Verlangen, das Selbst durch beständige, aber veränderliche Aktivitäten sowie durch das Sammeln von Informationen zu erweitern, die auf Erfahrungen über die Sinne und den Intellekt beruhen.

Steinbock: als ein Bedürfnis, seine Umgebung zu strukturieren, so daß nichts dem Zufall überlassen bleibt, sowie als der Ehrgeiz, in zunehmendem Maße gesellschaftlichen Status und Einfluß zu erhalten.

Wassermann: als das Bedürfnis, Informationen zu verbreiten und das Sozialverhalten zu erweitern sowie konventionelles Denken und Verhalten zu verändern (schwach).

Fische: als ein Drang, das Selbst durch ein vertieftes Verstehen von anderen auszudrücken, sowie als Verlangen, den Bedürftigen zu dienen.

Mond

Der rezeptive, formgebende, emotionale Aspekt des Mondes manifestiert sich über:

Widder: als Sicherheitsgefühl in den eigenen Handlungen sowie als plötzliche Gefühlswallungen, die zu impulsiven Beziehungen führen können.

Stier: als Sicherheitsgefühl durch materielle und emotionale Verhaftungen sowie als tiefe Anerkennung der Grundwerte des Lebens (erhöht).

Zwilling: als Sicherheitsgefühl, sich an alle Umstände sowie an sich verändernde Interaktionen in Umgebung und Gesellschaft anpassen zu können.

Krebs: als Sicherheitsgefühl in der eigenen Umgebung, sowie als Bedürfnis, jeden Ort, an dem man ist, zu einem "Zuhause" zu machen und diejenigen zu nähren, mit denen man in Kontakt kommt (Herrscher).

Löwe: als Sicherheitsgefühl, bei Aktivitäten im "Rampenlicht" zu stehen sowie als Neigung, alle emotionalen Situationen zu dramatisieren.

Jungfrau: als Sicherheitsgefühl durch persönliches Eingreifen als Berater im Dienst anderer Menschen sowie als eine manchmal überkritische Bewertung z. B. persönlicher Beziehungen.

Waage: als Sicherheitsgefühl durch die Reaktionen anderer Menschen auf die eigenen Aktivitäten sowie als Bedürfnis, Harmonie in die eigenen und die Beziehungen anderer zu bringen.

Skorpion: als Sicherheitsgefühl durch eine besitzergreifende Art in persönlichen Beziehungen sowie als Drang, die Umgebung zu kontrollieren, und die Fähigkeit, Beziehungen mit großer Entschiedenheit abzubrechen (fallend).

Schütze: als Sicherheitsgefühl durch möglichst wenig Verantwortung und als Bedürfnis, vollkommen frei zu sein, um auf eine veränderliche Umgebung reagieren zu können.

Steinbock: als Sicherheitsgefühl durch die Struktur und Kontrolle der Umgebung sowie als Neigung, eine instinktive Menschenkenntnis einzusetzen, um sich selbst in den Vordergrund zu schieben (schwach).

Wassermann: als Sicherheitsgefühl durch gesellschaftliche Verbindungen und die Fähigkeit, mit allen Menschen intuitiv in Beziehung zu stehen, sowie als Verlangen, an gesellschaftlichen Bewegungen und Gruppenaktivitäten teilzunehmen.

Fische: als Sicherheitsgefühl durch die Fähigkeit, die persönlichen Gefühle an den ständigen Ansturm von Stimulationen und Eindrücken anzupassen sowie als das daraus resultierende Bedürfnis, sich phasenweise zurückzuziehen. Eine Position für den Mond, die oft Inspiration und Mitgefühl anzeigt.

Merkur

Der logische Prozeß des rationalen Verstandes und die Fähigkeit, mündlich und schriftlich zu kommunizieren, manifestiert sich über:

Widder: als eine Neigung, spontan zu beurteilen, zu entscheiden und die Meinung zu sagen, sowie als Fähigkeit, das Beziehungsgefüge der Umgebung eifrig und intuitiv wahrzunehmen. Die sofortige Handlung wird von Gedankenprozessen stimuliert.

Stier: vorsichtig und bedächtig, mit einer Neigung zu größerer Tiefe als zu Präzision; man ist sich der praktischen Aspekte von Beziehungen instinktiv bewußt. Bedächtiges Handeln, das vom Gedankenprozeß stimuliert wird.

Zwilling: wendig, anpassungsfähig und schnell sowie als Talent, mit Worten umzugehen und die Struktur von Beziehungen wahrzunehmen. Ständig wechselnde Aktivität, die von Gedankenprozessen stimuliert wird (Herrscher).

Krebs: als ein leicht zu beeindruckender Verstand, der seine Kommunikationsformen schafft, indem er seine Vorstellungskraft einsetzt sowie als Tendenz, aufgrund gefühlsmäßiger Regungen Gedanken zurückzuhalten. Vorstellungskraft, die von Gedankenprozessen stimuliert wird.

Löwe: als das Bedürfnis, dem Selbstausdruck einen persönlichen "Stempel" zu verleihen. Diese Position kann zu einem großen, persönlichen, kreativen Ausdruck beitragen, aber sie ist relativ schwierig, wenn es um Objektivität und spirituelle Entwicklung geht, es sei denn, die Person wirkt in einem weiteren und unpersönlicheren Sinne, als man es vom Löwen normalerweise erwartet. Selbstzentrierte, kreative Aktivität, die von Gedankenprozessen stimuliert wird (fallend).

Jungfrau: mit großer Präzision und Aufmerksamkeit für Details sowie als Neigung, sich bezüglich scheinbar kleiner Angelegenheiten zu viele Sorgen zu machen. Eine geordnete und genaue Aktivität, die von Gedankenprozessen stimuliert wird (Herrscher).

Waage: als ein Bedürfnis, eine perfekte Beurteilung und Gleichmut zu erreichen, insbesondere im Beziehungsbereich. Harmonische Aktivität, die von Gedankenprozessen angeregt wird.

Skorpion: als ein instinktives Verstehen der Natur menschlicher Beziehungen sowie als Neigung, die inneren Ursachen der äußeren Aktivitäten zu verstehen. Geheime und subtile Aktivitäten, die von Gedankenprozessen stimuliert werden.

Schütze: als ein Verhalten, das oft mit der praktischen Wirklichkeit wenig zu tun hat, sowie als Neigung, die Bedeutung persönlicher Meinungen zu übertreiben, damit Themen zu prinzipiellen Angelegenheiten werden anstatt zu Wirklichkeiten. Philosophische Aktivitäten, die von Gedankenprozessen stimuliert werden (schwach).

Steinbock: als ein Verlangen, den Verstand so zu strukturieren, daß ein zusammenhängendes mentales Muster geschaffen wird, was oft auf Kosten der Phantasie geht. Diese Plazierung führt auch zu einem ernsthaften Verstand, der dazu neigt, skeptisch zu sein, und zur Fähigkeit, aus wenig viel herauszuholen.

Wassermann: als große Originalität, als Tendenz, intuitive geistige Fähigkeiten zu entwickeln sowie als Gabe zur Kommunikation mit allen Arten von Menschen. Erfindungsreiche Aktivitäten, die von Gedankenprozessen stimuliert werden (erhöht).

Fische: mit Schwierigkeiten, da die Fähigkeit, in präzisen Gedankenmustern zu denken, von der wäßrigen Natur dieses Zeichens vernebelt wird. Sie verleihen jedoch eine extreme Sensibilität, die zu einer hochentwickelten übersinnlichen Begabung oder künstlerischen Natur führen kann (vergl. das Horoskop Edgar Cayces in Kap. 43). Leidenschaftliche Aktivität, die von Gedankenprozessen stimuliert wird (schwach).

Venus

Der von Venus verkörperte persönliche Magnetismus, Sinn für Harmonie und die künstlerische Natur eines Individuums manifestiert sich über:

Widder: als Tendenz, in persönlichen Beziehungen auf sich selbst konzentriert zu sein und sie zu einer Reflektion der eigenen romantischen Ideale werden zu lassen. Die Lust überwältigt oft die Liebe in diesen impulsiven Begegnungen (schwach).

Stier: als stark betonter Ausdruck, der oft zutiefst engagierte und dauerhafte romantische Beziehungen entstehen läßt sowie als Neigung, materielle Ressourcen anzuziehen und sich künstlerisch auszudrücken (Herrscher).

Zwilling: als große Veränderlichkeit und Vielseitigkeit sowie als Neigung zu vielen kurzlebigen Beziehungen, die gleichzeitig stattfinden können, sowie eine gewisse Leichtigkeit und Anmut im sozialen Umgang.

Krebs: sehr sentimental und als Neigung, sich extrem an andere zu klammern, was dazu führt, daß Beziehungen nicht gelöst werden können. Die Familienbeziehungen sind normalerweise stark und können dem Menschen helfen, einen Sinn für Harmonie mit anderen zu entwickeln.

Löwe: als großen Sinn für Dramatik, als Neigung, den geliebten Menschen loyal und treu zu bleiben sowie als Gabe, enge Beziehungen zu einer Erweiterung des Selbst werden zu lassen. Es kann ein starker Drang bestehen, sich künstlerisch auszudrücken.

Jungfrau: mit großer Präzision. Persönliche Beziehungen werden oft zu genau untersucht, wobei ein überkritisches Auge auf den Partner geworfen wird. Man ist in gesellschaftlichen Beziehungen und im künstlerischen Selbstausdruck nur mit Perfektion zufrieden (fallend).

Waage: als ein instinktives Verlangen, einen perfekten Zustand des Zusammenlebens in den persönlichen Beziehungen zu erreichen, als Neigung, Menschen als Partner zusammenzubringen sowie als künstlerische Begabung, die danach strebt, die Umgebung in einen Zustand der Harmonie und Schönheit zu versetzen (Herrscher).

Skorpion: als Neigung, Beziehungen ständig erneut zu strukturieren, damit sie weiter verfeinert werden, aber auch zu lösen, wenn sie sich nicht mehr als nützlich erweisen. Man ist sich der Art und Weise sehr bewußt, in der persönliche Beziehungen für weiteres Wachstum und materiellen Überfluß eingesetzt werden können (schwach).

Schütze: als große Ausdehnung und als Neigung, viele Menschen an vielen Orten zu kennen und Beziehungen zu vermeiden, die ein tiefes Engagement verlangen. Zum Lebensstil gehört normalerweise die Kunst, da Venus in dieser Position einen Genußmenschen hervorbringt.

Steinbock: als Wertschätzung materieller und/oder andere Prestigeobjekte sowie als Ernsthaftigkeit in persönlichen Beziehungen, wobei die frivole Natur der Venus unterdrückt wird. Künstlerische Gefühle werden in Kreationen ausgedrückt, die einen praktischen Zweck erfüllen.

Wassermann: als Originalität und Offenheit für gesellschaftliche Beziehungen, die Kontakt mit Menschen mit unterschiedlichem Hintergrund herstellen, und für unkonventionelle künstlerische Ausdrucksformen, die sich vom eigenen Lebensbereich unterscheiden.

Fische: als Mitgefühl, vielseitige Ansichten und die Neigung, sich zu sehr in sich ständig verändernde Formen des sinnlichen Selbstausdrucks zu verlieren und mit allen Menschen mitfühlen und sie vollkommen verstehen zu können. Es besteht eine hoch sensibilisierte Wertschätzung von Kunst, insbesondere im Bereich von Musik und Tanz (erhöht).

Mars

Das von Mars verkörperte, nach außen gerichtete Verlangen nach persönlichem Erfolg sowie der Geschlechtstrieb manifestieren sich durch:

Widder: direkt, jedoch oft ohne die Rhythmen und Wünsche anderer zu berücksichtigen sowie als Fähigkeit, das Leben mutig angehen und Hindernisse mit Leichtigkeit durchbrechen zu können. Die sexuelle Natur kann zu sehr auf die eigene Zufriedenstellung ausgerichtet sein (Herrscher).

Stier: beharrlich, sowie als Neigung, zu sehr nach Materiellem zu streben und sich selbst durch Trägheit und mangelnde Eigeninitiative einzuschränken. Die sexuelle Natur ist eher stark, wird aber gewöhnlich passiv und auf sinnliche Art ausgedrückt (schwach).

Zwilling: als Flexibilität und die Neigung, hin und her zu schwanken und die Energien zu zerstreuen, indem zu viele Projekte auf einmal angefangen werden. Die sexuelle Natur muß immer neu stimuliert werden.

Krebs: unsicher und als Neigung, die eigenen Ziele indirekt und heimlich zu verfolgen. Der Sexualtrieb ist eng mit einem emotionalen, besitzergreifenden Verhalten verbunden und kann sich sehr träge ausdrücken.

Löwe: leidenschaftlich und als Neigung, sehr beständig auf die Erfüllung der eigenen Wünsche hinzuarbeiten sowie als starkes Bedürfnis, durch die eigene Potenz als Individuum und Liebhaber geschätzt zu werden.

Jungfrau: analytisch und als Neigung, die eigenen Ziele und Aktivitäten ständig in Frage zu stellen und die eigenen Energien durch einen Mangel an Zusammenhalt zu zerstreuen. Mars in der Jungfrau kann auch eine gewisse Verstohlenheit verleihen. Die sexuelle Natur kann entweder sehr desorientiert oder kühl und moralistisch sein.

Waage: unentschlossen und weil die Natur des Mars in dieser Position sanfter ist, als Mangel an persönlicher Aggressivität gepaart mit einer Lust am argumentieren. Die Marsqualitäten werden oft durch Konflikte in persönlichen Beziehungen ausgedrückt (schwach).

Skorpion: intensiv und heimlich sowie als Neigung, in persönlichen Projekten und im sexuellen Selbstausdruck geheimnisvoll zu handeln. Das Machtstreben ist stark und zeigt sich in der Manipulation anderer (Herrscher).

Schütze: als Rastlosigkeit, unrealistische Zielsetzungen und den Wunsch, die Verantwortung für persönliche Handlungen an andere zu übergeben, so daß neue Ziele angepeilt werden können. Die Sexualnatur ist entweder lustvoll und sich nicht verpflichtend oder sehr moralistisch.

Steinbock: konstruktiv und als Neigung, Projekte mit Umsicht und nach Plan zu strukturieren. Der Sexualtrieb kann vom Gefühl abgetrennt sein und ist eingeschränkt, zurückhaltend und zweckgerichtet oder übertrieben mit einem großen Verlangen nach Macht und Kontrolle (erhöht).

Wassermann: unberechenbar, unkonventionell und als Neigung, persönliche Ziele in einen größeren gesellschaftlichen Zusammenhang zu integrieren. Extreme Schwankungen zwischen Aktivität und Faulheit sind möglich. Dies betrifft auch die Sexualität, die sich experimentierfreudig gibt.

Fische: unbeständig, unkritisch und als Mangel an Zielgerichtetheit. Viele Facetten einer Situation können vereinigt werden und es besteht eine Vorliebe für kontrollierende, geheimnisvolle Positionen. Man kann daher ein großer Stratege oder eine inkompetente Person sein. Die sexuelle Natur ist eng mit der Emotionalnatur verbunden und kann in manchen Fällen hemmungslos oder unkonzentriert sein.

Jupiter

Der von Jupiter verkörperte Drang, das eigene Verständnis vom Leben durch Aktivitäten zu erweitern, die zu mehr Erfahrungen oder Besitz führen, manifestiert sich durch:

Widder: als Bedürfnis, das Wachstum in einem unmittelbaren und persönlichen Sinn zu erfahren und als Neigung, Reisen und Studien zu machen, die weltanschauliche Horizonte erweitern.

Stier: als Betonung des praktischen Ausdrucks solcher Erfahrungen im materiellen Bereich des Lebens sowie als Fähigkeit, philosophische Konzepte mit der praktischen Wirklichkeit zu verbinden.

Zwilling: als Intellektualität und als Neigung, den Idealismus und die Erfahrungen, die durch höhere Studien und Reisen gesammelt wurden, in die persönlichen Lebenskonzepte einzubauen. So wird der Horizont durch Fakten erweitert, statt daß diese in Weisheit verwandelt werden (schwach).

Krebs: als emotionaler Ausdruck mitfühlenden Verstehens des menschlichen Lebens sowie als Begabung, philosophische Konzepte mit persönlichen Erfahrungen zu verbinden und in engen Beziehungen mitteilen zu können (erhöht).

Löwe: als großspuriges oder großmütiges Verhalten und die Begabung, das durch Erfahrungen und Studien erworbene Verständnis zu personifizieren, zu projizieren und zu lehren. Diese Position verleiht normalerweise einen noblen Charakter, kann aber auch zu übermäßigem Stolz führen.

Jungfrau: als Kritik und als Neigung, alle Angelegenheiten, die nicht unmittelbar pragmatisch sind, genau zu untersuchen und philosophische Konzepte und religiöse Annahmen sorgfältig zu analysieren (schwach).

Waage: als Vorliebe für Geselligkeit, Reisen und Beschäftigung mit höheren Studien, wobei mindestens ein fröhlicher Gefährte dabei zu sein hat. Darüber hinaus verleiht diese Position einen kooperativen Geist, der sein Verständnis und seinen Überfluß gerne mit anderen teilt.

Skorpion: als Intensivität und den Wunsch, den Wissensdurst stillen und auf der Suche nach Wahrheit den Hintergrund von religiösen und philosophischen Dogmen erforschen zu können. Diese Position des Jupiters kann auch das Verlangen nach Macht und Kontrolle über andere sehr verstärken.

Schütze: als Eifer, Enthusiasmus und ein großes Bedürfnis nach Philosophie, Religion, höherer Bildung und Selbstfindung. Es besteht die Gefahr der Zerstreuung durch Ruhelosigkeit und mangelnde Geduld (Herrscher).

Steinbock: im Hinblick auf den eigenen Ruhm und als großes Verlangen, Reichtum und Einfluß zu gewinnen. Man schafft sich eine eigene Philosophie, die zum eigenen Lebensstil "paßt" und als Sprungbrett für die eigenen Projekte dient. "Eine Führungsposition" (fallend).

Wassermann: als Idealismus und Offenheit für neue Ideen, Religionen und Philosophien und den Wunsch, an Gruppen teilzunehmen, die verschiedene neue Dogmen propagieren.

Fische: als aufrichtiger oder unkritischer Ausdruck, je nach Gesamtbild des Horoskops sowie als Interesse für religiöse und philosophische Studien, insbesondere wenn diese mehr emotional als wissenschaftlich oder intellektuell ausgerichtet sind. Jupiter manifestiert sich durch die Fische auch als Mangel an Beständigkeit oder Struktur auf der Suche nach höheren Werten aber auch als großes Vertrauen in das Universum (Herrscher).

Saturn

Die formgebenden, begrenzenden und strukturierenden Aspekte des Saturn manifestieren sich durch:

Widder: als eine Neigung, anderen die persönliche Idee von Recht und Ordnung aufzuzwingen und als ein gewisser Grad an Selbstgerechtigkeit und ein Wunsch nach Kontrolle (fallend).

Stier: als Stärke, Festigkeit und Zweckgerichtetheit sowie die Neigung, die jeweils aktuellen Aktivitäten und genußvolle Erfahrungen zugunsten zukünftiger Belohnungen zurückzustellen, die sich aus einer sorgfältigen Planung und aus Einschränkungen ergeben könnten. Gewöhnlich wird der Materialismus stark betont.

Zwilling: als intellektueller Ausdruck und die Fähigkeit, den Verstand und verschiedene mentale Ansätze sehr gut benutzen zu können, um allgemein zu wachsen und sich Wünsche zu erfüllen. Man besitzt einen sehr gut ausgeprägten Sinn für Zeitplanung und das Strukturieren von Gedanken, um sich selbst erfolgreich auszudrücken.

Krebs: als Schwierigkeit, sich emotional auszudrücken und eine Sensibilität für äußere Kräfte, die versuchen, den Menschen einzuschränken oder in irgendeiner Weise zu strukturieren. Man kann nicht verstehen, was Selbstdisziplin bedeutet, da die emotionalen Wasser des Krebses immer wieder versuchen, durch die starken, disziplinierenden Barrieren des Saturn hindurchzusickern (schwach).

Löwe: als autokratischer Ausdruck und den Wunsch, sich selbst Gesetz sein. Es fällt schwer, die normalerweise starken Ambitionen an kooperative Unternehmungen oder gegenseitige Bedürfnisse anzupassen (schwach).

Jungfrau: detailgenau und als Verstärkung des natürlichen Ordnungssinns der Jungfrau bis zu einem Punkt, an dem übermäßige Details zwanghaft werden. Die Aufgabe besteht darin, das Wesentliche vom Unwesentlichen zu trennen.

Waage: als ausgeprägter Sinn für Ausgeglichenheit, Zeitplanung und Objektivität hinsichtlich gesellschaftlicher Beziehungen sowie als Möglichkeit, Ziele durch kooperative Bemühungen zu erreichen (erhöht).

Skorpion: als Rücksichtslosigkeit und als innerer Zwang, alle Ressourcen zu kontrollieren und einzuteilen, damit sie für eigennützige Zwecke verwenden können. Diese Position verleiht das Talent, die herrschenden Umstände gründlich erforschen und für die eigene Karriere nutzen zu können.

Schütze: als den Wunsch, das durch allgemeine Lebenserfahrungen gewonnene Verständnis bei der Erfüllung eigener Vorhaben sorgfältig miteinzubeziehen. Man kann große Ideen gut in die Tat umsetzen.

Steinbock: als Neigung, Gelegenheiten für materiellen Verdienst und/oder gesellschaftliche Positionen in langfristige Erfolgspläne zu integrieren. Diese Position des Saturn verleiht Durchhaltevermögen, Voraussicht und Organisationstalent (Herrscher).

Wassermann: als Begabung, den eigenen Idealismus auf einer praktischen Ebene mit den gesellschaftlichen Bedingungen verschmelzen zu können. Diese Position kann jedoch zu festgefahrenen Meinungen führen, die bei der Anpassung an die veränderliche öffentliche Meinung stören (Herrscher).

Fische: als ängstlicher oder unkritischer Ausdruck und einen Mangel an der notwendigen Selbstdisziplin, um die eigenen Energien in eine stete Richtung zu kanalisieren. Andererseits verleiht Saturn in den Fischen Einfallsreichtum; Menschen mit einer solchen Position können nicht einfach einer Kategorie zugeordnet werden.

Uranus, Neptun und Pluto

Diese drei langsam laufenden, äußeren Planeten verweilen lange (jeweils sieben, vierzehn und zwischen einundzwanzig und dreißig Jahre) in jedem Zeichen, so daß ganze Generationen mit ihnen in einer bestimmten Tierkreisposition geboren werden. Wir können daher leicht verstehen, daß diese transpersonalen Planeten mehr kollektiv als individuell wirken. Wenn der

Astrologe sie nach ihrer Hausposition untersucht, kann er feststellen, welche Bedeutung sie im Leben des Individuums haben. Hierzu folgt mehr im nächsten Kapitel. Wir können jedoch den allgemeinen Einfluß dieser drei Planeten nach Tierkreiszeichen kurz beschreiben:

Uranus

Die unberechenbaren Aktivitäten und plötzlichen intuitiven Eingebungen wie auch der Drang, sich von Konventionen zu befreien, die für diesen Planeten charakteristisch sind, werden je nach dem Zeichen modifiziert, in dem sich Uranus befindet. So trat Uranus beispielsweise Ende 1968 in die Waage ein und verließ dieses Zeichen erst im September 1975. In diesem Siebenjahreszyklus ist die Emanzipationsbewegung entstanden, welche die Ehe und die Beziehung zwischen Mann und Frau im allgemeinen stark beeinflußt hat. Zusätzlich sind unkonventionelle Beziehungen wie Dreierbeziehungen, homosexuelle und Gemeinschaftshochzeiten in den jüngeren Generationen verbreitet. Des weiteren wurde auch mit "Tabus" auf vielen Ebenen der Gesellschaft gebrochen. Menschen, die mit Uranus in der Waage geboren wurden, tragen diese Neigungen zum Experimentieren in menschlichen Beziehungen in sich.

Neptun

Die charakteristischen Einflüsse des Neptun auf den Menschen sind der Drang nach mystischen Erfahrungen und der Wunsch, das Unsichtbare zu erforschen. Diese Einflüsse werden je nach Zeichen modifiziert. So befand sich Neptun von Anfang 1970 bis 1984 im Schützen und trat dann in den Steinbock ein, dem Zeichen der Regierungskontrolle. Dies hat zu einer allgemein wachsenden Reiselust geführt. Darüber hinaus gibt es mehr neue Religionsgemeinschaften und vermehrte philosophische sowie okkulte Studien, was auch weiterhin so bleibt. Die andere Seite des Schützen - die Bestie - hat sich in pornographischen Filmen manifestiert (der Film wird von Neptun beherrscht). Auch Glücksspiel, Staatslotterien und Wetten liegen im Trend. Die Menschen mit Neptun im Schützen neigen dazu, die große Rastlosigkeit des Schützen, der auf Erfahrungssuche ist, zu verkörpern, was zugleich Sinne und Geist erweitert.

Pluto

Die vernichtenden, transformierenden und regenerierenden Eigenschaften des Pluto werden in ihrer Wirkung auf die gesamte Menschheit je nach

Tierkreiszeichen modifiziert. Pluto trat zum ersten Mal im Oktober 1971 in die Waage ein und blieb bis 1984 in diesem Zeichen. Hier können wir die folgenden Tendenzen nennen:

Die Vorstellung von Gerechtigkeit, wie sie heute an den Gerichtshöfen praktiziert wird, wird völlig neu strukturiert. Die Waage ist das Ideal der perfekten Gerechtigkeit und herrscht allgemein über die Richter. Neptun im Schützen wird ebenfalls zu dieser Transformation beitragen, da der Schütze das Zeichen der (tatsächlichen) Gerichtshöfe und Gesetzbücher, und Neptun der Planet der Gefängnisse ist.

China wird von der Waage regiert. Plutos Transit durch dieses Zeichen hat diese Nation ans Licht der Öffentlichkeit gerückt, nachdem sie über zwei Jahrzehnte hinweg still und heimlich (zumindest für die allgemeine Öffentlichkeit) ihre sozialökonomische Struktur entwickelt hat. Wenn Pluto dieses Zeichen durchläuft, beteiligt sich China zunehmend an der Weltpolitik.

Die Ehe und alle damit verbundenen gesellschaftlichen Beziehungen werden sich einer Neubewertung durch die jetzige Gesellschaft unterziehen. Die Menschen neigen dazu, den Wert ihrer Beziehungen in Frage zu stellen, wenn versteckte Motivationen durch gesellschaftliche Interaktionen an die Oberfläche gelangen. Dieser Trend ist festzustellen, da Uranus ebenfalls das Zeichen der Partnerschaft durchläuft.

Es gibt neue Möglichkeiten für den Frieden, indem das Gleichgewicht der Weltmächte neu strukturiert und verschoben wird. Dies gilt ebenfalls für die Atomenergie.

Wertigkeiten der Planeten in den Zeichen

Planet	Herrscher	schwach	erhöht	fallend
Sonne	Löwe	Wassermann	Widder	Waage
Mond	Krebs	Steinbock	Stier	Skorpion
Merkur	Zwilling Jungfrau	Schütze Fische	Wassermann	Löwe
Venus	Stier Waage	Skorpion Widder	Fische	Jungfrau
Mars	Widder Skorpion	Waage Stier	Steinbock	Krebs
Jupiter	Schütze Fische	Zwilling Jungfrau	Krebs	Steinbock
Saturn	Steinbock Wassermann	Krebs Löwe	Waage	Widder
Uranus	Wassermann	Löwe	Skorpion	Stier
Neptun	Fische	Jungfrau	Krebs	Steinbock
Pluto	Skorpion	Stier	?	?

31

Die Struktur der Häuser und des Aszendenten

Wenn die Planeten das WAS der Astrologie und die Zeichen das WIE sind, dann sind die Häuser das WO. Wo im Leben der Person, in welchem Bereich der irdischen Existenz, manifestiert sich die Konfiguration von Planeten und Zeichen mit der größten Intensität?

Es spielt keine Rolle, welche Häusereinteilung Sie wählen. Das Geburtshoroskop besteht aus zwölf Häusern. Jedes dieser göttlichen Domizile entspricht gewissen Aktivitäten, die unter einem Sammelbegriff zusammengefaßt werden, wie das "Haus des Selbst" oder das "Haus der Partnerschaft". Sie stellen das Hauptkonzept dar, das dem speziellen Einfluß eines jeden Hauses unterliegt.

So wie es verschiedene Grundeinteilungen gibt, denen die Zeichen zugeordnet sind, gibt es drei Hauptunterteilungen für die Häuser. Diese heißen kardinale Häuser (Eckhäuser), fixe Häuser und veränderliche Häuser.

Die Eckhäuser

(Aszendent - AC - erstes Haus, Deszendent - DC - siebtes Haus,
Himmelmitte - MC - zehntes Haus, Nadir - IC - viertes Haus)

Wenn sich Planeten in den Eckhäusern befinden, sind die von ihnen verkörperten Energien die aktivsten und wichtigsten Einflüsse im Horoskop. Die Planeten im ersten Haus stellen eine Quelle potentieller Energie dar, die in der Beziehung einer Person zu ihrer unmittelbaren Umgebung immer vorhanden ist. Planeten im zehnten Haus verkörpern die Energien, die

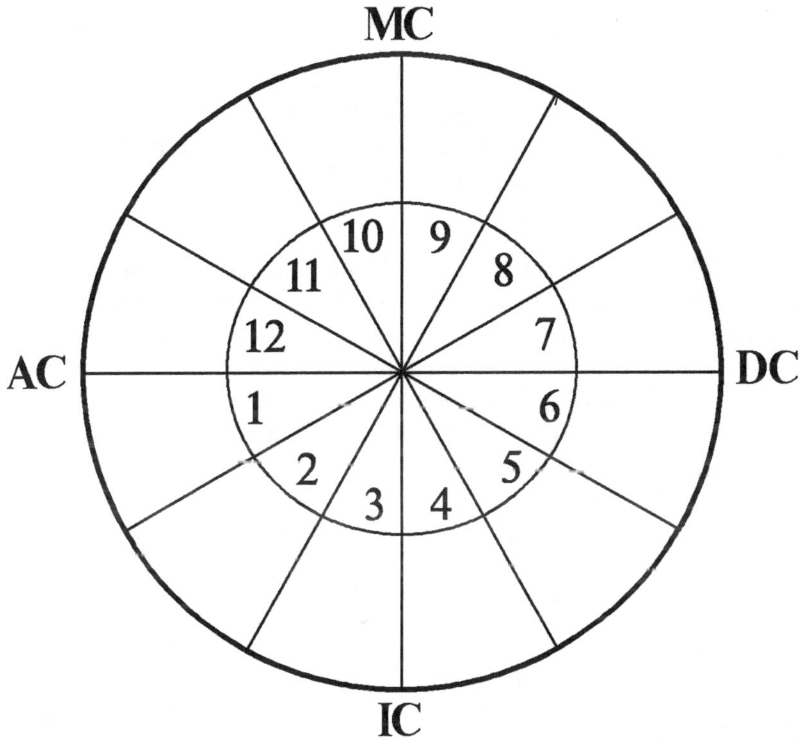

dafür eingesetzt werden, den Erfolg eines Menschen im Berufsleben entweder zu fördern oder zu verhindern. Die Planeten im siebten Haus stellen die Energien dar, die in der Ehe bzw. generell in allen engen Beziehungen wirken. Sie zeigen auch, welchen Menschen wir begegnen und wie sie in unser Leben treten. Planeten im vierten Haus zeigen die grundlegenden Motivationskräfte hinter unseren äußeren Aktivitäten an und sind deshalb von großer psychologischer Bedeutung. Sie weisen auch auf die Art des ursprünglichen Zuhause und auf alles, was mit häuslichen Angelegenheiten im allgemeinen zu tun hat.

Erstes Haus: Aszendent. Der Aszendent - man nennt ihn erste Häuserspitze oder aufsteigendes Zeichen - ist das projizierte Bild, durch das wir uns ausdrücken und unsere inneren Motivationen und psychischen Bedürfnisse in der unmittelbaren Umgebung aktivieren. Er charakterisiert unseren Körpertyp sowie den ersten Eindruck, den Menschen von uns gewinnen. Das erste Haus entspricht dem Widder und seinem Herrscher Mars.

Wenn Sie beispielsweise ihr Leben in einem Raum verbringen müßten, der nur ein Fenster hätte, und dieses Fenster wäre blau gefärbt, dann spielte es keine Rolle, welche Farben der Raum für Sie hätte. Die Menschen, die von außen hereinschauten, würden Sie und alles, was sich in diesem Raum befindet, durch diese Blaufärbung hindurch sehen. Auf die gleiche Art und Weise würden Sie die anderen und die Welt draußen durch dieses blaugefärbte Fenster hindurch sehen.

Um ein objektives Verständnis vom eigenen Selbst und vom Leben allgemein zu bekommen, wird es wichtig, daß man den Unterschied zwischen der eigenen Essenz (Sonnenzeichen) und dem äußeren Erscheinungsbild (dem Aszendenten) versteht. Die Beziehung zwischen den beiden wird vom Mond angezeigt, der für die Natur der individuellen Wahrnehmung steht. Es ist die ständige Anpassung der Persönlichkeit (Mond), welche die Energie von der Sonne aufnimmt, sie den Gefühlen nach verändert und zum Aszendenten hin überträgt, der diese dann in der Form eines Bildes auf die unmittelbare Umgebung projiziert. Dieser Prozeß steht für die Triade: Vater Sonne = Schöpfer des Lebens, Mutter Mond = Erhalterin des Lebens; und Kind Aszendent = die physische Manifestation des Lebens.

Werden die Charakteristika jeder der zwölf Zeichen auf den Aszendenten übertragen, werden sie so modifiziert, daß sie stärker für das Leben im Äußeren gelten als für die inneren Motivationen - die natürlich vom Sonnenzeichen geprägt sind. Im folgenden wird kurz beschrieben, wie sich jedes Zeichen als Aszendent ausdrückt. Die unmittelbare Reaktion eines Menschen auf Lebensumstände wird manifestiert über:

Widder: als ein unbändiger Drang zum Selbstausdruck durch eine ständige Projektion der eigenen Energie auf die unmittelbare Umgebung. Wenn ein solches Individuum stimuliert wird, kann es mit übermäßigem Enthusiasmus oder unnötiger Hast reagieren. Der Widder-Aszendent zeigt einen eifrigen, aber oft kurzsichtigen Menschen. Diese Position offenbart ein großes Bedürfnis und die Fähigkeit, in allen Dingen erfolgreich zu sein, wobei das Hauptziel in der sofortigen Belohnung liegt.

Stier: als ein Bedürfnis, durch persönlichen Einsatz konkrete Ergebnisse zu erzielen. Daher werden die nach außen gerichteten Handlungen mit Vorsicht und Umsicht ausgeführt, wobei die Art der Motivation keine Rolle spielt. Darüber hinaus ist sich die Person der Möglichkeit bewußt, daß die eingesetzte Energie materiell belohnt wird. Der Stier-Aszendent kann einem Menschen eine große körperliche Anziehungskraft verleihen und auf einen Kunstliebhaber hinweisen. Andererseits kann er einen ängstlichen und unterdrückten Selbstausdruck anzeigen.

Zwilling: als Wunsch, sich vielseitig auszudrücken, und als Bedürfnis, die Umgebung ständig zu verändern. Ein Mensch mit diesem AC ist normalerweise leichtfüßig, genießt es, sein Äußeres zu verändern und versucht oft, so viele Erfahrungen wie möglich in möglichst vielen Bereichen zu machen. Dieser Lebensstil kann dazu führen, daß die Energie oberflächlich verstreut wird oder daß sich der Mensch der vielen Unterschiede bewußt wird, die in der Gesellschaft existieren.

Krebs: als ein starker Selbsterhaltungstrieb. Der Krebs-AC läßt den Menschen das Leben extrem mitfühlend und sensibel angehen, er hat jedoch die starke Tendenz, alle unmittelbaren Eindrücke persönlich zu nehmen. Wenn dieser Aszendent nicht von anderen Faktoren beeinflußt wird, kann er zu einer extrem subjektiven Haltung gegenüber dem Leben führen. Die erste Handlung besteht darin, eine Basis oder ein Zuhause zu sichern, von dem aus alle äußeren Aktivitäten ablaufen können. Wenn dieses Ziel bewußt vorhanden ist, kann ein Krebs-AC entweder große Kreativität verleihen oder zu einer großen Unsicherheit im Selbstausdruck führen.

Löwe: als ein grandioser Ausdruck. Er neigt dazu, zu dramatisieren und sich des Lebens als einer Bühne bewußt zu sein, auf der er sein "persönliches Drama" ausagiert. Ein Löwe-Aszendent verleiht die Fähigkeit, sich selbst und andere recht effizient zu organisieren. Des weiteren besitzt ein solcher Mensch ein großes kreatives Potential, er hat ein Verständnis für Kinder und das Bedürfnis, persönlich geschätzt zu werden. Dieser Aszendent weist normalerweise auf eine stolze und gutaussehende Erscheinung hin. Solche Menschen lieben Kleider und eine schöne Umgebung.

Jungfrau: als Beachtung der kleinen Details des Selbstausdrucks. Ein Jungfrau-Aszendent kann auf einen Menschen hinweisen, der es mit seinem Image und seiner Umgebung sehr genau nimmt oder der nicht weiß, wie er sich organisieren soll. Eine gewisse Strenge oder ein kontrolliertes Selbstbild ist vorhanden, und der Mensch versucht, sich gemäß eines persönlichen Konzepts vom "ordentlichen" Erscheinungsbild darzustellen. Ein Jungfrau-Aszendent verleiht die Fähigkeit, über sich selbst zu lernen, indem er eifrig darauf bedacht ist, anderen zu helfen und vielseitig und einfallsreich zu sein.

Waage: als Suche nach gesellschaftlichen Beziehungen. Ein Mensch mit Waage–AC möchte viele Kontakte haben. Er neigt dazu, sich durch die Augen und Reaktionen der anderen zu sehen und hat ein Talent, Harmonie und Schönheit in seine Umgebung zu bringen, denn er fügt im Leben das zusammen, was zusammenpaßt. Dieser Aszendent kann einen perfekt geformten physischen Körper hervorbringen und verleiht Charme und Anziehungskraft. Was den Selbstausdruck betrifft, so herrscht hier oft eine große Unsicherheit.

Skorpion: als einen gewissen Grad von Selbstkontrolle und das Bedürfnis, immer nur ein bißchen von sich selbst zu zeigen. Ein Skorpion-Aszendent verleiht die Fähigkeit, alle Aktivitäten und Interaktionen zu sehen, die gleichzeitig auf verschiedenen Ebenen um ihn herum ablaufen; er hat aber Schwierigkeiten oder leistet Widerstand, wenn er persönlich oder zumindest nach außen hin in einem Bereich aktiv werden soll. Sehr oft wird seine Intensität "gespürt", aber nicht "verstanden", was an der wäßrigen Natur dieses Zeichens liegt. Ein solcher Mensch ist sich auch der sexuellen Energie in der Umgebung bewußt. Er kann auch die ihn umgebenden Umstände drastisch verändern.

Schütze: als ein weiter Selbstausdruck. Ein Schütze-AC verkörpert das Bedürfnis, ein riesiges Gebiet abzudecken, und erweckt den Eindruck, ständig in Eile zu sein. Meist geht er das Leben tapfer und optimistisch an und hat eine sehr freundliche und offene Natur. Er versucht, alle Umstände zu vermeiden, die spontane Aktivitäten binden oder begrenzen könnten. Dieser Charakterzug kann einen Menschen zum Opportunisten werden lassen.

Steinbock: als Selbstbeherrschung und als Mangel an Impulsivität, da ein starkes Bedürfnis besteht, einen guten Eindruck zu machen und dieses selbst geschaffene Bild trotz aller Veränderungen in Beziehungen aufrechtzuerhalten. Dies kann zur Unbeweglichkeit führen, trägt jedoch sehr zu persönlichem Erfolg und langfristigen Plänen bei, die den Ehrgeiz nähren. Der Steinbock-Aszendent kann eine Situation von vielen Seiten aus betrachten und die Gesamtstruktur nach besseren Umständen beurteilen, bevor er sich engagiert. Das ist sehr wichtig, denn dieser Aszendent läßt einen Menschen wirklich zu seinem Wort stehen, da er sich der Verantwortung bewußt ist, seine Verpflichtungen umzusetzen.

Wassermann: als ein Verlangen, sich auf äußerst originelle Art und Weise auszudrücken. Der Wassermann-Aszendent trägt dazu bei, ein wahrhaft originelles Individuum zu werden, indem er entgegengesetzt zur etablierten

Ordnung handelt. Dieser Einfluß kann entweder dazu führen, daß er hoch inspirierte Beiträge für die Gesellschaft leistet oder den Wunsch hat, den eigenen Willen durchzusetzen und konträr zu sein, nur um sich abzuheben. Er hat das Bedürfnis, an Gruppenprojekten teilzunehmen, in denen er sich am besten zum Ausdruck bringen kann.

Fische: als eine extrem beeindruckbare Haltung gegenüber dem Leben, was sich entweder über die verschiedenen Künste oder durch eine äußerst introvertierte und zurückgezogene Natur äußern kann. In jedem Fall neigt der Fische-Aszendent dazu, sich heimlich auszudrücken und ist ein guter Stratege. Die Menschen mit einem Fische-Aszendenten fühlen sich von einer Umgebung angezogen, die emotional stimulierend wirkt, so daß sie sich durch die vielen Möglichkeiten zum Ausdruck bringen können, die sich ihnen öffnen. Normalerweise wechseln sich Phasen von großer Extravertiertheit mit solchen ebenso starker Introvertiertheit ab.

Viertes Haus. Das vierte Haus ist der Grundstein des Lebens, da es die Natur der eigenen häuslichen Situation enthüllt. Es zeigt, auf welche Art und Weise Ereignisse im Leben zu Ende gehen. Das vierte Haus entspricht dem Krebs und seinem Herrscher, dem Mond.

Siebtes Haus. Das erste Haus ist das Haus des Selbst. Das ihm gegenüberstehende siebte Haus ist dasjenige der anderen. Es betrifft Heirat und den Ehepartner sowie Geschäftspartner. Es ist das Haus der offenen Feinde und Gegner; in diesem Bereich muß man ein Gefühl für Zusammenarbeit entwickeln, um erfolgreich zu den eigenen Zielen zu gelangen. Das siebte Haus entspricht der Waage und seinem Herrscher Venus.

Zehntes Haus. Dieses Haus hat besonders mit der gesellschaftlichen Position und der Karriere zu tun, durch die man seinen Beitrag leistet. Es ist das Haus des dominanten Elternteils, während das vierte Haus den anderen, weniger einflußreichen Elternteil repräsentiert. Das zehnte Haus entspricht dem Steinbock und seinem Herrscher Saturn.

Die fixen Häuser

Das zweite, fünfte, achte und elfte Haus haben mit den Ressourcen und der Ansammlung von Energie auf folgende Art und Weise zu tun:

Zweites Haus. Das zweite Haus hat mit dem Verdienst aus persönlichen Bemühungen zu tun, die vom ersten Haus angezeigt werden. Es ist auch mit Eigentum und individueller finanzieller Sicherheit verbunden. Das zweite Haus entspricht dem Stier und seiner Herrscherin Venus.

Fünftes Haus. Das fünfte Haus hat mit Kindern und dem Ausdruck der künstlerischen und spielerischen Kreativität zu tun, der das Ergebnis der Entwicklung als Individuum ist, die durch das vierte Haus ausgedrückt wird. Das fünfte Haus steht auch für Romantik und Liebesaffären. Das fünfte Haus entspricht dem Löwen und seinem Herrscher Sonne.

Achtes Haus. Das achte Haus ist das Haus der Ressourcen anderer. Es zeigt die Fähigkeit, sich und seinen materiellen Besitz zu regenerieren, wobei die Energien genutzt werden, die dem Individuum durch Partner und allgemeine gesellschaftliche Beziehungen zur Verfügung stehen. Dies trifft insbesondere auf Erbschaften und andere finanzielle Vorteile zu, die entweder durch Heirat, Geschäft und Partnerschaften oder auf andere Weise eingebracht werden, in denen die Person das Geld nicht direkt verdient.

Es ist das Haus des "Todes", da dies die Phase der menschlichen Existenz ist, in der das Individuum einen Zustand der vollständigen Transformation durchläuft und sich den kollektiven Energien der menschlichen Rasse anschließt. Es ist auch das "Sex-Haus" (im Gegensatz zum "Haus der Romanze"), da Sex ein anderes transformierendes Prinzip ist, welches in der menschlichen Existenz wirkt. Das achte Haus entspricht dem Skorpion und seinen Herrschern Mars und Pluto.

Elftes Haus. Das elfte Haus betrifft gesellschaftliche Verbindungen, die man durch Karriere oder Position erlangt. Dies ist der Bereich, in dem der Selbstausdruck erweitert wird, indem man neue Informationen sammelt und dieses eigene Wachstum für die Menschheit einsetzt. Das elfte "Haus der Freunde und Gruppen" entspricht dem Wassermann und seinen Herrschern Saturn und Uranus.

Die veränderlichen Häuser

Das dritte, sechste, neunte und zwölfte Haus haben mit menschlichen Beziehungen und Entwicklungsphasen zu tun. Diese Lebensbereiche manifestieren sich in der folgenden Weise.

Drittes Haus. Das dritte Haus betrifft kurze Reisen. Seine Hauptfunktion besteht darin, die Art der Beziehung zur unmittelbaren Umgebung zu beschreiben (im Gegensatz zum ersten Haus, das die Selbstprojektion auf die unmittelbare Umgebung zeigt). Es ist auch das "Haus der nächststehenden Familienmitglieder", außer den Eltern, wobei Nachbarn und Freunde, die wie Geschwister sind, dazugehören. Es ist der Bereich des Horoskops, der der Schule gewidmet ist. Hier zeigt sich die Beschaffenheit der mentalen Struktur des Menschen. Das dritte Haus entspricht dem Zwilling und seinem Herrscher Merkur.

Sechstes Haus. Das sechste Haus steht für Arbeit und für Tätigkeiten, die die Karriere unterstützen können. Es hat mit dem allgemeinen Gesundheitszustand und den Angestellten sowie mit Kleintieren, insbesondere Haustieren zu tun. Das sechste Haus entspricht der Jungfrau und ihrem Herrscher Merkur.

Neuntes Haus. Das neunte Haus betrifft insbesondere weite Reisen, höhere Bildung und das persönliche Verstehen gesellschaftlicher Sitten und der Konzepte, aus denen sich die Gesetze ableiten. Es ist auch das Haus der religiösen Bestrebungen und Gemeinschaften. Da es vom siebten Haus aus gesehen das dritte ist, bezieht es sich auf die Verwandtschaft des Partners, so wie das dritte Haus vom ersten Haus aus auf die Verwandten hinweist. Das neunte Haus entspricht dem Schützen und seinem Herrscher Jupiter.

Zwölftes Haus. Das zwölfte Haus betrifft geheime Beziehungen und versteckte Feinde. In dieser Hinsicht kann es auch auf die internen Faktoren hinweisen, die zum eigenen Verderben führen können. Es ist das "Haus des Karma". Die Besetzung und Aspektierung des zwölften Hauses beschreiben die Hindernisse, die ein Mensch überwinden muß, um sich von festen Bindungen und destruktiven Beschränkungen sowie von negativen Mustern sich wiederholender Beziehungen zu befreien. Institutionen wie Gefängnisse, Asyle, Klöster und andere abgeschlossene Wohnorte oder Orte der Gefangenschaft werden ebenfalls mit dem zwölften Haus in Verbindung gebracht. Das zwölfte Haus entspricht den Fischen und seinen Herrschern Jupiter und Neptun.

Zusammenfassung

Die ersten drei Häuser (der erste Quadrant) beziehen sich besonders auf den Selbstausdruck. Das erste Haus zeigt, wie man das Leben unmittelbar angeht, das zweite stellt den persönlichen Reichtum dar und das dritte die persönliche Art und Weise, wie man mit den Menschen in der unmittelbaren Umgebung in Beziehung steht.

Die zweiten drei Häuser (der zweite Quadrant) beinhalten Familienbeziehungen, was vom vierten Haus angezeigt wird. Das fünfte Haus sind die Frucht der Familie, die Kinder sowie die Kreativität, die von einer festen Basis stammen, während das sechste Haus die Arbeiten darstellt, die notwendig sind, um eine Familie zu unterhalten sowie die Beziehungen zu Haustieren, Bediensteten oder anderen Menschen, die unmittelbar mit der Familie verbunden sind.

Die dritte Dreiergruppe (der dritte Quadrant) beruht auf gesellschaftlichen Beziehungen mit ihrem Grundstein in der Ehe oder im Geschäft, wie das vom siebten Haus angezeigt wird. Das achte Haus teilt die Früchte dieser Beziehungen und enthüllt das Potential für größeren Gewinn. Das neunte Haus weist auf das Verstehen der Konzepte hin, auf denen die Gesellschaftsstruktur beruht, sowie auf die höheren Ziele, die sich aus diesem Verstehen ergeben.

Die letzten drei Häuser (der vierte Quadrant) sind die unpersönlichsten, da sie das Verschmelzen der Bemühungen des einzelnen mit dem Kollektiv der Menschheit beinhalten. Dies beruht auf dem zehnten Haus, welches den gesellschaftlichen Beitrag und die Position anzeigt, während das elfte Haus die Früchte der Bemühungen darstellt, die sich aus dem Engagement in Gruppen ergeben (was im Gegensatz zum achten Haus steht, das sich am meisten mit den Früchten aus enger Partnerschaft beschäftigt). Das zwölfte Haus zeigt die Bereiche im persönlichen Leben an, die verfeinert werden müssen, so daß die hier enthaltene Energie gereinigt werden kann, um von den kreativen Kräften genutzt zu werden.

32
Die Planeten in den Häusern

Nach der Beschreibung der Häuser können wir jetzt untersuchen, wie sich die Wirkung der Planeten in den zwölf Häusern manifestiert.

Sonne

Der Sinn für Selbstintegration und die Struktur der inneren Motivationen werden von der Sonne folgendermaßen charakterisiert:

Im ersten Haus: als das Bedürfnis, sich selbst zu projizieren und überall eine dominierende Kraft zu sein. Man ist optimistisch, hat ein "sonniges Gemüt", muß aber aufpassen, nicht egozentrisch zu werden.

Im zweiten Haus: als ein Bedürfnis nach materieller Sicherheit und Zweckgerichtetheit. Es besteht eine Entschlossenheit, sich zu etablieren.

Im dritten Haus: als ein Bedürfnis nach Selbstausdruck durch einen Wechsel der Umgebung und durch gesellschaftlichen Austausch sowie als Drang, das Selbst durch intellektuelle Prozesse zu untersuchen.

Im vierten Haus: als das Bedürfnis, feste Wurzeln zu schlagen. Das kann die Antriebskraft sein, das Selbst in der Gesellschaft durch eine Umgebung zu etablieren, die stark persönlich geprägt ist. Diese Position kann eine starke Verbundenheit mit der Familie bewirken, deren Ausdruck von den Aspekten zur Sonne bestimmt werden würde.

Im fünften Haus: als starkes Bedürfnis, seine Kreativität in Übereinstimmung mit dem Zeichen auszudrücken, in dem sich die Sonne befindet. Ein Mensch mit dieser Position möchte Spaß und fröhliche Beziehungen haben.

Im sechsten Haus: als starke Betonung der richtigen Stellung und als Wunsch, diese durch Dienst für andere zu festigen. Diese Menschen beschäftigen sich mit Gesundheit. Die Sonne steht jedoch nicht für Krankheiten, es sei denn, daß andere Faktoren im Horoskop darauf hinweisen.

Im siebten Haus: als starke Abhängigkeit von persönlichen Beziehungen und den Wirkungen des Selbstausdrucks auf andere Menschen. Diese Position weist auch auf Menschen hin, die ständig damit beschäftigt sind, gesellschaftliche Verbindungen zu knüpfen, die den Selbstausdruck ergänzen.

Im achten Haus: als Fähigkeit, die Umgebung zu manipulieren, um die eigenen emotionalen Bedürfnisse zu erfüllen. Ein instinktives Erfassen der Ressourcen, die durch persönliche Kontakte verfügbar werden.

Im neunten Haus: als Bedürfnis, sich selbst durch die Lebenserfahrungen zu erforschen, die im Bereich der Bildung oder der sinnlichen Erfahrung den Horizont erweitern. Es besteht die Neigung, das eigene Potential zu entwickeln, Bindung und Verantwortung aber zu vermeiden, die für die Selbstdisziplin eigentlich nötig wären.

Im zehnten Haus: als Bedürfnis, eine gesellschaftliche Position zu erreichen oder zumindest in einem öffentlichen Bereich zu arbeiten. Solche Menschen handeln ehrgeizig aus eigenem Antrieb; sie wollen ständig andere beeinflussen. Diese Position verleiht das Bedürfnis nach Macht, aber nicht immer die Fähigkeit, sie auch zu handhaben.

Im elften Haus: als Bedürfnis, sich selbst in eine größere Gemeinschaft einzubringen. Diese Position beinhaltet ein Interesse an Öffentlichkeitsarbeit und eine Teilnahme an Organisationen und Gruppenaktivitäten. Sie verleiht einen gewissen Idealismus; das Leben wird innovativ und mit einem weiten Horizont angegangen.

Im zwölften Haus: als Aktivitäten, die sich hinter den Kulissen abspielen. Diese Position verleiht ein starkes Bedürfnis, sich zurückzuziehen, sie trägt auch zum Einfallsreichtum der Person bei. Einige Menschen mit der Sonne im zwölften Haus werden sich ihres Potentials zum Selbstausdruck erst später im Leben bewußt, da sie dazu neigen, sich entweder gehemmt oder unterlegen zu fühlen, wenn die Sonnenkraft den Ozean, das Domizil Neptuns bewohnt. Das innere Leben ist viel tiefer und für einen solchen Menschen wichtiger als das äußere Leben.

Der Mond

Die rezeptive, emotionale und leicht zu beeindruckende Natur des Menschen drückt sich wie folgt aus.

Im ersten Haus: als starkes Bedürfnis, von jedem geschätzt zu werden, sowie eine große Sensibilität für die winzigste Veränderung in der Umgebung. In dieser Position verleiht der Mond dem Menschen eine phasenhafte Unbeständigkeit.

Im zweiten Haus: als Bedürfnis, ein beständiges Wertesystem aufzubauen. Dies ist für den Mond eine stabilisierende Position, was zu einem hohen Maß an gesundem Menschenverstand führen kann. Dadurch kann man das Beste aus dem machen, was man hat. Weiterhin besteht die Tendenz, daß die persönlichen Finanzen wechselhafte Phasen durchlaufen.

Im dritten Haus: als Wachsamkeit für die Bedürfnisse der engsten Familienangehörigen und als Wunsch, zu reisen und sich zu bilden. Wie erfolgreich dies ist, hängt von den Mondaspekten ab. Meinungen über das Leben und deren Anwendung unterliegen phasenhaften Veränderungen.

Im vierten Haus mit großer Kraft und als übermäßige Abhängigkeit von der Familie und den eigenen Wurzeln. Die Nützlichkeit solcher Verbindungen hängt von den Mondaspekten ab. Der Mond, der hier im eigenen Haus steht, verstärkt die Sensibilität für andere, jedoch verändern sich das Selbstbewußtsein und das häusliche Leben phasenhaft.

Im fünften Haus: als stark romantische Natur und das Verlangen, sich mit Menschen sehr persönlich und intim zu verbinden. Das Liebesleben und generell Beziehungen mit Frauen "unterliegen wechselhaften Phasen".

Im sechsten Haus: als Bedürfnis, Menschen durch einen Beruf zu helfen, der in einer gewissen Form mit der Öffentlichkeit verbunden ist, sowie als Verlangen, das eigene Leben mit jeder Veränderung des Schicksals in Einklang zu bringen. Gesundheit und Arbeit unterliegen regelhaften Veränderungen.

Im siebten Haus: als große Wachsamkeit und die darauf folgende persönliche Anpassung an die emotionalen Zustände anderer, mit denen man unmittelbar zu tun hat sowie als Neigung, früh zu heiraten sowie eine starke gegenseitige Abhängigkeit vom Partner.

Im achten Haus: als große Sensibilität für Ressourcen, über die man durch gesellschaftliche Verbindungen oder Partnerschaften verfügt. Eine solche Position führt zu einem instinktiven Verstehen der emotionalen Schwankungen anderer Menschen und der Fähigkeit, diese zu nutzen. Intime und wirtschaftliche Beziehungen durchlaufen Phasen der Veränderung.

Im neunten Haus: als Sensibilität für durch Reisen, Studien oder gesellschaftlichen Austausch gesammelte Erfahrungen. Diese Position verleiht ein Bedürfnis, den Horizont zu erweitern und die Umgebung zu verändern. Die persönliche Ausrichtung und Ziele verändern sich rhytmisch.

Im zehnten Haus: als Drang nach Selbstverwirklichung in der Öffentlichkeit. Diese Menschen spüren, was die Gesellschaft braucht und machen daraus ein Geschäft. Erfolg und Stellung unterliegen phasenhaftem Wandel.

Im elften Haus: als Bedürfnis, das Leben durch einen sich ständig verändernden und wachsenden Gesellschaftsbereich zu erfahren, in dem ein Individuum die Ideale entwickeln kann, die zu persönlichem Wachstum führen. Starke freundschaftliche und gesellschaftliche Verbindungen und Meinungen, die sich regelhaft verändern.

Im zwölften Haus: als versteckte Gefühle und heimliche Beziehungen sowie als Neigung, sich von der Umgebung extrem beeindrucken zu lassen und sich ergebende günstige Gelegenheiten heimlich zum eigenen Vorteil zu nutzen. Wenn der Mond in diesem Haus steht, schwanken die Gefühle in den unterschiedlichen Lebensabschnitten.

Merkur

Die Position des Merkur beeinflußt die Gedankenprozesse folgendermaßen:

Im ersten Haus: als stark intellektuelle Haltung gegenüber dem Leben und ein Bedürfnis, Aktivitäten in logischen Mustern zu verstehen. Diese Position weist auch auf jemanden hin, der "immer auf dem Sprung ist".

Im zweiten Haus: als Mittel, um Erfahrungen in Ideen umzuwandeln, die sich materiell lohnen und finanzielle Sicherheit gewährleisten.

Im dritten Haus: als ein Verstand, der immer auf der Suche nach intellektuellen Experimenten und Wissenserweiterung ist. Solche Menschen reisen besonders gerne.

Im vierten Haus: als Beschäftigung mit der persönlichen Sicherheit, und der Neigung, häufig umzuziehen.

Im fünften Haus: als Bedürfnis, Gedanken mit einem "persönlichen Stempel" zu versehen, als ein Verstand, der künstlerisch kreativ und empfindsam ist sowie als rasch abwechselnde Romanzen und die Fähigkeit, leicht mit Kindern zu kommunizieren.

Im sechsten Haus: als eine praxis- und erfolgsorientierte Lebenseinstellung. Diese Position zeigt einen detailgenauen Verstand an. Er hält einen Menschen extrem beschäftigt, denn mit Merkur in dieser Position ist im Leben normalerweise viel in Bewegung.

Im siebten Haus: als Bedürfnis, die eigene Meinung an andere anzupassen. Solche Menschen sind sehr gesellig und umgänglich.

Im achten Haus: als Absicht, Ansichten zu vertreten, die den Verstand anderer beeinflussen. Es ist ein neugieriger und forschender Verstand.

Im neunten Haus: als Bedürfnis, seine Ansichten möglichst weit auszudehnen. Diese Position kann dazu führen, daß der Mensch sehr unpraktisch veranlagt ist und den Verstand eines Philosophen besitzt. Es besteht das Bedürfnis, zu reisen und/oder höhere Studien zu machen, wobei Erfolg oder Mißerfolg durch die Merkuraspekte angezeigt wird.

Im zehnten Haus: als Weg, die eigenen ehrgeizigen Ziele durch Schreiben, Sprechen oder eine andere Kommunikationsform zu erreichen. Diese Position weist auf ein natürliches Talent hin, vor der Öffentlichkeit zu sprechen.

Im elften Haus: als Austausch mit Gruppen und die Fähigkeit, z. B. Naturwissenschaften und Okkultismus zu studieren, was den Horizont erweitert.

Im zwölften Haus: als Unsicherheit bezüglich der eigenen Meinung, da die Sichtweise erweitert, aber weder klar umrissen noch persönlich ist. Diese Position ist hervorragend für die Arbeit als Medium oder Künstler geeignet.

Venus

Die Art der persönlichen Anziehungskraft und die Art, sich in der Gesellschaft zu bewegen, sowie die Fähigkeit, Reichtum anzuziehen, drückt sich folgendermaßen aus:

Im ersten Haus: mit großer Intensität, Charme und allgemeiner Anziehungskraft. Venus in dieser Position verleiht eine sehr künstlerische und/oder sinnliche Natur. Diese Menschen können extrem aktiv oder zu faul sein, sich selbst auszudrücken.

Im zweiten Haus: mit sehr viel Stärke. Venus fühlt sich hier äußerst wohl und kann ihren Segen freigebig verteilen, insbesondere im finanziellen Sinne, es sei denn, daß Venus als Wohltäterin von anderen Planeten und Aspekten negativ beeinflußt wird.

Im dritten Haus: als leichte Kommunikation und eine allgemeine Fähigkeit, nahestehenden Menschen Harmonie und Überfluß zu bringen, sowie als ausgeglichener und künstlerisch veranlagter Geist.

Im vierten Haus: als inneres Bedürfnis, sich harmonisch und künstlerisch auszudrücken und nicht die Ursache für irgendwelche Störungen zu sein. Der letzte Lebensabschnitt solcher Menschen ist wahrscheinlich von angenehmen Umständen gekennzeichnet.

Im fünften Haus: als Leichtigkeit, sich in romantische Beziehungen zu verwickeln. Diese Position kann Erfolg mit Kindern bringen und auf eine künstlerische Begabung hinweisen. Eine hochsensible, romantische Natur.

Im sechsten Haus: als Erfolg bei verschiedenen Tätigkeiten und die Fähigkeit, durch persönliches Eingreifen Harmonie und Ordnung in das Leben anderer Menschen zu bringen. Normalerweise können diese Menschen gut mit Kollegen und Angestellten zusammenarbeiten.

Im siebten Haus: als Erfolg oder Versagen bei engen Beziehungen. Es besteht ein Bedürfnis, gesellschaftlich aktiv zu sein. Diese Menschen zeigen Anmut und Charme, wenn sie mit anderen zu tun haben.

Im achten Haus: als Erbschaften und finanzielle Vorteile aus Verwandtschaft oder Geschäftspartnerschaften (vorausgesetzt, Venus ist gut aspektiert). Mit dieser Position können auch die Strukturen persönlicher Beziehungen transformiert werden. Wie sich diese Beziehungen gestalten, hängt vom Gesamthoroskop ab.

Im neunten Haus: als günstige Umstände für Reisen und die Fähigkeit, von höherer Bildung und Reisen zu profitieren. Da das neunte Haus vom siebten Haus aus gesehen das dritte ist, steht es für die Verwandten des

Partners. Daher verhilft eine gut aspektierte Venus in dieser Position zu Begünstigungen von Verwandten des Partners.

Im zehnten Haus: als Nutzung der persönliche Anziehungskraft und des eigenen Charisma, um berufliche und gesellschaftliche Begünstigungen zu genießen. Darüber hinaus prägt die Position der Venus hier die Art von Geschäft, in dem man tätig ist.

Im elften Haus: als Gewinne durch Partner und Freunde sowie ein allgemeines Interesse an gesellschaftlichen Werten. Ziele und Ideen werden je nach Aspektierung der Venus erlangt oder verfehlt.

Im zwölften Haus: als eine Tendenz zur Geheimhaltung romantischer und anderer Beziehungen sowie andererseits eine Neigung, allen Arten von Menschen zu dienen, was sich sehr selbstlos auswirken kann. Ein großes Mitgefühl ist gegeben, es zeigt sich jedoch ein Mangel an Unterscheidungsfähigkeit, wenn es um persönliche Beziehungen geht.

Mars

Der aggressive, bestimmte und dynamische Ausdruck des Verlangens wird folgendermaßen manifestiert:

Im ersten Haus: als Furchtlosigkeit und eine ständige Energiequelle, die sehr günstig für das Selbstbewußtsein ist, die jedoch auch zu dem großen Bedürfnis führen kann, die unmittelbare Umgebung zu dominieren. Diese Position verleiht große Regenerationskraft, Stärke und Entschlossenheit.

Im zweiten Haus: als materielle Ziele, die mit großem Eifer verfolgt werden. Wenn Mars in dieser Position ungünstig aspektiert ist, sind Ärger mit Finanzen angezeigt.

Im dritten Haus: als ständige Quelle geistiger Aktivität, die, wenn sie nicht richtig ausgerichtet ist, zu Nervosität und Streitigkeiten mit den Menschen in der unmittelbaren Umgebung führt.

Im vierten Haus: als ständiger Unterton nervöser Emotionen, Gereiztheit oder der Drang zu dominieren. Ein ungünstig aspektierter Mars in dieser Position kann oft auf häusliche Zwietracht, einen übermäßig dominanten Elternteil oder gewisse Schwierigkeiten hinweisen, die mit Wohnortswechseln verbunden sind.

Im fünften Haus: als großer Sinn für persönliche Kreativität, der egoistisch geltend gemacht werden, der aber auch auf andere sehr stimulierend wirken kann. Diese Position enthüllt eine stark sinnliche Natur und kann, wenn sie ungünstig aspektiert ist, auf Zwistigkeiten und Brüche in romantischen Beziehungen hinweisen.

Im sechsten Haus: als Fähigkeit, durch Arbeit aktiv zu sein. Diese Position des Mars kann eine handwerkliche Begabung aufzeigen (insbesondere, wenn Merkur und Uranus beteiligt sind), kann aber zu Unstimmigkeiten mit Mitarbeitern führen, wenn das Kooperationsvermögen und der Respekt für die Methoden anderer Menschen nicht entwickelt werden.

Im siebten Haus: als Tendenz zu Beziehungen führen, bei denen es Zwistigkeiten und Disharmonie gibt, da sie sehr impulsiv begannen sowie als Bedürfnis, den Partner oder Ehepartner zu dominieren. Wenn diese Energie andererseits gut gelenkt wird, kann sie für Partnerschaften eine große Quelle der Inspiration sein und einen starken Kooperationsgeist erzeugen.

Im achten Haus: als Abhängigkeit von den finanziellen oder emotionalen Ressourcen anderer, um die eigenen Ziele zu erreichen. Diese Position kann äußerst hilfreich sein, wenn es darum geht, anderen Menschen zu helfen, die Struktur in ihrem Leben neu zu gestalten, macht es aber auch möglich, von anderen unmäßig zu leben. Die sexuelle und potentiell kreative Natur ist meist stark, muß aber richtig motiviert und gelenkt werden.

Im neunten Haus: mit starken Meinungen, mit Abenteuer- und Reiselust und wenn Mars sich in einer günstigen Position befindet, mit einem inbrünstigen religiösen Gefühl. Mars führt hier zu einer großen Rastlosigkeit, da er ständig Erregung und Stimulation sucht.

Im zehnten Haus: als großes Verlangen, beruflich erfolgreich zu sein. Wenn andere Faktoren im Horoskop unterstützend wirken, ist auch das potentielle Wissen vorhanden, das man braucht, um diese Ziele zu erreichen. Zusammenarbeit mit Menschen in autoritärer Stellung sowie mit Vater oder Mutter sind eine Lektion, die normalerweise gelernt werden muß.

Im elften Haus: als die Fähigkeit, die Positionen von Freunden und Partnern zu nutzen, um sich persönliche Ziele zu erfüllen. Mars verleiht hier eine erfindungsreiche Natur und einen starken Idealismus. Andere Faktoren im Horoskop weisen auf die praktische Umsetzung solcher Ziele hin.

Im zwölften Haus: heimlich. Diese Position kann auf einen sehr guten Strategen hinweisen, da die inneren Pläne nicht leicht enthüllt werden. Es finden sich geheime Feinde oder Leichen im Keller. Menschen mit dieser Position müssen lernen, sich kreativ auszudrücken, so daß ihre Energien nicht nach hinten losgehen und zur Selbstzerstörung führen.

Jupiter

Die expansiven, noblen und philosophischen Schwingungen des Jupiter drücken sich folgendermaßen aus:

Im ersten Haus: als eine extrem großzügige und heitere Lebenseinstellung. Solche Menschen handeln im großen Maßstab, was sehr erfrischend sein kann. Wenn Jupiter jedoch ungünstig aspektiert ist oder sich in einem Zeichen befindet, mit dem er nicht in Harmonie steht, findet sich ein sehr egoistischer, schwelgerischer und verschwenderischer Einfluß. In jedem Fall ist die Reise- und Abenteuerlust bemerkenswert.

Im zweiten Haus: als Vermittlung von Reichtum und materiellen Wohlstand. Dies trifft insbesondere zu, wenn Jupiter günstig von Saturn, Venus oder dem Mond aspektiert wird. Andererseits weist er auf eine Neigung hin, die Ressourcen zu verspielen und mehr auszugeben, als man hat.

Im dritten Haus: als große Reiselust und der Wunsch, sich im intellektuellen Bereich auszudrücken. Es kann einige sehr schöne Beziehungen zu engen Verwandten und Nachbarn wie auch zu Geschäftspartnern geben. Diese Menschen wollen von jedem Aspekt des Lebens etwas lernen.

Im vierten Haus: als ein weites und mitfühlendes Verstehen der Gefühle anderer Menschen, insbesondere solcher für einen selbst. Wenn diese Position des Jupiter günstig aspektiert wird, kann das auf eine große, wohlhabende Familie und auf einen Wohnsitz im Ausland hinweisen. Solche Menschen haben nie Schwierigkeiten, einen Platz zum Leben zu finden, es sei denn, Jupiter steht in einem für ihn ungünstigen Zeichen. In diesem Fall wird vielleicht für ein Haus mehr Geld ausgegeben als nötig.

Im fünften Haus: als Vorliebe für Abenteuer, Sport und Glücksspiel. Man ergreift im Leben gerne Gelegenheiten, und wenn Jupiter günstig aspektiert ist, hat man normalerweise unverschämt viel "Glück". Oft hat man viel Freude und Spaß bei der Liebe und wird im Bereich Liebe und Kinder großzügig belohnt. Es besteht eine positive Lebenseinstellung.

Im sechsten Haus: als Fähigkeit, Optimismus und einen kreativen Gefühlsreichtum bei der Arbeit und im Umgang mit Arbeitskollegen einzubringen. Wenn Jupiter ungünstig aspektiert ist, kann dies auf einen Menschen hinweisen, der zu sehr in Essen und Trinken schwelgt und dessen Gesundheit entsprechend leidet. Diese Position des Jupiter kann bewirken, daß ein Mensch durch den Dienst am anderen erfolgreich wird oder zu extremer Kritik an den Aktivitäten anderer Menschen neigt.

Im siebten Haus: als sehr kooperative und hilfsbereite Natur, die zugleich finanziell und philosophisch von Partnerschaften profitiert. Wenn Jupiter in diesem Haus eine ungünstige Position hat, kann das dazu führen, daß der Betreffende sehr egoistisch ist und zu viel von Beziehungen erwartet.

Im achten Haus: als wirtschaftliche Vorteile aus Erbschaften. Diese Position des Jupiter kann zu einem starken Hang zum Mystizismus oder Okkultismus führen und auch die Sexualnatur so verstärken, daß sie zu einer dominierenden Kraft in Beziehungen wird. Steht Jupiter günstig, so kann das auf andere Menschen auf eine subtile Art positiv anregend wirken. Ist Jupiter jedoch ungünstig aspektiert, kann der Mensch andere zu stark ausnutzen.

Im neunten Haus: als gutes Beurteilungsvermögen und ein tiefes Interesse an Philosophie und Religion. Ist Jupiter in diesem Haus ungünstig plaziert, führt das dazu, daß ein solcher Mensch übertreibt und eine verworrene Lebensphilosophie hat. Jedenfalls sind Reisen und Abenteuerlust angezeigt.

Im zehnten Haus: als Erfolg in Beruf und Karriere sowie das Vermögen, zusätzlichen Reichtum und Weitblick überall einbringen zu können.

Im elften Haus: als eine große Liebe zum Gesellschaftsleben und die Fähigkeit, Ziele und Ideale durch Freundschaften und Partnerschaften zu erreichen. Wenn sie gut aspektiert ist, weist diese Jupiterposition darauf hin, daß es hilfsbereite Freunde gibt. Bei einer ungünstigen Aspektierung kann ein zu starkes Schwelgen im Gesellschaftsleben dazu führen, daß Energie verschwendet und nicht in eine Richtung konzentriert wird.

Im zwölften Haus: als eine sehr mitfühlende Natur, die immer bereit ist, anderen Menschen zu helfen. Diese Position zeigt unerwartete Unterstützung in Notzeiten. Wenn Jupiter andererseits schlecht plaziert ist, weist das darauf hin, daß Entscheidungen getroffen werden, bei denen der Mensch der Selbsttäuschung unterliegt, zu emotional und verschwenderisch ist. Man kann auf der emotionalen und körperlichen Ebene zuviel verschenken.

Saturn

Die festigenden, begrenzenden und bewahrenden Energien des Saturns manifestieren sich wie folgt:

Im ersten Haus: als eine selbstunterdrückte Natur, die zu einermelancholischen Haltung gegenüber dem Leben führen kann. Wenn er günstig plaziert ist, führt Saturn im ersten Haus zu Vorsicht und Umsicht, die schließlich Erfolg bringt. Saturn in dieser Position verkörpert die Notwendigkeit, in einem sehr jungen Alter mit der Realität des Lebens konfrontiert zu werden.

Im zweiten Haus: als Lektionen im Umgang mit den persönlichen Ressourcen. Ein günstig aspektierter Saturn in diesem Haus weist auf eine Person hin, die am wenigsten investiert und am meisten profitiert; Saturn in einer ungünstigen Aspektierung kann der betreffenden Person jedoch den Reichtum nehmen oder Ängste entstehen lassen, Geld zu verlieren.

Im dritten Haus: als eine Fähigkeit, sich intensiven Studien und intellektueller Selbstdisziplin zu widmen. Andererseits kann dieser Aspekt das Verstehen einschränken und eine allgemeine Depression in Beziehungen bewirken. Saturn im dritten Haus kann zu einem erfolgreichen Studium beitragen, aber auch dazu führen, daß eine Ausbildung vor Beendigung abgebrochen wird. Natürlich muß das ganze Horoskop untersucht werden, bevor dies umfassend beurteilt werden kann.

Im vierten Haus: als Lektionen in Verantwortlichkeit oder Verpflichtungen gegenüber der Familie. Das kann bedeuten, daß der Mensch die Familientradition fortführen muß, entweder zu seinem Vorteil oder in einer Art und Weise, die seine individuelle Freiheit einschränkt.

Im fünften Haus: als Lektionen in kreativem Selbstausdruck. Saturn im fünften Haus kann die Zahl der Kinder beschränken oder Verantwortung bringen, wenn es um Kinder geht. Er gibt Hinweise auf eine Person, die Lehrer werden kann, jedoch eine authoritäre Einstellung hat.

Im sechsten Haus: als ein starker Sinn für Verantwortung oder äußerste Belastungen, die mit der Arbeit verbunden sind. Man ist sehr praktisch veranlagt und arbeitet ökonomisch mit Energie. Wenn er günstig aspektiert ist, verleiht Saturn im sechsten Haus eine kräftige Konstitution, andernfalls kann es zu chronischen Krankheiten kommen.

Im siebten Haus: als Lektionen der Zusammenarbeit und Verpflichtung gegenüber dem Ehepartner oder Partnerschaften im allgemeinen. Saturn in dieser Position kann bewirken, daß ein Mensch auf reife Menschen eingestellt ist und einen älteren Ehepartner anzieht. Er weist auch auf jemanden hin, der spät heiratet. Hierzu muß man jedoch die Posititonen von Venus und Mond untersuchen, um die Situation richtig zu beurteilen.

Im achten Haus: als Lektionen, welche die Ressourcen anderer Menschen miteinbeziehen. Diese Position kann nützlich sein, Menschen zu zeigen, wie sie das meiste aus ihrem Vermögen machen, sie kann aber auch ein Werkzeug sein, um den Reichtum anderer Leute zum eigenen Vorteil zu nutzen. Oft besteht der Wunsch, die Umgebung zu kontrollieren und Macht auszuüben, was auf Kosten anderer gehen kann. Möglicherweise ist der sexuelle Ausdruck blockiert, oder es besteht das Bedürfnis, andere durch Sex zu kontrollieren. Erfahrungen, die mit dem Tod verbunden sind, können einen erzieherischen Wert haben oder helfen, das Leben mehr zu schätzen.

Im neunten Haus: als Strukturieren der mentalen Fähigkeiten, was zu einer praktischen Lebensphilosophie führen kann. Richtig eingesetzt kann diese Position den Verstand stärken und ihn konkreter werden lassen. Durch Reisen gewonnene Erfahrungen sind in dieser Hinsicht recht günstig.

Im zehnten Haus: als Lektionen, indem der Mensch nach beruflichem Erfolg strebt. Durch wachsenden Einfluß des Betreffenden wird der Erfolg mit zunehmenden Alter stetig größer, oder er wird durch Stolpersteine verhindert, so daß man wieder von vorne anfangen muß.

Im elften Haus: als Lektionen, die durch Freunde gelernt werden. Bei günstiger Aspektierung besteht die Neigung, ältere Leute zu suchen, mit denen man gute Beziehungen pflegt, falls Saturn gut aspektiert ist. Dies ist eine gute Position, denn hier können Ideen eine praktische Struktur erhalten, die ihren Ausdruck ermöglicht.

Im zwölften Haus: als das Gefühl von Selbstunterdrückung, die verhindert, daß die eigenen Ziele erreicht werden können. Diese Position führt auch zu einem irrationalen Bezug zu Selbstdisziplin oder zu Begrenzungen, da eine tief verwurzelte Furcht vor solchen besteht. Andererseits kann diese Position bei einem Beruf oder Aktivitäten von Vorteil sein, die verlangen, daß man sich zurückzieht oder isoliert lebt. Dieses Haus ist der perfekte Ort für Saturn, wenn es um eine Person geht, die in Forschungsprojekten arbeitet oder metaphysische Studien macht.

Uranus

Die unberechenbare, unkonventionelle, erfindungsreiche und intuitive Natur des Uranus manifestiert sich:

Im ersten Haus: als die Neigung, extrem individualistisch zu sein. Im Leben solcher Menschen gibt es immer wieder Überraschungen, die zu plötzlichen Erkenntnissen und drastischen Veränderungen führen. Ob sich diese vorteilhaft auswirken, hängt von der Aspektierung des Planeten ab. Normalerweise weist er auf eine sehr nervöse und rastlose Person hin, die ihre persönliche Ausrichtung im Leben dadurch finden kann, daß sie mit größeren Gruppen von Menschen arbeitet.

Im zweiten Haus: als plötzliche Veränderungen in den persönlichen Finanzen. Das kann zu Ideen führen, welche die Einnahmen verbessern, oder es ergeben sich drastische Umstände, die die eigenen Geldmittel erschöpfen.

Im dritten Haus: als mentale Fähigkeiten. Dies kann eine besonders gute Position sein, denn die höheren intuitiven Aspekte des Verstandes haben freies Spiel, um im Haus des Merkur zum Ausdruck zu kommen. Andererseits kann man eine unkonventionelle Einstellung gegenüber der Schule haben, was zu abrupten Veränderungen in der Ausbildung führen kann. Diese Plazierung führt auch zu Ideen, die jedoch nicht die richtige Struktur haben, um in der unmittelbaren Umgebung umgesetzt zu werden.

Im vierten Haus: als drastische Veränderungen in der häuslichen Situation, die zu einem ständigen Wohnortwechsel führen können. Diese Position kann auch auf jemanden hinweisen, der mit seinem gesellschaftlichen, wirtschaftlichen oder ethischen Hintergrund nicht in Harmonie ist. Er hat das Bedürfnis, sich im häuslichen Bereich sehr individuell auszudrücken.

Im fünften Haus: als Bedürfnis oder Fähigkeit, mit Kindern umzugehen, romantische Abenteuer zu haben und sich kreativ auszudrücken.

Im sechsten Haus: als Tendenz, die Arbeit häufig zu wechseln, da Routine verabscheut wird. Ein instabiles Nervensystem kann gesundheitlichen Schaden anrichten.

Im siebten Haus: als plötzliche Veränderungen in der Partnerschaft oder als eine äußerst unkonventionelle Ehe. Man wird von ungewöhnlichen Menschen angezogen, mit denen man plötzliche und außergewöhnliche Beziehungen eingehen möchte.

Im achten Haus: als starke übersinnliche Wahrnehmungen, die zu unberechenbaren und unkontrollierbaren Impulsen führen können, wenn sie nicht richtig angewandt werden. Diese Neigung manifestiert sich oft im sexuellen Bereich, was zu unkonventionellen Wünschen führen kann, insbesondere wenn Uranus einen Aspekt zu Venus, Mars oder dem Mond bildet. Ein gut aspektierter Uranus im achten Haus kann plötzliche Erbschaften oder finanzielle Begünstigungen durch unerhoffte Glücksfälle bringen.

Im neunten Haus: als unorthodoxe Ideen bezüglich Religion oder Philosophie. Bei günstiger Aspektierung hat man gute mentale Fähigkeiten und macht auf Reisen oder durch höhere Bildung Erfahrungen, die dazu dienen, Haltung gegenüber dem Leben zu bereichern und zu erweitern.

Im zehnten Haus: als ein Beruf, der die breite Öffentlichkeit miteinbezieht, z. B. in Politik oder Massenmarketing sowie als eine Begabung für die okkulten Wissenschaften. Ein solcher Mensch tut keine "gewöhnliche Arbeit", denn er braucht sehr viel Raum für seinen Erfindungsreichtum.

Im elften Haus: als Austausch mit zahlreichen Individuen und ihren Meinungen und Ideen. Diese Position kann zu einer Persönlichkeit beitragen, die ständig die Freunde wechselt, da sie ein großes Bedürfnis hat, mit dem Gesellschaftsleben zu experimentieren. Diese Position des Uranus läßt zu, daß die Planeten-Qualitäten sich leicht ausdrücken können.

Im zwölften Haus: als starke Intuition, aber Schwierigkeiten, darauf zu hören. Solch ein Mensch kann sich selbst der ärgste Feind sein. Wenn die Energie des Uranus gut kontrolliert wird, ist diese Position hervorragend für Forschungsarbeit sowie für okkulte und mystische Studien geeignet.

Neptun

Die phantasiereiche Natur des Neptun, die auch manchmal zu Halluzinationen neigt, wirkt folgendermaßen:

Im ersten Haus: als geheimnisvoller Schleier, der einen solchen Menschen umgeben kann, so daß er einen starken Reiz ausübt. Neptun verleiht hier großen Einfallsreichtum. Je nach Beeindruckung durch die Umgebung kann ein solcher Mensch sich sehr verschieden zeigen. Er muß jedoch vorsichtig sein, sich nicht in Verblendung zu verlieren, da er zu Unsicherheit und Selbsttäuschung neigt. Es besteht auch eine Tendenz, die "Dinge schleifen zu lassen" und eine gewisse Nachlässigkeit an den Tag zu legen.

Im zweiten Haus: als Begabung, sehr viele Ideen zu haben, wie man zu finanziellem Reichtum gelangt. Es kann auch sein, daß man in Geldangelegenheiten verschwenderisch und hinterhältig ist.

Im dritten Haus: als mentale Fähigkeiten. Ein solcher Mensch neigt dazu, sich in Träumen zu verlieren, und es mangelt ihm an einer rationalen Vorgehensweise im Leben. Wenn Neptun günstig steht, ist der Verstand sehr rezeptiv und kann eine Angelegenheit von allen Seiten betrachten, bevor er eine endgültige Entscheidung trifft. Dies ist eine hervorragende Position für Künstler, Dichter, Filmemacher und Mystiker.

Im vierten Haus: als Emotionalität und Rezeptivität. Wenn Neptun günstig aspektiert ist, besteht der Wunsch, Geheimnisse zu untersuchen, bei denen es um den Ursprung der Menschheit und den Platz eines einzelnen geht. Ungünstig aspektiert kann Neptun zu Illusionen bezüglich der Familie oder zu einem instabilen häuslichen Leben führen. Möglicherweise neigt ein Elternteil dazu, die negativen Qualitäten von Neptun zu verkörpern. Oft besteht eine Neigung zur Selbstaufopferung.

Im fünften Haus: als Neigung, das Leben zu dramatisieren. Diese Position eignet sich sehr gut für die Berufe, die für Neptun im dritten Haus genannt sind. Sie weist auch auf Selbstaufopferung in romantischen Beziehungen hin. Dies kann zu einem Festhalten an Schwächeren führen. Wenn Neptun ungünstig aspektiert ist, kann er heimliche, verbotene Beziehungen zeigen.

Im sechsten Haus: als Einfallsreichtum und Hilfsbereitschaft für Minderbegünstigte. Neptun in dieser Position kann auf psychosomatische Krankheiten mit einer stark emotionalen Komponente hindeuten.

Im siebten Haus: als Tendenz, in Beziehungen entweder wahrhaft zu geben und sich aufzuopfern, oder etwas vorzutäuschen und geheimnisvoll zu sein, sowie als Neigung, die Partner zu vergöttern, statt sie realistisch zu sehen.

Im achten Haus: mit großer Intensität und einer übersinnlichen Komponente. Ist Neptun günstig aspektiert und der Mensch imstande, diese Energie gut zu kontrollieren, kann diese Position ein extrem gutes Werkzeug für alle mystischen oder okkulten Arbeiten sein. Auf der materiellen Ebene kann Neptun täuschen und Schwierigkeiten verursachen, wenn man mit dem Eigentum anderer Menschen umgeht. Bei Erbschaften können unvorhergesehene Komplikationen entstehen.

Im neunten Haus: als höchste Verfeinerung der philosophischen und religiösen Gefühle oder bei ungünstiger Aspektierung als Irrglauben. Es besteht vielleicht eine Neigung zu Tagträumen. Die Urteilskraft kann durch Wunschdenken vernebelt werden.

Im zehnten Haus: als eine hervorragende Position für Berufe, bei denen es um Dienstleistung und/oder die Künste geht. Andererseits wirkt sie extrem erschwerend, wenn es darum geht, den eigenen Platz in der Gesellschaft zu finden, da die Karriereziele schwanken oder es an Ehrgeiz mangelt. Dieser Mensch muß vorsichtig sein und sein Image vor öffentlichen Skandalen schützen, wenn Neptun am MC ungünstig aspektiert ist.

Im elften Haus: als Empfänglichkeit für die Vorschläge und Meinungen anderer Leute. Deshalb muß ein Mensch bei der Wahl seiner Freunde unterscheiden lernen. Wenn Neptun im elften Haus günstig aspektiert ist, kann das zum Dienst am Menschen führen und übersinnliche Fähigkeiten verleihen. Dieser Mensch muß Ideale von den zur Verfügung stehenden Mitteln trennen, um Träume praktisch umsetzen zu können.

Im zwölften Haus: als sehr starke Neptunenergie. Es besteht eine übertriebene Angst vor Begrenzungen oder eine Neigung, sich begrenzen zu lassen. Wenn die Schwingungen dieses Planeten gelenkt werden, ist diese Position ein phantastisches Werkzeug, um übersinnliche Fähigkeiten und einen großen Einfallsreichtum zu entwickeln. Bei ungünstiger Aspektierung kann der Mensch zu rege Phantasien oder Ängste haben, die ihn davon abhalten, seine Gefühle auszudrücken.

Pluto

Die regenerierenden, transformierenden oder vernichtenden Tendenzen Plutos manifestieren sich:

Im ersten Haus: als ein großes Bedürfnis nach Einsamkeit. Pluto weist auf einen Einzelgänger hin, der sich ständig einem Transformationsprozeß unterzieht und diesen sporadisch beim Austausch in der Gesellschaft prüft. Dies ist eine extrem kraftvolle Position, da sie eine gewisse Intensität verleiht, die es dem Individuum erlaubt, seine Umgebung zu transformieren und eine gewisse Kontrolle über andere zu haben. Das Leben ist von drastischen Beendigungen und Neuanfängen erfüllt, die direkt mit dem inneren Wachstum in Verbindung stehen.

Im zweiten Haus: bei günstiger Aspektierung als immerwährender "Goldesel". Ist Pluto jedoch ungünstig aspektiert, kann er plötzlich Verdienste zurückziehen, für die man lange gearbeitet hat. Pluto handelt immer schnell, aber nicht so impulsiv wie Mars, da Pluto lange Zeit unter der Oberfläche äußerer Aktivitäten wirkt, bevor er sich in der physischen Welt sichtbar manifestiert.

Im dritten Haus: als sich ständig verändernde Ansichten über das Selbst und die Welt. Bei günstiger Aspektierung kann das zu einer immerwährenden Erneuerung der Gedanken führen, was große geistige Einblicke gewährt. Pluto kann jedoch die Gedankenstruktur zerstören und in extremen Fällen zu Nervenzusammenbrüchen führen, insbesondere bei ungünstigen Konfigurationen mit Neptun und Merkur.

Im vierten Haus: als ein Bedürfnis, traditionelle Wurzeln zu überwinden, die für das Wachstum hinderlich sind. Ein günstig aspektierter Pluto verleiht das Bedürfnis, die Familientradition zu untersuchen, so daß sich aus dem Erbe ein Gefühl persönlicher Identität und eine Erneuerung des psychischen Fundaments ergibt. Wenn Pluto hier ungünstig aspektiert ist, kann das zu Gefühlen der Heimatlosigkeit führen, die einen Menschen häufig den Wohnort wechseln läßt.

Im fünften Haus: als Bedürfnis, romantische Vorlieben zu transformieren und den künstlerischen oder kreativen Selbstausdruck zu verfeinern. Auch können bei dieser Position Kinder großes Wachstum bringen; ein schlecht aspektierter Pluto im fünften Haus kann jedoch dazu beitragen, daß man keine Kinder bekommt.

Im sechsten Haus: als eine Fähigkeit, neues Leben in verschiedene Tätigkeitsbereiche zu bringen oder als Mangel an Beständigkeit, um eine gestellte Aufgabe zu beenden. In dieser Hinsicht kann man andere durch Arbeit inspirieren, oder man kann ein großes Chaos schaffen, indem man die Verantwortung mißbraucht. Pluto im sechsten Haus kann eine große Regenerationskraft verleihen, wenn er aber ungünstig aspektiert ist, kann das zu einem ständigen Energieverlust führen.

Im siebten Haus: als Intensität in persönlichen Beziehungen. Bei dieser Position kann ein Partner als eine große Quelle der Erneuerung und Stärke wirken. Ist Pluto aber schlecht aspektiert, kann dies zu Brüchen und abrupten Beendigungen von Freundschaften nach langen Streitereien führen.

Im achten Haus: als sehr starker Ausdruck. Wenn sich Pluto in diesem Haus befindet, kann er unbemerkt erneuernd wirken oder die emotionalen oder finanziellen Energien anderer Menschen vollständig auslaugen. Bei einer hoch entwickelten Person ist er ein hilfreiches Werkzeug, um zu heilen oder mit übersinnlicher Wahrnehmung zu arbeiten.

Im neunten Haus: als Erneuerung und Vitalisierung starrer Dogmen. Es besteht die Möglichkeit, sich durch Religion und Philosophie weiterzuentwikkeln. Die auf Reisen gesammelten Erfahrungen können transformierend wirken.

Im zehnten Haus: als eine Fähigkeit, neues Leben in die eigene Karriere oder einen Betrieb einzuhauchen. Bei weiteren einschlägigen Aspekten trägt Pluto im zehnten Haus dazu bei, daß ein Mensch umfassende und hochtechnische Pläne macht und den Grundstein für Ressourcen legt, die durch ein regelmäßiges Einkommen angesammelt werden.

Im elften Haus: als eine Tendenz, plötzlich von Freunden verlassen zu werden oder lange nichts mehr von ihnen zu hören. Das transformierende Prinzip hängt eng mit dem gesellschaftlichen Leben zusammen, da über die Freunde ein evolutionäres Wachstum erfolgt oder verhindert wird.

Im zwölften Haus: unerwartet und überraschend. Wenn Pluto günstig aspektiert ist, handelt er als eine Art "Schutzengel", der Schaden verhindert. Es besteht die Fähigkeit, innere Kraftquellen für den nächsten Schritt zu finden. Bei ungünstigen Aspekten sind jedoch negative Kräfte am Werk, die versuchen, Ideen, Projekte, Beziehungen und in extremen Fällen einen selbst zu zerstören. Bei einem hochentwickelten Menschen macht es diese Position möglich, aus dem kollektiven Reichtum der Menschheit neue Energie zu entnehmen und zu speichern.

33
Die Geometrie der Sphären

Die Sonne ist das Zentrum des Sonnensystems und die Kraft, die allen Planeten Leben gibt. Die Planeten lenken diese Energie durch ihr eigenes Licht wiederum zurück zur Sonne. Durch die Planetenstrahlen, die in alle Richtungen den Raum durchdringen, sind sie ebenfalls mit der Energie der Sonne verbunden. So wirken die Schwingungen der Himmelskörper aufeinander und auf die Sonne ein. Der geometrische Winkel, in dem diese elektromagnetischen Strahlen auf jeden Planeten treffen, ist sehr wichtig, wenn man die Natur und die Wirkung dieser planetarischen Emanationen auf das irdische Leben bestimmen will. Diese Winkelbeziehungen werden Aspekte genannt, wobei jeder seine eigene Charakteristik hat.

Alle "Hauptaspekte" (kraftvolle Aspekte) und viele "Nebenaspekte" (schwache Aspekte) entstehen durch die natürliche Unterteilung des Kreises. Wenn wir die 360 Grad der Ekliptik durch zwei teilen, erhalten wir zwei Winkel von 180 Grad; durch drei geteilt drei Winkel von 120 Grad; durch vier geteilt vier Winkel von 90 Grad usw. Wenn wir die Aspekte nach diesen Unterteilungen anordnen, erhalten wir die Tabelle auf der nächsten Seite.

Die "Konjunktion" wird in dieser Tabelle separat aufgeführt, da sie sich nicht aus einer Unterteilung des Kreises ergibt, denn sie ist in Wirklichkeit eine Position und kein Winkel. Eine Konjunktion besteht, wenn sich zwei oder mehr Planeten im selben Grad der Ekliptik befinden. Dies ist natürlich recht wahrscheinlich, denn alle Planeten haben zwar sehr unterschiedliche Umlaufbahnen, bewegen sich aber innerhalb des Tierkreises.

Darüber hinaus gibt es einige andere erwähnenswerte Aspekte, von denen die Quincunx mit einem Winkel von 150 Grad am wichtigsten ist. Ein

Teilungsfaktor	ergibt Winkel von	Name	Symbol
2	180 Grad	Oppositon	☍
3	120 Grad	Trigon	△
4	90 Grad	Quadrat	□
5	72 Grad	Quintil	Q
6	60 Grad	Sextil	⚹
7	51,5 Grad	Septil	S
8	45 Grad	Halbquadrat	∠
9	40 Grad	Novil	N
10	36 Grad	Dezil (Semiquintil)	D
11	32,5 Grad	nicht gebäuchlich	
12	30 Grad	Halbsextil	⚺
	0 Grad	Konjunktion	☌
	135 Grad	Anderthalbquadrat	⚼
	150 Grad	Quincunx	⚻

anderer Aspekt, der jedoch bei der Interpretation weniger bedeutet, ist das Anderthalb-Quadrat mit 135 Grad, das auf einen Spannungspunkt zwischen den Planetenenergien hinweist. Alle diese Aspekte werden durch das Messen einer relativen Entfernung entlang der Ekliptik gebildet; z. B.: Venus auf 14 Grad Widder ist 60 Grad (Sextil) von Mars auf 14 Grad Zwilling entfernt. Es gibt andere Nebenaspekte, sie sind allerdings neben dem Septil, Novil und Semiquintil für das Gesamthoroskop nur geringfügig relevant.

Bei unserer Untersuchung der geozentrischen Astrologie ist die Erde der Mittelpunkt für alle planetarischen Einflüsse. Daher entsteht durch einen Winkel zwischen zwei Planeten auch eine Dreiecksbeziehung zur Erde. Wenn beispielsweise Jupiter und Saturn 90 Grad voneinander entfernt sind, steht die Erde dabei "in der Mitte" der beiden Planeten. Sie empfängt die Energie, die vom Quadrat dieser beiden Planeten angezeigt wird (vgl. die Abbildung auf der nächsten Seite).

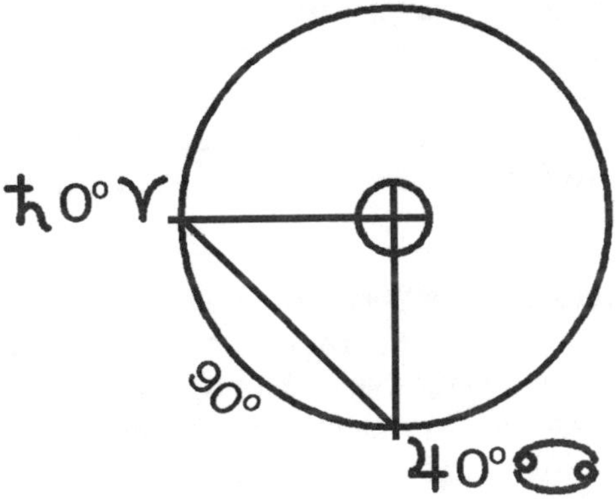
♄ 0° ♈
90°
♃ 0° ♋

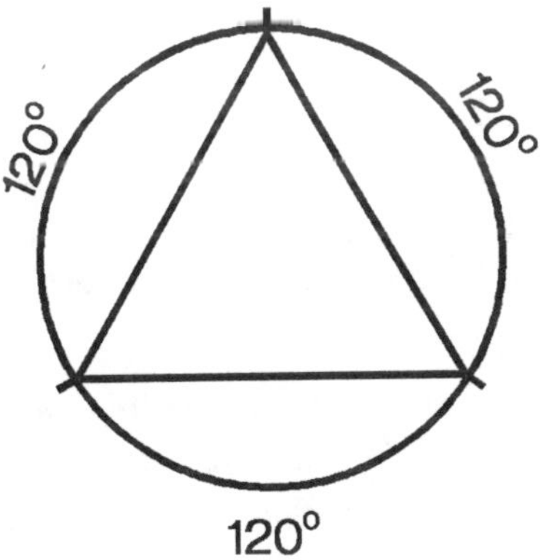
120°
120°
120°

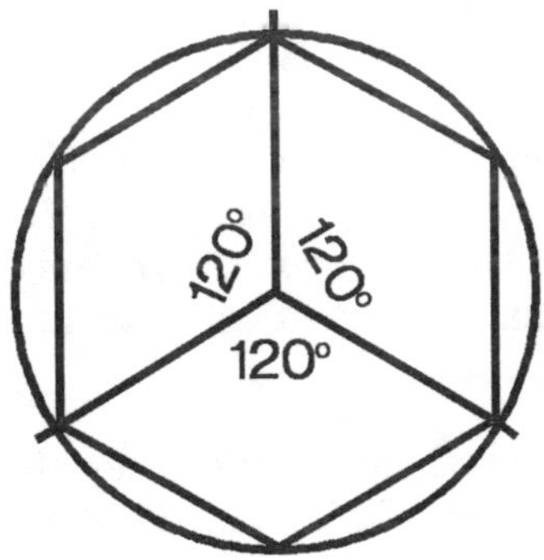
120°
120°
120°

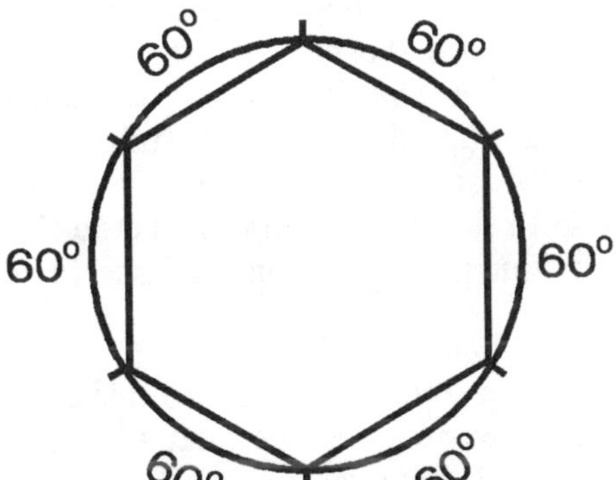
60°
60°
60°
60°
60°
60°

90°
90°
90°
90°

Zusätzlich zur Unterteilung in Haupt- und Nebenaspekte können die Aspekte zwei weiteren Kategorien zugeordnet werden: die Winkel, die ein leichtes Ausströmen von kreativer Energie anzeigen und die Aspekte, die auf Blockaden und Spannungen hinweisen. Wir können diese erste Gruppe als Aspekte des Fließens und die zweite als die Aspekte der Herausforderung bezeichnen.

Das gleichschenklige Dreieck ist eine Form, die vollkommene kreative Harmonie ausdrückt. Seine Struktur steht symbolisch für das Wirken des Lebens (Geist-Sonne) durch die Form (Seele-Mond), um das manifestierte Universum zu schaffen (Materie-Aszendent). Die Aspekte des Fließens beruhen auf dem 120 Grad Winkel und seiner Unterteilung in zwei (60 Grad) und vier (30 Grad). Auch das Sechseck ist eine harmonische Struktur. Es ist derart gestaltet, daß ein einfallender Lichtstrahl alle Teile dieser Form gleichmäßig beleuchtet. Das Sechseck wird von sechs 60 Grad Winkeln gebildet, wenn man aber drei beliebige Punkte des Sechsecks zur Mitte hin verbindet, entsteht ein Würfel, eine Form, die sich aus drei inneren 120 Grad Winkeln und sechs äußeren 60 Grad Winkeln zusammensetzt. Die letzteren stehen als Symbol für die Fruchtbarkeit der Kreativität, da hier die drei Dimensionen des organischen Lebens und das unendliche kreative Potential dargestellt wird, das aus dem Austausch von Geist-Seele-Materie hervorgeht.

Wenn wir andererseits den Kreis in zwei gleiche Teile unterteilen, haben wir zwei Winkel von 180 Grad, welche die Dualität oder die Trennung des Absoluten in das Begrenzte repräsentieren. Wenn dies weiter unterteilt wird, ergeben sich vier Winkel von 90 Grad - das Quadrat.

Das Quadrat steht symbolisch für die Materie, die einen Zustand der vollständigen Kristallisation erreicht hat. Mit anderen Worten - es ist kein weiteres Wachstum oder kreatives Potential möglich. Darüber hinaus ist die im Quadrat gebundene Energie dem Leben abträglich, wenn sie freigesetzt wird, und zerstört es. In unserem transzendenten Ansatz der Astrologie werden wir jedoch sehen, wie essentiell, hilfreich und unterstützend solche Quadrate (und Oppositionen) für den individuellen evolutionären Fortschritt sind.

Wenn zwei Planeten einen Aspekt zueinander bilden, wirken mindestens drei Kräfte zugleich (diese Zahl erhöht sich, wenn mehr als zwei Planeten in einer Konfiguration sind, wie im folgenden Kapitel gezeigt wird): die Energie der beiden Planeten und die Art des Winkels, der sie verbindet.

Ein Aspekt wirkt in etwa wie eine chemische Reaktion. Wenn man einen Teil Sauerstoff mit zwei Teilen Wasserstoff mischt, entsteht Wasser, eine Substanz, die die Eigenschaften beider Bestandteile ausdrückt, aber auch ihre eigene Natur besitzt. Wenn dem Wasser genügend Hitze zugefügt wird, verdampft es. Wenn das Wasser ausreichend abgekühlt wird, gefriert es zu Eis. In der astrologischen (Al)Chemie stellen die Winkel die verschiedenen externen Kräfte dar, die die Reaktion auf die Elemente (Planeten) prägen.

Das gleiche Konzept kann man auf das Wesen eines Kindes anwenden, das die verschiedenen Charakterzüge beider Eltern verkörpert, aber auch seine eigene Persönlichkeit und genetische Charakteristik aufweist. Je nach äußeren Reizen wird sich das Kind manchmal wie die Mutter und manchmal wie der Vater verhalten, und zu einem anderen Zeitpunkt wird es wie keines der beiden Elternteile denken und handeln.

Dies trifft auch für die Schwingungen innerhalb der Aspekte zu - die natürlich der planetarischen Vereinigung entstammen. Daher werden beispielsweise die von Venus und Mars verkörperten Kräfte Wirkungen erzielen, die sehr stark je nach Winkel ihrer Beziehung variieren. Sagen wir, daß Venus für Sauerstoff steht und Mars für Wasserstoff. Wenn wir ein Quadrat zwischen Venus im Krebs und Mars im Widder haben, könnten wir diesen Aspekt als H_3O oder "schweres Wasser" bezeichnen. Das liegt daran, daß das ursprüngliche Gleichgewicht des normalen Wassers (die Venus-Mars Beziehung) durch Hinzufügen eines weiteren Wasserstoffatoms (der Stärke von Mars in seinem eigenen Zeichen) verändert worden ist. Dieser Einfluß schwächt die Stärke der Venus im Krebs, ein Zeichen, das zwar zur Venus paßt, sie aber nicht besonders kraftvoll unterstützt.

Daher liegt der Schlüssel für die Interpretation eines Aspekts darin, wie Sie die Natur eines jeden Planeten und seine relative Stärke nach Zeichen und Hausposition verstehen. Dies ergänzt Ihre Kenntnisse über die Eigenschaften der speziellen Winkelbeziehungen.

Das geozentrische Weltbild der Symbolsprache der Astrologie

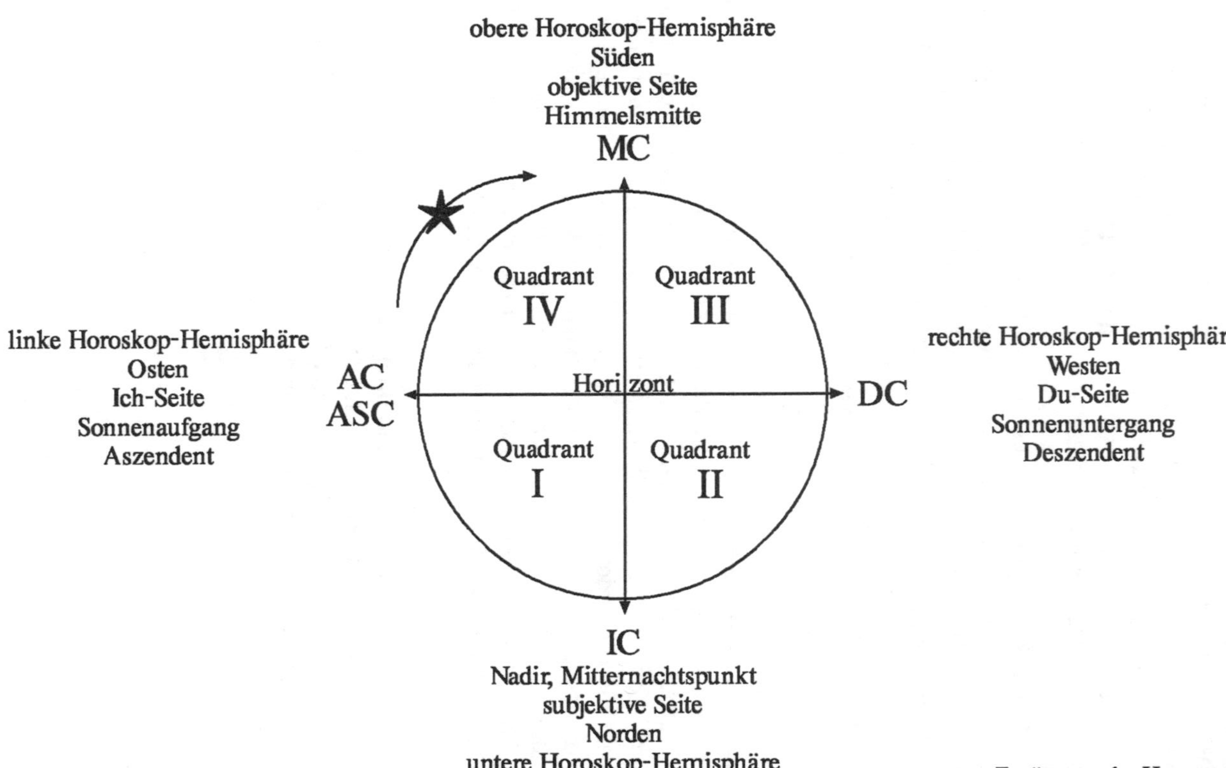

Ergänzung des Herausgebers

Die Hauptaspekte

Kein Aspekt sollte einzeln bewertet werden, bevor man ihn zuerst im Zusammenhang mit allen anderen Aspekten im Horoskop untersucht hat. Der vielleicht komplexeste Einzelaspekt ist die Konjunktion, insbesondere wenn mehr als zwei Planeten beteiligt sind.

Konjunktion. Dieser Aspekt entsteht, wenn zwei oder mehr Planeten so eng nebeneinanderstehen, daß sich ihre Energien vollständig miteinander vermischen. Wir bezeichnen die Konjunktion als einen Aspekt von Intensität und Kraft, denn die in jedem Planeten enthaltenen Kräfte werden durch die enge Beziehung miteinander verbunden. Wir können die Konjunktion durch 0 Grad Widder symbolisch darstellen, denn dies ist der Punkt, an dem die Energie erstmals freigesetzt und manifestiert wird. Daher haben Menschen, die eine Venus-Mars Konjunktion in ihrem Geburtshoroskop haben, sehr viel mit der Freisetzung der Energien zu tun, die bei persönlichen, sexuellen und gesellschaftlichen Beziehungen beteiligt sind.

Wir beziehen uns auf die Konjunktion nicht als einen Aspekt des Fließens oder der Spannung, sondern als einen der Variabilität. Das liegt daran, daß die Konjunktion nicht von einem Winkel gebildet wird, der seine eigenen Attribute hat. Die Natur der Konjunktion hängt von der entstehenden Wechselwirkung der angeordneten Planeten ab. Wenn man zwei teure Parfüms in einer Flasche mischen würde, könnte man einen Duft erhalten, der an "Chanel Nr. 5" und "Dime" erinnert - oder einen Duft, der noch bezaubernder ist als der einzelne. Das Ergebnis hängt von der chemischen Zusammensetzung der Düfte und ihrer relativen Intensität ab. Wir wissen beispielsweise, daß die Natur von Mars und Saturn einander entgegengesetzt ist. Mars stürmt bei der geringsten Provokation voran, während Saturn eine Situation lange und intensiv betrachtet, bevor er handelt. Daher wirkt eine Konjunktion dieser beiden Planeten so, als ob man mit angezogener Handbremse fahren wollte - man kommt nicht besonders weit, und überlastet obendrein noch das Fahrzeug. Wenn man jedoch eine Venus-Mond-Konjunktion im Geburtshoroskop hat, entsteht eine wunderschöne Mischung von Planetenenergien. Die Sensibilität der Mondkraft harmoniert bestens mit der von Venus verkörperten Schönheitsliebe.

Ein anderer Faktor, der bei der Wirkung einer Konjunktion berücksichtigt werden muß, ist die Position der Planeten in Zeichen und Haus. Bei einer Mars-Saturn-Konjunktion im Widder im achten Haus würde die Marskraft sicherlich die Energie des Saturn überwinden, und dessen Kontrolle und

Sinn für richtige Beschränkungen würde dazu beitragen, die aggressive Schwingung von Mars im Widder etwas einzudämmen. Das letztendliche Ergebnis dieser Konfiguration wäre ein grosser Drang, sich selber Gesetz zu sein, seinen eigenen Sinn für Einschränkungen zu entwickeln und diese Werte anderen aufzuzwingen. Wenn dies nicht durch andere sanftere Aspekte im Horoskop abgeschwächt wird, kann diese spezielle Konjunktion ein recht gnadenloses, selbstsüchtiges Machtstreben auslösen. Würde sich die Venus-Mond-Konjunktion in der Waage befinden, hätte Venus den stärkeren Einfluß. Ein Mensch mit einer solchen Position wäre für Harmonie in menschlichen Beziehungen besonders empfindsam. Wenn die Konjunktion im Krebs, dem Zeichen des Mondes stehen würde, wären die Ergebnisse viel subjektiver, da das Individuum eher nach Harmonie und perfekten Beziehungen im Familienkreis streben würde. Mond-Venus im Krebs wäre eher sentimental und würde mehr an geliebten Menschen hängen als Mond-Venus in der Waage.

Eine Konjunktion liegt vor, wenn die Planeten bis zu 8 Grad voneinander entfernt sind. Dieser Orbis kann bis auf 10 Grad ausgedehnt werden, wenn einer der Planeten Sonne oder Mond ist, und bis auf 17 Grad, wenn eine Konjunktion zwischen Sonne und Mond vorliegt.

Opposition. Wenn zwei Planeten so stehen, daß sie einen Winkel von 180 Grad bilden, sagt man, daß sie in Opposition zueinander stehen. In den meisten Fällen bedeutet das, daß sich die Planeten in Zeichen ihrer natürlichen Polarität befinden. Zeichen, die sich direkt gegenüberstehen, können entweder die Ursache für einen schweren Konflikt oder ein großes Wachstum sein. Dasselbe Prinzip trifft für den Oppositionsaspekt zu. Seine Hauptaufgabe im Horoskop besteht darin, diesen Teil des betreffenden Individuums ins Bewußtsein zu rücken oder objektiv zu beobachten. Obwohl sich gegenüberstehende Zeichen in sich ergänzenden (aber unterschiedlichen) Elementen befinden, gehören sie demselben Kreuz an. Stier-Skorpion zum Beispiel sind Erde und Wasser, beides sind aber fixe Zeichen. Daher gibt es bei einer Opposition mit diesen beiden Zeichen Raum für kreative Harmonie, wenn die Werte (die fixe Qualität) durch eine größere Bewußtheit für kooperative Bemühungen (die Opposition) verschmolzen werden können, so daß das Wachstum durch ein tieferes Verstehen der Planetenenergien (Erde und Wasser) erreicht werden kann.

Aufgrund des 8 Grad Orbis einer Opposition können Planeten zueinander in Opposition stehen und sich weder in ergänzenden Elementen noch in demselben Kreuz befinden (z.B. Saturn auf 28 Grad Stier in Opposition zu

Venus auf 2 Grad Schütze). In einem solchen Fall dürfte die Opposition geschwächt sein, denn die direkte Konfrontation, die sich aus einer solchen Winkelstellung ergibt, wird durch diese "Linienüberschreitung" indirekt oder sogar nebulös.

Wir können die Opposition durch die Polarität Widder-Waage symbolisch darstellen, was bedeutet: das Selbst gegen die anderen. Das heißt, daß eine Opposition einen gewissen Interessenkonflikt aufgrund einer äußeren Aktivität in der Umgebung bewirkt. Nehmen wir einmal an, daß ein Horoskop eine Opposition zwischen Venus und Mars zeigt. Ein Mensch mit einer solchen Konstellation könnte mit einer Person eine platonische Beziehung haben wollen (Venus), während die Gefühle der anderen Person viel leidenschaftlicher sind (Mars). Dieser Mensch möchte eine körperliche Beziehung herstellen, während der erstere will, daß die beiden "gute Freunde" sind. Andererseits kann eine Venus-Mars Opposition darauf hinweisen, daß eine Person dazu neigt, zu bestimmen (Mars), wenn in Wirklichkeit eigentlich eine Kooperation nötig ist (Venus), um eine Situation zu verbessern. Umgekehrt ist das auch möglich - die Person schwankt hin und her (Venus), wenn eine direkte Handlung notwendig ist (Mars).

Wenn man die Lektionen lernt, welche die Planeten in einer Opposition zeigen, erreicht man ein gewisses Gleichgewicht der jeweiligen Planetenenergien. Alle Planeten, die ein Trigon oder Sextil zu der Opposition bilden, helfen dabei, die Schwierigkeit aufzulösen. Die Opposition ist ein Aspekt der Herausforderung, die Situation ist jedoch weniger spannungsgeladen als beim Quadrat.

Quadrat. Wenn zwei oder mehr Planeten so plaziert sind, daß sie einen Winkel von 90 Grad bilden, sagt man, daß sie im Quadrat zueinander stehen. In den meisten Fällen bedeutet dies, daß sich die Planeten auf demselben Kreuz befinden - kardinal, fix oder veränderlich - jedoch in entgegengesetzten Elementen (Feuer-Wasser, Erde-Feuer, Luft-Erde und Wasser-Luft). Aufgrund des erlaubten 8 Grad Orbis bei einem Quadrat finden wir oft Planeten, die technisch gesehen diesen Aspekt haben, aber auf verschiedenen Kreuzen und im selben Element stehen. Venus auf 28 Grad Widder steht beispielsweise im Quadrat zum Mond auf 2 Grad Löwe. Diese spezielle Gruppe von Quadraten ist leichter als die normalen Quadrate zu handhaben, denn die ähnlichen Elemente helfen dabei, die Planetenenergien freizusetzen. Ein solches Quadrat würde weniger Probleme in dem entsprechenden Lebensbereich bringen, als wenn der Mond auf 28 Grad Krebs stünde.

Das Quadrat zeigt einen Interessenkonflikt an, der aber im Gegensatz zur Opposition subjektiv und innerlich zum Ausdruck kommt und zu einem wirklichen Problembereich werden kann, wenn er nicht richtig gelöst wird. Es ist der Sitz innerer Spannungen, die dadurch entstehen, daß die von den Planeten angezeigten Energien nicht neu strukturiert und umgewandelt werden können. Der Versuch seitens des Individuums, seine Quadrate zu transzendieren, bietet die für die persönliche Entwicklung notwendige Energie. Daher bezeichnet man Quadrate als "dynamische Aspekte", denn ohne sie gibt es wenig Antrieb zum Erfolg.

Wir können das Quadrat durch die Beziehung Widder-Krebs oder Widder-Steinbock charakterisieren. Im ersten Fall haben wir die individuellen Wünsche (Widder), die in einer völlig subjektiven Umgebung (Krebs) wirken und wenig Raum für Hilfe und Rat von außen zulassen. Das führt dazu, daß weiteres Wachstum blockiert wird und ein großer Widerstand gegen Veränderungen besteht. Im zweiten Fall haben wir die inviduellen Wünsche (Widder), die in einer Umgebung von Routine und Traditionsgebundenheit wirken (Steinbock). Dies führt nicht nur zu einer Angst, die Vorgehensweise zu verändern, sondern auch zu einem Zwang, diese selbstbeschränkenden Gewohnheiten zu wiederholen und weiter zu kristallisieren.

Als Beispiel für ein wirksames Quadrat wollen wir die Mars-Venus Beziehungen genauer untersuchen. Wenn diese beiden Planeten in einem 90 Grad Winkel stehen, gibt es Verwirrung bei der Unterscheidung zwischen Liebe und Lust. Eine solche Person hätte auch Probleme, zwischen rein egozentrischen Zielen in persönlichen Beziehungen, gemeinsamen Zielen und wahrhaft selbstlosen Zielen zu unterscheiden. Aus einer solchen Konfiguration kann leicht Egoismus entstehen, und es gibt sicherlich häufig Konflikte mit Freunden und Kollegen.

Das Quadrat läßt einen nicht ruhen, bis das angezeigte Problem entweder akzeptiert oder gelöst ist. Daher kann das Quadrat entweder der Schlüssel für eine Anpassung an die Lebensumstände und Beschränkungen sein oder die Antriebskraft, sich neu zu strukturieren, damit man von solchen Beschränkungen befreit ist. Es heißt, daß ein Horoskop mit wenigen oder keinen Quadraten (oder Oppositionen) ein schwaches Horoskop ist, denn es zeigt oft einen faulen Menschen an, der "die Dinge auf morgen verschiebt". Wenn man ein Problem hat, will man es lösen, so daß der Schmerz verschwindet. Dabei werden viele Lektionen über sich selbst und über das Leben gelernt, die zu weiterer Selbstverwirklichung und zum Verstehen beitragen. Wir sollten daher für unsere Quadrate und Oppositionen so dankbar sein wie für unsere Trigone und Sextile - die Aspekte, welche die nötige Hilfe und den Energiefluß bieten, damit wir unseren Herausforderungen begegnen können.

Trigon. Wenn zwei Planeten so stehen, daß sie einen Winkel von 120 bilden, sagt man, daß sie im Trigon zueinander stehen. In den meisten Fällen bedeutet das, daß sich die Planeten in einem Zeichen ihres eigenen Elements befinden - Feuer, Erde, Luft oder Wasser - aber auf verschiedenen Kreuzen (kardinal-fix, fix-veränderlich und veränderlich-kardinal). Trigone haben auch einen Orbis von 8 Grad (10 Grad, wenn einer der Planeten Sonne oder Mond ist), was bedeutet, daß zwei Himmelskörper in Elementen stehen können, die sich nicht vertragen (z. B. Mars in 2 Grad Stier im Trigon zu Uranus in 26 Grad Löwen). Dieser Zustand schwächt das Trigon und läßt es weniger effektiv und positiv werden, als es bei Mars in 26 Grad Widder und Uranus in 26 Grad Löwe wäre, wo wir einen leichten und kreativen Energiefluß erwarten, da Zeichen im selben Element zusammenpassen.

Wir können das Trigon symbolisch durch die Beziehung Widder-Löwe oder Widder-Schütze darstellen. Bei der ersteren finden wir eine Zentralisierung (Löwe) von individuellen Wünschen (Widder), die dann organisiert, verfeinert und zu produktiven Plänen für Unternehmungen gemacht werden (Löwe). Beim zweiten finden wir eine Ausdehnung (Schütze) individueller Wünsche (Widder) bis hin zu einem Punkt, an dem sie erweitert werden und für eine große Anzahl Leute durchführbar sind (Schütze).

Ein Trigon zwischen Venus und Mars zeigt normalerweise an, daß ein Mensch mit beiden Geschlechtern charmant umgehen kann und großes Taktgefühl besitzt. Er weiß genau, wann er rezeptiv sein soll und wann er sich behaupten kann. Hier wird ein kluger Kopf gebraucht, der das Beste aus der von dieser Konfiguration angezeigten persönlichen Anziehungskraft macht und sie nicht mißbraucht.

Zuviele Trigone (und Sextile) im Horoskop können die Selbstentdeckung eines Individuums verzögern, denn es gibt nicht genügend Herausforderungen. Ein solcher Menschen wurde gleichsam mit einem silbernen Löffel im Mund geboren, und wird zufrieden durchs Leben gleiten, unberührt von Sorgen, aber auch unberührt vom Bedürfnis, sich zu entwickeln.

Sextil. Wenn zwei Planeten im Winkel von 60 Grad zueinander stehen bilden sie ein Sextil. In den meisten Fällen bedeutet das, daß sich die Planeten in ergänzenden Elementen, aber auf verschiedenen Kreuzen befinden. Der

Orbis eines Sextils beträgt 4 Grad (5-6 Grad, wenn einer der Planeten Sonne oder Mond ist), wodurch es möglich wird, daß sich zwei Planeten in einem Sextil, aber in nebeneinanderliegenden Elementen und Zeichen befinden (z. B. Mars auf 3 Grad Steinbock im Sextil zu Uranus auf 29 Grad Wassermann). Dies weist nicht auf eine Disharmonie hin, schwächt aber die Aspektwirkung im Horoskop, obwohl Mars und Uranus in diesem Fall noch als eine positive Kraft im Leben der betreffenden Person wirken. Wir können daher sagen, daß das Sextil ein Aspekt ist, bei dem ein Mensch um Zusammenarbeit bemüht ist, die zu produktivem Wachstum führt. Ein Mensch mit zahlreichen Sextilen im Horoskop ist normalerweise sehr hilfsbereit. Sextile übertragen eine Leichtigkeit, Situationen harmonisch fließen zu lassen. Im Gegensatz zum Trigon (mit dem sich das Individuum nicht allzusehr sorgen muß, die Begünstigungen zu ernten, die von dieser Konfiguration angezeigt sind) verlangen Sextile eine kleine Willensanstrengung.

Tatsächlich kann man das Sextil als einen sicheren Aspekt bezeichnen, denn die Himmelskörper, die eine solche Position einnehmen, stellen sich recht bereitwillig für die bewußte Kontrolle zur Verfügung. Dies ist für den Sucher wichtig, denn der Evolutionsprozeß beinhaltet eine bewußte Richtung, damit die Energie freigesetzt werden kann. Ein Sextil zwischen Venus und Mars gibt Gelegenheit, mit anderen Menschen zusammenzusein und harmonische gesellschaftliche Beziehungen zu genießen. Wenn eine solche Person diesen Seinsaspekt innerhalb ihrer gesamten Persönlichkeitsstruktur verwenden will, kann sie das auch tun. Sie fühlt sich aber nicht dazu gezwungen, der Schmetterling in der Gesellschaft zu sein, was eher zutrifft, wenn diese beiden Planeten ein Trigon bilden.

Wir können das Sextil durch die Beziehungen Widder-Zwilling und Widder-Wassermann darstellen. Bei der ersteren haben wir eine Diversifikation (Zwilling) von individuellen Ideen und Wünschen (Widder), so daß mehr Wege der Selbsterforschung untersucht werden können (Zwilling). Bei der zweiten wurde die ursprüngliche Idee (Widder) zu einem Konzept entwikkelt, wodurch ein brauchbares Instrument entsteht, andere zu inspirieren (Wassermann).

Die Nebenaspekte

Jeder Astrologe hat hier seine eigenen Vorlieben und Erfahrungen. Einige Astrologen benutzen nur die Hauptaspekte, während andere alle Aspekte, sogar den ausgefallenen "Vigintil" (18 Grad) oder den "Tredezil" (108 Grad) verwenden. Im folgenden sind die Aspekte aufgelistet, mit denen Sie am häufigsten zu tun haben werden. Ich habe festgestellt, daß es sich lohnt, die Quincunx, das Halbquadrat, das Halbsextil und in den Horoskopen der bewußten Lichtsucher auch das Quintil zu berücksichtigen.

Quincunx. Wenn zwei Planeten in einem Winkel von 150 Grad zueinander stehen, sagt man, daß sie eine Quincunx bilden. Dieser Aspekt fällt genau zwischen Trigon und Opposition und beschreibt einen Energiezustand, der weder vollkommen harmonisch im Leben eines Menschen fließt noch die eigenen Ressourcen gezielt herausfordert. Daher können wir sagen, daß dieser Aspekt Verwirrung und Spannung in den jeweiligen Lebensbereichen im Horoskop anzeigt.

Gavin Arthur, der frühere "Astropatriarch" aus San Francisco, hat diesen Aspekt stark betont und ihm sogar einen Orbis von 7 Grad eingeräumt. Ich habe festgestellt, daß man mit einem Orbis bis zu 4 Grad arbeiten kann, nach genauer Überlegung muß ich Arthur jedoch zustimmen, daß dieser oft mißverstandene und ignorierte Aspekt sehr bedeutend ist. Viele Quincunxe können Instabilität bewirken. Das ergibt eine Person, die ein Vorhaben abschließen möchte, die Aufgaben aber entweder nicht fertigstellt oder noch einiges zu wünschen übrig lassen. Bei diesem Aspekt geht es ständig hin und her, manchmal arbeitet er ganz harmonisch für einen und hat dann plötzlich die gegenteilige Wirkung. Arthur bezeichnet ihn als "neurotischen Aspekt". Die Quincunx verstärkt sich, wenn sie Teil einer größeren Konfiguration ist, bei der zwei Planeten jeweils in Quincunx zu einem dritten Planeten stehen und zugleich untereinander ein Sextil bilden; dies ist der "Finger Gottes".

Wir können die Quincunx symbolisch durch die Beziehungen zwischen Widder-Jungfrau und Widder-Skorpion darstellen. Bei der ersten muß die anfänglich freigesetzte Energie der in Frage stehenden Planeten (Widder) sorgfältig geformt und gereinigt werden, indem man anderen dient (Jungfrau). Bei der zweiten Beziehung muß diese Energiefreisetzung (Widder) zu einer höheren Manifestationsstufe transformiert werden (Skorpion), damit weitere Entwicklung stattfinden kann.

Halbquadrat. Wenn die Planeten in einem Winkel von 45 zueinander stehen, bilden sie ein Halbquadrat. Dies ist ein Punkt, der sich zwischen dem Halbsextil (30 Grad) und dem Sextil (60 Grad) befindet. Die von den Planeten in dieser Konfiguration verkörperte Energie wurde aktiviert, um durch das Halbsextil zu wirken, hat aber noch keinen höheren Reifegrad (Kraft) erreicht, wie er vom 60 Grad Winkel angezeigt wird.

Wir können diesen Aspekt durch die Beziehung zwischen 0 Grad Widder und 15 Grad Stier darstellen (das ist der fünfundvierzigste Grad der Ekliptik). An dieser Stelle wird die anfängliche Energiefreisetzung (Widder) in der Gesamtstruktur eines Menschen fixiert. An diesem Punkt kann man sagen, daß sich die Energie im Jugendstadium befindet, denn der Mensch ist sich zwar der Planeten im Halbquadrat bewußt, jedoch unsicher, wie dieser Energieaustausch zu seinem besten Vorteil gelenkt werden muß. Wir können daher sagen, daß Halbquadrate zu falschen Beurteilungen in den im Horoskop angezeigten Lebensbereichen führen können. Dies ist jedoch ein schwächerer Aspekt, dessen Einfluß von anderen positiveren und kraftvolleren Aspekten im Horoskop leicht übertönt wird. Das Halbquadrat kann jedoch zu bestimmten Herausforderungen beitragen, wenn es mit Quadraten und Oppositionen verbunden ist.

Halbsextil. Das Halbsextil ist ein Aspekt von 30 Grad und zeigt den ersten Ansatz kooperativer Bemühungen zwischen zwei Planetenenergien an. Man kann es durch die Beziehung Widder-Stier darstellen. Der Same (Widder) wird in die Erde gelegt (Stier), wo er reift und wächst. Dies ist daher ein Aspekt des Versprechens.

Quintil. Der Quintilaspekt wird gebildet, wenn die Planeten im Winkel von 72 Grad zueinander stehen. Dies ist ein Aspekt, der nur im Horoskop eines Menschen von Bedeutung ist, der sich spirituell entwickelt, denn es zeigt die Fähigkeit an, die Energien der an einer inneren Verstehensebene beteiligten Planeten zu harmonisieren. Dieser Aspekt zeigt das Evolutionspotential an.

Parallelen und Gegenparallelen

Der Ausdruck Deklination bezieht sich auf die Entfernung eines Planeten nördlich oder südlich vom Äquator. Diese Positionen sind leicht in jeder Ephemeride zu finden. Sollten sich zwei oder mehr Planeten innerhalb eines Grads entweder nördlich oder südlich voneinander entfernt befinden, sagt man, daß sie parallel zur Deklination liegen, was eine milde Form der Konjunktion bedeutet. Sollte einer der Planeten nördlich und der andere südlich liegen (also innerhalb eines Grads), so sagt man, daß sie sich in einer Gegenparallele befinden, einer milden Form der Opposition.

Diese beiden Aspekte wirken modifizierend. Mit anderen Worten - wenn Venus und Mars in einem Horoskop sowohl in Konjunktion als auch parallel stehen, so werden die entsprechenden Wirkungen auf das Horoskop verstärkt. Eine Konjunktion von Mars und Uranus ist meist keine harmonische

Konfiguration. Wenn auch eine Parallele zwischen beiden Planeten besteht, ist ihre Wirkung noch disharmonischer, während durch eine Gegenparallele ihre Schwingungen für die Ressourcen und das Gleichgewicht eines Menschen zu einer noch größeren Herausforderung werden.

Ein Trigon zwischen Sonne und Jupiter ist ein wahrer Segen; eine Parallele zwischen den beiden verstärkt das angezeigte Glück, während eine Gegenparallele von diesen günstigen Strahlen etwas ablenkt. Tatsächlich können wir diese beiden Aspekte als geringere Variablen ansehen, die immer im Verhältnis zu den wirklichen Längenaspekten zwischen den Planeten beurteilt werden sollten - das heißt, nach ihrer Position entlang der Ekliptik. Parallelen und Gegenparallelen haben eine gewisse Gewichtung, wenn zukünftige Tendenzen im Leben untersucht werden.

Andere wichtige Faktoren

Abnehmende und zunehmende Aspekte. Die Aspekte bilden sich durch die Planetenbewegungen, wobei sich manche Planeten schneller als andere bewegen. Wenn sich die Himmelskörper nicht gerade aus einer rückläufigen Position herausbewegen oder rückläufig werden, können sie der Geschwindigkeit nach (vom schnellsten zum langsamsten) folgendermaßen geordnet werden: Mond, Merkur, Venus, Sonne, Mars, Jupiter, Saturn, Uranus, Neptun und Pluto.

Die Aspektwirkungen sind immer stärker, wenn sie zunehmen, und schwächer, wenn sie abnehmen. Es bleibt dem Astrologen überlassen, diesen Faktor bei der Horoskopbetrachtung miteinzubeziehen. Wenn der Mond in einem Horoskop beispielsweise auf 6 Grad Wassermann und Mars auf 9 Grad Stier steht, sagt man, daß sich der Mond in einem zunehmenden Quadrat zu Mars befindet. Mit anderen Worten, der Mond wird schließlich die Position des Mars übernehmen. Wenn der Mond andererseits auf 9 Grad Wassermann und Mars auf 6 Grad Stier steht, sagt man, daß der Mond sich in einem abnehmenden Quadrat befindet, da er bereits den genauen Punkt (6 Grad Wassermann) überquert hat. Man sollte daran denken, daß ein Planet, der auf eine Entfernung von sagen wir 7 Grad zu einem Hauptaspekt zunimmt, viel stärker wirkt als ein Planet, der mit 7 Grad abnimmt.

Erweiterung des Planetenorbis: Die Orbi aller Aspekte, die in diesem Text verwendet werden, sind in der Tabelle der Aspekte zu finden. Diese numerischen Zuordnungen sind recht flexibel, und wie die meisten Astrologen werden Sie sicherlich ihre eigenen Variationen entwickeln, was die Grenzen der Orbiseinflüsse angeht. Es ist jedoch wichtig zu erwähnen, daß die Orbi unter folgenden Umständen erweitert werden müssen: wenn einer der "Planeten" Sonne oder Mond sind; wenn die einzigen Planeten, die an einem Aspekt beteiligt sind, Sonne und Mond sind; wenn mehr als zwei Planeten gemeinsam mit einem dritten einen Aspekt bilden. Dieser letzte Faktor heißt "Übergang des Lichts" und wird in den folgenden Beispielen erläutert:

1. Venus und Saturn sind 10 Grad voneinander entfernt, das bedeutet außerhalb eines technischen Orbis einer Konjunktion; da Uranus jedoch zum Mittelpunkt zwischen beiden Planeten innerhalb eines richtigen Orbis eine Opposition bildet, betrachtet man Venus und Saturn als in Konjunktion stehend.

2. Jupiter befindet sich gerade noch innerhalb des 5 Grad Orbis des Quadrats zur Venus, diese gerade noch im Quadrat zu Mars; alleine betrachtet würden Jupiter und Mars nicht im Aspekt zueinander stehen (da der Orb 10 Grad beträgt); aufgrund der gegenseitigen Strahlen der Venus befinden sie sich aber in einer (weiten) Opposition. Die ganze Figur bezeichnet man (unabhängig von dieser speziellen Situation) als T-Quadrat oder Spannungsdreieck.

Man kann den Orbis auch noch je nach der Bewußtseinsebene des Geborenen ausdehnen. Je selbstverwirklichter (individualisierter) ein Mensch wird, desto mehr ist er sich der Gesamtstruktur seines Wesens bewußt. Solche Menschen sind sich der subtileren Elemente innerhalb ihrer zusammengesetzten Energien bewußt und können diese Faktoren bereits identifizieren. Je entwickelter das Bewußtsein eines Menschen ist, desto größer ist die Fähigkeit, die gesamte Energie zu lenken und zu nutzen, die ihm zur Verfügung steht. Daher wird eine hochentwickelte Person eher ein Halbsextil oder ein weites Trigon nutzen als ein Mensch mit einem normalen Bewußtsein, der sich sehr wahrscheinlich der durch geringere oder weniger genaue Aspekte angezeigten Besonderheiten im Horoskop nicht bewußt ist.

Es stehen keine Zahlen oder Skalen zur Verfügung, um das Bewußtsein zu messen. Der Bewußtseinsgrad eines Mitmenschen wird vom Sensitiven erspürt, denn er zeigt sich nicht im Horoskop. Dieser Interpretationsaspekt ist Teil der astrologischen Kunst und entwickelt sich mit der Zeit, wenn der Astrologe mit einer Vielzahl von Horoskopen zu tun hatte und bereits viele Jahre auf der Suche nach dem Licht war. Die spezielle Wahrnehmung und das Wissen um die richtige Anwendung hängen von der persönlichen Hin-

Die Aspekte						
Name	Grad	Orbis	Symbol	Bedeutung des Symbols	Bedeutung des Aspekts	Leitsatz
Konjunktion	0	8-10-12 ★	☌	ein Körper - alle Planeten in Konjunktion sind eins und summieren ihre Qualitäten	Kraft und Intensität ein veränderlicher Aspekt	ist vereint mit
Opposition	180	8-10-12	☍	zwei Körper stehen sich gegenüber und werden durch polarisierte Energie verbunden	Bewußtheit, Objektivität, Herausforderungen	ist gegen
Quadrat	90	8-10-12	□	Viereck, die Energien sind wie in einer Box gefangen	dynamische Spannung, Herausforderungen	fordert heraus
Trigon	120	8-10-12	△	Dreieck, deutet auf harmonischen Energieaustausch, der zu Wachstum führt	Leichtigkeit und Fülle, ein fließender Aspekt	fließt gut mit
Sextil	60	4-5-6	⚹	sechseckiger Stern deutet auf die sechs positiven Zeichen (Feuer und Erde)	cooperative Aktivität ein fließender Aspekt	cooperiert gut mit
Qunicunx	150	2-3-4	⚻	die Häuserspitzen 1, 6, 8 deuten auf die Affinität dieses Aspekts mit Jungfrau und Skorpion	Unsicherheit, Fluktuation Herausforderungen	stressig, ambivalent
Halbquadrat	45	2-3-4	∠	deutet auf die Verbindung unähnlicher Kräfte	falscher Umgang mit Energien; Herausforderungen	unpassende Verbindung
Halbsextil	30	2-3-4	⚺	die Häuserspitzen 1 und 2 deuten auf die Affinität mit Widder und Stier	Leichtigkeit, Harmonie, ein fließender Aspekt	sympathisiert mit
Quintil	72	2-3-4	Q ☆	Abkürzung für Quintil; der sich entwickelnde Mensch	Energie kann gewinnbringend verinnerlicht werden	erhebt

★ Die 1. Zahl bezieht sich auf einen Orb zwischen Planeten, die 2. zwischen Planet und Sonne/Mond, die 3. zwischen Sonne und Mond

34
Aspekte - Die interplanetarischen Beziehungen

Aspekte der schnellaufenden Planeten

Die Aspekte zur Sonne

Sonne-Mond; Leitbegriffe: Wille - Gefühle

Konjunktion: Wille vereinigt sich mit Gefühlen. Dies scheint eine harmonische Konfiguration zu sein, insgesamt erlaubt sie jedoch keine objektive Haltung dem Leben gegenüber, da die Ziele gewöhnlich zu persönlich orientiert sind. Es wird daher extrem schwierig, sich selbst so sehen zu können, wie andere das tun. *"Ich-ich."*

Sextil: Wille harmoniert gut mit Gefühlen. Dieser Aspekt läßt Einflüsse der äußeren Umgebung des Menschen und seinen inneren Antrieb zusammenwirken. Man will einer solchen Person normalerweise helfen, ihre Ziele zu erreichen, während diese oft die anderen unterstützen will. *"Ich und die anderen."*

Trigon: Wille harmoniert mit Gefühlen. Dieser Aspekt zeigt an, daß man sich leicht an das Leben anpassen kann. Wenn es keine anderen gegenteiligen Hinweise gibt, verläuft das Leben reibungslos. Ein solcher Mensch ist kreativ und empfänglich für seine Umgebung. Wenn Mars und Saturn nicht stark betont sind, kann das dazu beitragen, daß ein solcher Mensch faul ist. *"Ich für sie und sie für mich."*

Quadrat: Wille fordert die Gefühle heraus. Diese Konfiguration zeigt ein ruheloses Leben an; ein solcher Mensch ist immer auf der Suche nach endlosen Erfahrungen, mit einem inneren Konflikt zwischen dem, was er will und der Art und Weise, wie die Ziele erreicht werden. Das Quadrat weist auf Spannungen in der Kindheit oder allgemeine Schwierigkeiten mit dem anderen Geschlecht hin. Durch diesen Aspekt soll sich der Mensch auf seine Lebensziele konzentrieren. *"Ich gegen sie."*

Opposition: Der Wille gegen die Gefühle. Dieser Aspekt bewirkt einen großen Sinn für Objektivität, denn die Person muß sich immer der anderen bewußt sein. In dieser Hinsicht kann der Mensch das Gefühl haben, daß sich die Art der Umgebung und der Partner nachteilig auf die Erreichung von Zielen auswirken können. Hindernisse zeigen sich im äußeren Leben und verlangen hierbei Beständigkeit und Stärke. *"Ich oder sie."*

Kein Sonne-Mond-Aaspekt: Dies zeigt an, daß möglicherweise viel Energie für unwichtige Dinge verwendet wird. Eine solche Person muß ihre Kräfte ständig anpassen und festgelegte Vorgehensweisen haben, um eine Zerstreuung zu vermeiden. *"Ich oder sie"* oder *"Um den heißen Brei herumreden"*.

Sonne-Merkur; Leitbegriffe: Wille - Kommunikation

Da Merkur höchstens 28 Grad von der Sonne entfernt sein kann, ist kein anderer Aspekt außer der Konjunktion und dem Halbsextil möglich. Eine Regel, die man sich merken sollte, wenn man die Beziehung zwischen diesen beiden Planeten beurteilt, ist: je weiter Merkur von der Sonne entfernt ist, desto besser. Wenn Merkur weniger als 8 Grad von der Sonne entfernt ist, fällt es dem Individuum schwer, in seinem Denken Abstand von der eigenen Person zu halten und so zu einem weitergehenden Verständnis zu gelangen. Merkur steht am günstigsten, wenn er nicht im Zeichen der Sonne plaziert ist, da der Mensch dadurch einen weiteren Horizont hat.

Sonne-Venus; Leitbegriffe: Wille - persönliche Anziehungskraft

Venus kann höchstens 48 Grad von der Sonne entfernt sein. Das bedeutet, daß hier nur die Konjunktion, das Halbsextil und das Halbquadrat zwischen diesen beiden Himmelskörpern möglich sind.

Konjunktion: Wille paart sich mit persönlicher Anziehungskraft. Dieser Aspekt verleiht den Wunsch nach vollständigem inneren Frieden und Harmonie, er bezeichnet eine Künstlernatur, einen Romantiker, jemanden, der die Schönheit liebt, einen Dichter. Ein solcher Mensch kann zu sinnlich orientiert sein, wenn die Energie nicht richtig gelenkt wird. Zieht Menschen, Reichtum und gute Zeiten an. *"Femme Fatale"* oder *"Die Verkörperung des Friedens"*.

Das *Halbquadrat* weist auf Spannungen in den genannten Bereichen hin.

Sonne-Mars; Leitbegriffe: Wille - persönlicher Antrieb; sehr impulsiv!

Konjunktion: Wille vereinigt sich mit Antrieb. Hüten Sie sich vor einer solchen Person, insbesondere bei Feuerzeichen, Skorpion oder Steinbock. Diese Leute sin sehr ehrgeizig, müssen an oberster Stelle stehen und haben einen enormen Sexdrive - es sei denn, die Energie der Konjunktion wird in andere Kanäle gelenkt. Sie streben nach Herausforderungen oder fühlen sich immer herausgefordert. Sie sind waghalsig, ohne Einschränkungen handelnd. *"Der Kämpfer."*

Quadrat: Wille fordert den Antrieb heraus. Diese Konfiguration führt zu einem sehr ruhelosen Individuum, das auf der Suche nach sich selbst ist und sich zu viel auflädt, um seine Fähigkeiten zu beweisen. Ein solcher Aspekt kann zur Instabilität führen und verleiht einen starken Sextrieb. Der Mensch ist mit seinen persönlichen Errungenschaften nie zufrieden und daher ehrgeizig. Richtig eingesetzt kann dieser Aspekt zum Erfolg füh ren. *"Der kosmische Juckreiz."*

Opposition: Wille gegen Antrieb. Äußere Kräfte bewirken ständig Herausforderungen, die die Person dazu zwingen, die Situation zu überwinden und ihre materielle Position zu verbessern. Wie das Quadrat kann dieser Aspekt eine gewisse Gewalttätigkeit im Leben wie auch schlechte Laune anzei gen. *"Der Herausforderer."*

Trigon oder Sextil: Wille fließt oder harmoniert mit dem Antrieb. Das Individuum kann seine Kräfte leicht sammeln, um seine Ziele in diesen beiden Aspekten zu erreichen. Beim Trigon bedarf es weniger Bemühungen, um erfolgreich zum Ziel zu gelangen. *"Der Türöffner"*.

Bitte beachten Sie: alle Sonne-Mars-Aspekte deuten auf Selbstgenügsamkeit. Opposition, Quadrat und Konjunktion verstärken den Egoismus.

Sonne-Jupiter; Leitbegriffe: Wille - (mentale/körperliche) Expansion

Konjunktion: Wille vereinigt sich mit Expansion. Diese Konfiguration erweitert den Horizont und verleiht eine optimistische, heitere, großzügige und philosophische Natur. Sie weist auf Auslandsreisen hin, denn ein unter dieser Konfiguration Geborener ist normalerweise recht rastlos und versucht, seinen persönlichen Erfahrungsbereich zu erweitern. Auf der körperlichen Ebene kann dieser Aspekt auf einen großen, manchmal korpulenten Menschen hinweisen. *"Der Suchende."*

Quadrat: Wille fordert Expansion heraus. Das Quadrat kann dieselbe Wanderlust wie die Konjunktion bewirken, wobei aber auf der Suche nach Wissen und/oder sinnlicher Erfahrung viel mehr Energie verschwendet wird. Es kann Völlerei und Gier anzeigen. *"Der Verschwender."*

Opposition: Wille gegen Expansion. Dieser Aspekt repräsentiert viele Eigenschaften des Quadrats, bei der Opposition finden jedoch mehr Reisen auf der physischen Ebene statt. Der Mensch erhält viele Gelegenheiten, wodurch er oft weit von seinem Ausgangspunkt abschweift. Er hat vielleicht den Komplex, daß "die Kirschen in Nachbars Garten immer besser sind", und ist häufig unbefriedigt. Alle Spannungsaspekte zwischen Sonne und Jupiter können zu religiösen Schwierigkeiten führen. *"Der Wanderer."*

Trigon oder Sextil: Wille fließt oder harmonisiert mit Expansion. Dies sind "Glücksaspekte". Sie stehen für viele angenehme Reisen, die wichtige und aufbauende Erfahrungen bringen und für eine philosophische Natur sowie für eine großzügige und freudvolle Person und einen gewissen Grad an materiellem Komfort und eine Leichtigkeit sowie Wissensdurst. *"Der kosmische Segen."*

Sonne-Saturn; Leitbegriffe: Wille - Festigung

Konjunktion: Wille vereinigt sich mit Festigung. Diese Konfiguration kann einen Menschen dazu anregen, in der Welt eine Sonderstellung zu erlangen, oder sie wirkt - je nach Aspektierung - als stark depressiver Faktor. Sie weist auf Menschen hin, die das Leben ernst nehmen und die daher "leichte" und fröhliche Freundschaften pflegen sowie immer versuchen sollten, sich kreativ auszudrücken. *"Der Erbauer."*

Quadrat: Wille fordert Festigung heraus. Dieser Winkel ist ein Testaspekt, der verlangt, daß ein Mensch sehr hart arbeitet, um Ziele zu erreichen. Ein Minderwertigkeitsgefühl kann den erfolgreichen Selbstausdruck verhindern. Eine solche Person will immer sicherstellen, daß ihre Position im Leben von Dauer ist, da sie innerlich unsicher ist. *"Der Kampf um Erfolg."*

Opposition: Wille gegen Festigung. Diese Opposition kann auf eine Person hinweisen, die sich weigert, sich den vielen Hindernissen auf dem Weg zu stellen oder die von Hindernissen ständig überlastet wird. Damit dieser Aspekt positiv wirken kann, müssen solche Menschen lernen, wie sie innerhalb ihrer Begrenzungen arbeiten und sich umstrukturieren können. Dieser Aspekt lehrt Akzeptanz und kann große Stärke und Durchhaltevermögen verleihen, wenn man ihn weise handhabt. Bei allen Spannungsaspekten zwischen Sonne und Saturn muß der Mensch aufpassen, daß er keine Gewohnheiten schafft, die schwer zu durchbrechen sind, oder daß er zu viele unangenehme Verpflichtungen auf sich nimmt. *"Hindernisse auf dem Weg."*

Trigon oder Sextil: Wille fließt oder harmoniert mit Festigung. Diese Aspekte erlauben es der Person, ihr Engagement zu leben und Pflichten und Verantwortung voller Freude anzunehmen, was ihr dabei hilft, zu wachsen und im Leben erfolgreich zu sein. Die Hilfe kommt von Freunden und anderen Menschen, die älter sind. Die fließenden Aspekte des Saturn beinhalten einen tiefen gesunden Menschenverstand und Selbstvertrauen. *"Der Architekt."*

Sonne-Uranus; Leitbegriffe: Wille - Intuition

Konjunktion: Wille vereint sich mit Intuition. Dieser sehr kraftvolle Aspekt weist auf ein Leben hin, das voller Überraschungen und plötzlicher Einsichten ist. Ein Mensch mit einer solchen Konfiguration kann ein Genie sein, auch wenn er zu den sprunghaftesten und unberechenbarsten Menschen gehört. Wenn sie nur wenige Aspekte aufweist, ähnelt die Konjunktion stark dem Quadrat oder der Opposition. *"Der Nonkonformist."*

Quadrat: Wille fordert Intuition heraus. Die verleiht viele Züge der Konjunktion, kann aber eher zu Gewalt und Verantwortungslosigkeit führen. Ein solcher Mensch hat einen starken Unabhängigkeitsdrang, was grossen Starrsinn und Dogmatismus hervorruft. Möglich ist ein sehr sprunghafter Mensch, der sich selbst oft weit voraus ist. *"Der Revoluzzer."*

Opposition: Wille gegen Intuition. Dieser Aspekt kann dazu führen, daß jemand in eine feindliche Gruppe von Menschen gerät, einen gefährlichen Kurs einschlägt oder sich an einer dummen Sache beteiligt, obwohl er es besser gewußt hätte. Ruhelosigkeit, Unabhängigkeit und Überraschungen des Quadrats und der Konjunktion sind ebenfalls vorhanden, bei der Opposition werden jedoch ungewöhnliche Erfahrungen gemacht. Quadrat, Opposition oder Konjunktion können ein zwanghaftes antisoziales Verhalten anzeigen. *"Der Anarchist."*

Trigon oder Sextil: Wille fließt oder harmonisiert mit Intuition. Dies ergibt einen Menschen, der sehr erfindungsreich und fortschrittlich ist. Eine solche Person ist gewöhnlich von Inspiration und Ideen erfüllt. Wenn diese in die richtigen Wege geleitet werden, dient das der Menschheit. Ein solcher

Mensch ist originell und kreativ, aber nicht notwendigerweise sprunghaft. Diese günstigen Aspekte oder eine positiv orientierte Konjunktion zwischen Sonne und Uranus sind für astrologische und andere okkulte Studien hervorragend. *"Der Erfinder"*oder *"Der Okkultist"*.

Sonne-Neptun; Leitbegriffe: Wille - Erleuchtung

Konjunktion: Wille paart sich mit Erleuchtung. Diese Menschen haben eine geheimnisvolle Aura um sich und erleben - wenn sie hochentwickelt sind - echte mystische Visionen. Andernfalls werden sie in Verblendung und trügerische Bilder verwickelt. Sie können die Wege des Unsichtbaren und anderer Welten bereisen. Bei vielen: *"Der Träumer"* und bei wenigen: *"Der Mystiker"*.

Quadrat: Wille fordert Erleuchtung heraus. Dies ist ein schwer zu bewältigender, besonders vernebelnder Aspekt. Wie alle Neptunaspekte manifestiert er sich als Vorliebe für das Mystische, Okkulte und Illusionäre, allerdings mit der Gefahr, verloren zu gehen. Er kann für betrügerische Menschen stehen, die sich von der besten Seite zeigen, während sie ihre wahre Natur oder Motivation verbergen. Er charakterisiert Personen, die es schwer haben, sich mit ihrem "Zentrum" zu verbinden. *"Der Betrüger."* (Ein starker, positiver Saturn kann am ehesten helfen, dies auszugleichen.)

Opposition: Wille gegen Erleuchtung. Wie die Konjunktion wirkt dieser Aspekt sehr vernebelnd. Er zeigt eine Person, die auf ihre Umgebung zu sensibel reagieren kann und die von ihren inneren Zielen durch äußere Schwingungen leicht abgedrängt wird. Diese Menschen sind gewöhnlich viel stärker, wenn sie alleine sind. Sie müssen lernen, wie sie ihre Wahrnehmungskräfte weise einsetzen und das, was sie spüren, nicht persönlich nehmen sowie die Betonung auf ein universelleres Bewußtsein legen. *"Das Chamäleon"* oder, wenn richtig angewendet, *"Das Medium"*.

Trigon oder Sextil: Wille fließt oder harmonisiert gut mit Erleuchtung. Ein solcher Mensch kommt mit jedermann gut aus und kann sich auf allen Ebenen der Gesellschaft gut bewegen. Er ist charmant, künstlerisch und mystisch veranlagt. Ein starker Merkur in diesem Aspekt führt zu einem guten Okkultisten. Alle neptunischen Themen können den Interessen eines solchen Menschen auf eine sehr harmonische Art und Weise dienen. *"Der Inspirierer."*

Sonne-Pluto; Leitbegriffe: Wille - Regeneration

Konjunktion: Wille vereinigt sich mit Regeneration. Ein Mensch mit dieser Konjunktion hat ein sehr umfassendes kreatives Potential. Dieser Aspekt kann ein großes evolutionäres Wachstum bewirken, da sich das Individuum ständigen Metamorphosen unterziehen muß. Je nach Natur der Seele kann dies ein Aspekt für Selbstentdeckung oder Selbstzerstörung sein. Er steht für magnetische und intensive Individuen und für Einzelgänger. *"Der Evolutionär"* bei einigen, für andere *"Der Involutionär"*.

Quadrat: Wille fordert Regeneration heraus. Alles was von Pluto berührt wird, muß sich in seiner grundlegenden Struktur verändern, um sich höher zu entwickeln. Wenn Pluto im Quadrat zur Sonne steht, erschwert das die notwendige Metamorphose des inneren Strebens. Solche Transformationen finden nicht ohne Spannungen und Zusammenbrüche statt. Das Streben nach evolutionärem Erfolg ist eine echte Herausforderung. *"Zusammenbruch-Wiederaufbau."*

Opposition: Wille gegen Regeneration. Zwei oft gleichzeitige Wirkungen sind möglich: die Person kann auf andere transformierend wirken und/oder durch die Herausforderungen der Umgebung transformiert werden. Diese Schwierigkeiten zwingen den Menschen, sich Veränderungen zu unterziehen, um sich an das Leben anzupassen, was zu einer persönlichen Metamorphose führt. Beide Arten von Reaktionen auf diese Opposition bringen gewisse Schwierigkeiten mit sich. Bei Löwe-Wassermann führt das zu einem ideologischen, bei Krebs-Steinbock zu einem emotionalen und strukturellen Zusammenbruch.

Trigon oder Sextil: Wille fließt oder harmonisiert gut mit Regeneration. Ein Mensch, der das Glück hat, einen dieser Aspekte zu haben, wird sich den oben genannten tiefen Transformationen unterziehen, die jedoch mit einer größeren Leichtigkeit ablaufen. Darüber hinaus verleiht dieser Aspekt eine Regenerationskraft, so daß Krankheiten im Leben leichter überwunden oder sogar verhindert werden können. Ein Aspekt der körperlichen wie auch der psychischen Erneuerung. *"Der unterirdische Quell der Lebenskraft."*

Die Aspekte zum Mond

Mond-Merkur; Leitbegriffe: Gefühle und Kommunikation (rationaler Verstand)

Konjunktion: Gefühle vereinigen sich mit Kommunikation. Die Wirkung dieses Aspekts hängt in großem Maße von dem Zeichen ab, in dem sie sich befindet. In einem Wasserzeichen oder im Stier ist der Mond stärker; in einem Luftzeichen oder in Steinbock, Jungfrau oder Widder hat der Merkur den dominierenden Einfluß. Die Konjunktion steht für einen geistreichen, neugierigen, schnellen und anpassungsfähigen Menschen, der ständig unterwegs ist. *"Der Emsige."*

Quadrat: Gefühle fordern die Kommunikation heraus. Dies ist ein Aspekt der nervösen Aktivität und des Selbstzweifels. Das Individuum fragt und ist sich seiner Gefühle bezüglich Menschen und Ideen nie sicher. Herz und Kopf scheinen sich in einem ständigen Konflikt zu befinden. Man versucht, die eigenen Aktiviäten und Gefühle zu rationalisieren. Eine große Unruhe und häufige Wohnungswechsel sind für diesen Einfluß bezeichnend. *"Wohin gehen und warum?"*

Opposition: Gefühle gegen Kommunikation. Obwohl er viele Eigenschaften des Quadrats zum Ausdruck bringt, ist dieser Aspekt auch eine Herausforderung, sich treu zu bleiben, egal ob es um persönliche Beziehungen, die eigenen Reaktionen auf die Umgebung oder den Selbstausdruck geht. Er kann dazu führen, daß man die Tatsachen an die eigene Stimmung anpaßt. Quadrat und Opposition stehen auch für einen Menschen, der zuviel redet, aber zuwenig sagt.

Trigon oder Sextil: Gefühle fließen oder harmonisieren gut mit Kommunikation. Ein Mensch mit einem dieser Aspekte kann anderen seine Ideen und Gefühle erfolgreich mitteilen. Bei allen Verbindungen zwischen diesen beiden Himmelskörpern ist immer noch dieselbe Art von Rastlosigkeit vorhanden, jede Bewegung ist bei Trigon oder Sextil jedoch viel zweckgerichteter als bei Spannungsaspekten. Wenn sich Trigon und Sextil negativ auswirken, können sie zur Täuschung führen, denn der Mensch kann ganz nach Wunsch mit Leichtigkeit wunderbare Wortbilder malen. Merken Sie sich: ein günstiger Aspekt macht nicht notwendigerweise einen guten Menschen. *"Der charmante Sprecher."*

Mond-Venus; Leitbegriffe: Gefühle - persönliche Anziehungskraft

Konjunktion: Gefühle paaren sich mit Anziehungskraft. Dies ist eine äußerst anmutige, charmante, künstlerische und sinnliche Kombination. Sie zeigt wunderbare Beziehungen zu Frauen und wenn andere Faktoren im Horoskop hinzukommen, ein erfolgreiches häusliches Leben und materielle

Gewinne an (dies trifft insbesondere zu, wenn sich die Konjunktion im Stier befindet). Sie verleiht eine sehr gesellige und in den Fischen oder im Krebs eine sehr mitfühlende Natur. Ein solcher Mensch sollte Schwelgereien vermeiden. *"Sympathie."*

Quadrat: Gefühle fordern die persönliche Anziehungskraft heraus. Eine Person mit diesem Aspekt hat große Schwierigkeiten, im gesellschaftlichen Bereich erfolgreich zu sein. Oft gibt es Probleme mit Frauen. Solche Menschen stellen fest, daß sie die "falschen" Menschen anziehen oder zu ihnen hingezogen werden. Sie haben eine mangelhafte Selbstkontrolle und neigen in Gesellschaft zu Überreaktionen. Sie können zu beflissen oder zu anmaßend sein. Allgemein weist der Aspekt auf äußerst emotionale Menschen hin, die ihre Gefühle nur wenig kontrollieren können. Er kann auch Wollüstigkeit und Schwelgerei anzeigen.

Opposition: Gefühle gegen persönliche Anziehungskraft. Selbst die Spannungsaspekte von Mond und Venus führen nicht dazu, daß jemand keine Freunde hat oder eingeladen wird. Die Opposition bewirkt vor allem ein Gefühl von Unwohlsein in der Gesellschaft. Das trifft insbesondere zu, wenn ein spannungsreicher Saturn beteiligt ist. Sehr oft werden Einladungen angenommen, die der eigenen Natur entgegengesetzt sind; es ist schwierig, die "richtigen" Leute zu treffen. *"Gesellschaftliche Unangemessenheit."*

Trigon oder Sextil: Gefühle fließen oder harmonieren mit der persönlichen Anziehungskraft. In diesem Fall wird das Individuum von vielen gesucht und ständig zu den besten standesgemäßen Zusammenkünften eingeladen. Es gibt auch Gelegenheiten für sozialen Aufstieg, insbesondere wenn Saturn im Horoskop eine gute Stellung hat. Solche Menschen sind instinktiv charmant und haben einige künstlerische, insbesondere poetische Neigungen. *"Popularität."*

Mond-Mars; Leitbegriffe: Gefühle - persönlicher Antrieb

Konjunktion: Gefühle vereinen sich mit persönlichem Antrieb. Dies ist keine besonders positive Konjunktion, denn diese beiden Himmelskörper sind recht gegensätzlicher Natur. Oft weist dies auf jemanden hin, der seine Emotionen schlecht kontrollieren kann. Ein solcher Mensch gibt Wut, Eifersucht, Neid und der ganzen Palette unverarbeiteter Gefühle nach. Sicherlich ein dynamischer Aspekt, der dem Individuum hilft, erfolgreich zu sein, jedoch oft auf Kosten anderer. *"Selbstsucht."*

Quadrat: Gefühle fordern den persönlichen Antrieb heraus. Dieser Aspekt weist ebenfalls auf eine selbstsüchtige Person hin, die um jeden Preis ihren eigenen Weg gehen muß. Er enthüllt einen Kleinkrämer, eine Kratzbürste, eine Xanthippe, jemanden, der bei der geringsten Provokation beleidigt ist. Im Horoskop von Frauen kann das ein Hinweis sein, daß sie Schwierigkeiten bei der Entbindung haben oder ihre Mütter schwierige Schwangerschaften oder Entbindungen hatten. Wenn Pluto bei Quadrat oder Opposition beteiligt ist, habe ich festgestellt, daß eine Frau entweder ein Kind durch eine Fehlgeburt, Abtreibung oder Tod verloren hat oder daß sie unfruchtbar ist. Beim Horoskop eines Mannes weist das darauf hin, daß er für Frauen wenig Verständnis und einen allgemeinen Mangel an Sympathie hat. Es kann auch sein, daß der Mann ein Kind gezeugt hat, das er unter den oben genannten Umständen verloren hat. *"Angriff-Verteidigung."*

Opposition: Gefühl gegen persönlichen Antrieb. Viele Eigenschaften des Quadrats sind hier ebenfalls vorhanden, die Person ist jedoch innerlich weniger angespannt und aufgewühlt. Sie versucht vielleicht, angestaute negative und gewalttätige Emotionen durch gesellschaftliche Interaktion freizusetzen. Daher sind solche Menschen mit anderen in Streitigkeiten verwickelt. Dies ist ein Aspekt, der zu einer Art von "Was kann ich hier herausholen"-Haltung führen kann. Es kann Ärger oder sogar Skandale mit Frauen geben, insbesondere wenn Neptun beteiligt ist und in einem Spannungsaspekt steht. *"Tritt nicht auf mir herum."*

Trigon oder Sextil: Gefühle fließen oder harmonieren mit dem persönlichen Antrieb. Diese Leute können aus jeder Situation das Beste machen, denn sie besitzen ein inneres Gefühl von Mut und Selbstvertrauen. Gelegenheiten werden leicht erkannt, und die Initiative wird jeder Herausforderung gerecht. Dies ist ein "Glücksaspekt" im Horoskop; ein solcher Mensch hat gewöhnlich viel Sexappeal. *"Der Unerschrockene."*

Mond-Jupiter; Leitbegriffe: Gefühle - (körperliche oder geistige) Expansion

Konjunktion: Gefühle vereinigen sich mit Expansion. Alle Aspekte zwischen diesen beiden Himmelskörpern sind grundsätzlich harmonisch. Es besteht einzig die Möglichkeit, daß übertrieben wird. Die Konjunktion zeigt Glückspilze, die sehr großzügig und hilfsbereit für alle Menschen sind, mit denen sie in Kontakt kommen. Reisen, Überfluß und Frauen von Welt treten ins Leben. Mit Spannungsaspekten insbesondere von Sonne, Merkur oder Mars kann jedoch eine große Rastlosigkeit und eine übertriebene Gefühlsreaktion auftreten, die ausufert, wenn die Sinne stimuliert werden.

Quadrat: Gefühle fordern Expansion heraus. Personen mit diesem Aspekt neigen dazu, ihre Gefühle für Menschen zu übertreiben. Sie haben die Tendenz, zu optimistisch zu sein und die Wirklichkeit aus dem Blickfeld zu verlieren. Möglicherweise haben sie auch Schwierigkeiten, religiöse Gefühle zu formulieren und zu kontrollieren. Wenn dieser Aspekt im Gesamthoroskop unterstützt wird, kann das einen Fanatiker ergeben. Das Quadrat weist auch auf einen Menschen hin, der das Leben gerne leicht nimmt und nicht zu schwer arbeitet. *"Was du heute kannst besorgen, das verschiebe gern auf morgen."*

Opposition: Gefühl gegen Expansion. Ruhelosigkeit ist auch bei diesem Aspekt ein Leitbegriff. Es ist viel von der Wanderlust der Sonne-Jupiter Opposition vorhanden, die Betonung liegt hier allerdings mehr im Bereich Menschen und Beziehungen. Solche Personen können daher ihr Vertrauen und ihre Finanzen in die falschen Hände geben. Falscher Stolz und Extravaganz sind andere Attribute der Spannungsaspekte zwischen diesen beiden Himmelskörpern. *"Vielleicht diesmal..."*

Trigon oder Sextil: Gefühle fließen oder harmonisieren gut mit Expansion. Diesen Menschen wird das ganze Leben hindurch eine helfende Hand gereicht, denn andere (insbesondere Frauen) sind immer bereit, in guten und schlechten Zeiten zu unterstützen. Die Selbsterforschung in menschlichen Beziehungen, höheres Wissen und Reisen zahlen sich wirklich aus. Dieser Aspekt kann ein wahres Gefühl von Altruismus und einen noblen Charakter verleihen. Egal welche anderen Konfigurationen sich im Horoskop befinden - dieser Aspekt ist *"Der Hoffnungsschimmer"*.

Mond-Saturn; Leitbegriffe: Gefühle - Festigung

Konjunktion: Gefühle vereinigen sich mit Festigung. Alle Aspekte zwischen diesen beiden Himmelskörpern sind grundsätzlich unharmonisch; die fließenden Aspekte können jedoch äußerst hilfreich sein, wenn sie richtig gelenkt werden. Diese Konjunktion verleiht Selbstbeherrschung und einen ultrakonservativen Standpunkt. Eine Person mit diesem Aspekt muß man sogar dann ermutigen, wenn sie Hilfe oder Schutz ablehnt. Dieser Aspekt kann einem auch die Lebenskraft entziehen und ist für die Gesundheit abträglich. Sie verleiht jedoch Durchhaltevermögen und einen gesunden Menschenverstand, der Mensch muß aber seine Selbstsucht überwinden. Wenn diese Konjunktion im Trigon oder Sextil zu Sonne oder Jupiter steht, weist das auf einen guten Geschäftsmann hin. Der emotionale Selbstausdruck ist jedoch erschwert. Wir können diesen Aspekt als *"Melancholie"* bezeichnen.

Quadrat: Gefühle fordern die Festigung heraus. Wie bei der Konjunktion führt dieser Aspekt zum Grübeln und zu einer allgemeinen Unfähigkeit, die eigene Liebesnatur auszudrücken. Eine gewisse Kälte ist vorhanden, und wenn der Aspekt nicht von anderen modifiziert wird, neigt dieser Mensch dazu, schlau und berechnend zu sein. Saturn ist der Lehrer, der uns zeigt, was wir überwinden müssen. In diesem Fall sind es Schwierigkeiten mit Mutter oder Kindheit. *"Das kalte Herz."*

Opposition: Gefühl gegen Festigung. Andere Menschen oder die allgemeinen Lebensumstände können einer Person mit dieser Opposition so viele Bürden auferlegen, daß die individuelle Freiheit schwer eingeschränkt erscheint. Im allgemeinen sind diese Menschen weniger egoistisch als bei den beiden zuvor genannten Aspekten, aber bei den Lektionen, die gelernt werden müssen, geht es um die richtige Bewältigung von Verantwortung. Eine schwierige Kindheit und/oder ein strenger Elternteil können auch angezeigt werden. Wie bei allen Saturnaspekten, ob günstig oder ungünstig, besteht die Neigung zum Einzelgänger (aber nicht notwendigerweise zur Einsamkeit). Wenn dieser Aspekt sehr spannungsgeladen ist, kann man ihn als *"Den Unterdrücker"* bezeichnen, wenn er schwächer ist, ist er *"Der Aufruf zur Pflicht"*.

Trigon oder Sextil: Gefühle fließen oder harmonieren mit Festigung. Viele saturnische Gefühlsqualitäten werden durch diese beiden günstigen Aspekte abgeschwächt. Der Pflicht wird Aufmerksamkeit geschenkt, und wir finden eine harmonische, wenn auch traditionelle Familienbindung. Dieser Aspekt verleiht hervorragende Einsicht und Geschäftssinn, denn der Mensch ist sich der Wachstums- und Gewinnmöglichkeiten des täglichen Lebens wohl bewußt. Dieser Aspekt verleiht Geduld, Tiefe und Verständnis für die Struktur menschlicher Beziehungen. *"Gesunder Menschenverstand."*

Mond-Uranus; Leitbegriffe: Gefühle - Intuition

Konjunktion: Gefühle vereinigen sich mit der Intuition. Dies kann für jemanden, der an Okkultismus und Metaphysik interessiert ist, ein hilfreicher Aspekt sein. Er bewirkt ein inneres Verstehen der menschlichen Natur und eine unmittelbare Harmonie mit allen Rassen und Nationalitäten. Diese Konjunktion kann einen Menschen in schlechte Gesellschaft führen, denn sie bewirkt auch eine gewisse unsoziale Haltung, die im Quadrat stärker betont ist. Bei höher entwickelten Menschen kann dieser Aspekt zu persönlichen humanitären Anwandlungen führen, die sich von der vorherrschenden sozialen Struktur unterscheiden. Interessante Frauen tauchen immer wieder im Leben auf. Ein solcher Mensch hat wahrscheinlich eine ungewöhnliche Kindheit verbracht. Die häusliche Situation und der Lebensstil sind im allgemeinen unkonventionell. *"Freiheit ist meine Sicherheit."*

Quadrat: Gefühle fordern die Intuition heraus. Dies bezeichnet eine Person, die nicht auf sich selbst hört - ein sprunghaftes Individuum, das ständig die Gesellschaftsgruppen und Freunde wechselt. Sie hat es schwer, an einem Ort zu bleiben, und wenn andere Aspekte diese Tendenz verstärken, kann sie aus einem gestörten Elternhaus kommen oder die Ursache für ein solches sein. Dieser Aspekt kann enorme Nervosität und gewaltsame emotionale Ausbrüche anzeigen (insbesondere wenn Mars mit einem Spannungsaspekt beteiligt ist oder in Konjunktion steht). *"Freiheit trotz Sicherheit."*

Opposition: Gefühle gegen Intuition. Ungewöhnliche Menschen können ins Leben treten und Schwierigkeiten mit sich bringen. Man schätzt seine Freunde und Kollegen falsch ein und kann sehr gegen die Gesellschaft eingestellt sein. Man betritt den Rasen, weil es verboten ist. Dieser Mensch lechzt nach aufregenden Dingen und kann von Unfallszenen und/oder Feuer angezogen werden. Höher entwickelte Individuen interessieren sich für Okkultismus, jedoch unter Bedingungen, die einen wahren Fortschritt verhindern. *"Freiheit oder Sicherheit."*

Trigon oder Sextil: Gefühle fließen oder harmonieren mit der Intuition. Wie bei allen Aspekten von Mond und Uranus besteht eine Vorliebe für bizarre und unkonventionelle Lebensgewohnheiten. Das Quadrat zwischen diesen beiden Planeten führt zu einem inneren Zwang, stets anders sein zu wollen. Diese günstigen Aspekte lassen normalerweise zu, daß solche Gefühle gesund und kreativ zum Ausdruck gebracht werden. Daher kann sich eine solche Person bei der Sozial- oder Öffentlichkeitsarbeit engagieren. Ein mystisch orientierter Mensch wird in der Esoterik Inspiration finden, denn diese Aspekte tragen zu einem hochentwickelten sechsten Sinn bei.

Mond-Neptun; Leitbegriffe: Gefühle - Erleuchtung

Konjunktion: Gefühle vereinigen sich mit Erleuchtung. Diese Menschen sind dem Leben gegenüber offen. Mit einem solchen Aspekt im Horoskop wollen sie in ihrem Verhalten gegenüber der Umwelt nicht eingeschränkt werden und spüren, daß sie das Recht haben sollten, jeden Weg des Selbstausdrucks zu erforschen. Sie fühlen sich vielleicht von den herrschenden Moralvorstellungen verfolgt. Für viele ist dies eine höchst künstlerische und inspirierende Kombination, die bei einigen auch zu mystischen Erfahrungen führt. *"Der Visionär"* oder *"Der, der vor der Wirklichkeit flieht"*.

Quadrat: Gefühle fordern die Erleuchtung heraus. Wie bei allen Verbindungen zwischen Mond und Neptun muß eine gewisse Unterscheidungsfähigkeit geübt werden, um das Wirkliche sorgfältig vom Unwirklichen zu trennen. Ein Mensch mit diesem Aspekt ist sehr launisch und sich nie wirklich seiner Gefühle für andere sicher, oder er weiß nicht, welche Gefühle andere für ihn hegen. Er kann sich entschieden täuschen und sollte bei persönlichen Beziehungen vorsichtig sein, insbesondere mit Frauen. Drogen, Alkohol und die meisten Aspekte des Mystizismus sollten sorgfältig vermieden werden, es sei denn, dieser Aspekt wird von anderen Aspekten modifiziert (ein starker und positiver Saturn oder Sonne wären am hilfreichsten). *"Der Halluzinator."*

Opposition: Gefühle gegen Erleuchtung. Die Opposition hat viele der Qualitäten des Quadrats, mit dem wichtigen Unterschied, daß die Person leichter in eine zweifelhafte gesellschaftliche Umgebung hineingezogen werden kann. Das Quadrat ist mehr ein Aspekt der Selbsttäuschung. Bei der Opposition können andere Menschen zur eigenen Täuschung beitragen. Freundschaften müssen eingehend geprüft werden. *"Der Getäuschte."*

Trigon oder Sextil: Gefühle fließen oder harmonieren mit der Erleuchtung. Dieser Aspekt findet sich in den Horoskopen vieler kreativer Menschen, insbesondere derer, die im Bereich Film, Kunst und Tanz arbeiten. Er ist ein aufmunternder, inspirierender und beweglicher Aspekt, der es einem solchen Menschen erlaubt, Schönheit in ihre Umgebung zu bringen. Für einige zeigt dies einen positiven Kontakt mit Kräften an, die sich in den unsichtbaren Bereichen befinden.

Mond-Pluto; Leitbegriffe: Gefühle - Regeneration

Konjunktion: Gefühle vereinigen sich mit Regeneration. Dies ist ein sehr vielseitiger und intensiver Aspekt, der plötzliche emotionale Ausbrüche oder Panik auslösen kann. Wenn die Konjunktion noch andere Spannungsaspekte hat und/oder sich im Horoskop von jemandem befindet, der noch nicht gelernt hat, die von dieser Konfiguration angezeigte große Gefühlswallung zu transzendieren, dann kann er aufgrund tiefer Ängste hysterisch reagieren. Diese Konjunktion kann ein gestörtes Zuhause oder uneheliche Kinder anzeigen. Andererseits verleiht die Mond-Pluto-Konjunktion im Horoskop einer höher entwickelten Person eine enorme Einsicht in die Psyche aller Menschen, mit denen sie in Kontakt kommt. Dieser Aspekt zeigt, daß die ständig veränderliche Form des kreativen Selbstausdrucks direkt mit dem Gefühlsleben zusammenhängt.

Quadrat: Gefühle fordern die Regeneration heraus. Menschen mit dieser Konfiguration finden es extrem schwierig, die niederen Emotionen wie Eifersucht, Neid, Haß und Rache zu transzendieren, um höhere Ausdrucksformen wie Großzügigkeit, universelle Liebe und spirituelle Aspiration zu erreichen. Alle Konfigurationen, die mit Pluto zu tun haben, bewirken, daß die Energie des Planeten, der an der Konfiguration beteiligt ist, umgewandelt wird. Seelen, die sich bewußt entwickeln, wollen die oben genannten niederen Gefühle reinigen. Die innere Spannung, die in dieser intensiven Emotionalenergie enthalten ist, zwingt dazu, daß negative Energie in einen positiveren Kanal übertragen wird. *"Das Bedürfnis, sich zu reinigen."*

Opposition: Gefühle gegen Regeneration. Die Probleme in persönlichen Beziehungen veranlassen einen Menschen, die eigene negative Emotionalenergie umzulenken. Dieser Aspekt läßt ihn danach streben, die Kontrolle über die Umgebung zu gewinnen. Dies erfolgt auf eine extrem subtile und unsichtbare Art und Weise, was schließlich in Ausbrüchen endet, welche die Beziehungen anderer Menschen sowie die eigenen Beziehungen zerstören. *"Der Zerstörer."*

Trigon oder Sextil: Gefühle fließen oder harmonisieren mit der Regeneration. Diese Aspekte bezeichnen einen leichteren Weg zur Reinigung von Emotionen und Gefühlen. Diese Menschen machen Erfahrungen im Leben, die in ihnen selbst höhere emotionale Qualitäten und Aspirationen erwecken. Ein starkes Bewußtseinswachstum kann stattfinden. Trigon und Sextil tragen auch zum Verstehen der menschlichen Psyche bei, allerdings ohne die oft besorgniserregende Intensität der Konjunktion.

Die Aspekte zum Merkur

Merkur-Venus; Leitbegriffe: Kommunikation (rationaler Verstand) - persönliche Anziehungskraft

Merkur und Venus stehen maximal 72 Grad auseinander, daher sind die von ihnen gebildeten Hauptaspekte die Konjunktion und das Sextil.

Konjunktion: Kommunikation vereint mit persönlicher Anziehungskraft. Dieser Aspekt bringt *"Den Charme des Selbstausdrucks"*. Wenn andere

Faktoren im Horoskop unterstützend wirken, können diese Menschen gewandt sprechen und schreiben. Die Konjunktion bezeichnet eine gesellige, umgängliche, leichtherzige und gewöhnlich optimistische Person. Wenn das Horoskop aber keinen anderen "Grundton" hat, ist eine solche Person nicht besonders tiefgehend.

Sextil: Kommunikation harmoniert mit der persönlichen Anziehungskraft. Dies sind Menschen, die bei allem, was sie tun, einen ungewöhnlich guten Geschmack zeigen. Sie lieben insbesondere die Literatur, die Künste und Menschen, die in diesem Bereich zu tun haben. Merkur ist Melodie, Venus ist Harmonie - das Endergebnis ist *"jemand, den alle mögen."*

Merkur-Mars; Schlüsselworte: Kommunikation - persönlicher Antrieb

Konjunktion: Kommunikation vereinigt sich mit persönlichem Antrieb. Diese Personen überlegen und handeln rasch und kommen durch Kommunikation zum Erfolg. Es sind Denker, die so schnell und abrupt handeln, daß sich das verheerend auswirken kann. Dieser Aspekt verleiht Begabungen im Bereich Technik, Mechanik oder wissenschaftlicher Forschung, insbesondere wenn günstige Saturnaspekte vorhanden sind. Diese *"flinke Zunge"* wird oft von einem sarkastischen Unterton begleitet.

Quadrat: Kommunikation fordert den persönlichen Antrieb heraus. Dieses Quadrat zwingt einen Menschen dazu, das zu sagen, was er denkt. Er kann soviel reden, daß er leicht den Faden verliert und er sich ständig wiederholt. Dieser Aspekt bezeichnet einen nervösen und instabilen Verstand mit einer scharfen Zunge. *"Die Quasselstrippe."*

Opposition: Kommunikation gegen persönlichen Antrieb. Menschen mit einem solchen Aspekt sagen oft das Falsche zur falschen Zeit. Weit mehr als die Menschen mit dem Quadrat (die sich einfach gerne nur reden hören) lieben die Menschen mit einer Opposition eine gute Diskussion. *"Der Debattierer."*

Trigon oder Sextil: Kommunikation harmoniert mit dem persönlichen Antrieb. Diese Menschen können sehr gut schreiben und sprechen, sie kommen klar auf den Punkt. Sie besitzen Taktgefühl und Diplomatie und verfolgen trotzdem eine klare Zielrichtung. Normalerweise finden wir diesen Aspekt im Horoskop von präzisen Denkern und Organisatoren (es sei denn, daß ein Spannungsaspekt von Jupiter oder Neptun verwirrend wirkt). *"Der Techniker."*

Merkur-Jupiter; Leitbegriffe: Kommunikation - Expansion

Konjunktion: Kommunikation vereinigt sich mit Expansion. Diese Konjunktion wirkt am besten, wenn keiner der beiden Planeten schwach steht (siehe Tabelle S. 295). Wenn dies zutrifft, besteht eine Neigung zu Fehleinschätzungen im Bereich des jeweiligen Zeichens. Eine Merkur-Jupiter-Konjunktion in der Jungfrau kann beispielsweise zu übermäßiger Kleinlichkeit führen. Wenn die Konjunktion in Zeichen stattfindet, die sich gegenseitig unterstützen, wie Widder, Wassermann, Krebs, Skorpion oder Waage finden wir ein großes intellektuelles Potential oder Einsichten voller Mitgefühl. Dieser Aspekt charakterisiert einen Verstand, welcher die größeren wie auch kleineren Probleme der Menschheit sieht. *"Der Philosoph."*

Quadrat: Kommunikation fordert Expansion heraus. Menschen mit diesem Aspekt ziehen normalerweise falsche Schlüsse, denn es mangelt ihnen an Beurteilungsfähigkeit, da sie die Tatsachen allgemein falsch verstehen. Es gibt Probleme mit Reisen; diese Menschen sind extrem unruhig und sprachlich nicht sehr gewandt. Der ständig ratternde Verstand blockt ein größeres Verständnis ab. *"Der Übertreiber."*

Opposition: Kommunikation gegen Expansion. Ein Mensch mit diesem Aspekt kann viele der vom Quadrat angezeigten Schwierigkeiten zum Ausdruck bringen. Die Opposition konzentriert sich auf das Große gegen das Kleine. Das heißt, daß eine solche Person aus einer Mücke einen Elefanten machen kann und umgekehrt. Normalerweise geschieht beides. Manchmal entsteht ein Konflikt zwischen dem Intellekt und religiösen Zielen (Glauben). *"Der Pseudo-Intellektuelle."*

Trigon oder Sextil: Kommunikation fließt oder harmoniert mit der Expansion. Dies ist ein Aspekt eines klaren Denkers, der die Unterschiede koordinieren kann, die zwischen universellen Konzepten und ihrer Anwendung auf das Alltagsleben bestehen. Er weist auch auf einen (erfolgreichen) Reisenden und Linguisten hin, der die Übergänge auf den verschiedenen Gedankenebenen sowie zwischen den Unterschieden der Sprachen herstellen kann. Wir können diese Konfiguration daher als *"Den Übersetzer"* bezeichnen.

Merkur-Saturn; Leitbegriffe: Kommunikation - Festigung

Konjunktion: Kommunikation vereinigt sich mit Festigung. Diese Konjunktion kann sich auf zwei grundlegende Arten zeigen. Sie weist entweder auf einen langsamen Denker mit einem trüben Verstand hin oder auf einen ernsthaften Denker, der in die Tiefe geht. Viel hängt dabei vom Gesamthoroskop ab, insbesondere von dem Zeichen, in dem sich diese Konfiguration befindet. Die besten Positionen sind in Luftzeichen. Daher können wir diesen Aspekt entweder als *"Verstandestiefe"* oder als *"Trüben Verstand"* bezeichnen.

Quadrat: Kommunikation fordert die Festigung heraus. Menschen mit diesem Aspekt bleiben normalerweise eher in bestimmten Denkgewohnheiten stecken. Das Ganze verschlimmert sich dadurch, daß sie oft nicht genau hören, was andere Menschen sagen, ohne daß es sich hier notwendigerweise um eine organische Hörschwierigkeit handeln muß. Diese Menschen verschließen sich gegenüber Meinungen, die von ihrer eigenen Einstellung abweichen. Sie neigen zu einem depressiven Verstand und sollten sich hoffnungsvollere Bedingungen schaffen. Ein günstig stehender Jupiter wäre sicherlich hilfreich. *"Der Besorgte."*

Opposition: Kommunikation gegen Festigung. Dieser Aspekt zeigt normalerweise viele, wenn auch geringere Schwierigkeiten an als beim Quadrat. Äußerliche Umstände behindern die Reiselust. Pläne müssen häufig verändert werden, um den bestehenden Umständen gerecht zu werden. Ein solcher Mensch kann ein Minderwertigkeitsgefühl haben und zum Beispiel der Meinung sein, daß *"die Welt gegen ihn ist"*. In seinem positivsten Licht lehrt dieser Aspekt geistige Disziplin, Verantwortung und Präzision.

Trigon oder Sextil: Kommunikation fließt oder harmoniert mit Festigung. Dieser Aspekt weist auf einen gesunden Menschenverstand und einen guten Geschäftssinn hin. Er ermöglicht, daß man aus möglichst wenig das meiste macht. Diejenigen, denen das Glück zuteil wird, einen solch günstigen Aspekt im Horoskop zu haben, können ihre Ziele erreichen, indem sie sorgfältig planen und einen Sinn für sich bietende Gelegenheiten entwikkeln. Dieser fließende Aspekt ermöglicht ein beständiges geistiges Arbeiten und ein gutes Organisationstalent.

Merkur-Uranus; Leitbegriffe: Kommunikation - Intuition

Konjunktion: Kommunikation verbindet sich mit Intuition. Das Ergebnis ist offensichtlich Genialität. Ein solcher Mensch ist erfindungsreich, originell und kann sehr schnell zu einer richtigen Schlußfolgerung gelangen, ohne alle Daten analysieren zu müssen. Er neigt jedoch dazu, rechthaberisch und immer darauf bedacht zu sein, sich selbst neu und ungewöhnlich unkonventionell auszudrücken. Gedanken können bei ihm "blitzartig" kommen, und für komplizierte Situationen findet er sofort Lösungen. *"Ein Blitzverstand."*

Quadrat: Kommunikation fordert die Intuition heraus. Obwohl dieser Aspekt es einem Menschen ebenfalls erlaubt, "blitzartige" Ideen und Konzepte zu haben, ist es für ihn aber schwierig, solche Ideen mit der Alltagswelt zu verbinden. Der Verstand ist sich oft selbst voraus, und häufig ist eine solche Person sehr nervös und schwafelt. Diese Konfiguration zeigt eine extreme Rastlosigkeit an, der Verstand muß diszipliniert werden. Ein starker, positiver Saturn kann hier von großem Nutzen sein. *"Der zerstreute Verstand."*

Opposition: Kommunikation gegen Intuition. Dies ähnelt dem Quadrat, da sich Oppositionen aber durch die äußeren Umstände ausdrücken, kommen diese Menschen eher zu falschen Schlußfolgerungen über ihre Bekannten oder geraten an falsche Freunde und Kollegen. Sie tendieren dazu, die Ideen anderer Leute aufzunehmen und so zurechtzulegen, daß sie ihrem eigenen Zweck dienen. Der Aspekt kann auch auf eine Person hinweisen, die anderen ihre Denkart aufzwingt. *"Der Hetzer."*

Trigon oder Sextil: Kommunikation fließt oder harmoniert gut mit Intuition. Diese Menschen sind die Erfinder, Innovatoren, Okkultisten, politischen Theoretiker und dynamischen Denker der Gesellschaft. Dies ist ein günstiger Aspekt für alle Arten von naturwissenschaftlicher und metaphysischer Forschung. *"Der progressive Denker."*

Merkur-Neptun; Leitbegriffe: Kommunikation (rationaler Verstand) - Erleuchtung

Konjunktion: Kommunikation vereinigt sich mit Erleuchtung. Dies kann auf einen künstlerischen Geist mit großer Phantasie und einer großen Vorliebe für Musik und Tanz hinweisen oder die Quelle einer großen Vernebelung und einer übermäßigen und unkontrollierten Phantasie sein. Das Wirkliche und Unwirkliche verschmelzen oft miteinander und verweilen in einem undifferenzierten Verwirrungszustand. Im Horoskop einiger weniger Menschen kann dieser Aspekt Enthüllungen und eine mystische Kommunikation mit dem Unsichtbaren ermöglichen. *"Der Illusionär."*

Quadrat: Kommunikation fordert die Erleuchtung heraus. Dieser Aspekt findet sich im Horoskop derer, die ihre eigene Version der Wahrheit schaffen. Es ist ein sehr trügerischer Einfluß. Man sollte immer alle Dokumente und Rechtsprozesse sorgfältig prüfen (was auch für Spannungsaspekte zwischen Merkur und Jupiter gilt). *"Der raffinierte Verstand."*

Bitte beachten Sie: man sollte immer daran denken, daß Aspekte transzendiert werden können. Die positiven Strahlen von Pluto als auch eine bewußte Neulenkung von Energie seitens des Individuums können dazu führen, daß der eine oder andere Spannungsaspekt neu ausgerichtet wird.

Opposition: Kommunikation gegen Erleuchtung. Die Opposition hat viele der Eigenschaften des Quadrats. Dieser Aspekt weist insbesondere auf einen Menschen hin, der andere täuschen kann oder der von ihnen getäuscht wird. Solche Menschen glauben, daß alles möglich ist, und es fällt ihnen schwer, auf der Erde zu bleiben. Bei beiden Spannungsaspekten zwischen Merkur und Neptun besteht eine starke Neigung zum Phantasieren und Tagträumen.

Trigon oder Sextil: Kommunikation fließt oder harmonisiert mit Erleuchtung. Dieser Aspekt findet sich oft im Horoskop von erfolgreichen Schriftstellern und anderen Menschen, die im Medienbereich arbeiten. Sie können dadurch eine Situation von vielen Seiten betrachten und ihren Horizont erweitern. Dieser Aspekt hilft einem guten Psychologen oder bei einem Beruf in der Psychatrie, denn diese Menschen haben ein hochentwickeltes Mitgefühl für die Gedanken und Gefühle anderer (was durch günstige Mond- und/oder Marsaspekte verstärkt werden kann). Dieser Aspekt ist für diejenigen hilfreich, die mit übersinnlicher oder metaphysischer Arbeit zu tun haben. *"Der inspirierende Denker."*

Merkur-Pluto; Leitbegriffe: Kommunikation - Regeneration

Konjunktion: Kommunikation vereinigt sich mit Erneuerung. Dieser Aspekt kann zu einem tiefsinnigen Denker führen. Solche Menschen verstehen, daß es viele unangezapfte Wahrnehmungsbereiche gibt. Sie streben danach, die Mysterien des Lebens zu erforschen, und es ist sehr schwierig, einem solchen durchdringenden Verstand ein Geheimnis vorzuenthalten. Sehr oft wird die Art und Weise, wie ein solcher Mensch seine Umgebung wahrnimmt, einer ungewöhnlichen und vollständigen Metamorphose unterzogen. Meinungen können sich drastisch und plötzlich verändern. *"Der Detektiv"* oder *"Der Spion"*.

Quadrat: Kommunikation fordert Regeneration heraus. Dieser Aspekt kann zu vielen störenden Gedanken und tiefverwurzelten Neurosen führen.

Obwohl ein solcher Mensch den Wunsch hat, diese negativen Gedanken zu transzendieren, kann er dies nur unter größter Anspannung erreichen. Dieser Aspekt kann auch auf eine Person hinweisen, die sehr rezeptiv und sarkastisch ist und sich ihrer eigenen und der Schwächen und Verletzlichkeiten anderer sehr genau bewußt ist. *"Der besessene Verstand."*

Opposition: Kommunikation gegen Regeneration. Dieser Aspekt zeigt wie das Quadrat einen gewissen Zerfall von Gedankenmustern an, so daß der Verstand immer eifrig damit beschäftigt ist, die vielen Ideen, die ständig im Zusammenhang auftauchen und wieder verschwinden, zu festigen und zu fixieren. Die Opposition weist insbesondere auf jemanden hin, der extrem neugierig ist, welche Geheimnisse andere haben und wie sie denken. Sie weist auch auf jemanden hin, der mit Korruption die bestehenden Umstände unterminieren will (insbesondere wenn Saturn oder Mond beteiligt sind). Ein solcher Mensch hat einen durchdringenden, scharfsinnigen und höchst komplexen Verstand. Die Gedankenmuster müssen durch die richtige Interaktion mit anderen erneuert werden.

Trigon oder Sextil: Kommunikation fließt oder harmonisiert mit Regeneration. Diese Aspekte verleihen eine natürliche Fähigkeit, gewisse festgelegte Denkarten zu transzendieren, indem viele Wahrnehmungsebenen gleichzeitig gesehen werden. Dies ist daher ein Aspekt, der mit Bildung, Werbung oder anderen Bereichen zu tun hat, in denen die allgemeine Meinung geprägt wird. Für Menschen, die höhere Bewußtseinsebenen suchen, sind Trigon oder Sextil zwischen diesen beiden Planeten ein sehr hilfreiches Werkzeug. *"Der transzendente Verstand."*

Die Aspekte zur Venus

Venus-Mars; Leitbegriffe: persönliche Anziehungskraft - persönlicher Antrieb

Konjunktion: persönliche Anziehungskraft vereinigt sich mit persönlichem Antrieb. Die Intensität dieser Konjunktion zeigt sich in der Betonung auf emotional-sexuelle Beziehungen, die gewöhnlich leidenschaftlich und intensiv gelebt werden. Das Zeichen, in dem sich der Aspekt befindet, entscheidet, welcher von beiden Planeten stärker ist. *"Der Genußmensch."*

Quadrat: persönliche Anziehungskraft fordert den eigenen Antrieb heraus. Dieser Aspekt läßt Beziehungen stürmisch beginnen; die anfängliche Leidenschaft und der Enthusiasmus können jedoch nicht aufrechterhalten werden. Solche Menschen sagen an einem Tag Hü und am anderen Hott. Sie neigen auch zu Verwirrung, wenn sie mit Kollegen zusammenarbeiten oder eigenständig handeln sollen. *"Er liebt mich, er liebt mich nicht."*

Opposition: persönliche Anziehungskraft gegen persönlichen Antrieb. Solche Menschen neigen zu platonischen Beziehungen, wenn Leidenschaft gefragt ist, und sie sind leidenschaftlich, wenn man ihnen Freundschaft anbietet. Wie bei Konjunktion und Quadrat sind diese Menschen sehr sinnenfroh, die Opposition führt jedoch zu einem Mangel an Befriedigung in persönlichen Beziehungen. Hier wird geprüft, ob sie mit den Wünschen anderer zusammenarbeiten können. *"Freund oder Liebhaber, beides geht nicht."*

Trigon oder Sextil: persönliche Anziehungskraft fließt oder harmonisiert mit dem persönlichen Antrieb. Diese Menschen haben keine Probleme mit dem anderen Geschlecht, es sei denn, daß hinderliche Faktoren vorhanden sind. Es besteht ein inneres Verständnis, wie man am besten mit Menschen arbeitet, so daß das eigene wie auch das gemeinsame Ziel erreicht wird. Diese Menschen haben ein gutes Gefühl dafür, wie man die vielen Details des Alltagslebens ordnet. Es sind günstige Aspekte für gesellschaftlichen Erfolg. *"Von Natur aus ein Liebhaber."*

Venus-Jupiter; Leitbegriffe: persönliche Anziehung - Expansion

Konjunktion: persönliche Anziehung vereinigt sich mit Expansion. Diese Menschen gehören nicht zu dem Typ, der still in der Ecke sitzt, während sich die Welt um ihn dreht. Sie lieben es, Spaß zu haben, sind angenehme, attraktive Begleiter und genießen Bequemlichkeit. Sie sind von wohlhabenden Menschen umgeben. *"Ein Geschenk des Himmels."*

Quadrat: persönliche Anziehungskraft fordert die Expansion heraus. Obwohl hier dieselben günstigen Umstände wie oben herrschen, sind diese Menschen Verschwender, überaus extravagant und stellen allzuoft ihren Reichtum zur Schau. *"Der Verschwender."*

Opposition: persönliche Anziehungskraft gegen Expansion. Ein guter Rat für Menschen mit einer solchen Konstellation kam vom Steinbock Benjamin Franklin: "Nichts verschwenden, nichts wollen." Hier finden wir die Extravaganz und andere Eigenschaften des Quadrates wieder. Die Opposition läßt ein Individuum jedoch zu einem gesellschaftlichen Schmetterling werden, der sich auf seiner nie endenden Suche nach den "richtigen Leuten" befindet. *"Der gesellschaftliche Aufsteiger."*

Trigon oder Sextil: persönliche Anziehungskraft fließt oder harmonisiert mit Expansion. Dieser Aspekt verleiht: Reichtum, Beliebtheit, gesellschaftliche Umgangsformen, ein inneres Gefühl für Schönheit und eine Neigung, diesen Segen mit anderen zu teilen. *"Das goldene Hufeisen."*

Venus-Saturn; Leitworte: persönliche Anziehung - Festigung

Konjunktion: persönliche Anziehung vereinigt sich mit Festigung. Obwohl Verbindungen zwischen diesen beiden Planeten selten zu einer großen Beliebtheit in der Gesellschaft führen, kann sich eine sehr langanhaltende und loyale Ehe oder Partnerschaft ergeben. Wenn sie von anderen Planeten wie Mond oder Sonne gut aspektiert sind, kann dies die positivste Seite von Venus-Saturn verkörpern. Diese Menschen können sich jedoch nahestehenden Kollegen verpflichtet fühlen. Im allgemeinen nehmen sie Finanzen und das Gesellschaftsleben sehr ernst. Wenn sie jung sind, werden sie von älteren Menschen, und wenn sie alt sind, von jüngeren angezogen. *"Der pflichtbewußte Partner."*

Quadrat: persönliche Anziehung fordert die Festigung heraus. Die Lektion, die hier gelernt werden soll, ist das Teilen. Sehr oft enthalten diese Menschen ihrem Partner genau die Gefühle vor, die er am dringendsten braucht. Auf die gleiche Art und Weise können andere ihre Liebe oder materielle Güter von einem solchen Menschen fernhalten. Es sind Phasen möglich, in denen es an Geld fehlt oder eine Trennung vom Partner stattfindet, wenn dieser Aspekt nicht von anderen günstigen Aspekten ausgeglichen wird. *"Der, der die Liebe prüft."*

Opposition: persönliche Anziehung gegen Festigung. Eines der positivsten Merkmale von Opposition und Quadrat zwischen diesen beiden Planeten ist der Gewinn von Geduld und Mitgefühl im Umgang mit anderen. Wenn diese Lektion nicht gelernt wird, geht das Leiden weiter. Bis sie transformiert ist, kann sich die Opposition als eine Neigung zur Manipulation manifestieren, wenn es um den materiellen Reichtum anderer geht. Hier werden Tricks angewendet, und in persönlichen Beziehungen ist eine gewisse Kälte vorhanden. Aufgrund der karmischen Gesetze sollte der Manipulierende erwarten, daß er manipuliert wird. Eine andere wichtige Facette dieses Aspekts ist, daß man zwar extrem hart arbeitet, um sich materiell oder emotional zu etablieren, die Belohnung für solche Bemühungen aber ausbleibt. Aus diesem Grund kann man die Opposition zwischen Saturn und Venus als *"vergebliche Liebesmüh"* bezeichnen.

Trigon oder Sextil: persönliche Anziehungskraft fließt oder harmonisiert mit der Festigung. Diese Menschen erhalten die Hilfe eines liebevollen Partners und/oder sind im höheren Alter geschäftlich erfolgreich. Manchmal kommt Hilfe von älteren oder etablierteren Menschen, die sehr respektiert werden. Dieser Aspekt enthüllt ein tiefes Pflichtgefühl, das sich auf Dauer auszahlt. *"Der reife Partner."*

Venus-Uranus; Leitbegriffe: persönliche Anziehung - Intuition

Nach echt uranischer Art weichen wir hier von der üblichen Struktur ab und zeigen ein allgemeines Bild von der Energie, die aus der Verbindung dieser beiden Planeten entsteht. Zwei Bereiche sind vorherrschend: der erste ist die Welt der Kunst, der zweite die der menschlichen Beziehungen.

Venus-Uranus-Menschen sind im allgemeinen in dem Medium, über das sie sich ausdrücken wollen, innovativ. Ein gutes Beispiel hierfür ist das Horoskop von Yoko Ono Lennon, die Wassermann mit Waageaszendent ist. Man muß sich nur ihre verschiedenen Projekte betrachten, wie zum Beispiel die Filmaufnahmen von etwa 300 berühmten französischen Hinterteilen oder einige ihrer Filme wie Fly, um das Genre zu verstehen, das vom originellen Verstand einer Venus-Uranus Person stammt. Diese Verbindungen können wir als *"die ungewöhnliche Note"* bezeichnen.

In der Gesellschaft sind Menschen mit Venus-Uranus Aspekten sehr unkonventionell. Sie flüchten vor etablierten, gesellschaftlich anerkannten Partnerschaften. Sie ziehen Künstler, Außenseiter oder im Untergrund lebende Menschen an. Heiraten zwischen verschiedenen Rassen oder Religionen sind bei ihnen recht häufig. Das gilt auch für Venus-Neptun Verbindungen.

Konjunktion: persönliche Anziehung vereinigt sich mit Intuition. Die typischen Neigungen kommen sehr stark zum Ausdruck.

Quadrat: persönliche Anziehung fordert die Intuition heraus. Dies sind die größten Rebellen des Venus-Uranus Typs. Felissa Rose, meine Assistentin, die mit Venus-Uranus Menschen recht vertraut ist, meint, daß dieser Aspekt im Horoskop von Menschen besonders betont ist, die sich scheiden lassen oder die dazu neigen, ihre Beziehungen leicht zu beenden. Sie hat festgestellt, daß solche Menschen konventionelle Beziehungen suchen, um ihr wahres Verlangen nach unkonventionellen Beziehungen zu verbergen. Ich habe festgestellt, daß Venus-Uranus (sowie Mars-Uranus) Quadrate und Oppositionen *ein "ungewöhnliches" sexuelles Verhalten* fördern.

Opposition: Persönliche Anziehung gegen Intuition. Dieser Aspekt ähnelt dem Quadrat. Diese Menschen suchen sich bewußt unkonventionelle Beziehungen, die dann zu problematischen Situationen führen.

Trigon oder Sextil: Persönliche Anziehung fließt oder harmoniert mit der Intuition. Diese Aspekte führen zu Bekanntschaften mit Menschen mit außergewöhnlichen Vorlieben. Diese Menschen sind in der Gesellschaft beliebt und haben den Wunsch, den anderen durch gesellschaftliche oder künstlerische Arbeit Harmonie und Schönheit zu vermitteln.

Venus-Neptun; Leitbegriffe: persönliche Anziehung - Erleuchtung

Konjunktion: Persönliche Anziehung vereint sich mit Erleuchtung. Dies kann auf jemanden hinweisen, der eine unpraktische, traumartige Existenz lebt oder der seine Phantasie nutzt und sie so lenkt, daß etwas wunderbar Kreatives dabei herauskommt. So wie bei allen Konjunktionen müssen die Aspekte anderer Planeten und die allgemeine "Färbung" des Horoskops berücksichtigt werden, bevor eine endgültige Entscheidung getroffen wird. *"Künstlerische Phantasie"* oder *"Müßige Phantasie"*.

Quadrat: Persönliche Anziehungskraft fordert die Erleuchtung heraus. Dieser Aspekt zeigt ein großes Ausmaß an Selbsttäuschung in Beziehungen allgemein und bei Romanzen im besonderen an. Menschen mit diesem Aspekt haben große Schwierigkeiten, diesen Unterschied zwischen dem illusionären Liebesaspekt - "eines Tages wird mein Prinz/meine Prinzessin kommen" - und der Realität zu erkennen. Das Quadrat weist besonders auf jemanden hin, der zwanghaft in eine Beziehung hineingeht, die sich schließlich als Katastrophe herausstellt. Diese Konfiguration schließt jedoch nicht aus, daß sich ein solcher Mensch für die kreativen Künste interessiert und hier auch Talente hat. *"Von der Liebe genarrt."*

Opposition: Persönliche Anziehungskraft gegen Erleuchtung. Quadrat und Opposition zeigen beide die Täuschung bei Romanzen an, die normalerweise außerhalb der Ehe oder im Verborgenen stattfinden. Die Opposition ist in diesem Fall leichter als das Quadrat zu handhaben, denn hier ist die Wahl objektiver. Beide Spannungsaspekte weisen darauf hin, daß persönliche Interessen denen der anderen geopfert werden müssen. *"Die persönliche gegen die universelle Liebe."*

Trigon oder Sextil: Persönliche Anziehungskraft fließt oder harmoniert mit der Erleuchtung. Diese Aspekte zeigen ein großes kreatives Potential und künstlerische Phantasie an. Diese Menschen können mit jedem auskommen, ungeachtet der Rasse und des sozialen Hintergrunds. Dieser Aspekt verleiht auch Mitgefühl und ein Verständnis für menschliche Beziehun gen. *"Der, der das Universum liebt."*

Venus-Pluto; Leitbegriffe: persönliche Anziehung - Regeneration

Konjunktion, Quadrat und Opposition dieser beiden Planeten führen zur völligen Veränderung (Transformation) der Beziehungen der Betreffenden.

Konjunktion: Persönliche Anziehung vereint sich mit Regeneration. Die Konjunktion weist auf jemanden hin, bei dem persönliche Beziehungen so intensiv werden, daß sie zur völligen Zerstörung der Partnerschaft führen können. Es besteht die Neigung, den Partner vollends zu dominieren. Auf einer positiven Ebene ist es möglich, daß dieser Aspekt zu einer ständigen Erneuerung von Stärke und Energie innerhalb von Beziehungen führt. Er kann eine große Heil- oder Zerstörungskraft haben.

Quadrat: Persönliche Anziehungskraft fordert die Regeneration heraus. Dieser Aspekt führt zu völliger Dominanz in Beziehungen. Der Betreffende kann bewußt oder unbewußt ständig daran arbeiten, seine Partner oder Kollegen zu unterminieren. Auch kann die Neigung bestehen, zerstörerisch und verschwenderisch mit materiellem Besitz umzugehen; kreative Bemühungen sind schwer zu koordinieren. Der Sexdrang wird verstärkt.

Opposition: Persönliche Anziehung gegen Regeneration. Dies kann zu sehr gewalttätigen Beziehungen führen, die plötzlich und endgültig beendet werden. Eifersucht und Neid können bei diesem Aspekt stark vorherrschen.

Trigon oder Sextil: Persönliche Anziehung fließt oder harmoniert mit der Regeneration. Dieser Aspekt kann ein Quell eines großartigen künstlerischen Ausdrucks sein. Solche Menschen achten stets darauf, ihre Umgebung und ihre Beziehungen zu verfeinern und zu verändern. Sie haben innerlich das Bedürfnis, ein intensiveres Gefühl für Schönheit und mehr Feingefühl für die Interaktion in engen Bindungen hervorzubringen.

Die Aspekte zum Mars

Mars-Jupiter; Leitbegriffe: persönlicher Antrieb - Expansion

Konjunktion: Persönlicher Antrieb vereinigt sich mit Expansion. Dies verleiht die Tendenz zum Exzeß und zu maßlosen Sinnesfreuden und dazu, sich zu sehr zu zerstreuen und die eigene Meinung zu wichtig zu nehmen. Diese Menschen genießen das Leben, spekulieren und spielen gerne und sind abenteuerlustig.

Quadrat: persönlicher Antrieb fordert Expansion heraus. Solche Menschen sind für ihr eigenes Wohl zu rastlos. Die von der Konjunktion angezeigte Extravaganz und Schwelgerei wird im Quadrat verstärkt. Es besteht ein großes Bedürfnis nach sinnlichem Selbstausdruck und großen Projekten, die für den einzelnen eine zu große Last sind. *"Man nimmt sich mehr, als man vertragen kann."*

Opposition: persönlicher Antrieb gegen Expansion. Durch diese Opposition kann ein Konflikt in religiösen oder philosophischen Angelegenheiten entstehen. Dasselbe trifft auf das Quadrat zu, wobei die Opposition diese Neigung mehr an die Öffentlichkeit bringt. Dieser Aspekt verleiht die Objektivität, die gebraucht wird, um die Situation aufzulösen, weshalb die Opposition leichter zu handhaben ist als das Quadrat. Die Spannung ist geringer, und die Person hat einen erweiterten Horizont. Eine andere Facette der Spannungsaspekte ist das Hin- und Herschwanken zwischen einer enormen Energiefreisetzung und totaler Faulheit.

Trigon oder Sextil: persönlicher Antrieb fließt oder harmonisiert mit Expansion. Diese Aspekte stehen für eine Person, die ihre Ideen leicht nutzt. Dies ist ein dynamischer Aspekt, der ein praktisches Interesse an Religion und Philosophie zeigt. *"Der wahre Gläubige."*

Mars-Saturn; Leitbegriffe: persönlicher Antrieb - Festigung

Konjunktion: persönlicher Antrieb vereinigt sich mit Festigung. Dies ist kein einfacher Aspekt, denn er verleiht einen großen persönlichen Ehrgeiz, bei dessen Umsetzung es oft Frustrationen gibt. Er gibt viel Energie, wird aber von Furcht und Spannung begleitet. Felissa Rose hat den Eindruck, daß sich die Konjunktion als eine gewisse Unsicherheit bezüglich der eigenen Ziele und Pläne manifestiert und dazu führt, daß der Mensch unfähig ist, in die eine oder andere Richtung zu gehen. *"Autofahren mit angezogener Handbremse."*

Quadrat: persönlicher Antrieb fordert die Festigung heraus. Wir können das Quadrat mit einem Warm- und einem Kaltwasserhahn vergleichen. Manchmal führt das zu einem starken Ehrgeiz, zu anderen Zeiten zu einer großen Spannung. Ein solcher Mensch findet es extrem schwierig, eine

Form zu finden, in der er seine männliche, nach außen gehende Energie leben kann. *"Frustration."*

Opposition: persönlicher Antrieb gegen Festigung. Die Opposition wird von Hindernissen auf dem Weg zum Ziel geprägt. Ein solcher Mensch kann sich kopfüber in Projekte stürzen, bevor der richtige Zeitpunkt gekommen ist. Das Timing stimmt normalerweise nicht, und der Mensch handelt bei einigen Gelegenheiten zu schnell, bei anderen zu langsam. *"Schrittempo."*

Trigon oder Sextil: persönlicher Antrieb fließt oder harmoniert mit der Festigung. Diese Menschen sind mit der dynamischen Energie ausgestattet, die sie für die Verwirklichung ihrer Projekte brauchen. Die gegebenen Umstände und Ziele harmonieren. Wachstumsmöglichkeiten tauchen zur richtigen Zeit auf. Diese Menschen werden mit zunehmendem Alter stärker. *"Der Baumeister."*

Mars-Uranus; Leitbegriffe: persönlicher Antrieb - Intuition

Konjunktion: persönlicher Antrieb vereinigt sich mit Intuition. Dies ist eine sehr flüchtige und instabile Verbindung, insbesondere im Feuer oder auf dem veränderlichen Kreuz. Sie bezeichnet eine sprunghafte Aktivität, ein Auf und Ab der Energien und plötzliche, oft explosive Ausbrüche in den Lebensbereichen, die das jeweilige Haus anzeigt. Manche Menschen mit dieser Funktion können, insbesondere wenn sie in einem Luftzeichen steht, revolutionäre oder anarchistische Konzepte haben.

Quadrat: persönlicher Antrieb fordert die Intuition heraus. Wenn andere Aspekte hinzukommen, weist dies auf eine Person hin, die zu Unfällen neigt oder die in Gewalttätigkeiten verwickelt wird. Das Quadrat zeigt Nervosität und Reizbarkeit an. Es ist für solche Menschen extrem schwierig, Projekte zu beenden. Durch das Quadrat fühlen sich diese Menschen zu bizarren Dingen oder ungewöhnlichen Ausdrucksmethoden hingezogen. *"Ein Blitzschlag."*

Opposition: Persönlicher Antrieb gegen Intuition. Die Opposition bezeichnet jemanden, der andere herausfordert und abseits von der Menge steht. Andererseits kann die Opposition auch auf eine Person hinweisen, die sich zu revolutionären oder zumindest reaktionären Politbewegungen oder sogar zu den Kriminellen in der Gesellschaft hingezogen fühlt. In jedem Fall bezeichnet die Opposition einen Menschen, der sich der Autorität und dem Status quo widersetzt.

Trigon oder Sextil: persönlicher Antrieb fließt oder harmoniert mit der Intuition. Dies macht erfinderisch und fortschrittlich und verleiht originelle Ideen. Man leitet eine Gruppe. *"Der Anführer des Rudels."*

Mars-Neptun; Leitbegriffe: persönlicher Antrieb - Erleuchtung

Konjunktion: persönlicher Antrieb vereinigt sich mit Erleuchtung. Diese Menschen haben unklare Ziele. Sie können viele Möglichkeiten sehen, sind aber unfähig, eine Entscheidung zu treffen und in ihren Bemühungen beständig zu bleiben. *"Hier, dort, überall und nirgends."*

Quadrat: persönlicher Antrieb fordert die Erleuchtung heraus. Dieser Aspekt ist gewöhnlich schwer zu handhaben, denn hier gibt es selbstzerstörerische sowie brutale und allgemein "seltsame" Impulse, die in die Phantasie eindringen und kontrolliert werden müssen. Solche Menschen reagieren sehr empfindlich auf negative Strömungen in ihrer Umgebung. Drogen und die meisten Formen des Mystizismus sollten vermieden werden. Die Sexualnatur muß verfeinert werden. *"Der zwanghafte Impuls."*

Opposition: persönlicher Antrieb gegen Erleuchtung. Dieser Aspekt kann im Horoskop von jemanden auftreten, der feststellt, daß er etwas tut, was er in Wirklichkeit nicht will. Er neigt dazu, abzudriften und unregelmäßig Energie abzugeben und zu lenken und kann dem eigenen evolutionären Wachstum im Wege stehen. Die Sinnesnatur muß verfeinert werden, denn diese Person neigt zu ungewöhnlichen sexuellen Experimenten.

Trigon oder Sextil: persönlicher Antrieb fließt oder harmoniert gut mit der Erleuchtung. Isabel Hickey nennt diesen Aspekt "den praktischen Idealisten", denn diese Energiekombination läßt die Menschen ihre anvisierten Ziele erfolgreich erreichen. Sie sind sehr flexibel und können daher aus jeder Situation das Optimum herausholen. Dieser Aspekt läßt die Phantasie arbeiten und findet sich im Horoskop von kreativen Menschen.

Mars-Pluto; Leitbegriffe: persönlicher Antrieb - Regeneration

Konjunktion: persönlicher Antrieb vereinigt sich mit der Regeneration. Dieser Aspekt bezeichnet einen Menschen, der um jeden Preis gewinnen will. Es besteht ein großer Drang nach Dominanz und Macht und ein unerschöpflicher Energievorrat. Daher weist dieser Aspekt auf jemanden hin, der entweder für die Selbstverfeinerung oder für die Selbstzerstörung ein enorm kreatives Potential hat. *"Das Atomwaffenlager."*

Quadrat: persönlicher Antrieb fordert die Regeneration heraus. Diese Menschen sind als extrem gewalttätige Charaktere bekannt. Man kann sie nicht aufhalten, sie können verheerende Feinde sein. Dieser Aspekt wirkt wie eine Bombe, die den Weg freimacht, indem sie das bereits bestehende auslöscht. Daher kann ein kontinuierliches Wachstum kaum stattfinden, denn Projekte, Ideen und Energien werden abgebrochen, bevor sie zur Erfüllung gelangen. Im positiven Sinne kann dieser Aspekt helfen, daß persönliche Charakterzüge und Lebensumstände, die nicht länger wünschenswert sind, geklärt werden, vorausgesetzt, der Mensch kann die Intensität seines Ausdrucks regulieren. *"Der Zerstörer."*

Opposition: persönlicher Antrieb gegen Regeneration. Diese Menschen neigen dazu, mehr Energie einzusetzen, als zur Zielerreichung nötig ist. Sie packen z. B. zu hart an, wenn es einer sanfteren Berührung bedarf. Oft gehen diese Menschen brüsk und schlechtgelaunt mit anderen um. Bci Quadrat, Opposition und Konjunktion ist die Sexualnatur sehr stark und sucht ständig nach einem Ventil. Sie ist eine schöpferische Energie, die richtig gelenkt zu evolutionärem Wachstum führt. Daher können Pluto-Mars Menschen zu einer großartigen Entwicklung fähig sein und ein schöpferisches Potential besitzen; dies wirkt sich aber nur aus, wenn die niedere Natur ständig in die höhere umgewandelt wird. *"Um jeden Preis gewinnen."*

Trigon oder Sextil: persönlicher Antrieb fließt oder harmoniert mit Regeneration. Die oben beschriebenen Prozesse stehen auch für Trigon oder Sextil. Die Kreativität entsteht, indem sexuelle und Lebensenergien transzendiert werden. Durch die günstigen Aspekte wird diese Transformation mit größerer Leichtigkeit erreicht. Darüber hinaus sind viele Gelegenheiten möglich, diese wichtige Phase in der persönlichen Entwicklung erfolgreich zu vollenden.

Aspekte zwischen den langsamlaufenden Planeten

Alle zwischen Jupiter, Saturn, Uranus, Neptun und Pluto bestehenden Aspekte bestehen so lange, daß sie buchstäblich Millionen - und im Fall von Uranus, Neptun und Pluto Milliarden - von Menschen gleichzeitig auf dieselbe Art und Weise beeinflussen. Daher wirken in den Horoskopen der Mehrheit der Menschen die Aspekte zwischen diesen langsam laufenden Planeten mehr in einem allgemeinen Sinne auf die Generationen (d. h. durch das kollektive Unbewußte der menschlichen Rasse) als auf den einzelnen ein. Es gibt jedoch gewisse Ausnahmen.

Wenn diese langsamer laufenden oder "äußeren" Planeten Aspekte miteinander in den Eckhäusern haben und/oder mit Sonne, Mond oder dem Herrscher des Horoskops einen Aspekt bilden, dann können sie eine persönlichere Wirkung haben.

Im Horoskop hochentwickelter Menschen haben sie eine individualisierte Wirkung, die direkt damit zusammenhängt, inwieweit dieser Mensch auf die Schwingungen, die von den äußeren Planeten symbolisiert werden, reagieren kann. Wenn Individuen ihr Bewußtsein entwickeln, kommen sie nach und nach in eine Position, in der sich die Schwingungen der langsamer laufenden Planeten immer mehr im persönlichen Sinne manifestieren.

Die Aspekte zum Jupiter

Jupiter-Saturn; Leitbegriffe: Expansion - Festigung

Konjunktion: Expansion vereinigt sich mit Festigung. Jupiter ist der Planet, der für das Verlangen steht, sich auf der Suche nach neuen Erfahrungen auszuweiten. Andererseits steht Saturn für den Drang, etwas zu festigen und die Weisheit in vergangenen Erfahrungen zu suchen. Der Autor hat festgestellt, daß sich viele Menschen mit dieser Konfiguration im Horoskop sehr stark um die Moral der Gesellschaft kümmern. Meist sind sie tiefgehende Denker, denen es gelungen ist, diese beiden entgegengesetzten Energien so auszugleichen, daß sie sich intensiv mit der ideologischen und wirtschaftlichen Grundlage der Zivilisation beschäftigen (Jupiter der Philosoph und Saturn der Architekt). Andererseits können sich diese beiden Planetenenergien - je nach Gesamtcharakter des Horoskops - gegenseitig so neutralisieren, daß ein Mensch träge wird und sich allgemein nicht für politisch-moralische Themen interessiert. Diese Konjunktion findet in etwa alle einundzwanzig Jahre statt.

Quadrat: Expansion fordert die Festigung heraus. Dieser Aspekt bewirkt große Ruhelosigkeit, denn ein solcher Mensch kann ein Projekt starten, ohne daß er das vorhergehende abgeschlossen hat. Er schwankt, ob er zuvor Erreichtes festigen oder seine Energie in neue Bereiche ausdehnen soll. Auf der intellektuellen Ebene ist dieser Aspekt eine Quelle innerer Konflikte im Bereich der persönlichen Moralvorstellungen.

Opposition: Expansion gegen Festigung. Die Opposition kann das Leben in zwei Teile teilen oder zumindest Schwankungen hervorrufen. In einem Teil des Lebens kann sich der Mensch sehr stark ausdehnen, während er in der anderen Hälfte viel Verantwortung übernimmt und eingeschränkt wird. Viele der beim Quadrat erwähnten Eigenschaften wirken als Unterton.

Trigon oder Sextil: Expansion fließt oder harmonisiert mit Festigung. Diese Aspekte sind äußerst günstig, denn sie tragen zu einem gesunden Menschenverstand und zu einer guten Zeitplanung bei. Solche Menschen verstehen ihre eigenen Grenzen und haben die Voraussicht, ihre Bemühungen mit der augenblicklichen Situation in Einklang zu bringen. Religiöses Streben und die praktische Umsetzung philosophischer Prinzipien verlaufen Hand in Hand. Dieser Aspekt ist häufig im Horoskop von Menschen zu finden, die materiell erfolgreich sind. *"Der Bankier."*

Jupiter-Uranus; Leitbegriffe: Expansion - Intuition

Konjunktion: Expansion vereinigt sich mit Intuition. Diese Konjunktion enthüllt sehr starken Wissensdurst und Abenteuerlust. Es finden unerwartete und erfolgreiche Reisen statt. Die Person hat oft originelle Ideen und Konzepte, die sie gerne mit anderen teilt. Diese Konjunktion findet alle vierzehn Jahre statt. *"Die Suche nach Wissen."*

Quadrat: Expansion fordert die Intuition heraus. Das Quadrat kann auf Menschen hinweisen, die sich ihres Glaubens nicht sicher sind oder auf solche, die extrem dogmatisch sind. Sie machen überraschende Reiseerfahrungen und treffen verschiedene interessante Gruppen. Sie können jedoch schlecht einschätzen, wie sie sich in fremden Ländern verhalten sollen. Beim Sprechen und Handeln sind sie oft zu direkt. *"Der Dogmatiker."*

Opposition: Expansion gegen Intuition. Dieser Aspekt ähnelt dem Quadrat, ist aber leichter zu handhaben. Die Reiselust und das Erforschen neuer Wissenswege macht einen Großteil der Lebenserfahrung aus. Solche Menschen stellen jedoch oft fest, daß sie mit Menschen und/oder dem angeeigneten Wissen nicht zufrieden sind. Auf der Suche nach wahren Werten sind sie sprunghaft und impulsiv. *"Der unbefriedigte Sucher."*

Trigon oder Sextil: Expansion fließt oder harmoniert mit der Intuition. Dieser Aspekt bringt einen genialen Touch in jedes Horoskop. Die Person kann genau beurteilen, wie sie ihre intuitive Weisheit einsetzen muß. Viele der positiven Facetten der Konjunktion kommen beim Sextil und Trigon mit einer größeren Leichtigkeit zum Ausdruck. Diese Menschen machen positive Erfahrungen im Leben, die ihre Wertschätzung und ihr Engagement für die Wahrheit wecken. *"Die vielgereiste Seele."*

Jupiter-Neptun; Leitbegriffe: Expansion - Erleuchtung

Konjunktion: Expansion vereinigt sich mit Erleuchtung. Diese Konjunktion verleiht eine sehr starke Phantasie, die zu einer völligen Desillusionierung führen kann, wenn die Person die wirklichen Umstände falsch eingeschätzt und ihre Phantasie nicht richtig gelenkt hat. Findet sich dieser Aspekt im Horoskop eines hochentwickelten Menschen, kann er dabei helfen, übersinnliche Kräfte und Heilkräfte zu entwickeln. Bei den meisten Menschen zeigt dieser Aspekt jedoch einfach an, daß sie dazu neigen, zu flüchten und seltsame Erfahrungen zu machen. In jedem Horoskop mit dieser Konjunktion besteht eine Sehnsucht nach dem Unsichtbaren. Sie tritt alle dreizehn Jahre auf.

Quadrat: Expansion fordert die Erleuchtung heraus. Dieser Aspekt bringt viele der negativen Qualitäten der Konjunktion nach außen. Diese Menschen sind in gewisser Weise leichtgläubig und verworren, wenn es darum geht, der harten Realität im Alltag zu begegnen. Sie finden sich in einer Traumwelt wieder, die allzuoft zu einem bösen Erwachen führt. *"Der Traumsucher."*

Konjunktion: Expansion gegen Erleuchtung. Menschen mit diesem Spannungsaspekt im Horoskop arbeiten oft im sozialen Bereich. Dies trifft insbesondere auf die Opposition zu. Sie können jedoch bei ihren Bemühungen die notwendige Objektivität verlieren und einer ausgeprägten Sentimentalität und einem falsch verstandenen Altruismus zum Opfer fallen.

Trigon oder Sextil: Expansion fließt oder harmoniert mit Erleuchtung. Diese Aspekte tragen zu einer sehr freundlichen und mitfühlenden Natur bei. Sie unterstützen alle mystischen, religiösen und okkulten Arbeiten sehr gut. Bei wenig entwickelten Menschen wirkt sich dieser Aspekt nur aus, wenn er sich in den Eckhäusern befindet.

Jupiter-Pluto; Leitbegriffe: Expansion - Regeneration

Konjunktion: Expansion vereinigt sich mit Regeneration. Diese Konjunktion weist auf Machtstreben hin. Es besteht eine starke Sehnsucht nach aufregenden und/oder religiösen Erfahrungen und bei einer Konjunktion im Löwen ein spezielles Verlangen nach Selbstverherrlichung. Solche Menschen lassen sich kaum vom Leben einschränken. Wenn andere Faktoren im Horoskop dies unterstützen, neigen sie dazu, sich sehr anzustrengen, tiefe Wahrheiten zu verstehen. Dieser Aspekt weist auch auf jemanden hin, der bestehende Konzepte und Ideen aufnehmen und neu beleben kann. Diese Konjunktion tritt alle dreizehn Jahre auf. *"Der Magier."*

Quadrat: Expansion fordert Regeneration heraus. Dieser Aspekt führt zu gewissen Schwierigkeiten, wenn es darum geht, bestehende Konzepte zu eliminieren und sie durch verfeinerte zu ersetzen. Er bezeichnet auch ein frustriertes Machtstreben und führt dazu, daß man mit seinem Platz im Leben selten zufrieden ist und ständig versucht, es auf Kosten anderer besser zu machen. Das Quadrat zeigt auch den Mißbrauch von Wissen an. *"Der falsche Prophet."*

Opposition: Expansion gegen Regeneration. Ähnlich wie das Quadrat kann die Opposition als Herausforderung wirken, durch die die Menschen gezwungen werden, ihre philosophischen Konzepte zu verfeinern. Hier zeigt sich ebenfalls der Machthunger. Die Spannungsaspekte zwischen Jupiter und Pluto und die Konjunktion können auf Verfolgung aus religiösen und philosophischen Gründen hinweisen.

Trigon oder Sextil: Expansion fließt oder harmoniert mit Regeneration. Dies zeigt einen philosophischen Verstand, der die vorherrschende Lehrmeinung, aber auch eigene Einsichten gewinnt. Trigon oder Sextil zeigen einen sehr lebendigen Verstand an, der darauf bedacht ist, tief nach der Wahrheit zu graben. *"Der Seher."*

Die Aspekte zum Saturn

Saturn-Uranus; Leitbegriffe: Festigung - Intuition

Konjunktion: Festigung vereinigt sich mit Intuition. Dieser Aspekt ist normalerweise recht schwer zu handhaben, denn er ist wie Nitroglyzerin - beim geringsten Druck kann er zur Explosion führen. Saturn steht für Struktur und Form, Uranus für Revolution und Explosion. Menschen mit dieser Konjunktion sind daher nervös und sitzen auf einem Pulverfaß. Dies verleiht eine enorme latente Kraft, die für fortschrittliches soziales Engagement eingesetzt werden kann, wenn die Person progressive Ideen in die bereits bestehende Ordnung einarbeiten kann. Diese Konjunktion tritt alle einundneunzig Jahre auf.

Quadrat: Festigung fordert die Intuition heraus. Dies ist der Menschentyp, der gegen alle Formen von etablierten Gesetzen rebelliert und dem Druck der Autorität gut widersteht. Wie bei der Konjunktion erhalten wir leicht reizbare Menschen, die sogar gewalttätig werden können, wenn zusätzlich Spannungen von Mars, Pluto oder der Sonne vorhanden sind. *"Ich bin mir selbst Gesetz."*

Opposition: Festigung gegen Intuition. Dies sind die Aktivisten, die ständig die vorherrschenden gesellschaftlichen Bedingungen herausfordern, unter denen sie leben. Daher können sie mit den Machthabern in Konflikt geraten. Sie können jedoch durch ihren richtig gelenkten Reformationswillen zur Wohlfahrt der Gesellschaft beitragen. Menschen mit Saturn Konjunktion, Quadrat oder Opposition Uranus bestehen darauf, selbst Chef zu sein.

Trigon oder Sextil: Festigung fließt oder harmoniert mit Intuition. Dieser Aspekt veranlaßt die Menschen, als Brücke zwischen Generationen zu wirken. Sie sind gleichsam alterslos und können die Werte der Gegenwart sowie der Vergangenheit gut einschätzen. Es ist möglich, diese beiden Elemente so zu vermischen, daß eine historische Sichtweise mit der Gegenwart in Harmonie gebracht wird. Dieser Aspekt verbindet erfolgreichen Erfindungsreichtum und gesunden Menschenverstand sowie Struktur und Ideen. *"Der Fortschrittliche."*

Saturn-Neptun; Leitbegriffe: Festigung - Erleuchtung

Konjunktion: Festigung vereinigt sich mit Erleuchtung. In manchen Fällen trägt dieser Aspekt zu einer großen Verwirrung bei, wenn es darum geht, die persönlichen Grenzen zu verstehen. Diese Menschen wollen ihre Lebensumstände durchbrechen und ihre Träume in der physischen Welt manifestieren. Sie können aufgrund falscher Hoffnungen desillusioniert sein. Andererseits kann die Phantasie so erfolgreich mit der Struktur der Lebensumstände verschmelzen, daß sich die Kraft der Inspiration durch die Person auf der Erde materialisieren läßt. Ich habe festgestellt, daß dieser Aspekt ein außergewöhnliches Gespür für Musik und bei ganz wenigen auch ein echtes Hellhören bewirkt. Diese Konjunktion entsteht alle sechsunddreißig Jahre.

Quadrat: Festigung fordert Erleuchtung heraus. Dieser Aspekt kann großes Leiden auslösen, denn ein solcher Mensch ist verwirrt und mit dem, was er erreicht hat, unzufrieden. Sehr oft kann er seine Bemühungen nicht koordinieren oder festigen. Genau zu dem Zeitpunkt, zu dem er mehr Energie aufwenden muß, um ein Ziel oder einen Plan zu verwirklichen, zieht er sich den Teppich unter den Füßen weg. *"Der Selbst-Defätist."*

Opposition: Festigung gegen Erleuchtung. Oppositionen wirken in der Außenwelt, während Quadrate mehr innere Zwänge hervorrufen. Die Opposition zwischen Saturn und Neptun weist auf einen "Schwimmer" hin, der "Blei an den Füßen" hat. Mit anderen Worten - der Mensch versucht, durchs Leben zu gleiten, ohne "seine Rechnungen zu begleichen", die jedoch gezahlt werden müssen. Dieser Mensch muß lernen, für seinen gesellschaftlichen Umgang mehr Verantwortung zu übernehmen. Der Aspekt kann auf kriminelle Neigungen und/oder Gefangenschaft in Institutionen oder Gefängnissen hinweisen. Natürlich muß in dieser Hinsicht das gesamte Horoskop betrachtet werden. *"List."*

Trigon oder Sextil: Festigung fließt oder harmoniert mit Erleuchtung. Dieser Aspekt kann für einen großen Architekten, Filmemacher, kommerziellen Künstler oder Mystiker stehen. Die Phantasie verbindet sich mit dem gesunden Menschenverstand, inspiriertes Denken wird konkret umgesetzt. Der aus anderen Welten Stammende (Neptun) und der Weltliche (Saturn) sind glücklich miteinander verbunden. Um Neptun-Saturn Aspekte gut zu bewältigen, ist es wichtig, daß zwischen diesen Planeten und Sonne und Mond entweder günstige Aspekte bestehen oder die Planeten eine sehr starke und günstige Position einnehmen.

Saturn-Pluto; Leitbegriffe: Festigung - Erneuerung

Konjunktion: Festigung vereinigt sich mit Erneuerung. Dies ist ein sehr frustrierender Aspekt. Dieser Mensch will sich von einem inneren Gefühl von Beschränkung und jeglicher gesellschaftlicher Begrenzung befreien. Daher erscheint dieser Aspekt im Horoskop von Menschen, die nach einem "freien" Selbstausdruck streben. Es entsteht eine große Spannung, die zu plötzlichen Explosionen führt, welche sich ungünstig auf Gesundheit und Stellung in der Gesellschaft auswirken können. Auf einer positiven Ebene kann diese Konjunktion eingesetzt werden, um die gesellschaftlichen Gesetze zu verfeinern und große Stärke und Durchhaltevermögen zu entwickeln. Diese Konjunktion tritt alle zweiunddreißig Jahre auf.

Quadrat: Festigung fordert Erneuerung heraus. Wenn dieser Aspekt nicht anders modifiziert ist, kann er eine brutale und harsche Natur bewirken. Er wirkt auf die bestehende Ordnung sehr zerstörerisch. Wenn diese Konfiguration einen Spannungsaspekt mit Mars oder Uranus aufweist, kann ein Mensch zur Gewalttätigkeit und Selbstzerstörung neigen. Er ist mit dem Leben sehr unzufrieden und hat ein tiefes Verlangen, die bestehenden Formen zu zerstören.

Opposition: Festigung gegen Erneuerung. Nach meiner Erfahrung besteht hier zwischen der Opposition und dem Quadrat eine große Ähnlichkeit. Die letzte Opposition zwischen diesen beiden Planeten fand 1931 statt - auf dem Höhepunkt der großen Depression und dem Aufschwung des Faschismus in Europa und Asien. Die Kraft der Opposition bewirkte dadurch die Entwurzelung der wirtschaftlichen Regierungsstrukturen, so daß neue Formen deren Platz einnehmen konnten. *"De-strukturieren oder re-strukturieren", "Auflösen oder neu formen."*

Trigon oder Sextil: Festigung fließt oder harmoniert mit Regeneration. Diese Aspekte verleihen die Fähigkeit, das meiste aus dem Leben zu machen. Das Potential für wirtschaftliches Wachstum ist enorm, und es besteht die Fähigkeit, bestehende Formen autoritärer Institutionen zu verfeinern. *"Der Magnat."*

Die Aspekte zum Uranus

Uranus-Neptun; Leitbegriffe: Intuition - Erleuchtung

Konjunktion: Intuition vereinigt sich mit Erleuchtung. Die Konjunktion dieser beiden Planeten im Horoskop eines Menschen, der auf ihre Schwingungen reagieren kann, führt dazu, daß das Bewußtsein auf eine andere Ebene gehoben wird. Sie befähigt Mystiker und Okkultisten. Die Konjunktion tritt jedoch nur etwa alle 171 Jahre auf, letztmals im Jahre 1993.

Quadrat: Intuition fordert Erleuchtung heraus. Dieses Quadrat besteht bei der Mehrheit von Menschen, die Anfang der 50er Jahre geboren wurden. Es bezeichnet die Schwierigkeit, die verschiedenen Bewußtseinsebenen im täglichen Leben zu verstehen, was zu chaotischem Denken, Verwirrung und verhängnisvollen gesellschaftlichen Strömungen führt. Diese Menschen sollten sorgfältig prüfen, ob sie in politischen oder mystischen Organisationen aktiv werden wollen. Keine Drogen!

Opposition: Intuition gegen Erleuchtung. Die Opposition wirkt sich ähnlich aus wie das Quadrat. Da es ebenso selten auftritt, hat der Astrologe nur sehr wenige Horoskope vorliegen, bei denen er die Auswirkungen dieses Aspekts auf das Individuum feststellen kann. Auf der Ebene der Massen könnte es zu *"Täuschungen der Menge"* führen.

Trigon oder Sextil: Intuition fließt oder harmoniert mit der Erleuchtung. Das Trigon zwischen diesen beiden Planeten trat zuletzt im Horoskop der meisten Menschen auf, die in der Zeit zwischen 1937 und 1947 geboren wurden. Auf einer individuellen Ebene könnten diese Menschen höhere Bewußtseinsebenen richtig handhaben und sich tiefgründig für Okkultes und Mystisches interessieren. Auf der Ebene der Massen trägt der Aspekt zu einer allgemeinen Bewußtseinserweiterung und zu neuen Einsichten bei, wie bisher ungenutzte Energiequellen verwendet werden können.

Uranus-Pluto; Leitbegriffe: Intuition - Regeneration

Konjunktion: Intuition vereinigt sich mit Regeneration. Dies kann zu Bewußtseinserweiterung, Erfindungsreichtum, zur Nutzung bisher brachliegender Energiepotentiale oder zu einer extrem gewalttätigen Zerstörungskraft, Anarchie und Revolution führen. Zuletzt trat dieser Aspekt Mitte der 60er Jahre in der Jungfrau auf, und wir werden sehen, wie sich dies manifestiert, wenn diese Generation älter wird. Ich nehme an, daß hier eine enorme Gabe im technisch-mechanischen Bereich vorhanden ist, das eine große Anzahl neuer Berufe im wachsenden Bereich der Technik schaffen wird, die zu unserem Zeitalter gehört. Diese Konjunktion findet nur alle 115 Jahre statt.

Quadrat und Opposition: Intuition fordert Regeneration heraus. Dieser Aspekt manifestiert die eher negativen Eigenschaften der zuvor genannten Qualitäten.

Trigon oder Sextil: Intuition fließt oder harmoniert mit Regeneration. Diese Aspekte helfen, die positiveren Auswirkungen der unter Konjunktion genannten Eigenschaften hervorzubringen.

Die Aspekte zum Neptun

Neptun-Pluto; Leitbegriffe: Erleuchtung - Regeneration

Konjunktion: Erleuchtung vereinigt sich mit Regeneration. Nur hoch entwickelte Menschen können auf diese höchsten Planetenschwingungen reagieren. Der Aspekt unterstützt eine Verfeinerung des spirituellen Verstehens und eine erweiterte Kommunikation mit den "Naturkräften" und den übersinnlichen Wurzeln des Menschen. Alle Hauptaspekte zwischen Neptun und Pluto öffnen im Bereich der Religion die Tür zu einer großen Kontroverse, zu Verwirrung und Konflikten. Neue Formen und eine neue Sichtweise und Wertschätzung der Gottheit und der ihr zugeordneten Kräfte würde die bestehenden Formen religiösen Denkens herausfordern.

Quadrat oder Opposition: Erleuchtung fordert die Regeneration heraus. Diese Aspekte können einen Menschen für die negative Polarität der unsichtbaren Bereiche empfänglich machen und zu allen Arten von Besessenheit, Zwängen und Halluzinationen führen.

Trigon oder Sextil: Erleuchtung fließt oder harmoniert mit der Erneuerung. Diese Aspekte lassen die Person auf die mehr positiven Aspekte der unsichtbaren Bereiche reagieren, die auf der persönlichen Ebene dazu führen können, daß sie sich mit mystischen oder übersinnlichen Gedankenschulen beschäftigt. Hier können wiederum nur einige wenige als Individuum auf solche Schwingungen reagieren. Dieses Sextil findet sich in Horoskopen von Menschen, die in der Zeit von 1940 bis 1970 geboren sind. Es kann verschiedene Ebenen des spirituellen Bewußtseins bei den Massen erwecken. Diese Menschen haben den Wunsch, mehr über die bisher unsichtbaren Ursachen zu wissen, die im Universum wirken.

Unaspektierte Planeten

Gelegentlich erscheint ein Planet isoliert im Horoskop - er hat zum restlichen Horoskop keine Aspektbeziehungen, ist "abgehängt". Ein solcher Planet steht für Energien, die noch nicht in die Gesamtheit des Seins integriert worden sind. Die Aufgabe besteht darin, die von dem unaspektierten Planeten verkörperten Kräfte in die gesamte Lebensstruktur einzubauen.

Wenn beispielsweise die Sonne unaspektiert ist, dann wird es für das Individuum schwierig, eine durchgängige Lebenssicht zu schaffen. Man ist fast immer "ein Fähnchen im Wind", denn man kann von den Strömungen im Leben leicht hin- und hergetrieben werden. Ohne jegliche Aspekte gibt es keine Verbindungen zwischen der Sonnenkraft und den Instrumenten - den Planeten -, welche die individuelle Sonnenenergie in die Umgebung projizieren und sie dann in Form von kristallisierten Erfahrungen zur Weiterverarbeitung und zum persönlichen Wachstum zurückgeben. Wenn die Sonne so geschwächt ist, wird der Astrologe gut daran tun, die Position des Mondes zu untersuchen, da dieser Himmelskörper dann eine besondere Vorrangstellung einnimmt. Wenn man die von den Planeten repräsentierten Prinzipien genau untersucht, kann man die Art von Energie klar verstehen, die ins Leben integriert werden muß, wenn ein unaspektierter Planet im Geburtshoroskop vorhanden ist.

Transite und Progressionen bei unaspektierten Himmelskörpern sollten mit Vorsicht untersucht werden. Die Natur des jeweiligen Himmelskörpers und die Art von Aspekt wirkt sich direkt auf das latente Potential eines jeden unaspektierten Planeten aus.

Aspekte zum Aszendenten und zur Himmelsmitte

Da die Tierkreisgrade an der ersten und zehnten Häuserspitze direkt von der Geburtszeit abhängen, ist die Genauigkeit des Geburtshoroskops ganz wichtig, um die Aspekte für diese sensiblen Punkte mit einer gewissen Sicherheit interpretieren zu können. Wenn die Geburtszeit bis auf einige Minuten genau bestimmt wurde, sind die Aspekte zum Aszendenten und zur Himmelsmitte sehr wichtig. Wenn über die Geburtszeit Zweifel bestehen, sollte der Astrologe die entsprechenden Aspekte nicht betonen. In jedem Fall sollten bei diesen wichtigen Häuserspitzen engere Orbi als bei interplanetarischen Beziehungen und dann auch nur die Hauptaspekte (auch die Quincunx) verwendet werden.

Planeten, die einen Aspekt zum Aszendenten haben, beeinflussen das körperliche Erscheinungsbild, die Art und Weise, wie sich der Mensch anfänglich in der unmittelbaren Umgebung verhält und wie seine Handlungen von anderen wahrgenommen werden. Die Planeten, die einen Aspekt zu MC bilden, haben im wesentlichen mit der Art des Berufes und der Berufswahl sowie mit der Stellung in der Öffentlichkeit und der Fähigkeit zu tun, in der Gesellschaft einen Beitrag zu leisten.

Die Sonne in Konjunktion mit der Himmelsmitte zeigt beispielsweise eine ehrgeizige Person oder zumindest einen Menschen, der seine inneren Motivationen mit einer Form von Öffentlichkeitsarbeit oder einer hochgestellten gesellschaftlichen Position verbinden möchte. Der Mond in Opposition zum Aszendenten, d. h. in Konjunktion mit der Spitze des siebten Hauses, kann darauf hinweisen, daß solche Menschen ihre Beziehung zu anderen und ihre Aktivitäten untersuchen müssen, wenn sie eine Handlung beginnen, bei der die Initiative und die Entscheidung des einzelnen benötigt wird. Wie bei allen Aspekten muß das gesamte Horoskop studiert werden, bevor man einen Aspekt schließlich beurteilt.

Bitte beachten Sie!

1. Aspekte werden immer von anderen Aspekten modifiziert, daher müssen alle Aspekte sorgfältig abgewogen und zu den anderen in Beziehung gesetzt werden, bevor eine endgültige Bewertung vorgenommen wird. Um das tun zu können, braucht man Zeit, Erfahrung und Geduld.

2. Aspekte werden immer von den Zeichen modifiziert, in denen die Planeten stehen.

3. Aspekte werden immer von den Häusern modifiziert, in denen die Planeten stehen.

4. Bei unserer Vorgehensweise betonen wir die an einer Konfiguration beteiligten Planeten stärker als den von ihnen gebildeten Aspekt.

Alle Konfigurationen zwischen Sonne und Jupiter verleihen ein gewisses Übermaß im Leben. Wir wissen, daß das Trigon dieser beiden Himmelskörper zu einer schöpferischen Produktivität führen kann, wenn ein solcher Überschuß richtig kanalisiert wird, während das Quadrat zwischen diesen beiden Planeten normalerweise zur Verschwendung führt.

Ein Mensch mit einem Quadrat, der eine Bewußtseinsstufe erreicht hat, auf der er daran arbeitet, die von diesem Spannungsaspekt dargestellte Energie erneut zu kanalisieren, kann durch bewußte Kontrolle durchaus einen solchen Aspekt in einen günstigeren umwandeln. Wenn man sein Horoskop kennt, kann man es transzendieren!

35
Aspektbilder

Aspektbilder (komplexe Aspektmuster) entstehen, wenn drei oder mehr Himmelskörper über Aspekte verbunden sind. Es gibt mindestens ein Dutzend dieser "Bilder", wir beschreiben nur die sieben häufigsten.

Das Stellium: Das Horoskop von Prinz William von Großbritannien

Die Bedeutung von Stellium ist "Sternenhaufen", der somit eine vielfache Konjunktion darstellt. Diese Konfiguration sollte nicht weniger als vier Planeten beinhalten, die sich entweder im selben Zeichen oder innerhalb von 10 Grad in angrenzenden Zeichen befinden. Es spielt keine Rolle, in welchem Zeichen die Sonne steht - das Zeichen, in dem sich das Stellium befindet, hat einen beträchtlichen Einfluß auf die Gesamtstruktur des Horoskops. Darüber hinaus sind das Haus oder die Häuser, in denen das Stellium steht, ein wichtiger Lebensbereich. Diese vielfache Konjunktion intensiviert die beteiligten Planetenenergien ganz beträchtlich. Das Stellium ist vielleicht am schwierigsten zu interpretieren. Das Abwägen der relativen Stärken und Schwächen der Planeten ist eine delikate Angelegenheit. Folgendes wird Ihnen helfen: Sind die Planeten bezüglich ihres Zeichens oder Hauses Herrscher, schwach, erhöht oder fallend? Gibt es andere Planeten, die Aspekte zu einigen Planeten im Stellium bilden, zu anderen aber nicht? Welche Eigenschaften hat der aspektbildende Planet und der Aspekt selbst? Wie stärkt oder schwächt all dies eine Komponente im Stellium?

Das Beispielhoroskop enthüllt ein sehr interessantes Planeten-Stellium in Waage-Skorpion im neunten Haus. Dieses weist klar darauf hin, welche Art von Erbe und Schicksal der Prinz zu tragen hat. Die beiden Herrscher seines zehnten Hauses (gesellschaftliche Position, Beruf und Schicksal in der

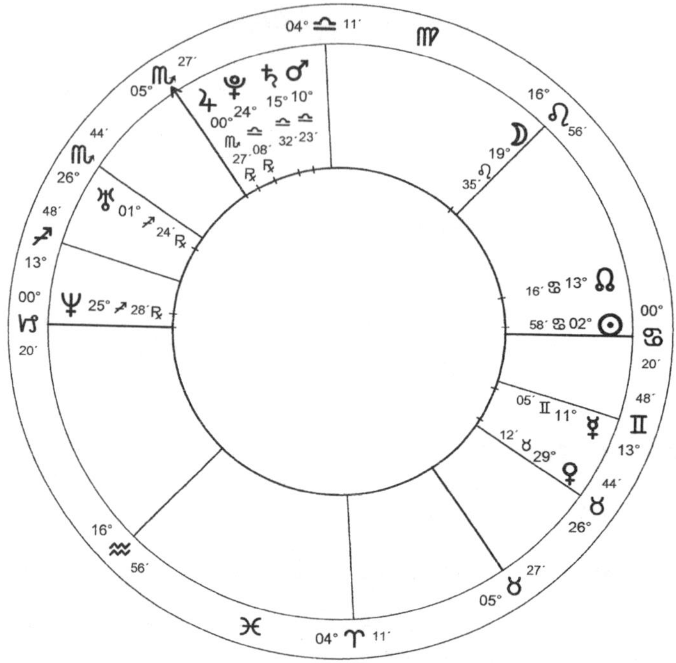

Das Geburtshoroskop von Prinz William von Großbritannien

materiellen Welt) sind Mars und Pluto, denn der Skorpion herrscht in diesem Horoskop über dieses Haus. Dies weist auf eine Machtübernahme aufgrund von Tod oder Abdankung seines Vorgängers hin. Das zehnte Haus ist auch gewöhnlich der Bereich im Horoskop, der auf das Leben des Vaters hinweist. Es ist offensichtlich, daß Prinz William entweder nach dem Tod oder der Abdankung seines Vaters Prinz Charles König werden wird.

Saturn, der Herrscher von Prinz Williams Horoskop (Aszendent Steinbock), wird traditionell mit Dynastien als auch mit Pflichten und Verantwortung im allgemeinen in Verbindung gebracht. Wenn der Herrscher des ersten Hauses in einem Horoskop mit dem Herrscher des zehnten Hauses in Konjunktion steht, zeigt das einem Astrologen, daß dieser Mensch das Zeug für eine Karriere im Leben hat. Das liegt an der Tatsache, daß das, was man ist (erstes Haus) und das, was man werden kann (zehntes Haus) sehr stark miteinander verwoben ist. Die Pluto-Saturn Konjunktion weist auf eine große Macht hin, eine Macht, die über eine lange Zeitspanne hin erworben wurde. Saturn ist auch der Mitherrscher des zweiten Hauses von Prinz William

(Geld und persönliche Ressourcen), was das materielle als auch das königliche Erbe zeigt. Saturn, Mars und Pluto - sind mit Jupiter im Skorpion verbunden. Jupiter ist astrologisch als "Planet der Könige und Herrscher" bekannt. Jupiter im Skorpion weist auf geerbten Reichtum und Macht hin. Dies trifft insbesondere auf dieses Horoskop zu, da Jupiter der Mitherrscher des zweiten Hauses ist, denn hier sind die Fische eingeschlossen.

Die Kombination Jupiter-Pluto-Saturn-Mars zeigt den Drang an, Einfluß und Macht in der Welt zu haben - ein natürlicher Ausdruck, der die Persönlichkeit eines Königs ausmacht. Der starke Waageeinfluß wird helfen, die aggressiveren Instinkte dieses Stelliums zu mäßigen. Dies ist für einen König, der eine demokratische Nation durch eine konstitutionelle Monarchie regiert, eine sehr wichtige Modifikation der Energien.

Die leichte Opposition: Das Horoskop von Boy George (George O'Dowd)

Die Leichte Opposition findet statt, wenn zwei Planeten normal in Opposition zueinander stehen, während ein dritter im Sextil zu dem einen und im Trigon zum anderen Planeten steht. Die Spannung der Opposition kann durch die Schwingungen und Themen des Planeten, des Zeichens und des Hauses aufgelöst werden, die das dritte Ende dieses Aspektbildes darstellen.

Ein Beispiel für die leichte Opposition ist das Horoskop von Boy George, dem androgynen britischen Rockstar. Die Opposition besteht aus Venus im Stier und Neptun im Skorpion. Es gibt in diesem Fall zwei Auflösungspunkte - die "leichten" Aspekte. Der erste ist der Mond im Krebs, der ein Trigon zu Neptun und ein Sextil zur Venus bildet. Der zweite ist Pluto in der Jungfrau, der ein Trigon zur Venus und ein Sextil zu Neptun bildet.

Die Opposition selbst zeigt Verblendung an. Venus ist die Herrscherin des Horoskops, denn Boy George hat einen Waage-Aszendenten. Neptun ist der Herrscher über Drogen, Illusionen und eng mit Musik und Kunst verbunden. Die schönen Künste gehören sicherlich auch zum Bereich der Venus. Wenn Neptun im Quadrat, in Konjunktion oder Opposition zum eigenen Herrscherplaneten steht, zeigt das an, daß sich der Mensch nicht offen zeigt. Dies trifft auf George zu, wenn wir Kostüme, Schmuck, Frisuren und seine Sexualität betrachten (Neptun in seinem Horoskop steht im Skorpion, dem Zeichen von Sex, und Venus befindet sich im achten Haus der Sexualität). Es ist auch interessant zu sehen, daß Neptun der Herrscher des sechsten Hauses der Arbeit ist und klar auf die Verbindung zwischen Musik und seinem Selbstbild hinweist (Venus als Herrscherin des ersten Hauses).

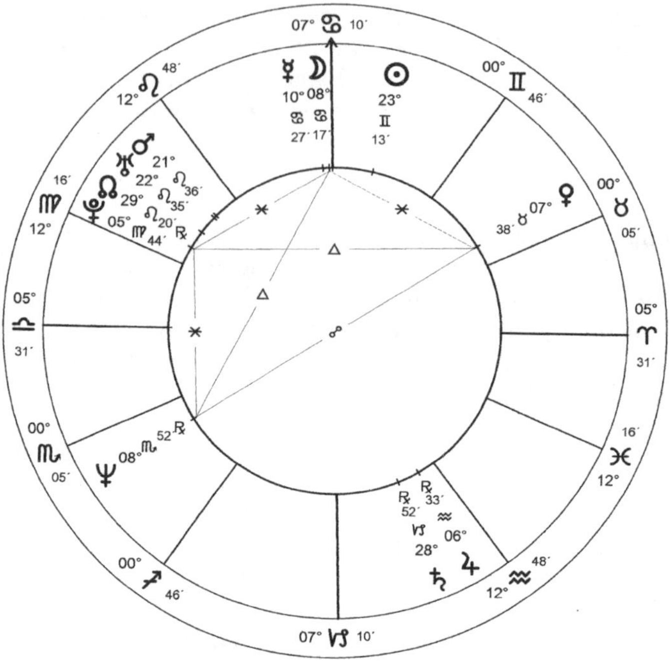

Das Geburtshoroskop von Boy George

Der Mond im Krebs "nährt" die Opposition und trägt in diesem Fall zu Verblendung und mangelnder Selbstdefinition bei. Boy George zeigt in der Öffentlichkeit ein glamouröses und verschleiertes Selbstbild, Neptun verbirgt ihm selbst aber auch seine eigene wahre Identität. Der Mond im zehnten Haus ist sehr gut aspektiert und zeigt, daß er von der Öffentlichkeit gut angenommen wird. Diese Aufnahme "nährt" und ermutigt wiederum die Fortsetzung seiner Karriere (zehntes Haus), Arbeit (sechstes Haus) und sein Selbstbild (erstes Haus, Neptun-Venus Opposition). Der Mond gibt auch die notwendige finanzielle Unterstützung, denn er hat sehr positive Aspekte zu den Planeten im zweiten und achten Haus. Die Astrologie lehrt, daß das zweite, achte und zehnte Haus die "Geldhäuser" des Horoskops sind. Diese Opposition weist darauf hin, daß er viel Geld auf das verschwendet, was seine Selbsttäuschung und das äußere glanzvolle Image aufrechterhält: Schmuck, Kleidung und Drogen.

Pluto verleiht in diesem Fall Macht und Reichtum. Wenn er mit Mond, Venus und Neptun Aspekte bildet, verleiht er ein starkes Charisma. Da er der

Herrscher seines zweiten Hauses ist und im elften Haus steht, zeigt das, daß sein persönlicher Reichtum von den Massen kommt. Pluto regiert auch die Neuorientierung und Regeneration, während der Mond im Krebs die Seele symbolisiert. Wenn die Lektionen der Verblendung vielleicht von diesem talentierten Mann gelernt werden, wird er diese Talente und großen Ressourcen über eine seelenzentrierte Inspiration einsetzen.

Der Finger Gottes: Das Horoskop von Alexander Graham Bell

Der Finger Gottes wird gebildet, wenn ein Planet in Quincunx zu zwei anderen Planeten steht, die miteinander ein Sextil bilden. Er weist den Weg zu einer speziellen Aufgabe, die sich auf die Entwicklung eines Menschen äußerst günstig auswirken kann, wenn die Situation weise gemeistert wird.

Bells Horoskop ist ein gutes Beispiel für dieses Bild. Bevor Bell zur Erfindung des Telefons beitrug, war er ein Lehrer für taube Kinder. Der Finger Gottes in seinem Horoskop wird vom Mond in der Jungfrau im sechsten Haus in einer Quincunx zu Neptun im Wassermann im zwölften Haus und

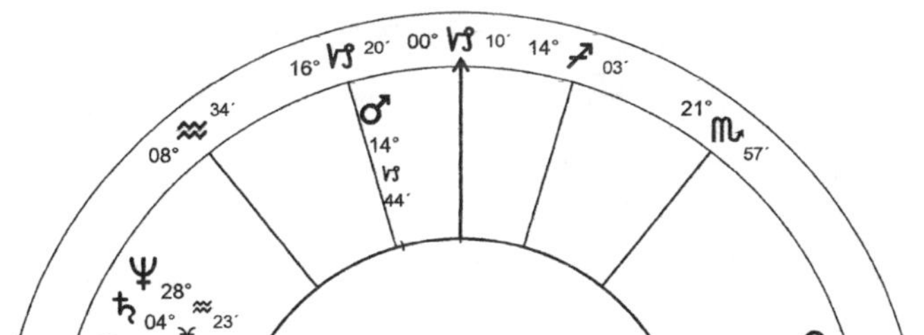

Das Geburtshoroskop von Alexander Graham Bell

Pluto im Widder im ersten Haus gebildet. Die Position des Mondes weist definitiv darauf hin, daß jemand durch Dienen Erfüllung findet, was weiter durch die Position des Neptun unterstützt wird. Pluto, der Erneuerungsimpuls im Horoskop, zeigt, wie Bell den tauben Menschen in ihrem Leben eine neue Perspektive geben konnte. Wenn wir dieses Aspektbild universeller betrachten, erkennen wir, daß Bells Erfindungsreichtum im Bereich des Klangs (Neptun im Wassermann) die große Masse der Zivilisation beeinflußt hat. Plutos Funktion als Quelle der ständigen Erneuerung wird durch die große Anzahl von Bells Erfindungen spürbar. Bell war persönlich sehr bemüht, auf diese Weise der Menschheit zu dienen.

Das T-Quadrat: Das Horoskop Ronald Reagans

Das T-Quadrat entsteht, wenn zwei Planeten zueinander in Opposition und beide im Quadrat zu einem dritten Planeten stehen. Den dritten Planeten bezeichnet man als Apex des T-Quadrats. Er wird zum Konzentrationspunkt der Spannung und Herausforderung.

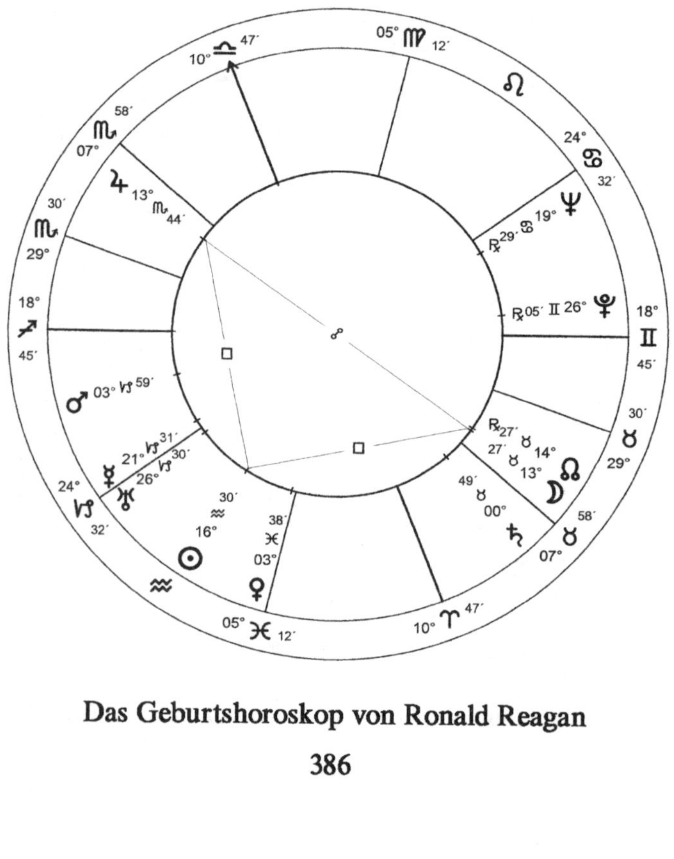

Das Geburtshoroskop von Ronald Reagan

Das T-Quadrat ist wie ein Stuhl, bei dem ein Bein fehlt - vom Individuum muß ständig gerichteter Druck ausgeübt werden, um zu verhindern, daß die Energien der drei Planeten aus dem Gleichgewicht geraten. Das T-Quadrat weist auf einen speziellen Kampf hin, der das Individuum zum Wachstum zwingt. Es findet sich häufig im Horoskop Prominenter, es verleiht Stärke.

Die Zeichen- und Hausposition gegenüber dem Apex zeigt den Lebensbereich an, in dem eine solche Auflösung und konsequentes Wachstum zu finden sind. Wir bezeichnen diesen Punkt als karmischen Grad.

Das Horoskop des amerikanischen Ex-Präsidenten Reagan weist auf große Dynamik und Entschlossenheit hin. Es zeigt ein sehr starkes T-Quadrat in fixen Zeichen. Die fixen Zeichen verleihen die Fähigkeit, zu festigen und Energie zu konzentrieren, sie stehen für Sturheit und drücken außerdem auch Werte aus. Die Sonne des Präsidenten steht im Wassermann (sozialpolitische Werte), sein Mond im Stier (persönliche, finanzielle Werte) und sein Herrscherplanet Jupiter im Skorpion (der Transformation persönlicher und sozialpolitischer Werte).

Kein Wunder, daß er als Präsident so viel mit der Erstellung und Transformation wirtschaftlicher und gesellschaftlicher Wertesysteme zu tun hatte. Es ist ebensowenig überraschend, wie fest er hinter dem stand, was er in der amerikanischen Landes- und Außenpolitik umsetzen wollte. Die fixen Zeichen haben die natürliche Tendenz, die Macht zu festigen, was im Horoskop Reagans noch durch Mars am Steinbock-Aszendenten verstärkt wird. Der Einfluß des Steinbocks läßt der Wirtschaft im Leben des Präsidenten eine große Bedeutung zukommen. Der karmische Grad beim T-Quadrat befindet sich bei 14-15 Grad Löwe im achten Haus. Dieses hat, wie wir wissen, mit dem Geld anderer Leute zu tun und ist der Bereich für die Transformation von finanziellen und gesellschaftlichen Wertesystemen. Ganz speziell ist es das Haus der Steuer. Die 1986er Steuerreform ist sicherlich ein Produkt dieser speziellen Betonung des achten Hauses!

Das große oder kosmische Kreuz: Das Horoskop von Königin Elisabeth II

Das kosmische Kreuz ist ein extrem schwieriges Muster, obwohl es zu großer Stärke und Wachstum führt, wenn es weise eingesetzt wird. Dieses Aspektbild ist eine Erweiterung des T-Quadrats, denn der Punkt gegenüber dem Apex wird von einem weiteren Planeten oder wichtigen Punkt eingenommen, wie zum Beispiel einem der vier Eckpunkte oder der zwei Mondknoten. Dadurch bilden sich zwei Oppositionen und vier Quadrate.

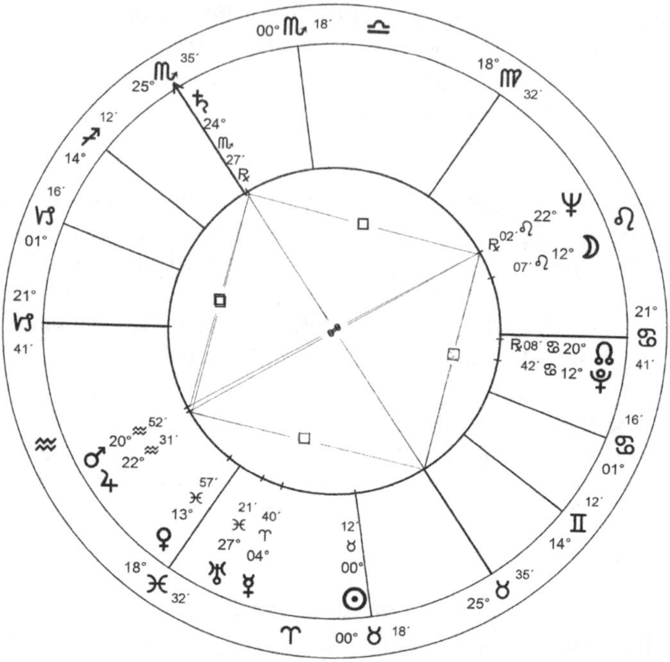

Das Geburtshoroskop von Queen Elisabeth II

Das kosmische Kreuz zeigt einen beherrschenden, in sich selbst ruhenden Menschen, der viel innere Stärke und Durchhaltevermögen besitzt. Das Quadrat ist das Symbol des Saturn, und das große Kreuz läßt den Menschen Lektionen der Festigung, Zeitplanung, Begrenzungen und Ausdauer lernen. Manche Astrologen sagen, daß es einfacher ist, ein kosmisches Kreuz zu handhaben als das T-Quadrat, denn das "vierte Bein" stabilisiert das Bild. Ich habe festgestellt, daß das nicht der Fall ist, denn das T-Quadrat läßt mehr Entscheidungsfreiheit bei der Auflösung des Problembereichs, während das kosmische Kreuz eher einengend wirkt. Ich sollte jedoch hinzufügen, daß einer meiner geschätztesten Lehrer und Kollegen ein großes Kreuz in den Kardinalzeichen hat. Dieser Mensch, der anonym bleiben möchte, ist ein großer Lehrer der okkulten Wissenschaften, Autor und ein vollendeter Musiker.

Im Horoskop der Königin findet sich ein großes Kreuz in den fixen Zeichen mit Mars und Jupiter im Wassermann im ersten Haus, Saturn im Skorpion in Konjunktion zur Himmelsmitte, Neptun im Löwen im siebten

Haus und dem IC auf 26 Grad Stier (es ist eher unüblich, einen nicht von Planeten besetzen Punkt im Horoskop als Eckpunkt eines großen Kreuzes oder eines T-Quadrats zu verwenden, Anm. d. Hrsgb.). Das zeigt die Königin als Symbol für die fixen Werte einer königlichen Monarchie. Dies ist mit Saturn am MC besonders offensichtlich. Wie ihr Enkel, Prinz William, hat Königin Elisabeth einen Steinbock-Aszendenten mit Saturn, ihrem Herrscher, der nah am MC, dem Punkt der Wirkung in der Öffentlichkeit, liegt. Es ist für den Astrologen sehr interessant, wie die Horoskope der jetzigen Königin und des zukünftigen Königs die Linie der königlichen Verantwortung und Nachfolge zeigen. Ich möchte das in Hinsicht auf Charles betonen, der den Planetenherrscher seines MC, Mars, in Konjunktion mit Jupiter hat, dem "Planeten der Könige". Er hat auch den Mond auf 0 Grad Stier im zehnten Haus, was zeigt, daß er die Nachfolge von seiner Mutter (dem Mond) übernimmt. Darüber besteht wenig Zweifel, denn Königin Elisabeth hat ihre Sonne auf 0 Grad Stier! Darüber hinaus haben alle drei, Mutter, Sohn und Enkel die Konjunktion von Jupiter und Mars.

Der IC ist ein wichtiger vierter Punkt im großen Kreuz von Königin Elisabeth, denn er ist die Stelle im Geburtshoroskop, die für die Familie steht. Die Opposition von Saturn zu dieser Stelle zeigt, daß die Königin ihre Familienpflichten ernst nimmt (und im Falle eines Monarchen dehnt sich die "Familie" auf die Menschen aus, über die sie herrscht). Das Quadrat von Saturn zu Neptun weist darauf hin, daß sie ihre Krone nicht leicht trägt. Sie fühlt sich durch ihre Rolle als Königin eingeschränkt und empfindet die Position als Gefangenschaft. Das wird von ihrer Jupiter-Mars Konjunktion im ersten Haus angezeigt, die eine der freiheitsliebendsten Positionen ist, die möglich sind. Die Tatsache, daß diese Planeten auch im Quadrat zu Saturn und dem IC stehen, ist ein weiterer Hinweis auf die Schwere und die persönlichen Einschränkungen, die ihr von ihrer Familie und ihrem königlichen Erbe auferlegt worden sind. Da Sonne, Mond und der Herrscherplanet Saturn sowie Mars, Jupiter, der MC und der IC alle in fixen Zeichen stehen, wird sie sehr wahrscheinlich ein Leben lang in ihrer Position verbleiben.

Das große Trigon: Das Horoskop von Mahatma Gandhi

Das große Trigon wird durch eine Verbindung von drei oder mehr Planeten im Winkel von 120 Grad gebildet, was ein gleichschenkliges Dreieck ergibt. Dieses Aspektbild kann sehr günstig und eine Quelle potentieller Kreativität sein. Wenn die Energien im großen Trigon jedoch nicht weise gelenkt werden, kann das Ergebnis so aussehen wie bei einem Hamster im Rad - er tritt auf der Stelle. Zu viele Trigone im Horoskop können zu Faulheit und

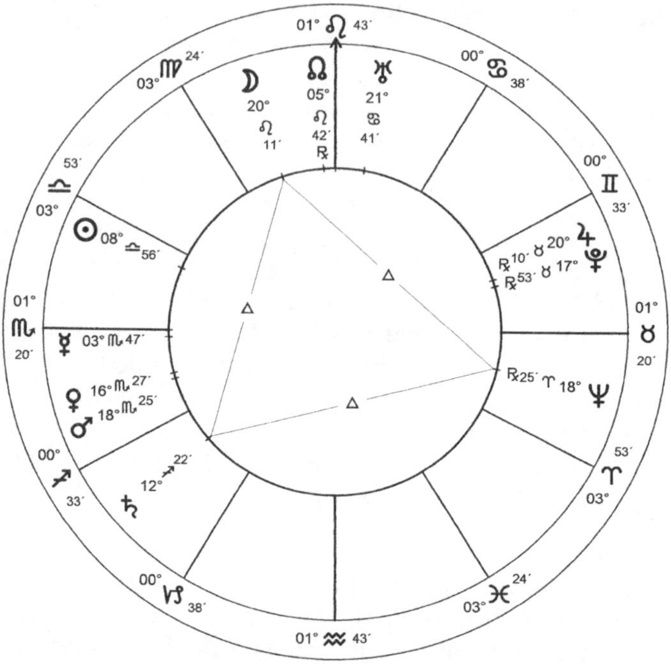

Das Geburtshoroskop von Mahatma Mohandas Gandhi

einer Unfähigkeit führen, sich auf die Herausforderungen des Lebens zu konzentrieren. Ein solcher Mensch gleitet mühelos durchs Leben und ist zu oberflächlich, um von Erfahrungen und Kontakten zu profitieren. Das große Trigon kann jedoch hilfreich sein, wenn es wie bei Gandhi mit Quadraten und/oder Oppositionen verbunden ist, wodurch deren Spannung vermindert wird. Es erweist sich als wahrer Segen, wenn der Überfluß harmonischer Energie sorgfältig kanalisiert wird. In jedem Fall wird die Bedeutung des Elements verstärkt, in dem sich die Planeten befinden.

In Gandhis Horoskop ist dieses Element das Feuer, denn er hat ein großes Trigon zwischen dem Mond im Löwen, Neptun im Widder und Saturn im Schützen. Das bedeutet, daß Idealisierung, Vorstellungskraft und Reichweite der Vision und die Sympathie für leidende Menschen, die für das Mond-Neptun Trigon signifikant sind, durch die harmonischen Schwingungen von Saturn äußerst praktisch und konkret werden. Darüber hinaus kann Gandhi seinen Mond im Löwen im zehnten Haus einsetzen, um sich zum Symbol für menschliche Traditionen (Saturn-Mond Trigon) und Leiden

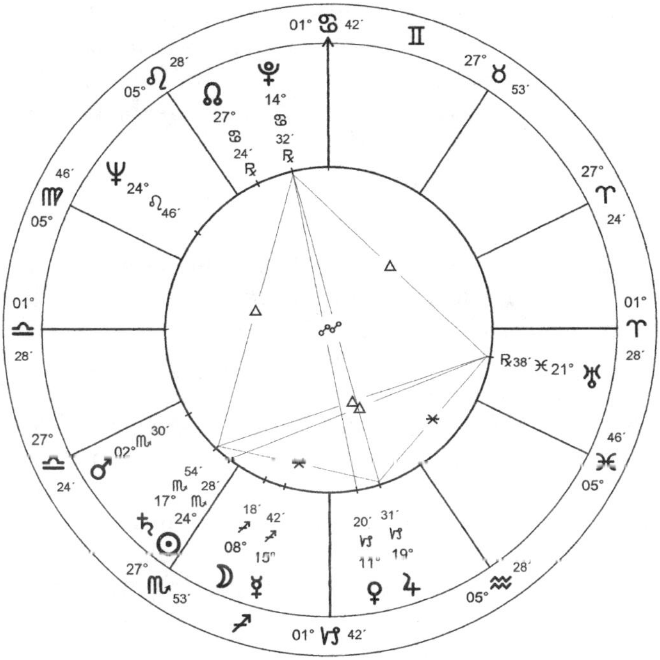

Das Geburtshoroskop von Rock Hudson

(Neptun-Mond Trigon) zu machen, so daß eine gesellschaftliche Struktur neu aufgebaut werden kann (angezeigt von den Planetenenergien im großen Trigon und der enormen Regenerationskraft seines Skorpion–Aszendenten und starken Skorpionplaneten im ersten Haus).

Ghandis T-Quadrat mit dem Mond als Konzentrationspunkt enthüllt unter anderem, daß er sein persönliches mit dem politischen Leben verschmelzen und sein Familienleben opfern mußte, um die Veränderungen durchzusetzen, die er für Indien ins Auge gefaßt hatte.

Die Drachenformation: Das Horoskop von Rock Hudson

Die Drachenformation ist eine Erweiterung des großen Trigons, bei dem ein vierter Planet in Opposition zu einem Eckpunkt des Dreiecks und damit im Sextil zu den anderen beiden Ecken steht. Dies ist eine viel stabilere und kraftvollere Konfiguration als das große Trigon, denn die Opposition ergibt einen festen Konzentrationspunkt für die in diesem Planetenbild enthaltene überschüssige Energie.

Die Drachenformation in Rock Hudsons Horoskop ist sehr beeindruckend. Sie besteht aus einem großen Trigon zwischen Saturn und Sonne im Skorpion im zweiten Haus, Uranus in den Fischen im sechsten Haus und Pluto im Krebs im zehnten Haus. Die Kernopposition geht von Pluto zu einer Konjunktion von Venus und Jupiter im Steinbock im vierten Haus, wobei Jupiter auf einer Seite im Sextil zu Uranus und die Sonne und Saturn auf der anderen Seite stehen.

Pluto im zehnten Haus bezeichnet eine Person, die in ihrer Karriere oder in der Öffentlichkeit die höchsten Höhen und die tiefsten Tiefen erreicht (Richard Nixon ist hier ein weiteres Beispiel). Pluto beherrscht das Zeichen der Sexualität, den Skorpion, und tragischerweise beruhte Rock Hudsons enorme Popularität auf seinem sehr starken Sexappeal. Er starb an Aids. Da Pluto das Zeichen der Erneuerung ist, brachte Rock Hudsons persönliche Tragödie das Thema Aids mehr als je zuvor ans Licht der Öffentlichkeit. Sie trug dazu bei, daß mehr öffentliche und staatliche Gelder flossen, um diese furchtbare Krankheit zu lindern. Der Astrologiestudent sollte hier beachten, daß Pluto oft über ein Individuum jedoch für einen kollektiven Zweck wirkt. Dies trifft insbesondere zu, wenn sich Pluto im zehnten oder elften Haus befindet.

Es besteht wenig Zweifel über die magnetische Kraft seines großen Wassertrigons. Die Kombination von Pluto im zehnten Haus im Trigon zur Sonne im zehnten Haus und Saturn im Skorpion im zweiten Haus enthüllt Hudsons Fähigkeit, seine Talente für seine Karriere hervorragend zu nutzen. Das sechste Haus (Arbeit) mit Uranus (allgemeine Öffentlichkeit) in den Fischen (Filme) zeigt, daß seine Bemühungen öffentlichen Anklang fanden. Pluto- und Skorpioneinflüsse enthüllen wie zuvor erwähnt die sexuelle Anziehungskraft. Sie zeigen aber auch den geheimen Aspekt seines Lebens in bezug auf seine Karriere. Die Tatsache, daß Neptun (Herrscher über den Film) im Quadrat zur Sonne und zu Saturn steht, betont die geheimnisvolle Natur seines Lebens sowie seine inneren Ängste über die Enthüllungen seines Privatlebens in der Öffentlichkeit (Plazierung im elften Haus).

Die Opposition von Pluto zu Venus und Jupiter spricht von der Liebe zum Luxus und einem glamourösen Lebensstil, vom materiellen Überfluß und noch mehr. Sie zeigt, daß seine inneren Werte und seine persönlichen Wünsche nach Romantik und Befriedigung der Sinne mit dem eher öffentlichen Image eines zehnten Hauses nicht im Einklang standen.

IV
INTERPRETATION

36
Der erste Schritt

Die einleitende Synthese

Dieses Kapitel zeigt, wie man bei der Interpretation vorgehen kann. Das Horoskop von Ted Kennedy soll als Beispiel dienen, denn es ist interessant und zeigt zugleich anschaulich einige Hauptpunkte unseres Systems. Bevor wir fortfahren, wollen wir Kennedys Horoskop sorgfältig studieren. Dieser erste Schritt besteht in einer Aufzählung der Informationen, die Bedeutung interpretieren wir im nächsten Kapitel.

Elemente: Dieses Horoskop zeigt drei Planeten (Venus und Uranus im Widder und Jupiter im Löwen) sowie den Aszendenten (Schütze) im Feuer. Drei Planeten (Mond und Neptun in der Jungfrau und Saturn im Steinbock) und der südliche Mondknoten (auch in der Jungfrau) befinden sich in den Erdzeichen. Die Himmelsmitte (in der Waage) und Mars und Merkur (im Wassermann) stehen in Luftzeichen. Pluto (im Krebs) und die Sonne sowie der nördliche Mondknoten (beide in den Fischen) sind in Wasserzeichen. Wir können daraus schließen, daß hier das Feuer das vorherrschende Element ist, denn der Aszendent sowie sein Herrscher (Jupiter) befinden sich in diesem Element, desgleichen der Herrscher der Himmelsmitte (Venus im Widder in Konjunktion mit Uranus).

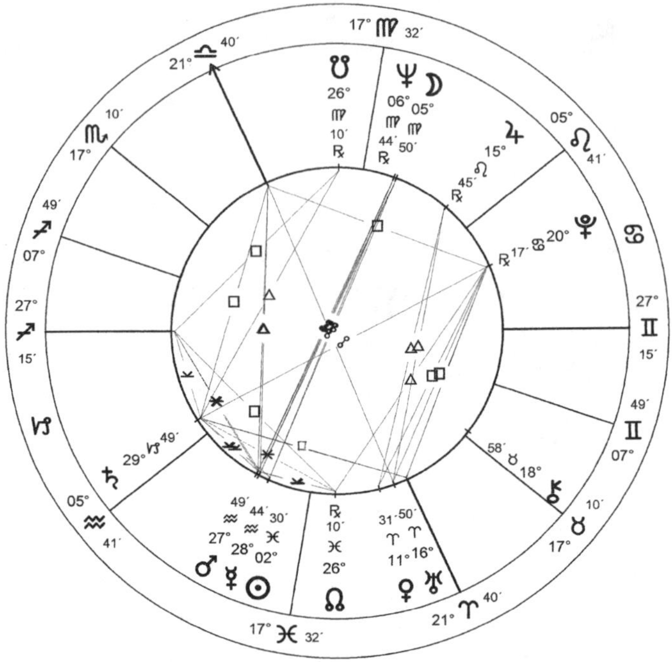

Das Geburtsoroskop von Edward (Ted) Kennedy

Man beurteilt der Bedeutung nach wie folgt: Gestirne (Sonne/Mond); Aszendent, Herrscher, MC und sein Herrscher und die anderen Planeten. Die Mondknoten sind bei solchen Beurteilungen relativ unwichtig.

Qualitäten: Vier Planeten (Venus und Uranus im Widder, Saturn im Steinbock und Pluto im Krebs) sowie der MC (in der Waage) befinden sich in kardinalen Zeichen. Merkur und Mars (im Wassermann) und Jupiter (im Löwen) sind in fixen Zeichen, während sich die Sonne (in den Fischen), der Mond und Neptun (in der Jungfrau), der Aszendent (im Schützen) und die Mondknoten in veränderlichen Zeichen befinden. Wir können sehen, daß die veränderlichen Zeichen vorherrschen. Es gibt zwar mehr Planeten in kardinalen Zeichen (vier), Sonne, Mond und Aszendent befinden sich jedoch in den veränderlichen Zeichen und betonen so diese Qualität.

Geschlecht: Es gibt fünf Planeten in männlichen Zeichen (Merkur, Venus, Mars, Jupiter - den Herrscher und Uranus) und die vier Eckpunkte. Sonne, Mond, Saturn, Neptun und Pluto befinden sich in weiblichen Zeichen, was eine stark ausgleichende Kraft verleiht: Sonne und Mond stehen beide in weiblichen Zeichen, während sich der Aszendent und der MC und deren Herrscher in männlichen Zeichen befinden; wobei die Anzahl der Planeten gleich ist. Mein Gefühl ist, daß die inneren, persönlichen Energien rezeptiv, anziehend und weiblich sind, während das äußere Leben und der Selbstausdruck von den bestimmteren, elektrischen, männlichen Energien erzeugt wird. Diese Dualität ist nur ein weiterer Faktor, der zu den enormen Spannungen in diesem Horoskop beiträgt.

Gewichtung der Elemente: Wenn wir die Untersuchungsergebnisse zusammenfassen, stellen wir einen übermäßigen Einfluß veränderlicher Feuercharakteristika fest, die dem Zeichen Schütze entsprechen (der Aszendent Kennedys). Diese Betonung rückt die Fische-Jungfrau-Neptun-Natur dieses Menschen (d.h. der Drang nach Selbstaufopferung für ein größeres Ziel) in die Öffentlichkeit. Sie zeigt auch das Bedürfnis nach einer philosophischen Sichtweise und das Temperament eines wettbewerbsorientierten Sportlers.

Gewichtung der Planeten: Saturn steigt in seinem eigenen Zeichen (Steinbock) auf und ist daher eine sehr starke Kraft. Er verleiht ein Gefühl innerer Unterdrückung und das Bedürfnis, auszubrechen (Pluto Opposition). Er weist auf Rückenprobleme und eine stämmige Statur hin. Dieser Mensch will Macht- und Kontrollstrukturen schaffen. Merkur ist im Wassermann erhöht, wenn er jedoch mit Mars kombiniert wird, hat der Mensch eine scharfe Zunge und Ideen, die mehr idealistisch als realistisch sind. Die Merkur-Mars-Konjunktion verhilft auch zu Mut und Entschlossenheit sowie zu dem Bedürfnis, bei humanitären Zielen mitzuwirken. Ich glaube, daß dieser Mann wirklich das Wohl der Mehrheit jederzeit im Sinn hat. Venus im Widder und Neptun in der Jungfrau stehen schwach. Durch den Einfluß des letzteren kann aus kleinen Details ein großes Chaos entstehen, wenn er aber weise eingesetzt wird, hilft er dabei, die universelle Sichtweise bei den geringfügigsten Aktivitäten im Leben beizubehalten. Venus im Widder kann durch rasche Verbindungen und undisziplinierte gesellschaftliche Verwicklungen zu Problemen führen.

Gegenseitige Rezeptionen: Man sagt, daß sich Planeten in gegenseitigen Rezeptionen befinden, wenn sie im jeweils entgegengesetzten Zeichen stehen. Wenn sich Venus daher im Krebs und der Mond in der Waage befänden, würden sie in einer solchen Rezeption stehen und zusammen einen stärkeren Einfluß im Gesamthoroskop ausüben. Einige gegenseitige Rezeptionen sind günstig, wie Mond im Stier und Venus im Krebs; andere wie Mars im Steinbock und Saturn im Widder können schwierig sein, denn die Energien sind nicht miteinander vereinbar. Diese Disharmonie wird durch eine gegenseitige Rezeption betont. Der Schlüssel für die Interpretation liegt in Ihrem Verständnis von den Planeten, Zeichen und Aspekten.

Kennedys Horoskop enthüllt zwei solcher wechselseitiger Planetenbeziehungen: Mars im Wassermann und Uranus im Widder (verleihen Mut, Entschlossenheit beim Ausdruck von Idealen, aber eine gewisse Voreiligkeit und eine "Friß oder stirb"-Haltung) und die Sonne in den Fischen mit Jupiter im Löwen (verleiht ein Bedürfnis nach Dienst und Nächstenliebe, aber auch den Wunsch, den schwierigeren Aspekten des Lebens durch Vergnügungen zu entkommen). Saturn im Steinbock im ersten Haus gibt ihm das Gefühl, eingeschränkt zu sein und ein Schuldgefühl beim Selbstausdruck.

End-Dispositor: Der Begriff Dispositor bezieht sich auf den Herrscher des Zeichens, in dem ein Planet steht. So ist in Kennedys Horoskop Merkur beispielsweise der Dispositor des Mondes (in der Jungfrau), der Mars Dispositor der Venus, der Mond Dispositor von Pluto (im Krebs) und so weiter. Wenn ein Planet Dispositor zu allen anderen ist, sagt man, daß er der End-Dispositor ist. In Kennedys Horoskop gibt es keinen solchen Planeten.

Damit Sie sich nicht die Arbeit machen und nach dem End-Dispositor suchen, obwohl es keinen gibt, beachten Sie die folgenden Regeln. Es kann keinen End-Dispositor geben, wenn es keinen Planeten gibt, der in seinem eigenen Zeichen steht. Es kann keinen End-Dispositor geben, wenn zwei oder mehrere Planeten sich in gegenseitiger Rezeption befinden und wenn mehrere Planeten in ihrem eigenen Zeichen stehen.

Der End-Dispositor ist zusammen mit dem Himmelskörper, der am höchsten steht, und dem Herrscherplaneten eine sehr wichtige Energie in jedem Horoskop. Bei der Gesamtinterpretation des Horoskops muß man ihm zusätzliches Gewicht geben. Daher kann man sagen, daß der End-Dispositor (und seine Stellung in Zeichen und Haus) einen überragenden Einfluß auf alle Planeten hat. Seine Färbung wirkt sich überdeutlich aus.

Der Herrscher: Der Herrscher des Aszendenten ist zugleich Herrscher des Horoskops. Davon gibt es Ausnahmen. Wenn sich ein Planet innerhalb von 5 Grad am Aszendenten befindet (insbesondere im ersten Haus), färbt er das ganze Horoskop. Der Einfluß eines solchen Planeten wird im körperlichen Erscheinungsbild sichtbar sein. Der Mond am Aszendenten verleiht immer ein rundes Gesicht und andere Körperrundungen; der Mars am Aszendenten eine aggressive Natur, starke Augen und eine Hakennase, usw.

Bei Kennedy ist Jupiter im Löwen der Herrscher, aber Saturn im ersten Haus färbt die Veranlagung und den physischen Körper. Ich habe Kennedy gesehen und konnte ihn etwa eine Viertelstunde lang aus nächster Nähe beobachten. Einmal saß ich auch mit ihm im selben Flugzeug und konnte mich dadurch auf seine Schwingungen und die ihn umgebenden Energien einige Stunden lang "einstimmen". Jupiter im Feuer, der über einen Feuer-Aszendenten herrscht und im Trigon zu zwei anderen Feuerplaneten steht, bewirkt bei einem Mann eine rötliche Gesichtsfarbe sowie stark gewelltes Haar. Er ist ein offener Mensch (wie ein Schütze) und ausgelassen wie ein Jupitergeborener, aber auch klein und hat ein sehr ernsthaftes Verhalten. Diese Faktoren sowie die chronischen Rückenprobleme werden mit Saturn im Steinbock im ersten Haus assoziiert.

Kritische Grade: Wenn Planeten oder Hauptpunkte des Horoskops in den folgenden Graden des Tierkreises stehen, sagt man, daß sie ihren Einfluß entweder zum Guten erhöhen oder eine größere Spannung oder Streß bewirken, was von deren Position im Geburtshoroskop abhängt. Diese Grade werden auch als die Paläste des Mondes bezeichnet, denn jeder Palast steht für den durchschnittlichen Tageslauf des Mondes (rd. 13 Grad). Diese Segmente beginnen bei 0 Grad Widder (der Frühlings-Tag-und Nachtgleiche). Die kritischen Grade sind in den hinduistischen, chinesischen und arabischen Astrologiesystemen besonders wichtig, ich bin allerdings nicht voll davon überzeugt, welchen Bedeutungsgrad sie in unserem traditionellen westlichen System haben. Sie sind hier aufgeführt, denn sie finden häufig in anderen Texten Erwähnung und müssen weiter erforscht werden. Die kritischen Grade sind:

Kardinalzeichen: 0° 0'; 12° 51'; 25° 43'
Fixe Zeichen: 8° 34'; 21° 26'
Veränderliche Zeichen: 4° 17'; 17° 09'

Ich würde hier nur einen Orbis von einem Grad empfehlen, obwohl andere Astrologen festgestellt haben, daß ein Orbis von zwei Grad wirksam ist. Wenn man den Orbis von einem Grad verwendet, zeigt Kennedys Horoskop keine Planeten oder Hauptpunkte auf einem dieser kritischen Grade.

Aspektbilder: Kennedys Horoskop zeigt ein wichtiges T-Quadrat des MC mit Saturn und Pluto.

37
Der zweite Schritt

Je mehr man sich mit Astrologie befaßt, um so individueller arbeitet man. Es folgen nun systematische Richtlinien für die Darstellung, die der Student verwenden und später individuell anpassen kann. Die vorliegende Methode wird dabei helfen, bei der Interpretation ein Verständnis für die Horoskopstruktur und die Analyseprozesse zu gewinnen:

Genaue Erstellung des Geburtshoroskops (am besten per Computer)
Erstbegutachtung wie oben beschrieben
Hemisphärenbetonung (Überblick)
Synthese elementarer und qualitativer Betonungen
Sonne, Mond, Aszendent und ihre wechselseitigen Beziehungen
Gewichtung der Planeten:
  Herrscher und Planeten im ersten Haus
  prominentester Planet (der Planet, der im Horoskop ganz oben steht)
Hauptkonfigurationen - Aspektbilder
Haus-für-Haus Analyse von Planeten und Punkten, die zuvor noch nicht untersucht wurden
Prognosen: sekundäre Progressionen und Transite

Bitte beachten Sie: weder das Horoskop noch der Astrologe kann die Handlungen des Horoskopeigners als "richtig" oder "falsch" beurteilen. Ein guter Okkultist läßt nicht zu, daß persönliche Meinungen die Beurteilung verfälschen; er sieht die Charakterzüge als Schattierungen und Manifestationen von Energiepolaritäten. Das Geburtshoroskop enthüllt zwar die Tendenzen im Leben, aber nicht die Art und Weise, wie ein Individuum bestimmte Charakteristiken durch harte Arbeit und Bemühungen modifiziert und transzendiert. Der Intuition des Astrologen bleibt daher überlassen, wie er die Tendenzen im Leben in die Struktur des Individuums "einpaßt". Dasselbe gilt für Voraussagen; auch hier müssen wir Energiemuster interpretieren und diese in den Kontext eines bestimmten Lebens einpassen.

Nachdem wir dies beachtet haben, kommen wir nun zur Horoskopbetrachtung von Edward Kennedy.

Betonung der Hemisphären (Überblick)

Bevor man die Details eines bestimmten Geburtshoroskops studiert, ist es sehr gut, festzustellen, in welchen Quadranten sich die Mehrheit der Planeten befindet, egal in welchem Zeichen, Haus oder Aspekt sie stehen. Wenn zum Beispiel die Mehrheit der Planeten unter dem Horizont (im Norden) steht, weist das auf eine Persönlichkeitsstruktur hin, die normalerweise subjektiv ist und ein Ausdrucksmittel benötigt, über das ein gesellschaftlicher Beitrag geleistet werden kann (vgl. die Abb. auf S. 328!)

Planeten über dem Horizont im Süden zeigen oft den Weg, wie der Selbstausdruck in der Öffentlichkeit stattfindet. Wenn sich die Mehrheit der Planeten im Süden befinden, sucht das Individuum bei jeder Handlung nach gesellschaftlicher Anerkennung und nach mehr Objektivität im Leben. Hier entsteht ein Bedürfnis, an gesellschaftlichen Aktivitäten teilzunehmen, es mangelt aber an tiefer innerer Selbsterforschung, die von Planeten unter dem Horizont angezeigt werden würde.

Wenn die meisten Planeten im Osten (links) stehen (das sind die aufsteigenden oder kulminierenden Planeten), weist das darauf hin, daß der Mensch der Initiatior jeder Phase seines Lebens sein will. Er muß lernen, mit anderen zusammenzuarbeiten, hat aber die Fähigkeit, seine persönlichen Lebensumstände zu gestalten.

Planeten im Westen (rechts, die untergehen oder sich dem Nadir (IC) nähern) führen andererseits dazu, daß solche Menschen von den Aktivitäten anderer extrem abhängig werden, um ihre eigenen Motivationen und ihren Antrieb zu integrieren. Eine Planetendominanz im Westen verhilft zu einem natürlichen Kooperationssinn, und ein am Westen orientiertes Individuum kann im Leben erfolgreich sein, wenn es mit anderen zusammenarbeitet. Nach Marc Edmund Jones unterscheiden sich Osten und Westen im astrologischen Sinne wie ein Essen "à la carte" von einem "Menü". Beim ersteren kann man die gewünschten Gänge auswählen - oft ist dieses Essen aber teurer als das zweite, das bereits ausgesucht und zusammengestellt ist. Die Betonung der Osthälfte bedeutet karmische Aussaat, die der Westhälfte karmische Ernte.

In Kennedys Horoskop sind die meisten Planeten im Nordosten (im ersten Quadranten). Diese Gruppierung enthält alle persönlichen Planeten (Sonne, Merkur, Venus, Mars) außer dem Mond; dieser steht im achten Haus in der Jungfrau. Diese Betonung des ersten Quadranten zeigt eine dominante Subjektivität an, bei der die eigenen Ideen, Ziele und Aufgaben brachliegen und darauf warten, durch persönlich motivierte Erfahrungen nach außen gebracht zu werden.

Wenn das Individuum einmal festgestellt hat, daß es sich unbedingt ausdrücken will, dann muß es seine natürlichen Energien freisetzen, um seinen Wachstumsimpuls objektiv verstehen zu können. In dieser Hinsicht ist die Hauptkonfiguration in Kennedys achtem Haus interessant. Durch Mond, Neptun und Jupiter nimmt Kennedy menschliches Leid sehr scharfsinnig wahr und hat das Bedürfnis, die kollektiven spirituellen und materiellen Ressourcen der Gesellschaft anzuzapfen, um solche Leiden zu lindern. Der Konflikt kommt mit dem Verlangen, einige Formen der eigenen gesellschaftlichen und persönlichen Ziele zu opfern, um zu erreichen, daß die essentielle Bedeutung hinter den eigenen Handlungen verwirklicht wird. Ein Hauptwachstumsfaktor bei diesem Menschen besteht darin, die Unterschiede und die Beziehung zwischen Essenz und äußerer Form feststellen zu können.

Synthese der Elemente und Qualitäten

In der vorläufigen Synthese dieses Horoskops haben wir bereits gesehen, daß es ein Horoskop ist mit Betonung veränderlich-Feuer-positiv-männlich, was einem "übermäßigen" Schützeeinfluß entspricht. Obwohl vier Planeten in Kardinalzeichen und nur drei in veränderlichen Zeichen stehen, bin ich der Meinung, daß die letzteren stärker wirken. Das liegt daran, daß sich zusätzlich zu Neptun die Sonne, der Mond und der Aszendent in den veränderlichen Zeichen befinden.

Eine Überbetonung des Schützen weist auf eine Person hin, die hohe Ziele hat und zeigen möchte, wie hochfliegende gesellschaftliche Ziele in praktische Bedingungen integriert und auf den Boden gebracht werden. Ein solcher Mensch ist sportlich, hat gerne Spaß und will alle scheinbaren Begrenzungen überwinden, um seine Ideale umzusetzen.

Sonne, Mond und Aszendent und ihre wechselseitigen Beziehungen

Kennedy ist bei Vollmond geboren, dadurch finden wir die beiden Lichtträger im Horoskop in genauer Opposition. Diese Plazierung unterstützt ein Bedürfnis nach Objektivität im Leben, denn in einer solchen Position ist ein grundlegender Konflikt enthalten. Sonne und Mond stehen entsprechend im zweiten und im achten Haus in den Zeichen Fische und Jungfrau. Ein Vollmond betont die Unterschiede zwischen der grundlegenden Natur eines Individuums (Sonne) und seinem Bedürfnis nach Selbstausdruck bei Kontakten im Alltag (Mond). Dies bedeutet, daß Kennedy häufig den Kontrast zwischen seinen inneren Zielen und den Formen erlebt, welche diese Ideale im äußeren Leben annehmen. Um seine inneren Ziele umzusetzen und zu erreichen, wird er vielleicht Kompromisse schließen müssen. Die Kooperation mit anderen Menschen scheint nicht zu diesen Plänen zu passen. Kennedy wird zulassen müssen, daß andere die Dinge nicht nach seiner Methodik, sondern auf ihre Art und Weise angehen. Da der Mond in der Jungfrau steht, wird dies für ihn nicht ganz einfach sein, denn er hat eine ganz genaue Vorstellung davon, wie seine Pläne ausgeführt werden müssen. Vielleicht wird er viele Enttäuschungen hinnehmen, wenn er nicht genug Vertrauen in die Vorgehensweise seiner Untergebenen hat.

Das Schlüsselwort ist hier die Synthese. Kennedy sollte es vermeiden, in "Entweder-Oder" Situationen zu geraten. Statt dessen sollte er mit seinen Kollegen nach einem dritten Konzentrationspunkt suchen, um eine größere Harmonie des Ganzen zu erreichen. Diskretion, positives Unterscheidungsvermögen und Akzeptanz sind wichtige Qualitäten, die er in sein öffentliches und privates Leben einbringen muß.

Durch die Fische-Jungfrau Qualität möchte er das individuelle Bewußtsein mit einem größeren Ganzen verschmelzen, statt persönlich ausgerichtete Wünsche und Bedürfnisse zu haben. Der Drang, kollektiven Idealen und Zielen zu dienen, gewinnt stark an Bedeutung. Die Positionen von Sonne und Mond im zweiten und achten Haus konzentrieren die Art und Weise, wie persönliche Werte, Talente und Besitz mit den Werten der Gesellschaft im allgemeinen verbunden werden. Das wirkt als ständige Herausforderung für seine Transformation. Kennedy muß seinen eigenen dynamischen Willen in ein subtileres Werkzeug für das soziale Wachstum des Landes umwandeln. Eines ist sicherlich erkennbar - mit dem Mond in Konjunktion zum Neptun und der Sonne in Konjunktion zu Merkur und Mars im Wassermann hat Kennedy sehr viel mit der gerechteren Verteilung gesellschaftlicher Ressourcen zu tun.

Der Schütze–Aszendent (und dessen sehr starker Einfluß) steht mit dem oben Genannten gut in Harmonie. Der Schütze ist ein Zeichen von hohem Idealismus und drängt den Menschen dazu, den eigenen Einfluß zu vergrößern, indem diese Ideale nach außen getragen werden. Der Schütze hat mit der Neuschöpfung und Weiterentwicklung von Philosophien zu tun. Kennedy kann im Bereich der sozialen Wohlfahrt seine philosophische Sichtweise anwenden.

Da sich Mond und Sonne in einem weiten Trigon bzw. Sextil zum Aszendenten befinden, kann Kennedy seine Meinungen leicht mitteilen. Dies bedeutet jedoch nicht, daß die Essenz seiner Ideen (Plazierung der Sonne) oder seine Methoden (die Position des Mondes) leicht allgemein anerkannt werden.

Gewichtung der Planeten

Der Herrscher und die Planeten im ersten Haus: Jupiter im Löwen im achten Haus beherrscht das Horoskop. Diese Plazierung zeigt an, daß Kennedy persönlichen Idealismus auf eine Art und Weise ausdrücken will, welche die kollektiven Ressourcen der Gesellschaft transformiert. Jupiter steht im Trigon zur Konjunktion von Venus und Uranus, was auf die Tendenz hinweist, wirtschaftliche Ressourcen gerechter zu verteilen.

Saturn im Steinbock steht im ersten Haus und bringt ein intensives Bewußtsein für Begrenzungen und Verantwortung. Er weist auch darauf hin, daß dieser Mensch auf seine eigene Art und Weise den Weg zum Ziel entwickeln und planen will. Saturn kann auch dazu führen, daß Kennedy mit den bestehenden Strukturen nur schwer in Einklang kommt. Die Neigung, zu bewahren und zu erbauen, dem Gesetz zu gehorchen und innerhalb eines geordeten Systems zu funktionieren, sind ebenfalls Charakteristika von Saturn im ersten Haus des Geburtshoroskops.

Die prominentesten Planeten und die Planeten in den Eckhäusern: Die Konjunktion von Neptun und Mond steht im Horoskop am höchsten. Diese Position zeigt, daß Kennedy für Bedürftige und Notleidende Sympathie hegt. Die Gefahr dieser Position kann eine eher idealistische statt realistische Handlungsweise sein, um menschliches Leid zu lindern.

Pluto befindet sich im siebten Haus im Quadrat zur Venus, die in Konjunktion zu Uranus steht. Pluto steht auch in einer weiten Opposition zum Saturn. Diese Faktoren machen die Ehe schwierig, denn der Partner kann ein sehr selbstzerstörerischer Mensch sein. Darüber hinaus beherrscht Venus das fünfte Haus der Vergnügungen, und das Quadrat zu Pluto und die Konjunktion zu Uranus weisen auf die Probleme hin, die für Kennedy bei seinem sehr menschlichen Bedürfnis nach Spaß und Vergnügen entstanden.

Hauptkonfigurationen und Aspektbilder

Die zwei wichtigsten Konfigurationen in diesem Horoskop sind die fünf Planeten, die an den Oppositionen zwischen dem zweiten und dem achten Haus beteiligt sind, und das große Kreuz von Saturn, Pluto, MC und IC. Das erste Aspektbild wurde bereits weiter oben besprochen, als es um die Sonne-Mond Beziehung ging. Es gibt jedoch einige zusätzliche Faktoren, dic bcachtet werden sollten.

Dcr Mond in Konjunktion mit Neptun ist ein anderer Hinweis dafür, daß Kennedy Schwierigkeiten mit Frauen hat. Der Mond ist Mitherrscher seines siebten Hauses, dem Haus der Ehe, und Neptun hat mit dem Gebrauch oder Mißbrauch von Alkohol und anderen Drogen zu tun. Wenn diese zwei Planeten zusammen - und in Opposition zu Merkur und Mars stehen, wie hier in diesem Horoskop, kann dies auf einen Partner deuten, der zu emotionaler Instabilität neigt. Neptun wird dem Wasserelement zugeordnet. Das achte Haus ist das Haus des Todes, das im Ideal- oder Urhoroskop von Mars und Pluto beherrscht wird. Mars in Opposition zu Mond und Neptun weist auf eine unglückliche Beziehung mit einer Partnerin hin, die durch Ertrinken stirbt. Kennedys Unfall in Chappaquiddick bestätigt diesen Hinweis im Horoskop.

Das große Kreuz zeigt das Bedürfnis, die Gesellschaft auf eine sehr persönliche Art und Weise neu zu strukturieren. Diese Position weist auch auf die Gelegenheit hin, daß Kennedy einige der negativeren Eigenschaften umwandeln kann, die er zusammen mit dem Reichtum seiner Familie geerbt hat. Saturn im Steinbock in Opposition zu Pluto im Krebs ist einer der Hauptindikatoren, insbesondere was die Familie väterlicherseits betrifft.

Eine seiner Hauptaufgaben besteht darin, die persönlich geerbten Ressourcen (als Individuum und als Mitglied einer gesellschaftlichen Klasse und Nation) aufzugeben und sie für das Wohl der Menschen im allgemeinen neu zu strukturieren. Diese Tendenzen kann man astrologisch noch von einer anderen Seite betrachten. Der Herrscher des zweiten Hauses des persönlichen Reichtums (Saturn) steht in Opposition zum Herrscher des elften Hauses der kollektiven gesellschaftlichen Werte und der Massen (Pluto). Uranus, der andere Herrscher des zweiten Hauses, steht im Quadrat zu Pluto, was ein anderer wesentlicher Hinweis darauf ist, daß es not tut, wirtschaftliche Einrichtungen im allgemeinen wie auch die eigenen Finanzen und die Einstellung ihnen gegenüber zu transformieren.

Haus für Haus-Analyse der Planeten und Punkte, die zuvor nicht untersucht wurden.

Erstes Haus - Allgemeines Temperament: siehe oben!

Zweites Haus - Persönliche Finanzen und Talente: siehe oben!

Drittes Haus - Kommunikation, geistige Fähigkeiten, Geschwister: Kennedys Horoskop gibt viele Hinweise auf die zahlreichen und unglücklichen Umstände, die einige seiner Geschwister betreffen. Der Herrscher des dritten Hauses, Neptun, steht in Konjunktion zum Mond und in Opposition zu Merkur. Dies ist ein klarer Hinweis auf einen Bruder oder eine Schwester, die eine Form von geistiger und/oder emotionaler Behinderung haben kann. Seine behinderte Schwester Rosemary paßt auf diese Beschreibung. Mars, der Mitherrscher seines elften Hauses für öffentliche Angelegenheiten steht in Opposition zu Neptun. Merkur, der Herrscher des neunten Hauses der altruistischen Ideale und Ziele, hat denselben Aspekt zu Neptun. Daher ist es für ihn und seine Familie ganz natürlich, das Thema der geistigen Behinderung in die Öffentlichkeit zu bringen und dabei zu helfen, daß die Bedürfnisse behinderter Menschen bekannter werden.

Das elfte Haus hat auch mit dem Tod von Geschwistern zu tun, denn es ist vom dritten Haus aus gesehen das achte. Pluto ist der Mitherrscher des elften Hauses und steht im Quadrat zur Venus-Uranus Konjunktion im dritten Haus. Wenn man zusätzlich die Aspekte von Mars beachtet, weist das darauf hin, daß Geschwister beim aktiven Dienst an einer größeren Sache getötet werden. Bei seinem ältesten Bruder Joseph war dies der zweite Weltkrieg. Bei seinen Brüdern John und Robert waren es Angelegenheiten gesellschaftlich-politischer Natur, wie das durch Planeten im Wassermann in Opposition zur Jungfrau-Konjunktion angezeigt wird.

Viertes Haus - Zuhause und Familie: Daß die Kennedy-Familie als Führer ihrer Generation bekannt ist, zeigt sich in der Position des Mars, der als Herrscher des vierten Hauses in Konjunktion mit Sonne und Merkur und im Trigon zum MC (dem Punkt des gesellschaftlichen Ansehens) steht. Die Tragödien der Kennedy-Familie werden - wie bereits erwähnt - durch die

Marsaspekte angezeigt. Man kann sehen, daß er innerhalb seiner eigenen Familie insbesondere Schwierigkeiten mit seiner Frau hat, denn Pluto steht im siebten Haus (Haus der Ehe) im Quadrat zur Spitze des vierten Hauses. Da Pluto auch der Mitherrscher des Widders (und damit des vierten Hauses) ist, entsteht noch mehr Spannung. Saturn im Steinbock steht im Quadrat zur Spitze des vierten Hauses und in Opposition zu Pluto. Diese Aspekte zeigen ein Machterbe und ein Bedürfnis an, die vom Vater Joseph Kennedy Sr. geerbte Machtstruktur (Saturn im Steinbock) neu zu orientieren.

Fünftes Haus - Kinder, Romanzen und Vergnügen: Kennedy konnte die Vaterrolle viel Freude bereiten, denn Jupiter steht im Trigon zur Venus, der Herrscherin seines fünften Hauses. Jupiter kann ihn aber von seinen Kindern auf Grund von Reisen und den dabei verfolgten persönlichen Zielen trennen (Jupiter ist der Herrscher seines ersten Hauses). Seine Kinder können auch bekannte Persönlichkeiten werden, denn Venus ist die Herrscherin seines fünften und zehnten Hauses.

Sein Sohn ist schon in der Öffentlichkeit bekannt, da er als Junge Krebs hatte und ihm deshalb ein Bein amputiert wurde. Venus wird von Pluto beeinträchtigt, profitiert aber vom Trigon zu Jupiter. Deshalb kann man sagen, daß sein Kind (Venus) plötzlich durch eine schon lange bestehende, degenerative Krankheit (Pluto) in Not gerät (Uranus in Konjunktion mit Venus), aber schließlich gerettet wird (Jupiter im Trigon).

Sechstes Haus - Gesundheit und Arbeit: Mit Merkur als Herrscher des sechsten Hauses im Wassermann in Konjunktion zu Mars und Sonne besitzt Kennedy starke nervöse Energien. Er kann emotionale Ausbrüche haben und die Beherrschung verlieren. Das Nervensystem ist so stark mit seinen emotionalen Hochs und Tiefs verbunden (Mond in Konjunktion zu Neptun), daß er unter ständiger Anspannung leidet. Dies kann zu Hautreaktionen führen. Er sollte auch auf seinen Blutdruck und seinen Kreislauf achten. Sein übermäßiges Interesse an körperlicher Betätigung ist ein sehr hilfreicher Ausgleich, kann aber zu Problemen führen.

Siebtes Haus - Ehe und Partnerschaft: siehe oben!

Achtes Haus - Kollektive finanzielle Ressourcen, Erbschaften, Sex und Tod: Die kollektiven finanziellen Ressourcen haben wir bereits besprochen. Sein Erbe zeigt sich durch die Stellung des Jupiter im achten Haus im Trigon zu Venus und Uranus. Jupiter/Venus Aspekte verleihen im allgemeinen Überfluß, aber Uranus beherrscht Kennedys zweites Haus des persönlichen

Reichtums. Uranus im Trigon zu Jupiter weist ein weiteres Mal auf ererbten persönlichen Reichtum hin. Neptun in Konjunktion mit dem Mond im achten Haus - insbesonders weil es mit dem dritten Haus von Brüdern und Schwestern in Zusammenhang steht - zeigt Erbschaften durch Familienunglück sowie das Bedürfnis, Menschen zu helfen, die weniger wohlhabend sind.

Was Tod und Sex betrifft, wollen wir das Privatleben Kennedys respektieren und diese Angelegenheiten nicht weiter kommentieren.

Neuntes Haus - Auslandsreisen und Religion: Merkur ist der Herrscher seines neunten Hauses und steht für ständige Bewegung. Die Spitze des neunten Hauses in der Jungfrau deutet auf Reisen im Zusammenhang mit der Arbeit hin. Die Spitze des sechsten Hauses in den Zwillingen, deren Herrscher ebenfalls der Merkur ist, unterstreicht dies.

Kennedy dürfte sich auf Reisen nicht allzu wohl fühlen, weil Merkur von verschiedenen Planeten beeinträchtigt wird. Wenn wir das fünfte Haus des Urlaubs und anderer Vergnügungen untersuchen, erkennen wir, daß Venus (seine Herrscherin) im Trigon zu Jupiter steht (Herrscher seines ersten und Mitherrscher seines dritten Hauses). Dies weist auf eine Vorliebe für Reisen hin, die dem rein persönlichen Vergnügen dienen.

Zehntes Haus - Karriere: Es gibt viele Herausforderungen, mit denen Kennedy konfrontiert ist und die von der Position der Venus, der Herrscherin seines zehnten Hauses angezeigt werden. Mit der Häuserspitze in der Waage besteht das Bedürfnis, ausgleichend zu wirken und Frieden zu stiften. Trotzdem wird Kennedy die Harmonie nur durch Konflikte erfahren. Er möchte nämlich persönliche Werte bestätigen, die sich von denjenigen seiner Zeitgenossen im Polittheater stark unterscheiden. Venus in Konjunktion zu Uranus im Widder verleiht diese Tendenz, d. h. den Drang, in gesellschaftlichen Wertesystemen ein Pionier zu sein. Plutos Quadrat zu dieser Konjunktion zeigt jedoch einen Konflikt mit Gleichrangigen an (Pluto als Mitherrscher seines elften Hauses). Mars in Konjunktion mit Merkur im Wassermann im Trigon zur Spitze des zehnten Hauses verleiht eine Kämpfernatur und die Fähigkeit, daß die eigenen Worte von der Öffentlichkeit anerkannt werden.

Elftes Haus - Kollegen, Freunde, die Öffentlichkeit, Ziele: Pluto und Mars sind die Herrscher seines elften Hauses, und ihre Konflikte mit den anderen Planeten im Horoskop weisen auf Probleme mit Kollegen und Gruppen hin. Dies ist ein sehr nervöser, jähzorniger Mann, der kraftvoll begründete

Ideale hat, die er verkünden und verwirklichen will. Seine Jungfrau/Fische Polarität läßt ihn zum Strategen werden, und er wird von anderen absolute Loyalität und Teamarbeit verlangen, wenn er an der Umsetzung seiner Pläne arbeitet.

Zwölftes Haus - Selbst-Entwicklung: Jupiter herrscht hier und bietet den "Schutzmantel" im Leben. Jupiter im Trigon zur Venus weist jedoch auf Schwierigkeiten hin, ein spielerisches Ventil für den enormen Druck und Streß dieses Menschen zu finden. Das Quadrat von Pluto aus unterstreicht dieses Problem.

38
Prognosen - Freier Wille oder Schicksal?

Die Frage, ob das Schicksal vorherbestimmt ist oder ob der Mensch sein eigenes Schicksal wählen kann, ist Thema endloser Abhandlungen. Tausende von Philosophen und Theologen haben sich damit beschäftigt. Einer der Gründe, warum sich Menschen von der Astrologie angezogen fühlen, ist die Möglichkeit, Vorhersagen zu machen.

Je mehr die Menschen ihr Bewußtsein entwickelt haben, desto mehr haben sie ihr Schicksal in der Hand. Wenn eine Person daher mit den Gesetzen und der Struktur des Großen Plans vertraut ist und es versteht, diese Weisheit in ihr Leben einzubauen, dann kann sie tatsächlich einen Großteil ihres Schicksals innerhalb der karmischen Grenzen lenken. Ein Mensch, der als reicher Orientale zur Welt gekommen ist, könnte sein Schicksal nie so formen, daß er ein armer Kaukasier wird, aber ein Mensch, der kriminelle Tendenzen hat, kann altruistisch und humanitär werden, wenn er diesen Wunsch zum Ausdruck bringt und sich der für eine Transformation nötigen Schritte bewußt ist.

Man sollte immer daran denken, daß der Zweck des Horoskops darin besteht, damit arbeiten zu können, bis man es transzendiert hat. Wenn man älter wird (im zeitlichen wie im spirituellen Sinne), entwickelt man sich aus dem Geburtsmuster heraus, hinein in ein Energiemuster, das man bewußt mit viel Mühen und Opfern aufgebaut hat. Wie man diese Veränderung gestaltet, hängt in großem Maße davon ab, ob man Energie von einer Form oder Manifestationsebene in eine andere umwandeln kann. Wenn man die Bedeutung der Planeten der höheren Oktave in bezug auf diejenigen der niederen Oktave genauer untersucht, hat man einige Beispiele für diesen Verfeinerungsprozeß.

Das Studium der Planeten ist ein Studium der Zyklen, und das Ziel der Astrologie besteht darin, die Bedeutung dieser Zyklen mit den verschiedenen Formen des weltlichen Lebens in Übereinstimmung zu bringen. Beim Geburtshoroskop wird die Aufgabe spezifischer, denn hier geht es nur um das einzelne Individuum und dessen speziellen Platz im Schema des Makrokosmos. Da die Mehrzahl der Menschen nicht bewußt auf die motivierenden Energien eingestimmt ist, die unseren Planeten beherrschen, unterliegen sie diesen größeren Kräften tatsächlich vollständig. Was die größeren Themen ihres Schicksals angeht, haben sie nur wenig freie Wahl. Sie können wählen und treffen auch Entscheidungen, wenn es darum geht, was sie anziehen sollen oder welchen Film sie sehen wollen, aber sie organisieren ihre Aktivitäten nicht bewußt danach, vollständig mit der großen makrokosmischen Struktur in Einklang zu sein, von der sie ein unbewußter Teil sind.

Einige wenige Menschen werden jedoch von der Meisterenergie erwählt, welche die Evolution der Erde und der Menschheit führt, damit sie eine spezielle Rolle spielen. Diese Individuen - wie der letzte Nachkomme der Romanows und der Habsburger, Hitler, Gandhi und weitere "Schicksalsmenschen" bekommen die Macht verliehen, um die Geschichte zu verändern. Manche von ihnen sind auf diese großen Zentren des kosmischen Bewußtseins eingestimmt (die konstruktiv und destruktiv sind), während andere als unbewußte Werkzeuge eingesetzt werden.

Dann gibt es solche Menschen wie Du und ich. Wir sind die bewußt arbeitenden, die versuchen, den Weg des Lichts zu beschreiten. Schließlich sehen wir das Leben in einem größeren Rahmen, der uns mehr Wahlfreiheit erlaubt. Daher können wir uns anpassen, um diesen zugleich angenehmen und herausfordernden Situationen zu begegnen, die wir Astrologen kommen sehen, wenn wir den Lauf der Planetenzyklen zu unserem speziellen Lebensstil in Beziehung setzen. Wir können einen Planetenzyklus nicht verhindern, aber wir können auf eine bestimmte Bewußtseinsebene gehen, auf der die "tödlichen Pfeile" ihr Ziel verfehlen und die "lebenspendenden Pfeile" ihr Ziel treffen. Wir können und müssen unsere Sichtweise so gestalten, daß wir aus den Schwierigkeiten und Segnungen des Lebens Weisheit schöpfen. Daher werden die gesamten Lebenserfahrungen in jede individuelle Sonne integriert, und ihr himmlisches Licht brennt dann noch heller.

Es gibt mindestens ein halbes Dutzend bekannter Prognose-Techniken. Wir werden die beiden Techniken diskutieren, die am verbreitetsten und meiner

Meinung nach durchweg am genauesten sind: die sekundären Progressionen und die Transite. Bevor ich diese Prozesse beschreibe, möchte ich kurz etwas zu ihrer Effektivität sagen.

Alle Progressionen und Transite weisen auf Tendenzen hin. Die genaue Form, die diese Tendenzen im Leben einer Person annehmen, hängen vom Geburtshoroskop, dem Lebensstil und der Bewußtseinsebene ab. Der Astrologe muß immer alle drei Faktoren berücksichtigen.

Progressionen oder Transite arbeiten sehr eng mit der Struktur und den Einflüssen zusammen, die im Geburtshoroskop vorhanden sind. Wenn ein Mensch daher ein Trigon zwischen Mond und Venus hat, werden alle damit verbundenen zukünftigen Himmelskörperbewegungen - Transite und Progressionen - harmonisch zusammenwirken, egal was der Transit oder die Progression für einen Aspekt zeigt. Ein Quadrat im Transit kann diese beiden Kräfte weniger günstig zusammenwirken lassen, als wenn der Transitaspekt ein Trigon wäre, aber das Quadrat würde diese beiden Planeten nicht einer gewissen Form des harmonischen Austausches berauben. Diese Wirkung wird durch die in diesem Kapitel aufgeführten Beispiele klarer.

Der Einfluß von Planeten, die zugleich von Transiten und Progressionen beeinträchtigt werden, wird von der Natur der Aspekte und den durchlaufenden Planeten verändert und wirkt sehr stark.

Progressionen

"Einen Tag für jedes Jahr, so setze ich es für dich fest" Ezechiel 4, 6

Nach der okkulten Philosophie beträgt die Lebensspanne eines Menschen vierundachtzig Jahre, die in zwölf Siebenjahresabschnitte unterteilt werden können - ein Abschnitt für jedes Tierkreiszeichen. Darüber hinaus beträgt die Umlaufbahn des Uranus um die Sonne vierundachtzig Jahre. Wenn wir 84 von 360 abziehen (die Anzahl der Grade der Ekliptik), dann erhalten wir 276, die annähernde Zahl von Tagen der menschlichen Schwangerschaft. Daher können wir sagen, daß die Sonne von der Empfängnis bis zur Geburt 276 Grade der Ekliptik durchläuft. Um jedoch ihre Umlaufbahn durch alle 360 Grade zu vollenden, sind weitere 84 Grade oder Tage notwendig. Wenn wir einen solchen Tag nach der Geburt nehmen und diesen mit einem Lebensjahr gleichsetzen, haben wir die symbolische Grundlage für die Prognosemethode, die als sekundäre Progression bekannt ist.

In einem Progressions-Horoskop werden die Bewegungen der Himmelskörper während eines Tages für jedes Jahr des Lebens gesetzt, z.B. wenn jemand am 1.2.44 geboren ist, dann steht das Horoskop für den 1.2.44 als sekundär progressives Horoskop des 1.2.54 usw.

1.2.44	=	1.2.44
11.2.44	=	1.2.54
21.2.44	=	1.2.64
29.2.44	=	1.2.72
1.3.44	=	1.2.73

Die Positionen der Planeten am 11. Feb. 1944 entsprechen den Ereignissen, die am 1. Februar 1954 stattfinden werden.

Das Progressionshoroskop erstellen Sie am besten per Computer!

Wir sind an den Aspekten zwischen den progressiven Planeten nicht so interessiert wie an den Beziehungen zwischen dem Progressions- und dem Geburtshoroskop. Wir setzen daher die progressiven Planeten, den MC und AC an ihre Positionen im Tierkreis des Geburtshoroskops.

Der progressive Mond: Jetzt sind wir bereit, die Einflüsse mit Ausnahme der Position des Mondes zu interpretieren. Jeder Planet verschiebt sich ganz leicht von Jahr zu Jahr (Tag zu Tag). Uranus, Neptun und Pluto bewegen sich so geringfügig, daß ihre Bewegungen selbst dreißig oder vierzig Jahre nach der Geburt so gut wie zu vernachlässigen sind. Daher konzentrieren wir uns auf die schnellaufenden Planeten, wenn es um Progressionen, und auf die langsameren Planeten, wenn es um Transite geht (obwohl die Transite der schnellaufenden Planeten auch unter bestimmten Umständen wichtig sind).

Da sich der Mond im Durchschnitt 13 Grad pro Tag weiterbewegt, kann er im Laufe eines Jahres zu verschiedenen Planeten viele unterschiedliche Aspekte bilden. Wir müssen daher die Position des progressiven Monds für jeden Monat des in Frage kommenden Jahres bestimmen. Der progressive Mond bewegt sich ca. 1 Grad pro Monat.

Die Wirkungen des Mondes halten etwa zwei Wochen vor und nach einer exakten Aspektierung an. Wir sollten daher einen Radius von etwa 1/2 Grad auf jeder Seite der genauen Position zugeben. Wenn der progressive Mond jedoch ein Aspekt des Geburtshoroskops aspektiert oder durch seine

Progression einen Aspekt bildet, kann der Orbis weiter ausgedehnt werden. Während dieser Periode wird sich die Energie dieser gesamten Konfiguration in ihrem Leben manifestieren. Die Wirkungen des individuellen Planeten im Aspekt werden jedoch am stärksten festzustellen sein, wenn sich der Mond innerhalb des exakten Umlaufgrads der jeweiligen Position befindet.

Tatsächlich sind die progressiven Aspekte nicht notwendigerweise am stärksten, wenn sie exakt sind. Eigentlich färben sie die gesamte Periode, während der sie sich innerhalb des Orbis befinden. Meist reicht es daher aus, zu wissen, wo sich der progressive Mond jeden Monat befindet.

Orbis der anderen Planeten: Ich schlage einen applikativen (zunehmenden) Orbis von einem Grad und einen separativen (abnehmenden) Orbis von einem halben Grad für Sonne, Venus und Merkur vor, etwas weniger für Mars und sehr enge Orbi für die progressiven Positionen von Jupiter, Saturn, Uranus, Neptun und Pluto.

Wirkungsdauer der Aspekte zwischen sekundären Progressionen und dem Geburtshoroskop: Die Aspekte von Sonne, Venus, Merkur und Mars machen sich etwa ein Jahr vor der exakten Position bemerkbar und wirken noch etwa sechs Monate im nachhinein. Aspekte von Jupiter und Saturn dauern viel länger, denn diese bewegen sich langsamer, aber ihre Wirkung ist nicht so deutlich spürbar wie die der schnellaufenden Planeten.

Interpretation der progressiven Aspekte: Progressive Aspekte müssen in bezug auf die Planetenbeziehungen im Geburtshoroskop interpretiert werden. In dem Beispielshoroskop von Felissa Rose steht der Mond in einem engen Quadrat zu Pluto und Sonne. Auch in der Progression wird er zu diesen beiden Planeten jeweils ein Sextil und ein Trigon bilden, weshalb sie nicht erwarten sollte, daß alles reibungslos abläuft. Diese drei Himmelskörper bilden im Geburtshoroskop Spannungsaspekte. Werden sie von Progressionsaspekten des Mondes "gezündet", entstehen die im Geburtshoroskop angezeigten Herausforderungen. Die fließenden Aspekte der progressiven Aspekte schwächen die Wirkungen ab. Trotzdem wird es Felissa vielleicht möglich sein, mit den Situationen effektiv umzugehen, die von ihrem T-Quadrat im Geburtshoroskop und den beiden Planeten angezeigt werden.

Andererseits haben Venus und die Sonne keine Aspekte im Geburtshoroskop (außer einem Halbquintil, einem sehr milden Einfluß). Wenn die progressive Venus auf die Sonne trifft, kann man erwarten, daß sich sehr positive Dinge ereignen. (Die Chance, daß dies geschieht, wäre größer, wenn

Inner Wheel

Felissa Rose

Natal Chart

Feb 1 1944
1:52 AM GMT +0:00
New York NY USA
40N45 073W57
Geocentric
Tropical Zodiac
Placidus Houses
True Node

Middle Wheel

Felissa Rose

Progressed - Sol Arc MC

Feb 1 1973
5:13 AM GMT +0:00
New York NY USA
40N45 073W57
Geocentric
Tropical Zodiac
Placidus Houses
True Node

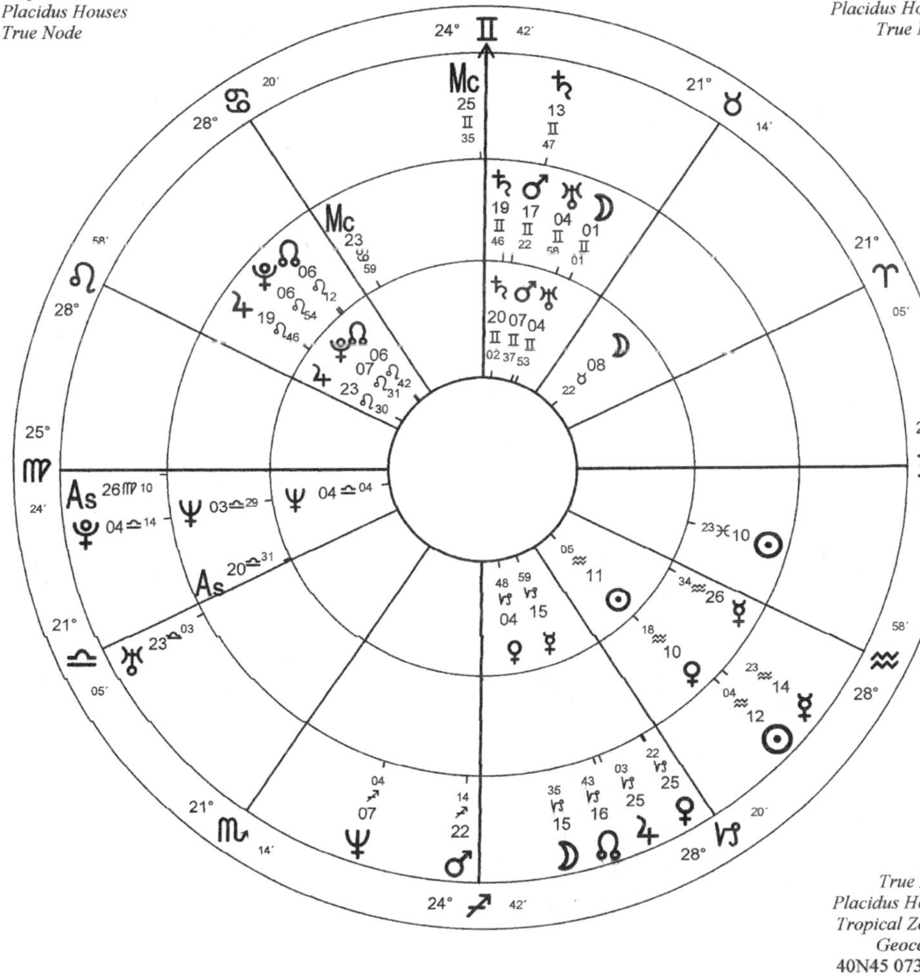

True Node
Placidus Houses
Tropical Zodiac
Geocentric
40N45 073W57
New York NY USA
1:52 AM GMT +0:00
Feb 1 1973

Transit Chart

Felissa Rose

Outer Wheel

die beiden im Geburtshoroskop im Halbsextil stehen würden.) Um die Gesamtwirkung dieser progressiven Konjunktion zu beurteilen, müssen wir berücksichtigen, daß sich Venus im Geburtshoroskop zwar im Quadrat zu Neptun, jedoch im Trigon zum Mond befindet. Wenn Felissa ihre romantischen und gesellschaftlichen Beziehungen (Venus im fünften Haus) klar (wenn der Schleier der Illusion des Neptunquadrats gelüftet wird) und praktisch (mit dem guten Gespür des Stiermondes) sehen kann, bedeutet das, daß sie in einer wichtigen Beziehung in diesem Jahr recht erfolgreich sein könnte.

Es wäre äußerst hilfreich, sich hier die Kapitel zu den Aspekten zwischen den Geburtsplaneten anzusehen, um festzustellen, wie sie durch die Progression wirken. Man sollte sich jedoch merken, daß progressive Aspekte Ereignisse auslösen können, die von den Planeten im Geburtshoroskop angezeigt werden.

Wenn wir Felissas Progressionen für 1973 interpretieren, um eine weitere Vorstellung davon zu bekommen, wie sie sich auf ihr Leben auswirken, sollten wir uns merken, daß wir hier nur die Hauptaspekte zählen, die bei der Prognose von Bedeutung sind.

Der wichtigste Aspekt für Felissa ist in diesem Jahr natürlich die progressive Venus in Konjunktion zur Geburtssonne. Das ist ein Hinweis für eine wichtige Beziehung und für ein buntes Gesellschaftsleben. Da Felissa ihre Geburtssonne im Wassermann im fünften Haus hat, dürfte sie sehr beschäftigt sein und sollte Aktivitäten und Bekannte sorgfältig auswählen.

Der progressive Mond durchläuft ihr neuntes Haus. Dies ist eine hervorragende Position, die viele anregende Erfahrungen bewirkt und sicherlich ihr Leben durch Reisen und Studien erweitert (Mond im Zwilling). Herrscher ihres neunten Hauses ist die Venus, die sich einer Konjunktion mit der Sonne nähert. Dies zeigt eine positive Verbindung der Angelegenheiten des neunten und des fünften Hauses an.

Wenn der progressive Mond im Mai 1973 eine Konjunktion zum Geburts-Uranus bildet, besteht ist es sehr wahrscheinlich, daß sie beruflich reisen wird (Uranus herrscht über Felissas sechstes Haus) und/oder mit einer Gruppe Menschen zusammensein wird, von denen einer ihr romantisches Interesse wecken wird. Da der Mond auch im Trigon zu Neptun steht, werden die durch Arbeit und Reisen erworbenen Erfahrungen ihr Bewußtsein anheben, insbesondere im richtigen Umgang mit und Dienst am Menschen.

Der Lauf des Mondes bezieht sich immer auf Ereignisse im Alltag. Da Felissa Wassermann ist, werden ihre Beziehungen zu Menschen und insbesondere ihr Dienst (Jungfrau Aszendent) als Astrologin die Konzentrationspunkte der Progressionen von Mond und Venus im Jahr 1973 sein. Wie sie mit einer persönlichen Romanze umgeht und sie in dieses Bild integriert, ist das Thema, in dem sie geprüft wird.

Transite

Transite sind viel einfacher festzustellen als Progressionen, denn es sind keinerlei Berechnungen nötig, um deren Beziehung zum Geburtshoroskop zu bestimmen. Transite sind die täglichen Planetenbewegungen am Himmel. Wenn man die täglichen Himmelsbewegungen zum Geburtshoroskop in Beziehung setzt, erhalten wir ein gutes Bild, wie der Mikrokosmos des Geburtshoroskops und der Makrokosmos des Sonnensystems an einem jeglichen Tag aufeinander reagieren.

Nehmen wir an, es ist der 1. Juli 1995. Sie wollen ein paar Wochen Urlaub machen und möchten dafür die beste Zeit bestimmen. Alles, was Sie tun müssen, ist, Ihre Ephemeride (oder mehrere Tageshoroskope für den Juli aus dem Computer) zu Rate zu ziehen und die Planetenpositionen mit denen Ihres Geburtshoroskops zu vergleichen. Wenn Ihr Geburtshoroskop zeigt, daß Sie von Natur aus ein glücklicher Reisender sind (vielleicht haben Sie Merkur im Trigon zu Jupiter oder Ihr Mond steht im Zwilling mit einem günstigen Aspekt zu Venus oder Merkur), dann würden Sie aufgrund dessen selbst Transite überwinden, die auf einen Spannungsaspekt hinweisen. Wenn Sie aber im Gegensatz dazu sagen wir ein T-Quadrat in den veränderlichen Häusern, d.h. im dritten, sechsten, neunten und zwölften zwischen Merkur, Uranus und Saturn und einen Transit zu diesen Positionen haben, insbesondere von Planeten mit Spannungsaspekten, dann könnte das die Schwierigkeiten im Geburtshoroskop verstärken, und ein Urlaub wäre vielleicht nicht ganz unbeschwert.

Um Transite (und Progressionen) richtig anwenden zu können, muß man die wirkenden Prinzipien wirklich umfassend verstehen. Oft ist es hilfreich, die Wirkungen der Planeten in Transit und Progression zu beobachten, so wie Sie sich in Ihrem eigenen Horoskop und in den Horoskopen der Menschen zeigen, mit denen Sie über einen längeren Zeitraum in engem Kontakt stehen. Auf diese Weise erhalten Sie ein tiefgehendes Verständnis der kosmischen Zyklen und der vielen Faktoren, die zusammenwirken und zu einem bestimmten Zeitpunkt gewisse Umstände erzeugen.

Der Orbis der Transitplaneten sollte nicht mehr als ein Grad betragen, zunehmend und abnehmend für Sonne, Mond, Merkur, Venus, Mars, Jupiter und Saturn, und vielleicht für Uranus, Neptun und Pluto. Es ist jedoch nicht ungewöhnlich, die Einflüsse der Transite der äußeren Planeten zu spüren, wenn sie sich 1 Grad von der genauen Position entfernt befinden.

Wirkungsdauer der Transite: Der Mond bewegt sich so schnell, daß er in zwei Stunden ein Grad des Tierkreises und innerhalb von zweieinhalb Tagen ein ganzes Zeichen durchläuft. Von den Transitaspekten her hat er daher eine relativ geringe Bedeutung und sollte gemeinsam mit anderen Transitplaneten betrachtet werden. Noch wichtiger ist die Hausposition des Transitmondes, denn diese bezeichnet den Aktivitätenbereich für einen bestimmten Tag. Es ist beispielsweise eine gute Idee (wenn andere Faktoren dies rechtfertigen), Geschäftsangelegenheiten zu bearbeiten, wenn der Mond das zweite, sechste oder zehnte Haus durchläuft.

Die Transite der Sonne dauern etwa drei Tage (ein Tag zunehmend, ein Tag exakt und ein Tag abnehmend). Merkur und Venus im Transit haben eine relativ schwache Wirkung und brauchen andere Faktoren, damit der Transit größere Folgen hat. Es ist weitaus wichtiger, die Häuser zu beachten, die diese beiden Planeten durchlaufen. Mars ist etwas langsamer, und es kann drei bis vier Tage dauern, bis er über einen sensiblen Punkt läuft. Sein Transit durch ein Zeichen kann zwei oder mehr Monate dauern. Mars neigt dazu, andere Aspekte zu initiieren oder zu "zünden"; und seine Kombination mit ungünstigen Aspekten von beispielsweise Sonne, Uranus oder Saturn kann zu explosiven Bedingungen führen.

Die Transite von Jupiter und Saturn dauern je nach Geschwindigkeit etwa eine bis zwei Wochen an. Transite der drei äußeren Planeten sind sehr wichtig, denn diese können auch bei einem Orbis von nur einem halben Grad einige Monate dauern. Dies trifft insbesondere auf Neptun und Pluto zu.

Planetenstadien: Die Bedeutung von rückläufigen Planeten ist hinsichtlich der Transite besonders wichtig. Alle Planeten außer Sonne und Mond durchlaufen Phasen, in denen sie direkt laufen, stehenbleiben, rückwärts laufen und dann wieder direkt laufen. Dadurch können sie sich dreimal über denselben Punkt bewegen, und wenn genau dieser Grad in einem bestimmten Horoskop ein sensibler Punkt ist, wird die Intensität des Transits vervielfacht. Es ist beispielsweise nicht einfach, wenn Uranus dreimal über Ihren Mars im Geburtshoroskop läuft, denn der Gesamtlauf und die sensible Periode kann viele Monate dauern. Studieren Sie die Planetenbewegungen in den Ephemeriden, um eine bessere Vorstellung von der Natur und Dauer dieser Planetenstadien zu erhalten.

Interpretation der Transitaspekte: als Transit wirken die verschiedenen Planeten auf sensible Punkte und andere Planeten wie folgt:

Sonne: Sie verleiht je nach Position im Geburtshoroskop Vitalität und Energie. In den Häusern weist sie auf den Lebensbereich hin, in dem sich die Aktivitäten konzentrieren.

Mond: Er enthüllt die Aktivitäten im Alltagsleben und allgemeine emotionale und körperliche Empfindungen. In den Häusern weist er auf den Lebensbereich hin, in dem Ereignisse stattfinden.

Venus: Dieser Himmelskörper zeigt Vergnügen, Romanzen, materielle Angelegenheiten und Verhalten im gesellschaftlichen Leben an.

Merkur: Er wirkt sich auf Kommunikation aller Art aus, auf geistige Ansichten, nahe Verwandte und Reisen über kurze Entfernungen. Wenn Merkur beispielsweise im Transit rückläufig wird, gibt es normalerweise eine Verzögerung im Kommunikationsbereich, z.B. Unterzeichnen von Verträgen, Verschicken oder Empfangen von Briefen usw. Wie schwer diese Verzögerungen sind, hängt von der Bedeutung von Merkur im Horoskop ab.

Mars: Mars verstärkt die Aktivitäten eines jeden Hauses, das er durchläuft. Er kann auch in den Bereichen Unfrieden bewirken, die von anderen Planeten angezeigt werden, wodurch er zum spannungsreichen Transitaspekt wird. Andererseits kann er sehr anregend wirken, was bei der Bewältigung von Schwierigkeiten sehr hilfreich ist.

Jupiter: Dieser Planet bringt normalerweise ein gewisses Maß an Überfluß ein, manchmal mit der Tendenz zu Faulheit und Verschwendung. Wenn er ein bestimmtes Haus durchläuft, kann er neue Gelegenheiten und angenehme Umstände bringen.

Saturn: Der Mensch lernt Lektionen der Festigung und Selbstdisziplin von Saturn. Normalerweise bringt er zusätzliche Verantwortung in den Bereichen, die er durchläuft.

Uranus: Uranus bringt überraschende Umstände in den Lebensbereich, den er durchläuft. Man wird ihn sehr stark wahrnehmen können, wenn er einen Geburtsplaneten aspektiert. Uranus kann auf einen großen gesellschaftlichen Gewinn und geistige Einsichten hinweisen, wenn die Person auf seine sprunghaften Vibrationen positiv reagieren kann. Oft bricht er die etablierte Ordnung auf, so daß eine neue aufgebaut werden kann.

Neptun: Dieser Planet bringt seltsame und mysteriöse Ereignisse mit sich und kann gewisse Ängste und Furcht in dem Bereich bewirken, den er durchläuft. Die Planetenaspekte, die durch ihn entstehen, lassen seine speziellen Tendenzen deutlich werden. Positiv kann die Transitstrahlung Neptuns sehr inspirierend und kreativ wirken. Sein Transit kann Öffnungen zu übersinnlichen Ebenen bewirken und zuvor unbekannte Gelegenheiten für Erfolg oder die Entdeckung verborgener Ressourcen ans Licht bringen.

Pluto: Pluto bildet solche langanhaltenden Transite, daß sie normalerweise das Ende und den Neubeginn einer Lebensphase anzeigen. Pluto im Quadrat zu Venus als Transit kann z. B. eine lange Beziehung beenden, so daß eine bessere nachfolgen kann. Bei einer Konjunktion zu Neptun kann die Person auf diese Schwingung so reagieren, daß sie ein tiefes Verstehen für die metaphysischen Gesetze entwickelt oder schlummernde übersinnliche Kräfte erweckt werden. Andererseits kann Pluto Alpträume und irrationale Ängste auslösen. Wenn Planeten der höheren Oktave andere Planeten der höheren Oktave aspektieren, sind ihre Wirkungen auf das Leben eines Menschen direkt mit dessen Bewußtseinsebene verbunden.

Transite zu Felissas Horoskop: Wir wollen einige Haupttransite in Felissas Geburtshoroskop untersuchen (vgl. S. 413) und sehen, wie sie zu den Progressionsaspekten in Beziehung stehen. Progressionen wirken im Gegensatz zu den Transiten normalerweise eher innerlich und weisen auf eine Art innerer Entfaltung oder Vollendung hin. Felissas Geburtshoroskop zeigt z. B. ein weites zunehmendes Trigon von Sonne zu Saturn. Durch die Progression war dieses Trigon exakt, als sie etwa neun Jahre alt war (die Sonne ist neun Grad von einem exakten Trigon zu Saturn entfernt). Sie sagte, daß sie sich zu dieser Zeit ihrer ersten Organisation - den Pfadfindern - anschloß und durch diesen gesellschaftlichen Austausch erkannte, daß sie anders war als die anderen kleinen Mädchen. Dies war für sie recht traumatisch, denn Wassermänner identifizieren sich oft mit Gleichgesinnten und finden dort Sicherheit. Dieser Aspekt bewirkte, daß Felissa begann, sich als eigenes Wesen zu entwickeln. Daraus können wir die festigenden Schwingungen von Saturn und die integrierende Kraft der Wassermann–Sonne sehen. Diese beiden Planeten sind grundsätzlich miteinander unharmonisch, so daß das Wachstum (Trigon) unter vielen Schwierigkeiten erfolgte.

Transite wirken jedoch in der äußeren Umgebung, und wir reagieren auf sie, wie es im Horoskop angezeigt ist. Wenn wir die Ephemeriden für 1973 betrachten, können wir einige von Felissas Haupttransiten für diese Zeit diskutieren.

Jupiter trat Ende Februar 1973 in den Wassermann ein und bildete im März ein großes Trigon zu Felissas Uranus und Neptun. Im April bildete er dann ein Trigon zum Mars und machte bei ihrer Sonne im Mai und Juni Station. Wenn wir ihren progressiven Mond betrachten, sehen wir, daß seine Aspekte mit den Jupitertransiten zusammentreffen. Jupiter durchläuft ihr fünftes Haus und weist auf vorteilhafte Liebschaften und angenehme Erfahrungen im allgemeinen hin. Er herrscht im Geburtshoroskop über ihr viertes Haus, was eine Erweiterung innerer Werte und eine Möglichkeit anzeigt, daß sie ihren Wohnort wechselt, was ihre Reisen unterstützt.

Der Transit–Uranus bildet zu ihrem Geburts-Saturn ein Trigon, und zwar zum selben Zeitpunkt, zu dem Jupiter seine günstigen Aspekte bildet. Das weist auf ein Ende bestehender Umstände hin, wodurch sie sich und ihre Beziehungen zu Menschen im allgemeinen erweitern kann. Sie kommt dadurch mit neuen Gesellschaftsgruppen in Kontakt, insbesondere wenn sie die Vorteile von Jupiters Strahlen genießt und ins Ausland reist.

Im Mai kehrt Saturn an seinen eigenen Platz zurück und zeigt an, daß die Lebensrichtung gefestigt werden muß. Im Geburtshoroskop ist Saturn grundsätzlich gut aspektiert, so daß sich diese Festigung äußerst günstig bei ihr auswirken sollte. Dies würde insbesondere zutreffen, wenn sie die Weisheit der vielen freudvollen und sinnlichen Aktivitäten erfaßt, die auf Grund des äußerst starken Einflusses des fünften Hauses stattfinden.

Dies sind nur einige Punkte, die auf ein sehr positives Jahr für sie hinweisen, in dem sie aus Reisen lernt. Eine neue Liebesbeziehung kann sich als äußerst günstig erweisen. Sie wird sich jedoch bemühen müssen, dies in die Gesamtstruktur ihres Wesens zu integrieren, während sie gleichzeitig daran arbeitet, die etwas unterminierenden "Erschütterungen" zu transzendieren, die von ihrem Mond-Sonne-Pluto T-Quadrat ausgehen.

39
Carl Gustav Jung - Die Stimme des kollektiven Unbewußten

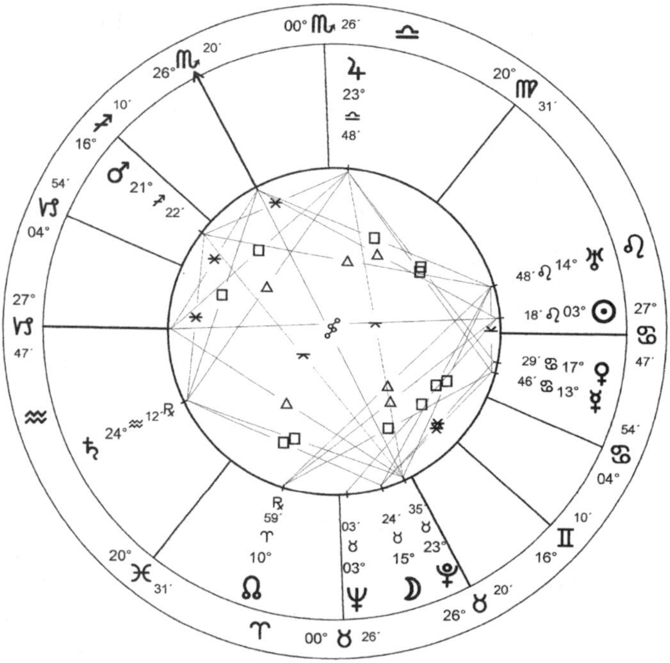

Das Geburtshoroskop von Carl Gustav Jung

"Mein Leben wurde von einer Idee und einem Ziel durchdrungen und zusammengehalten: nämlich in das Geheimnis der Persönlichkeit einzudringen. Alles kann von diesem zentralen Punkt aus erklärt werden, und alle meine Arbeiten beziehen sich auf dieses eine Thema."

Löwe ist das Zeichen, in dem der Mensch sich seines kreativen Potentials am meisten bewußt ist. Carl Jung konnte dieses starke Gefühl seines Selbst benutzen, um die Tiefen seines Seins zu erforschen. Er entwickelte ein Verstehen des universellen Menschen, das er an die Menschheit weitergab.

Hemisphärenbetonung: Was die Ost-West-Ausrichtung betrifft, ist das Horoskop von Jung ausgeglichen, denn es befinden sich fünf Planeten im Osten und die gleiche Anzahl im Westen. Das weist darauf hin, daß Jung ein Mann war, dessen Aktivitäten von ihm selbst initiiert und angeregt wurden, zugleich war er offen für die Handlungen und Ideen anderer. Obwohl sechs Planeten im Norden und vier im Süden stehen, was auf eine Natur hinweist, die eher subjektiv als objektiv ist, wirkt die Anordnung der Planeten sowie die Sonne an der Spitze des siebten Hauses als Ausgleich zwischen den Hemisphären. Sie weist auch darauf hin, daß sich Jung mit der Integration der vielen Teile des Selbst in das Ganze (das universelle Bewußtsein) beschäftigte - einen Prozeß, den er "Individualisierung" nannte.

Synthese der Elemente und Qualitäten: In diesem Horoskop dominieren die fixen Zeichen, da sich sechs Planeten und der MC darin befinden. Das ließ Jung seine Arbeit mit großer Entschlossenheit und Durchhaltevermögen verfolgen, auch wenn er vielfach auf Ablehnung stieß. Drei Planeten im Stier und sein Steinbock-Aszendent betonen das Erdelement. Auf dieser Grundlage konnte Jung seine Theorien über die unsichtbare Natur des Unbewußten aufstellen, die insbesondere für das Alltagsleben relevant waren. Er versuchte aktiv, seine Meinungen nicht nur zu Lehrbuchtheorien werden zu lassen, sondern praktisch anwendbar zu machen. Das Ziel bestand schließlich darin, der Menschheit zu helfen (Sonne in Konjunktion zu Uranus). Sonne, Mars und Uranus in den Feuerzeichen verliehen Jung ein Übermaß an Kreativität und Vitalität. Merkur und Venus im Krebs und ein Skorpion MC fügten eine große Sensitivität hinzu, so daß er das menschliche Gefühl auf einer nicht intellektuellen Ebene verstehen konnte. Mit Jupiter und Saturn in Luftzeichen konnte Jung seine Ideen bezüglich des Menschen und seiner Prägung in schriftlicher Form vermitteln.

Sonne, Mond, Aszendent und deren wechselseitige Beziehungen: Durch seine Löwe-Sonne wurde sich Jung kaum der Kraft bewußt, die innerhalb eines einzelnen Menschen existieren kann. Seine Sorge um andere und die Natur der menschlichen Beziehungen im allgemeinen zeigt sich durch die Position der Sonne im siebten Haus. Jung fand seine Erfüllung, wenn er sich als Berater in einer Situation befand, in der er anderen helfen konnte, ihr Potential zu verwirklichen.

Sein Stier-Mond im dritten Haus verlieh ihm die Fähigkeit, tief in den Bereich der menschlichen Kommunikation und der Emotionen einzutauchen. Das Quadrat zwischen der herrschenden Löwe-Sonne und dem erhöhten Stier-Mond brachte eine Spannung, die ein Bedürfnis schuf, seinen inneren Antrieb und dessen Manifestation im Außen zu versöhnen. In seinem persönlichen Leben spiegelte sich diese Mißstimmung in der Disharmonie zwischen seinen Eltern wider. Seine Mutter, die den Stier-Mond widerspiegelte, war praktisch veranlagt, fröhlich, sie kochte gut und war recht füllig. Jung sagt, daß sie ein kraftvolles Innenleben hatte, welches sie selten an die Oberfläche gelangen ließ.

Das Sonne-Neptun-Quadrat symbolisiert seinen Vater; dieser war ein Pfarrer, der seinen Glauben verloren hatte. Trotzdem gelang es ihm, seinem Sohn tiefreligiöse Überzeugungen einzupflanzen, die dieser in sein Verstehen von Mensch und Gott integrierte. Jungs Eltern (Sonne und Mond) - der ernste, sich selbst beobachtende Vater und die erdige, gutmütige Mutter - haben sich nie verstanden (der Quadrataspekt zwischen den beiden). Ihre Charaktere hinterließen bei Jung einen starken Eindruck, was zu dem Bedürfnis führte, das Männliche und Weibliche zu integrieren - d. h., die bewußten und unbewußten, die aktiven und passiven Aspekte seines Wesens.

In seinen Büchern verwendet er dafür die Begriffe Animus (Sonne, männliches Prinzip) und Anima (weibliches Prinzip, Mond). Männer haben natürlich auch eine Anima, die aus ihren Emotionen entspringt und die mit ihrem stärkeren männlichen Prinzip vereint werden muß. Im Gegensatz dazu haben alle Frauen offensichtlich den mentalen Aspekt des Animus, der, obwohl er schwächer ist als der emotionale Drang, ebenfalls in ihre vorherrschende Anima integriert werden muß, um das Gleichgewicht herzustellen.

Es ist interessant, wie Jung das exakte Quadrat von Neptun zu seiner Sonne positiv nutzte. In den meisten Fällen führt dieser Aspekt zu Unklarheiten im Handeln und Fühlen. Da Jungs Sonne im siebten Haus steht, war das gesellschaftliche Ansehen für ihn sehr bedeutsam; schließlich sind sowohl dem Steinbock wie dem Löwen ihr Auftreten und ihre Position in der Gesellschaft sehr wichtig. Trotzdem entschied sich Jung, über seinen "Schatten" (den Neptuneinfluß) zu schreiben.

Da die Sonne Jungs in Konjunktion zu Uranus steht, konnte er sich mit der allgemeinen Natur des Menschen in Beziehung setzen. Er zeigte, daß die meisten Menschen ihre dunkle Seite (den Schatten) unterdrücken, um in die Gesellschaft zu passen und akzeptiert zu werden. Diese Unterdrückung führt zu einer erhöhten Spannung, was periodische emotionale Explosionen entstehen läßt. Auf der Ebene der Massen entstehen Kriege, die eine formelle Freisetzung dieser Negativität darstellen. Um Geisteskrankheiten (und Massenhysterie) zu vermeiden, müssen die Menschen lernen, ihren "Schatten" in das "Licht" ihrer Existenz zu integrieren.

Jungs Löwe-Sonne steht in Opposition zu seinem Steinbock-AC. Auf der persönlichen Ebene bedeutet dies gewisse ökonomische Probleme während seiner Jugend (eine häufige Manifestation des Steinbock-Aszendenten, insbesondere wenn sich Saturn im ersten Haus befindet). Er war darauf angewiesen, eine Reihe von Stipendien anzunehmen, um seine Ausbildung abzuschließen. Seine Abhängigkeit von der Unterstützung von außen verletzte seinen Löwestolz und den Unabhängigkeitsdrang des Steinbocks. Die Opposition machte ihm jedoch die Schwierigkeiten bewußt, sein inneres Drängen (Sonne) an seine Umgebung (Aszendent) anzupassen. Diese besondere Situation ist noch eine weitere Facette der Frage bezüglich Individuum gegenüber der Gesellschaft - das individuelle Bewußtsein gegenüber dem kollektiven Bewußtsein - was Jung sehr beschäftigt zu haben scheint.

Horoskopherrscher: Saturn im ersten Haus im Wassermann, dem Zeichen der Menschheit, ist zugleich Herrscher des AC und des Wassermanns. Der Wassermann steht für die Wissenschaft. Das gesamte Werk Jungs wurde sorgfältig recherchiert (Saturn), so daß es der Welt in der vorgeschriebenen wissenschaftlichen Form präsentiert werden konnte. Saturns Trigon zu Jupiter in der Waage zeigt, daß Jungs Bemühungen - wenn auch nicht leicht - Früchte tragen und zu einer großen Anhängerschaft führen würden. Saturn steht auch im Quadrat zu Pluto, was zeigt, daß die Struktur seiner Ideen und Theorien bestehende Gedankenformen zerstörte, was zu Konflikten unter den Psychologen führte. Tatsächlich war viel von Jungs Werk eine Herausforderung für Freud. Darüber hinaus wurde Jungs Interesse am Okkultismus von vielen abgelehnt, die zu diesem Aspekt keinen Bezug hatten.

Der höchste Planet: Der höchste Planet in diesem Horoskop ist Mars im Schützen, dem Zeichen von Religion, Reisen und philosophischen Studien. Er steht im elften Haus der Ideale, den Wissenschaften der Natur und des Okkulten. Jung hat bei seiner Arbeit die Astrologie eingesetzt, sich ausgedehnten astrologischen Studien unterzogen und für seine Patienten Horoskope erstellt. Ihm ist auch die Enthüllung der wahren Natur der Alchemie für die moderne Welt zuzuschreiben. Viele seiner Freunde waren Schriftsteller der mystisch orientierten Literatur, wie Hermann Hesse und Richard Wilhelm. Er schrieb sogar die Einführung zu Wilhelms Version des I Ging.

Mars ist Mitherrscher von Jungs neuntem Haus der Reisen und des zehnten Hauses der weltlichen Errungenschaften. Jung unternahm ausgedehnte Reisen, er setzte sich mit den verschiedenen Kulturen Asiens, Nord- und Südafrikas und der Kultur der Indianer von New Mexico auseinander. Dabei suchte Jung die Symbole, die allen Menschen innewohnen (er nannte sie "Archetypen"), um seine Theorien des kollektiven menschlichen Bewußtseins zu beweisen. Mars im Sextil zu Jupiter aktiviert diese Reisen, und das Saturnsextil zu Mars bringt sie zur Erfüllung. Jupiter steht im Trigon zu Saturn, was zu genauen methodischen (Saturn) Aufzeichnungen über die Suche des Jupiter (im achten Haus der okkulten Forschung) führt.

Andere Planeten in den Eckhäusern: Obwohl sich Pluto im Stier technisch gesehen im dritten Haus befindet, wird er als Planet im Eckhaus betrachtet. Pluto, der Herrscher des kollektiven Unbewußten des Menschen, steht an der tiefsten Stelle im Horoskop und sensibilisiert Jung damit für die tieferen und oft versteckten Aspekte der menschlichen Natur. Pluto als Mitherrscher des Skorpion-MC brachte die Erforschung dieser Bereiche in seinen Beruf.

Uranus steht im Löwen im siebten Haus der Ehe und beschreibt zum Großteil Jungs Frau Emma. Obwohl sie fünf Kinder geboren und erzogen hat, hat sie nie ihre Identität verloren und wurde selbst eine hervorragende Analytikerin. Ein schwächeres Individuum hätte es einfacher gefunden, ihre Identität mit der starken Identität ihres Mannes zu verschmelzen, aber eine Uranusfrau mit einem unabhängigen starken Willen muß so wie Emma Jung auf ihrem eigenen Leben bestehen.

In seinen anderen persönlichen Beziehungen führt diese Position von Uranus zu einem plötzlichen Bruch mit Kollegen. Der Herrscher dieses Hauses (Mond) steht im Quadrat zu Uranus und verursacht plötzliche Störungen in persönlichen Verbindungen, so wie auch die Ansichten Jungs von der damaligen Öffentlichkeit abgelehnt wurden. Mars im Trigon zu Uranus führte dazu, daß Jung mit der damals herrschenden Lehrmeinung unzufrieden war, wodurch er das Bedürfnis hatte, ständig neue Konzepte zu erfinden. So führte er in die Sprache der Psychologie die Begriffe "extravertiert" und "introvertiert" ein.

Hauptaspekte: Das auffälligste Planetenbild in diesem Horoskop ist das fixe Kreuz zwischen Saturn, Uranus, Pluto, Mond und MC. Die fixen Zeichen beherrschen innere Werte und Ideale, und die Opposition zwischen Saturn (Vergangenheit) und Uranus (Zukunft) zwangen Jung, etablierte Glaubenssysteme herauszufordern und der Welt neue Konzepte zu präsentieren. Die Konjunktion von Mond (persönliches Unbewußtes) und Pluto (kollektives Unbewußtes) war der Konzentrationspunkt für Jungs Fähigkeit, seine Theorien zum kollektiven Unbewußten zu entwickeln und klar auszudrükken. Da der MC (Beruf) das große Kreuz vervollständigt, hat Jung seine Karriere als Werkzeug eingesetzt, um der Öffentlichkeit seine Ansichten vorzustellen.

Jung war eine hochentwickelte Seele, die auf seine Pluto-Mond Konjunktion persönlich reagieren und seine Erkenntnisse zur Menschheit in Beziehung setzen konnte. Im allgemeinen sind die Massen unfähig, persönlich auf die Schwingungen der äußeren Planeten zu reagieren. Wenn sie es könnten, würde jeder bezüglich der Beziehung zwischen dem kollektiven Unbewußten und dem Individuum dieselbe Einsicht wie Jung erreichen.

Analyse der Häuser, die noch nicht besprochen wurden:

Zweites Haus: Finanzen. Ein Großteil von Jungs Einkommen stammt von der Veröffentlichung seiner verschiedenen Werke (Fische an der Häuserspitze mit deren Herrscher Neptun im dritten Haus des Schreibens). Neptun Quadrat Sonne weist auf die Notwendigkeit hin, mit emotional gestörten Menschen zu arbeiten, wodurch sich ein zusätzliches Einkommen ergab, wenn diese Menschen seine Patienten wurden.

Drittes Haus: Kommunikation, Schreiben. Neptun in Konjunktion mit dem Mond zeigt die Bedeutung von Träumen als ein Faktor in Jungs Grundverständnis für sich selbst und andere. Jung konnte sich sehr genau an seine Träume erinnern und bezieht sich in seinen Werken sehr häufig auf sie. Neptun Quadrat ASC drängt ihn, seinen persönlichen Glauben mit seiner Umgebung zu versöhnen. Er war der Überzeugung, daß die religiösen Gefühle eines Menschen nicht ignoriert werden dürfen und sie im täglichen Leben umgesetzt werden müssen, wenn keine Spannungen auftreten und keine Schwierigkeiten entstehen sollen.

Viertes Haus: das Zuhause. Venus, die Herrscherin des Stiers, regiert dieses unbesetzte Haus. Jungs Zuhause war schön, es befand sich in der Nähe eines Sees in der Schweiz (Venus im Krebs - Wasser). Frieden, Harmonie und Einsamkeit (Pluto in der Nähe der Häuserspitze) waren für ihn wesentlich, und er hatte selten Besucher. Da sich Venus im sechsten Haus der Arbeit befindet, hat er viele Arbeiten zu Hause durchgeführt, insbesondere in späteren Jahren.

Fünftes Haus: Kreativität, Kinder, Vergnügen. Merkur, der dieses Haus beherrscht, steht in Konjunktion zur Venus (Planet der Schönheit) und enthüllt Jung als hochtalentiertes Individuum. Neben dem Schreiben seiner vielen Bücher malte er wunderbare Mandalas und machte ungewöhnliche Skulpturen. Da sich Merkur im sechsten Haus der Gesundheit befindet und im Krebs gut aspektiert ist, genoß Jung Körperübungen in Form von Wandern, Bootfahren und Fischen. Darüber hinaus zeigt Merkur an, daß ihm seine fünf Kinder wohl viel Freude bereiteten.

Sechstes Haus: Angestellte, Arbeit, Gesundheit. Mit Venus und Merkur in Konjunktion im Krebs hat sich Jung sehr stark damit beschäftigt, Menschen mit emotionalen Problemen zu helfen. Diese beiden Planeten im Sextil zum Mond bewirkten, daß ihn seine Mitarbeiter sehr verehrt haben. Jung war körperlich sehr gesund und sein ganzes Leben lang voller Vitalität.

Achtes Haus: Tod. Jupiters Plazierung in diesem Haus hat eine starke Schutzfunktion, die ein langes Leben verleiht und zu einem natürlichen Alterstod führt. Merkur (als Herrscher dieses Hauses) mit Venus in Konjunktion weist auf ein äußerst friedvolles Ende hin. Jung erlag einem Herzversagen - ein recht natürliches Ende für jemanden mit einer Löwe-Sonne.

Neuntes Haus: Höhere Bildung, ferne Länder. Mars, der Herrscher des neunten Hauses, steht im Sextil zu Jupiter (Auszeichnungen). Jung hat viele Ehrentitel erhalten. Seine Werke sind in der ganzen Welt veröffentlicht und in viele Sprachen übersetzt worden.

Zwölftes Haus: Gefangenschaft, okkulte Forschungsarbeit. Der Herrscher des zwölften Hauses, Saturn, steht im ersten Haus, das zeigt, wie man in der Welt persönlich vorgeht. Bevor er der Öffentlichkeit seine Ansichten präsentierte, hat Jung sehr viele Überlegungen angestellt und meditiert. Er war stark am Okkulten interessiert, und es ist Jung zu verdanken, daß die Alchemie in der Welt des zwanzigsten Jahrhunderts wieder eingeführt wurde. Dies ist astrologisch verständlich, wenn wir sehen, daß der Herrscher der Metalle (Saturn) im Quadrat zu Pluto steht (der Planet, der Materie umwandelt). Der Drang, sich eingehend mit der Alchemie zu befassen, entstand in Träumen (Pluto in Konjunktion mit Mond, Quadrat Saturn). Diese Träume konzentrierten sich auf Ereignisse im siebzehnten Jahrhundert (die Zeit, in der die Alchemie ihren Höhepunkt erreicht hatte). Jung folgerte schließlich daraus, daß seine Aufgabe darin bestand, die Alchemie aus der Dunkelheit des Aberglaubens hinein ins Licht des Verstehens zu bringen.

Allgemeine Analyse der wichtigsten Ereignisse in Jungs Leben

Der folgende Abschnitt untersucht die Beziehung zwischen Carl Jung und Sigmund Freud. 1903, als Jungs progressiver MC (Karriere) eine Konjunktion zu seinem Geburtsmars (Herrscher des zehnten Hauses) bildete, begann er, in der psychiatrischen Klinik in Burghölzli zu arbeiten. Zu dieser Zeit trat seine progressive Sonne in die Jungfrau ins siebte Haus ein, was eine Anstellung im öffentlichen Dienst anzeigt. Dort kam Jungs Interesse am Unbewußten an die Oberfläche, denn sein progressiver Mond durchlief das vierte Haus (psychologische Grundlagen). Er begann auch, sich für die Arbeit von Freud (ein Stier) zu interessieren, als die progressive Venus (Herrscherin des Stiers) im Trigon zu seinem Geburts-MC stand und in das siebte Haus der Partnerschaft eintrat.

1907 durchlief Jungs progressiver Mond das siebte Haus, und er reiste nach Wien, um Freud zu treffen, mit dem er einige Jahre lang korrespondiert hatte. Zusätzlich zu den positiven Transiten Merkur (Verstand) und Neptun (alle psychologischen Arbeiten) stand Jungs Transitjupiter im Trigon zu seinem MC. Diese Aspekte zeigen, daß Jung viel von Freud lernen würde.

1913 brach Jung jedoch die Beziehung ab - ein schwieriges Ereignis für Freud, denn er hatte gehofft, daß Jung seine Arbeit fortsetzen würde. Damals stand Jungs progressive Venus im Trigon zu seinem Geburtsneptun, was ihn mehr zu spirituellen Interessen hinzog. Der Transitneptun stand im Trigon zur Himmelsmitte, was seine mystischen Tendenzen weiter verstärkte. Dadurch wird verständlich, warum Jung spürte, daß er von Freuds sexuell orientierten Doktrinen zu stark eingeschränkt worden war. Abschließend stellen wir in Jungs astrologischem Porträit fest, daß zur Zeit des Bruchs mit Freud sein progressiver Aszendent in den Widder und sein progressiver MC in den Steinbock eintrat. Diese Kardinalzeichen betonen die Bedeutung individueller Handlungen und enthüllen den Wunsch, seinen eigenen Weg zu gehen, um die eigenen Theorien zu erforschen.

Jung betrachtete das Fischezeitalter als eine Periode, in der der Mensch sich seiner eigenen Göttlichkeit (dem inneren Christus) nicht bewußt war. Er sah das Wassermannzeitalter jedoch als die Zeit an, in der die Menschheit ihre wahre Natur verstehen würde. Jetzt, da wir uns dem neuen Zeitalter nähern, fangen mehr und mehr Menschen an, Jungs Werk zu verstehen und zu akzeptieren. Jung war ein Vorbote des kommenden Zeitalters, ein Mann, der versuchte, die Menschheit durch die schmerzhafte und schwierige Verwirklichung seines eigenen Wesens zu ihrer Erleuchtung zu führen.

40
Lily Tomlin - Die Stimme des Lachens

Der Schlüssel zum Erfolg eines Lebens mit einem starken Jungfrau-Einfluß ist die Synthese. Dies ist die Fähigkeit, Einzelteile aus einem bestehenden Ganzen herauszuziehen und sie zu einem neuen Ganzen zu formen, das eine größere Bedeutung annimmt und einen zusätzlichen Wert enthält. Lily Tomlin erreicht diesen Prozeß mit ihren warmen und ergreifenden Schilderungen, wobei sie sehr viel entschlossene Selbstbeobachtung und Lachen hervorruft.

Hemisphärenbetonung: Mit Ausnahme des Mars befinden sich alle Planeten von Lily Tomlin in der östlichen (linken) Hemisphäre des Horoskops. Diese Betonung enthüllt sie als jemanden, dessen Bedürfnisse und Ziele durch ihre eigene Initiative und Bemühungen realisiert werden. Sie tendiert mehr zum agieren, als reagieren. Die Position des Mars in ihrem siebten Haus ist jedoch sehr wichtig. Es zeigt ihre Fähigkeit, die Menschen, mit denen sie in Kontakt kommt, zu inspirieren. Auf einer persönlichen Ebene kann sie ihre Partner dominieren und lenken. Mars in dieser Position enthüllt auch das Bedürfnis, mit sehr starken und entschlossenen Menschen in Beziehung zu treten. Das große Trigon von Mars, Uranus und Neptun zeigt, daß sie sehr erfolgreich sein kann: sie stimuliert die Öffentlichkeit (elftes Haus Uranus) und kann starke Partnerschaften schaffen (Mars im Steinbock). Das Saturn-Mars-Quadrat kann jedoch zu vielen Schwierigkeiten führen, wie in Beziehungen Macht verteilt wird.

Lily hat gleich viele Planeten über und unter dem Horizont, was ein Gleichgewicht zwischen ihrem subjektiven und objektiven Leben anzeigt. Mit Sonne, Merkur und Venus in der unteren Hälfte findet ihr kreativer Prozeß

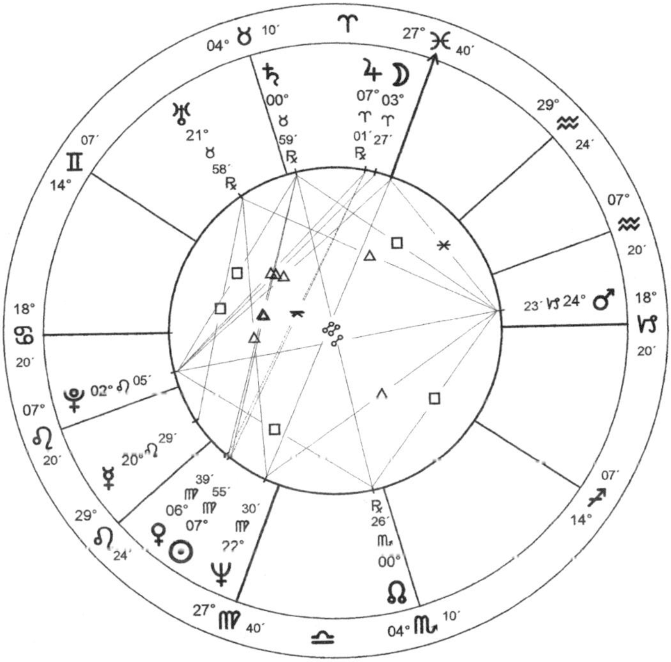

Das Geburtshoroskop von Lily Tomlin

vor allem im Inneren statt. Da ihr Mond (der Horoskop-Herrscher) jedoch oben am MC steht, kann sie ihre inneren Prozesse nach außen bringen.

Synthese von Elementen und Qualitäten: Lilys Horoskop ist in dieser Hinsicht äußerst ungewöhnlich. Sie hat sechs Planeten in Erd-Zeichen sowie vier Planeten in den Feuer-Zeichen. Es gibt keine Planeten in den Luft-Zeichen oder in Wasser-Zeichen. Das Wasser-Element ist jedoch durch ihren Krebs-ASC und den Fische-MC vertreten.

Diese etwas schwierige Kombination von Feuer und Erde schafft das Bedürfnis, ihrer Fülle von kreativen Impulsen Form zu verleihen. Häufig können die Formen nicht mit der Kreativität schritthalten, weshalb sie unzufrieden ist, obwohl andere ihre Arbeit als genial einstufen. Das Bedürfnis, ständig "nach oben zu greifen", um Inspiration zu erhalten, und ein gleichzeitiges "nach unten" ausstrecken, um sich zu erden und sich des praktischen Erfolgs zu vergewissern, schafft eine übermäßige Spannung im

Leben. Die Verbindung von Sonne in Jungfrau und Merkur im Löwen ist für dieses Dilemma typisch. Sie drückt das Bedürfnis aus, die eigene Kreativität zu einem persönlichen Ausdruck werden zu lassen; in der öffentlichen Präsentation (durch das Quadrat zu Uranus im Stier) geht das Persönliche verloren und wird Teil des Kollektiven. Genau dies zu lernen ist eine ihrer wichtigsten Lektionen. Der Mond im Widder am MC weist darauf hin.

Das Fehlen des Luftelements bedeutet, daß sie ihre eigenen Kommunikationsformen finden muß. Lilys Quadrat von Uranus zu Merkur hilft ihr, dies auf eine ganz einzigartige und ungewöhnliche Weise zu tun.

Sie hat eine gleichmäßige Verteilung der Planeten und Hauptpunkte im Horoskop in den kardinalen, fixen und veränderlichen Zeichen. Es besteht eine leichte kardinale Betonung aufgrund ihres Krebs-Aszendenten und des Mondes im Widder. Diese Kardinalqualität bringt Motivation und Bewegung ins Horoskop ein, was von Mars im Steinbock ebenfalls betont wird.

Sonne, Mond, Aszendent und deren wechselseitige Beziehungen: Die Position der Sonne in Konjunktion mit Venus in der Jungfrau verleiht Lily großen Charme und Anziehungskraft. Sie kann diese mit ihrem Mond im Widder am MC öffentlich wirkungsvoll einsetzen. Die Konjunktion von Mond und Jupiter im Trigon zu Pluto sichert nicht nur ihren beruflichen Erfolg, sondern trägt zu der Dynamik ihres persönlichen Charismas bei. Die Positionen des Mondes im Feuer und der Sonne in der Erde und die Trennung der beiden durch einen Quincunxaspekt ist nicht einfach. Lilys Bemühungen, ihren kreativen Impulsen die perfekte Form zu verleihen, ist typisch für die Jungfrau. Das Endergebnis für uns sind die wunderbaren Mädchen und Frauen, die sie mit ihrer Lebenserfahrung dargestellt hat.

Der Krebs-Aszendent zeigt ihre Fähigkeit, die Einzelheiten ihrer eigenen Lebenserfahrungen zu sammeln und in ihre Rollen einzubauen. Dies sind die Bausteine für ihre Charaktere. Lily geht in jeden dieser Charaktere hinein und projiziert sie mit der Direktheit und Stärke ihres Widder-Monds. Jupiter läßt diese Figuren überlebensgroß erscheinen, was eine Schauspielerin für die Dynamik auf der Bühne braucht.

Horoskopherrscher: Der Mond im Widder am MC ist der Herrscher. Seine Bedeutung wurde oben besprochen.

Planeten im ersten Haus: Pluto im ersten Haus ist sehr bedeutend. Er verleiht Lily nicht nur die Kraft, ihre Umgebung zu dominieren, sondern seine

Position im Löwen weist direkt auf Bühne und Theater hin. Menschen mit Pluto im ersten Haus neigen auch dazu, ihre Persönlichkeit immer wieder neu zu gebären. In dieser Hinsicht arbeitet Lily sehr hart daran, die Einzelteile einzusammeln, die schließlich zu einer weiteren "Telefondame" oder einer "Edith Ann" werden, und diese Teile in einer Synthese zu vereinen, bis voilà - die "Cosmic Baglady" geboren ist!

Die höchsten Planeten: Dies sind Mond und Jupiter; ihre Bedeutung haben wir bereits ausführlich besprochen. Man kann noch hinzufügen, daß die Positionen im Widder sehr viel mit dem Erfolg von Lilys One-Woman Shows zu tun haben. Der Widder-Mond trägt auch zu der Einheit ihrer Persönlichkeit bei - zu ihrer Fähigkeit, alle Bestandteile der Jungfrau unter einen Hut zu bringen.

Planeten in Eckhäusern: Mars im Steinbock im siebten Haus ist bereits erklärt worden.

Hauptaspekte: Es gibt drei Aspekt-Gruppen in Lilys Horoskop, die besprochen werden sollten. Wir haben bereits einige Merkmale des großen Erd-Trigons Mars-Uranus-Neptun erwähnt. Eine weitere Eigenschaft dieser kraftvollen Planetenkombination besteht darin, etwas Neues zu erfinden, das auf kollektiven menschlichen Verhaltensarchetypen beruht. Daher kann Lily die Aktivitäten junger Mädchen allgemein nehmen und einen strukturierten Charakter (Mars im Steinbock) mit Namen "Edith Ann" schaffen. So hat ihr kreativer Prozeß viel mit dieser speziellen Positon zu tun.

Die Fähigkeit zu strukturieren wird aus anderer Sicht in ihrem Horoskop vom Trigon Saturn-Venus-Sonne bewirkt. Dieser Aspekt steht nicht nur für ihre lange Karriere, sondern stabilisiert auch ihre Natur, was die unglaubliche Selbstdisziplin und das entschlossene Arbeiten möglich macht.

Pluto im Trigon zu Jupiter und Mond lassen sie Emotionen auf viele Menschen übertragen. Hier ein weiteres Beispiel für Planeten in der östlichen Hemisphäre: die sehr elektrischen Zeichen Löwe und Widder besitzen die Fähigkeit, zu projizieren und Reaktionen bei anderen hervorzurufen.

Analyse von Planeten und Häusern, die zuvor nicht besprochen wurden:

Zweites Haus: Finanzen, Ressourcen. Lilys größtes Talent ist es, ihre eigenen Schöpfungen vermitteln zu können (Merkur im Löwen im zweiten Haus, Sonne in der Jungfrau). Die Sonne im dritten Haus als Herrscher des zweiten Hauses betont ebenfalls diese Eigenschaft. Die Konjunktion der Sonne mit Venus im Trigon zu Saturn im Stier zeigt, daß Lilys Finanzen mit der Zeit wachsen werden. Das Horoskop belegt, daß sie nicht aus einer reichen Familie stammt (Merkur als Herrscher des vierten Hauses ist nicht gut aspektiert), ihre finanzielle Situation wird sich aber sicherlich mit der Zeit verbessern (Saturn/-Kronos im Trigon zu Sonne-Venus).

Drittes Haus: Reisen und Kommunikation - der Verstand. Der günstig aspektierte Neptun im dritten Haus zeigt Lilys reiche Phantasie. Die Position in der Jungfrau bezeugt die Fähigkeit, eine Synthese herzustellen, sowie die zahlreichen Reisen in ihrem Leben. Neptun weist auch auf ihre Kommunikation mit vielen Menschen (Trigon zu Uranus) durch den Film hin.

Fünftes Haus: kreativer Selbstausdruck. Pluto im Löwen im ersten Haus im Trigon zum Mond und Jupiter als Herrscher dieses Hauses zeigen einen Überfluß an kreativem Selbstausdruck an. Pluto steht auch im Quadrat zu Saturn. Das bedeutet, daß sie sich zeitweise aus der Öffentlichkeit zurückzieht, um bestimmte Pläne, Projekte und Ideen neu zu strukturieren, die mit ihrer Kreativität verbunden sind. Alte Personas (Pluto im ersten Haus) müssen "sterben", damit neue geboren werden können.

Sechstes Haus: Gesundheit, Arbeit. Diese Bereiche sind stark betont. Jupiter als Herrscher dieses Hauses steht mit dem Mond im zehnten Haus im Trigon zu Pluto, was eine ständige Quelle von erweiterten Arbeitsmöglichkeiten ist. Was die Gesundheit betrifft, verleiht das Pluto Trigon große Regenerationskräfte. Das braucht sie, denn Pluto im Trigon zum Mond und Jupiter im Widder treibt auch sehr stark an, weshalb sie sehr vorsichtig sein muß, sich nicht bis zur Erschöpfung zu überarbeiten.

Neuntes Haus: Höherer Verstand. Mit Uranus als Herrscher im Trigon zu Neptun und Quincunx zu Mars hat Lily wahrscheinlich in diesem Bereich spezielle Interessen. Ich bin der Meinung, daß sie ein Freund der Astrologie und Metaphysik ist und mit ihrer "Erdigkeit" ihre Verbindung mit den tieferen Lebensaspekten auf eine sehr praktische Art und Weise zum Ausdruck bringt.

Zwölftes Haus: Innere Ressourcen und Selbstauflösung. Mit Merkur als Herrscher im Quadrat zu Uranus und in Konjunktion zu Mars muß Lily mit ihrem Nervensystem vorsichtig sein. Sie kann sich leicht überlasten und sehr nervös werden. Sie hat gleichzeitig so viele Ideen, daß es ihr sehr schwerfällt, eine Auswahl zu treffen und Prioritäten zu setzen.

41
Osho Rajneesh - Die Stimme des Magiers

Der wahre Magier transformiert Energie in Materie und Materie in Energie. Er verkörpert daher eines der Hauptprinzipien der Alten Weisheitslehren: Materie und Energie sind austauschbar. Materie ist Geist, der sich auf seiner niedrigsten Schwingung manifestiert, während Geist Materie auf der höchsten Schwingungsebene darstellt. Einstein drückte dies durch seine Relativitätstheorie aus. Seine Formel lautet: $E = mc^2$ (Energie = Materie mal Lichtgeschwindigkeit im Quadrat). Ich nehme an, daß dies bedeutet, im Quadrat der Lichtgeschwindigkeit zu "schwingen".

Es gibt zwei Arten von Magiern: diejenigen, die Energie und Materie transformieren, um einen erhöhten Ausdruck der göttlichen Liebe zu bewirken, und die damit Heiler sind und diejenigen, welche das Phänomen der Transformation schaffen, um persönlichen Willen auszudrücken. Die letzteren arbeiten für ihren eigenen temporären materiellen und emotionalen Vorteil und dienen dazu, die letztendliche Zerstörung ihrer selbst und anderer zu bewirken. Osho ist ein echter Magier, aber zu welcher Gruppe gehört er? Über viele Jahre hinweg haben ihn Zehntausende Guru genannt, die schworen, daß sie unter seiner Führung enorme Fortschritte in ihrem psychischen und spirituellen Wachstum machen würden. Dennoch bezeichneten ihn Tausende andere, darunter viele auf Stadt-, Staats- und Regierungsebene als Scharlatan. Der Aufschrei gegen ihn innerhalb und außerhalb seiner riesigen Organisation führte zu seiner Verhaftung und Ausweisung. Dafür nannten ihn viele einen Märtyrer, während andere sagten, daß er das einfach verdient habe. Ich weiß nicht, was für ein Magier er ist; ich habe jedoch viel Lachen gesehen und gehört, das von den Herzen und Gesichtern seiner in Rot- und Orangetönen gekleideten Schüler kam.

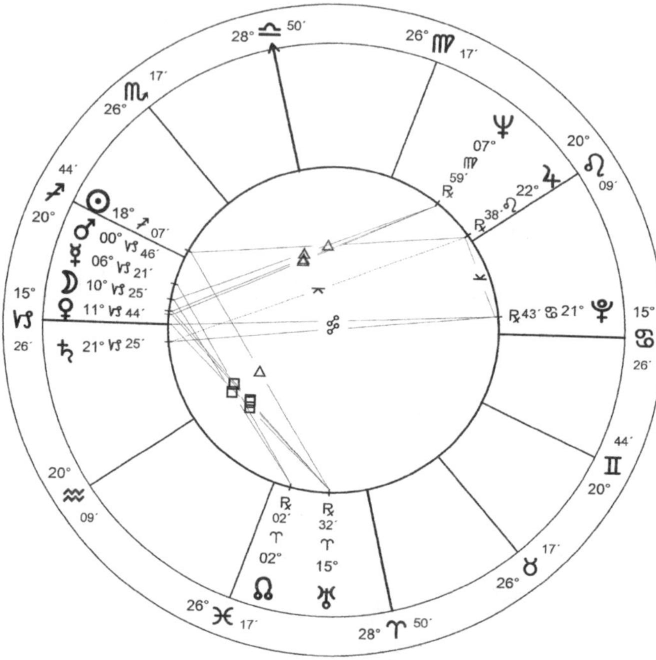

Das Geburtshoroskop von Osho Rajneesh (alias Bhagwan Shree Rajneesh)
(Im offiziellen Horoskop hat Osho einen Zwillings–AC! Anm. d. Hrsgb.)

Betonung der Hemisphären: Die Mehrheit der Planeten Oshos befinden sich in der südlichen und östlichen Hemisphäre. Dadurch besteht die Neigung, sehr selbstbestimmt zu leben. Darüber hinaus dienen diese Positionen dazu, die Lebensenergien nach außen zu bringen, so daß man mit vielen Menschen zu tun hat. Trotzdem führen die Position der Sonne am Ende des elften Hauses und vier Planeten im zwölften Haus dazu, daß sich ein solcher Mensch sehr stark zurückzieht. Wir haben daher ein Individuum, das dazu neigen würde, hinter den Kulissen zu bleiben, und das sehr viel Privatleben braucht. Das Stellium mit vier Planeten im Steinbock, einem Zeichen von Willen, Zeremonie und Macht, ist vorherrschend. Das zeigt den Drang und (wir werden es in diesem Horoskop bald sehen) die Fähigkeit an, eine solche Macht auszuüben und diesen Willen von den Kulissen aus einzusetzen.

Synthese von Elementen und Qualitäten: Es stehen sieben Planeten in Kardinalzeichen und sechs in der Erde, was einen sehr starken Steinbockeinfluß ergibt. Darüber hinaus steht Saturn im Steinbock am Steinbock-AC. Der Mond steht ebenfalls in diesem Zeichen. Die Kardinalqualität verleiht Motivation und den Drang, die eigenen Ziele zu erreichen. Wenn das Erdelement hinzukommt, haben wir eine Person, die sehr materiell motiviert ist. Der Drang nach Land und Immobilienbesitz ist offensichtlich und wird vom Steinbock-Mond betont. Kein Wunder, daß Osho und seine Anhänger in Oregon viel Land gekauft und Entwicklungsarbeit geleistet und daran gearbeitet haben, vor Oshos Ende ihre eigene Stadt aufzubauen.

Steinbock ist das Zeichen der Regierung und Hierarchie, während Schütze (Oshos Sonnenzeichen) das Zeichen der Religion und Philosophie ist. Insgesamt führt diese Kombination zu einer theokratischen Form von Herrschaft mit Osho als weltlichem (Steinbock) und spirituellem (Schütze) Führer. Trotzdem ist der Ausdruck von weltlicher Führerschaft nicht offensichtlich, denn die vier Steinbockplaneten stehen im zwölften Haus. Die offensichtlichere, gesellschaftliche Position der Schütze-Sonne im elften Haus zeigt klar seinen spirituellen Respekt, den er in der äußeren Welt genießt.

Im Horoskop ist kein Luftelement und sehr wenig Wasser vorhanden. Nur Pluto befindet sich im Krebs, und diese wäßrige Position kann man nicht als einen zu persönlichen Ausdruck dieses Elements betrachten, denn Pluto befand sich fast dreißig Jahre dort. Die Erdbetonung im Zeichen des Bauens, dem Steinbock, ist offensichtlich, denn die Menschen, die sich Oshos Organisation anschlossen, stellten viele ihrer materiellen Ressourcen zur Verfügung. Das gesamte Einkommen der Kommune-Mitglieder wurde der Gruppe gespendet, und jeder Person wurde finanzielle Unterstützung gewährt. Durch das fehlende Wasser wurde eine sehr starke Betonung auf das Bedürfnis gesetzt, ständig Ressourcen zu pflegen. Auf einer persönlichen Ebene bewirkt das, daß diese Person nicht zu starken Emotionen neigt. Trotzdem möchte ich betonen, daß ich viele "Sanyasins" - wie die Anhänger genannt werden - getroffen habe, die mit dieser Vereinbarung sehr glücklich zu sein schienen, sie waren tatsächlich mit ihrer Wahl im Leben und ihrem Lebensstil sehr zufrieden.

Die fehlende Luft ist eine interessante Facette im Horoskop. Sie führt zu dem Bedürfnis, die absolute intellektuelle Kontrolle zu haben. Es besteht ein großer Wunsch, daß alle Menschen gleich denken, d.h. für Oshos persönlichen philosophischen Standpunkt eintreten. In der Tat ist es unmöglich, ein erfolgreiches Sektenmitglied zu sein, ohne daß die Mitglieder der Einstellung des Führers oder seiner Doktrinen strikt folgen. Ich habe festgestellt, daß die vorherrschende geistige Haltung eine unwahrscheinliche Offenheit und Vorurteilslosigkeit war. Es gab tatsächlich eine vorherrschende "alles geht" Haltung unter seinen Anhängern. Eine solche Einstellung, insbesondere in Bezug auf Sex und eine solche finanzielle Ausrichtung der Kommune entsprechen sicherlich nicht der vorherrschenden amerikanischen Lebensart. Diese Aspekte ihres Lebensstils gingen schließlich als Schuß auf Osho und seine Anhänger nach hinten los.

Man sollte sich merken, daß sich die Anhänger eines Gurus oder Kultführers den mentalen und psychologischen (wie auch übersinnlichen) Einflüssen dieser leitenden Person völlig öffnen. Auf der Gruppenebene reflektieren sie wirklich die Persönlichkeit dieses Menschen. Die starke Betonung des zwölften Hauses in Oshos Horoskop kann sicherlich das Bewußtsein anderer mit seinen eigenen Wünschen, Zielen und Lebensenergien durchdringen.

Sonne, Mond, Aszendent und deren wechselseitige Beziehungen: Die Sonne ist in diesem Horoskop sehr stark, da sie im Trigon zu ihrem eigenen Herrscher, d.h. Sonne im Schützen im Trigon zu Jupiter im Löwen steht. Diese "gegenseitige Rezeption" von Sonne und Jupiter trägt zu der ausgedehnten und philosophischen Orientierung von Oshos Charakter bei. Daß er diese eigenen Facetten über eine Gruppe ausdrückt, wird vom doppelten Einfluß der Sonne im elften Haus wie auch dem Trigon zu Uranus angezeigt. Solche Aspekte führen auch zu ausgedehnten Reisen, um eine Philosophie zu vertreten, die für die Mehrheit der Menschen etwas Ungewöhnliches ist. Dieses große Trigon verleiht ein sehr starkes Charisma, das eine große Gruppe von Anhängern erzeugt.

Der Mond in Konjunktion mit Venus und Merkur steht in einem Erdzeichen. Dies bewirkt einen großen Magnetismus und befähigt eine Person, andere zu binden und zu vereinen. Die Anwesenheit der Venus verleiht hier eine liebevolle Art. Menschen haben die Tendenz, ein Teil von Osho sein zu wollen und ihm freiwillig zu folgen. Die vielen Trigone von Neptun zu den Steinbockplaneten (und insbesondere dem Mond) betonen die Neigung des zwölften Hauses, für alle Menschen recht natürlich alles zu bedeuten. Es zeigt auch die Leichtigkeit, mit der Osho Geld vom größeren Kollektiv sammeln konnte, von dem er ein Teil war (oder das eigentlich ein Teil von ihm war!).

Der Aszendent ist Steinbock. Dies verleiht der Selbstdarstellung Autorität. Osho war eine Person mit enormer Macht, die keinerlei Schwierigkeiten hatte, Menschen zu binden und zu vereinen, des weiteren konnte er eine Hierarchie von Gehilfen schaffen, die sicherstellte, daß sein Wille umgesetzt wurde. Ich glaube wirklich, daß Osho seine Anhänger liebte, sich um sie kümmerte und ihnen Gutes wünschte. Doch der Schütze spielt gerne Spiele. Manchmal können diese Spiele außer Kontrolle geraten, und der Schuß geht nach hinten los. Ich glaube, daß ein solches Spiel im großen Rahmen bei Osho genau das bewirkt hat. Der Schütze ist das Zeichen der Ideale. Manchmal ist es für Schützemenschen (und ihre Anhänger) sehr schwierig, den Unterschied zwischen Wirklichkeit und Ideal zu sehen. Es gibt auf diesem Planeten viele Menschen, welche die materielle Ebene (die sehr gefestigt, sehr "echt" ist) recht ernst nehmen. Es ist für sie nicht einfach, diejenigen zu tolerieren, die das nicht tun.

Horoskopherrscher: Der absolute Herrscher dieses Horoskops ist Saturn. Saturn, der Herr des Karma, sitzt genau auf dem Steinbock-AC. Außerdem steht er in genauer Opposition zu Pluto und in einem T-Quadrat mit diesem Planeten zu Uranus. Darüber hinaus bildet Saturn eine enge Quincunx mit Jupiter. Dies weist auf eine Unfähigkeit hin, die Kräfte der Ausdehnung mit denen der Festigung zu verbinden. Sie verleiht auch das große Bedürfnis nach Status, aber eine Mißachtung von Verantwortung, die ein solcher Status bringt. Ein gutes Beispiel dafür ist seine Sammlung von 98 Rolls-Royces, die für die Mehrheit der Menschen das Symbol für Oshos Materialismus und Macht war. Diese Sammlung war wie Marie Antoinettes Diamantcollier die symbolische Aussage, gegen die eine Revolution angezettelt werden konnte, um Osho niederzuwerfen. Man sollte beachten, daß der Herrscher seines zehnten Hauses der Pluto ist, und Pluto in Opposition zu Saturn und im Quadrat zu Uranus steht. Das würde bedeuten, daß Osho eine enorme Energie zur Verfügung hatte, um eine bestimmte Macht zu erlangen. Dies bedeutete aber, auch, daß andere ihn schließlich unterminieren würden, da seine Doktrin und Lebensart im Gegensatz zum vorherrschenden gesellschaftlichen Trend in der ihn umgebenden Welt standen.

Ein verletzter Herrscher - und Saturn ist schwer verletzt - der in einem Horoskop am Aszendenten steht, läßt nicht zu, daß die Egoenergie ständig so freigesetzt wird, daß die vom Ego aufgebauten Strukturen erhalten bleiben. Dies ist insbesondere der Fall, wenn ein schwieriger Aspekt zum Herrscher des zehnten Hauses besteht, insbesondere wenn dieser Herrscher Pluto ist - der Zerstörer des Ego!

Der höchste Planet und Planeten in den Eckhäusern: Die Sonne steht dem MC am nächsten, weder sie noch ein anderer Planet stehen jedoch nah genug, um als erhöhter Planet einen Einfluß zu haben. Trotzdem ist die Sonne sehr stark, und Oshos persönliche Energien sind sicherlich von jedem in seiner Umgebung und darüber hinaus deutlich zu spüren.

Pluto ist außer Saturn der einzige Planet in einem Eckhaus, der einen Aspekt bildet. Wir sind zum Teil bereits auf ihn eingegangen, eines ist jedoch noch zu erwähnen. Pluto steht im siebten Haus, dem Haus der Partnerschaften. Oshos engste Partnerin, seine Sekretärin Sheila, wendete sich schließlich gegen ihn und versuchte, die von ihm geschaffenen Strukturen zu zerstören (was ihr z. T. auch gelang). Dies ist sicherlich ein Hinweis auf die Pluto-Saturn Opposition zwischen erstem und siebtem Haus.

Hauptaspekte: Die drei wichtigsten Aspekte wurden bereits besprochen: das große Trigon zwischen Sonne-Jupiter-Uranus, das T-Quadrat zwischen Saturn-Pluto-Uranus und das Stellium im Steinbock im zwölften Haus

Analyse von noch nicht behandelten Planeten und Häusern:

Zweites Haus: Finanzen und materielle Ressourcen. Das zweite Haus hat in diesem Horoskop den Wassermann an der Häuserspitze. Dies ist ein klarer Hinweis darauf, daß Oshos Geld das Ergebnis von Gruppenaktivitäten ist sowie von seiner Fähigkeit, mit der Öffentlichkeit in Kontakt zu treten. Uranus, der Herrscher des Wassermanns steht im Trigon zu Jupiter. Das weist auf Veröffentlichungen und andere Möglichkeiten hin, über Medien an die Öffentlichkeit zu gelangen (Uranus steht im dritten Haus der Kommunikation). Daß seine Botschaft sehr persönlich ist und sein Charisma hier sehr stark wirkt, ist durch das große Trigon zu sehen - insbesondere an der Sonne im elften Haus (Haus der Öffentlichkeit).

Da Uranus auch im Quadrat zu Saturn und Pluto steht, haben die Angelegenheiten des zweiten Hauses auch sehr zu seinem "Niedergang" beigetragen. Das letztere wird klar durch die Einflüsse von Saturn und Uranus auf Pluto angezeigt, der der Herrscher des zehnten Hauses ist.

Viertes Haus: Häusliche Angelegenheiten und die eigene psychische Basis. Venus herrscht über die Häuserspitze des vierten Hauses im Stier. Das führt zu einem Drang nach Reichtum und die Fähigkeit, diesen zu erlangen. Die Venus steht im Steinbock und ist sehr gut aspektiert. Doch Uranus steht zu ihr im Quadrat und zeigt an, daß sich die finanzielle und psychische Lage plötzlich umkehren kann. Vielleicht führte dieser Drang nach physischer und finanzieller Leichtigkeit dazu, daß sich Oshos Absicht ins Gegenteil verkehrte. Anstatt zu zeigen, daß der spirituelle (oder eher der magische Ansatz) zu Freiheit von finanziellen Sorgen führen konnte, ging Osho der Anziehungskraft des Geldes in die Falle.

Venus in Konjunktion zum Mond im zwölften Haus gibt in diesem Horoskop Auskunft über Oshos Wohnsitz. Venus beherrscht in diesem Horoskop das vierte Haus, während der Mond der natürliche Herrscher des vierten Hauses ist. Zusammen verleihen diese Planeten die Tendenz, ein luxuriöses und schönes Zuhause zu haben. Das zwölfte Haus ist das "Haus" der Ashrams - der religiös orientierten Gemeinschaften. Die Art von Gemeinschaft, die sich in Oregon bildete, war das Ergebnis eines Strebens nach einem religiösen Leben in einer spirituellen Gruppe und in einer schönen Gegend.

Sechstes Haus: Arbeit und der Drang zu dienen. Das sechste Haus wird von Jupiter beherrscht. Das zeigt die spirituellen Lehren, dic cinen großen Teil von Oshos Arbeit ausmachten. Jedoch steht Jupiter im Trigon zur Sonne, und ein Nachteil dieser ansonsten wunderbaren Stellung besteht in einem übersteigerten Selbstwertgefühl. Das Ego kann sich hier zu stark ausdehnen. Da Jupiter in Quincunx zu Saturn steht, hatte Osho große Schwierigkeiten, sich einzuschränken. Eine andere Facette des sechsten Hauses weist auf die Menschen hin, die einem dienen oder für einen arbeiten. Dieselben Aspekte (Jupiter Quincunx Saturn und im Trigon zu Sonne und Uranus) ergeben Menschen, die in Oshos Leben eifrig dienen wollen. Damit könnten seine eigenen Anhänger und deren überschäumende Kreativität und der Spaß und die Lust, die sie im Leben empfanden, ein weiterer Faktor in Oshos "Niedergang" gewesen sein.

Achtes Haus: Tod, Sex und die Ressourcen anderer. Alle Hinweise im Horoskop weisen auf einen friedvollen und leichten Tod hin. Die Sonne beherrscht das achte Haus und steht im Trigon zu Jupiter und Uranus. Diese Faktoren weisen auf einen solchen Tod hin. Venus und Mond zeigen, wenn sie zusammenstehen, auf der materiellen Ebene ein angenehmes Leben an.

Was die Ressourcen anderer betrifft, so hatte er kein Problem, viele Millionen einzusammeln! Der gut aspektierte Jupiter und Neptun im achten Haus sorgten dafür. Sie sind jedoch beide rückläufig, und Neptun ist in der Jungfrau im Fall. Diese Umstände zeigen, daß es bei der Verwendung dieser Ressourcen einige Probleme gab.

Jupiter und Neptun zusammen im achten Haus können zu Sexskandalen führen. Das war natürlich der Fall, da Oshos Anhänger zum Sex eine sehr offene Haltung hatten. Als AIDS zum großen Problem wurde, empfahl Osho allen seinen Anhängern jedoch, Kondome und Gummihandschuhe zu verwenden. Das war ein handfester Ratschlag, und doch erhielt er durch die spielerische Haltung innerhalb der Bewegung einen gewissen Anstrich. Man begann, Verhütungsmittel in Schachteln zu verkaufen, die Oshos Bild trugen, was nicht zu seinem Prestige bei den Durchschnittsamerikanern beitrug. Wieder einmal berücksichtigten er und seine Anhänger nicht, welche Macht die vorherrschende Kultur hatte. Diese Blindheit und der Idealismus sind andere Auswirkungen der starken Jupiter- und Neptunposition im Horoskop.

Zwölftes Haus: Selbstauflösung, verborgene Ressourcen. Das Stellium im zwölften Haus wurde bereits diskutiert. Ich möchte jetzt noch auf die Herrschaft des Jupiter im zwölften Haus eingehen. Sicherlich besaß Osho dadurch eine Fülle geheimer Ressourcen auf der materiellen wie auch auf der übersinnlichen Ebene. Die Position des Jupiter im achten Haus trägt zu der Macht bei, die er über andere und auch über die materielle Ebene ausübte. Die Quincunx mit Saturn enthüllt jedoch, daß Osho sehr wenige Einsichten in den Wert struktureller und gesellschaftlicher Begrenzungen hatte. Saturn steht in seinem ersten Haus, um ihn die Lektion der Mäßigung zu lehren. Da er diese nicht lernte, löste er sich selbst und sein Lebenswerk auf. Trotzdem bin ich sicher, daß es dieser Aspekt des spielerischen Philosophen in ihm und seinen Anhängern ist, der in alldem nur eine weitere Facette der großen Illusion sieht, in der wir alle leben und an der wir alle teilhaben.

42
Shirley MacLaine - Die Stimme einer New-Age-Frau

Hemisphärenbetonung: Shirley MacLaine hat ein Horoskop mit deutlicher Betonung der südlichen Hemisphäre, dort stehen sieben Planeten über dem Horizont. Das weist auf ein Leben in der Öffentlichkeit hin und auf eine Person, die eine Transformation bewirken und die Werte in der Welt verändern will, was sie durch ihre erstaunlichen Talente zum Ausdruck bringt. Die transformierende Eigenschaft zeigt sich in der Position Plutos im zehnten sowie durch Sonne, Mars und Uranus im achten Haus.

Es besteht ein (wenn auch schwächerer) westlicher Einfluß, da sich dort sechs Planeten befinden. Diese Positionen weisen auf ein Leben hin, in dem sie auf andere eingeht. Mit ihrem kraftvollen Merkur im Widder im siebten Haus sagt sie, was sie denkt, und antwortet mit Bestimmtheit.

Synthese der Elemente und Qualitäten: Dies ist ein sehr erdiges Horoskop, denn Sonne, Mond und Aszendent stehen alle in diesem Element. Viel Erde weist auf eine sehr praktische Veranlagung hin. Diese Frau hat auch den starken Wunsch, sich mit der sozialen Situation auf diesem Planeten zu beschäftigen. In ihrer Karriere hat Shirley MacLaine die erdigsten aller Frauen gespielt - nämlich Prostituierte. Tatsächlich ist sie als Prostituierte in über einem Dutzend Filme aufgetreten, unter anderem in Irma La Douce und Sweet Charity. Ihr Ausdruck und ihre Energie waren immer kraftvoll und aufrichtig, was von ihrer Mars-Sonne Konjunktion angezeigt wird, gleichzeitig war die Sanftheit und Verletzlichkeit ihrer Mond-Neptun Konjunktion spürbar. Diese Aspekte hat sie praktisch politisch genutzt, als sie für Frauenrechte eintrat und in den frühen 70er Jahren die Leiterin der ersten Frauendelegation in die Volksrepublik China war.

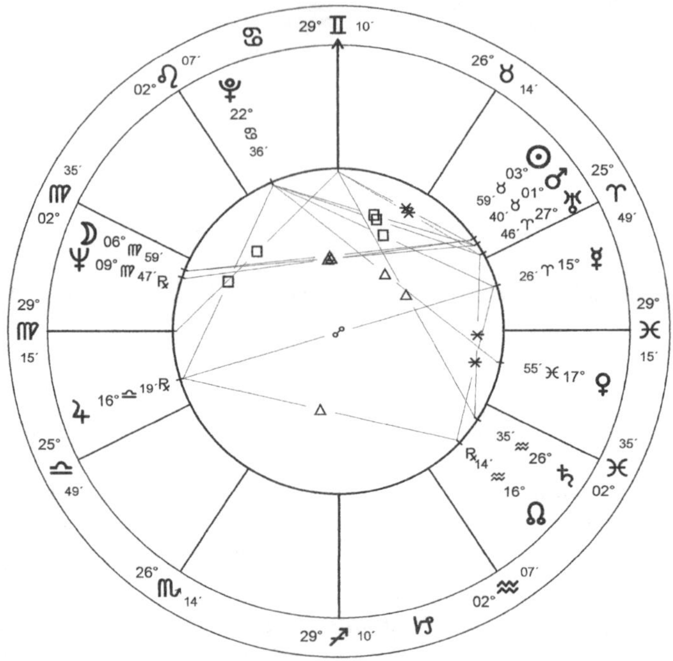

Das Geburtshoroskop von Shirley MacLaine

Heute sehen wir eine Shirley MacLaine, von der einige sagen würden, daß sie alles andere als praktisch veranlagt ist, denn ihr jetziger Schwerpunkt liegt im spirituellen Bereich. In ihren letzten Büchern geht es um das Metaphysische, wobei sie auch umfassend auf die Reinkarnation eingeht. Wir werden später in dieser Analyse sehen, welche astrologischen Hinweise es für diese Facetten im Leben dieser begabten Frau gibt.

Die fixen sowie die veränderlichen Zeichen spielen in ihrem Horoskop eine wichtige Rolle. Sie hat die Entschiedenheit und Beharrlichkeit ihrer Stier-Sonne sowie ein Gefühl für soziale Verantwortung, was durch Saturn im Wassermann (sowie den nördlichen Mondknoten in diesem Zeichen) ausgedrückt wird. Durch Mond und Neptun in der veränderlichen Jungfrau kann sie im Rahmen ihrer Schauspielerkarriere viele verschiedene Frauen darstellen. Des weiteren vermag sie in allen menschlichen Ausdrucksformen Mitgefühl zeigen. Venus in den Fischen ist eine weitere veränderliche Position und ergänzt sicherlich Mond und Neptun.

Sonne, Mond, Aszendent und deren wechselseitige Beziehungen: Sonne und Mond stehen in einem sehr engen Trigon. Das zeigt, daß Shirley keinerlei Schwierigkeiten hat, ihre Kreativität und deren Formen über ihre Gefühle zu harmonisieren. Sie kann das, was sie will, in eine Form bringen und diese Projekte umsetzen, so daß andere sie sehen und schätzen können. Die Sonne steht in Konjunktion zum Mars, was ihr eine männliche Natur mit viel Antriebskraft verleiht.

Der Mond steht in Konjunktion zum Neptun, was eine kraftvolle, anziehende, weibliche Natur mit sehr viel Mitgefühl bewirkt. Das Trigon zwischen Neptun und Mars stimuliert auch das Bedürfnis, zur Wurzel der Dinge vorzudringen und die verborgenen Seiten des Lebens zu enthüllen. Vielleicht hat das dazu geführt, daß sie Prostituierte gespielt hat, denn diese Frauen haben sicherlich mit der menschlichen Gefühlstiefe sowie mit einem Leben im Verborgenen zu tun. Darüber hinaus hat Shirley MacLaine immer Mitgefühl und Verständnis gezeigt, wenn es um die benachteiligten Menschen auf der Erde ging, und sie hat sich bemüht, ihnen durch ihre politischen Aktivitäten zu helfen. Dieses Interesse am Verborgenen zeigt sich auch im Okkulten und Mystischen. Ich bin sicher, daß Shirley MacLaines Wahrnehmung der unsichtbaren Welt sehr "sichtbar" ist, da sie soviele Planeten in der Erde hat. Sie sieht das Spiel zwischen dem Sichtbaren und dem Unsichtbaren, und mit ihrem starken Drang nach Synthese (der sich in der Jungfrau ausdrückt) sieht sie beides als eines.

Dieser Drang nach Synthese als Prozeß, die Harmonie in der Welt wachsen zu lassen, wird weiterhin durch den Aszendenten im letzten Grad Jungfrau angezeigt. Ihr Aszendent befindet sich damit an der Spitze der Waage. Die Jungfrau-Waage Spitze weist auf eine Person hin, die nicht nur nach Schönheit und Perfektion strebt, sondern auch das starke Bedürfnis hat, mit den anderen die von ihr angestrebte Schönheit zu teilen.

Der Horoskopherrscher und die Planeten im ersten Haus: Der Horoskopherrscher ist Merkur. "Der Bote" befindet sich im Widder im siebten Haus in Opposition zu Jupiter. Das kann einen Idealismus bewirken, der in Konflikt mit der eher realistischen Stiernatur steht. Dieser Idealismus drückt sich am stärksten im Bereich ihrer Ehen und persönlichen Beziehungen aus und trägt zu Problemen bei, die in diesen Bereichen entstanden sind.

Merkur im Aspekt zu Jupiter nimmt kein Blatt vor den Mund. Shirley würde sicherlich sagen, was sie denkt, selbst wenn sie gegen eine dominantere gesellschaftliche Philosophie sprechen müßte. Diese Opposition beinhaltet auch eine große Rastlosigkeit, es kann sein, daß sie mehr reisen muß, als ihrer Stiernatur lieb ist. Definitiv ist eine gewisse Scheu vorhanden (Mond und Neptun in zwölf), was man aber nicht erkennen kann, denn Merkur im Widder ist der Herrscher des Horoskops. Sie muß aufpassen, sich nicht auf zu viele Projekte auf einmal einzulassen oder die Sprecherin für zu viele Bereiche zu sein. Solche Aktivitäten verändern ihre Effektivität und zerstreuen ihre Energie.

Der höchste Planet und andere Planeten in den Eckhäusern: Pluto im Krebs steht im Horoskop an höchster Stelle im zehnten Haus. Dies ist eine sehr kraftvolle Position, denn dadurch kann sie Charisma und Kraft in ihren Beruf einbringen, was bei ihrer künstlerischen Arbeit sicherlich zutrifft. Das Trigon von Pluto zu Venus weist sehr stark darauf hin. Es zeigt auch, daß sie sich von einer Rolle zur anderen bewegen kann und von einem Karriereaspekt zum anderen und in allem, was sie angeht, erfolgreich ist. Venus steht im sechsten Haus der Arbeit, und das Trigon zwischen Pluto und Venus weist auf die Harmonie mit ihrer Karriere im allgemeinen und im Detail hin.

Pluto steht auch mit zwei anderen Eckhaus-Planeten in einem T-Quadrat: mit Merkur und Jupiter. Dadurch hat Shirley MacLaine eine unstillbare Neugier nach Philosophie, Menschen und höheren Studien. Diese Position zeigt uns auch einen weiteren Grund, warum sie sich die okkulten Wissenschaften und die Metaphysik so sehr zu Herzen nimmt. Diese Themen dienen dazu, in die große Vielfalt des menschlichen Ausdrucks ein Licht der Einheit einzubringen. Gleichzeitig kann das Quadrat jedoch eine zu große Intensität verleihen. Shirley hat den Drang, sich ihren Zielen und Glaubensansichten jederzeit hinzugeben. Sie muß dafür sorgen, daß sie objektiv bleibt, denn sie wird sich an verschiedenen Krisenpunkten in ihrem Leben von solchen Interessen zurückziehen müssen. Diese Krisen werden eher philosophischer Art sein. Ihre Stiernatur verbindet sie sehr eng mit allem, was sie liebt, und sie liebt das Wissen und die Wissenschaft. Ihre Loslösung von solchen Interessen und dabei entstandenen Beziehungen wären weniger schmerzhaft, wenn sie ihrer Bindungsintensität gegenüber objektiver eingestellt wäre. Jupiter befindet sich in der Waage im ersten Haus, um sie Ausgeglichenheit in ihrer Hingabe an die eigenen Ideale zu lehren.

Hauptaspekte: Es gibt verschiedene Hauptaspekte, von denen wir fast alle besprochen haben. Dies sind: Die Trigone zwischen Sonne und Mars zu Mond und Neptun, das T-Quadrat zwischen Pluto-Merkur-Jupiter, Saturn im Trigon zum MC und im Sextil zu Uranus, Uranus im Sextil zum MC.

Dieser letztere Aspekt weist auf Shirleys Interesse an Politik und internationalen Angelegenheiten hin. Er zeigt, daß sie als eine Brückenbauerin erfolgreich sein kann, die harmonische Verbindungen zwischen Menschen unterschiedlicher Generationen und Philosophien bildet. Er weist auch darauf hin, daß sie mit Gruppen zu tun hat, deren Interessen sich von der Denkart oder dem Glauben vieler anderer unterscheidet. Dies ist ein weiterer Hinweis dafür, daß sie ihren eigenen Weg geht und ihre spirituellen Neigungen ernst nimmt und öffentlich zeigt, was sich sicherlich sehr stark gegen die starke Verblendung und den Materialismus Hollywoods richtet.

Planetenanalyse und noch nicht behandelte Häuser:

Zweites Haus: Finanzen und andere materielle Ressourcen. Venus in den Fischen beherrscht ihr zweites Haus und steht im Trigon zu Pluto. Diese Kombination ist für finanziellen Überfluß sehr günstig. Venus steht auch in Quincunx zu Jupiter, was ein Hinweis auf Geld ist, jedoch anzeigt, daß sie vorsichtig sein muß, nicht zuviel Geld für idealistische Ziele und Beziehungen auszugeben. Ihre Venus steht auch in Opposition zu Neptun. Diese Kombination von Venus und Neptun findet sich oft im Horoskop von spirituell und künstlerisch orientierten Menschen. Sie zeigt aber auch, daß sie sich vor Menschen in acht nehmen muß, die auf ihre Ressourcen Zugriff erhalten wollen, indem sie ihre Sympathie ausnutzen. Dies wird vielleicht von ihrer starken Stier-Sonne mit Mars ausgeglichen. Sicherlich werden ihr diese beiden Planeten dabei helfen, an ihrem Geld festzuhalten und viele Gelegenheiten entstehen lassen, um mehr zu verdienen.

Drittes Haus: Kommunikation und Geschwister. Mit dem Herrscher des dritten Hauses, Pluto, im zehnten Haus im Trigon zur Venus vom zehnten Haus aus ist es wenig verwunderlich, daß ihr Bruder ebenfalls ein Prominenter ist. Er ist der Schauspieler und Regisseur Warren Beatty. Beide stehen sich sehr nah, halten aber eine respektvolle Distanz zueinander. Das sieht man am Mitherrscher ihres dritten Hauses, Mars in Konjunktion zur Sonne. Dies ist ein Aspekt, der große Nähe bringt, aber auch auf Egoprobleme und Eifersüchteleien hinweist.

Die beiden Herrscher Mars und Pluto sind in diesem Horoskop aspektiert, was zeigt, wie bedeutend das dritte Haus und die Kommunikation für diese Frau sind.

Viertes Haus: Das Zuhause. Mit Jupiter als Herrscher des vierten Hauses und der Opposition zu Merkur ist Shirley MacLaine nicht die Art von

Person, die zu Hause bleibt. Alle Stiere (insbesondere mit einer starken Jungfrauposition) lieben zwar ihren Komfort und die materiellen Dinge. Mit der Opposition des Herrschers des vierten Hauses zu Merkur ist sie aber nicht oft zu Hause, um das genießen zu können.

Neuntes Haus: Höherer Verstand, Philosophie. Venus in den Fischen ist hier die Herrscherin. Egal, wieviel Erde diese Frau in ihrem Horoskop hat - der Herrscher des neunten Hauses in den Fischen, der zu Neptun in Opposition steht, läßt sie sicherlich ein tiefes Interesse an der verborgenen Seite des Lebens entwickeln. Ihre religiösen und spirituellen Neigungen werden sehr viel miteinbeziehen, und sie wird feststellen, daß die orthodoxen Glaubenssysteme außerhalb von Hinduismus und Buddhismus sehr viele Dinge ausschließen und sie daher nicht besonders interessieren.

Elftes Haus: Die allgemeine Öffentlichkeit, Hoffnungen, Wünsche, Aspirationen. Shirley MacLaines Leben ist sehr stark an der Öffentlichkeit orientiert. Man kann das daran erkennen, daß die Sonne dieses Haus beherrscht und hoch über dem Horizont in Konjunktion zu Mars und im Trigon zum Mond steht, der das Kollektiv beherrscht. Sie hat daher eine sehr starke Wirkung auf die Öffentlichkeit und kann ihre Art des Denkens über ein beliebiges Thema oder Ziel in das kollektive Bewußtsein einspeisen. Sie zeigt ihr "sonniges Gemüt" (was am stärksten an der Häuserspitze im Löwen ausgedrückt wird) und folgt ihm mit der Kraft des Mars, um ihre Anliegen zu vermitteln.

43
Edgar Cayce - Die Stimme des Geistes

"Dieser Körper wird bei seiner Arbeit durch das Psychische oder das Mystische und Spirituelle kontrolliert. Er wird von dem Leben beherrscht, das von der Person geführt wird, die das Unbewußte lenkt, wenn es sich in diesem Zustand befindet. Da die Vorstellungen, die dem Unbewußten gegeben wurden, um seine Information zu erhalten, gut sind, geht es auch dem Körper gut. Der Mensch sollte mit der spirituellen Seite des Lebens in enger Verbindung bleiben, wenn er mental, physisch und finanziell erfolgreich sein soll."

Edgar Cayce in einem Reading über sich selbst

Hemisphärenbetonung: Als Kind wurde Edgar Cayce von einem wunderschönen und mütterlichen Geistwesen besucht, das ihm einen Wunsch erlaubte. Der Junge bat darum, Menschen helfen zu können, insbesondere denjenigen, die krank sind. Es war ein großes Glück für die Menschheit, daß sein Gebet erhört wurde, denn Cayce half der Menschheit in einem solchen Ausmaß, so daß er als der wichtigste westliche Seher, Prophet und Heiler bekannt wurde, der bisher im zwanzigsten Jahrhundert gelebt hat.

In Cayces Horoskop stehen die meisten Planeten im dritten Quadranten. Acht stehen in der rechten Hälfte und zeigen Cayces Tendenz, auf Situationen, die an ihn herangetragen werden und in denen er befragt wird, zu reagieren, anstatt seine eigenen Wege des Selbstausdrucks zu verfolgen. Mit Ausnahme von zwei Planeten stehen alle Planeten oben und beschreiben eine universelle Vorgehensweise im Leben. Deshalb beschäftigte sich Cayce nicht in erster Linie mit der Entwicklung seiner Persönlichkeit; er entwikkelte sich, indem er diente und das Leben anderer Menschen bereicherte.

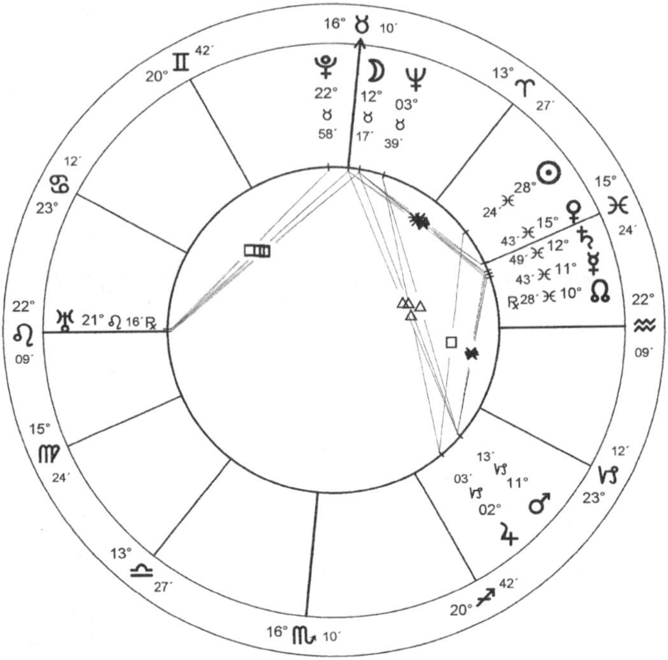

Das Geburtshoroskop von Edgar Cayce

Synthese von Elementen und Qualitäten: Die Synthese dieses Horoskops zeigt eine Betonung auf fixer Erde. Dies war eine günstige Kombination für Cayce, dessen Arbeit darin bestand, Nachrichten von unsichtbaren spirituellen Kräften zu überbringen. Seine Fische-Sonne und seine sekundäre Wasserbetonung zeigen die Empfänglichkeit für solche subtilen Energien. Die fünf Planeten in der Erde und die starke Betonung auf den fixen Zeichen (fünf Planeten, Aszendent und MC) haben Cayce die notwendige "Erdung" verliehen, um mit dem Unsichtbaren arbeiten zu können, ohne auf dieser Gratwanderung zwischen der Materie und den höheren Mental-, Astral- und Äther-Ebenen des Bewußtseins verloren zu gehen. Da Cayce keine Planeten in den Luftzeichen hat, kann er die logischen, einschränkenden Verstandeskräfte umgehen, um eine direkte Verbindung mit dem universellen oder kollektiven menschlichen Verstand herzustellen.

Sonne, Mond, Aszendent und deren wechselseitige Beziehungen: In ihrer höchsten Manifestation haben die Fische mit der Selbstaufopferung zugunsten der anderen zu tun (daher steht der Fisch als Symbol für das Martyrium Jesu). Cayces Fische-Sonne steht im achten Haus. Dieses astrologische Haus hat besonders mit der Regeneration von Energie zu tun, weshalb Menschen mit einer starken Besetzung des achten Hauses (und der Fische) potentielle Heiler sind. Cayce ist natürlich ein herausragendes Beispiel für diese Neigung. Durch die vielschichtige Fischenatur zusammen mit dem achten Haus und einem starken Pluto konnte Cayce einen tiefen Einblick in die wahre Natur eines Menschen gewinnen, um die Wurzel dessen Krankheit zu finden und eine Behandlung zu verschreiben.

Cayces Mond befindet sich im Stier, dem großzügigen Zeichen seiner Erhöhung. Hier geht es um einen Menschen, der die positive Seite fast aller in diesem Horoskop befindlichen Aspekte zeigt. In seinem höchsten Aspekt kann der Stier ein höchst großzügiges Zeichen sein, das nährt, schützt und allen Menschen materielle Güter anbietet. Insgesamt ist der Stier das Zeichen für "Mutter Natur" und damit eng mit unserem Planeten Erde verbunden. Da sich der Mond nur 4 Grad von einer exakten Konjunktion mit dem MC befindet, ist Cayce durch seine Arbeit mit der allgemeinen Öffentlichkeit in Berührung gekommen. Da der Mond der Herrscher seines zwölften Hauses ist, ging es bei seiner Karriere um das Wissen über die "Kehrseite" der Menschheit - das kollektive Unbewußte. Das zwölfte Haus wird auch mit Krankenhäusern und Heilern in Verbindung gebracht. Die Konjunktion des Mondes mit Neptun erhöhte Cayces mystische Vereinigung und seine Fähigkeit, mit der gesamten Menschheit zu kommunizieren, egal um welche gesellschaftlichen Klassen und ethnischen Gruppen es sich handelte. Dieser Charakterzug wird durch die Konjunktion von Uranus mit dem Aszendenten verstärkt.

Der Löwe-Aszendent verleiht Cayce eine warme und offene Natur. Die Stier-Löwe Kombination von Mond und Aszendent gibt ihm Entschlossenheit und reichlich Energie. Sonne und Mond haben jedoch keinen Aspekt, der zu einer Zerstreuung der Vitalenergie führen kann, was durch eine mangelnde Verbindung zwischen dem inneren Antrieb und den äußeren Umständen bewirkt wird. Ein gutes Beispiel ist die Dualität von Cayces Lebensstruktur: ein "normaler" Bürger mit vergleichsweise wenig übersinnlichen Kräften im Wachzustand (Sonne), der im Schlaf zum Seher, Propheten und Heiler wird.

Bewertung der Planeten: Uranus Konjunktion ASC Uranus, der im Horoskop Cayces eine so bedeutende Stellung hat, steht für Elektrizität. Da er exakt auf dem Aszendenten (dem physischen Körper) liegt, konnte Edgar Cayce seinen Körper als Radioempfänger verwenden, der elektrische Impulse von den höheren Ebenen des Bewußtseins aufnahm und weiterleitete. Uranus im Quadrat zum Mond führt jedoch dazu, daß der Mensch dazu neigt, sich zu überfordern und zu überarbeiten. Während des zweiten Weltkriegs laugte sich Edgar Cayce dadurch aus, daß er seine geringe übersinnliche Kraft im Wachzustand (Sonne) erhöhte und zwischen zwei und zehn Stunden am Tag Readings machte, als sich Familien danach erkundigten, ob ihre Kinder in Übersee noch lebten oder gefallen waren. Sein vorzeitiger Tod 1945 (gerade nach Kriegsende) wurde manchmal diesem Faktor zugeschrieben.

Der höchste Planet: Pluto im Stier ist im zehnten Haus der höchste Planet und bildet einen echten Konzentrationspunkt des Horoskops, insbesondere weil er Aspekte zum Mond und MC bildet. Da Cayce seine Mitteilungen und Prognosen immer in einem vollständigen Trancezustand abgab, kann man sagen, daß er "schlief" und sich dessen unbewußt war, was er während dieser Sitzungen sagte. Durch die Verbindung von Pluto, Mond und MC konnten sich die universellen Kräfte des kollektiven menschlichen Verstands (Pluto) mit Hilfe von Cayces persönlichem Unbewußten (Mond) ausdrücken. Man kann auch den von Jung erfundenen Begriff des "kollektiven Unbewußten" anwenden. Grundsätzlich sind die Quelle und das Gedächtnis aller Stufen der vergangenen, gegenwärtigen und zukünftigen Evolution gemeint. Man vergleiche die Wirkungen Plutos in den Horoskopen von Jung und Cayce. Das Unbewußte arbeitet natürlich während des Schlafens, wenn der rationale Verstand ruht. Cayces Aussagen in diesem Zustand ließen ihn insbesondere nach seinem Tod (Pluto als höchster Planet) weltbekannt werden (MC).

Uranus steht im Quadrat zu Pluto in einem Eckhaus. Durch diesen Einfluß wirkten viele von Cayces Prognosen sehr beunruhigend; sie enthielten verheerende Ereignisse und soziale Umwälzungen. Im persönlichen Sinne war Cayce Opfer einer solchen Weltkatastrophe - dem zweiten Weltkrieg - da es heißt, daß ihn seine extremen Bemühungen während dieser Zeit umgebracht haben. Das Plutoquadrat zum Aszendenten beschreibt seine Fähigkeit, Licht in verschiedene Geheimnisse zu bringen, indem er seine eigene Identität (den Aszendenten) umging, wenn er sich in Trance befand.

Andere Planeten in den Eckhäusern: Merkur und Saturn in den Fischen befinden sich zwar im siebten, aber an der Häuserspitze zum achten Haus und haben daher einen großen Einfluß auf die Angelegenheiten dieses Hauses. Sie beeinflussen jedoch auch das siebte Haus. Fische ist das Zeichen der Beschränkten und Verletzten, der Leidenden und Dienenden. Das siebte Haus ist der Bereich des Beraters und der Mitmenschen. Cayce arbeitete als übersinnlicher Diagnostiker. Die Menschen, die zu ihm kamen, konnten anderswo keine Hilfe erhalten, und er diente ihnen. Er konnte mit seinen Klienten (Merkur) kommunizieren, indem er sich voll (Saturn) auf ihre Probleme konzentrierte. Auf diese Art und Weise konnte er sie von ihren Verletzungen (Fische) befreien. Die starke Position von Saturn zeigt ein tiefes Gefühl von Verantwortung und Engagement.

Hauptaspekte: Cayces Horoskop hat keine T-Quadrate, große Trigone und Oppositionen. Dadurch konnte er die Konflikte und Probleme der Menschen, die ihn um Hilfe ersuchten, objektiv sehen, ohne daß er sich persönlich in diese Schwierigkeiten hätte verwickeln lassen. Durch diese Fähigkeit verblieb das Gleichgewicht seines eigenen Lebens in seinen Händen. Er hatte die Gelegenheit zu kontrollieren, wie er seine Vitalenergie einsetzen wollte, ein Faktor, der zum Erfolg seiner Arbeit beitrug. Die fehlenden Oppositionen führten aber auch zu einem Zustand der Unausgeglichenheit, was zu seiner vollständigen und fatalen Erschöpfung führte.

Analyse nach Häusern

Zweites Haus: Finanzen. Merkur herrscht über dieses unbesetzte Haus. Bevor er seine Berufung entdeckte, verdiente Edgar Cayce in verschiedenen merkurischen Positionen sein Geld: als Versicherungskaufmann, Buchhändler und Fotograf (Merkur in den Fischen weist auf die Fotografie hin). Merkur in Konjunktion mit Saturn ist an der Spitze des achten Hauses gut aspektiert. Das weist darauf hin, daß Cayce zur richtigen Zeit Geld erhielt, indem er den Bedürfnissen anderer diente.

Drittes Haus: Geschwister, Erziehung, Kommunikation. Eine gut aspektierte Venus herrscht über dieses unbesetzte Haus und zeigt die Harmonie zwischen Edgar Cayce und seinen vier Schwestern. Er blieb mit ihnen und ihren Familien sein Leben lang in enger Freundschaft, großer Liebe und Loyalität verbunden. (Venus steht im Sextil zum Mond, und beide sind in ihren Zeichen erhöht.) Venus in den Fischen kann Faulheit bewirken. Cayce war von der Schule nicht übermäßig begeistert. Oft brauchte er die Hilfe seiner spirituellen Lehrer (Saturn in den Fischen), um zu bestehen. Venus in Konjunktion mit Merkur bewirkte seine Vorliebe für mystische Literatur und die Position von Saturn zwischen diesen beiden Planeten trug dazu bei, daß er sich für die Bibel interessierte, die er viele Male las.

Viertes Haus: Vater, Familie, Grundlagen. Cayces Vater wird vom Skorpion an dieser Häuserspitze dargestellt. Er war ein Friedensrichter und hatte Verbindungen zur Lokalpolitik. (Mars steht im Steinbock, dem Regierungszeichen, Pluto im zehnten Haus der Regierung.) Pluto steht im Quadrat zum ASC, was eine hintergründige Spannung zwischen den beiden enthüllt. Obwohl er seinem Vater nicht nahestand, hatte Cayce ein relativ harmonisches Familienleben (Mars im Steinbock im Trigon zum Mond im Stier).

Fünftes Haus: Spekulation, Kinder. Jupiter, der Herrscher des fünften Hauses, ist fallend und steht im Quadrat zur Sonne. Diese Position zeigt Edgar Cayces Unfähigkeit, in Geldangelegenheiten zu spekulieren. Selbst als er versuchte, für seine Schule und sein Krankenhaus Gelder zu sammeln, wurde er heftig getadelt und verhaftet. (Jupiter im Quadrat zur Sonne führt zu rechtlichen Schwierigkeiten.) Ein erhöhter und gut aspektierter Mars in diesem Haus zeigt jedoch die große Zuneigung zwischen Cayce und seinen Söhnen. Ein Sohn, Hugh Lynn, arbeitete mit seinem Vater zusammen und ist jetzt Leiter der Edgar Cayce Foundation, ARE (Association for Research and Enlightenment - Verein für Forschung und Erleuchtung).

Sechstes Haus: Angestellte. Saturn, der Planet der Loyalität, herrscht über das sechste Haus. Man kann sagen, daß er Gladys Davis, Cayces Sekretärin, beschreibt, die für ihn seit ihrem achtzehnten Lebensjahr bis zu Cayces Tod - fast zweiundzwanzig Jahre später - arbeitete. Gladys zeigte eine große Hingabe an Cayce (Saturn in Konjunktion mit Venus) und wurde als Familienmitglied betrachtet. Die Position von Saturn in den Fischen zeigt, daß sie ihr persönliches Leben ihrer Arbeit mit Cayce unterordnete (sie heiratete erst nach Cayces Tod).

Siebtes Haus: Partnerschaft, Ehe. Der unabhängige Uranus ist Mitherrscher des siebten Hauses, weshalb es Edgar Cayce sehr schwierig fand, mit anderen zu arbeiten. Daher wurde es für ihn notwendig, in dieser Beziehung ein Einzelgänger zu sein. Seine Einsamkeit wird des weiteren von Saturn im siebten Haus betont. In der Ehe war Cayce jedoch sehr glücklich (Venus-Mond Sextil zeigt seine erfolgreichen Beziehungen zu Frauen an). Seine Frau, Gertrude Evans Cayce, teilte ihr Leben mit ihm und war ihm völlig hingegeben und loyal (Saturn in Konjunktion zu Venus). Sie heirateten recht jung, und sie starb nur einige Monate nach Cayces Tod.

Achtes Haus: Regeneration, Ressourcen anderer. Edgar Cayce war in erster Linie ein Heiler, denn seine Sonne (Zentrum des Seins) steht im achten Haus. Venus befindet sich hier in den Fischen im Sextil zum Mond im Stier, was anzeigt, daß er Materielles auf seltsame und wunderbare Weise erhielt. In der Zeit, als er am meisten verlangt wurde, war das gedeckt, was die Familie brauchte: mysteriöse Schecks in der Post und Feuerholz, das wie durch ein Wunder zur Verfügung stand. Seine Fähigkeit, Leben zu erhalten, umfaßte Pflanzen wie auch Menschen. Cayce hatte viel Freude am Gärtnern - ein weiterer Einfluß dieses speziellen Venus-Mond Sextils.

Neuntes Haus: Träume, Visionen. Die Konjunktion von Mond und Neptun in diesem Haus zeigt eine Fähigkeit, höhere Bewußtseinsebenen in einem schlafähnlichen Zustand zu kontaktieren. Neptun steht im Sextil zur Sonne, wodurch sich einige übersinnliche Kräfte im Wachzustand manifestieren konnten. Cayce konnte die menschliche Aura sehen.

Elftes Haus: Ideale, Freundschaften. Merkur, der Herrscher des elften Hauses, steht in den Fischen. Viele Spielgefährten in Cayces Kindheit waren - "unsichtbare" Wesen, die Fische herrschen über das Unsichtbare. Seine Ideale waren direkt mit der Besserung der Menschheit durch die Nutzung der Lichtkräfte verbunden. Praktisch faßte Cayce die Gründung eines Krankenhauses (die Fische herrschen über Krankenhäuser) und eines Instituts ins Auge, in denen seine Untersuchungsergebnisse angewendet werden sollten. Cayce traf in seinem Leben viele Menschen von hohem Rang (Merkur in Konjunktion mit Saturn), er hatte aber wenige wahre Freunde, die gewöhnlich jünger als er selbst waren (Merkur herrscht über die Jugend).

Die Position des Hausherrschers (Mond) auf dem MC zeigt, daß Cayce einen überaus starken Einfluß auf die Welt hatte, indem er seine okkulten Erkenntnisse an die Öffentlichkeit brachte.

Allgemeine Analyse der Ereignisse in Cayces Leben

Ein bedeutendes Ereignis in Edgar Cayces Leben war seine anfängliche Entdeckung, daß er eine Begabung zum Heilen hatte. Einige Monate lang hatte er unter einer Halserkrankung zu leiden, wodurch er nur flüstern konnte. Verschiedene Ärzte und Hypnotiseure hatten versucht, dies zu heilen, jedoch ohne Erfolg. Am 31. März 1901 gab Cayce, nachdem er von Al Layne hypnotisiert worden war, eine ganz detaillierte medizinische Prognose seines eigenen Zustands ab und schlug für sich selbst eine Behandlung vor, die den Zustand effektiv verbesserte.

Zu diesem Zeitpunkt hatte Cayce ungewöhnliche Progressionen und Transite. Die intuitiven Kräfte des Uranus kamen in Cayces Bewußtsein an die Oberfläche, als die Sonne ein Trigon zu seiner Position am Aszendenten bildete. Gleichzeitig bildete der progressive Merkur eine Konjunktion zur Sonne im achten Haus und der progressive Aszendent ein großes Trigon in der Jungfrau mit Mars im Steinbock und dem Mond im Stier. Diese Aspekte wiesen auf eine praktische Verbindung zwischen Verstand und Materie hin. Der Transitmars stand im Trigon zu Pluto und erweckte die verborgene Energie, die die Heilung herbeiführte und, was noch wichtiger war, Cayces Kanal für den kollektiven Verstand öffnete. Darüber hinaus erhielt er von Jupiter im Sextil zu Merkur die Gelegenheit, sein Bewußtsein anzuheben, und Merkur in Konjunktion zu Saturn bewirkte die tiefe Erforschung des Verstands, dessen Geheimnisse nun entschlüsselt waren.

Eine für Edgar Cayce schwierige Zeit war seine Verhaftung in New York City wegen Wahrsagerei. Am 28. Februar 1931 wurde Cayce von einer Polizistin verhaftet, die sich als Klientin ausgegeben hatte und für die er ein Reading gemacht hatte. Er war nach New York gekommen, um für sein Krankenhaus und seine Universität Gelder zu sammeln, denn sein größter Wohltäter war durch den Börsenkrach verarmt. Zu dieser Zeit stand seine progressive Venus (Herrscherin des MC) im Quadrat zu seinem Aszendenten. Gleichzeitig stand die progressive Sonne im Quadrat zu Uranus und Aszendent. Dies bewirkte, daß es plötzliche Zwischenfälle gab, die sein öffentliches Image in Frage stellten. Der Konflikt mit den Behörden wird durch den Transit Jupiter (Gesetz) angezeigt, wobei der in Opposition stehende Mars eine persönliche Konfrontation mit den Behörden enthüllt. Der Fall wurde sofort eingestellt. Cayces Geburtshoroskop zeigt keinen ernsthaften Konflikt mit dem Gesetz (Mond und Neptun stehen im Trigon zu Jupiter und Mars und Venus stehen erhöht). Dies ist daher ein sehr gutes Beispiel dafür, wie die Entwicklung natürlicher Tendenzen wirken kann, um scheinbar widrige Transite und Progressionen zu modifizieren.

Der Lernende sollte sich mit Cayces Leben, Arbeit und Methodik beschäftigen. Diese wunderbare Seele ist ein hervorragendes Beispiel für einen hochentwickelten Hellseher und Arbeiter für die Menschheit. Der größte Meister ist immer der Diener, der sich am meisten hingibt.

V
NEUES BEWUSSTSEIN UND DER EINTRITT INS NEUE ZEITALTER

44
Das große Jahr

Die Astrologie ist das Studium der Zyklen. Genauer gesagt konzentriert sie sich auf die Beziehungen, die zwischen den größeren Zyklen der Erde und den persönlichen Zyklen des Individuums bestehen. Planeten werden genauso wie Menschen geboren, haben eine gewisse Lebensspanne und sterben. Um die persönliche Evolution und die Selbstentwicklung richtig sehen zu können, muß man erkennen, daß das eigene Wachstum von der Epoche bedingt ist, in der man in diese Welt kam. Der physische Körper des Neandertalers und die Welt, in der er lebte, unterscheiden sich vom physischen Körper des modernen Menschen und den jetzigen Zuständen auf unserer Erde. Diese physischen Veränderungen sind leichter zu messen als die metaphysischen Veränderungen, die in der Struktur des menschlichen Bewußtseins stattfinden.

Diese subtilen Veränderungen können durch das Studium der größeren kosmischen Perioden untersucht werden, die die Menschheit auf ihrer langen Reise auf ihr evolutionäres Ziel hin durchläuft. Jeder Zyklus hat entsprechende Einflüsse auf das menschliche Bewußtsein, was sich in der politischen und gesellschaftlichen Struktur ihrer Zivilisationen, Wissenschaften, Religionen, Philosophien, Mythen, Musik und Künste ausdrückt.

Dies ist für uns nicht die einfachste Zeit, egal was wir für einen wirtschaftlichen, beruflichen oder evolutionären Status haben. Es sind kritische, schwere Jahre - Jahre der tiefen und unabdinglichen Veränderungen für jeden. Man kann aber hoffen, daß die tumultreiche Natur des gegenwärtigen Zeitalters eine bewußtere Menschheit hervorbringt.

Das Ziel unserer Bemühungen ist ein höheres Bewußtsein (engl. consciousness). Was bedeutet dieses Wort? Es stammt von zwei lateinischen Wurzeln: con und scius, was "mit Wissen" bedeutet. Über was für ein Wissen sprechen wir aber? Die Naturwissenschaften haben dazu geführt, daß der Mensch von sich und seinem Planeten in den letzten 50 Jahren mehr verstanden hat als in der gesamten belegten Geschichte. Die Wissenschaft ist jedoch eine Funktion des Verstands. Das Ziel des Verstands (zumindest das Ziel seiner rationalen Fähigkeiten) besteht darin, Gedanken und Eindrücke in vorgeschriebene Begrenzungen hineinzulenken. Der rationale Verstand ist nicht das einzige Medium, um die Welt zu erfahren, noch ist er das höchstentwickelte oder letztendliche Produkt der menschlichen Evolution.

Wie sieht es mit der Philosophie aus? Ist es eine erweiterte philosophische Haltung, die wir als Bewußtsein bezeichnen? Das Wort "Philosophie" leitet sich aus dem Griechischen ab. Es setzt sich aus philos ("Liebe") und sophos ("Wissen") zusammen. Damit schließt sich den mentalen Kräften ein weiteres Element an, nämlich die Liebe. Die Liebe beinhaltet Hingabe, Emotion, Entzücken und Phantasie. So wird das Herz zu einem weiteren Zentrum für experimentelles Lernen. Eine Kombination der Fähigkeiten von Herz und Kopf bringt eine umfassendere Sichtweise des Lebens. Die Entwicklung des "Herzsinnes" beim Menschen führt zu einer Harmonie mit anderen. Der Kopf - der Mentalbereich, die Ideenebene - ist mit den Kräften über der Erde verbunden. Diese Ideen müssen durch irdische Erfahrung geerdet werden, so daß - ganz wichtig - Wissen zu Weisheit wird.

Der Kopf ohne Herz ist ein kaltes, steriles, unpraktisches Instrument, egal wie hoch seine Intelligenz entwickelt ist. Das Herz ist ohne den Kopf eine ungerichtete, unkritische Masse emotionaler Energie, die ebenfalls unpraktisch ist, egal wie groß die Sympathie sein mag. Daher kann man Herz und Verstand als Werkzeuge für das Verstehen, die Integration und Lenkung der Lebenserfahrungen und Energien sehen; sie sind jedoch kein Selbstzweck, noch enthalten sie das, was wir unter "Bewußtsein" verstehen. Hiermit beziehen wir uns auf einen Zustand *gerichteten Gewahrseins.* Stufe, Ausmaß und Dauer dieses Zustands hängen damit zusammen, inwieweit man sich auf die vielen gleichzeitig ablaufenden Lebensprozesse einstimmt.

Die Menschheit wird heutzutage dazu gezwungen, über die wissenschaftlichen und philosophischen Disziplinen - die Bereiche des Verstands und des Herzens - jenseits ihrer jetzigen Evolutionsstufe hinauszugehen. Sie wird in einen insgesamt anderen Bewußtseinsbereich hineingeschleudert: das bewußte, intime, persönliche Wissen, daß jedes Individuum ein integrales Glied im größeren Kollektiv der menschlichen Rasse ist.

Der Mensch steht daher an der Schwelle zur Entwicklung eines globaleren oder planetaren Bewußtseins. Das heißt nicht, daß alle Unterschiede zwischen Nationalitäten oder Rassen bald verschwinden werden. Davon sind wir weit entfernt - wenn ein solcher Zustand überhaupt erreicht werden kann. Hiermit ist gemeint, daß die Menschen erkennen, daß ihr Wohl und dasjenige des Planeten ihrer unmittelbaren und persönlichen Verantwortung unterliegen. Es ist jetzt beispielsweise offensichtlich, daß der persönliche Verbrauch von Treibstoff, Nahrungsmitteln und anderen Energieformen direkt mit den Lebensbedingungen auf diesem Planeten in Zusammenhang steht. Die Begrenzung dieser Annehmlichkeiten zwingt uns, unsere Aufmerksamkeit auf die Bedürfnisse der Weltfamilie abzustimmen.

Außer bei einer sehr geringen Anzahl von jetzt lebenden New Age Leuten existiert dieses relativ neue Konzept der planetarischen Verantwortung und Selbstidentifikation mit der Weltgemeinschaft meistenteils nur im Kopf. Es muß die Herzen der Massen erreichen und ist weit davon entfernt, im täglichen Leben umgesetzt zu werden. Die meisten Menschen sind noch nicht einmal wach, geschweige denn bewußt. Die Energiekrise, die wir erfahren haben, dient einem bestimmten Ziel. Sie hat dem Menschen einen Schock versetzt, so daß er bewußter wurde, und zwar nicht nur in bezug auf sich selbst, sondern in bezug auf andere. Wenn die großen Menschenmassen (ich spreche von Hunderten von Millionen oder Milliarden) diese sich neu entwickelnden Ideen des Sozialverhaltens in ihr inneres Wesen, in ihr Selbstgefühl und in die Struktur ihrer täglichen Beziehungen integrieren, werden wir uns einer wichtigen Facette des "neuen" Bewußtseins nähern. Das wird Zeit und viele Generationen brauchen, denn die Menschen werden nicht nur so denken müssen (Verstand), sondern sie werden diese Gedanken zu einem integrierten Aspekt ihrer allgemeinen Wirklichkeit (Herz) werden lassen. Mit anderen Worten - diese Art von Verhalten wird für sie "selbstverständlich" werden müssen, so "selbstverständlich" wie ihr heutiger Egoismus.

Die Menschheit soll auf der Grundlage universeller Konzepte und Werte funktionieren. Die Wissenschaft wird hoffentlich die Technologie für die

Menschheit des kommenden Zeitalters bieten können. Philosophie und Kunst werden dabei helfen, die daraus entstehenden Veränderungen in das moralische Gerüst des gesellschaftlichen Verhaltens zu integrieren. Schließlich kann dann jede Disziplin und jeder Beruf an diese Modifikationen in der menschlichen und planetarischen Evolution angepaßt werden. So war es immer, während der Mensch diesen Planeten bewohnt hat, und so wird es auch sein, bis der Mensch nicht mehr existiert. Wie wir bereits zuvor betont haben, unterscheidet sich das Ausmaß und der Schwerpunkt des menschlichen Bewußtseins stark von einem Zeitalter zum nächsten: die Zeit relativiert alles. Diese Abschnitte oder Weltzeitalter haben ein Entwicklungsmuster, das mit der menschlichen Evolution und ihren daraus entstehenden Zivilisationen synchron läuft.

Die Menschheit muß das Leben nicht nur historisch, sondern auch metaphysisch sehen. Wir brauchen einen Bezugspunkt, eine Struktur, durch welche die geschichtliche wie auch metaphysische Fortentwicklung der Menschheit untersucht werden kann. Auf diese Art und Weise kann das scheinbar verwirrte Weltbild unserer eigenen Existenz beginnen, sich aufzulösen. Die Astrologie bietet eine solche Struktur, und zwar esoterisch wie exoterisch. Das Studium esoterischer Literatur hilft uns dabei, unser Verstehen auf die Struktur der größeren, im Kosmos wirkenden Zyklen auszurichten. Das Studium der exoterischen Astrologie, insbesondere des Geburtshoroskops hilft dabei, die Struktur des Individuums zu diesen größeren Perioden in Beziehung zu setzen.

Einer der wichtigeren evolutionären Zyklen, in denen dieser Prozeß abläuft, bei dem der Mensch mit dem Kosmos verbunden wird, ist die fast 26 000 Jahre dauernde Periode, die als das große Jahr bekannt ist. Dies ist das Produkt verschiedener astronomischer Faktoren, die wir untersuchen sollten.

Die Umlaufbahn der Erde um die Sonne wird als "Ekliptik" bezeichnet (hiermit ist der scheinbare Weg der Sonne um die Erde gemeint). Die Ekliptik liegt in einem breiten Sternenband, das etwa 8,5 Grad auf jeder Seite mißt. Die Umlaufbahnen aller Planeten des Sonnensystems finden sich innerhalb dieses Sternenbandes, mit Ausnahme von Pluto, der aufgrund seiner exzentrisch elliptischen Umlaufbahn manchmal über den Sternengürtel hinausgeht, andererseits aber auch die Umlaufbahn des Neptun kreuzt.

Der zweite wichtige Faktor des großen Jahrs ist der Erdäquator. Wenn wir die Ebene dieses Kreises in den Weltraum ausdehnen, haben wir den sogenannten "Himmels-Äquator". Die beiden Kreise, die von der Ekliptik und dem Himmelsäquator beschrieben werden, stimmen nicht überein. Das liegt an der 23 Grad Neigung der Erdachse. Die beiden Kreise schneiden sich. Die Schnittlinie zwischen dem Himmelsäquator und der Ekliptik definiert zwei gegenüberliegende Punkte - die Equinoxen. Der Frühlingsbeginn ist bei 0 Grad Widder, während der Herbstbeginn bei 0 Grad Waage liegt. Von 0 Grad Widder aus wird die Ekliptik in 12 gleiche Abschnitte von 30 Grad unterteilt. Dies sind die 12 Zeichen des tropischen Tierkreises.

Die Positionen der zwei Equinoxpunkte sind nicht fest, sondern verändern sich langsam, wobei sie sich ständig im Verhältnis zum Hintergrund der Fixsterne im siderischen Tierkreis der Konstellationen verschieben. Diese Veränderung findet etwa 50,3 Bogensekunden pro Jahr oder etwa ein Grad alle 72 Jahre statt. Die Richtung dieser Veränderung ist rückläufig, so daß die Frühlingsequinoxe (0 Grad Widder) jedes Jahr kurz vor der Position des vorhergehenden Jahrs beginnt. Der Grund für diese rückläufige Bewegung der Equinoxen sind die Erdbewegungen. Wie wir wissen, ist die Erde keine perfekte Kugel. Sie hat eher die Form einer Mandarine: die Polargebiete sind abgeflacht, und der Bereich am Äquator wölbt sich vor.

Die Schwerkraft der Sonne und des Monds wirken auf diese Wölbung ein, so daß die Erde etwas hin- und herschwankt. Diese langsame Schwankung verändert nach und nach die Richtung der Polarachse, was dazu führt, daß sich die Polarsterne wie auch die Lage der Equinoxen verändern.

Es dauert etwa 25 920 Jahre, bis die sich verschiebenden Equinoxen den gesamten Sternengürtel des siderischen Tierkreises einmal vollständig durchlaufen haben. Wenn man diese Periode - das große Jahr - durch die zwölf Zeichen teilt, ergeben sich zwölf Zeitalter von jeweils etwa 2160 Jahren. Da es schwierig ist, den genauen Zeitpunkt festzustellen, an dem ein Zeichen endet und ein anderes beginnt, ist es unmöglich, das genaue Übergangsdatum von einem zum anderen Zeitalter festzustellen. Man weiß es natürlich in etwa, jedoch hat jeder Astrologe seine eigene Meinung darüber, wann z.B. das Wassermannzeitalter beginnen wird.

Wir befinden uns momentan in einer faszinierenden, wenn auch etwas beunruhigenden Periode, am Übergang zwischen den beiden Zeitaltern der Fische und des Wassermanns. Das bedeutet, daß wir uns weder von den Schwingungen des früheren Zeitalters ganz befreit haben, noch von den Strahlen des neuen Zeitalters bereits absorbiert worden sind. Dieser Seinszustand ähnelt sehr der Phase zwischen Kindheit und Pubertät - einer kritischen Zeit. Man geht jedoch nicht als Kind eines Nachts ins Bett und wacht am nächsten Tag als Erwachsener auf - der Prozeß läuft allmählich ab. Auf diese Weise geschieht auch der Übergang von einem Weltzeitalter zum anderen. Daher leben wir heute mit dem Vermächtnis der Fische und dem Versprechen des Wassermanns. Was das für die praktische Lebenserfahrung bedeutet, werden wir im folgenden untersuchen. Als erstes wollen wir den geschichtlichen und metaphysischen Hintergrund darstellen, der zum jetzigen Augenblick führt.

Die Polarität der Zeitalter

Wenn wir den Tierkreis untersuchen, sehen wir, daß er in zwei Hälften unterteilt werden kann. Dies beruht auf der natürlichen Teilung des Jahrs durch die beiden Equinoxen. Daher beginnt die eine Hälfte des Tierkreises und Jahrs bei 0 Grad Widder (dem ersten Frühlingstag und der Tag- und Nachtgleiche), durchläuft 0 Grad Krebs zur Sommersonnenwende (dem längsten Tag des Jahres) und endet bei 30 Grad Jungfrau. Die zweite Hälfte des Tierkreises und Jahres beginnt bei 0 Grad Waage (dem ersten Herbsttag und wiederum der Tag- und Nachtgleiche), durchläuft die Wintersonnenwende bei 0 Grad Steinbock (der längsten Nacht des Jahres) und endet bei 30 Grad Fische.

Die Astrologen sprechen von den ersten sechs Zeichen, der Hemisphäre, in der der Tag vorherrscht, vom persönlichen Erfahrungsbereich und von den anderen sechs Zeichen, der Hemisphäre, in der die Nacht vorherrscht, vom gesellschaftlichen oder universellen Erfahrungsbereich. Diese beiden Hälften des Tierkreises gleichen sich gegenseitig perfekt aus.

1. Widder: Selbstprojektion durch individuellen Impuls
   Waage: Selbstprojektion durch gesellschaftlichen Impuls
2. Stier: Erwerb persönlicher Ressourcen und Talente
   Skorpion: Erwerb gesellschaftlicher Ressourcen und Talente
3. Zwilling: Verteilung individueller Konzepte und Ideen
   Schütze: Verteilung gesellschatlicher Konzepte und Ideen
4. Krebs: Festigung persönlicher Sicherheit und Struktur
   Steinbock: Festigung gesellschaftlicher Sicherheit und Struktur
5. Löwe: Organisation und Projektion individueller Ziele und Ideale
   Wassermann: Organisation und Projektion sozialer Ziele und Ideale
6. Jungfrau: Verteilung persönlicher Dienstleistungen
   Fische: Verteilung sozialer Dienstleistungen

Der Leser kann aus dieser Tabelle die engen Beziehungen ersehen, die zwischen den sechs Paaren der Tierkreiszeichen bestehen. Allgemein können wir sagen, daß die Zeichen der persönlichen Sphäre das Leben eher über eine Art Selbstprojektion erfahren, die in bezug auf das gesellschaftliche Bewußtsein eher naiv ist. Ihr Ziel ist es, die gesellschaftlichen Werte zu lernen und sich dadurch in das größere menschliche Kollektiv zu integrieren. In diesem Prozeß neigen die ersten sechs Zeichen dazu, ihre Umgebung zu stimulieren und sie mit neuer Energie zu versorgen. Die Zeichen des Gesellschaftsbereichs neigen jedoch dazu, das Leben zu erfahren, indem sie ihr gesellschaftliches Bewußtsein einsetzen. Ihr Ziel besteht darin, ein Gefühl des Selbst innerhalb des Kollektivs zu entwickeln. Dabei bieten sie eher Erfahrungen an und vermitteln ihrer Umgebung eine erweiterte Sichtweise.

Jedes Zeichen in einem Paar sucht die Qualitäten des ihn ergänzenden Gegenüber und wird von ihnen angezogen. Der Widder wünscht sich das ausgeglichene Urteil der Waage; die Waage möchte mehr von der Zielgerichtetheit des Widders. Der Stier braucht die Verjüngungsaspekte des Skorpions, während der letztere die innere Stabilität des Stiers sucht. Der Zwilling möchte die weitreichende Vision entwickeln, die der Schütze verkörpert, während dieser nach dem Eifer und der Methodik des Zwillings strebt. Der Krebs wünscht sich die Kraft und Ausdauer des Steinbocks, dieser möchte die Sanftheit und das Verständnis des Krebses haben. Der Löwe braucht die gesellschaftliche Kommunikationsfähigkeit des Wassermanns, während der Wasserträger nach dem Gefühl der Individualität und den starken Zielen des Löwen sucht. Die Jungfrau versucht, die völlige Selbstlosigkeit der Fische zu finden, und die Fische möchten selbstbewußt wie die Jungfrau unterscheiden können.

Wenn wir jetzt einige vergangene Weltzeitalter besprechen, werden wir sehen, wie beide Seiten eines Tierkreiszeichenpaars ihre Eigenschaften gleichzeitig manifestieren. In erster Linie zeigt sich das Zeichen des Zeitalters, während in zweiter Linie sekundär die Anwesenheit seines ergänzenden Gegenteils spürbar ist.

Die zwei Weltzeitalter vor unserem Fische- und Wassermannzeitalter, d. h. die Zeitalter des Stiers und des Widders, gehören einem vorhergehenden großen Jahr an. Diese Periode hat vor etwa 28 000 Jahren begonnen und steht für eine weitere, vollendete Phase in der menschlichen Evolution. Dies war eine Zeit, als noch einige Überlebende der lemurischen und atlantischen Zivilisationen die Erde bevölkerten. Was für ein Bewußtsein hatte die

Menschheit in dieser Epoche? Die Frage ist für moderne Historiker und Archäologen fast unmöglich zu beantworten. Was wir über diese alten Völker wissen, findet sich in den umfassenden Werken von Blavatsky, Rudolf Steiner und Vitvan, durch die etwas von der Weisheit und Geschichte der Alten enthüllt wurde.

Diese Quellen scheinen darauf hinzuweisen, daß der Atlanter einen viel direkteren Kontakt zu den kosmischen Kräften hatte als die heutige menschliche Rasse. Die Atlanter arbeiteten viel mehr mit den sogenannten Ebenen des Hellsehens und der Intuition als mit dem rationalen Verstand der heutigen Menschheit. Daher war sich der Mensch der Beziehungen zwischen Menschen und den anderen Naturreichen bewußter. Aus diesem Grund fühlten sich die Menschen weniger voneinander, von der restlichen Rasse und vom Kosmos getrennt (sie waren weniger egozentrisch). Das bedeutet nicht, daß die Atlanter insgesamt eine Rasse von Supermännern und Wunderfrauen war. Es ist nur ein Hinweis, daß das Leben mehr im Fluß und viel mehr im inneren mit den Lebenskräften verbunden war und ein weniger objektiver, analytischer und kritischer Ansatz verfolgt wurde.

Die Entwicklung des rationalen Verstands und der individualisierten Egostruktur führten dazu, daß man sich weniger mit dem gesamten Leben identifizierte, sondern mehr zwischen Mensch und Mensch sowie zwischen der Menschheit und dem Kosmos unterschied. Wir sollten daran denken, daß die Unterschiede zwischen dem Menschen im jetzigen Großen Jahr und dem Menschen des vorhergehenden Großen Jahrs kein Zufall sind. Die Evolution des Ego und des rationalen Verstandes sind Teil der Entwicklung der Menschheit. Unsere Menschheit ist keine endgültige Form für den Seinszustand, der als Menschenreich bezeichnet wird, sondern nur eine Vorbereitung für einen zukünftigen Zustand, so wie der Mensch der Vergangenheit eine Vorbereitung für den Menschen der Gegenwart war.

Von unseren Vorfahren haben wir von der unmittelbaren Vergangenheit eine große Zahl konkreter Aufzeichnungen, die etwa bis ins Jahr 4000 v. Chr. zurückreichen. Diese Phase umfaßt zwei Weltzeitalter, die vor der Geburt des jetzigen Großen Jahrs liegen. Wir wollen diese Zeitalter im Licht der Astrologie untersuchen. Wir sollten uns merken, daß wir in diesen letzten Abschnitten des vorangegangenen Weltzyklus die Schritte sehen, die zur (1) Geburt des Christus, (2) der daraus folgenden Entwicklung des Westens und (3) zum Beginn der Entstehung der heutigen Zivilisationen führen.

Das Stierzeitalter (ca. 4220 v. Chr. - ca. 2160 v. Chr.)

Der Stier steht für den materiellen Aufbau einer Zivilisation. Er ist ein fixes Erdzeichen, und seine Schwingungen schaffen daher das Bedürfnis, sich niederzulassen und das Stammesbewußtsein innerhalb eines geographischen Rahmens festzulegen. Im Kern beinhaltet das, daß die Ressourcen der Menschen mit den Ressourcen des Landes verschmolzen werden. Wir erstellen daher das Konzept eines nationalen Heims, bei dem die Stammesunterschiede transzendiert werden und damit der Grundstein für die Zivilisation gelegt wird.

Der Stier ist das Zeichen, das mit dem Bestellen des Landes, der Produktion einer Ackerbaugesellschaft und einer Entschlossenheit angesichts von Schwierigkeiten verbunden ist. Er wird von der Venus beherrscht, welche die Schirmherrschaft über die Künste innehat und eine Energie darstellt, die eine große Sinnlichkeit und kreative Inspiration für die Kulturen übermittelt. Der Skorpion steht dem Stier gegenüber. Er wird mit Tod, Sex, Wiedergeburt, Okkultismus und dem Verborgenen assoziiert. Diese beiden Zeichen waren die ursprünglichen astrologischen Kräfte hinter der Entstehung der faszinierendsten aller "jüngsten" Zivilisationen: Ägypten.

Ägypten erhält sein Leben vom Nil. Wenn sich die Erde (Stier) mit dem Wasser (Skorpion) vermischt, erhalten wir ein fruchtbares Land, das ein großes Maß an materiellem Überfluß produziert, wenn Samen gesät werden (der Mensch). Der alte griechische Historiker Herodot schrieb folgendes über die Ägypter und ihre Erde:

> *Sie sammeln die Früchte der Erde mit weniger Aufwand als irgendein anderes Volk ... denn sie müssen sich nicht die Mühe machen, die Erde zu pflügen ... wenn aber der Fluß über die Ufer tritt und ihre Felder bewässert und, nachdem er sie bewässert hat, wieder zurückgeht, sät jeder auf seinem eigenen Land aus ... wartet auf die Zeit der Ernte und sammelt sie dann ein.* (Die Geschichten, Kap. 2)

Eine der bekanntesten Traditionen der Ägypter, die die beiden Zeichen des Zeitalters miteinander verband, war der Bau gigantischer Gräber, um dort den toten Körper aufzubewahren. Für den Bau einer Grabstätte unternahmen die großen Könige viele Anstrengungen. Stierkulte und Totenkulte waren während dieser 2000jährigen Periode die beliebtesten Religionsformen. Gemäß der (fixen) Stiernatur der Zeit wurden die Toten in Tücher gehüllt, einbalsamiert und sehr sorgfältig und kunstvoll geschmückt. Damit war der Körper nicht nur für das ewige Leben schön, sondern wurde auch vor dem physischen Verfall bewahrt. Hier zitieren wir nochmals Herodot:

> *"Sie entfernen die Gedärme aus dem Körper ... und füllen den Körper mit reiner Myrrhe, Kassia und anderen Parfüms und nähen ihn wieder zu. Wenn sie das gemacht haben, legen sie ihn 70 Tage lang in Natron. Dann waschen sie den Körper und reiben ihn mit einer Art Kleister ein. Danach wird ein hölzerner Kasten in der Form des Menschen angefertigt, in den der Körper hineingelegt wird. Dieser kommt dann in eine Grabkammer... Auf diese Art und Weise werden die Körper vorbereitet, die auf die teuerste Art und Weise einbalsamiert werden."* (Die Geschichten, Kap. 2)

Röntgenaufnahmen zeigen, daß viele dieser Mumien in ihren Sarkophagen immer noch intakt sind. Jeder, der sich mit ägyptischer Geschichte beschäftigt hat, wird sich erinnern, daß die Körper mit vielen Beigaben ausgestattet wurden, die die Person im Leben besessen hatte, dazu gehörten auch seine Sklaven und Haustiere. Wer sagt, daß man diese nicht mitnehmen kann? Sicherlich nicht eine Menschenrasse, die vom Stier beherrscht wird! Die Verehrung des Stiers war von großer Bedeutung. Ein lebender Stier wurde von den Priestern gewählt, um den Gott Apis zu repräsentieren, der über die Unterwelt herrschte, dem Bereich des Skorpions. Der Kandidat mußte bestimmte Zeichnungen der anderen drei fixen Zeichen des Tierkreises aufweisen, die anzeigten, daß es der richtige Stier war: ein weißes Dreieck auf der Stirn (Wassermann), das Zeichen eines Adlers auf seinem Rücken (Skorpion) und in seinem Maul einen Käfer (den Skarabäus), ein Tier, das mit dem Löwen assoziiert wird.

Während der Stier als inkarnierter Gott lebte, wurde er sorgfältig gepflegt und bei gewissen religiösen Feiern verehrt. Die Ägypter betrachteten das Tier an sich nicht als den echten Gott Apis, sondern nur als seinen physischen Vertreter. Wenn der Stier mit dem inkarnierten Gott starb, trauerte das ganze Land, und der Körper wurde unter den größten Zeremonien einbalsamiert und dann beigesetzt. Die Stiere Ägyptens wurden auf Bildern normalerweise mit der Sonnenscheibe zwischen den Hörnern dargestellt. Dies steht symbolisch für die den Einen durchdringende Lebenskraft, die sich über die Form des Stierzeitalters manifestierte: dem Stier.

Der Stier wurde auch in anderen Kulturen der Ägypter und späterer Perioden verehrt: zum Beispiel der Stier von Minos, der Minotaurus des kretischen Labyrinths. Zu bestimmten Zeiten des Jahres wurden dem Stiergott

Jungen und Mädchen geopfert. Während dieser religiösen Feste tanzten junge Menschen in der Arena auf den Hörnern der Stiere oder sprangen über die Hörner hinweg. Davon leitet sich der moderne Stierkampf ab. Die geflügelten Stiere der Chaldäer zeugen ebenfalls vom Einfluß des Stiers. Eine Spur dieser alten Zeiten des Stiers zeigt sich noch heute, denn in Indien sind Kühe immer noch heilig. Krishna, der Christus dieser Epoche, wird als Kuhhirte dargestellt, so wie Jesus später "Lamm Gottes" (Widder) und "Fischer" (Fische) genannt wurde.

Der Student des Okkulten wird während seiner Studien auf die alten Geheimnisse Ägyptens stoßen. Die Totenkulte und die verbliebenen Traditionen im ägyptischen Totenbuch sind ein Zeugnis des ägyptischen Glaubens. Die nationale Gottheit war Osiris, der Gott der Toten und der Unterwelt (einer seiner Namen lautete Apis). Während des Stierzeitalters wurde Osiris oft als Mensch mit einem Stierkopf abgebildet. Wie wir sehen werden, wurde dieses Bild in den Widderkopf umgewandelt, als das Widderzeitalter begann. Osiris wurde auch durch ein großes offenes Auge dargestellt. Dieses Symbol findet sich auch auf der grünen (eine Stierfarbe) Ein Dollar-Banknote der Vereinigten Staaten. Schauen Sie sich eine Dollarnote an, und sie werden ein Auge über einer Pyramide erkennen, das die Stabilität der Währung und des Landes anzeigt. In alten Zeiten stand das geöffnete Auge für die Erneuerung des Lebens, das Regenerationsprinzip des Skorpions.

Die Esoterik der Ägypter war nicht die verbreitete Religion der Massen. Nur einige wenige erhielten die Erlaubnis, Priester und Eingeweihte der Mysterien zu werden. Kein Wunder, daß die in der alten Weisheit enthaltene Kraft die Priester Ägyptens zu den wahren Herrschern des Landes werden ließ. Der Pharao war die Galionsfigur der Nation. Seine Position ähnelte sehr derjenigen des japanischen Herrschers vor dem zweiten Weltkrieg oder der Inkas des alten Peru.

Der Pharao repräsentierte den Geist Ägyptens - die Inkarnation der Gottheit im Körper eines Menschen. Der Pharao war die Personifizierung des kollektiven Geistes von Ägypten, die vereinigende Kraft des Landes (die in Ober- und Unterägypten aufgeteilt war, ein Überbleibsel des vorhergehenden Zwillingszeitalters). Der Pharao hieß "Kind (oder Sohn) der Sonne", ein Titel, der nicht nur seinen göttlichen Ursprung, sondern die Göttlichkeit der ägyptischen Rasse veranschaulichte. Die Pyramide, die so typisch für das alte Ägypten ist, war nicht nur die heilige Form, die den Körper des Pharao barg, sondern auch im Falle der Cheopspyramide der Ort des heiligen Mysterientempels.

Darüber hinaus steht die Pyramide symbolisch für die Struktur der ägyptischen Gesellschaft. Der Pharao stand an der Spitze der ägyptischen Gesellschaftspyramide, während das Volk je nach Rang in verschiedenen Schichten angesiedelt war, wobei die Grundfläche der Pyramide natürlich von den Massen der Felachen dargestellt wurde. Der Pharao war daher nicht nur die Person, in der alle zeitliche Macht ruhte, sondern auch der Mann, der wie die Pyramidenspitze die höchste Figur war, deren Bewußtsein auf die Himmel zeigte und mit ihnen kommunizierte. Dieses Konzept eines Menschengottes ist für die Völker aller Weltzeitalter, die wir untersuchen, von Bedeutung. Im Laufe unserer Diskussion werden wir sehen, wie sich diese Idee im Widderzeitalter (Cäsar), dem Fischezeitalter (Jesus Christus) und dem Wassermannzeitalter (dem erleuchteten Menschen) verändert.

Der Pharao konnte sein Amt nicht übernehmen, bevor er nicht von den Priestern ausgebildet worden war. Nur nachdem er die verschiedenen Riten und Initiationsstufen durchlaufen hatte, konnte er seinen vollen Rang und Titel annehmen. Das Symbol seines Amtes war zweifach. Auf seiner Krone trug der Pharao die Schlange, das Symbol der Weisheit und der transzendenten Zustände des Skorpions (z.B. die Schlange, die sich in Abständen häutet, damit ein neuer und größerer Körper wachsen kann). In seiner Hand hielt er den Ansata, das Symbol des Lebens (und auch das des Planeten Venus). Der Ansata (Ank) besteht aus einem Kreis auf einem Kreuz. Dies symbolisiert die Herrschaft des Göttlichen (Kreis) über das Materielle (Kreuz). Wenn wir dieses Symbol umkehren und das Kreuz über den Kreis setzen, haben wir das alte Zeichen des Planeten Mars, dem Herrscher des Skorpions. Das Symbol des roten Planeten kommt zu uns über die Äonen hinweg in Form des Reichsapfels, den die Könige und Königinnen während der Krönung in der Hand halten, denn es zeigt die zeitweilige Macht des Monarchen an.

Die Kraft des Stiers hielt die Menschen auf der Erde. Die Ägypter bauten ihr riesiges Landwirtschaftsreich mit Hilfe einer Sklavenwirtschaft auf. Zu den vielen Völkern, die die Ägypter als Sklaven hielten, gehörten die Juden, die ein sehr wichtiges Konzept in der Entwicklung des religiösen Denkens entwickelten - den Monotheismus. In der Geschichte dieser alten Rasse finden wir die Übergangsperiode zwischen den beiden anderen Weltzeitaltern. Es war Moses, der große Eingeweihte, der die Juden (die Menschheit) aus der Sklaverei zum Land (Stier) durch die Wüste Sinai (dem Übergang der Zeitalter) führte, damit sie die Pioniere im Land Israels wurden (Widder). Dort wurde etwa 2000 Jahre später Jesus von Nazareth geboren (Fische).

Das Widderzeitalter (ca. 2160 v. Chr. - ca. 1 n. Chr.)

Das darauffolgende Zeitalter des Widders wurde von der Vorherrschaft des Mars über die Venus geprägt: Es war eine Wirtschaft und Zivilisation, die auf Krieg und der Bezwingung der Feinde basierte, im Gegensatz zu einer friedvolleren Existenz, die auf der Landwirtschaft begründet war.

Die im fixen Zeichen Stier gespeicherte Energie war bereit, durch das kardinale männliche Zeichen des Widders aktiviert zu werden (der nach der Definition ein Zeichen des unmittelbaren und direkten Selbstausdrucks ist). Die grundlegenden Eigenschaften, die während dieser Herrschaft zum Ausdruck kommen sollten, waren Pioniergeist, Mut, eine klar abgegrenzte Individualität und ein inneres Gefühl der Wahrheit und der Selbstgerechtigkeit. Da dieses Zeichen den Kopf regiert, ist der Widder auch für seine starke Intuition bekannt. Wenn das Widderindividuum entwickelt ist, kann es eine Gabe für prophetische Visionen besitzen.

Die Polarität des Widders ist die Waage. Sie bringt in diesen Zeitabschnitt einen Sinn für Gerechtigkeit und das Bedürfnis ein, das gesellschaftliche Verhalten zu kodifizieren und feste Gesetze zu erlassen. Die Waage steht für das Gesetz und die vorherrschende Moralstruktur in jeder Kultur.

Damit eine Person oder eine Nation ein Gefühl der Individualität entwikkelt, müssen die Unterschiede zwischen einem selbst und den Nachbarn klar abgegrenzt werden. Das Widderzeitalter zeigte daher an, daß sich verschiedene Volksstämme und die bereits existierenden Nationen in eine Epoche großer Aggressivität und Gewalt hineinentwickelten. Während dieser Periode hatten die Reiche der Perser, Griechen, Römer und Ägypter eine riesige Macht. In Ägypten hatte sich aus dem relativ friedlichen Volk eine kriegerische Rasse entwickelt, die darauf aus war, die gesamte bekannte Welt in ihre Pyramidenstruktur aufzunehmen. Wie bereits erwähnt, stammte der Reichtum der Ägypter aus der Versklavung von besiegten und unterworfenen Völkern, unter denen viele Juden waren.

> *"In Ägypten kam ein neuer König an die Macht, der Josef nicht gekannt hatte. Er sagte zu seinem Volk: Seht nur, das Volk der Israeliten ist größer und stärker als wir. Gebt acht! Wir müssen überlegen, was wir gegen sie tun können, damit sie sich nicht weiter vermehren. Wenn ein Krieg ausbricht, könnten sie sich unseren Feinden anschließen, gegen uns kämpfen und sich des Landes bemächtigen. Da setzte man Fronvögte über sie ein, um sie durch schwere Arbeit*

unter Druck zu setzen. Sie mußten für den Pharao die Städte Pitom und Ramses als Vorratslager bauen. Je mehr man sie aber unter Druck hielt, um so stärker vermehrten sie sich und breiteten sich aus, so daß die Ägypter vor ihnen das Grauen packte. Daher gingen sie hart gegen die Israeliten vor und machten sie zu Sklaven. Sie machten ihnen das Leben schwer durch harte Arbeit mit Lehm und Ziegeln und durch alle möglichen Arbeiten auf den Feldern. So wurden die Israeliten zu harter Sklavenarbeit gezwungen. Exodus (1, 8-14)

Während dieser Unterdrückungsperiode kam Moses aus dem Haus des Pharaos, um die Juden aus der Unterjochung in das versprochene Land zu führen. Moses verkörperte alle Eigenschaften des Zeichens Widder und kombinierte sie mit dem praktischen Einfluß des Stiers. Er drückte nicht nur seinen Wunsch aus, daß sein Volk auf eine idealistische Art und Weise frei sein sollte, sondern kodifizierte seine Prinzipien, die heute als das Gesetz Mose bekannt sind. Durch diesen großen Eingeweihten wurden die zehn Gebote enthüllt. Hier können wir den Einfluß der Waage als System des sozialen Verhaltens sehen. Es wurde Gerechtigkeit geschaffen, so daß die neu befreiten Pioniere der Wüste eine Struktur hatten, auf der sie ihre Gesellschaft begründen konnten.

Die Geschichte des Exodus, die im alten Testament beschrieben wird, zeigt ganz klar den Übergang vom Stier- zum Widderzeitalter. Als Moses den Berg Sinai bestieg, um zu beten, erschien ihm Jehova in Form eines brennenden Busches. Dies steht symbolisch für den Widder, einem Feuerzeichen. Als sich Jehova Moses gegenüber zu erkennen gab, sagte er:

"ICH BIN, DER ICH BIN", die typische Seinsaussage des Widders.

Moses erhielt die zehn Gebote - numerologisch ist 10 = 1 (1 + 0 = 1) = Widder - und brachte sie vom Berg hinunter zu den Menschen, wo er die Israeliten vorfand, wie sie das goldene Kalb (ein Symbol des vergangenen Zeitalters) verehrten. Moses verbot die Verehrung dieses Idols: jeder gesellschaftliche und religiöse Ausdruck des Stiers war nicht mehr gestattet. Er ersetzte das goldene Kalb durch die Gebote (Waage) und blies das Shofar oder Widderhorn, um diesen Übergang in der Entwicklung seines Volkes anzuzeigen. Die Juden wurden erwählt, die Nationen der Welt mit inspirierten Gedanken und prophetischen Visionen zu leiten. Sie sollten nach den Gesetzen des Schöpfers leben und sich nicht im Materialismus des vorhergehenden Zeitalters verlieren. Die Verehrung des goldenen Kalbes, die über die Essenz Gottes und seiner Gesetze hinausging, wurde als Rückschritt in der spirituellen Evolution gesehen, und zwar nicht nur für die Juden, sondern für die gesamte Menschheit. Im Zeitalter des Widders waren die Juden und nicht die Ägypter das "auserwählte Volk".

Der monotheistische Glaube der Hebräer war für das Zeitalter charakteristisch, denn es verkörperte die Prinzipien der Prophezeihungen und einen immerwährenden Gerechtigkeitssinn. Seit dem Fall Israels zur Zeit der römischen Herrschaft mußten die Juden einen mutigen Pioniergeist entwikkeln, der ihnen half, trotz der erbarmungslosen Verfolgung, Knechtschaft und Versklavung zu überleben. Dieser tragische Aspekt der hebräischen Rasse ist auf den miteinander in Konflikt stehenden Schwingungen des Großen Jahrs und des Zeitalters (Widder) begründet, in dem das alte Israel seinen Höhepunkt als unabhängiges Land erreichte sowie das folgende (und ganz andere) große Jahr und das Zeitalter (das Fischezeitalter der Christen), in dem sie zu leben hatten.

Der Gott der Hebräer - Jehova - ist eine feurige Gottheit. Als Beispiel wurde bereits genannt, daß er als brennender Busch erschien. Wir sollten ebenfalls erwähnen, daß bei den alten jüdischen Ritualen brennende Opfergaben sehr wichtig waren, die oft die Form des heiligen Opferlamms annahmen. Moses führte vor dem Exodus aus Ägypten das Passahfest ein:

> *"Nur ein fehlerfreies, männliches, einjähriges Lamm darf es sein ... Nichts davon dürft ihr roh oder in Wasser gekocht essen, sondern es muß über dem Feuer gebraten sein. Kopf und Beine dürfen noch nicht vom Rumpf getrennt sein."* Exodus 12, 5 & 9

Die Einweihung von Männern in die kollektive Seele der Juden findet durch das Beschneidungsritual statt. Die chirurgische Praxis und die Geschlechtsorgane werden beide vom Mars, dem Planetenherrscher des Widders, regiert. Die Schwingungen des Widders sind ein starker Teil des jüdischen Volkes und seiner Geschichte. Wie der Widder wurde es ständig als Opferlamm benutzt, und trotzdem ist es ihm jederzeit gelungen, das Leben immer wieder zu beginnen.

Der Anbruch des Widderzeitalters wirkte sich stark auf die Form der ägyptischen Götter aus. Der Stierkult des Apis verschwand und Amon-Re bekam einen Widderkopf, seine Stärke wurde bei der jetzt immer kriegerischeren Bevölkerung immer beliebter. Der Kult des Widders verbreitete sich in allen Teilen der zivilisierten Welt. Die Namen vieler Hauptgottheiten wurden verändert, um die Kraft der im neuen Zeitalter wirkenden kosmischen Kräfte darzustellen. Mithra, der Sonnengott Persiens, der "der heilige Stier" war, wurde jetzt zum "Stierschlächter". Ashur, der Sonnengott der Assyrer, der als der "große Stier" bekannt war, wurde in einen marsianischen Kriegsgott verwandelt.

In den sich bekriegenden Stadtstaaten Griechenlands und später Roms florierten die Widderkulte, obwohl es die Juden waren, die dazu auserwählt waren, das Konzept des Monotheismus weiterzuführen. Unter den Griechen gab es verschiedene beliebte Götter und Götterfamilien. Apollo war der Sonnengott, während dieser Phase wurde er aber auch zum Schutzherr der Schäfer und Herden. Pallas Athene, die auch sehr beliebt war, trug eine Soldatenrüstung und Widderhörner auf dem Helm. Römische Soldaten sollten später dieses Emblem auf ihren Uniformen tragen. Die Legionen wurden auf ihren Feldzügen immer von lebenden Widdern begleitet. Griechen und Römer verwendeten beide Rammböcke, wenn sie die Städte stürmten. Es hieß, daß die Stadtbewohner begnadigt würden, wenn sich eine solche Stadt der herannahenden Armee öffnete, bevor der Widderkopf ihre Mauern berührte.

Der Name Aries stammt vom Griechischen Ares, das im Lateinischen zu Mars wurde. Das Zeichen des Widders stand für das Verlangen, sich als einzelnes Individuum und als getrenntes Ego auszudrücken, um die Umgebung zu dominieren. Die Kultur Griechenlands beruhte auf der Fähigkeit eines Menschen, sich selbst individuell auszudrücken, und ließ so den ersten demokratischen Staat entstehen (hier wirkt auch die Waage bei den Systemen der sozialen Gerechtigkeit und Gleichheit). Da jeder Staat der griechischen Inseln als getrennter und oberster Herrscher anerkannt werden wollte, gab es in Griechenland eine Reihe von Kriegen zwischen diesen Stadtstaaten, was zu ihrem Fall führte. Wir können den starken Einfluß des Widders selbst in der zeitgenössischen Architektur sehen. Die Kapitelle vieler griechischer Säulen wurden in der Form von geschwungenen Widderhörnern gearbeitet. Rom übernahm viel von der griechischen Kunst, die im gesamten römischen Reich verwendet wurde. Die Literatur des Zeitalters zeugte von der Betonung auf den Kriegskünsten, insbesondere von den mutigen Taten einzelner Kämpfer. Es war ein Zeitalter der Krieger und Denker, ein Zeitalter, in dem die männlichen Kräfte vorherrschten, ein Zeitalter, in dem Männer selbst daran dachten, körperlich mit ihren Göttern zu verschmelzen und sich wie die Olympier gaben und die Olympier nach ihrem Bild darstellten.

Der Widder ist auch ein Zeichen für Reisen, Abenteuer und Erforschung - und oft auch für die Eroberung neuer Länder. Dies spiegelte sich im Leben und Werk des griechischen Reisenden und Berichterstatters Herodot wieder, dem Autor von "Die Geschichten". Wir können hier auch auf den Ilias und die Odyssee Homers hinweisen, die Geschichte des peleponnesischen Kriegs von Thukydides und die Änäis von Vergil, um ein paar berühmte Klassiker dieses Zeitalters zu nennen.

Natürlich wirkt hier die Waage bei jedem künstlerischen Projekt mit - in der Literatur, Architektur oder in der Malerei. Die Waage und ihre Herrscherin, die Venus, haben auch das Widderzeitalter durch die vielen Gesetzesbücher beeinflußt, die in diesen zwei Jahrtausenden entwickelt wurden und noch heute relevant sind. Wir haben bereits das Gesetz Mose und die Demokratie Griechenlands genannt. Rom hat auch sein eigenes Rechtssystem entwickelt, und der Pax Romana ("römische Friede") bildet immer noch die Grundlage für die Gesetzgebung der Welt.

Was für ein Konzept von Gott hatte der Mensch gegen Ende des Widderzeitalters? Die Ägypter hatten ihren widderköpfigen alten Amon; die Griechen glaubten, daß sie selbst ein Abbild ihrer Götter waren; die Juden hatten keine Abbilder zur Anbetung, sondern lebten nach den Gesetzen und der Ethik Jehovas, wie es von den Propheten geoffenbart worden war. Die Römer entwickelten jedoch ein sehr interessantes Phänomen: Cäsar. Cäsar war die Inkarnation Gottes. Cäsar war eine Gottheit; Cäsar war der Geist des Roms des Eroberers. Es besteht ein ziemlich großer Unterschied zwischen dem Pharao des Stierzeitalters und dem Cäsar (oder Pharao) des Widderzeitalters. Die Hauptfunktion des ersteren bestand darin, mit der spirituellen Hierarchie zu kommunizieren, um Wohlstand in das Land und zu den Menschen zu bringen: der Stierpharao war symbolisch gesehen Ägyptens größter Eingeweihter des Tempels. Cäsar war jedoch ein großer zeitgenössischer Herrscher, der Anführer der Armeen und Symbol des Reichtums und der Macht des Reiches. Dies erklärte den Unterschied zwischen dem Zeichen der Venus (Kreis über dem Kreuz = das Spirituelle über dem Materiellen) und dem Zeichen des Mars (Kreuz über dem Kreis = das Materielle über dem Spirituellen).

Der Übergang zum ersten Zeitalter eines neuen großen Jahrs wurde von der Geburt Jesus personifiziert. Jesus (der Name stammt aus dem Griechischen icthys, was "Fisch" bedeutet, und dem Hebräischen yeshua, was "Erlöser" bedeutet) war der Erlöser des Fischezeitalters, kam aber durch die Juden auf die Erde, dem auserwählten Volk des Widderzeitalters.

Das Fischezeitalter (ca. 1 - 2160 n. Chr.)

Seit einigen Jahrhunderten vor der Geburt Jesu hatte die Menschheit bereits die Basis für seine Ankunft und seine Lehren gelegt, die schließlich nicht nur das Bewußtsein seines Zeitalters, sondern das gesamte große Jahr prägen sollte. Deshalb ist der Meister Jesus ein so wichtiger Lehrer. Sein Wirken hat nicht nur die 2000jährige Periode begründet, die jetzt dem Ende zugeht, sondern auch die 26 000jährige Epoche eines neuen großen Jahres.

Während der 500 Jahre vor Jesus Geburt wurden viele der Begründer der heutigen Religionen geboren. Buddha, Zoroaster, Lao-tse und Konfuzius kamen alle in kurzen Abständen nacheinander auf die Erde. Diese Meister gaben der Welt die Belehrungen, welche die verschiedenen Stammes- und ethnischen Gruppen des Ostens zu größeren, einheitlicheren Gruppen vereinigten. Der Mensch mußte so verbunden werden, daß er die Universalität der Menschheit verwirklichen konnte (eine Verwirklichung, die für die Massen noch stattfinden muß). Jesus führte diese Aufgabe für die westliche Welt durch. Die Arbeit des Meisters Jesus begann im ersten Zeitalter (Fische) des neuen großen Jahrs. Die Vorstellung einer universellen Bruderschaft besteht darin, an den früheren monotheistischen Elementen des Widderzeitalters festzuhalten, d.h. seit das Universum (Gott) eins ist, ist die Menschheit ebenfalls eins mit der größeren Struktur des Kosmos: "wie oben so unten". Das Ziel von Jesu Wirken bestand darin, einem jeden die Tür dieser Universalität zu öffnen, eine Universalität, von der wir hoffen, daß sie im Wassermannzeitalter verwirklicht wird.

Als der Übergang vom Widder- zum Fischezeitalter vollzogen war, konnte man erkennen, daß sich die individualisierenden Kräfte der Evolutionsprozesse in einem Zustand der Transformation befanden. Zuvor glaubte man, daß Gott nach dem Bild des Menschen gemacht war und daß Cäsar die Vollendung dieses Seinszustandes darstellte. Im Fischezeitalter verfolgte man das Konzept des bewußten Verschmelzens des Menschen mit Gott in einer spirituellen Vereinigung durch Liebe, Mitgefühl und Dienst, die für die Vereinigung der Menschheit eingesetzt werden. Dies stand im Gegensatz zu den physischen Eroberungen des Mars im Widder. Im Zeitalter des Widders hatte der Mensch gelernt, wie er mit seiner eigenen individuellen Egostruktur in Kontakt kommen konnte. Im Fischezeitalter veränderte sich sein Schwerpunkt hin zu dem Wunsch, das Selbst mit einer größeren spirituellen Realität durch eine innere, mystische Erfahrung zu verbinden. Die Ergebnisse dieses Prozesses waren oft katastrophal, denn der Mensch arbeitete daran, die logischen Prozesse seines individualisierten Verstands mit der großen spirituellen Suche nach der Hochzeit im "Herzen Gottes" zu vereinen - große Paradoxa und Dichotomien bestanden zwischen den Lehren und der Essenz von Jesus auf der einen und den Praktiken der christlichen Kirchen und den rudimentären "Cäsarkomplexen" vieler Päpste im Fischezeitalter auf der anderen Seite.

Daher hatte die Intellektualität des Widderzeitalters dem Menschen neue Einsichten in sich selbst verliehen. Der Widder bewirkt, daß sich die Menschen ihrer Bewußtheit gewahr werden. Die Menschheit wollte den vielen Kriegen und Meinungsverschiedenheiten entkommen, die in dem vorangegangenen 2000 Jahreszyklus so stark vorherrschten, anstatt daß Frieden und ein inneres spirituelles Verständnis gesucht wurden. Jesus der Mensch ist die Personifizierung der höchsten Form des Fischezeitalterbewußtseins; während Jesus als Gott im Menschen die höchste Form des menschlichen Bewußtseins darstellt.

Es ist für uns sehr wichtig, den den Umständen innewohnenden Symbolismus der Geburt Jesu zu diskutieren, denn er zeigt die Beziehung zwischen dem Zeichen des Fisches und seiner Polarität, der Jungfrau. Der Name Jesus bedeutet, wie bereits gesagt, "Fisch". Maria, seine Mutter, war eine Jungfrau. Der Name Maria stammt aus dem Sanskrit, maya bedeutet "das Meer". Das hebräische Wort für Wasser, mayam, enthüllt auch den gemeinsamen Ursprung seines Namens (und vielleicht der menschlichen Rasse?). Vom Meer kommt der Fisch; von Maria kam Jesus.

Die katholische Religion hat eine reichhaltige Fischesymbolik. Die Mitra des Bischofs stellt einen Fischkopf dar. Der Brauch, freitags Fisch zu essen (dem Wochentag der Venus, dem Planeten, der im Zeichen Fische erhöht ist), ist ebenfalls eine Manifestation des tieferen Symbolismus des Zeitalters. Das neue Testament besagt, daß Jesus seine Jünger aus den Reihen der Fischer geholt hat, nachdem er ihnen gesagt hat: "Folget mir, und ich werde euch zu Menschenfischern machen." In der heiligen Schrift gibt es die Geschichte der Speisung der Fünftausend mit zwei Fischen und fünf Brotlaiben (die Jungfrau, die die Weizenhalme als ihr Zeichen hält). Eines der Sakramente des katholischen Glaubens ist die Taufe. Das Eintauchen des Körpers ins Wasser (das universelle Lösungsmittel) soll die Sünden des Menschen wegwaschen. Die Fische sind natürlich das wäßrigste Zeichen des Tierkreises. In ihrer Essenz stehen die Fische für das Prinzip der Auflösung aller geschaffenen Strukturen. Nach der Reinigung kann die hier in einer vorangegangenen Form enthaltene Energie freigesetzt und eine perfektere Form geschaffen werden.

In dieser Hinsicht kann man die Fische als das Zeichen der Reinigung betrachten. Dies wird durch die Wasser des menschlichen Leidens und die spirituellen Offenbarungen erreicht. Die Symbolik der Leidensgeschichte Christi macht das sehr deutlich. Das Kreuz ist ein sehr altes Symbol. Es steht zugleich für die Erde (die vier Himmelsrichtungen) und für den Menschen (der mit ausgestreckten Armen dasteht). Es bezeichnet die materielle Existenz und die Verhaftungen und Begrenzungen des menschlichen Körpers. Die Kreuzigung (eine sehr alte Form der Bestrafung) zeigt das Leiden des Menschen an, wenn sein Bewußtsein und alle seine Bemühungen darauf ausgerichtet sind, Macht und Besitztümer anzuhäufen. Jesus hat jedoch gezeigt, daß der Mensch sich durch die Kraft des Glaubens und die innere Einstimmung auf die Gotteskraft nicht nur von seinem Kreuz befreien, sondern auferstehen und die Unsterblichkeit erlangen kann.

Jesus Fähigkeit, die natürlichen Lebenskräfte über sein hochentwickeltes Bewußtsein zu kontrollieren (was oft als "Wunder" bezeichnet wurde), hatte eine große Auswirkung auf die Menschen dieser Zeit. Man könnte analog dazu sagen, daß eine ähnliche Reaktion, welche die Ausrichtung des menschlichen Bewußtseins verändert, stattfinden würde, wenn heute eine Raumschiffflotte Außerirdischer auf der Erde landen und deren Besatzung in den internationalen Medien interviewt werden würde. Wenn das stattfände, würde man sich nicht darüber wundern, daß die Massen und insbesondere die Machthaber, die "Kreuzigung" dieser kosmischen Besucher anstreben würden, um die Strukturen und Ideen des Status Quo zu erhalten.

Und doch gibt es viele von uns wie zu Jesu Zeiten, die darauf warten, daß der Messias kommt (egal in welcher Form), so daß das menschliche Bewußtsein vom momentanen Zustand des Chaos und der spirituellen Unreife aus angehoben wird. Die Nachricht des neuen Zeitalters ist jedoch, daß die Menschheit als Ganzes der Messias IST und daß die Eigenschaften des Erlösers innerhalb des Menschen freigesetzt und enthüllt werden, wenn sich das menschliche Bewußtsein und die Evolution entwickeln. Jeder Mensch kann daher dieses innere Licht finden und es hervorbringen, um andere zu erleuchten, bis die gesamte Menschenrasse erleuchtet ist.

In den frühen Jahren des Christentums, als die römischen Herrscher die Verehrung des Christus verbaten, war das Erkennungszeichen der Christen ein Fisch, den sie in den Sand oder in ihre Handfläche zeichneten. In den Katakomben, den frühen Versammlungs- und Grabstätten der Christen war der Fisch auf Grabsteine und in die Höhlenwände eingemeißelt. Es gibt in den Katakomben auch folgende Inschrift:

"Oh göttlicher Nachkomme der himmlischen Fische, empfange mit ehrfürchtigem Herzen das Leben der Unsterblichkeit inmitten der Sterblichen. Verjünge meine Seele, oh mein Freund, in den göttlichen Wassern mit den ewigen Strömen der Weisheit, die wahren Reichtum gewähren. Empfange die körperliche Nahrung des Erlösten der Heiligen; iß, trinke und halte den Fisch in deinen Händen."

Wie wir bereits gesagt haben, sind die Fische das Zeichen der Auflösung. In dieser Hinsicht ist es wenig verwunderlich, daß die frühen Christen in der Arena als Märtyrer leiden wollten. Die katholische Kirche erkennt das Märtyrertum als einen Weg an, um in den Himmel zu kommen. Der hl. Ignatius, der in der Arena starb, schrieb folgendes: "Ich sterbe freiwillig für Gott. Gebt mich den Löwen, denn durch sie kann ich Gott erreichen. Ich weiß, was für mich zweckdienlich ist."

Der Übergang vom Widder- zum Fischezeitalter ist auch daran zu sehen, daß der Sitz des Römischen Reiches in den ersten Jahrhunderten des Zeitalters zum Zentrum der katholischen Kirche, dem Vatikan, wurde. Durch Karl den Großen wurde im neunten Jahrhundert die Grundstruktur des heutigen Europa geographisch festgelegt. Das Römische Reich wurde zum Heiligen Römischen Reich, und der Machtkampf zwischen den Staatsoberhäuptern in Europa und dem Papst in Rom wurde fest etabliert.

Die Kirche erreichte ihren größten Einfluß während des Mittelalters (des "Dunklen Zeitalters"). Das Verlangen, sich von der Welt zurückzuziehen, das so typisch für das Zeichen Fische ist, entwickelte sich zum klösterlichen wie auch politischen Leben der Periode. Große religiöse Orden wie die Mönche von Cluny, die Jesuiten, die Benediktiner, Dominikaner und Franziskaner kontrollierten riesige Ländereien und waren die Quelle eines Großteils der Macht und des Reichtums der westlichen Welt. Dieses Phänomen zeigt auch den Einfluß des Jupiter, des Mitherrschers der Fische. Jupiter herrscht über Menschen mit einer religiösen Berufung, besonders wird er mit dem Klosterleben assoziiert. Seine Strahlen erzeugen philosophische und theologische Gedanken und das kanonische Recht. Jupiter dehnt die Macht aus, ist aber auch als der Erhalter bekannt und mit der Aufrechterhaltung des Dogmas eng verbunden. Im 16. Jahrhundert hatte die Fischekirche ihren Einfluß und die Doktrinen (und die Inquisition) auf die neue Welt und ihre Bewohner ausgeweitet. Im Namen Christi und in der Dunkelheit des Absolutismus wurden Tausende umgebracht. Die Gier nach Macht und Reichtum und die Ausdehnung und Kristallisierung der orthodoxen Doktrin waren der Grund für viele negative Manifestationen dieses Zeitalters.

So können wir den Konflikt verstehen, der von der Polarität von Jungfrau und Fischen symbolisiert wird. Die erstere steht für das Verlangen, als Ausdrucksmittel für die persönliche Egostruktur zu dienen. Die Essenz der Fische ist jedoch der Dienst um seiner selbst willen und das schließliche Hineinschmelzen des persönlichen Willens in den Willen Gottes. Die Fische sind ein Mittel, um sich einer größeren spirituellen Macht vollkommen hinzugeben, während die Jungfrau versucht, ihre Dienste nach einem persönlichen Konzept von Gut und Böse zu strukturieren.

Die ständige Selbstprüfung, um Reinheit in Geist und Körper zu erreichen, sowie die Sühne für "Sünde" durch Beichte, Buße und Absolution sind klare Projektionen der Energie, die in der Fische-Jungfrau Polarität vorhanden ist. Der Priester fungiert als Medium zwischen dem Heiligen Geist und dem Menschen und erfüllt seine Pflichten nach den Doktrinen von Mutter Kirche. Das Leiden für die eigenen Sünden und Reue durch festgelegte Rituale und Gedankenformen kennzeichnen den Weg zur Erlösung. Die letztendliche Form ist ein reuiger Sünder, der die Kirche akzeptiert, bevor er wegen Ketzerei auf dem Scheiterhaufen verbrannt wird. Der Gedanke hinter diesem logischen Wahnsinn war die Tötung des Körpers, die zur Reinigung der unsterblichen Seele führen sollte. Im nächsten Abschnitt sehen wir, daß die Formen und die Struktur der Beichte und Buße von der katholischen Kirche tiefgreifend modifiziert worden sind, obwohl die Grundlage der Doktrin nicht verändert wurde.

Es ist zu hoffen, daß der zweite Weltkrieg die letzte große Periode des globalen Leidens und der religiösen Verfolgung im Zeitalter der Fische war. Jesus Christus, als Jude geboren, hat dieses Zeitalter eingeleitet. Adolf Hitler, der Antichrist und Mörder der Juden hat es beendet. Die nächsten ein oder zwei Jahrhunderte sind der große Übergang, der Eintritt ins neue Zeitalter. Durch die menschliche Unwissenheit und die Perversion der Wahrheit endet das Fischezeitalter mit der Erinnerung an die größte Tragödie, die der Menschheit widerfahren ist. Und doch hat der Mensch nicht gelernt, wie Vietnam zeigt. Die Menschheit des Wassermannzeitalters muß von all diesem Leiden etwas lernen. Sie muß die Brüderschaft der gesamten Menschheit erkennen und praktizieren. Das muß nicht durch das Dogma oder Rituale einer bestimmten Kirche oder Ideologie geschehen. Es ist die universelle Liebe und das Verstehen sowie ein Respekt vor dem Leben, die so wichtig sind.

Der Übergang in ein neues Zeitalter (Jetzt)

Wenn die Erde in ein neues Zeitalter eintritt, überschlagen sich die eindringenden Energien, was die Ereignisse auf dem Planeten entscheidend verändert. Im Jahre 1975 hat eine starke Neupolarisierung kosmischer Kräfte stattgefunden, die als Energiekrise bezeichnet wurde. Dies ist für unsere Diskussion ein sehr wichtiges Phänomen, denn vor unseren Augen findet der Übergang in ein neues Zeitalter statt. Bevor wir jedoch die Auswirkungen und möglichen Manifestationen der Krise genauer analysieren werden, wollen wir uns auf einen Punkt in der Geschichte beziehen, der die frühen Anfänge des Wassermannzeitalters bezeichnet hat.

Das Ereignis war die Entdeckung des Planeten Uranus 1781. Diese Entdekkung ist von größter Bedeutung, denn Uranus, der Herrscher des Wassermanns, wird der wichtigste Planeteneinfluß für die nächsten 2000 Jahre werden. Was bedeuten die Schwingungen dieses Planeten und sein Zeichen?

Wenn wir zur Tabelle auf S. 460 zurückgehen, sehen wir, daß der Wassermann das Zeichen für das "Reich der Organisation und Projektion gesellschaftlicher Ziele und Ideale" ist. Der Löwe, der ihm gegenübersteht, hat mit demselben Einflußbereich zu tun, führt seine Rolle jedoch auf eine sehr persönliche Art und Weise aus. Man könnte sagen, daß der Löwe für das menschliche Herz steht, wobei das Herz das Zentrum ist, zu dem die ganze Energie des Menschen (Blut) mit dem gesamten Organismus (Menschheit) integriert wird. Danach wird sie erneut hinausgepumpt, so daß der Körper (des Menschen) neu belebt wird. Der Wassermann ist das Kreislaufsystem. Hier wird die vom Herzen verteilte Energie (Blut) in alle möglichen Kanäle der menschlichen Erfahrung (die Körperzellen) durch ein riesiges Kommunikationsnetzwerk (Arterien, Venen und Kapillaren) gelenkt. Der Löwe hat mit dem Erhalt des einen zu tun, während sich der Wassermann um die Bedürfnisse und gegenseitigen Beziehungen der vielen beschäftigt ist. Was die persönliche Geburtsastrologie angeht, können wir sagen, daß der Löwe die gesamte Welt in bezug auf seine Position und kreative Form des Selbstausdrucks sieht. Daher übt der Löwe seine Autorität aus, so daß jeder seinen eigenen Platz im Zusammenhang mit der Zentrifugalstruktur des Miniaturuniversums des Löwen hat. Der Wassermann sieht sich in bezug auf seine gesellschaftlichen Interaktionen und der Ideologie der Gruppe, mit der er sich identifiziert.

Der Wassermann ist ein Luftzeichen und gehört daher zu den mentalen Ebenen. Er formuliert Ideen aus den wäßrigen Inspirationen der Fische und organisiert die Konzepte dann weiter, auf der eine Zivilisation begründet sein soll. Er bietet auch viel Technologie und Voraussicht, die es ermöglicht, daß die Menschheit für die Zukunft vorausplant. Der Steinbock festigt die Ideen des Wassermanns und stellt zwischen dem Reich der Ideen und den augenblicklichen Notwendigkeiten eine Beziehung her. Das Element des Steinbocks ist die Erde, und so sollte sich das Zeitalter des Steinbocks (ca. 4000 - ca. 6000 n. Chr.) mehr mit den tatsächlichen Formen und Zielen der Energie beschäftigen als mit den idealistischeren und theoretischen Elementen des Wassermannzeitalters. Obwohl sich Wassermann und Steinbock in dieser Hinsicht recht stark unterscheiden, sind sie auf eine bedeutende Art und Weise miteinander verbunden - sie haben beide mit Struktur zu tun.

Wir haben erwähnt, daß Wassermann von Uranus regiert, aber auch von Saturn sehr stark beeinflußt wird (dem Herrscher des Steinbocks). Saturn ist der Planet der Begrenzungen und steht für die erdende Kraft, das Bedürfnis nach Form und das Lenken von Energien in vorgeschriebene Wege für spezielle Zwecke. Daher steht Saturn, der über den Wassermann herrscht, für die Strukturierung von Ideen, die Erstellung von Plänen, das Formulieren gesellschaftlicher Rahmenbedingungen von einem theoretischen Standpunkt aus (die Erstellung der Zusatzklauseln für die Grundrechte oder die Verfassung). Saturn wirkt über den Steinbock und bietet auch die physische Form, die diese Ideen auf die Erde bringt (die Bürokratien der Regierung und die Menschen, die sie verwalten). Man sollte sich merken, daß ein Planet einen speziellen Energietyp darstellt, während ein Zeichen die modifizierende Kraft ist, über die die Planetenenergien manifestiert werden. Unser Beispiel von Saturn, der durch Steinbock und Wassermann wirkt, erklärt diesen Punkt.

Die Luft ist das Element des neuen Zeitalters, was die Kommunikation und den Erfindungsreichtum zu zwei der herausragendsten Merkmalen dieser Zeit macht, auf die wir uns schnell zubewegen. Das Bedürfnis nach Kommunikation ist bei allen Luftzeichen und ihren Planetenherrschern verbreitet. Im Zwilling geschieht dieser Prozeß durch die merkurischen Aspekte des geschriebenen oder gesprochenen Wortes: Briefe, Notizen, Bücher, Vorlesungen etc. In der Waage werden Ideen mit einem persönlicheren Ansatz durch die Schwingungen der Venus zum Ausdruck gebracht: gesellschaftlicher Austausch, Termine, die Künste etc. Der Wassermann bevorzugt jedoch die unpersönliche Vorgehensweise des Uranus, der die Kommunikation über weite Entfernungen anregt und sich mit Methoden der drahtlosen

Übermittlung beschäftigt. Alle Arten von Kommunikation mit der Vorsilbe "Tele" werden von Uranus beherrscht. "Tele" stammt aus dem Griechischen telos, was "aus Entfernung, von weitem" bedeutet. Daher heißt Teleskop - aus der Ferne sehen, Telegramm - aus der Ferne schreiben, Telefon - aus der Ferne hören, Telepathie - aus der Ferne fühlen (pathos), Television - aus der Ferne sehen (von der lateinischen Wurzel videre).

Der Wassermann wird oft als Mann dargestellt, der auf seinen Schultern einen Krug mit Wasser trägt. Durch diese Symbolik wird oft fälschlicherweise angenommen, daß der Wassermann ein Wasserzeichen ist. Das Wasser steht bei dieser Darstellung jedoch als Symbol für ein noch tiefgreifenderes Konzept. Der Wasserträger zeigt an, daß der Mensch aus den "Wassern des Lebens" geschaffen wurde. Da diese riesige Matrix alle für das Leben notwendigen Ressourcen enthält, kann der Mensch aufgrund seiner kreativen und mentalen Fähigkeiten diesen Reichtum der ganzen Menschheit zuleiten. In dieser Hinsicht wird das Wasser als Strom des universellen Bewußtseins, der Inspiration und Intuition betrachtet. Der Wassermann verteilt daher die Schätze des Lebens durch ein Verständnis von der Natur der Menschheit, wobei er gleichzeitig das Wissen und die Inspiration für den richtigen Gebrauch dieses Überflusses vermittelt.

Das Symbol für das Zeichen Wassermann steht angeblich für die Wellen des Ozeans. Es zeigt aber auch die Bewegung der Knöchel beim Laufen sowie die Übertragung von Gedankenwellen von einer Person oder einer Gruppe zur anderen. Das von diesem Zeichen symbolisierte Konzept ist die Kommunikation. Die einzigen vor der Entdeckung des Uranus verfügbaren Methoden, Informationen zu verbreiten, war zu Fuß (Mensch oder Tier), Schiff, Mund oder Stift (Schrift kann auch durch Wellenlinien dargestellt werden).

Jetzt da wir uns dem neuen Zeitalter nähern, sind zusätzliche Nutzungsmöglichkeiten für die Luftwellen erfunden worden, und es werden noch viel mehr werden! Neben Radio, Fernsehen, Telefon und ähnlichem haben wir jetzt die verschiedenen Formen von Computer- und Satellitenkommunikation. Diese Technologie enthüllt die evolutionäre Entwicklung des Verstandes, um den Bedürfnissen der Zeit entgegenzukommen. Die höheren Verstandeskräfte werden auch durch die Schwingungen von Uranus und Wassermann auf andere Art ausgeweitet. Viele Menschen erkennen, daß sie bestimmte übersinnliche Begabungen haben. Uri Geller, ein Israeli, hat eine gewisse Berühmtheit erlangt, denn er kann Metallgabeln, Schlüssel, Nägel und andere Gegenstände rein durch Konzentration und die Lenkung seines Willens verbiegen. Es wurde ebenfalls bewiesen, daß er Uhren anhalten, Gegenstände erscheinen lassen kann und beliebige übersinnliche Phänomene wie Gedankenlesen, Gedankenprojektion und persönliche Vorhersagen beherrscht. Tatsächlich sind übersinnliche Phänomene die Fähigkeit, verschiedene Energiefrequenzen über bestimmte Mentalzentren zu kontrollieren, die beim Durchschnittsmenschen normalerweise nicht entwickelt sind. Geller sagte, daß er ein lebendes Beispiel für einen Aspekt des menschlichen Potentials sei und daß er weder "Wunder" noch "Tricks" vollbringe.

Die potentiellen Fähigkeiten, die dem Menschen zur Verfügung stehen, und der Lauf seiner Entwicklung haben sehr viel mit Uranus sowie den zwei "äußeren" Planeten Neptun und Pluto zu tun. Die Bedeutung des Uranus ist in dessen Zeichen enthalten. Es besteht aus den drei ursprünglichen Elementen der astrologischen Symbolik: dem Kreuz, dem Halbkreis und dem Kreis. Der Kreis steht für das gesamte manifestierte Leben. In zwei Halbkreise unterteilt repräsentiert er die Überlagerung der höheren Energien des Kosmos (manchmal als "Spirituelle Hierarchie" bezeichnet) und die menschliche Ebene des Bewußtseins ("das Menschenreich"). Das Kreuz steht für die Materie oder die Erde.

Somit erweitert Uranus für die Menschheit die Fähigkeit, die Energie der höher entwickelten, im Sonnensystem wirkenden Kräfte anzuzapfen, sowie die Einsicht, diese Kraft zu nutzen, um die allgemeine Bewußtseinsebene der Erde und ihrer Bewohner anzuheben. Die Kräfte, von denen wir sprechen, sind für die heutige Menschheit nicht sofort verfügbar. Um diese "erhöhte Stromspannung" richtig zu handhaben, müssen die richtigen physischen, mentalen und spirituellen Mittel im Laufe des langen Evolutionsprozesses entwickelt werden. Sie können keine 500 Volt durch einen Leiter schicken, der nur für 100 Volt gemacht ist. Die Ergebnisse würden den Leiter zerstören und "wilde Energie" freisetzen. Das ist bei vielen Menschen bereits geschehen. Die Energie der Lebenskraft dringt schneller ein als viele sie handhaben oder erden können, und auch wenn es seltsam klingt, stimmt es - bei zu vielen Menschen ist die Sicherung "durchgebrannt" und der Schaden ist irreparabel. Vielleicht hat die Energiekrise eine Möglichkeit geschaffen, daß die Menschen langsamer treten, ihre Energie konzentrieren und wo möglich ihre Schaltkreise für die nächste Lebensphase reparieren. Wie ein Individuum oder eine Nation muß auch die Erde Zeit haben, abzukühlen, bevor sie erbebt.

Uranus handelt plötzlich. Er ist unkonventionell, energisch und in seinem Ausdruck oft gewaltsam. Anstelle der langsameren Überlegungsprozesse (Merkur) handelt Uranus durch Blitzschläge, die den eigenen geistigen Horizont mit großer Kraft erweitern. Uranus wird als der Planet der Erfindung und Revolution bezeichnet: Erfindung - denn er überträgt große Lichtblitze, die kreative Innovationen erzeugen, Revolution - denn er neigt dazu, voreingenommene und konventionelle Ansichten mit seiner Direktheit, Originalität und intuitiven Sichtweise zu sprengen. Er bewirkt hauptsächlich ein Gefühl von Unabhängigkeit und Individualität. Die Entdeckung von Uranus im Jahre 1781 fand in einer Zeit der Sozialreformen und politschen Umwälzungen statt. Die Geschichte hatte die Welt auf die uranischen Energien und die nachfolgenden Wassermannprinzipien vorbereitet. Die Reisen in die Neue Welt Ende des 15. und 16. Jahrhunderts veränderten die zweidimensionale Ebene der mittelalterlichen Wahrnehmung, denn man erkannte, daß die Erde eine Kugel ist.

Dies war der Auslöser für das sogenannte Zeitalter der Aufklärung und der Renaissance. Darüber hinaus entstanden neue Handelsstraßen, um den Wechsel vom Feudalismus zum internationalen Kapitalismus herbeizuführen. Aufgrund der daraus entstehenden wirtschaftlichen und religiösen Verfolgungen und der darauffolgenden Möglichkeiten flohen viele aus Europa und begannen, sich in Amerika und Australien niederzulassen. Diese Kontinente sollten die Zentren des Gedankengutes und der Zivilisation des neuen Zeitalters werden.

1750 hatte die industrielle Revolution in England begonnen. Es gab Erfindungen, bei denen die Dampfmaschine eingesetzt wurde. Die Industrialisierung führte zur Urbanisierung von immer mehr Menschen, wodurch ein größerer Teil der Bevölkerung an der wirtschaftlichen Veränderung beteiligt war. Die Schwingungen des Fischezeitalters waren immer noch sehr offensichtlich. Die Arbeits- und Lebensbedingungen der Massen waren sehr schlecht und bedrückend. Zwangsarbeit, Kinderarbeit, Leibeigenschaft und Sklaverei (alles von den Fischen geprägt) wurden in großem Maße praktiziert. In Amerika wurden ganze Indianerzivilisationen zuerst bekehrt und dann vernichtet. Nach Australien schickte man Kriegsgefangene (die Fische herrschen über Gefängnisse und Insassen), um die großen Gebiete zu bevölkern, während die einheimische Bevölkerung systematisch reduziert wurde. In den Vereinigten Staaten war die Sklaverei das Rückgrat eines Großteils der neu entstandenen Wirtschaft.

Diese Bedingungen unterstützten den Drang nach Freiheit und Unabhängigkeit. Der Einfluß des Uranus mit seinen revolutionären Strahlen war in den Vereinigten Staaten 1776, in Frankreich 1789, in Japan 1868, in Rußland 1917 und in China 1948 (sowie ständig in Afrika und Lateinamerika) zu spüren. Wenn es keine große Massenrevolution gab, gab es den Wassermannwunsch nach Einheit und Brüderlichkeit ("Liberté, Fraternité, Egalité). Es begann mit der Vereinigung kleinerer Grafschaften und Fürstentümer und führte 1861-70 zur Vereinigung Italiens und 1871 Deutschlands. Der uranische Freiheitsdrang scheint immer mit dem Wunsch nach Vereinigung innerhalb einer gegebenen Struktur (Saturn) gekoppelt zu sein. Eine solche Situation gab es auch 1860 im amerikanischen Bürgerkrieg. Der Wassermann (Lincoln war unter diesem Zeichen geboren) möchte, daß die Menschheit in Freiheit vereinigt, und nicht durch die Knechtschaft der Fische gefesselt ist.

Als Neptun 1846 entdeckt wurde, kam ein weiterer wichtiger Faktor zu den Einflüssen hinzu, welche die energetische Veränderung vom Fischezeitalter und seiner Institutionen hin zum Wassermannzeitalter prägen. Neptun ist zusammen mit Jupiter der Herrscher der Fische, als er entdeckt wurde, stand er Ende Wassermann. Wenn man die damalige Veränderung berücksichtigt, war das sehr bedeutend, denn die kombinierten Wirkungen von Uranus und Neptun sind für die jetzige Geschichtsperiode sehr wichtig.

Mitte des 19. Jahrhunderts fand in den Vereinigten Staaten ein großes Bevölkerungs- und Wirtschaftswachtum in Richtung Westen statt. In Europa wurden die Werke von Karl Marx veröffentlicht. Dies war ganz klar der Moment, in dem sich die zwei politisch-gesellschaftlichen Systeme trafen, deren entgegengesetzte Ideologien über viele Jahrhunderte hinweg die polarisierenden Kräfte der Weltregierung werden würden. Marx wurde mit Sonne und Mond im Stier und einem Wassermann-Aszendenten geboren. Dies zeigt an, daß er ein Mensch war, der nach einem Wirtschaftssystem suchte, das die Massen miteinbeziehen sollte. Darüber hinaus hatte er auch die Konjunktion von Uranus und Neptun ganz oben im Horoskop. Die Kombination dieser Kräfte steht für einen Visionär, der die Fähigkeit besitzt, seine Philosophie über riesige Entfernungen hin zu projizieren (die Konjunktion steht im Schützen).

Die allgemeinen Wanderungen in dieser Zeit und der Aufbruch zur Westküste Amerikas machten ein riesiges Kommunikationsnetzwerk notwendig. Uranus herrscht sowohl über die Schiene wie auch über den Lufttransport, die Gewerkschaften, Bürgerorganisationen, Streiks und Aufstände, die ein solches Wachstum begleiteten. Die Elektrizität (die auch von Uranus beherrscht wird) wurde zusammen mit der Dampfmaschine eingesetzt und ersetzte bald den Dampf als eine Hauptenergiequelle. Es ist interessant, daß Edison, Ampère und Watt alle Wassermänner sind (genauso wie Galileo, der das Fernrohr entwickelte).

Eine der Hauptenergiequellen für Elektrizität ist Wasser (vom Neptun beherrscht). Wasserkraftwerke kann man bereits als die symbolische Verbindung von Uranus und Neptun betrachten. Die Ausdehnung nach Westen war auch von der Entdeckung großer Ölfelder und der Entwicklung der Petroleumindustrie begleitet (alle verwandten Produkte sowie Erdgas werden von Neptun beherrscht). Das ist besonders bedeutend, denn das Auto ist eine uranische Erfindung.

Die Entdeckung Plutos 1930 bezeichnet die nächste Veränderung in der Entwicklung des menschlichen Bewußtseins und bringt eine weitere Treibstoffart, die diese sich immer weiter ausdehnenden Bedürfnisse speist - die Atomenergie.

Mindestens drei Viertel aller Menschen, die zwischen Mai 1936 und Juni 1959 geboren wurden, haben in ihrem Geburtshoroskop eine wichtige Verbindung zwischen Uranus und Neptun. Dies ist besonders signifikant, denn diese repräsentieren die erste Generation von Menschen, deren Bewußtsein eine Manifestation des "Zeitalters der Veränderung" ist. Die frühe Gruppe (1936-42) hatte zwischen diesen beiden Planeten in Erdzeichen (Neptun in der Jungfrau und Uranus im Stier) ein Trigon, was keine besonders günstige Positionen ist, auch wenn sie im harmonischen Aspekt zueinander stehen. Diese Generation drückte sich am lautstärksten während der 50er Jahre aus. Die mittlere Gruppe (1942-47) hatte das Trigon in günstigeren Zeichen (Neptun in der Waage und Uranus im Zwilling) und ihre größte Einwirkung auf das Weltbewußtsein in den 60er Jahren. Die letzte Gruppe (1951-Mitte 55) hatte ein Quadrat zwischen diesen Planeten (Neptun in der Waage, Uranus im Krebs bis 1955; dann bis 1959 Neptun im Skorpion, Uranus im Löwen. Danach verließen sie den Orbis dieser recht spannungsreichen Aspekt- und Tierkreisbeziehung). Die Wirkungen des ersten Teils dieser Gruppe waren in den späten 60er und frühen 70er Jahren recht stark, während die zweite Hälfte Mitte der 70er Jahre sehr aktiv war.

Zwischen diesen Untergruppen bestehen große Unterschiede, es gibt aber einige Faktoren, die sie über den Uranus-Neptun Aspekt hinaus verbinden.

Aus astrologischer Sicht befand sich Pluto bei praktisch allen Geborenen zwischen Ende 1937 bis Mitte 1958 im selben Zeichen (Löwe). Darüber hinaus stand er auch im Aspekt zu Uranus bei praktisch allen Geborenen von Mai 1942 bis Juli 1945 und von Dezember 1945 bis März 1946. Pluto stand im Sextil mit Neptun bei allen Geborenen zwischen Januar 1944 bis Februar 1945 und von November 1945 bis 1959. (Der Sextilaspekt bestand bis 1986.) Aus soziologischer Sicht gibt es verschiedene Themen, die bei den zuvor genannten Generationen gleich sind: Haare; Musik; "high" werden; Auflehnung gegen bestehende sexuelle und religiöse Sitten und Glaubenssysteme; eine geringere nationale Isolation und ein größeres globalpolitisches Bewußtsein; Befreiung unterdrückter Gruppen durch gesellschaftliche Revolutionen; Wunsch nach Freizügigkeit und mehr Reisemöglichkeiten sowie der Versuch, alternative Lebensstile zu entwickeln.

Wir wollen jetzt die oben genannten Informationen zusammenfassen, damit wir diese Gemeinschaftsthemen mit den Positionen von Uranus, Neptun und Pluto in Zusammenhang bringen können. Wir werden dann sehen, wie sich der Mensch in den letzten Jahrzehnten sehr schnell vom Fischezeitalter weg hin zu einem Bewußtsein entwickelt hat, das viel mehr am Wassermannzeitalter orientiert ist. Dann kommen wir zur Energiekrise Mitte der 70er Jahre - einer Zeit, in der sich die Welt bei ihrer Vorbereitung auf die größeren anstehenden Veränderungen neu orientierte.

Die Jugend ist immer die Quelle neuer Energien, die eine ganze Gesellschaft verjüngt. Daher werden die Trends, Ideen und Neuerungen jeder Generation, die volljährig geworden ist, lautstark geäußert, bevor sie nach und nach vom vorherrschenden Leben absorbiert werden und die Gesellschaft entsprechend modifizieren.

Uranus symbolisiert das Unkonventionelle im Sonnensystem, denn seine Schwingungen verlangen ein freiheitliches Verhalten auf der persönlichen Ebene und die Befreiung des Denkens und Handelns von autoritärer Kontrolle. Darüber hinaus verbindet man ihn auch mit Elektrizität und den Massenmedien. Neptun ist ein Planet, dessen Strahlen Kreativität hervorrufen, die aus einem emotionalen Impuls entsteht. Während Uranus hilft, Menschen durch gemeinsame Ideen und "Beweggründe" zu verbinden, verbindet Neptun die Menschen durch gemeinsame Gefühle. Auch Musik und Drogen (sowie Alkohol) gehören zu seinem Bereich, und das Teilen dieser Erfahrungen hat Tausende miteinander verbunden. Der Drogenkonsum ist auch ein Merkmal von uranischer Waghalsigkeit und Rebellentum. Er zeigt auch das Bedürfnis der sog. Uranus-Neptun Generation an, mit anderen Welten zu kommunizieren, um über die Begrenzungen der Saturnringe hinwegzugehen und den inneren Raum des Bewußtseins zu erforschen.

Neptun inspiriert auch neue Frisuren, denn dieser Planet herrscht über Mineral- wie auch Hautöle sowie alle Formen von Kosmetik und "Imageverstärkern". Uranus verleiht das Bedürfnis, von der früheren Ordnung frei zu sein, und doch besteht ein gleichstarker Wunsch, sich mit einer bestimmten Gruppe zu identifizieren, die diese Unterschiede teilt - man kann ohne Revolutionäre keine Revolution machen. Was Musik, Drogen und Frisuren angeht, hat sich der Geschmack der verschiedenen Gruppen dieser Uranus-Neptun Generationen verändert. Bier und Alkohol waren die Mittel der "äußeren Begrenzungen" für die Mehrheit der Jugendlichen zur Zeit McCarthys und Eisenhowers. Musik und Stil waren der "Rock", und das Aussehen war "abgebrüht". Die meisten dieser Jugendlichen wurden mit Uranus und Neptun in Erdzeichen geboren. Daher blieben sie bei ihren Aktionen und in ihrem Denken mit beiden Beinen auf dem Boden. Die "Beats" der Fünfziger waren die Vorgänger der "Blumenkinder", die ein Jahrzehnt später kamen; zahlenmäßig wurden die "Ungewaschenen" der Fünfziger, die Baskenmütze trugen, Haschisch rauchten, Gedichte schrieben und Jazz spielten, von der Größe und Energie der "Woodstock Nation" überrannt. Was das politische Bewußtsein der 50er Jahre angeht, so waren die Homosexuellen noch im Verborgenen, die Frauen in der Küche, die Schwarzen im Ghetto und die Studenten an der Universität (außer wenn sie für den Koreakrieg eingezogen wurden).

1964 stand dann die mittlere Gruppe der Uranus-Neptun Generation (1942-47) im Vordergrund. Diese Menschen wurden geboren, als sich diese beiden Planeten in Luftzeichen befanden. Der Wechsel vom praktischen Schwerpunkt der Erde zur Ideologie und Kommunikationsfähigkeit der Luft ist von größter Bedeutung. Während der 60er Jahre war das Bedürfnis, aus bestehenden Gesellschaftsformen und -strukturen auszubrechen, sehr stark betont. Es gab nicht nur das Bedürfnis, Alternativen zur irdischen Lebensform zu erforschen, sondern es gab auch ein wachsendes Interesse an Astrologie und dem Okkulten, Yoga und Meditation, Mystizismus und Religion. 1964 wurden die Beatles und viele nachfolgende Gruppen erfolgreich, Timothy Leary und die psychedelische Revolution hatten einen wesentlichen Einfluß. Der Höhepunkt dieser Bewegung zur "Flower Power" fand im Sommer 1966 und 1967 in San Francisco statt, in New York waren es die vielen "Be-ins" 1968 und 1969 in Woodstock. Die zugehörige Musik wurde natürlich psychedelischer Rock genannt, und jeder ging auf die Straße. Alles war haarig. Mitte der Sechziger kamen die Kommunen auf, und man versuchte, den Lebensstil radikal zu ändern.

Das Wort "radikal" bringt uns zu den späten 60er und den frühen 70er Jahren. Dies war eine Zeit, als Menschen am aktivsten waren, die im ersten Teil der dritten Gruppe geboren waren (1951-55), als Uranus und Neptun ihren Aspekt von einem Trigon zu einem Quadrat veränderten. Das Trigon steht für fließende Bewegung und Leichtigkeit, während das Quadrat Spannung und Handlungsbedarf bringt. Die Periode 1968-1972 umfaßte die demokratische Konvention in Chicago, Kent State, Watts, Studentengewalt und Streiks, Bomben, starke Konfrontationen der Antikriegsbewegung usw. LSD und die Blumen verblaßten, während es politische Aktivisten, die Frauen- und Schwulenbewegung, die Bewegung der Schwarzen und die allgemeine Befreiungsbewegung gab. Die Drogen, die als "in" galten, waren Heroin und "Downers".

1972 wurde der Einfluß der zweiten Hälfte der dritten Gruppe (zwischen 1955 und 1959 geboren) spürbar. In dieser Phase standen Uranus und Neptun immer noch im Quadrat, aber sie waren von Krebs und Waage in Löwe und Skorpion gewechselt. Diese Kombination transformierte den Hippie zum Freak. Löwe und Skorpion haben mit Kostümen und Sex zu tun, und beide Zeichen haben einen inneren Sinn für das Dramatische und kontrollieren die Menschen in ihrer Umgebung. Wenn wir das unserem Wissen über Uranus und Neptun hinzufügen, können wir bereits erkennen, wie das Aussehen immer mehr in Richtung "Unisex" und "lässiger Eleganz" geht. Die Jugendlichen sind viel modebewußter als jeder anständige Hippie, Yippie, Beat oder Rocker in ihren Neru-Jacken, Jeansjacken, Kordsamtjacken oder Lederjacken. Die Jacke der "Glitterfreaks" konnte aus einer Kombination aus Fell und geschickt plazierten Tätowierungen bestehen. Die verbreiteten Drogen waren das modisch teure Kokain und Aphrodisiaka.

Die Schwingungen von Uranus, Neptun und Pluto haben uns so weit getragen, soviel Unterdrücktes aufgedeckt und soviel von dem verbraucht, was man für einen unendlichen Vorrat an natürlicher und menschlicher Energie gehalten hatte, daß es dann Zeit wurde, langsamer zu treten und eine Synthese herzustellen.

Daher können die notwendigen Änderungen in der Struktur unserer Zivilisationen für das kommende neue Zeitalter vorgenommen werden.

Das Wassermann-Löwe Zeitalter

Da der Ölvorrat des Fischezeitalters erschöpft oder wirtschaftlich nicht nutzbar ist, wird die große Suche nach neuen Energiequellen stattfinden. Die Polarität zum Wassermann ist der Löwe, der von der Sonne beherrscht wird. Die Solarenergie wird daher in den nächsten 2000 Jahren ausgiebig genutzt werden. Die Technologie des Wassermannzeitalters wird die Maschinen entwickeln, welche die Sonnenkraft nutzen können. Die Nutzung der Atomenergie wurde gerade angetippt, als sich Pluto im Löwen befand. Weitere Erforschung der Atomenergie fand statt, als Uranus den Skorpion, das Zeichen Plutos, durchlief (1975-82), und eine entscheidende Wende in der Atomphysik dürfte stattfinden, wenn Pluto sein eigenes Zeichen durchläuft (1984-95).

In einem Fernsehinterview im Februar 1974 bezeichnete Stewart Udall, der frühere Sekretär des Inneren, die Energiekrise als "humanitär". Der Astrologe wird natürlich feststellen, daß in Udalls Beschreibung unbewußt das Schlüsselwort für den Wassermann auftaucht. Die Notwendigkeit zu lernen, wie man die verfügbaren Ressourcen der Erde gleichmäßiger unter den Massen aufteilt, ist ein definitives Merkmal des kommenden Zeitalters. Darüber hinaus dürften wir eine Veränderung in der Architektur von Gebäuden sehen, die eher kleiner und menschlicher sein werden. Aufgrund des Bevölkerungswachstums werden effizientere Massentransportsysteme entwickelt werden, wobei Personenzüge und -busse vermehrt zum Einsatz kommen. Große Autos mit hohem Benzinverbrauch machen kompakteren Wagen Platz.

Das Wassermannzeitalter verspricht ein Zeitalter des wissenschaftlichen Fortschritts zu werden. Bei einem Großteil dieser Arbeit wird der Schwerpunkt auf einer Neuorientierung der Physik liegen; neue Energiearten werden entdeckt werden. Trotz dieser utopischen Visionen, die der Autor mit vielen Gleichaltrigen in den Sechzigern teilte, wird das Wassermannzeitalter nicht von einer plötzlich transzendierten, spirituell orientierten und liebevollen Bevölkerung beherrscht werden. Die Menschheit muß noch die natürliche Tieraggression ausagieren, die so sehr Teil ihrer Natur ist. Im Widderzeitalter war der Kampf von Mensch zu Mensch, von Ego zu Ego verbreitet. Das Fischezeitalter war von den emotional geladenen Religionskriegen gekennzeichnet. Man kann erwarten, daß das Wassermannzeitalter von ideologischen Konflikten beherrscht wird. Man muß sich nicht intensiv mit der Astrologie oder dem Okkulten beschäftigen, um diesen Prozeß nachvollziehen zu können.

Der Weg zum Frieden ist lang. Bevor ein universeller Frieden oder etwas, das dazu hinführt, in der äußeren Realität verwirklicht wird, muß er zuerst im Inneren gefunden werden. Die Aufgabe, Frieden zu finden, dauert mindestens ein Leben lang. Für die gesamte Menschheit wird es viele Leben, viele Zeitalter und viele große Jahre dauern, bis das innere Verständnis erreicht ist, das zu einer vollkommenen Zusammenarbeit führt. Wir erreichen jedoch jetzt einen Wendepunkt in der Evolution des menschlichen Bewußtseins. Zumindest erkennen wir schnell, daß Nationen und Individuen voneinander abhängig sind. Das ist sehr wichtig.

Die Selbsterkenntnis hat für den Menschen des Wassermannzeitalters Priorität. Je mehr man sich selbst und der potentiellen Energien bewußt ist, die einem Menschen zur Verfügung stehen, desto größer ist die Möglichkeit eines evolutionären Fortschritts. Diejenigen, die im Bereich der Regierung und der Wissenschaft an der Macht sind, müssen bei ihrer individuellen Orientierung die tiefgreifendsten Veränderungen durchlaufen, so daß sie mit den anstehenden immer komplexeren umgehen können. Die Kraft, die bald in Form von neuen Energiequellen freigesetzt wird, muß richtig kanalisiert und auf die Erde gebracht werden, wenn sie der Menschheit nutzen soll. Die Neuorientierung bei dem Einsatz und dem Konzept von Energie, die momentan stattfindet, prägt den Menschen und das sich entwickelnde Bewußtsein der Weltgemeinschaft des Wassermannzeitalters, welche nach und nach unseren Planeten bewohnen wird.

VI
DIE RELIGIÖSE REVOLUTION

45
Religiöse Dogmen und der Wandel der Zeitalter

Das neunte Zeichen des Tierkreises, der Schütze, hat mit religiösen Dogmen, Theologie, Philosophie und dem "höheren Verstand" des Menschen zu tun. Und doch ist der Schütze ein duales Zeichen, so stark er mit seinen Idealen und bei seiner Suche nach der Wahrheit ist, so stark ist auch sein Wunsch nach irdischer Sinnlichkeit. Der Schütze hat beim Autor immer das Bild eines korpulenten mittelalterlichen Bischofs mit einem großen goldenen Siegelring, einer großen goldenen Lammkeule und einer großen goldenen Mätresse wachgerufen. War nicht Zeus-Jupiter, der Herrscher des Olymps (und des neunten Zeichens) auch jemand, der nach dem griechisch-römischen Konzept die enormen Kräfte eines Gottes und doch den Riesenappetit des Menschen hatte?

Diese scheinbar ewige Dualität des Geistes gegenüber der Materie hat den Lichtsucher jahrtausendelang gequält und wurde von den christlichen Theologen als der Kampf zwischen Gott und dem Teufel bezeichnet. Diese Terminologie läßt eine noch größere Dualität entstehen, denn sie projiziert die inneren Kämpfe des Menschen auf einen kosmischen Bildschirm und personifiziert Gott als "gut" und den Teufel als "schlecht". Das Konzept eines ewigen Krieges zwischen Gut und Böse zeigt sich bis in den kleinsten Aspekt des menschlichen Lebens und hat beim westlichen Menschen zumindest einen geschichtlichen Schuldkomplex verursacht.

Bei dem Versuch, das Unendliche in das Endliche einzupassen, ist der Mensch so weit gegangen, daß er sogar Gott zu seinem eigenen Bild gemacht und den Teufel als einen gehörnten Dämon eines alten Alptraums personifiziert hat. Wir müssen erkennen, daß religiöse Dogmen von der Machtstruktur der Priesterschaft verändert wurde, so daß sie von den Massen angenommen werden konnten. Sie werden als kontrollierende Kraft für wirtschaftlich-politische Zwecke eingesetzt, alles natürlich im Namen Gottes. Diese Politik trifft auf die herrschenden Brahmanenklassen in Indien wie auch auf die christliche Hierarchie im Fischezeitalter zu. Die Juden haben nie das Konzept eines Teufels oder der Hölle betont oder konkretisiert, sondern haben mehr pragmatisch behauptet, daß Himmel und Hölle zugleich auf Erden sind. Die jüdischen Rituale waren immer sehr formalisiert (wie die Rituale aller Glaubensrichtungen), vieles von der jüdischen Doktrin kann aber immer noch diskutiert werden. Daher stand es den Studenten der jüdischen Theologie frei, mit den Rabbis zu streiten (diese Diskussionen sind sogar Teil des Lernprozesses), um die Älteren denkerisch herauszufordern.

Die Essenz des hebräischen Glaubens ist so sehr in der Esoterik verwurzelt, daß sich die große Mehrheit der modernen Juden eigentlich nie richtig dem inneren Tempel ihrer Väter nähern kann und statt dessen einen traditionellen Lebensstil verfolgt. Seit dem Fall des alten Israel wurde das Judentum von den Rabbis nicht mehr als eine politische oder wirtschaftliche Waffe eingesetzt. Die Juden hatten nie die politische Macht, um das zu realisieren. Der jetzige jüdische Staat ist so mit seinem eigenen Überleben beschäftigt, daß die theologische Kontrolle der jüdischen Bürger kein Hauptthema ist. Das Konzept von der Erweiterung der Kontrolle (und wir sprechen jetzt über Theologie und nicht über Politik im Mittleren Osten) über nichtjüdische Völker liegt sogar noch ferner. Das Judentum war nie ein bekehrender Glaube. Sein esoterischer Ansatz hält ihn von den großen Massen fern.

Der Autor ist weder antichristlich, antisemitisch noch antihinduistisch eingestellt. Der Gedanke, gegen eine bestimmte Gruppe zu sein, ist nicht nur absurd, sondern ein definitiver Weg zur Dunkelheit des Hasses und der Unwissenheit. Alle Religionen sind Wege zum selben Ort. Nur wenn Menschen sagen "Mein Weg ist der einzige Weg", wird der Weg zu diesem Ort blockiert. Die Trennungen zwischen den einzelnen Wegen sind in großem Maße vom menschlichen Verstand geschaffen worden, obwohl viele dieser Wege wahrhaft göttlich inspiriert waren. Diese Trennung hat soviel Leiden auf der persönlichen wie auch auf der planetaren Ebene geschaffen, daß es für jeden Menschen immer wichtiger geworden ist, die essentielle Einheit von allem zu erkennen, egal welches religiöse Dogma man geerbt hat. Jedes Dogma ist absolut gesehen falsch, denn das Dogma versucht, die Unendlichkeit einzukapseln. Eine Religion paßt einen Aspekt des Einen an die Bewußtseinsebene und die sozialwirtschaftliche Struktur eines bestimmten Volkes oder einer Rasse zu einem bestimmten Zeitpunkt in der Geschichte an. Diese Aussage gilt auch für die moderne Astrologie und den Okkultismus. Kein Weg ist der wahre Weg, denn im Absoluten gibt es nichts Wahres und nichts Unwahres, kein Richtig, kein Falsch, kein Ja, kein Nein.

Was soll der Mensch tun? Wir suchen Licht, und wir brauchen eine Doktrin, der wir folgen können, selbst wenn wir sie selbst erfunden haben. Und irgendwie, auf eine sehr geheimnisvolle Weise haben einige Hindus, Juden, Christen, Moslems und sogar esoterische Astrologen eine Verbindung zu dem Einen gefunden. Sie haben einen Aspekt des Lichts aufgetan und existieren in dem einen oder anderen Grade in diesem Licht.

Viele Menschen (und wahrscheinlich auch der Leser) haben festgestellt, daß die Astrologie ein Weg ist, der ihr Leben bereichert. Sie haben mit Hilfe dieser kosmischen Konzepte einen Weg gefunden, der weiter und greifbarer ist als viele andere Wege, die sie gegangen sind. Sie haben auch festgestellt, daß die Astrologie sie auf tiefergehende Straßen führt und sie glücklich macht! Der Autor ist diesem wunderbaren System und dessen begleitender Metaphysik einiges schuldig und versucht hier über dieses Buch, einige große Veränderungen zu diskutieren, die auf unserem Planeten und in seinem Umfeld stattfinden. Ich möchte nicht darauf bestehen, daß es so ist, es erscheint aber so. Bleiben Sie als Leser offen und sogar skeptisch, denn letztendlich gehen wir allein, auch wenn wir auf unserem Weg unterstützt werden, bis wir mit der einen Quelle allen Lebens verschmelzen.

Wenn in einem Zyklus ein kritischer Punkt erreicht wird, wird sehr viel Energie für die Manifestation frei. Auf der irdischen Ebene kann man das beispielsweise bei den Geburtswehen sehen, bei der Explosion eines Vulkans oder der Eroberung einer sterbenden Zivilisation durch eine andere Kultur. Wir könnten viele Beispiele dieses Prozesses nennen, aber die drei erwähnten veranschaulichen kritische Stufen in der jeweiligen Evolution eines Menschen, einer Insel, eines Berges oder einer Nation.

An diesem Punkt in der Geschichte des Menschen findet eine große zyklische Veränderung statt - das Ende des Fische- und der Beginn des Wassermannzeitalters. Diese Veränderung wird von einer großen Energiefreisetzung auf der kosmischen Ebene begleitet. In bezug auf die menschliche Sexualität und die daraus entstehenden Anpassungen der gesellschaftlichen Moralvorstellungen haben wir eine Manifestation des Wechsels in ein neues Zeitalter erlebt. Wir haben auch kurz angesprochen, daß sexuelle (oder niedrige emotionale Energie) eng mit der spirituellen (oder höheren emotionalen Energie) verbunden ist. Wir können die niedere Emotionalenergie als die Schöpfung und Wiederholung persönlicher Wünsche sowie als die meisten Aspekte des Traumzustandes definieren. Höhere Emotionalenergie bezieht sich auf religiöse Hingabe, auf einige höhere Ebenen kreativer Vorstellungskraft und auf das, was man kollektiv als göttliche Liebe bezeichnen kann. Die Aktivierung von Uranus und Neptun in dieser Zeit setzt viel von diesem kosmischen Fluß frei. Darüber hinaus hängt ihre Wirkung auf unserem Planeten direkt von der Ebene des evolutionären Bewußtseins einer Generation oder eines Menschen ab.

Das wachsende Interesse am Okkulten, an PSI und verwandten Bereichen, der Boom der Jesusbewegung, die zahlreichen Anhänger der verschiedenen Hindu Gurus, die ökumenische Bewegung bei den Katholiken und anderen christlichen Kirchen, die Beliebtheit von anderen, nicht hinduistischen, östlichen Doktrinen (Zen, tibetischer Buddhismus etc.), die Ausbreitung des Islam über Afrika und die amerikanischen Schwarzen; die Lehren der Baha'i und der Subudglaube - sie alle zeugen vom neuem Interesse an Religion, das in diesem und vielen anderen Ländern in den letzten 15 Jahren gewachsen ist. Die bloße Tatsache, daß dieses Buch existiert, ist ein weiteres Beispiel dafür, wie stark das kollektive und individuelle Interesse an nichtmateriellen Bewußtseinszuständen gewachsen ist.

Uranus und Neptun und die persönliche Entwicklung

Bevor wir auf einige Themen des vorhergehenden Kapitels eingehen, ist es für uns wichtig, einige spezielle Wirkungen von Uranus und Neptun in bezug auf die spirituelle und evolutionäre Entwicklung zu behandeln. Es gibt drei wichtige Veränderungen im Wachstum eines Individuums. Die erste ist die Geburt in das Stammesbewußtsein, die Tradition der Familie, der Rasse und Nation. Diese Traditionen liegen sozusagen im Blut, und das Individuum arbeitet normalerweise hart daran, sich innerhalb dieser Traditionen zu etablieren, indem er das persönliche Maß an individuellem Selbstausdruck dem größeren Stammescode anpaßt. Das beinhaltet oft die Wiederholung von Gedanken, Gefühlen und Glaubensansichten, die nicht "individuell", sondern eher vom Stamm (Familie, Nation usw.) übernommen, aber als die eigenen angesehen und angenommen werden. Bei einer solchen vom Stamm geprägten Person können die höheren Schwingungen von Uranus und Neptun eine nur sehr geringfügige Wirkung haben. Intuitives Verstehen (Uranus) und kosmische (d.h. unpersönliche) Liebe (Neptun) haben nur wenig oder gar keinen Platz im Leben eines Menschen, der die neuen Ideen, die in sein Bewußtsein eindringen, fürchtet oder bekämpft.

Auf die gleiche Art und Weise kann die Liebe zu allen Menschen und die Identifikation mit dem allgemeinen Lichtstrahl, der alle Seelen durchdringt und uns alle mit der Seele des Menschen (d.h. dem Christus) verbindet, nicht zum Bestandteil des eigenen Rahmens werden, wenn jemand darum kämpft, die Liebe nur für diejenigen zu "reservieren", die gleiche Gefühle oder denselben ethnischen Hintergrund haben.

Die nächste Stufe des evolutionären Wachstums findet statt, wenn man sich vom Stammesbewußtsein löst und in das individuelle Bewußtsein wiedergeboren wird. Dieser Prozeß wird zunächst von Angst begleitet - der Angst, aus der eigenen Familie ausgestoßen zu werden; der Angst, in die vermeintliche Hölle geworfen zu werden, wenn man aus der Kirche mit ihren Dogmen austritt; und vor allem der Angst, allein zu sein. Wenn diese Ängste einmal überwunden sind, ist ein sehr kritischer und gefährlicher Zustand erreicht, ein Zustand, in dem sich zur Zeit sehr viele Menschen befinden.

An diesem Punkt kann das Ego des Individuums voll die Macht ergreifen. Die Person hat durch ihren Kampf eine gewisse Macht erreicht und besitzt bestimmte schöpferische oder zerstörerische Kräfte. Ein typisches Denkmuster dieses Stadiums ist: "Jetzt bin ich in einer Position, um die Welt nach meinen eigenen Vorstellungen zu gestalten." Das kann auch zu einem "Ich rette die Welt"-Komplex führen. Egal wie rein die Absichten sind - vielen Menschen dienen und Gutes in der Welt zu tun - das Bewußtsein ist noch stark eingeschränkt, genauso wie das Wissen über eine Struktur, die universeller auf das Leben angewendet werden kann.

Auf dieser Stufe kann die Energie von Uranus und Neptun für individuelle Zwecke genutzt werden, was sich im Leben eines Individuums weitaus mehr bemerkbar macht. Die erwähnte Gefahr besteht darin, daß die Energie dieser Himmelskörper immer noch über die persönlichen emotionalen und mentalen Bereiche wirkt und mit dem befreiten Ego eng verbunden bleibt.

Viele Menschen, die diesen Punkt erreicht haben, bleiben hier stehen, so wie andere beim Stammesbewußtsein. Sie versuchen, ihre persönliche Kraft über die Jahre zu erhalten oder zu vermehren und ihr Ego-Imperium zu erweitern. Wir müssen erkennen, daß der Mensch ein Wesen ist, das geschaffen wird und zugleich schöpferisch tätig ist. Dies ist ein Grund für das enorme Chaos, das momentan in der Welt herrscht. Der Mensch verändert das natürliche Gleichgewicht auf der Erde durch die gegebenen und verdienten schöpferischen Fähigkeiten, ob im Namen des Landes, des Gottes oder des Selbst. Der Mensch muß dann das Gleichgewicht wiederherstellen. Manchmal dauert diese Wiederherstellung viele Leben an, so daß zukünftige Generationen die Strafe für die Unausgeglichenheit eines Menschen zahlen müssen. Es ist wahr, daß die Kinder für die "Sünden der Väter" zahlen müssen. Das trifft auf die Väter und Kinder einer Nation wie auch einer Familie zu. Die Hindus bezeichnen diesen Faktor als kollektives Karma. Auf dieselbe Art und Weise werden auch die Segnungen und Guthaben von den Vätern an die Kinder weitergegeben, die von den Kindern für die Zukunft genutzt oder verworfen werden können.

Ein Teil der Wiederherstellung der Weltharmonie findet in Gruppen oder bei einzelnen Individuen statt, die am sogenannten planetarischen Dienst beteiligt sind. Diese Menschen können Mönche oder Nonnen verschiedener Religionen sein, die sich in Klöstern aufhalten und für den Frieden auf Erden beten. Oder es sind Gruppen gewöhnlicher Bürger, die sich jede Woche zu Meditationen versammeln. Sie können gewisse "große" Wesen sein, wie Albert Schweitzer oder Dr. Martin Luther King, und auf einer kosmischeren Ebene Jesus oder Buddha. Auch du und ich können solche Menschen sein, wenn wir Liebesschwingungen in die Welt um uns aussenden.

Dies bringt uns zu der dritten Phase des evolutionären Wachstums, die als kosmisches Bewußtsein, als Christusbewußtsein, Gottesbewußtsein usw. bezeichnet werden kann. Diese Stufe ist bei weitem am komplexesten und hat viele Ebenen. Diese werden auch als "Einweihungen" bezeichnet. Wenn man sich von einer Stufe des individuellen Bewußtseins zu den kosmischen Ebenen bewegt, verändert sich der eigene Körper und das Nervensystem. Man wird für die immer subtileren Schwingungen empfänglicher, die zu diesem Planeten kommen, ihn umgeben und durchdringen.

Daher ist es erforderlich, daß der Sucher langsam vorangeht, denn zuviel Licht ohne die richtigen Erdungsmechanismen (d.h. die Weisheit, wie man die kosmische Struktur in das tägliche Leben und in seine Pflichten integriert) führt zu "durchgebrannten Sicherungen" oder einem vollständigen Nervenzusammenbruch. Ein solcher Zustand ist allzu oft bei denjenigen aufgetreten, die halluzinogene Drogen benutzen. Diese setzen Chemikalien frei, die das Individuum für Bewußtseinszustände empfänglich machen, welche nicht durch die richtige Vorbereitung und das Wissen geerdet sind. Des weiteren halten diese Zustände nur über einen gewissen Zeitraum an und werden daher nicht in die Gesamtheit des eigenen Seins integriert. (Ich beziehe mich hier nicht auf gewisse Indianerstämme, bei denen die Verwendung von halluzinogenen Pflanzen ein Bestandteil ihres Lebens ist.) Dadurch entstehen multiple Bewußtseinszustände, die gleichzeitig durch eine Person wirken, die nicht die Möglichkeit hat, die Energien über das Nervensystem richtig zu lenken.

Was auf dieser Stufe hauptsächlich wirkt, sind keine erhöhten persönlichen "übersinnlichen" Kräfte oder Hellsichtigkeit (obwohl sie stattfinden), denn sie können in verschiedenen Stadien während des Individualisierungsprozesses erworben werden. Am wichtigsten ist hier, daß sich das einzelne Ego mit der Kraft der Hierarchie (d. h. den wahren Energiebringern unseres Planeten) verbindet und daher zu einem Mittel wird, über das das zuvor erwähnte Gleichgewicht schrittweise wiederhergestellt werden kann. Dadurch durchläuft das persönliche Ego eine Metamorphose oder einen Tod, und das Wesen wird bewußt in das wieder hineingeboren, was die westlichen Esoteriker als Menschenseele bezeichnen. Das bedeutet, daß es keine individuellen Wünsche mehr gibt, so daß an ihrer Stelle die Wünsche der größeren im Universum wirkenden Kräfte durch das Individuum auf der materiellen Ebene wirken können. Daher ist das Menschenreich so wichtig, denn es hilft dem Leben auf zweierlei Art und Weise. Am besten läßt sich das in der folgenden Abbildung darstellen.

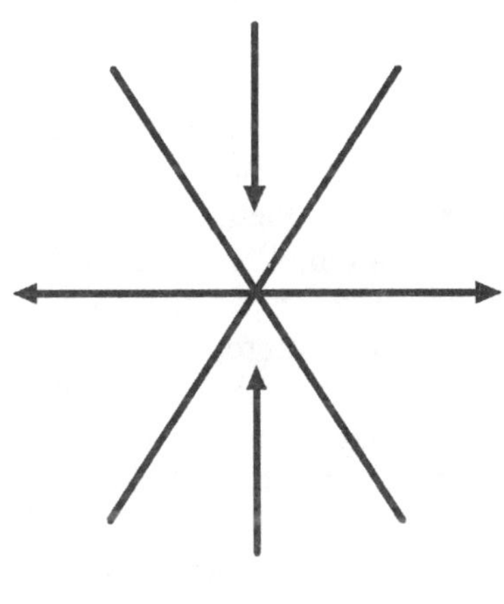

Die mittlere Linie der Abbildung steht für die Erde oder die materielle Ebene. Der obere Pfeil steht für den Prozeß der Involution oder das Herabkommen der subtileren Kräfte, so daß diese sich in einer physischen Form manifestieren können. Das Obere dient daher zum Teil dazu, den Prozeß des Austauschs zwischen den subtileren Manifestationsebenen und dem Grobstofflicheren zu zeigen. Hier ein konkretes Beispiel für diesen Prozeß: Wir alle wissen, daß Edison die Glühbirne entwickelt hat. Durch seine Untersuchungen und Selbstdisziplin bereitete er sich darauf vor, daß diese Entdekkung durch ihn hindurchkommen konnte. Mit anderen Worten, dadurch, daß er im Reich der Ideen wirkte, gelang es Edison, eine Idee in eine physische Form zu bringen (d. h. die Idee für das Licht wurde zur Glühbirne). In diesem Fall ist die Mentalebene (Ideenreich) das subtilere Energiefeld, während die Glühbirne aus Materie geschaffen wird und daher eine dichtere Energieebene darstellt. Das Ergebnis von Edisons Erfindungsreichtum an sich hat das Leben der Menschheit als Ganzes transformiert, was gut zu einem Menschen paßt, der Sonne im Wassermann und einen Skorpion-Aszendenten hat.

Die Menschen wirken über ihre physischen Körper, und ihr Wesen ist in der physischen Ebene verwurzelt. Das ist recht offensichtlich. So können wir unseren Beitrag leisten und dem ewigen Vater und der ewigen Mutter bei ihrem Plan für die Entwicklung der Erde und der Menschheit helfen. Das kann am erfolgreichsten durch eine Form des bewußten Kontakts mit der kosmischen Hierarchie geschehen sowie einem Verstehen der Beziehung zwischen den Energien dieses Kontakts und der Erde und ihren Bewohnern. Daher ist es für die Lichtsucher notwendig, die strikten, langwierigen und tiefgehenden Lehrphasen zu durchlaufen, die zu den verschiedenen Ebenen der Einweihung führen.

Der untere Pfeil steht für den Evolutionsprozeß oder das Aufsteigen der weniger bewußten Schöpfungsformen zu den höheren Ebenen - das mehr Feststoffliche wird zum Feinstofflichen. Die Aufgabe des Menschen besteht auch darin, die Natur zu erhalten, Pflanzen zu kultivieren und Haustiere und andere Tiere zu zähmen und für sie zu sorgen. Es gibt aber noch einen anderen Bereich, der auch vom unteren Pfeil angezeigt wird: der Bereich des Unsichtbaren, die niederen Ebenen des Lebens. Dies beinhaltet die primitiven Emotionen und die "Geist"kräfte, die an diesen Gefühlen haften. Ich meine damit die Gefühle Ärger, Lust und Angst und die Gedanken, die aus solchen Gefühlen entstehen. Um dies noch deutlicher auszudrücken, sollten wir betonen, daß Gedanken und Gefühle Dinge sind. Mit anderen

Worten - Liebe kann eine lebendige Kraft werden - genau wie Wut und Lust. Wenn der Mensch zum Beispiel Wut erzeugt und projiziert, dann wirkt dieser Ärger nicht nur schädlich auf die Menschen um ihn herum, sondern verbleibt auch beim Individuum. Wenn dessen Ärger wächst, ist es auch wahrscheinlicher, daß man ständig ärgerlich ist. Man findet Dinge, über die man sich ärgern kann, mehr Menschen sind für Kritik offen, und mehr Dinge im Leben scheinen einfach "schiefzugehen". Es wächst nicht nur der eigene Ärger, er zieht auch andere Schwingungen von Ärger an, so daß man zu einem Medium wird, über das die Kräfte von Wut (Lust, Haß usw.) wirken können.

Das menschliche Wesen hat nicht nur die Aufgabe, seine eigenen niedrigen Emotionen zu reinigen, sondern muß auch, wenn dies erreicht ist, daran arbeiten, die niederen Ebenen der allgemeinen Umgebung in die höheren Ebenen zu transformieren.

Wenn diese dritte Phase der menschliche Entwicklung - das kosmische Bewußtsein - erreicht ist, wirken Uranus und Neptun wirklich durch die Individuen, sie werden zu den Werkzeugen, über die ein Großteil des Einweihungstrainings stattfindet. Wie wirkt dann Pluto? An diesem Punkt können wir einfach sagen, daß Pluto als Transformationsmechanismus wirkt, der die "Atome" des Bewußtseins auf dieselbe Art und Weise sprengt wie seine Energie auf Uranatome in einem Teilchenbeschleuniger. Wir sind uns der potentiellen Kraft, die in den Atomen dieses Elements enthalten ist, sehr wohl bewußt. Die in den "Atomen" des Bewußtseins enthaltene freigesetzte Energie kann genauso kraftvoll, wenn nicht kraftvoller sein. Die Energie des Bewußtseins kann wie Atomenergie als eine riesige zerstörerische Kraft oder als schöpferischer Vermittler des Lichts wirken.

Zum jetzigen Zeitpunkt scheinen viele Menschen nach der einen oder anderen Form von Macht zu streben. Das ist recht natürlich, denn die Energien von Uranus und Neptun können heute von mehr Menschen als je zuvor genutzt werden, was an der jetzigen Entwicklungsstufe des Menschen sowie daran liegt, daß wir uns mitten in einem Übergang in ein neues Zeitalter befinden. Dieser Faktor trägt wie bereits gesagt zu kritischen Zuständen in der menschlichen Entwicklung bei.

Religiöse Phänomene und der Eintritt in ein neues Zeitalter

Bevor wir dazu kommen, wie ein individuelles Potential für spirituelles Wachstum im Geburtshoroskop festgestellt werden kann, wollen wir einige moderne Religionsphänomene unter dem Aspekt des Übergangs von einem neptunischen in ein uranisches Zeitalter untersuchen.

Wie man sehr wohl erwarten könnte, finden innerhalb der katholischen Kirche einige der wichtigsten Reformen statt. Das geschieht aus unterschiedlichen Gründen. Als erstes stellt die Sterblichkeit des Menschen sicher, daß ältere Generationen, deren Gedanken und Beiträge den Ideen der jüngeren Generationen Platz machen müssen. Bei einer solch etablierten Institution wie der heiligen römischen Kirche müssen neue Ideen langsam mit gleichermaßen etablierten Konzepten integriert werden. Die Kirchenväter mußten erkennen, daß sich die Beziehung des Menschen zu sich selbst, zu Kirche und Gott verändert. Diese Veränderungen manifestieren sich in einem großen Maße durch ein umfassenderes gesellschaftliches Bewußtsein. Sie entwickeln sich auch durch ein stärkeres Gefühl der individuellen Teilnahme an der Gesellschaft sowie der Verantwortung ihr gegenüber. Der Mensch hat nicht nur eine persönliche Verpflichtung zwischen sich und dem Christus, sondern zwischen sich, seiner Gemeinschaft und dem Christus.

Papst Johannes XXIII. war ein großer Visionär. Er stammte aus einer Bauernfamilie und war in engem Kontakt mit den Bedürfnissen und Gefühlen der Menschen. Sein Verstehen auf einer persönlichen und globaleren Ebene zugleich ließ die ökumenische Bewegung der 60er Jahre entstehen. Die Ergebnisse dieses Reformationsprozesses sind noch heute spürbar. Das Lateinische ist beispielsweise nicht mehr die Sprache in der Messe. Die Messe kann jetzt in der jeweiligen Landessprache abgehalten werden. Diese Veränderung gibt der Mehrheit der Katholiken (die keine lateinischen Sprachkenntnisse haben) die Möglichkeit, zumindest die Worte in der Messe zu verstehen, wenn nicht deren wahre esoterische Bedeutung. Daher entsteht ein persönlicherer Kontakt zwischen Individuum und Kirche (vielleicht auf Kosten der mystischeren Betonung und der emotionalen Anziehungskraft der lateinischen Sprache).

Die Kleidung der Nonnen wurde angepaßt, und so tragen in den Vereinigten Staaten viele Angehörige eines Ordens eine moderate Form von Straßenkleidung. Dadurch haben diese Frauen die Möglichkeit, mit den Menschen, denen sie dienen, in engerem Kontakt zu stehen, und gleichzeitig werden weniger Menschen (aufgrund der Kleiderverordnung) davon abgehalten, einem Konvent beizutreten. Die über den Wassermann vermittelten Schwingungen des Uranus bewirken, daß die Menschen ihrem Gott dienen wollen, indem sie ihren Mitmenschen dienen. Wenn die Schwingung

Neptuns durch die Fische verebbt, werden sicherlich mehr Mönche und Nonnen aus ihren Zellen heraustreten und auf die Straße gehen. Kurz gesagt wird die Identifikation mit dem Geist von Jesus dem Herrn durch tatsächliche und engere Kontakte mit den Massen sichtbarer und spürbarer werden.

Am 7. Februar 1974 erschien in der New York Times ein Artikel mit dem Titel "Der Vatikan revidiert das Sakrament der Buße". Es hieß:

> *"Offizielle der Nationalen Konferenz katholischer Bischöfe in diesem Land wiesen gestern darauf hin, daß sie die Umsetzung der neuen gemeinschaftlichen Riten unterstützen, die die gesellschaftlichen wie auch die persönlichen Konsequenzen von Sünde betont... In manchen Fällen, insbesondere auf dem Kollegecampus sind die Priester ins Extrem gegangen und haben gemeinschaftliche Bußrituale abgehalten sowie allen versammelten Gläubigen eine gemeinsame Absolution gewährt. Diese Verschiebung in der Konfession..... ist signifikant, da sie die gesellschaftlichen Dimensionen von Sünde und Versöhnung aufzeigt..."*

Der Artikel beschreibt weiterhin, daß nach mehr persönlicher Interaktion zwischen Priester und Büßendem verlangt wird und daß das auch geschieht. Es heißt auch, daß es in vielen Gemeinden einen Trend gibt, in dem der Priester die Beichte in einem "informellen Konferenzraum" hört und nicht im traditionellen Beichtstuhl.

Diese neue Methode der Kirche für eine umfassendere gesellschaftliche Orientierung wird von einem anderen Artikel über einen Priester in der New York Times desselben Tages erklärt:

> *"In der Vergangenheit waren es ich und Gott", erklärte der Priester, wobei er sich auf die Beichte im Beichtstuhl bezog, was die Sünde des Einzelnen betonte, ohne Bezug auf deren Wirkung auf den Rest der Gemeinde. "Jetzt bin ich es, andere Menschen und Gott..., und für viele paßt das alte Beichtsakrament nicht in dieses Konzept."*

Die Emanzipation der Frau hat auch im kleineren Rahmen in die katholische Kirche eingegriffen. Neben den Gefühlen und Handlungen vieler Nonnen, die um das Recht gekämpft haben, den Menschen näher zu sein, soll Papst Paul VI. (Sonne und Mond in der Waage) an der Revision der Ideologie der Jungfrau Maria und damit dem Konzept der Frauen im allgemeinen beteiligt gewesen sein. In einem Artikel, der in der New York Times am 23. März 1974 erschien, hieß es, daß seine Heiligkeit die Schlüsselpassage zu "Wie Frauen heute leben" schrieb. Diese lange apostolische Ermahnung weist das Image von Maria als einer "ängstlichen unterwürfigen Frau" zurück. Die Aussage des Vatikans besagt, daß die heutigen Frauen die "Entscheidungsgewalt" in der Gesellschaft haben wollen. Der Artikel fährt fort:

> *Aus Quellen des Vatikans verlautet, daß Papst Paul, der in der Marialogie (dem Studium des Lebens der Jungfrau Maria und den Auswirkungen auf die Kirche) sehr belesen ist, die Literatur der Emanzipation verfolgt hat... Papst Paul hat es Frauen ermöglicht, die heilige Kommunion auszuteilen, wobei er darauf hingewiesen hat, daß die Kirche momentan nicht die Einführung des Diakonats für Frauen in Betracht zieht. Der Papst hat in privaten Gesprächen bemerkt, daß die moderne Emanzipationsbewegung den Protestanten helfen könnte, ihr Bild von Maria zu überdenken.*

Dieser letzte Satz bezieht sich natürlich auf die Betonung der Jungfrau in der Lithurgie und im Glauben des Katholizismus, was ein Haupthindernis für eine ökumenische Kirche darstellt, denn diese Annahme wird von den meisten protestantischen Konfessionen zurückgewiesen.

Dies ist zumindest ein Beginn in Richtung einer Aufwertung der Rolle der Frau - bei einer halben Milliarde Katholiken in der Welt. Der Autor hat in vielen lateinamerikanischen und südeuropäischen Ländern gelebt und erkannt, daß die Befreiung der Frau (und damit die Befreiung der Männer) aus ihren traditionellen Rollen und Gedankenformen noch eine Weile dauern wird. Wir befinden uns noch im Übergang ins neue Zeitalter, und es wird recht lange dauern, bis die Spuren des Fischezeitalterbewußtseins in der Welt im großen Rahmen und insbesondere in den Ländern ersetzt werden, wo die großen Religionen des Fischezeitalters herrschten.

In den 60er und 70er Jahren verließen Hunderttausende, vielleicht Millionen von Menschen die traditionellen Religionen ihrer Eltern, um sich verschiedenen spirituellen Gruppen anzuschließen.

Viele Amerikaner finden es jedoch einfacher, den christlichen Glauben (selbst den radikalen Christen) zu akzeptieren als andere Religionsformen. Schließlich ist das Christentum in der einen oder anderen Form die populärste Religion in den Vereinigten Staaten und in der westlichen Welt. Wenn sich ihre Kinder den Kopf rasieren, Saris und Dhotis anlegen und auf dem Times Square herumlaufen, Trommeln schlagen und in Sanskrit singen, dann ist das etwas ganz anderes! Und doch tun Tausende genau das, während Hunderttausende andere Anzüge tragen und große Anstecker von Guru Maharaj Ji am Revers tragen oder weiße Pyjamas und Sikhturbane, um damit ihre Hingabe an Kundalini Yoga Bhajan zu zeigen. Andere wiederum haben das lange Haar, Bart, Perlen und blaue oder safranfarbene Pyjamas, die zeigen, daß sie Anhänger von Swami Satchidananda sind. Und viele tragen Samt oder die tibetischen Drucke der Anhänger Chogyam Trungpa Rimpoche oder versprechen sich anderen bedeutenden Personen aus dem Osten wie Chinmoy, Yogananda, Meher Baba, Sri Aurobindo und Satya Sai Baba. Das alte Gurutum und die Faszination des Hinduismus und des Ostens im allgemeinen hat sich jetzt auch im Westen verbreitet.

Der "Gurutrip" ist zumindest für mich ein faszinierendes Phänomen. Einer meiner Freunde hatte eine Idee für eine Kurzgeschichte. Es ging um ein Rennen in einer großen Arena wie dem Circus Maximus in Rom. Jeder Guru fährt sein eigenes spezielles Fahrzeug. Ein Bärtiger lenkt seinen Lincoln Continental, ein anderer Guru mit Turban sitzt in seinem Cadillac und eine weitere ganze Gurufamilie in ihrem eigenen Mercedes Benz. Ein weiterer Mönch im safranfarbenen Gewand hat in seinem traditionell bemalten Flugzeug Platz genommen. Alle rasen im Zirkus herum. Es soll festgestellt werden, wer der gekrönte Guru des Westens ist. Auf den Tribünen stehen ihre Milliarden Anhänger, jeder in seiner Tracht und sein spezielles Mantra singend. Fantastisch gekleidete Vortänzer heizen ihre Gruppen an, und bärtige Verkäufer bieten den Massen auf großen Platten indische Delikatessen feil.

Das ist zumindest ein herrlicher Anblick, insbesondere für Westler. Die Ironie ist, daß ein solches Land wie die Vereinigten Staaten, ein Land, dessen Hauptgottheit ein Bild von George Washington auf grünem Hintergrund ist, den scheinbaren Reichtum dieser heiligen Männer aus dem Osten verachtet. Wollen wir jetzt aber kurz darüber nachdenken, welches Bild sich Ost und West von ihren Göttern gemacht haben. Im Osten werden Brahma, Vishnu, Shiva und die niedrigeren Figuren des Hindupantheons oft korpulent, mit Juwelen geschmückt dargestellt, von üppigen Gärten und Palästen, von reich geschmückten Elefanten, sinnlichen Göttinnen und pummeligen Kindern umgeben. Das scheint nur selbstverständlich in einem Land zu sein, wo Hunderte Millionen Menschen am Hungertuch nagen oder verhungern. Sicherlich sind dann die Schätze und ein Überfluß an Nahrung sowie ein problemloses Leben der große Segen der Götter.

Im christlichen Westen sind jedoch Christus, die Heiligen und die Jünger demütig, arm und ausgezehrt, sie haben lange gelitten und sind unterdrückt; Jesus wird als ein Mann beschrieben, der die Massen mit fünf Broten und zwei Fischen (ab)speisen kann. Im Westen werden "die Armen im Geiste das Land besitzen", und die Armen und Unterdrückten sind angeblich die Gesegneten. Heiligkeit im Westen wird mit Keuschheit, Armut und Gehorsam gegenüber den höheren Gesetzen gleichgesetzt. In Indien glauben die niederen Kasten und die Unberührbaren, daß sie durch Fehler in vergangenen Leben ihren armseligen Zustand erreicht haben, während die Brahmanen jetzt aufgrund von früheren angehäuften guten Taten ein angenehmes Leben führen.

In den Augen der meisten Amerikaner ist es scheinheilig und lächerlich, wenn die östlichen Religionsführer in Cadillacs herumfahren und an Orten leben, die ihnen reiche Schüler gespendet haben. Aber warum zeigen diese Gurus nicht auf unsere Scheinheiligkeit und diejenige von vielen unserer Kirchen? Ist der Lebensstil vieler dieser Gurus nicht einfach eine Reflektion unseres eigenen Lebensstils und unseres Wunsches danach? Deshalb löst ein seltsam gekleideter dunkelhäutiger Mensch soviel Antipathie und Spott aus. Anscheinend haben viele Menschen etwas Wichtiges durch die Lehren dieser Gurus gelernt, etwas, das ihnen ihre Eltern oder die Gesellschaft nicht bieten oder kaufen konnten.

Warum besteht dieses Drängen nach Mystik und Hingabe im Leben? Erneut müssen wir den Übergang ins neue Zeitalter nennen, denn an diesem Punkt in der Geschichte werden zuvor etablierte Werte zerstört, während neue erst noch zu etwas Dauerhaftem gemacht werden müssen. Das führt zur Seelensuche, und so geschieht es, daß der allgemein reiche und vitale Zustand der amerikanischen Nation seinen Menschen die Freiheit gewähren kann, auf die Suche zu gehen. Darüber hinaus konnte die Jugend der siebziger Jahre wie zuvor beschrieben die subtileren Einflüsse von Uranus und Neptun personifizieren und auf sie reagieren.

Jede Person und demzufolge jede Generation stellt die kosmischen Veränderung, die in den Himmeln und den riesigen Reichen stattfinden, in menschlicher Form dar. Die Himmel verändern sich, und die Erde verändert sich mit ihnen. Es kann nämlich keine Trennung von der großen kosmischen Einheit geben, und was im Himmel geschieht, spiegelt sich auf der Erde.

Geburtshoroskop und spirituelle Entwicklung

Die Art und Weise der eigenen *potentiellen* spirituellen Entwicklung kann klar an den Positionen der Geburtsplaneten erkannt werden, nicht jedoch der momentane Stand des spirituellen Wachstums. Das Horoskop ist das astrologische Porträt eines Individuums und spiegelt nicht das *gesamte* evolutionäre Muster wider, wenn dieses überhaupt gelesen werden kann.

Einige Menschen fragen selbstgerecht, wie die Astrologie Gültigkeit haben kann, wenn mehr als ein Mensch in derselben Minute und am selben Ort (d.h. Längen- und Breitengrad) geboren wird. Solche "astrologischen Zwillinge" sind bestimmt unterschiedlich, was von den gesellschaftlichen und genetischen Faktoren bei ihrer Geburt abhängt. Das stimmt natürlich. Es wäre in etwa dasselbe bei biologischen Zwillingen, die z.B. im Abstand von zehn Minuten geboren sind. Wenn der Aszendent und/oder der MC bei dieser Veränderung der Häuserspitzen um etwa 2,5 Grad nicht das Zeichen wechselt, wären die Horoskope solcher biologischen Zwillinge recht ähnlich, tatsächlich sogar fast identisch.

Die Interpretation solcher Horoskope wird dadurch komplizierter, daß diese beiden Individuen das gleiche gesellschaftliche und genetische Erbe haben. Wie wird nun ein Horoskop für entweder astrologische oder biologische Zwillinge interpretiert? Eigentlich könnten wir soweit gehen und fragen: "Wie muß dann ein beliebiges Horoskop interpretiert werden?"

Die wissenschaftliche Basis der Astrologie sieht so aus, daß sehr kompetente Astrologen unter bestimmten Umständen wie beispielsweise Merkur im Zwilling im Quadrat zu Saturn in der Jungfrau in einem Horoskop mit einer Krebs-Sonne und Krebs-Aszendent zu dem Schluß kommen würden, daß das in Frage stehende Individuum oft versucht, Daten in feste Gedankenmuster zu binden, um eine Grundlage für ein Gefühl innerer Sicherheit zu erhalten. Des weiteren könnten sich diese Gedankenmuster nur unter innerem Zwang verändern.

Es ist nicht schwierig, die oben genannten Faktoren im Geburtshoroskop zu interpretieren. Man muß nicht einmal diese Person treffen, um zu dieser einfachen abgeleiteten Schlußfolgerung zu kommen, obwohl das gesamte Horoskop betrachtet werden müßte, um den oben genannten Aspekt im richtigen Kontext zu sehen. Wenn aber die Horoskope astrologischer oder biologischer Zwillinge vorliegen, muß sich der Astrologe in die Schwingung der jeweiligen Person einstimmen, um sicherzustellen, wie derselbe Aspekt modifiziert wird, um erstens zum augenblicklichen Lebensmuster und zweitens zum Grad der mentalen, emotionalen und spirituellen Entwicklung zu passen. Hier kommt die Intuition ins Spiel, denn dieser Faktor ist die Feinabstimmung des Astrologen, die er nur nach langem Training und ausgedehnter Praxis erwirbt.

Daher ist die Astrologie an sich eingeschränkt. Man könnte hervorragende Aspekte in einem Horoskop finden, die auf ein potentiell hochentwickeltes Individuum hinweisen, stellt aber fest, daß die meisten hohen Schwingungen entweder schlummern oder über die niederen mentalen und emotionalen Körper übertragen werden. Kurz gesagt, die potentielle spirituelle Entwicklung weist nicht unbedingt auf die tatsächliche Entwicklungsstufe hin, die ein bestimmtes Individuum erreicht hat. Darüber hinaus hängt die Fähigkeit des Astrologen, die Energiemuster, die zu den verschiedenen Stufen spiritueller Einstimmung führen, in einem Horoskop zu lesen und zu beschreiben direkt von seiner eigenen Entwicklungsstufe und von dem Grad der Verfeinerung der höheren oder intuitiven Aspekte seines eigenen Wesens ab.

Es ist jedoch wichtig, daß der Astrologe zumindest das in den Planetenkombinationen enthaltene Potential in einem Horoskop feststellen kann. Dies kann er zum Teil durch ein Buch lernen. Die Entwicklung der eigenen Prozesse benötigt jedoch Hingabe und Zeit sowie alle mögliche Hilfe.

Ein Hauptzweck eines Horoskops sowie ein wichtiger Schritt in Richtung Individualisierung besteht darin, die im Horoskop vorhandenen Muster zu erkennen und auszuarbeiten. Das beinhaltet die Verwirklichung vieler planetarischer Porträts, die sozusagen zum eigenen Porträt werden. Nach der Umsetzung folgt der Transzendierungsprozeß, so daß eine Befreiung hin zu einem größeren und oft nicht astrologisch beeinflußten Lebensmuster entstehen kann. Man muß also die Lebensenergien auf höhere Frequenzen abstimmen, so daß die eigene Einstimmung von einer egozentrischen hin zu einer universelleren Existenz geht. Die Ergebnisse dieses Prozesses können im Leben offensichtlich werden, wenn man älter wird und nicht mehr automatisch auf die Einflüsse der Planeten, Transite und Progressionen reagiert. Statt dessen findet ein bewußter gelenktes Muster (Lenkung von Planetenenergien) statt. Dies ist eine lange und mühsame Aufgabe und natürlich nicht der einzige Weg zum Licht.

Der Zweckmäßigkeit und Klarheit halber wollen wir die Planeten nochmals auflisten und ihre Relevanz als Anzeiger eines potentiellen spirituellen

Erfolgs diskutieren. Diese Liste kann ein guter Hinweis sein, wenn wir die Horoskope verschieden "fortgeschrittener Seelen" im letzten Teil des Kapitels besprechen.

Sonne: Wir sollten die Sonne als den Integrationspunkt aller Planetenenergien und als die sich daraus ergebende Manifestation unseres täglichen Lebens sehen. Aspekte zwischen Sonne und anderen Planeten enthüllen die besten nutzbaren Mittel und Wege zwischen den Planeten und der Sonnenkraft. Mit anderen Worten - sollte die Sonne einen Aspekt zu Uranus, Neptun und Pluto bilden, wird die potentielle Fähigkeit, höhere Energien in das eigene Wesen einzubringen nicht nur sehr stark erleichtert, sondern für das in Frage stehende Individuum etwas Natürliches. Wenn keiner der drei Himmelskörper einen Hauptaspekt zur Sonne bildet, wird ein weniger direkter Weg zum kosmischen Bewußtsein genommen. Wir sollten uns daran erinnern, daß die Sonne im Horoskop individualisierend wirkt, da sie die Quelle menschlicher Energien darstellt. Das schrittweise Wachstum, die Reinigung und Selbstidentifikation mit den Sonnenstrahlen entspricht einer inneren Entfaltung.

Mond: Eine der Hauptfunktionen des lunaren Kraftfelds besteht darin, die Sonnenkraft auf die vielen Facetten des Lebens zu reflektieren. Eine harmonische Verbindung zwischen den Sonnen- und Mondstrahlen ist für ein einfacheres Gleichgewicht zwischen innerem Wachstum und dessen äußerem Ausdruck sehr hilfreich. Der Leser ist natürlich mit diesem Prozeß recht vertraut, da er einen der grundlegenden Lehrsätze der astrologischen Interpretation darstellt.

Sollte der Mond stärker als die Sonne sein, und sollte er und nicht die Sonne einen Aspekt zu einem oder mehreren Himmelskörpern der höheren Oktave aufweisen, ist der Weg zur Integration der höheren Energien nicht so direkt. Das Individuum wird mit den im Horoskop von Uranus, Neptun und Pluto repräsentierten Kräften und/oder den entsprechenden Menschen in Kontakt kommen, sich aber mehr bemühen müssen, diese Erfahrungen in die inneren Abläufe seines Wesens zu integrieren.

Wenn der Schwerpunkt dieser Planeten durch die Sonnenkraft kommt, kann das innere Wachstum mit einem weniger bewußten Denken stattfinden. Die Energien fließen dann durch ihre natürlichen Geburtsbeziehungen in die Sonne hinein. Der Mond ist der indirektere Weg von beiden, denn er hat mit der Natur der Persönlichkeit zu tun - den verschiedenen äußeren und oft oberflächlichen Lebenserfahrungen. Das Individuum muß daran arbeiten, die Essenz aus diesen Ereignissen herauszufinden, um sie vollständig in die tieferen Aspekte des Selbst zu integrieren. Insbesondere im Licht der esoterischen Astrologie besteht eine andere Facette der Mondfunktion darin, daß sie die Verbindung zum kollektiven Bewußtsein der menschlichen Rasse herstellt. Auf einer persönlichen Ebene weist der Mond stark auf das Familienerbe und damit auf die eigenen Wurzeln in der jetzigen Lebenszeit hin. Der Mond zeigt daher auf die eigene Verbindung zur Menschheit, in der Vergangenheit wie auch in der Gegenwart.

Eine Verbindung zwischen höher schwingenden Planeten und dem Mond führt im allgemeinen zu einem größeren Verstehen der Menschen. Es ist beim entwickelten Menschen ebenfalls ein Weg, sich auf die vielen unbewußten Kräfte einzustimmen, die innerhalb des Menschenreichs wirken. Eine verfeinerte Mondkraft, die eine große Nähe zu Neptun, Pluto und Uranus beinhaltet, kann zu verschiedenen psychischen Zuständen und aufgrund der eigenen allgemein erhöhten Sensibilität zu verschiedenen unsichtbaren Kraftfeldern führen, welche die Menschheit im allgemeinen beeinflussen (Uranus, Neptun und Pluto). Wenn der Mond und seine planetarischen Aspekte auch harmonisch mit der Sonne verbunden sind, dann weisen diese Erfahrungen und/oder erhöhte Sensitivität auf ein einfacheres und vollständigeres Gleichgewicht zwischen der inneren und äußeren Entwicklung des Lebens hin.

Merkur: Wenn Merkur die drei äußeren Planeten aspektiert, wirkt er als Verbindung zwischen den rationalen Fähigkeiten und der Intuition (Uranus), übersinnlicher Vision oder Eindrücken (Neptun) und den verschiedenen transzendenten Prozessen im Leben (Pluto).

Ein starker Merkur ist im Horoskop eines Astrologen sehr wichtig. Ein großer Teil unserer Arbeit berührt die sprachlosen Reiche des höheren Bewußtseins, und wir müssen festzustellen, was unsere Klienten berührt. Man kann kein Horoskop deuten, wenn man zwar intuitiv erfaßt, was die Sonne in Konjunktion zu Pluto im Sextil zu Uranus bedeutet, es aber nicht ausdrücken kann. Merkur bringt auch Ordnung und Logik in das eigene Leben, so daß Gedanken "geerdet" und Gefühle "übersetzt" werden, bevor gehandelt wird. Dem Leser ist geraten, einmal über die Beziehung zwischen Merkur und Mond nachzudenken.

Hier möchte ich erwähnen, daß ich der Meinung bin, daß eine Hauptverbindung zwischen zwei Planeten wichtiger als die Natur dieser Verbindung (der spezifische Aspekt) ist. Ein schwieriger Aspekt kann ausgearbeitet werden, wobei bei der Ausarbeitung nicht nur der spezielle Aspekt des eigenen Lebensmusters gestärkt und geglättet wird, sondern der Mensch auch die Energien der in Frage stehenden Planeten freisetzt, um sie bewußt neu zu lenken. Wenn die Schuld - z.B. ein Quadrat oder eine Opposition oder manchmal eine Konjunktion zwischen Planeten - einmal gezahlt ist, nehmen wir an, daß wir die Freiheit haben, es erneut zu versuchen. Oft findet man sehr schwierige Aspekte zwischen den inneren und äußeren Planeten in den Horoskopen hochentwickelter Menschen. Wichtig ist, daß die beiden Planetengruppen miteinander verbunden sind.

Venus: Venus hat mit der Natur unserer Beziehungen zu tun und verkörpert sehr oft die Vision, wie wir gerne von anderen gesehen werden wollen. Unser idealer Partner ist schließlich die von uns ins Auge gefaßte Ergänzung unserer eigenen Natur. Auf einer höheren Ebene weist Venus auf die Fähigkeit hin, uns durch das gesamte Universum reflektiert zu sehen. Diese Fähigkeit, die universelle Reflektion von uns zu sehen, bedingt ein Selbst, das in ein mehr universelles Wesen transformiert worden ist. Wenn nicht, entsteht daraus ein extremer Fall von Narzißmus.

Venus in den Fischen oder in einem Hauptaspekt zu Neptun erhöht die Wahrnehmungsfähigkeit. Sie erlaubt einem, sich mit Schönheit und Gefühlen aller Art zu identifizieren. Wenn das Individuum jedoch nicht in bewußten Kontakt mit der Quelle aller Schönheit gekommen ist, führen die Wirkungen der Persönlichkeit möglicherweise zu emotionalen und sinnlichen Extremen. Wenn Venus des weiteren mit Uranus verbunden ist, kann daraus entweder ein großer Humanitarismus oder ein besonders ausschweifender Selbstausdruck entstehen.

Mars: Mars öffnet Türen. Er ist die Kraft, die uns zum Ziel bringt. Er verleiht den Mut zur Ausdauer sowie das Bedürfnis, jedem Sieg den persönlichen Stempel aufzudrücken. Wenn die Strahlen des roten Planeten für höhere Zwecke eingesetzt werden, verleiht Mars die Fähigkeit, zwischen den gewählten Wegen zu unterscheiden, indem er dem Leben eine starke moralische Sichtweise verleiht. Die Natur seiner Strahlen ist jedoch viel mehr auf das tägliche Leben und auf die Erreichung weltlicher Ziele ausgerichtet. Auf den inneren Ebenen gibt Mars den von Pluto dargestellten Veränderungen nach oder öffnet den Weg dorthin. Im Erdenleben hat das beispielsweise mit Sex, Empfängnis und Tod zu tun. Es ist die Lust des Mars, die das sexuelle Verlangen entstehen läßt und die Geschlechtsorgane für die Vereinigung bereitmacht, aber es sind die transformierenden

Schwingungen Plutos, die die Samenzelle und das Ei den Embryo formen läßt. Der Tod kann auch durch den Mars eintreten, es ist aber Pluto, der beim Tod die feinstofflichen Körper vom grobstofflicheren physischen Körper trennt und bei der Transformation des Bewußtseins im Zustand nach dem Tod hilft. Dem Leser sei geraten, die Bedeutung von Mars-Pluto Aspekten im Geburtshoroskop zu untersuchen.

Jupiter: Die Schwingungen dieses Planeten machen den Menschen zum Sucher. Wenn Jupiter eine günstige Position hat, erhöht das die Fähigkeit, die Dinge im Leben zu suchen, die dazu dienen, dem Individuum Erweiterung zu bringen. Diese kann über die fünf Sinne oder durch philosophische Studien geschehen. Wenn sich Jupiter beispielsweise neben der Sonne befindet, entsteht das Verlangen, mehr zu sein als man ist. Das kann zu einem Drang nach weltlicher Macht oder zu einem Hunger nach einem umfassenderen Verständnis und der Identifikation mit einem universellen Bewußtsein führen. Jupiter kann auch die nobelsten Aspekte des Charakters eines Individuums oder den Ort anzeigen, wo die sinnlichen Gelüste am stärksten wirken. Der allgemeine Zustand des persönlichen Wachstums weist auf die Natur und Richtung von Jupiters erweiternden und suchenden Strahlen hin.

Saturn: Das äußere Erscheinungsbild dieses Himmelskörpers besagt viel über seine Funktion im Horoskop. Saturn ist von Ringen umgeben, was Begrenzungen und Einschränkungen anzeigt. Er ist der am weitesten entfernte Planet, der noch mit dem bloßen Auge erkennbar ist und bildet daher die Brücke zwischen den irdischen Aufgaben des Dharma und den höheren Schwingungsfeldern der drei äußeren Planeten. Saturn sagt: "Nur wenn deine irdische Verantwortung und ererbten Aufgaben erfüllt sind, nur dann, wenn du dich in der Struktur deiner Welt gut geerdet hast, und nur, wenn du mit der Kraft umgehen kannst, die mit einem erweiterten Bewußtseinszustand kommt, nur dann erhältst du die Erlaubnis, meine Einweihung zu den höheren Ebenen zu durchlaufen."

Saturns Funktion soll es dem Individuum ermöglichen, das Wissen durch Erfahrungen zu erden, so daß dieses Wissen aus bloßen Mutmaßungen oder mechanischen Erinnerungsmustern in Weisheit verwandelt werden kann. Es ist kein Zufall, daß dieser Planet dem menschlichen Stützsystem - dem Skelett - entspricht. Die Knochen verleihen dem Körper die allgemeine Form und machen ihn äußerst flexibel. Daher stellt Saturn die Kraft der Konsolidierung dar, denn wenn die Knochen spröde und die Knie schwach sind, wie kann man dann erwarten, den großen Berg der Evolution zu ersteigen?

Uranus: Wenn wir die Ringe des Saturn hinter uns lassen, kommen wir in ein Energiefeld, das die Gesamtheit der eigenen vorangegangenen Erfahrungen in einen erweiterten Bezugsrahmen setzt, denn wir betreten die verschiedenen Ebenen der unsichtbaren Kausalfaktoren, die durch das Individuum und die Menschheit als Ganzes wirken. Uranus löst die einschränkenden Bande seiner niederen Oktave, dem Verstand (Merkur) und öffnet das von Saturn vorbereitete Individuum für eine größere kosmische Wirklichkeit.

Neptun: So wie die Strahlen des Uranus wirken, um den mentalen Rahmen zu entwickeln, so arbeitet Neptun mit menschlichen Emotionen. Wenn Neptun positiv wirkt, hebt er alle Gefühle persönlicher emotionaler Genugtuung auf ein nichtverbales Verstehen der gesamten menschlichen Erfahrung an. Daher wird die persönliche Liebe (Ich werde dich lieben, wenn du mich dafür liebst) von der göttlichen Liebe (Ich liebe, denn durch die Liebe kommt das Licht) ersetzt. Durch Neptun, insbesondere wenn er mit dem Mond verbunden ist, fließt die individuelle Liebeskraft in ihrer selbstlosesten Manifestation. Das geschieht durch das Verstehen und die Nichtanhaftung des persönlichen Verlangens an den geliebten Gegenstand oder die Person.

Darüber hinaus verbindet Neptun das Individuum mit subtilen Ebenen des Lebens, über die der kreative Prozeß stattfindet. Wenn Neptun mit Sonne und Mond des Horoskops einer Person, die auf Neptuns höhere Strahlen reagieren kann, harmonisch verbunden ist, verleiht Neptun die Gabe des Hellsehens oder Hellhörens.

Pluto: Pluto ist der "nackte" Planet, denn durch seine Strahlen wird die Zusammensetzung jeder Struktur, Person oder Sache bloßgelegt. Pluto bewirkt die unendliche Verfeinerung der Materie durch einen kontinuierlichen Transformationsprozeß. Plutos Energie bringt die transzendentalen Prozesse, die zu evolutionärem Wachstum führen, indem er jegliche Kristallisationen der Persönlichkeit aufbricht. Das Individuum wird dann gezwungen, die neu freigesetzte Energie zu einer vollkommeneren Ausdrucksform zu verarbeiten. Wir können hierfür die Analogie einer Schlange verwenden, die sich häutet. In periodischen Abständen wird sie durch ihr inneres physisches Wachstum dazu gezwungen, ihre äußere Haut abzulegen, so daß ihr neuer Körper sich in seiner vollen Länge zeigen kann. Das geschieht, wenn Pluto auf die verschiedenen Planeten einwirkt. Er zwingt zur Entfernung alter Kraftfelder oder Methoden des planetaren Ausdrucks, so daß sich viele neue entfalten können.

Eine Person, der es gelingt, bewußt die Strahlen dieses entfernten Planeten zu lenken, hat nicht nur Zugang zu ihrem eigenen schöpferischen Vorrat an Lebensenergie, sondern zu einen großen Teil der gesamten kosmischen Energiequelle. Sie hat die Kraft, große Mächte einzuberufen, um persönliche Ziele zu erreichen. Beim entwickelten Individuum - das jetzt für das planetarische Wohlbefinden arbeitet, kann diese Kraft eingesetzt werden, um das Bewußtsein einer großen Anzahl von Menschen zu verändern, indem sie andere "sich häuten läßt" und unsichtbare Kräfte lenkt, die bei den ständigen evolutionär-involutionären Prozessen wirken. Auf einer weltlicheren Ebene wird ein Psychiater mit einem starken Pluto die verschiedenen Energien sehen können, die in seinem Patienten wirken und seine eigenen Energien entsprechend lenken. So kann er die Energiemuster des Patienten auflösen, welche die Neurose verursacht haben. Der Psychiater kann dann daran arbeiten, die neu freigesetzte Energie in gesündere Verhaltensmuster umzuwandeln.

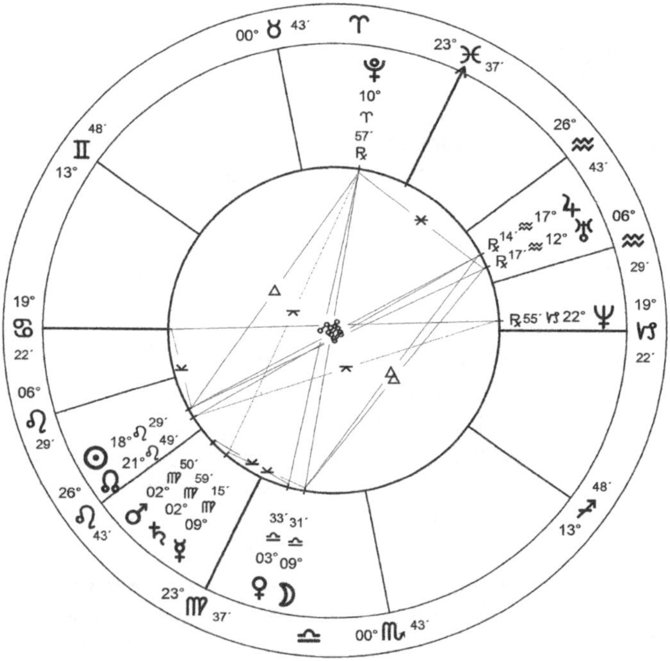

Das Geburtshoroskop von Abdul Baha (Gründer der Baha'i)

46
Die Horoskope spirituell entwickelter Menschen

Die Hauptbetonung bei der Analyse der folgenden Horoskope konzentriert sich auf die Positionen der Planeten, die die Tendenz zur höheren spirituellen Entwicklung der erwähnten Personen anzeigen.

Abdul Baha (Führer der Baha'i Religion)

Einer der wichtigsten Glaubenssätze dieser jungen Religion ist die Einheit aller Menschen. Bahas Vater, Bahaullah und Baha selbst sind sich in ihren Lehren darüber im klaren, daß all die unterschiedlichen Menschenrassen einer menschlichen Seele angehören (ein Prinzip, dem ich mit ganzem Herzen zustimme). Deshalb haben viele Heiraten zwischen unterschiedlichen Rassen und Religionen unter den Baha'is stattgefunden haben. Alle Hauptreligionen und deren Propheten, Heilige und Lehrer werden respektiert und geehrt. Durch seine humanitären Bemühungen tritt der Baha'i Glaube für Ideale ein, die zum Übergang ins Wassermannzeitalter gehören.

Neptun steht in Bahas Horoskop am Wassermann-AC im Sextil zu Pluto und in einem weiten Quadrat zur Sonne. Die Position Neptuns weist auf die oben erwähnte Doktrin hin sowie auf die Vision, die er für seine mystischen Erfahrungen brauchte. Neptun zeigt durch das Quadrat zur Sonne an, daß Baha wegen seiner Lehren und seines kraftvollen Glaubens, der die etablierte politische und religiöse Struktur seiner Zeit gefährdete, viele Jahre im Gefängnis war. Baha, der im Iran geboren wurde, lebte etwa vierzig Jahre im Exil, im Gefängnis im Iran und in der Türkei. Diese Schwierigkeiten mit den Machthabenden und seine Gefangenschaft im Exil ist auch am Quadrat zwischen Jupiter und Mars zu sehen. Jupiter ist der Herrscher des zehnten Hauses, was auf eine religiöse Berufung hinweist. Er befindet sich im ersten Haus, das die Integration der Karriereziele und das Karrierepotential anzeigt. Das Quadrat zu Mars weist auf Schwierigkeiten in religiösen Angelegenheiten wie auch auf Probleme im Ausland hin.

Uranus steht in einem engen Sextil zur Sonne und einem weiten Trigon zum Mond, was darauf hinweist, daß sich Bahas Lehren sehr weit verbreiten und seine Ideen (Sonne im Zwilling im dritten Haus) eine breite Masse der Menschheit ansprechen. Pluto steht auch im Trigon zum Mond und im Sextil zum Mars, der sich im Trigon zu Neptun befindet. Die Kombination dieser Einflüsse und die Opposition von Mond und Neptun führen zu einem ständigen Forschen nach Wahrheiten, die auf einer großen Liebe zur Menschheit und einer persönlichen Identifikation mit dem menschlichen Leiden beruhen. Die wechselseitigen Beziehungen zwischen Uranus im Sextil zur Sonne, die Sonne im Trigon zu Saturn und Saturn im Sextil zu Uranus verleihen einen starken Willen angesichts der zuvor erwähnten Hindernisse sowie die Fähigkeit, durch die Essenz der Lehren Bahas Menschen aller Generationen und Glaubensrichtungen zu vereinigen.

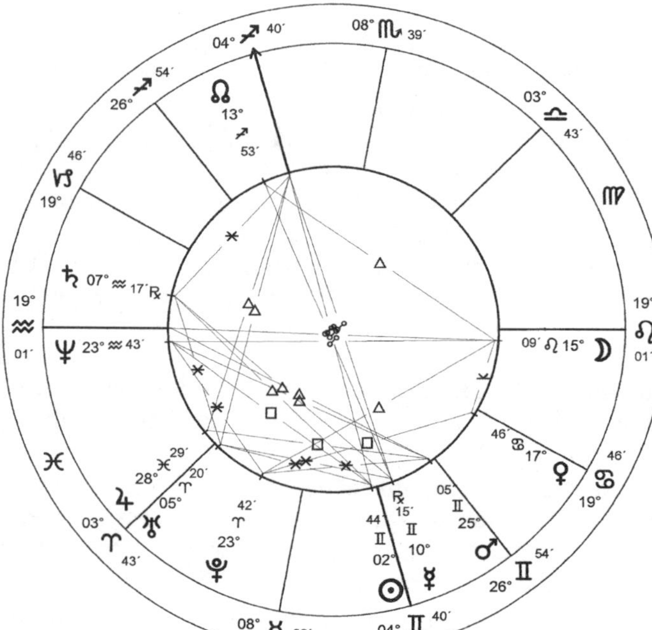

Das Geburtshoroskop von Helena Petrowna Blavatsky

Helena P. Blavatsky (Begründerin der theosophischen Bewegung)

Der Leser ist vielleicht schon mit Blavatskys Arbeit und der Theosophie vertraut. Am bekanntesten ist sie für ihre monumentalen Abhandlungen "Die Geheimlehre" und "Isis entschleiert". Diese bilden die Grundlage für einen Großteil der modernen Esoterik. Blavatsky arbeitete mit verschiedenen Meistern der spirituellen Hierarchie, um diese Bücher zu erstellen. Sie wirkte als Kanal, über den die Informationen der Welt enthüllt werden.

Neptun beherrscht ihr zehntes Haus und steht an der siebten Häuserspitze. Mystizismus und die Arbeit als Medium sind hier angezeigt; ihre "Partner" und "Kollegen" bei der Arbeit waren die genannten Meister sowie bekannte Esoteriker wie Leadbeater, Annie Besant und Alan Leo. Die Konjunktion von Jupiter und Uranus im Wassermann im achten Haus steht in Opposition zur Sonne und im Trigon zum Mond. Dies zeigt die Fähigkeit an, die Türen zu den "Mysterien" zu öffnen, sowie die körperliche Kraft, ihre Erfahrungen niederzuschreiben und in Beziehung zu setzen. Jupiters Einfluß macht sie zu einer Sucherin und Reisenden, und in Verbindung mit Uranus, Wassermann und dem Waagemond konzentriert er sich auf Ideen und Prinzipien, die dem eigenen Geburtsort und Hintergrund fremd sein können. Blavatsky verbrachte viele Jahre außerhalb ihres Geburtslandes Rußland. Sie lehrte in Indien (wo die theosophische Bewegung gegründet wurde und noch immer ihren Sitz hat) sowie in Zentren auf der ganzen Welt.

Die Theosophie vereint viele dem östlichen und westlichen Okkultismus innewohnende Konzepte, was nur natürlich erscheint, wenn man die dreifache Konjunktion in der Jungfrau im dritten Haus betrachtet. Pluto steht im zehnten Haus, im Sextil zu Uranus und in Opposition zum Mond sowie im Trigon zur Sonne. Das enthüllt Blavatskys Potential für eine ständige Selbstverfeinerung durch ihre Arbeit. Diese Positionen weisen auch darauf hin, daß ihre Bemühungen auch lange über ihren Tod hinaus Früchte tragen, da ein erhöhter Pluto oft zu einer Anerkennung (oder Ablehnung) nach dem Tod führt. Hier sehen wir, daß alle drei höher schwingenden Planeten mit der Sonne verbunden sind (Pluto Trigon, Uranus Opposition und Neptun Konjunktion). Darüber hinaus zeigen Plutos Opposition zum Mond im vierten Haus und die Tatsache, daß beide Planeten einen Aspekt zu den Planeten im achten Haus bilden, daß die Person erstens Zugang zum kollektiven Bewußtsein der menschlichen Rasse haben kann und zweitens mit einer der höchsten "Gruppen" von Wesen verbunden ist, die auf unserem Planeten wirken (dargestellt von Uranus in Konjunktion zu Jupiter im Wassermann) - den Meistern der Hierarchie.

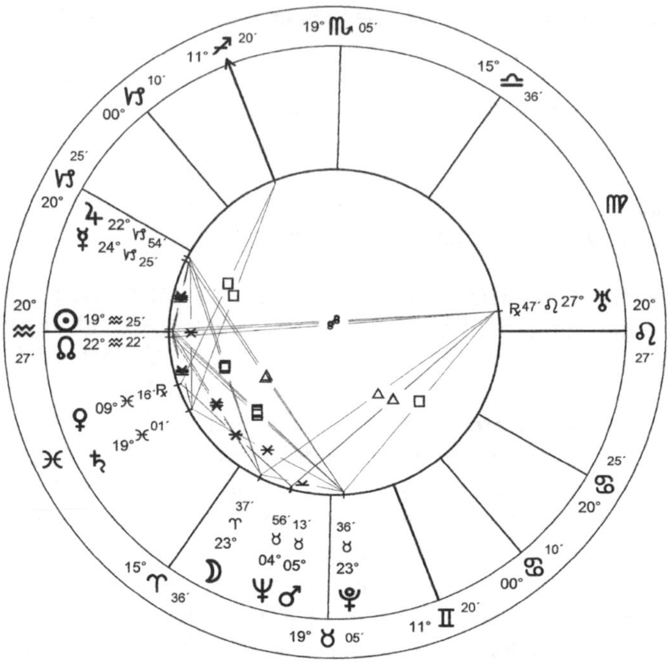

Das Geburtshoroskop von Martin Buber

Martin Buber (Jüdischer Theologe und Philosoph)

Sein Horoskop ist faszinierend, denn es enthält viele astrologische Elemente, die auf ein spirituell orientiertes Wesen hinweisen. Die Sonne steht in diesem Horoskop im Wassermann, in Opposition zu Uranus und im weiten Sextil zum Mond, während sich der letztere im Trigon zu Uranus befindet.

Diese Kombination verleiht eine humanitäre Sichtweise, während die Konjunktion Mond-Neptun nicht nur für menschliches Leiden sensibilisiert, sondern auch die Weitsicht zeigt, die ein Mann mit einer Berufung wie Buber benötigt. Pluto steht im Trigon zu Merkur und Jupiter in den Erdzeichen. Dies ist nicht nur ein Hinweis auf einen Philosophen, sondern auf eine Person, die traditionelle Konzepte an die praktischen Bedürfnisse der Zeit anpassen kann. Dieser Aspekt weist auf jemanden hin, der nach der Ursache hinter geschichtlichen Zyklen sucht und ein Bedürfnis zeigt, die Denkprozesse der Massen zu einer neuen Sichtweise hin zu verändern.

Das Horoskop enthüllt einen revolutionären Geist, der von der Tradition modifiziert wird. Das ist ein Paradox. Bei Bubers Werk bedeutet das, daß er den Juden ihre eigenen Wurzeln der Geschichte und Rasse zeigte, so daß eine neue israelische Nation geschaffen werden und in der modernen Welt überleben konnte. Die politische Opposition zu Bubers Ideen wird durch das T-Quadrat zwischen Sonne, Uranus und Pluto angezeigt. Aufgrund eines solchen Drucks auf ihn und die Juden als Volk wurde er jedoch dazu angeregt, seine Ideen auszuweiten. Das Sextil von Saturn zu Jupiter und Merkur auf der einen und Pluto auf der anderen Seite verleiht erstens die Fähigkeit, zu schreiben und zu sprechen, und zweitens die Kraft, die eigenen Gedanken klar und strukturiert zu organisieren, und drittens die Fähigkeit, andere Menschen zu schulen, um diese Ideen in ihren eigenen Bezugsrahmen einzubringen, so daß sie auf der materiellen Ebene umgesetzt werden können. Buber war ein echter Gelehrter und Visionär, aber auch sehr auf die praktischen Dinge des Erdenlebens eingestellt.

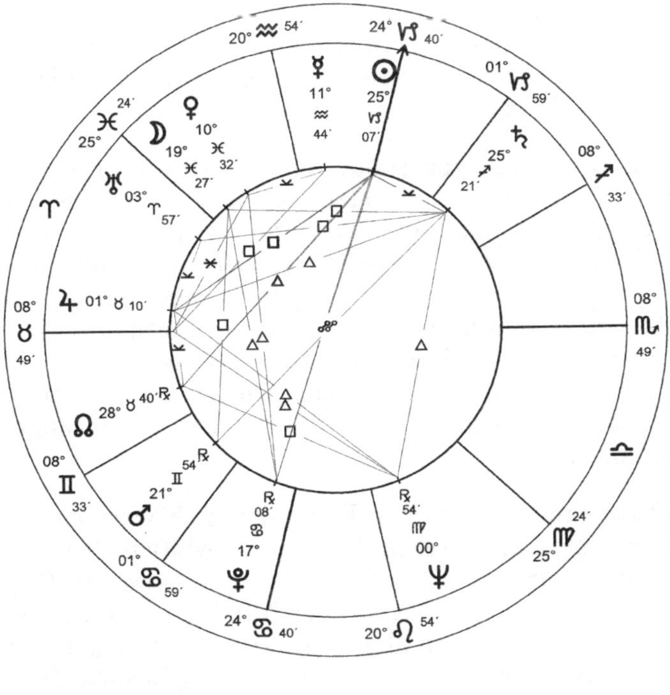

Das Geburtshoroskop von Dr. Martin Luther King, Jr.

Dr. Martin Luther King (Bürgerrechtler und Geistlicher)

Das Horoskop Dr. Kings zeigt die Planetenpositionen eines Menschenrechtlers und Visionärs. In einer seiner bekanntesten Reden spricht Dr. King davon, "zum Berg zu gehen" und dort mit seinen inspirierenden Kräften zu kommunizieren. Der Steinbock ist natürlich das Zeichen des Bergsteigers und die Position der Sonne am MC zeigt die Beliebtheit, der sich Dr. King bei seinen Anhängern erfreute. Jupiter befindet sich im zwölften Haus, aber innerhalb des Orbis einer Konjunktion zum Aszendenten, was auf eine religiöse und philosophische Natur hinweist. Der Mond steht in Konjunktion zu Venus in den Fischen und stimmt ihn auf die Not der Mitmenschen ein, während Jupiter im Trigon zu Neptun auf eine Person hinweist, die daran arbeitet, Unterdrückung zu lindern. Saturn als Teil des großen Trigons ist der Herrscher seines zehnten Hauses sowie der Dispositor der Sonne. Dies zeigt, daß Dr. King sich nicht nur des menschlichen Leidens bewußt war, sondern erstens bestimmte Pläne erstellen konnte, um dieses Leiden zu verringern, da er die darunterliegende sozialwirtschaftliche Struktur erkennen und zweitens neue sozialwirtschaftliche Strukturen schaffen und umsetzen konnte, welche die alten Strukturen ersetzten. Drittens hatte er die persönliche Kraft und den Drang, sein Volk zu führen, um die von ihm angestrebten Pläne zu verwirklichen.

Pluto steht in Opposition zur Sonne und im Trigon zum Mond von der Häuserspitze des vierten bis zur Spitze des elften Hauses. Diese Kombination planetarischer Einflüsse weist darauf hin, daß sich Dr. King mit dem kollektiven Bewußtsein seiner Rasse identifiziert und ständig die Bedingungen für die Schwarzen in den Vereinigten Staaten verbessern will. Sein Streben führte zu seinem eigenen evolutionären Wachstum (wie von der Position der Sonne und ihrer Beziehung zu Pluto und dem Mond angezeigt wird) sowie zum Wachstum der Menschen, denen er diente. Die zwei Schicksale - das persönliche und das kollektive - sind in dieser Planetenstruktur verbunden.

Die Möglichkeit eines gewaltsamen Todes, der seine Visionen beenden würde, ist auch im Horoskop zu sehen. Uranus im zwölften Haus steht im Quadrat zu seinem Saturn im achten Haus, während dieser in Opposition zu Mars steht. Ein unsichtbarer Feind oder Mörder, der auch politisch tätig war, würde ihn wahrscheinlich angreifen (Uranus im Widder im zwölften Haus). Obwohl Mars und Uranus nicht dicht genug beieinander stehen, um ein Quadrat zu bilden, ist Mars der Dispositor von Uranus im Widder und daher mit seinen Wirkungen verbunden. Plutos Opposition zur Sonne im zehnten Haus kann die eigene Karriere verkürzen, während Mars in Opposition zu Saturn, dem Herrscher des zehnten Hauses, auf die Möglichkeit hinweist, daß die eigenen Bemühungen durch eine plötzliche und gewaltsame Handlung beendet werden. Dies wird weiterhin durch das Uranusquadrat sowie die Position des Mondes im Verhältnis zu Saturn und Mars betont. Der Mond steht im Haus der öffentlichen Organisationen und Hoffnungen und Wünsche, die einerseits nicht erfüllt werden (Saturn im Quadrat zum Mond) und andererseits durch plötzliche Gewalt gestoppt werden könnten (Mars-Mond Quadrat).

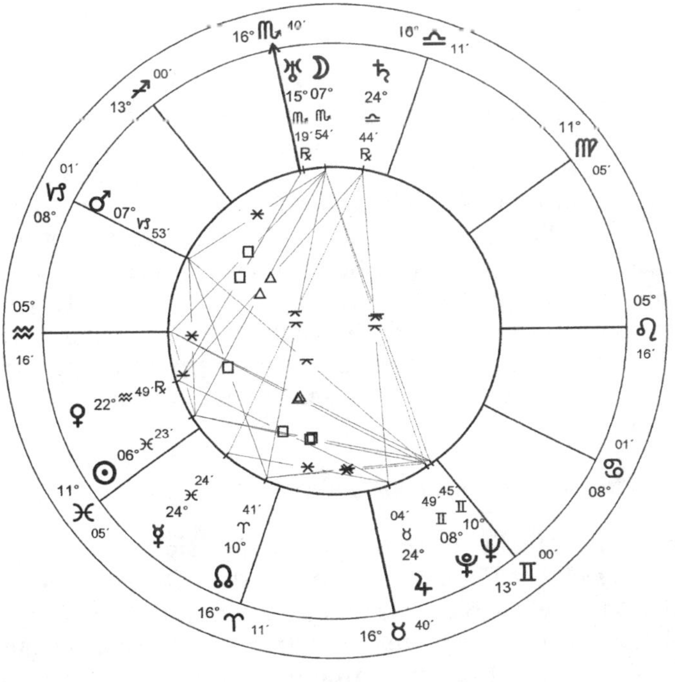

Das Geburtshoroskop von Meher Baba

Meher Baba (Religiöser Lehrer und Mystiker)

Der Name Meher Baba bedeutet "mitfühlender Vater", eine Anrede, die sicherlich zu Meher Babas Sonne in den Fischen paßt. Wieder finden wir Sonne und Mond im engen Aspekt mit Uranus (hier Sonne im Trigon und Mond in Konjunktion), was eine mögliche Ausweitung des persönlichen Bewußtseins auf eine kosmische Ebene anzeigt. Uranus Position am MC enthüllt auch, daß das Werk Babas vielen Menschen bekannt wird und daß er beliebt ist.

Der Skorpion (das Zeichen der Mond-Uranus Konjunktion) kann große Selbstkontrolle verleihen. Babas Selbstmeisterung wird des weiteren von Saturn in Konjunktion mit dem Mond und deren Trigon zur Sonne betont. Diese Faktoren tragen zu Babas Fähigkeit bei, sein Schweigegelübte über viele Jahrzehnte hin durchzu halten. Seine Kommunikationsfähigkeit war durchaus nicht eingeschränkt, weil das vom exakten Merkursextil zu Jupiter angezeigt wird. Er "sprach" zu großen Zuhörerschaften entweder unpersönlich durch seine umfangreichen Werke oder persönlich durch Zeichensprache. Der Mars im Steinbock steht in der Mitte zwischen Sonne und Mond und bildet exakte Sextile zu den beiden. Dies verlieh ihm einen kraftvollen Antrieb sowie die Anziehungskraft, schweigend eine große Gefolgschaft zu lenken. Die Sonne im Quadrat zu einer Pluto-Neptun Konjunktion zeigt das große Innenleben dieses Mannes wie auch seine inneren Kämpfe mit den verschiedenen Energieebenen in der Weite der unsichtbaren Reiche. Solche Kämpfe um persönliche und planetarische Evolution sind unmöglich zu erklären, denn die von einem Menschen wie Baba erreichte Bewußtseinsebene liegt weit jenseits der Beschreibungsmöglichkeiten des Autors.

Dr. Albert Schweitzer (Missionar-Autor-Arzt)

Dieses Horoskop enthüllt ein starkes Bedürfnis, sich zu finden und zu etablieren, indem sich der Eigner vollkommen dem Dienst an der Menschheit widmet. Die Aspekte, die diese Neigungen zeigen, sind die Konjunktion von Mond und Neptun und deren Quadrat zur Sonne-Merkur Konjunktion und Plutos Trigon zu Sonne-Merkur. Durch die Neptunaspekte wird Schweitzer für den gesamten menschlichen Gefühlsbereich sensibilisiert. Neptun in dieser Position im Horoskop verleiht eine Sehnsucht nach dem Ungewöhnlichen sowie ein starkes Bedürfnis, sich zurückzuziehen Das von ihm in Afrika gegründete Krankenhaus schuf die Umgebung für das Temperament dieses Mannes.

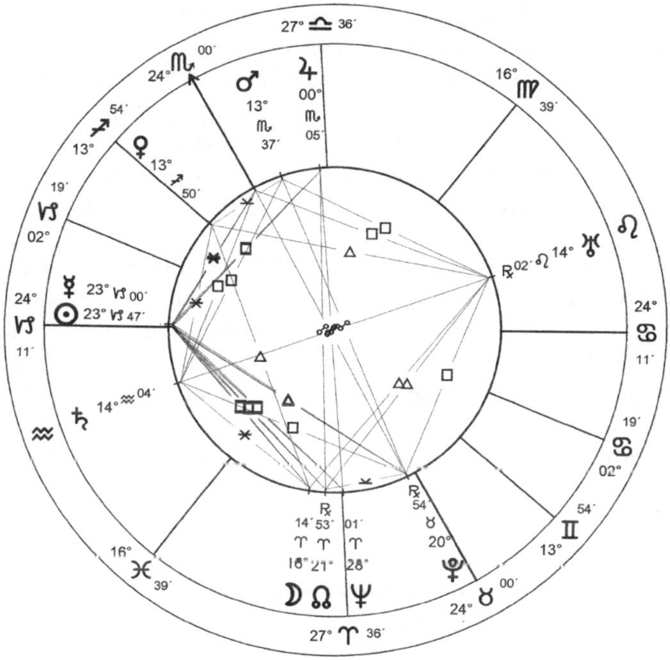

Das Geburtshoroskop von Albert Schweitzer

Mond im Widder und Sonne im Steinbock tragen zum Bedürfnis bei, etwas Eigenes zu etablieren - ein Bedürfnis, das für diesen Mann stark genug war, um sein persönliches Reich aufzubauen. Der in diesem Horoskop erkennbare persönliche Antrieb wurde jedoch kanalisiert, indem Gutes in der Welt getan und Leiden gelindert wurden. Diese Facette im Leben Albert Schweitzers und die Richtung, die dieser enorme Antrieb nahm, kann durch eine Untersuchung des Horoskops nicht beurteilt werden. Das Bedürfnis, den Mitmenschen die eigenen Energien zu widmen, ist ein Entschluß, der in der Seele eines Individuums stattfindet. Durch ein bewußtes Einstimmen auf das Licht der Seele kann diese Entscheidung im materiellen Bereich vorangebracht werden. Das Geburtshoroskop ist dann das Medium, über das sich die Seelenenergie manifestiert.

Die in Schweitzers Plutotrigon zu Sonne-Merkur enthaltenen Schwingungen erlauben ein persönliches Wachstum, so daß das "Häuten der Schlange" in seinem Leben stattfindet. Neptuns Strahlen zeigen, daß er ein Heiler ist, was aber auch am Mars im Skorpion in Opposition zu Pluto gesehen werden kann. Dadurch hat er nicht nur den Wunsch, in der Gesellschaft des Todes zu sein, sondern er hat auch eine lindernde Hand bei der Arbeit mit dem ständigen Verfall des physischen Körpers bei Krankheiten.

Jupiter in Opposition zu Neptun weist auch auf die Tendenz hin, mit Benachteiligten zu arbeiten, während Mars im Quadrat zu Uranus jemanden in eine Umgebung versetzen kann, in der ständig Gefahren lauern. Das T-Quadrat von Saturn Mars und Uranus trägt zu Schweitzers starkem Selbstwillen und seiner Entschlossenheit bei, mit der er seine persönlichen Ziele verfolgte. Das große Trigon von Venus, Uranus und Mond weist darauf hin, daß seine Bemühungen von den Massen im allgemeinen unterstützt und anerkannt wurden und daß er trotz seiner Zurückgezogenheit schließlich einen gewissen Ruhm erlangte. Die Steinbock-Sonne sowie der Wassermann-Saturn im Sextil zum Widder-Mond sind Gegebenheiten, die seine Hingabe für die übernommene Verantwortung zeigen sowie die Fähigkeit, große Entbehrungen zu ertragen.

Nachwort

Die Astrologie ist ein Denksystem. Sie ist eine Symbolsprache, die eine Struktur, Ordnung und Form hat. Der Astrologe handelt als Übersetzer dieser Sprache. Anstatt beispielsweise einen Textabschnitt aus dem Französischen ins Russische zu übersetzen, übersetzt der Astrologe die Himmelsbewegungen in bezug auf irdische Ereignisse. Der Astrologe ist daher ein "transzendenter Übersetzer". Er bezieht sich auf die universellen Konzepte, die in den Planeten, Zeichen und Häusern eines Horoskops für das Leben eines Individuums (beim Geburtshoroskop) oder das Leben einer Nation (bei der Mundan-Astrologie) enthalten sind.

Die Astrologie ist so anpassungsfähig wie die Menschheit und muß diese Qualität auch besitzen, um mit den ständigen Veränderungen der Menschheit Schritt halten zu können. Die Wissenschaft der Astrologie ist ein Produkt der rational denkenden Menschen, die über die Jahrtausende ihren Beitrag geleistet haben. Die Essenz der Astrologie ist etwas ganz anderes. Sie berührt die Geheimnisse des Universums. Sie ist in Essenz das Mysterium des Universums! Worum es bei unseren Studien und in unserem Leben geht, ist die Suche nach unserer eigenen Essenz, die mit der Essenz der Astrologie in diesem großen Mysterium eins ist.

Der engagierte Lernende und Lichtsucher wird sich schließlich in die Energie einstimmen, die sich hinter der Form der astrologischen Wissenschaft befindet. Daher müssen wir vorsichtig sein, daß wir uns nicht in den mentalen Prozessen verfangen, welche die Astrologie oder andere Wissenschaften geschaffen haben. Der Sucher sollte nicht irrtümlicherweise denken, daß die Astrologie das Ende oder Allheilmittel ist, sondern daß die Astrologie nur ein Mittel für einen größeren Anfang darstellt.

Sie ist ein Verbindungsglied, eine Möglichkeit, die uns auf eine Bewußtseinsebene führen kann, welche nicht nur Sprache und Wissenschaft transzendiert, sondern auch deren Konzepte. Wir wollen nicht das größere Ziel vergessen, wenn wir uns auf einem der Wege dorthin befinden.

Licht, Liebe und Segen für alle!

Literatur

Allen, Richard: Star Names, Their Lore and Meaning.
Bailey, A.A. (1970): Esoterische Astrologie. Verlag Lucis Trust, Genf.
Bailey, A.A (1973): Esoterisches Heilen. Verlag Lucis Trust, Genf.
Blavatsky, H. P. (erstmals 1888): Die Geheimlehre Band I-IV. Verlag J.J. Couvrew, Den Haag, Holland.
Burgoyne, Thomas: The Light of Egypt.
Collin, R. (1971): The Theory of Celestial Influence, vol. I. Samuel Weiser, Inc., New York, NY.
Eastcott, M. J. & N. Magor (1971): Entering Aquarius. Sundial House Publications, Tunbridge Wells, England.
Fasching, Gerhard (1993): Sternbilder und ihre Mythen. Springer Verlag, Wien.
Filbey, J. & P. (1986): Astronomie für Astrologen. M&T Edition Astroterra, Zürich.
Freeman, Martin (1982): Astrologische Prognosemethoden. Edition Astrodata, Wettswil, Schweiz.
Green, J. (1988): Pluto - Evolutionäre Reise. Hugendubel Verlag, München.
Green, L. (1985): Saturn. Hugendubel Verlag, München.
Haber, Heinz (1981): Unser Sternenhimmel: Sagen, Märchen, Deutungen. Köselverlag, München
Hall, Manly, P.: The Secret Teachings of All Ages. The Philosophical Society Inc. Los Angeles, California.
Hand, Robert (1984): Das Buch der Transite. Hugendubel, München.
Hastings, N.A. (1990): Progressionen und Transite. Edition Astrodata, Wettswil, Schweiz.
Heindel, M. (1986): Die Botschaft der Sterne. Rosenkreuzergemeinschaft.
Hickey, Isabel. (1995): Astrologie, eine kosmische Wissenschaft. Verlag Hier & Jetzt, Hamburg.
Jones, Marc, E. (1977): Astrology, how and why it works. Routledge & Kegan, London.

Jones, Marc, E.: Essentials of Astrological Analysis.
Fabian Publishing Society, New York, NY.
Jones, Marc, E. (1994) Die sabischen Symbole in der Astrologie.
Edition Astrodata, Wettwil, Schweiz.
Krishnamacharya, E. (1985): Spirituelle Astrologie.
WTT, e. V. Edition Kulapati, Hamburg.
Leadbeater, C. W. (1988): Die Chakren. Bauer Verlag. Freiburg.
Leadbeater, C. W. (1992): The Masters and the Path.
The Theosophical Publishing House, Adyar, Madras. India.
Leo, Alan, (1962): The Art of Synthesis.
International Publishing Co. Edinburgh.
Leo, Alan (1973): Jupiter - The Preserver. Samuel Weiser, Inc., New York.
Leo, Alan (1989): Esoterische Astrologie. Verlag Hier & Jetzt, Hamburg.
Oken, Alan: An Astrological Guide to Living in the Age of Aquarius.
Oken Alan (1993): Astrologie der Seele.
Frederiksen & Weise TABULA SMARAGDINA Verlag, München.
Robbins, M. D. (1994): Die Sieben Strahlen, Bd. 1, Ein esoterischer
Schlüssel zum Verständnis des menschlichen Wesens.
Frederiksen & Weise TABULA SMARAGDINA Verlag, München.
Robson, Vivian (1990): Fixsterne, Bedeutung und Konstellationen im
Horoskop. Hugendubel, München.
Rudhyar, Dane (1978): Astrologie der Persönlichkeit. Hugendubel, München
Rudhyar, Dane und Leyla (1992): Astrologische Aspekte.
Verlag Hier & Jetzt, Hamburg.
Rudhyar, Dane: Astrologischer Tierkreis. Hugendubel Verlag, München.
Rudhyar, Dane (1988): Der Sonne-Mond Zyklus.
Edition Astrodata, Wettswil, Schweiz.
Rudhyar, Dane (1975): The Sun is also a Star. E. P. Dutton & Co., New York.
Ruperti, Alexander (1989): Kosmische Zyklen.
Verlag Hier & Jetzt, Hamburg.
Saraydarian, T.: The Hidden Glory of the Inner Man; The Magnet of Life.
Aquarian Educational Group, beide 1968, Agoura, CA.
Stern, Jess (1968): Der schlafende Prophet. Ramon F. Keller Verlag, Genf.
Störig, H.J (1992): Knaurs moderne Astronomie. Droemer/Knaur.
Tierney, Bil (1990): Dynamik der Aspektanalyse. Hugendubel, München.

Die Horoskope dieses Buches wurden mit dem Computerprogramm "Solar Fire" ausgedruckt. Auskünfte dazu wie auch zu Kursen in Esoterischer Psychologie und Astrologie sowie in Medizinischer Astrologie erhalten Sie beim Frederiksen & Weise TABULA SMARAGDINA Verlag, Perlschneiderstr. 39, 81241 München, Tel.: 089 8344978, Fax: 089 8204484.

Register